Excel 2000

Das bhv Taschenbuch

Bernd Zoller

Excel 2000

Das bhv Taschenbuch

bhv

Dieses Buch wurde der Umwelt zuliebe auf chlorfrei gebleichtem Papier gedruckt.

Novesiastraße 60
41564 Kaarst
Germany
Telefax: (0 21 31) 765-101
Internetadresse: http://www.bhv.net

1. Auflage

03 02 01 00
10 9 8 7 6 5 4 3 2

ISBN 3-8287-5023-0

Printed in Germany

Inhaltsverzeichnis

Vorwort

Excel ist ein weit verbreitetes Softwareprodukt. Die Tabellenkalkulation wird in den meisten Fällen zum Kalkulieren, d.h. zum Berechnen von Daten verwendet. Doch Excel kann noch mehr, was viele Anwender nicht wissen.

Aus diesem Grund beschäftigt sich dieses Buch mit drei grundlegenden Dingen. Zu Anfang erhalten Sie allgemeine Informationen, die beim Anlegen von »normalen« Kalkulationstabellen berücksichtigt werden sollten. Dadurch wird Ihnen das Anlegen von Tabellen erleichtert und Sie können Problemen im Vorfeld entgegenwirken.

Ein weiterer interessanter Bereich innerhalb von Excel ist das Visualisieren von Daten. Das bedeutet nichts anderes, als dass Sie Ihre in Excel enthaltenen Daten optisch aufbereiten und durch Diagramme darstellen können. Viele Anwender wissen von dieser in Excel vorhandenen Möglichkeit, sind allerdings nicht in der Lage, sie in ihren Tabellen einzusetzen. Einige Kapitel befassen sich mit dieser Thematik. Sie erfahren hier, welche Möglichkeiten sich Ihnen bieten und wie Sie Diagramme in Ihre Tabellen einfügen, gestalten und verändern können.

Dass Excel mit Einschränkungen auch als Datenbank einzusetzen ist, wissen die meisten Anwender nicht. Oftmals ist es allerdings sehr sinnvoll, Daten, die sich innerhalb von Excel-Tabellen befinden, wie in einer Datenbank zu behandeln. Wie Sie Excel als Datenbank einsetzen, lesen Sie in einem weiteren Kapitel.

Außerdem erfahren Sie noch, welche Schritte Sie unternehmen müssen, damit Sie bestimmte Daten auf eine ganz andere Weise behandeln können, als Sie es bislang in Excel getan haben. Das Erstellen automatischer Abläufe, ein Überblick über die vorhandenen Excel-Funktionen und der Ausblick auf das Internet runden dieses Buch ab.

Da sich das Taschenbuch »Excel 2000« mit den angesprochenen, sehr speziellen Bereichen beschäftigt, können Sie hier konkrete Informationen zu diesen Themen nachlesen, ohne sich zuvor durch einleitende und schon bekannte Grundlagen durcharbeiten zu müssen. Ich wünsche Ihnen viel Spaß dabei.

Bernd Zoller

Einleitung

In den letzten Jahren hat sich die Computerwelt, speziell im Homecomputer-Bereich, sehr stark weiterentwickelt. Programme gibt es wie Sand am Meer, und dennoch scheint ein Produkt bei den Anwenderprogrammen herauszuragen. Ein Produkt, das immer und überall im Gespräch ist und das seit kurzer Zeit in einer neuen Version auf dem Markt ist: Office 2000.

Sie werden in diesem Buch sehr viel von einem Produkt des Office-2000-Paketes kennen lernen und über diese Software erfahren – Excel 2000. Doch bevor Sie spezielle Informationen über das Programm erhalten, erfahren Sie noch einige allgemeine Dinge zu diesem Buch.

Zu diesem Buch

Dieses Buch verlangt keine Vorkenntnisse im Umgang mit älteren Versionen der Tabellenkalkulation Excel. Allerdings sollten Sie einige grundlegende Arbeitsweisen des Betriebssystems Windows kennen und beherrschen, da hier nicht weiter darauf eingegangen wird. Es dreht sich also alles um die Tabellenkalkulation Excel in der Version 2000 mit all ihren Zusatzprogrammen und den Möglichkeiten, die dieses Office-Produkt bietet.

Der Aufbau des Buches

Das Buch ist in fünf Teile untergliedert. Jeder Teil behandelt einen speziellen Bereich. Welche dies sind, erfahren Sie in der nachfolgenden Aufstellung:

Teil I: Installation und erste Schritte

Der erste Teil des Buches soll Sie auf das Thema Excel 2000 vorbereiten. Sie werden hier erfahren, wie Sie Excel 2000 auf Ihrem Computer installieren und Sie werden Grundlagenwissen zum Aufbau und der Bedienung von Excel 2000 erhalten.

Teil II: Techniken und Praxis

Nachdem Sie im Teil I einige Grundlagen zum Thema Tabellenkalkulation erfahren haben, erhalten Sie in diesem Teil II Informationen zu den vorhandenen Funktionen und den praktischen Möglichkeiten der Tabellenkalkulation Excel 2000.

Teil III: Know-how für Fortgeschrittene

Im dritten Teil dieses Buches werden die in Excel vorhandenen Funktionen noch einmal berücksichtigt und ausführlich dargestellt. Außerdem erfahren Sie, wie man Excel mit dem Internet verbinden kann.

Teil IV: Tipps, Tricks und Tuning

Der vierte Teil des Buches befasst sich mit den Möglichkeiten, Excel mit den für Sie erforderlichen Komponenten zu installieren und bestimmte Arbeitsabläufe optimierend durchführen zu lassen. Erfahren Sie in den nachfolgenden Kapiteln, wie dies zu bewerkstelligen ist.

Teil V: Anhang

Im Anhang des Buches finden Sie einiges zum Nachschlagen zu Excel 2000 und diesem Buch vor. Neben einem ausführlichen Glossar zu Windows und Excel finden Sie hier auch das Stichwortverzeichnis, über das Sie gezielt ein von Ihnen gesuchtes Thema lokalisieren können. Darüber hinaus erhalten Sie einen Überblick über die wichtigsten Analyse-Funktionen

Die Schreibweisen und Bezeichnungen

Damit Sie sich schnell im Text dieses Buches orientieren können, wurden folgende Schreibweisen und Bezeichnungen benutzt:

- *Kursiv* werden alle Menütexte und Fensterbezeichnungen bzw. deren Inhalte und Elemente wie z.B. *Startmenü / Programme / Zubehör* geschrieben. Als Befehle werden alle Punkte und Optionen bezeichnet, die in der Menüleiste oder in Untermenüs, den sogenannten Pulldown- bzw. Kontext-Menüs, zu finden sind. Auch alle feststehenden Bezeichnungen aus sogenannten Dialogen erkennen Sie an dieser Schreibweise.
- *Kursiv* werden ebenfalls neue Fachbegriffe geschrieben, die zum ersten Mal genannt und erläutert werden. Sollte der jeweilige Begriff nicht im Text erläutert werden, so finden Sie ihn im Anhang innerhalb des Glossars wieder.
- In VERSALIEN werden Datei- und Verzeichnisnamen wie z.B. C:\WIN98\SYSTEM geschrieben.
- Alle Eingaben, die Sie über die Tastatur vornehmen müssen, sind in einer Zierschrift gesetzt. Diese Schrift stellt die Tasten dar, die Sie drücken müssen. Das Zeichen [↵] steht z.B. für die Eingabetaste; eine *Tastenkombination* wird durch zwei Tastaturzeichen dargestellt, die durch ein »+« verbunden sind, z.B. [Strg] + [F4]. In diesem Fall halten Sie [Strg] gedrückt und drücken dann [F4]. Fehlt zwischen zwei Tastaturzeichen das Pluszeichen, bedeutet dies, dass die Tasten nacheinander gedrückt werden, z. B. [Alt] + [K] [K].

Die Symbole im Buch

Das Buch besitzt eine sogenannte Marginalspalte, d.h., es befindet sich neben dem eigentlichen Text einer jeden Seite eine Spalte, die besondere Symbole aufnehmen kann. Dadurch können Sie als Leser schneller Textstellen mit bestimmten Inhalten lokalisieren bzw. durch die Symbole wird Ihnen schnell verdeutlicht, welche Art von Information Ihnen an der entsprechenden Stelle geboten wird.

Im Einzelnen finden Sie folgende Symbole in der Marginalspalte wieder:

Wichtige *Hinweise* erfahren Sie an den Stellen im Text, die mit diesem Symbol versehen sind. Hier finden Sie Informationen, denen Sie besondere Aufmerksamkeit schenken sollten.

Know-how finden Sie in diesem Buch überall. Sollte es darüber hinaus noch etwas Besonderes zu beachten geben, dann wird es Ihnen in den so gekennzeichneten Abschnitten vermittelt.

Auf der dem Buch beiliegenden CD finden Sie eine Reihe von Dateien. Wird im Text auf die CD Bezug genommen, dann wird dies anhand des nebenstehenden Symbols gekennzeichnet.

Die Buch-CD

Neben den Informationen, die dieses Buch für Sie bereithält, finden Sie noch eine CD-ROM. Da die meisten Computer heutzutage mit einem CD-ROM-Laufwerk ausgestattet sind, sollten auch Sie diese CD-ROM nutzen können.

Auf der CD-ROM finden Sie zum einen den Microsoft Internet Explorer 5 sowie den Microsoft Excel Viewer 97.

Die Software-Komponenten auf dieser CD werden mit Genehmigung der Microsoft GmbH weitergegeben. Näheres hierzu unter *http://www.eu.microsoft.com/germany/copyright.htm#urheber*.

Zukünftige Neuerungen finden Sie auch unter *http://www.eu.microsoft.com/germany/office/enhoffice.asp?prev=111111*.

Darüber hinaus befinden sich auf der Buch-CD innerhalb der Ordner KAPITELXX diverse Excel-Tabellen, die Sie für die Beispiele der entsprechenden Kapitel des Buches benutzen können. Innerhalb der einzelnen Buchkapitel finden Sie entsprechende Hinweise auf diese Ordner bzw. Tabellen.

Zudem enthält die CD-ROM interessante Tabellen und Add-Ins für Excel sowie Kalkulationsprodukte, die Sie für Ihre Zwecke einsetzen können. Diese Produkte stammen aus dem Shareware-/Freeware-Bereich und sind auf der CD-ROM innerhalb des Ordners TOOLS zusammengefasst. Die Datei SHAREWARE.TXT im Root-Verzeichnis der CD-ROM enthält einen kurzen Überblick über die vorhandenen Produkte.

Weder der Autor dieses Buches noch der bhv Verlag können für die Shareware-/Freeware-Produkte auf dieser CD einen Support anbieten. Sollten Sie Schwierigkeiten mit den Funktionen oder Fragen zum Programm haben, dann wenden Sie sich bitte an die jeweiligen Hersteller der Produkte, dessen Kontaktadressen Sie in der Regel innerhalb der Produkte vorfinden. Für Schäden, die durch die Benutzung dieser Produkte entstehen, übernehmen weder Autor noch Verlag irgendeine Haftung.

Außerdem möchte ich Sie noch auf die Datei LIESMICH.TXT, die sich ebenfalls im Root-Verzeichnis der CD-ROM befindet, aufmerksam machen. Dort sind alle aktuellen Informationen zu der CD-ROM enthalten, die sich noch nach der Drucklegung des Buches ergeben haben. Lesen Sie sich diese Datei bitte vor der Benutzung der CD-ROM aufmerksam durch.

Sie können sich die Dateien LIESMICH.TXT und SHAREWARE.TXT ansehen, indem Sie sie im Windows-Explorer doppelt anklicken. In der Regel ist eine Verknüpfung zum Editor vorhanden, so dass der Inhalt der Datei automatisch dargestellt wird. Sollte dies nicht der Fall sein, starten Sie den Editor aus dem Zubehör von Windows und laden die Dateien über *Datei / Öffnen*.

Nachdem Sie nun erfahren haben, welche Konventionen in diesem Buch verwendet werden, kann es richtig losgehen. Lernen Sie Excel 2000 kennen und holen Sie aus dieser Tabellenkalkulation das Optimum heraus.

TEIL I

Installation und erste Schritte

Der erste Teil des Buches soll Sie auf das Thema Excel 2000 vorbereiten. Sie werden hier erfahren, wie Sie Excel 2000 auf Ihrem Computer installieren und Sie werden Grundlagenwissen zum Aufbau und zur Bedienung von Excel 2000 erhalten.

KAPITEL 1

Das Fenstersystem von Excel 2000

Unter Windows spielt sich alles in Fenstern ab. Da auch Excel eine Windows-Anwendung ist, lernen Sie hier alles Wesentliche über das Fenstersystem Ihres Betriebssystems, so dass Sie sich anschließend virtuos in der Excel-Umgebung zurechtfinden.

Das Fenstersystem von Excel 2000

Die grafische Oberfläche von Windows 98 basiert auf einem ausgefeilten Fenstersystem. Vor einem Hintergrund, dem sogenannten *Desktop*, erscheinen Fenster und Symbole. Mit deren Hilfe erledigen Sie die unterschiedlichsten Funktionen und Aufgaben.

Sie starten Anwendungen, schalten zwischen ihnen hin und her und tauschen Daten aus. Sie verwalten und verändern Dokumente (z.B. Excel-Daten) und gestalten Windows 98 bis zu einem gewissen Grad entsprechend Ihren Bedürfnissen.

Damit Sie sich innerhalb von Windows und damit auch von Excel besser zurechtfinden, werden in diesem Kapitel einige grundlegende Elemente aufgegriffen und erläutert. Dazu werden nicht nur Excel-spezifische, sondern auch allgemeine Windows-Elemente berücksichtigt.

Die Fenster

Fast alles, was unter Windows geschieht, spielt sich in Fenstern (engl.: Windows) ab. Jedes Fenster besteht in der Regel aus einer *Titelleiste* und einer *Arbeits-* oder *Anzeigefläche* mit den entsprechenden Fensterrahmen.

Ein Fenster ist eigentlich nichts anderes als ein eingerahmter Bereich, der unterschiedlich groß sein und sich an verschiedenen Positionen befinden kann. In ihm wird entweder etwas dargestellt oder eine Aktion ausgeführt.

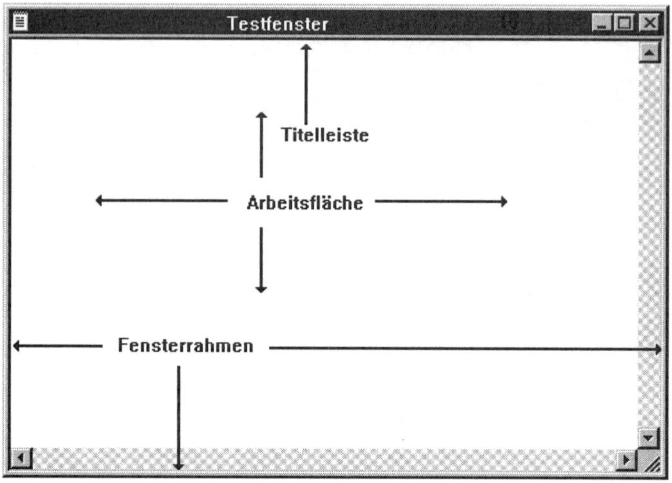

Abbildung 1.1: Der Aufbau eines Fensters

Die drei Arten von Fenstern

Bei Windows gibt es drei Arten von Fenstern:

- *Anwendungsfenster,*
  in denen Applikationen ablaufen oder der Inhalt von Ordnern dargestellt wird.
- *Unterfenster*
  der Anwendungsfenster, die Dokumente oder Symbole anzeigen und Gruppen- oder auch Dokumentfenster genannt werden.
- *Dialogfelder,*
  in denen Abfragen und Meldungen erfolgen.

Die ersten beiden Arten von Fenstern können Sie beliebig vergrößern, verkleinern, verschieben und auf Symbolgröße reduzieren.

Bei der dritten Art von Fenstern steht Ihnen meistens nur das Verschieben zur Verfügung; und auch das ist oftmals nicht möglich.

Die Anwendungsfenster

Anwendungsfenster sind sehr leicht an zwei Merkmalen zu erkennen:

- In der Titelleiste steht meistens der Name der Anwendung.
- Des weiteren befindet sich unter der Titelleiste meistens eine weitere Leiste, die so genannte *Menüleiste*, in der einige Begriffe stehen. Ganz links steht fast immer *Datei*.

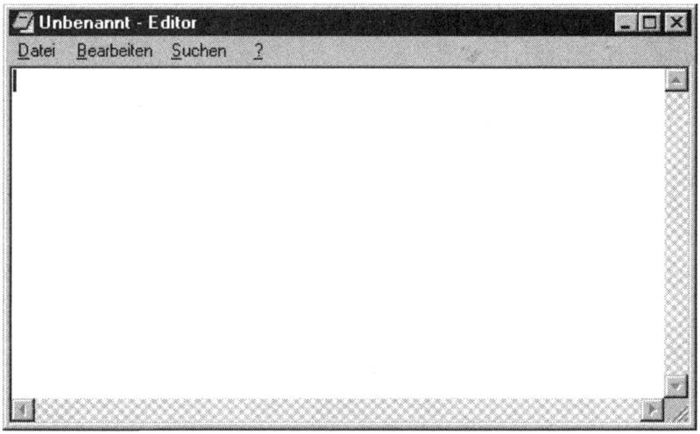

Abbildung 1.2: Ein Anwendungsfenster

Die Unterfenster (Gruppenfenster)

Die zweite Art Fenster, *Unter-* oder *Gruppenfenster*, unterscheidet sich von der ersten Art Fenster in einigen Punkten.

Wenn eine Anwendung mehrere Dokumente gleichzeitig öffnen kann, wird jedes Dokument in einem eigenen Fenster innerhalb des Anwendungsfensters geöffnet. Die Anwendung hat dann in der Regel einen Menüpunkt *Fenster* in der Menüleiste am oberen Rand.

Über den *Fenster*-Menüpunkt können Sie zwischen den Dokumenten hin- und herwechseln. Schließen Sie eine Tabelle, wechselt das Programm automatisch zu der noch geöffneten Tabelle.

Die Dialogfelder

Bei den *Dialogfeldern* handelt es sich um eine spezielle Art von Fenstern. Sie enthalten in der Regel keine Schaltflächen zum Minimieren, Vergrößern oder Wiederherstellen der Fenstergröße. Und auch die Systemschaltfläche sowie eine Menüleiste sind nicht immer vorhanden. In aller Regel lassen sich die Dialogfelder jedoch verschieben.

Sobald Sie ein Dialogfeld geöffnet haben, müssen Sie zunächst eine Entscheidung treffen, und sei es nur, dass Sie die *Abbrechen*-Schaltfläche drücken. Innerhalb der Anwendung, zu der das Dialogfeld gehört, können Sie nämlich erst dann weiterarbeiten, wenn das Dialogfeld wieder geschlossen ist.

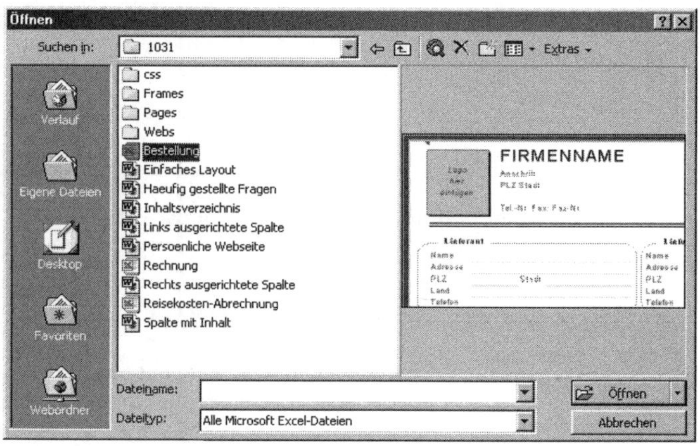

Abbildung 1.3: Ein Dialogfeld

Des weiteren können die Dialogfelder andere Rahmen haben als in der Abbildung gezeigt.

Die Meldungsfelder enthalten noch weniger Elemente als ein Dialogfeld.

Abbildung 1.4: Ein Meldungsfeld

Oft liegt der Sinn dieser Meldefelder nur darin, den Benutzer auf etwas aufmerksam zu machen. Neben der Meldung an sich ist auf der linken Seite häufig ein kleines Symbol eingefügt. Daran lassen sich Meldungsfelder am einfachsten erkennen.

Die Bestandteile von Fenstern

Im Allgemeinen sind immer Programmfenster, in denen die Applikationen ablaufen, gemeint, wenn bei Windows von Fenstern die Rede ist. Soll sich etwas auf ein Unterfenster oder Dialogfeld beziehen, dann werden dafür eher die Begriffe Dokumentenfenster oder Dialogbox verwendet.

Die Fenster bestehen im Wesentlichen immer aus den gleichen Elementen. Betrachten Sie noch einmal das nachfolgende Fenster in der Normalbild-Darstellung.

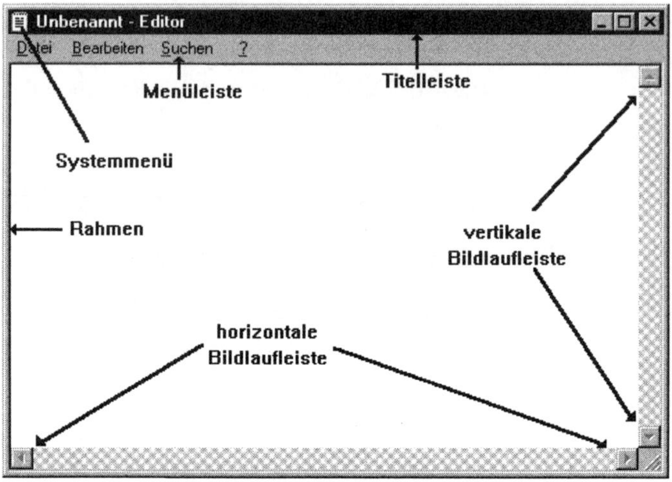

Abbildung 1.5: Die Bestandteile von Fenstern

Das Fenster ist an drei Seiten mit unterschiedlichen Leisten versehen. Oben befindet sich die *Titelleiste* mit der darunter liegenden *Menüleiste*. Unten und an der rechten Seite befinden sich je eine weitere Leiste, die allerdings ein anderes Aussehen haben. Die linke Seite begrenzt nur der Rahmen des Fensters ohne irgendeine Leiste. Die vier Seiten zusammen begrenzen den *Arbeitsbereich*.

Mit Hilfe der verschiedenen Leisten können Sie die Applikation, das Fenster und den Fensterinhalt (Arbeitsbereich) beeinflussen.

- *Titelleiste inkl. Schaltflächen*
  Sie haben Auswirkungen auf Position und Größe des Fensters.
- *Menüleiste*
  Sie hat Auswirkungen auf den Programmablauf und die -einstellungen.

- *Vertikale Bildlaufleiste*
  Sie hat Auswirkungen auf den sichtbaren Ausschnitt des Arbeitsbereichs.
- *Horizontale Bildlaufleiste*
  Auch sie hat Auswirkungen auf den sichtbaren Ausschnitt des Arbeitsbereichs.

Die Dialog- und Meldungsfelder

Dialogfelder erscheinen immer dann, wenn eine Applikation zur Ausführung eines Befehls zusätzliche Angaben oder Einstellungen benötigt. Innerhalb dieser Fenster werden die benötigten Angaben durch Einstellen vorgegebener Optionen, Auswählen bestimmter Parameter oder Eingaben mittels der Tastatur ermöglicht.

Bei Meldungsfeldern ist dies ein klein wenig anders. Dort teilt die Applikation dem Anwender einen bestimmten Status mit. Dabei kann es sich z. B um eine Warnung handeln, deren Inhalt der Anwender zur Kenntnis nehmen kann. Er vermag allerdings nicht, den Sachverhalt innerhalb des Meldungsfensters zu verändern.

Einige Meldungsfelder ermöglichen dem Anwender, mit zwei oder drei vorgegebenen Aktionen wahlweise auf die Meldung zu reagieren. Dabei handelt es sich allerdings in den meisten Fällen entweder um die Möglichkeit, die Aktion ohne Änderungen weiter auszuführen, den vorangegangenen Schritt zu korrigieren oder den gesamten Vorgang abzubrechen.

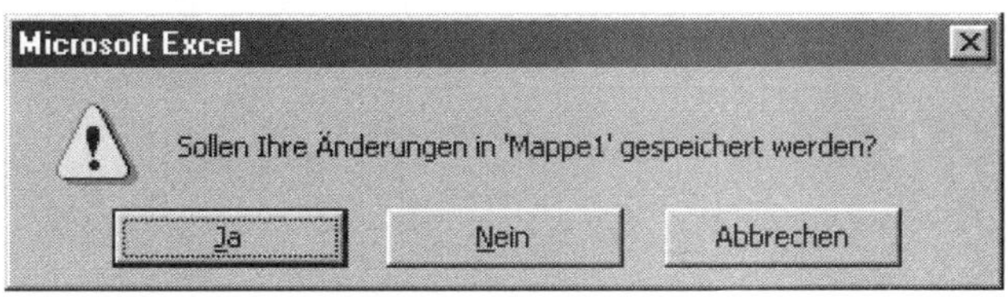

Abbildung 1.6: Ein Beispiel für ein Meldungsfeld mit drei Reaktionsmöglichkeiten

Die Bestandteile und die Bedienung von Dialog- und Meldungsfeldern

Als Beispiel für ein Dialogfeld sehen Sie in Abbildung 1.7 das Dialogfeld *Datei öffnen*.

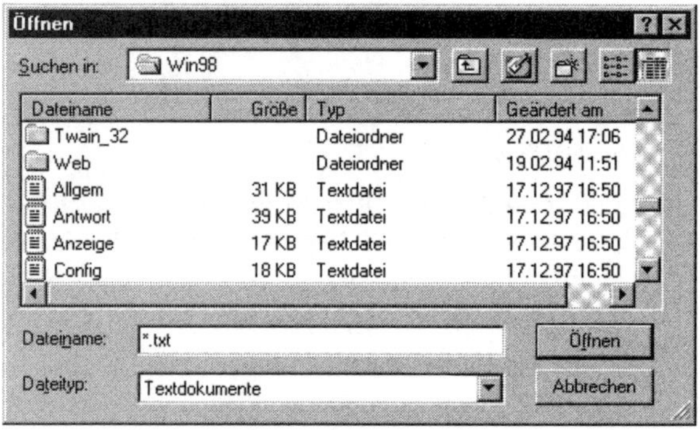

Abbildung 1.7: Ein Dialogfeld

Die Meldungsfelder haben häufig eine Titelleiste mit einer Art Systemmenü. Diese Bestandteile entsprechen denen von Anwendungsfenstern und werden genauso benutzt. Allerdings sind die Möglichkeiten der Größenänderungen, auch innerhalb des Systemmenüs, meistens nicht gegeben.

Außerdem sehen Sie innerhalb der Fenster einige umrandete graue Flächen. Es handelt sich bei diesen Flächen ebenfalls um Schaltflächen, die etwas anders aussehen als die Schaltflächen in der Titelleiste.

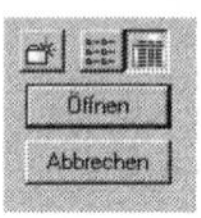

Abbildung 1.8: Einige Schaltflächen aus Dialogfeldern

In der Abbildung 1.8 sehen Sie einige Schaltflächen als Beispiele. Wie Sie erkennen können, unterscheiden sie sich sowohl in Hinsicht auf ihren Inhalt als auch auf ihre Größe. Dennoch handelt es sich in allen Fällen um Schaltflächen. Da Schaltflächen beliebige Einträge (auch Grafiken) aufnehmen und Größen annehmen können, ist es möglich, dass Sie bei der Arbeit mit Windows auf die unterschiedlichsten Schaltflächen stoßen.

Sie brauchen sich allerdings nicht zu sorgen, dass Sie eine Schaltfläche nicht erkennen, da sie in der Regel immer einige Erkennungszeichen hat.

- Sie hebt sich optisch etwas von der Grundfläche ab. Es sieht so aus, als ob sie, wie eine Taste, ein wenig mit der Oberfläche über der Grundfläche steht.
- Die aktuell angewählte Schaltfläche ist immer mit einem schwarzen Rahmen versehen. Bei Symbolleisten ist die aktuelle Schaltfläche erhaben.
- Die Grundfläche einer Schaltfläche wird meistens in einem hellen Grau dargestellt.
- Wird eine Schaltfläche angeklickt, dann sieht es so aus, als ob sie in die Grundfläche hineingedrückt wird.

Aktiviert werden die Schaltflächen mit der Maus. Ein einfacher Klick auf die gewünschte Schaltfläche genügt, um die damit verbundene Funktion auszulösen.

Die Aufgabe dieser Schaltflächen besteht darin, dem Anwender die Möglichkeit zu geben, in einer bestimmten Weise auf eine Situation zu reagieren. Zu diesem Zweck werden die Schaltflächen mit an die Gegebenheiten angepassten sinnvollen Inhalten versehen. Allerdings existieren zwei Schaltflächen, die immer wieder vorhanden sind.

Durch einen Klick auf *OK* geben Sie dem Programm zu verstehen, dass Sie alle Angaben gemacht oder Einstellungen vorgenommen haben, die Sie für notwendig erachten, und dass nun die Änderungen ausgeführt werden sollen. Das Dialogfeld verschwindet daraufhin vom Bildschirm.

> In den meisten Fällen entspricht ein Druck auf [↵] einem Klick auf *OK*.

Wenn Sie auf *Abbrechen* klicken, unterbinden Sie die Ausführung der Änderung, die durch das Dialogfeld ausgelöst werden sollte. Das Dialogfeld verschwindet vom Bildschirm, Ihre Eingaben bleiben unberücksichtigt.

> In der Regel hat ein Druck auf [Esc] die gleiche Wirkung wie ein Klick auf *Abbrechen*.

In dem in Abbildung 1.7 gezeigten Dialogfeld finden Sie auch die so genannten *Eingabefelder* oder *Eingabezeilen* vor. Dabei handelt es sich um umrahmte Bereiche, in die Sie etwas über die Tastatur eingeben können. In der Regel sind dies Namen oder Begriffe.

Ein Eingabefeld ähnelt der Schreibfläche in einem Textverarbeitungsprogramm. Sie sehen darin die Einfügemarke, die sich entsprechend Ihren Eingaben verschiebt. Einzelne Zeichen löschen Sie mit [⇐] (Zeichen vor der Einfügemarke) oder [Entf] (Zeichen nach der Einfügemarke).

Durch Ziehen mit der Maus können Sie beliebige Zeichenfolgen markieren und danach, z.B. durch Drücken von [Entf], löschen. Eingaben beenden Sie durch Betätigen von [↵] oder auch durch Wechseln zu einem anderen Bereich des Dialogfelds, z.B. durch Anklicken einer Liste oder einer Schaltfläche.

Im Dialogfeld *Öffnen* finden Sie rechts neben dem Begriff *Dateiname* ein Eingabefeld.

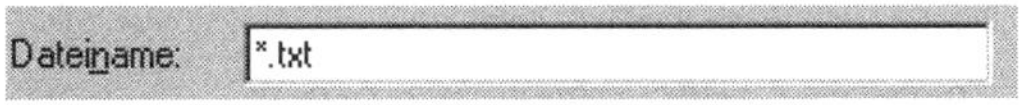

Abbildung 1.9: Ein Eingabefeld

Einige Eingabefelder enthalten bereits Voreinstellungen, wie z.B. *.TXT. Diese Vorgabe können Sie auf die oben beschriebene Art und Weise nach Ihren Wünschen korrigieren.

Das Dialogfeld *Öffnen* enthält neben der Eingabezeile auch sogenannte *Listenfelder*. Sie dienen der Anzeige und dem Auswählen von vorhandenen Daten in Form einer Liste. Der Anwender hat die Möglichkeit, durch einfaches Anklicken den gewünschten Eintrag auszuwählen. Das Eingeben des erforderlichen Begriffs über die Tastatur entfällt dabei.

In dem oben angesprochenen Dialogfeld ist ein Listenfeld vorhanden.

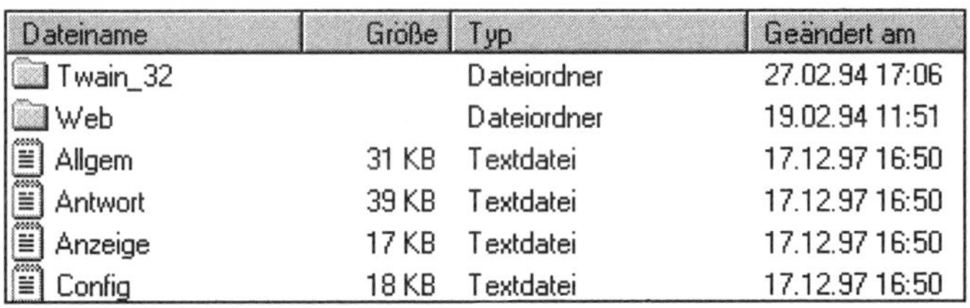

Dateiname	Größe	Typ	Geändert am
Twain_32		Dateiordner	27.02.94 17:06
Web		Dateiordner	19.02.94 11:51
Allgem	31 KB	Textdatei	17.12.97 16:50
Antwort	39 KB	Textdatei	17.12.97 16:50
Anzeige	17 KB	Textdatei	17.12.97 16:50
Config	18 KB	Textdatei	17.12.97 16:50

Abbildung 1.10: Ein Listenfeld

Ein Listenfeld besitzt bei Bedarf sogenannte *Laufleisten*, mit denen Sie den sichtbaren Ausschnitt der Anzeige verschieben können. Klicken Sie zu diesem Zweck auf die Schaltfläche mit dem nach unten oder nach oben bzw. nach links oder nach rechts zeigenden Pfeil.

In dem behandelten Dialogfeld sind noch zwei andere Listenfelder enthalten. Dabei handelt es sich um *aufklappbare Listenfelder*. Es sind dies die Listenfelder *Dateityp* und *Suchen in*.

Abbildung 1.11: Ein aufklappbares Listenfeld

In dem dargestellten Zustand sind sie geschlossen. Diese Art Listen wird durch Klicken auf die Schaltfläche mit dem kleinen abwärts weisenden Pfeil geöffnet. Je nach Umfang sind sie eventuell wiederum mit Laufleisten versehen.

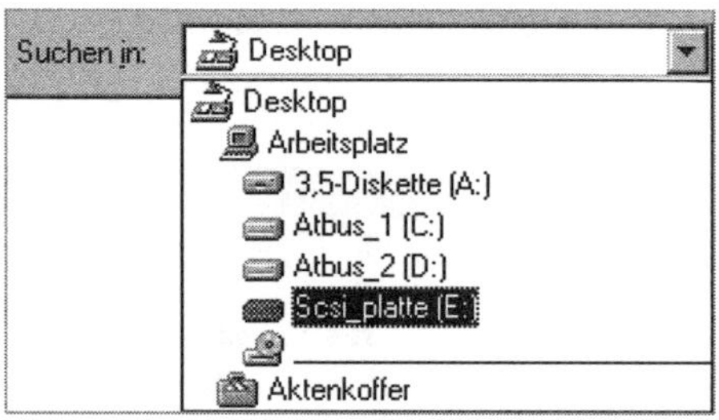

Abbildung 1.12: Ein aufgeklapptes Listenfeld

Auch in diesen Listenfeldern wählen Sie durch Anklicken des Listeneintrages den gewünschten Begriff aus.

HINWEIS

Die Auswahl wird erst nach dem Klicken auf *OK* wirksam. Zeigt eine Liste Dateinamen, dann können Sie häufig ein abgekürztes Verfahren wählen. Beim Öffnen genügt z.B. ein Doppelklick auf den Namen, um die Datei sofort zu öffnen.

Es existieren noch andere Elemente eines Dialogfeldes. Nachfolgend sehen Sie ein Dialogfeld, in dem diese Elemente vorhanden sind.

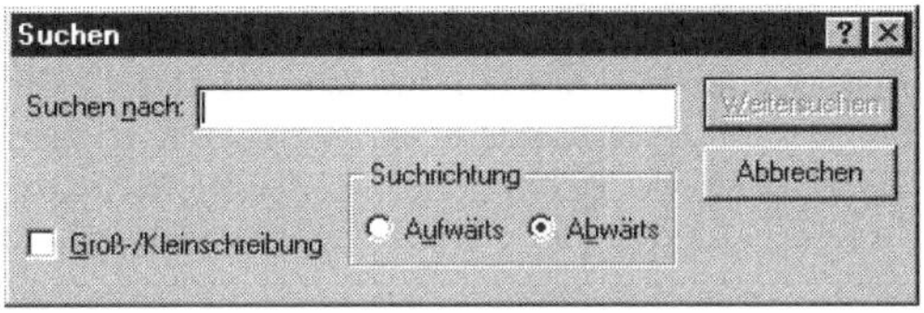

Abbildung 1.13: Ein allgemeiner *Suchen*-Dialog

Es handelt sich um ein Dialogfeld *Suchen*, das in vielen Standardprogrammen vorhanden ist. Es enthält neben einer Eingabezeile und zwei Schaltflächen weitere drei kleine Schaltflächen, mit denen Sie Optionen für die Ausführung des Befehls einstellen können.

In dem eingerahmten Bereich mit der Bezeichnung *Suchrichtung* finden Sie zwei runde kleine Flächen mit den Bezeichnungen *Aufwärts* und *Abwärts*. Sie bestimmen durch Klicken auf eine der beiden runden *Optionsschaltflächen*, in welcher Richtung in diesem Fall die Suche erfolgen soll. Die Option, bei der sich innerhalb der runden Fläche ein schwarzer Punkt befindet, ist die derzeit aktive Option.

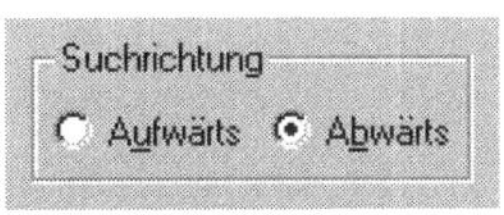

Abbildung 1.14: Die runden Optionsschaltflächen in einer Gruppe

Diese runden Optionsschaltflächen sind meistens zu Gruppen zusammengefasst, wobei alle Optionen, die zu einer Gruppe gehören, durch einen Rahmen umschlossen werden. Es können auch mehrere Gruppen in einem Dialogfeld vorhanden sein. Wichtig ist, dass Sie innerhalb einer Optionsgruppe immer nur eine der Optionen aktivieren können. Klicken Sie eine Option an, werden alle anderen Optionen dieser Gruppe deaktiviert.

Eine weitere Optionsschaltfläche finden Sie neben dem Begriff *Groß-/Kleinschreibung*. Diese Optionsschaltfläche wird durch ein kleines Quadrat dargestellt. Sie wird bei Windows auch als *Kontrollkästchen* bezeichnet.

Abbildung 1.15: Ein Kontrollkästchen

Optionen, die mit einem dieser Kästchen versehen sind, lassen sich beliebig kombinieren. Daraus können Sie schließen, dass mehrere Kontrollkästchen in einem Dialogfeld vorhanden sein können. Sie sind nicht unbedingt mit einem Gruppenrahmen versehen, weil sie beliebig aktiviert und deaktiviert werden können, ohne dass ein Kontrollkästchen ein anderes beeinflusst.

Zum Aktivieren klicken Sie auf das Kästchen mit der gewünschten Option. Ein weiteres Anklicken deaktiviert diese Option wieder. Sie können an einem kleinem Haken innerhalb des Quadrats erkennen, dass eine Option aktiviert ist. Eine nicht aktivierte Option enthält dementsprechend kein Haken.

Ein Dialogfeld verlassen

Sie verlassen ein Dialogfeld, nachdem Sie alle Eingaben und Einstellungen erledigt haben, in der Regel, indem Sie auf die Schaltfläche *OK* klicken. Oft ist diese Schaltfläche voraktiviert, d.h., Sie müssen nur noch [↵] drücken, damit Ihre Änderungen wirksam werden.

Sollen Ihre Änderungen nicht berücksichtigt werden, klicken Sie stattdessen auf *Abbrechen*. Den gleichen Effekt erzielen Sie, wenn Sie innerhalb eines Dialogfeldes auf [Esc] drücken. Der Befehl wird dann nicht ausgeführt.

Die Tastenbedienung in Dialogfeldern

Sie können die Dialogfelder auch über die Tastatur bedienen. Hier kurz die wichtigsten Tastaturbefehle:

Taste	Auswirkung
[Esc]	Drücken der Schaltfläche *Abbrechen*
[⇆]	Nächstes Eingabefeld, nächste Option/ Schaltfläche
[↑], [↓]	Bewegen in Listenfeldern
[↵]	Bestätigen der Eingabe/Drücken der Schaltfläche *OK*
[Alt] + [Leer]	Systemmenü öffnen
[Alt] + unterstrichener Buchstabe	Aktivierung des jeweiligen Elements; bei Kontrollkästchen, Optionsfeldern und Schaltflächen wird der entsprechende Wert gesetzt, bei aufklappbaren Listenfeldern wird die Liste geöffnet

Tabelle 1.1: Die Tastenbedienung von Dialogfeldern

Damit haben Sie die grundlegenden Elemente der Windows-Oberfläche kennen gelernt. Sicherlich werden Ihnen immer wieder neue oder auch abgewandelte Formen von Fenstern und Elementen bei Ihrer Arbeit begegnen, allerdings werden Sie diese dann leicht und intuitiv bedienen können, da Sie die zuvor angesprochenen Elemente kennen.

KAPITEL

Excel – Eine Tabellenkalkulation

Wissen Sie, was eine Tabellenkalkulation ist? Wenn nicht, ist das nicht tragisch. Sie erfahren in diesem Kapitel, wie eine Tabellenkalkulation prinzipiell funktioniert. Außerdem erhalten Sie einen kleinen Ausblick auf interessante Funktionen von Excel.

2

Excel – Eine Tabellenkalkulation

Das neue Excel hat im Anschluss an den direkten Vorgänger Excel 97 einige Zählerstufen übersprungen und trägt die Versionsnummer 2000. Dass diese Version für Windows 95 und im Speziellen für Windows 98 geeignet sowie auf Windows 2000 vorbereitet ist, versteht sich eigentlich von selbst.

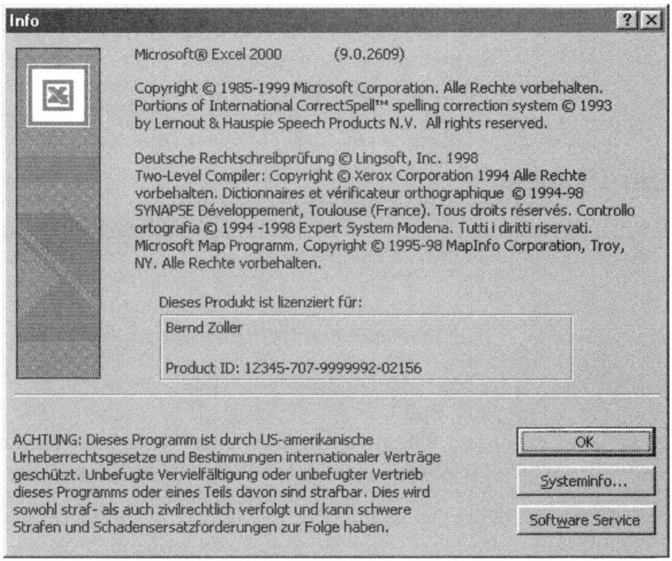

Abbildung 2.1: Excel zeigt Flagge für das neue Jahrtausend

Doch nicht nur die Versionsnummer hat sich bei Excel 2000 geändert. Zwar sind die meisten Funktionen hinsichtlich der älteren Excel-Version gleich geblieben, jedoch verstecken sich die innovativen Neuerungen der 2000er-Version im Detail.

Natürlich können Sie mit Excel 2000 nach wie vor Daten verwalten und diese mittels der vorhandenen Funktionen zu einem Szenario zusammenstellen, das Ihnen das gewünschte Ergebnis liefert. Sei es das reine Verknüpfen von Zahlen und damit die Berechnung von einfachen Grundrechenarten bis hin zu komplizierten Statistiken – alles ist mit Excel möglich.

Oder wollen Sie lediglich vorliegende Daten visualisieren, indem Sie sie in Diagramme jeglicher Art einfließen lassen oder mittels einer Landkartenfunktion anschauliche und leicht verständliche visuelle Ergebnisse präsentieren?

Das spielerisch leichte Verarbeiten von Daten führt immer wieder zu professionellen Ergebnissen, die sowohl in der Wirtschaft wie im privaten Umfeld geschätzt werden.

Der Überblick

Die folgenden Abschnitte enthalten einen kleinen Überblick über die Möglichkeiten innerhalb von Excel 2000.

Automatische Hilfsfunktionen

Excel versucht die Bewältigung von Routineaufgaben für Sie so einfach und bequem wie möglich zu gestalten. Aus diesem Grund finden Sie im Programm eine Reihe vollautomatisch arbeitender Hilfsfunktionen, deren Einsatz Zeit sparen kann.

Selbsttätige Textwiederholung in Spalten und automatisches Ausfüllen

In großen Tabellen und Listen wiederholen sich häufig die Texteinträge in einzelnen Spalten. Um Ihnen Tipparbeit zu ersparen, kontrolliert Excel bei untereinander liegenden Zellen, ob bei der aktuellen Eingabe schon Zeichenketten vorhanden sind. Stellt das Programm beim Tippen fest, dass der neue Eintrag einem schon vorher in derselben Spalte eingegebenen Text gleicht, blendet es ihn zum Überschreiben in der aktuellen Zelle ein.

Ein Klick mit der rechten Maustaste erlaubt über das Kontextmenü zusätzlich die Auswahl der in die fragliche Spalte schon eingegebenen Texte aus einer Liste.

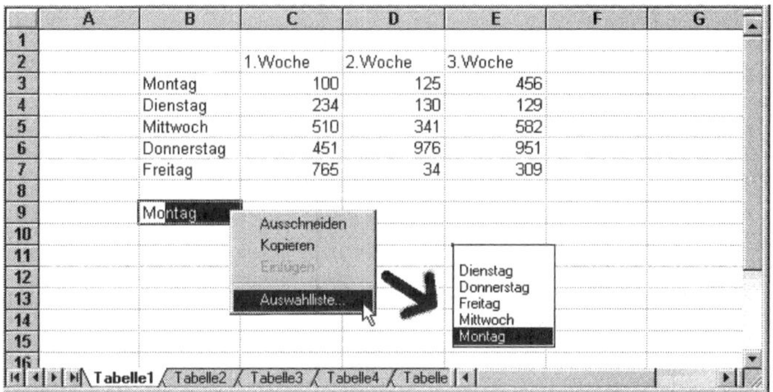

Abbildung 2.2: Excel kontrolliert die Eingabe

Beabsichtigen Sie kontinuierliche Folgen wie z.B. 1., 2., 3. usw. einzugeben, dann ist Ihnen Excel auch hierbei behilflich. Beginnen Sie eine solche Reihe und lassen Sie Excel die Reihe fast automatisch bis zum Ende vervollständigen.

Rechtschreibkontrolle

Excel trägt der Tatsache Rechnung, dass auch in Tabellen – und vor allem in gut gestalteten und gut dokumentierten – eine Menge Text eingegeben werden muss. Aus diesem Grund wurde eine automatische Rechtschreibkorrektur zur Verfügung gestellt, die die häufigsten Tippfehler von Vornherein verhindert.

Diese Funktion ähnelt derjenigen von Word und arbeitet mit der entsprechenden Word-Funktion auch zusammen, so dass Sie persönliche Korrekturvorgaben für Ihre häufigsten Tippfehler nur jeweils einmal dokumentieren müssen, um sie in beiden Programmen korrigieren zu lassen.

Automatische Überschlagsrechnungen

Wenn Sie in Excel die Summe der Zahlen in einem bestimmten Tabellenbereich erfahren möchten, reicht bloßes Markieren der fraglichen Zellen aus. Excel blendet den Summenwert automatisch in der Statuszeile unten am Bildschirm ein.

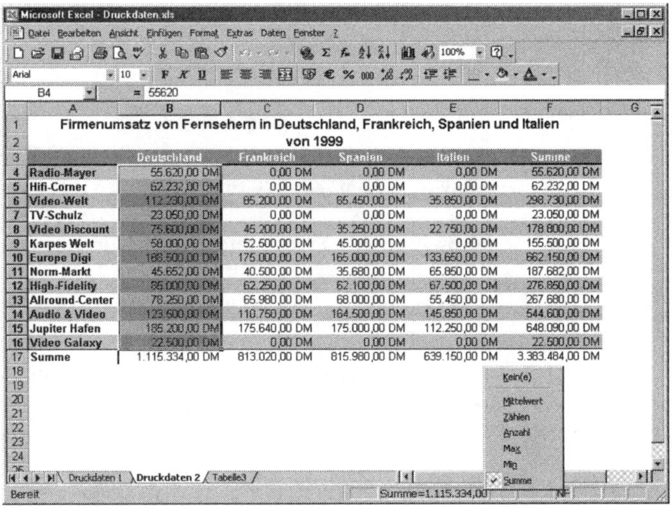

	Deutschland	Frankreich	Spanien	Italien	Summe
Radio-Mayer	55.620,00 DM	0,00 DM	0,00 DM	0,00 DM	55.620,00 DM
Hifi-Corner	62.232,00 DM	0,00 DM	0,00 DM	0,00 DM	62.232,00 DM
Video-Welt	112.230,00 DM	85.200,00 DM	65.450,00 DM	35.850,00 DM	298.730,00 DM
TV-Schulz	23.050,00 DM	0,00 DM	0,00 DM	0,00 DM	23.050,00 DM
Video Discount	75.600,00 DM	45.200,00 DM	35.250,00 DM	22.750,00 DM	178.800,00 DM
Karpes Welt	58.000,00 DM	52.500,00 DM	45.000,00 DM	0,00 DM	155.500,00 DM
Europe Digi	188.500,00 DM	175.000,00 DM	165.000,00 DM	133.650,00 DM	662.150,00 DM
Norm-Markt	45.652,00 DM	40.500,00 DM	35.680,00 DM	65.850,00 DM	187.682,00 DM
High-Fidelity	85.000,00 DM	62.250,00 DM	62.100,00 DM	67.500,00 DM	276.850,00 DM
Allround-Center	76.250,00 DM	65.980,00 DM	68.000,00 DM	55.450,00 DM	267.680,00 DM
Audio & Video	123.500,00 DM	110.750,00 DM	164.500,00 DM	145.850,00 DM	544.600,00 DM
Jupiter Hafen	185.200,00 DM	175.640,00 DM	175.000,00 DM	112.250,00 DM	648.090,00 DM
Video Galaxy	22.500,00 DM	0,00 DM	0,00 DM	0,00 DM	22.500,00 DM
Summe	1.115.334,00 DM	813.020,00 DM	815.980,00 DM	639.150,00 DM	3.383.484,00 DM

Abbildung 2.3: Überschlagsrechnungen erledigt Excel selbsttätig

Über einen Klick mit der rechten Maustaste auf diese Anzeige können Sie andere Rechenfunktionen für den Überschlag wählen: Mittelwert, Zählen, Anzahl, Maximum und Minimum.

Ranglisten

Eine schnelle Auswertungs-Filterfunktion mit dem einprägsamen Namen *Top 10* gibt Ihnen die Möglichkeit, aus einer beliebigen Menge die Spitzenwerte herauszusuchen: Die zehn höchsten Zahlen, die tiefsten 5 % oder ein anderes Intervall an einem der Enden einer Werteskala.

Hervorragendes Manövrieren innerhalb von Tabellen

In großen Tabellen einen bestimmten Zellenbereich anzusteuern erfordert in Excel nicht mehr so viel Pfadfindergeist wie bei der Arbeit mit den ersten Versionen. Die Bildlaufleisten, mit denen Sie gezielt Ihre gewünschten Tabellenausschnitte ins Programmfenster rufen können, orientieren sich an der tatsächlich benutzten Zone eines Tabellenblatts.

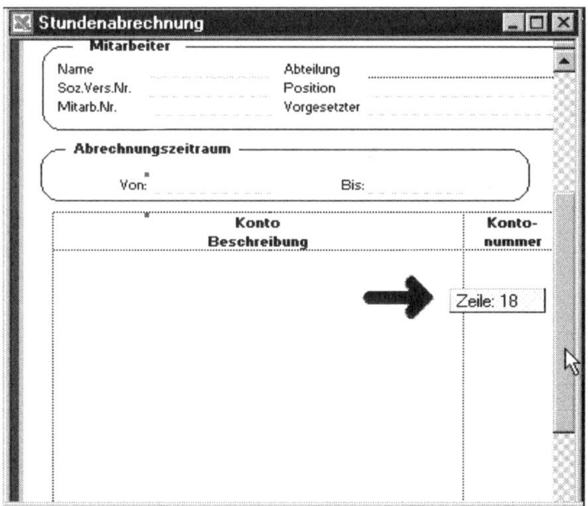

Abbildung 2.4: Die Orientierung in der Tabelle erleichtert Excel durch kleine Info-Fenster

Darüber hinaus blendet Excel während des Zugriffs auf die Bildlaufleisten kleine Orientierungsfenster ein, die über den erreichten Spalten- oder Zeilenwert informieren.

Automatische Anzeige von Tabellenkommentaren

Von verschiedenen Windows-Programmen her kennen Sie sicherlich schon jene Mauszeiger-bezogene Hilfe, die zu einer Schaltfläche am Bildschirm kleine Informationstexte einblendet, wenn Sie den Mauszeiger einige Zeit über einem solchen Funktionsobjekt stehen lassen.

Excel beherrscht diese Technik auch bei Tabellen, in deren Zellen Sie Kommentare eingegeben haben. Sie können fremden Nutzern von Ihnen erstellter Kalkulationen auf diese Weise zum Beispiel einfache Hilfen oder Hinweise an die Hand geben, bei denen Sie sicher sein dürfen, dass sie auch wahrgenommen werden.

Visual Basic

Excel arbeitet wie der Vorgänger Excel 97 mit der komfortablen und leistungsfähigen Programmiersprache Visual Basic, die innerhalb der Tabellenkalkulation die Entwicklung individuell zugeschnittener Anwendungen erlaubt. Diese Sprache ist zugleich diejenige, in der die Excel-Makros automatisch notiert werden. Hier ist vor allem der Umfang der Hilfe zu Visual Basic hervorragend implementiert.

Das Konzept einer Tabellenkalkulation

Viele PC-Benutzer arbeiten täglich mit einer Tabellenkalkulation und sind von den Möglichkeiten dieses Softwaretyps überzeugt. Mindestens ebenso verbreitet ist allerdings die Ansicht, dass es sich bei solchen Programmen um langweilige und schwer zu beherrschende Software-Dinosaurier handele, die sich nur für den professionellen Büroeinsatz eigneten.

Dabei stellen Tabellenkalkulationen ein fast schon geniales und universales Recheninstrument für den Computer dar. Programme wie Excel orientieren sich daran, wie ein Mensch normalerweise auch ohne Computer kalkuliert, sofern er seine Ergebnisse nicht nur im Gedächtnis festhalten möchte. Jene »Instrumente« aus dem computerlosen Alltag, die sich in einer Tabellenkalkulation zusammenfinden, sind Rechenblatt, Schreibstift und Taschenrechner. Die Methode, nach der diese Hilfsmittel zusammenarbeiten, ist das einfache Rechnen mit Formeln.

Das Excel-Prinzip

Um das Prinzip hinter Excel zu verstehen, sollten Sie sich ein alltägliches Rechenproblem und seine Bewältigung vergegenwärtigen. Ein gewöhnliches Haushaltsbuch eignet sich gut als Beispiel. Wie arbeiten Sie damit?

- ✔ Um den Überblick zu behalten, notieren Sie zum Beispiel die Ausgaben eines bestimmten Zeitraumes fein säuberlich untereinander. In Excel werden Sie dieses simple Ordnungsprinzip wiederfinden, denn alle Zahlen und Texte werden auch am Bildschirm in Arbeitsblättern mit exakter Spalten- und Zeileneinteilung angeordnet. Für jede Zahl oder jeden Texteintrag steht eine Art »Rechenkästchen« zur Verfügung, es trägt den Fachnamen Zelle.
- ✔ Wenn Sie Ihre Zahlen aufgelistet haben, rechnen Sie heute wahrscheinlich nicht mehr im Kopf oder schriftlich, sondern Sie benutzen einen Taschenrechner. Excel hat solch einen Rechenhelfer in jede Zelle eingebaut, denn statt einer Zahl oder eines Textes kann dort immer auch eine Rechenanweisung in Gestalt einer Formel eingetragen werden.

Schon mit dieser Formeltechnik aber lässt die Tabellenkalkulation die Papier-und-Taschenrechner-Methode weit hinter sich. Beim Taschenrechner nämlich müssen Sie auch sich wiederholende Rechnungen immer wieder Zahl für Zahl neu eintippen. Die gleiche Prozedur wird fällig, wenn Sie in einer bestehenden Kalkulation versuchsweise einen Betrag ändern möchten – vielleicht, um Ihre aktuelle Monatsbilanz einmal spielerisch unter den Bedingungen eines veränderten Energiepreises prüfen zu können.

In den Excel-Tabellen nun geben Sie in die Formeln nicht die Zahlen selbst ein, sondern deren Zellen-Koordinaten innerhalb der Tabelle als »Variable« oder »Platzhalter«. In jener Zelle, in die Sie die Formel eingetragen haben, erscheint dann aber automatisch das Ergebnis aus den Werten der auf diese Weise angesprochenen Zellen. Modifizieren Sie den Wert in einer dieser Zellen, ändert sich das Ergebnis automatisch mit.

Damit nicht genug. Die Zelle mit der Formel kann in einer weiter geführten Rechnung problemlos wieder als Variable verwendet werden, mit deren Ergebniswert Excel dann rechnet. Die Weiterführung eines Haushaltsbuches Monat für Monat macht so noch nicht einmal einen manuellen Übertrag von Seite zu Seite notwendig. Außerdem lassen sich Formeln so konzipieren, dass sie an verschiedene Stellen der Tabelle kopiert werden können und dort dennoch funktionieren.

Auswertung auf Knopfdruck

Mit diesen wenigen Angaben ist das Prinzip der Tabellenkalkulation auch schon umrissen. Wenn Sie Excel näher kennen lernen, werden Sie allerdings sehen, dass die Stärken solch eines Systems auch in den flexiblen Auswertungsmöglichkeiten liegen: Excel kann Zahlenaufstellungen in aussagekräftige Listen, Berichte und Grafiken verwandeln und schon innerhalb der Tabellen durch vielfältige grafische Gestaltungsmöglichkeiten für Übersicht sorgen.

Hinzu kommt die Makro- und Programmiertechnik mit Visual Basic, die Ihnen einerseits das Vereinfachen wiederkehrender Arbeitsabläufe erlaubt und andererseits die Tabellenkalkulation zur Grundlage fast beliebiger individueller Anwendungen machen kann.

KAPITEL 3

Die Standardinstallation von Excel

Bevor Sie mit Excel arbeiten können, müssen Sie es zuerst auf Ihrem Computer installieren. Wie das funktioniert, erfahren Sie in diesem Kapitel. Dabei wird hier auf die Standardinstallation eingegangen. Auf diese Weise erhalten Sie eine Excel-Installation mit den gebräuchlichsten Einstellungen.

Die Standardinstallation von Excel

Da Excel ein Produkt aus dem Office-2000-Paket von Microsoft ist, wird es in vielen Fällen über diesen Weg auch installiert. Aus diesem Grund wird die Installation in Verbindung mit dem Office-Paket hier erläutert.

Sollten Sie eine Einzelversion besitzen, dann werden Sie anhand der hier geschilderten Vorgehensweise leicht erkennen können, wie Sie Ihre Installation durchzuführen haben, da die meisten Schritte die gleichen sind.

Um Microsoft Excel 2000 zu installieren, legen Sie die Microsoft-Office-2000-CD in Ihr CD-Laufwerk ein. Das Installationsprogramm wird in der Regel automatisch gestartet, da die CD mit der so genannten *Autorun*-Funktion ausgerüstet ist.

Sollte die Installation nicht automatisch gestartet werden, dann aktivieren Sie innerhalb des *Start*-Menüs von Windows den Befehl *Ausführen*. Es öffnet sich daraufhin ein Dialog:

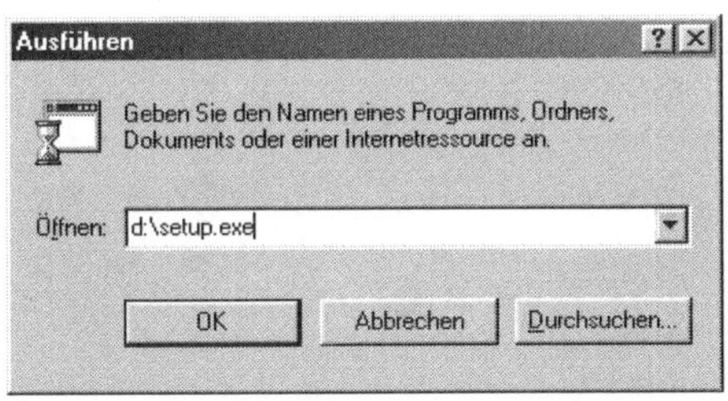

Abbildung 3.1: Der *Ausführen*-Dialog

Innerhalb des Dialogs geben Sie in die dafür vorgesehene Eingabezeile den Eintrag ein, der den Start der Installation veranlasst. Es ist, wie in der Abbildung zu sehen, der Befehl

```
D:\SETUP.EXE
```

wobei D: der Laufwerksbuchstabe für das CD-ROM-Laufwerk ist. Sollten Sie den Laufwerksbuchstaben Ihres CD-ROM-Laufwerks nicht genau kennen, dann können Sie die entsprechende Datei auch über die Schaltfläche *Durchsuchen* lokalisieren.

Anschließend klicken Sie auf *OK* und die Installation wird gestartet.

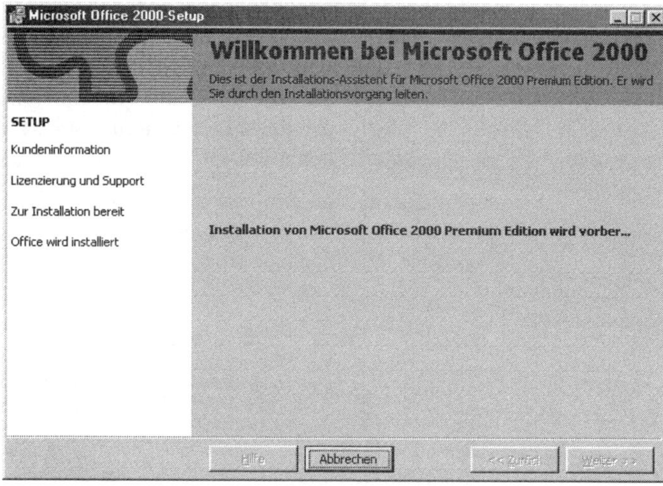

Abbildung 3.2: Der Start der Installation

Der Startbildschirm wird einige Zeit zu sehen sein, da vom Installationsprogramm zuerst einige Vorbereitungen durchgeführt werden müssen.

Den Fortschritt der Vorbereitungen können Sie anhand eines Laufbalkens erkennen.

Sind diese Vorbereitungen abgeschlossen, werden Sie aufgefordert, Ihre Kundeninformationen einzugeben.

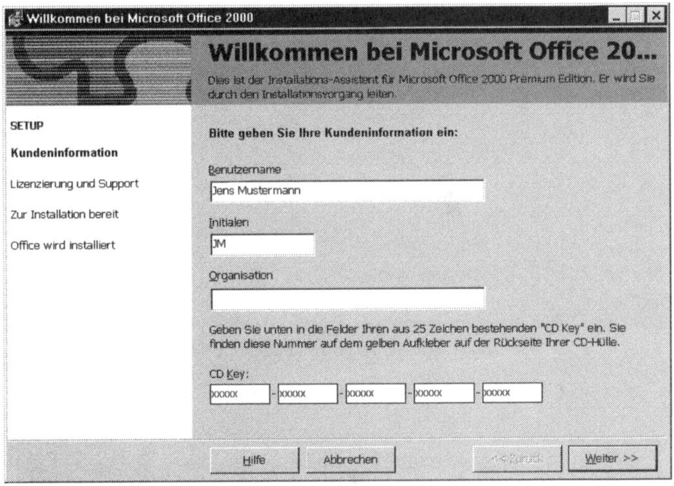

Abbildung 3.3: Die Kundeninformationen

Hier geben Sie Ihren Namen sowie Ihre Initialen und die Organisation ein, wobei nicht alles ausgefüllt werden muss. Obligatorisch ist allerdings die Eingabe des CD-Schlüssels (CD-Key).

Den *CD-Key* finden Sie auf dem gelben Aufkleber auf der Rückseite Ihrer CD-Hülle. Erst nach der Eingabe des richtigen CD-Schlüssels kann die Installation über die Schaltfläche *Weiter* fortgesetzt werden. Solange der CD-Key nicht eingegeben wurde, bleibt die Schaltfläche *Weiter* nicht anwählbar.

Haben Sie den CD-Key eingegeben, klicken Sie auf *Weiter* und Sie gelangen zum nächsten Dialog, in dem die Lizenzbestimmungen von Microsoft angezeigt werden. Nur wenn Sie den Lizenzvertrag akzeptieren, können Sie mit der Installation von Microsoft Office 2000 fortfahren, andernfalls wird die Installation beendet.

Abbildung 3.4: Der Lizenzvertrag

Um den Lizenzvertrag zu akzeptieren, aktivieren Sie die Option *Ich akzeptiere die Bedingungen des Lizenzvertrags* und klicken anschließend auf die Schaltfläche *Weiter*.

In dem nächsten Dialog bestimmen Sie über die zwei angezeigten Schaltflächen, wie Microsoft Office 2000 installiert werden soll.

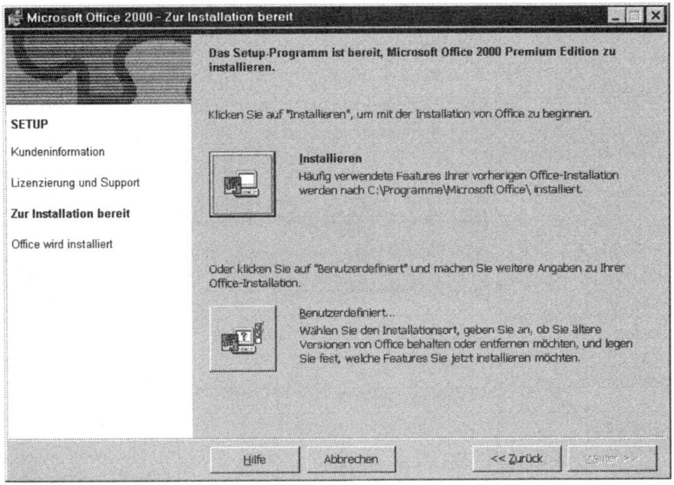

Abbildung 3.5: Zwei Wege zur Installation von Microsoft Office 2000

Klicken Sie auf die Schaltfläche *Installieren*, dann wird Microsoft Office 2000 in dem vorgegebenen Installationsverzeichnis C:\PROGRAMME\MICROSOFT OFFICE\ installiert. Dabei werden die von Microsoft als standardmäßig vorgegebenen Programm-Module installiert.

Möchten Sie jedoch bestimmen, welche Programmteile installiert werden sollen, den Installationspfad neu festlegen oder ältere Versionen eines Office-Pakets erhalten, dann klicken Sie auf die Schaltfläche *Benutzerdefiniert*. Der weitere Verlauf dieser Installationsvariante ist im vierten Teil dieses Buches genaustens beschrieben. Dort erfahren Sie auch, wie Sie den Umfang von Excel nach der Installation mit zusätzlichen Optionen verändern können, wie Sie Excel reparieren und deinstallieren können.

An dieser Stelle wird allerdings weiter auf die Standardinstallation eingegangen. Hier werden keine weiteren Abfragen benötigt, da alles Weitere bereits für Sie voreingestellt ist. Lediglich das Kopieren der Dateien und das Installieren der neuen Komponenten in die Windows-Umgebung ist hier noch erforderlich. Doch dazu braucht die Installationsroutine lediglich ein wenig Zeit. Alles Weitere passiert automatisch.

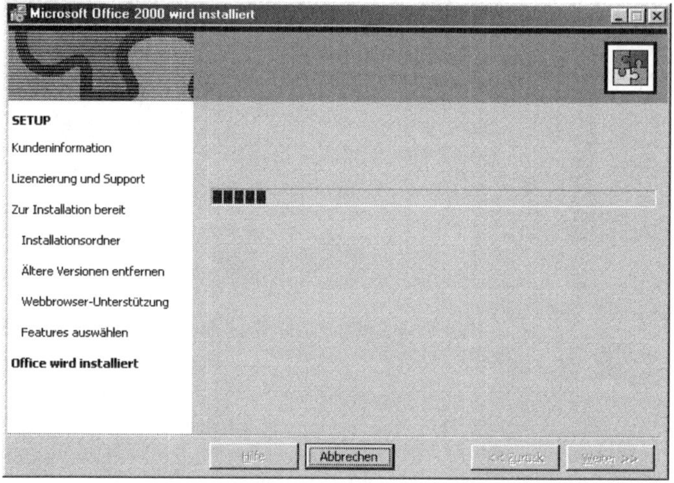

Abbildung 3.6: Die Installation wird durchgeführt

Nachdem die Installationsroutine ihre Aufgaben erfüllt hat, ist es erforderlich, dass Sie Ihren Computer neu starten. Nachdem auch das erledigt ist, steht Ihnen das Office-Paket und damit auch Excel zu Verfügung.

KAPITEL

4

Das Hilfesystem von Excel

Bei der Arbeit mit Excel treten für den Anwender immer wieder Fragen auf, insbesondere dann, wenn die Programmversion noch sehr neu ist oder der Anwender Excel erstmalig einsetzt. Excel bietet für solche Fälle ein Hilfesystem an, das schnell eine Problemlösung bereitstellt.

Das Hilfesystem von Excel

Excel beinhaltet eine Reihe von Hilfetexten. Sie informieren über Funktionsweisen und Befehle fast aller Bestandteile des Excel-Paketes. Im Prinzip können Sie in jeder beliebigen Arbeitssituation die Hilfefunktion aufrufen und erhalten bezogen auf das, was Sie gerade anwenden, eine Hilfestellung innerhalb eines erscheinenden Fensters. Sie können die Hilfefunktionen aber auch wie ein Nachschlagewerk betrachten, in dem Sie jederzeit nach Begriffen und Vorgängen suchen können.

Die Excel-Hilfetexte bilden ein System, das Sie immer wieder auf die gleiche Weise benutzen. Die Bedienung lernen Sie kennen, wenn Sie im Menü *?* den Befehl *Microsoft Excel-Hilfe* anwählen oder die Taste [F1] drücken. Das Hilfefenster wird daraufhin geöffnet.

HINWEIS

Excel besitzt in der neuen Version 2000 einen so genannten Office-Assistenten. Sollte dieser anstelle des Hilfe-Fensters erscheinen, dann klicken Sie auf die *Optionen*-Schaltfläche. In dem erscheinenden Dialog deaktivieren Sie die Option *Den Office-Assistenten verwenden*. Sobald Sie den Dialog mit *OK* verlassen, verschwindet der Assistent und Sie sehen die Hilfe in der hier beschriebenen Art und Weise. Auf den Office-Assistenten wird am Ende dieses Kapitels noch einmal genauer eingegangen.

Alle Hilfethemen sind innerhalb des Registers *Inhalt* mit einem geschlossenen Buch gekennzeichnet.

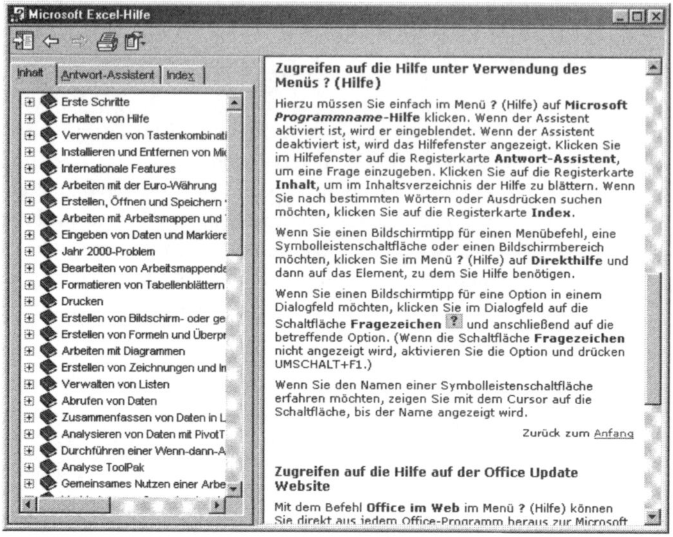

Abbildung 4.1: So präsentiert sich die Excel-Hilfe

HINWEIS

> Sollte sich die Hilfe nicht wie in der Abbildung in einem separaten Fenster auf dem Bildschirm darstellen, dann wird sie sich automatisch am Bildschirmrand ausgerichtet haben. Sie können sie dort wegziehen, indem Sie in die Titelleiste in die Bildschirmmitte ziehen und dort loslassen. Die Hilfe erhält dann ein eigenes Fenster.

Mit einem einfachen Klick auf das Plus-Zeichen vor dem Buchsymbol öffnen Sie das gewünschte Buch. Sie können allerdings ein Buch auch mittels eines Doppelklicks öffnen, wobei das aktuell ausgewählte Buch beim Überfahren mit der Maus deutlich erkennbar wird. In jedem der Bücher können Sie dann weitere Bücher oder Hilfetexte finden.

Der eigentliche Hilfetext

Den eigentlichen Hilfetext erkennen Sie an dem symbolisierten Blatt mit einem Fragezeichen in der Mitte. Suchen Sie sich das gewünschte Thema aus und öffnen Sie den Text mit einem Klick. Der helfende Text wird Ihnen dann im rechten Teil des Fensters dargelegt, wobei Sie auch hier noch verschiedene Unterbereiche vorfinden können, die wiederum explizit geöffnet werden müssen. Dies geschieht dann ebenfalls mit einem Klick, wie Sie es bereits gewohnt sind.

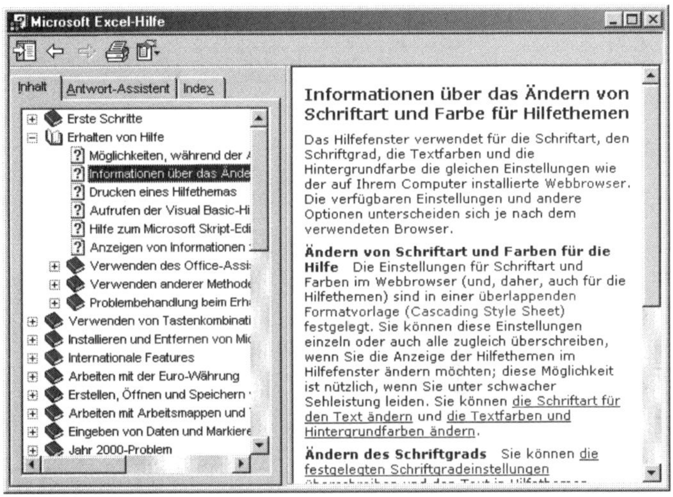

Abbildung 4.2: Hilfetext zu Excel

Blau dargestellte und unterstrichene Texte können wiederum mit der Maus angeklickt werden. Das Hilfesystem verzweigt dann zu einem Hilfetext, der zu diesem Thema mehr Informationen bietet.

Spezielle Informationen im Text

Innerhalb des dargestellten Fließtextes der Hilfe werden immer wieder spezielle Begriffe blau (und nicht unterstrichen) dargestellt, wobei es sich nicht um die blauen (und unterstrichenen), schon zuvor angesprochenen Textstellen handelt.

Auch diese Begriffe können angeklickt werden, was Sie anhand des sich ändernden Mauszeigers erkennen können, sobald Sie die Maus über einen solchen Begriff platzieren.

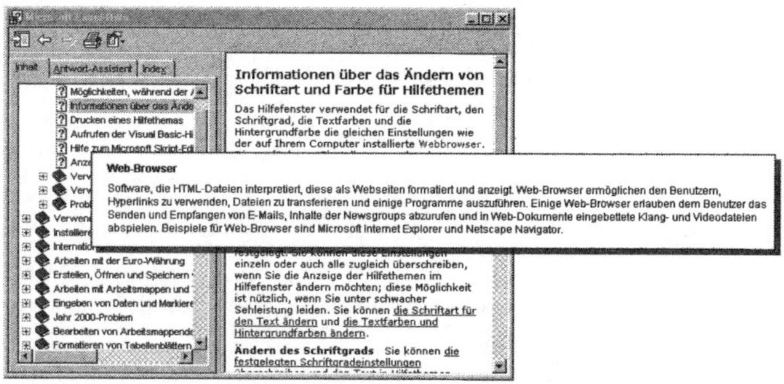

Abbildung 4.3: Erklärende Ergänzungstexte

Klicken Sie auf einen solchen Begriff, dann wird Ihnen innerhalb eines Rahmens eine Erläuterung des angeklickten Begriffs angezeigt. Auf diese Weise erhalten Sie ergänzende Informationen zu dem gekennzeichneten Begriff.

Die Funktionen der Hilfe-Schaltflächen und -Register

Sie sehen innerhalb des linken Bereichs des Hilfefensters mehrere Register. Je nach Register können Sie auf andere Art und Weise nach Hilfethemen suchen.

Das Register Inhalt

Im Register *Inhalt* erhalten Sie, wie Sie schon erfahren haben, einen Überblick über die Themen, die die gestartete Hilfe Ihnen bieten kann. Der Überblick ist baumartig aufgebaut, jeder Ast wird mit einem Buch symbolisiert. Jedes Thema kann weiter untergliedert sein. In den einzelnen Büchern finden sich die Hilfetexte.

Das Register Index

Das Register *Index* ermöglicht Ihnen die alphabetische Suche nach bestimmten Begriffen innerhalb der Hilfe. Dazu geben Sie in die dafür vorgesehene Eingabezeile so genannte *Schlüsselwörter* ein (siehe Abbildung 4.4).

Sobald Sie auf die Schaltfläche *Suchen* klicken, werden in dem untersten Listenfeld die zu dem eingegebenen Schlüsselwort passenden Themen aufgelistet. Dort können Sie das gewünschte Thema anwählen, woraufhin dieses im rechten Bereich des Fenster dargestellt wird.

Möchten Sie kein Schlüsselwort eingeben, dann können Sie auch innerhalb der mittleren Liste eines der vorgegebenen Schlüsselwörter doppelt anklicken. Auch hier werden dann die vorhandenen Themen aufgelistet.

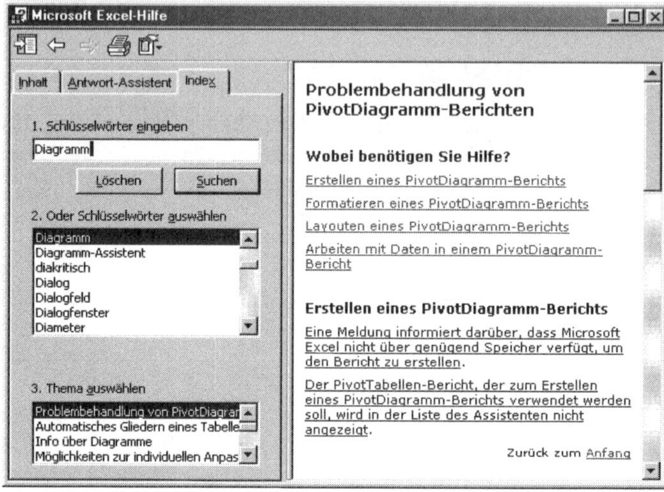

Abbildung 4.4: Die alphabetische Suche nach bestimmten Begriffen

Haben Sie einen Eintrag aus der untersten Liste ausgewählt, dann klicken Sie ihn, wie schon erwähnt, doppelt an. Die so gesuchte Hilfe wird anschließend im rechten Bereich des Fensters eingeblendet.

Das Register Antwort-Assistent

Das Register *Antwort-Assistent* ermöglicht Ihnen das Suchen nach bestimmten Wörtern oder Zeichenketten und auch ganzen Sätzen innerhalb der Hilfetexte.

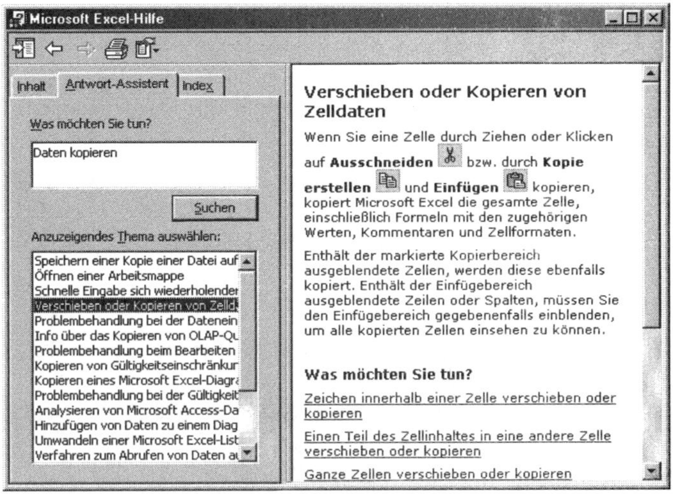

Abbildung 4.5: Das Register *Antwort-Assistent*

Geben Sie zur Suche einen Begriff in den Eingabebereich *Was möchten Sie tun!* ein. Klicken Sie anschließend auf die Schaltfläche *Suchen*. Das Hilfesystem durchsucht daraufhin die Datenbank nach Informationen zu diesem Begriff.

Die gefundenen Einträge werden innerhalb der darunter befindlichen Liste aufgeführt. Wählen Sie den gewünschten Eintrag mit der Maus durch einen Klick aus.

KNOW-HOW

Ist die Anzahl der gefundenen Texte sehr groß, so sollten Sie die Auswahlkriterien weiter einschränken. Spezifizieren Sie dazu die Suche durch die Eingabe weiterer Begriffe in der Eingabezeile.

Informationen ausdrucken

Haben Sie die Lösung für Ihr Problem innerhalb der Excel-Hilfe gefunden, dann haben Sie die Möglichkeit, sich den Hilfetext ausdrucken zu lassen.

Dazu klicken Sie auf das *Drucker*-Symbol in der Symbolleiste des Hilfefensters. Sobald Sie dieses aktivieren, wird Ihnen ein *Drucken*-Dialog eingeblendet, über den Sie den Druckvorgang starten können.

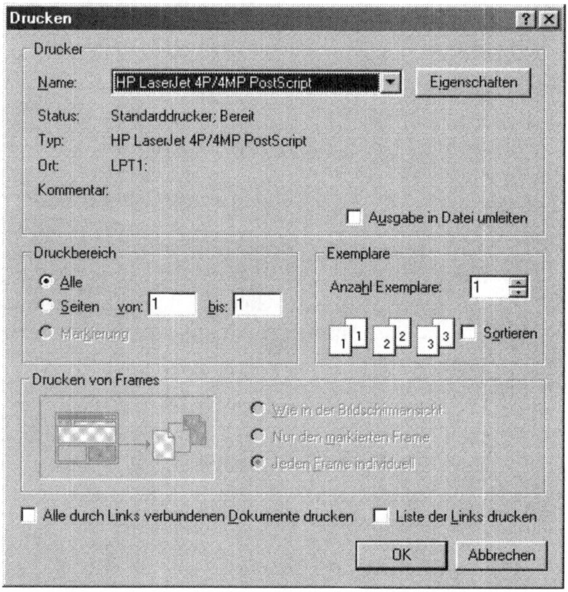

Abbildung 4.6: Hier starten Sie den Druckvorgang

Die Direkthilfe

Die *Direkthilfe* von Excel rufen Sie am einfachsten per Tastendruck auf. Dazu benutzen Sie die Funktionstaste [F1] in Verbindung mit der [⇧]-Taste. Einige Dialogfenster enthalten in der Titelleiste eine Schaltfläche mit einem Fragezeichen, die ebenfalls situationsbezogene Hilfetexte aufruft.

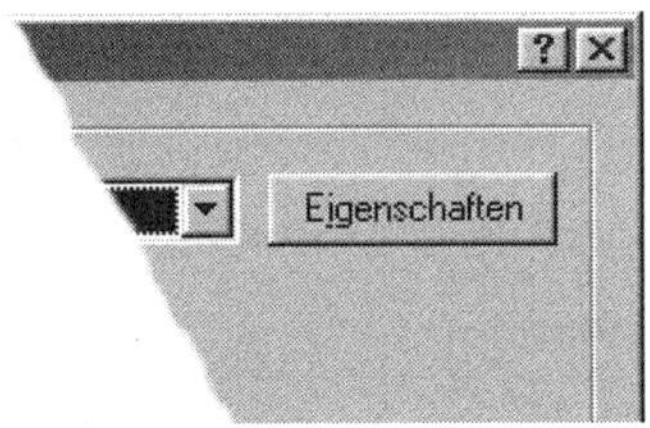

Abbildung 4.7: Das Fragezeichen in der Titelleiste

Wenn Sie die Direkthilfe bzw. dieses Symbol anklicken, verwandelt sich der Mauszeiger in einen Pfeil mit einem Fragezeichen.

Abbildung 4.8: Der Mauszeiger mit Fragezeichen

Das nächste Objekt von Windows, das Sie damit anklicken, wird mit einem eingeblendeten Hilfetext erklärt (siehe Abbildung 4.9).

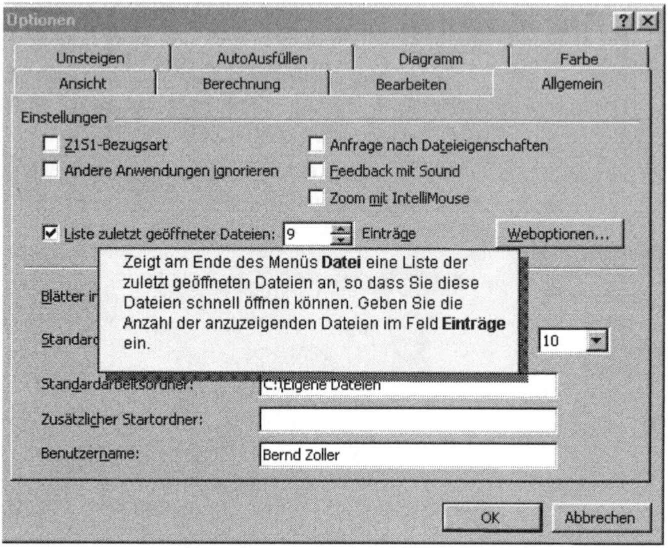

Abbildung 4.9: Der eingeblendete Hilfetext

Aber Sie erhalten bei Excel nicht nur eine Direkthilfe zu Funktionen innerhalb eines Dialogs, sondern auch Informationen zu den Elementen des Excel-Fensters.

Wählen Sie die Direkthilfe an, so dass Sie den Mauspfeil mit einem Fragezeichen erhalten. Anschließend klicken Sie ein Element des Excel-Fensters an. Sofort erhalten Sie Informationen zu diesem Element.

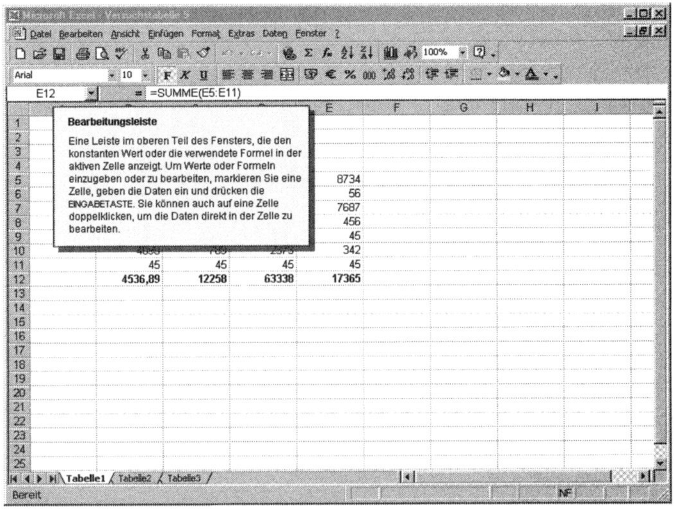

Abbildung 4.10: Die Informationen zum Element

Der Office-Assistent

Bei dem Office-Assistenten handelt es sich um eine kleine Figur, die Ihnen während Ihrer Arbeit mit Excel hilfreich zur Seite steht. Sollten Sie diese Figur noch nicht gesehen haben, dann können Sie sie über den Menübefehl *? / Office-Assistenten einblenden* aktivieren (siehe Abbildung 4.11).

Sollten Sie die Hilfe in Anspruch nehmen wollen und der Assistent ist aktiv, dann können Sie eine Frage innerhalb des Eingabefeldes formulieren und auf *Suchen* klicken (siehe Abbildung 4.12).

Abbildung 4.11: Der Office-Assistent

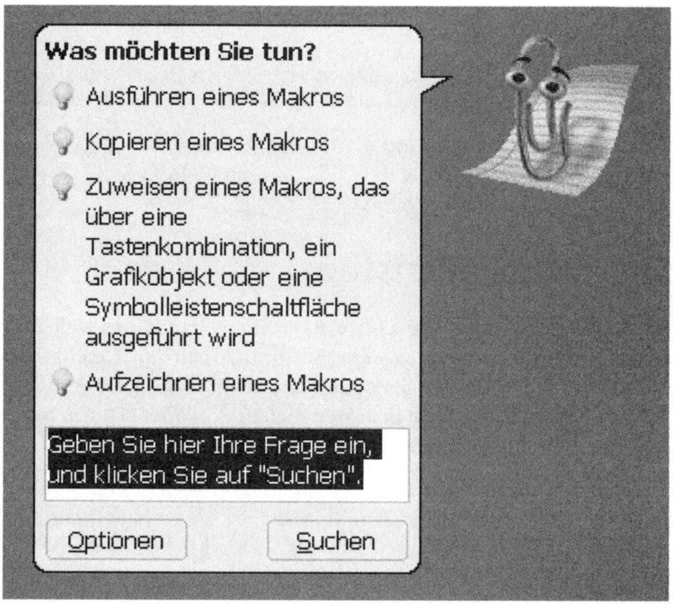

Abbildung 4.12: Der Assistent bei der Arbeit

Neben Stichwörtern können Sie hier auch ganze Sätze eingeben. Der Assistent versucht dann so weit es möglich ist, ein passendes Hilfe-Thema zu finden und stellt dann eine eingeschränkte Auswahl an Hilfe-Themen zur Verfügung. Wählen Sie daraus einfach dasjenige aus, das Ihnen hinsichtlich Ihres Problems weiterhilft.

Haben Sie ein entsprechendes Hilfe-Thema gefunden und aktiviert, dann wird das Hilfe-Fenster mit allen Möglichkeiten eingeblendet, die Sie in diesem Kapitel kennen gelernt haben.

Doch der Office-Assistent mischt sich auch in anderen Situationen ein. Ist er aktiv, dann kann z.B. folgende Meldung erscheinen:

Abbildung 4.13: Der Office-Assistent mischt sich ein

Die Einstellungen hinsichtlich des Office-Assistenten stellen Sie ein, indem Sie ihn mit der rechten Maustaste anklicken und in dem erscheinenden Kontextmenü den Befchl *Optionen* wählen. Es öffnet sich das in Abbildung 4.14 gezeigte Fenster.

Stellen Sie hier die gewünschten Optionen ein.

Sollte Ihnen das Aussehen des Assistenten nicht gefallen, dann wählen Sie innerhalb des bekannten Kontextmenüs den Befehl *Assistent auswählen*. Innerhalb des erscheinenden Dialogs können Sie ein anderes Aussehen des Assistenten festlegen. Klicken Sie dazu auf die Schaltfläche *Weiter*. Die vorhandenen Figuren werden dann angezeigt (siehe Abbildung 4.15).

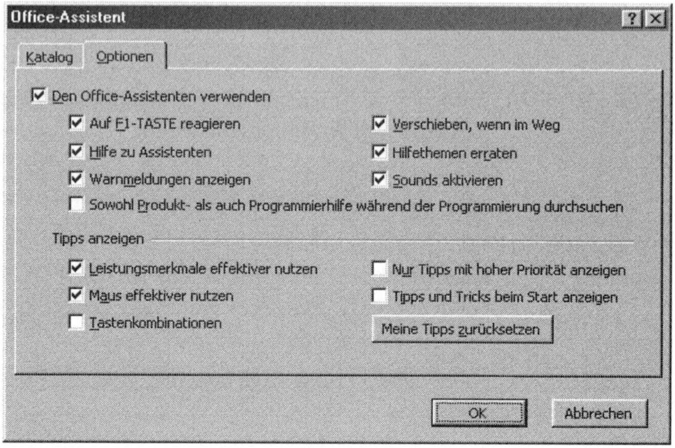

Abbildung 4.14: Die Optionen des Assistenten

Abbildung 4.15: Wie wäre es mit Einstein?

KAPITEL

Die Handhabung von Tabellen

Da die Funktionsweise von Excel auf Arbeitsblättern, Tabellen und Zellen basiert, werden Sie in diesem Kapitel erfahren, was es mit diesen Begriffen auf sich hat. Zusätzlich wird Ihnen erläutert, wie Sie diese Informationen umsetzen können, so dass Ihnen die Welt der Tabellenkalkulation offen steht.

5

Die Handhabung von Tabellen

Excel ist eine Tabellenkalkulation, mit der Sie Listen oder Tabellen erstellen können. Je nachdem, was mit dieser Tabelle anschließend geschehen soll, wird Sie unterschiedlich aufgebaut sein. Soll Sie in einer Präsentation eingesetzt werden, legen Sie mehr Wert auf die äußere Form. Enthält die Tabelle nur Daten für eine Grafik, können Sie die Formatierung der Zellen vernachlässigen. Excel unterstützt umfangreiche mathematische Funktionen, mit deren Hilfe Sie komplizierte Berechnungen in den Tabellenblättern ausführen können.

Die Arbeitsmappe

Wenn Sie ein neues Projekt beginnen, legen Sie im Allgemeinen eine neue *Arbeitsmappe* an. In dieser Arbeitsmappe können Sie alle Blätter eines Projekts ablegen, genau wie in einem echten Aktenordner im Aktenschrank. In einer Arbeitsmappe werden einzelne Blätter abgelegt. Das bedeutet aber nicht, dass jedes Blatt auch nur eine Seite umfasst. Vielmehr kann ein Tabellenblatt auch mehrere hundert Seiten lang werden und ein Diagrammblatt auch über eine Seite hinaus reichen. Auf Diagrammblättern werden Tabellen in grafischer Form dargestellt.

Neue Arbeitsmappe anlegen

Direkt nach dem Start von Excel 2000 wird automatisch eine leere Arbeitsmappe angelegt. Sollten Sie diese verändert haben, die getane Arbeit Ihnen allerdings nicht zusagen, dann können Sie eine weitere leere Arbeitsmappe mit dem Menübefehl *Datei / Neu* anlegen. Die andere Arbeitsmappe können Sie dann schließen, ohne sie zu speichern.

Eine neue Arbeitsmappe wird normalerweise mit drei leeren Tabellenblättern angelegt. Jedes Tabellenblatt besteht aus 256 Spalten und 65536 Zeilen. Das sind über 16,7 Millionen einzelne Felder auf jedem Tabellenblatt. Es werden von Excel aber noch verschiedene andere vorgefertigte Tabellen, so genannte *Vorlagen*, mitgeliefert.

Vorlagen auswählen

Über den Befehl *Neu* im Menü *Datei* öffnen Sie das Dialogfeld *Neu*. Hier werden die vorhandenen *Arbeitsblattvorlagen* innerhalb der vorhandenen Register aufgelistet.

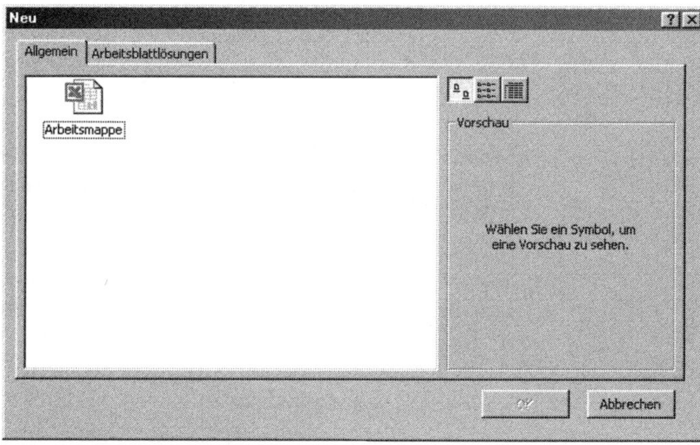

Abbildung 5.1: Das Dialogfeld *Neu*

Eine Vorlagendatei erkennt Excel an der Endung .XLT im Gegensatz zur Endung .XLS für normale Excel-Dateien. Wählen Sie eine der angebotenen Vorlagen aus einem der Register aus.

Je nachdem, welche Vorlage Sie markieren, wird Ihnen eine *Vorschaugrafik* der Datei angeboten. Diese Kurzansicht ist aber nicht in jeder Arbeitsmappe abgelegt. Damit eine Datei eine solche Kurzansicht bekommt, müssen Sie mit dem Befehl *Datei / Eigenschaften* im Register *Zusammenfassung* die Option *Vorschaugrafik speichern* aktivieren. Ist eine Vorschaugrafik in einer Datei enthalten, können Sie sehr schnell erkennen, ob die Vorlage dem erwarteten Format entspricht, noch bevor sie geladen wird.

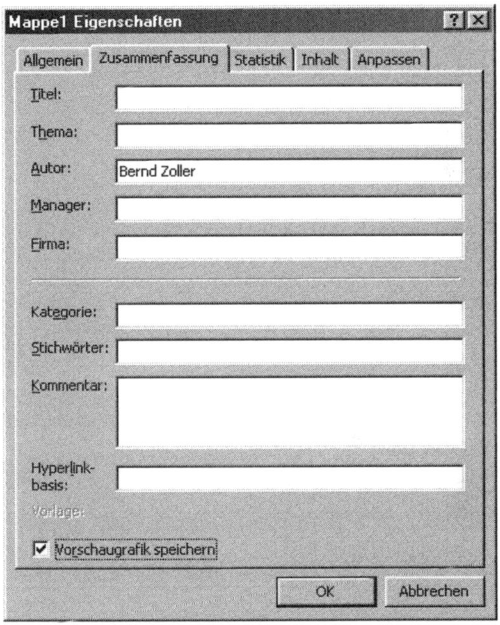

Abbildung 5.2: Hier stellen Sie die Option ein

Wenn Sie nach der Auswahl der gewünschten Vorlage auf *OK* klicken, wird die neue Datei entsprechend der Vorlage angelegt. Die nach dem Start geöffnete Arbeitsmappe entspricht der Auswahl *Arbeitsmappe* im Register *Allgemein*.

Um eine neue Datei mit dem Format der Standardvorlage anzulegen, können Sie auch auf die Schaltfläche *Neu* in der Symbolleiste klicken oder die Tastenkombination [Strg] + [N] benutzen. Dann umgehen Sie das Dialogfeld *Neu* und es wird direkt eine neue Arbeitsmappe angelegt.

Abbildung 5.3: Die Schaltfläche *Neu*

Laden einer Arbeitsmappe

Anstelle von Vorlagen können Sie aber auch bestehende Arbeitsmappen öffnen. Jede Ihrer Arbeitsmappen können Sie als Datei auf einem Datenträger abspeichern. Wie dies funktioniert, erfahren Sie weiter hinten in diesem Kapitel. Um die Datei anschließend wieder zu laden, müssen Sie Excel den Dateinamen der Arbeitsmappe angeben. Über den Befehl *Datei / Öffnen* gelangen Sie in ein Dialogfeld, das dem Explorer von Windows ähnelt (siehe Abbildung 5.4).

Sie können hier Ordner wechseln und andere Laufwerke auswählen. Die Vorgabe von Excel ist so eingestellt, dass nur Microsoft-Excel-Dateien, also in der Regel Dateien mit der Endung .XLS und .XLT, angezeigt werden. Sobald im Listenfeld eine Datei markiert wird, können Sie sich zusätzliche Informationen anzeigen lassen. Dazu benutzen Sie die Schaltflächen im rechten oberen Bereich des Dialogfeldes.

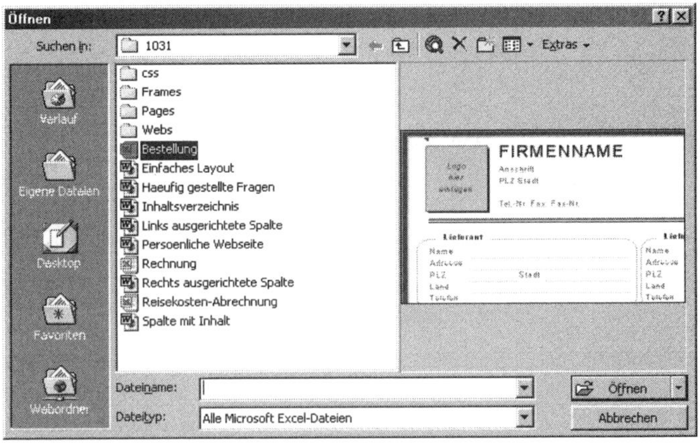

Abbildung 5.4: Das Dialogfeld *Öffnen*

HINWEIS

Wenn Sie eine Datei laden, ohne dass Sie vorher in der standardmäßig geöffneten, leeren Arbeitsmappe etwas geändert haben, wird beim Laden einer Datei die leere Arbeitsmappe wieder geschlossen.

Um mehrere Excel-Dateien gleichzeitig zu öffnen, müssen Sie innerhalb des *Öffnen*-Dialogs die gewünschten Dateien unter Verwendung der Strg-Taste auswählen. Das Öffnen aller ausgewählten Dateien geschieht dann über die gleichnamige Schaltfläche.

Zuletzt geöffnete Dateien erneut öffnen

Excel merkt sich immer die Namen der zuletzt geöffneten Arbeitsmappen, um Sie schneller wieder im Zugriff zu haben. Die Vorgabe steht auf vier Dateinamen. Entsprechend dieser Einstellung werden immer die vier zuletzt geöffneten Dateinamen als Befehle in das Menü *Datei* aufgenommen. Über diese Einträge im Menü können

Sie die Arbeitsmappen schneller öffnen als über den oben beschriebenen Weg.

Speichern einer Arbeitsmappe

Excel unterstützt, wie Sie es von Windows her gewohnt sind, lange Dateinamen, so dass Sie die Dateien mit aussagekräftigen Namen versehen können. Um eine Datei z.B. nach einer Änderung wieder abzuspeichern, reicht es aus, den Befehl *Speichern* im Menü *Datei* zu aktivieren.

Die Datei wird dabei mit den veränderten Daten unter ihrem bisherigen Namen abgespeichert. Dieses schnelle Verfahren speichert nur die Änderungen seit dem letzten Speichern ab. Das dauert nicht so lange wie eine komplette Speicherung.

Komplett wird die Arbeitsmappe nur gespeichert, wenn Sie umbenannt wurde oder beim ersten Speichern nach ihrer Erstellung. Das Schnellspeichern funktioniert auch mit der Disketten-Schaltfläche in der Symbolleiste *Standard*. Das Symbol der Diskette repräsentiert in allen gängigen Anwendungen, die mit Symbolleisten arbeiten, den Befehl *Speichern*.

Abbildung 5.5: Das *Speichern*-Symbol

Einen neuen Dateinamen vergeben

Hat die Datei noch keinen Namen oder ist diese schreibgeschützt geöffnet, wird Ihnen auch beim Befehl *Speichern* automatisch das

Dialogfeld *Speichern unter* angezeigt. Das gleiche Dialogfeld benutzen Sie, um eine abgespeicherte Datei unter einem anderen Namen erneut abzuspeichern, jedoch müssen Sie dazu den Befehl *Speichern unter* aktivieren.

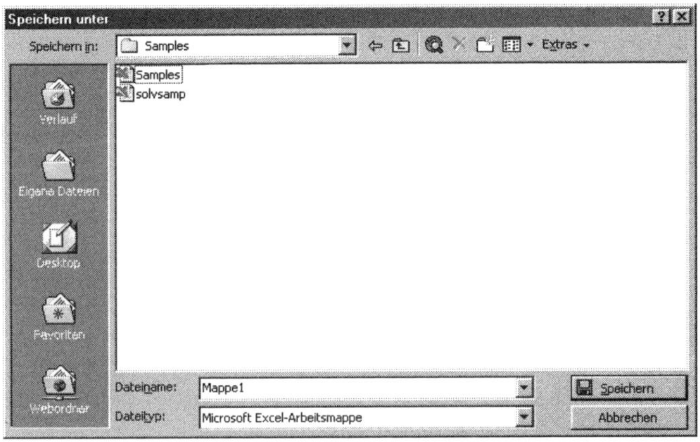

Abbildung 5.6: Das Dialogfeld *Speichern unter*

Den neuen Dateinamen geben Sie im Eingabefeld *Dateiname* ein. Der Name der Datei soll den Inhalt beschreiben, um einzelne Arbeitsmappen voneinander unterscheiden zu können.

Es stehen Ihnen reichlich Zeichen zur Verfügung. Beachten Sie dabei aber, dass die Zeichen, die Sie für die Angabe des Laufwerks und der einzelnen Verzeichnisse und Unterverzeichnisse verbrauchen, zum Dateinamen dazugerechnet werden. Trotzdem sollten die verbleibenden Zeichen ausreichen, um einen geeigneten Namen zu finden.

KNOW-HOW

Sie dürfen alle Zeichen benutzen außer den Sonderzeichen ; : / \ < > * ? » oder |.

Speichern als Mustervorlage

Neue Arbeitsmappen legen Sie meist durch Öffnen einer Vorlage an. Nach gewisser Zeit oder für bestimmte Aufgaben werden Sie immer wieder ganz bestimmte Veränderungen vornehmen, die generell von der Standardvorlage abweichen.

Um Ihnen das lästige Ändern in jeder neuen Arbeitsmappe zu ersparen, können Sie eigene Vorlagen entwickeln. Jede Arbeitsmappe, die Sie angelegt haben, können Sie mit dem Dateityp *Mustervorlage* abspeichern. Dadurch wird die Endung der Datei in .XLT umgewandelt und dieser Vorlagentyp beim Auswählen neuer Arbeitsmappen ebenfalls als Vorlage angeboten.

Wollen Sie die Standardvorlage ändern, die Sie durch Anklicken der *Neu*-Schaltfläche bzw. durch Strg + N automatisch öffnen, speichern Sie die Mustervorlage nach der Änderung unter dem Namen MAPPE.XLT im Unterverzeichnis XLSTART des OFFICE-Ordners ab.

Automatisches Speichern

Damit ein Programmabbruch oder Stromausfall nicht die Arbeit mehrerer Stunden zerstört, kann Excel geöffnete Dateien von Zeit zu Zeit automatisch abspeichern. Die Zeitabstände und einige weitere Parameter stellen Sie über den Befehl *Extras / Automatisches Speichern* ein. Dazu öffnet sich ein separater Dialog.

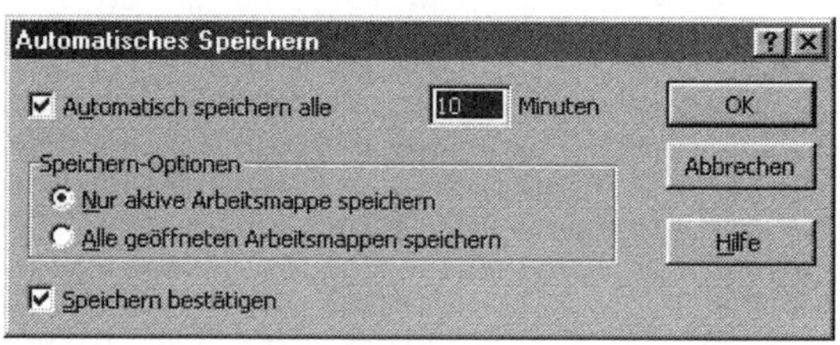

Abbildung 5.7: *Automatisches Speichern* einstellen

Diese Speicherfunktion können Sie aber erst benutzen, wenn Sie mit dem Add-Ins-Manager die Zusatzfunktion *Automatisches Speichern* geladen haben. Diesen können Sie über den Menübefehl *Extras / Add-Ins-Manager* aktivieren. Solche *Add-Ins* sind kleine Programme, die Sie nicht unbedingt benötigen. Um nicht unnötig Platz im Arbeitsspeicher zu verbrauchen und den Start von Excel nicht zu bremsen, werden sie nicht automatisch beim Start geladen.

Zusätzliche Informationen zur Arbeitsmappe

Mit jeder Datei können Sie zum eigentlichen Dateinamen noch zusätzliche Informationen abspeichern. Über die Informationen zu Autor, Thema oder Titel einer Arbeitsmappe können Sie die einzelnen Mappen besser unterscheiden. Alle Suchfunktionen verschiedener Anwendungen unter Windows können auf diese Daten zugreifen.

Die Informationen werden über den Befehl *Eigenschaften* im Menü *Datei* eingegeben. Das Dialogfeld *Eigenschaften* enthält mehrere Register. Jedes Register enthält unterschiedliche Informationen (siehe Abbildung 5.8 auf der folgenden Seite).

Im Register *Inhalt* werden die einzelnen Arbeitsblätter aufgelistet. Das Register *Zusammenfassung* geht mehr auf die Autoren und Themen ein. Hier legen Sie auch fest, ob eine Vorschau der Arbeitsmappe angelegt werden soll oder nicht. Beim Öffnen einer Arbeitsmappe können diese Daten ebenso wie die Vorschau abgefragt werden.

Mehrere Arbeitsmappen gleichzeitig

Mit Excel können Sie mehrere Arbeitsmappen gleichzeitig öffnen. Jede Mappe wird für sich innerhalb von Windows in einem eigenen Fenster innerhalb der Applikation angezeigt. Öffnen Sie zum Test mehrere Arbeitsmappen und legen Sie neue Arbeitsmappen an. Speichern Sie die neuen Mappen unter verschiedenen Namen ab.

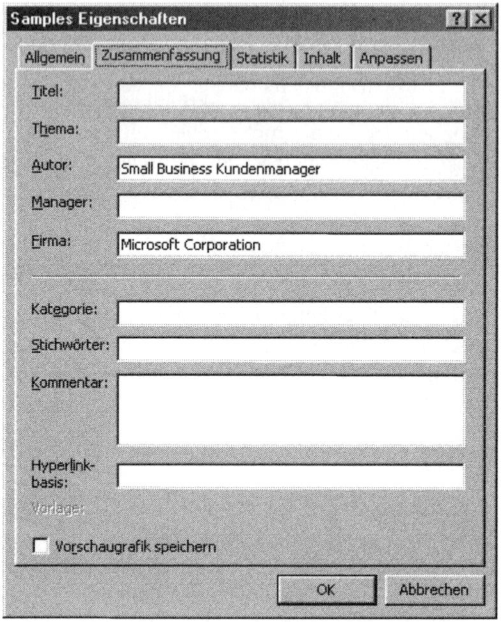

Abbildung 5.8: Das Register *Zusammenfassung*

Sie können auch mehrere Fenster der gleichen Arbeitsmappe öffnen. So können Sie z.B. zwei verschiedene Bereiche einer Tabelle oder verschiedene Arbeitsblätter einer Arbeitsmappe gleichzeitig auf dem Bildschirm darstellen. Benutzen Sie dazu den Befehl *Neues Fenster* im Menü *Fenster* und ordnen Sie beide Fenster nebeneinander an.

Zwischen geöffneten Arbeitsmappen wechseln

Die einzelnen Fenster überdecken sich meistens ganz oder teilweise. Kaum ein Bildschirm ist in der Lage, mehrere Tabellen gleichzeitig komplett anzuzeigen. Würden alle nebeneinander angezeigt, wäre entweder der Bildausschnitt zu klein, um die Tabelle zu überblicken oder die Schrift zu klein, um etwas lesen zu können.

Alle geöffneten Arbeitsmappen werden mit ihrem Namen im Menü *Fenster* aufgelistet, auch wenn es so aussieht, als ob die einzelnen Arbeitsmappen unabhängig voneinander als eigenständige Programme geladen wurden. Die Nummer vor dem Namen entspricht der Reihenfolge beim Öffnen oder Anlegen der Arbeitsmappen.

Zwischen den einzelnen Dateien oder Fenstern wechseln Sie über das Menü *Fenster*. Wählen Sie dort die Datei aus, die in den Vordergrund gebracht werden soll. Über die Tastenkombination [Strg] + [⇆] können Sie auch schrittweise von einem Fenster zum nächsten wechseln.

Das Arbeitsblatt

Die einzelnen Tabellenblätter einer Arbeitsmappe sind übereinander gelegt, so dass Sie nur das oberste Blatt sehen können.

Jedes Arbeitsblatt ist in Zeilen und Spalten unterteilt. Spalten werden meist alphabetisch, Zeilen numerisch beschriftet. Jedes Arbeitsblatt hat einen Namen, der auf dem Register am unteren Bildschirmrand angezeigt wird.

Über die Registerlaschen oder über die Tastenkombinationen [Strg] + [Bild↑] bzw. [Strg] + [Bild↓] wechseln Sie das Arbeitsblatt. Die Laschen der verdeckten Arbeitsblätter sind grau hinterlegt. Das zuoberst angeordnete Arbeitsblatt ist weiß hervorgehoben.

Sind mehrere Arbeitsblätter markiert, dann erkennen Sie das oberste Arbeitsblatt daran, dass der Name innerhalb der Lasche fett gedruckt ist.

Mit den Schaltflächen links neben den Registerlaschen können Sie weiter nach rechts oder links blättern, da der Bildschirm oft nicht groß genug ist, um alle Laschen gleichzeitig anzuzeigen.

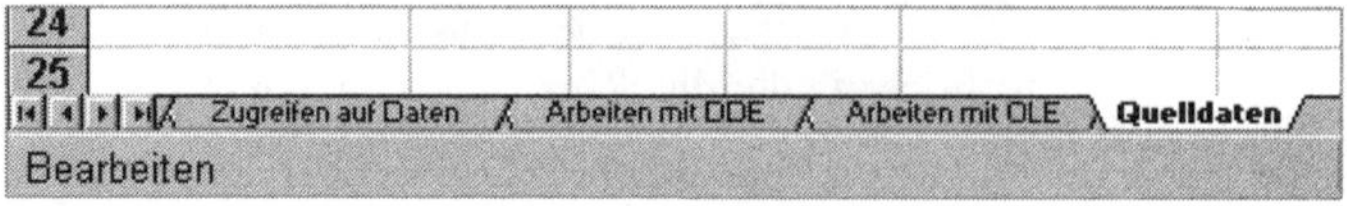

Abbildung 5.9: Die Register der Arbeitsblätter

Register umbenennen

Klicken Sie mit der Maus doppelt auf ein gewünschtes Register, so können Sie anschließend den Namen innerhalb der Lasche verändern. Es stehen Ihnen 31 Zeichen zur Verfügung, um das Arbeitsblatt mit einem aussagefähigen Namen zu beschriften. Sie können auch Leerzeichen verwenden, jedoch keine Sonderzeichen wie *, ?, /, \ oder :.

Die Reihenfolge von Arbeitsblättern ändern

Die Reihenfolge der Arbeitsblätter können Sie beliebig verschieben. Am einfachsten geht das mit der Maus. Klicken Sie dazu die Lasche des Arbeitsblattes, das Sie verschieben wollen, mit der linken Maustaste an und halten Sie diese während der ganzen Aktion gedrückt. Der Mauszeiger verwandelt sich sofort in einen Pfeil mit einem Arbeitsblatt.

Über den Registerlaschen taucht ein kleiner schwarzer Pfeil auf, der die neue Position des Blattes anzeigt. Bewegen Sie die Maus nach links und rechts und der schwarze Pfeil wandert mit. Wenn Sie die linke Maustaste loslassen, wird das Arbeitsblatt an der Stelle des schwarzen Pfeils einsortiert (siehe Abbildung 5.10).

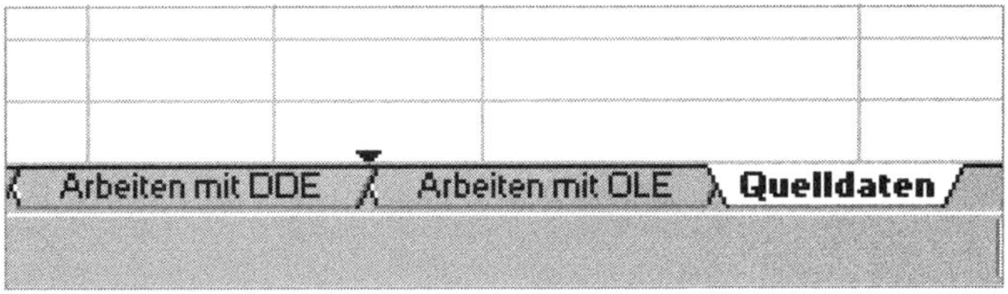

Abbildung 5.10: Verschieben von Arbeitsblättern

HINWEIS

Halten Sie beim Verschieben eines Arbeitsblattes die Strg-Taste gedrückt, dann kopieren Sie das ausgewählte Arbeitsblatt an die neue Position.

Arbeitsblätter löschen

Da die ungenutzten Tabellenblätter einer Arbeitsmappe nicht gebraucht werden, können Sie über das Kontextmenü der Tabellenlaschen gelöscht werden. Sie aktivieren dieses Menü durch einen Klick mit der rechten Maustaste auf die Lasche der zu löschenden Tabelle. Der Befehl *Löschen* entfernt das angeklickte bzw. alle ausgewählten Tabellenblätter. Leere Arbeitsblätter nehmen unnötigen Platz weg und sollten deshalb entfernt werden. Dadurch wird die Arbeitsmappe auch übersichtlicher.

Arbeitsblätter hinzufügen

Benötigen Sie für Ihre Arbeit weitere Arbeitsblätter, so können Sie diese anlegen, indem Sie mit der rechten Maustaste auf die Lasche eines bestehenden Arbeitsblattes klicken und in dem erscheinenden Kontextmenü den Befehl *Einfügen* wählen. In dem erscheinenden Dialogfenster können Sie dann auswählen, welche Art von Arbeitsblatt Sie einfügen möchten.

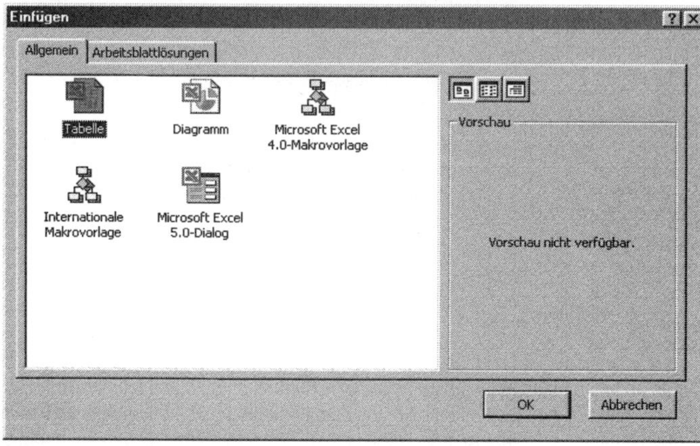

Abbildung 5.11: Hier wählen Sie die Art des neuen Arbeitsblattes aus

Die Zelle

Jedes einzelne Feld des Tabellenblattes, die so genannte *Zelle*, ist durch seine Position in der Zeile und Spalte eindeutig von den anderen zu unterscheiden. Über den Bezug auf die Spalte und Zeile kann die Zelle angesprochen werden.

Sie können selber auswählen, ob Sie die Spalten numerisch oder alphabetisch beschriften wollen. Im Register *Allgemein* des Dialogfeldes *Extras / Optionen* haben Sie die Wahl zwischen *Z1S1* oder *A1*. Das symbolisiert die Art, mit der Sie auf die Zelle Bezug nehmen können. Z1S1 bedeutet Zeile eins und Spalte eins, während A1 Zeile eins und Spalte A bedeutet.

In den einzelnen Zellen können Sie Werte ablegen, Formeln oder Text eingeben oder Berechnungen durchführen lassen.

Die Eingabe von Zeichen in eine Zelle

Um Zeichen in eine Zelle einzugeben, müssen Sie einmal auf die entsprechende Zelle klicken. Die Zelle wird hervorgehoben und der Zellbezug wird im Namensfeld im Bereich der Bearbeitungsleiste angezeigt.

Geben Sie anschließend einen Wert oder einen Text ein, so wird die Zelle beschrieben. Wenn in der Zelle schon etwas vorhanden ist, wird der Inhalt überschrieben. Danach können Sie die Eingabe mit [↵] abschließen.

Eine andere Möglichkeit, die Eingabe abzuschließen, sind die Pfeiltasten. Benutzen Sie z.B. [→], wird die Markierung der Zelle um eine Spalte nach rechts verschoben.

Die Markierung verschieben

Wenn Sie lange Listen oder umfangreiche Tabellen eingeben, ist es von Vorteil, wenn die Markierung der Zelle nach erfolgter Eingabe automatisch nach rechts oder nach unten verschoben wird. Die Vorgabe von Excel bewegt die Markierung um eine Zelle nach unten.

Verändern können Sie die Vorgabe über das Register *Bearbeiten* im Menüpunkt *Extras / Optionen*. Sie können eine andere Richtung einstellen oder die Funktion ganz ausschalten. Wenn Sie [⇧] drücken, während Sie die Eingabe mit [↵] abschließen, kehrt sich die Richtung um.

Den Inhalt der Zelle verändern

Sie müssen die Zelle aber nicht jedes Mal überschreiben, um den Inhalt zu verändern. Sie haben zwei Möglichkeiten, den Inhalt zu verändern. Entweder Sie arbeiten in der Bearbeitungsleiste oder Sie verändern den Inhalt direkt in der Zelle.

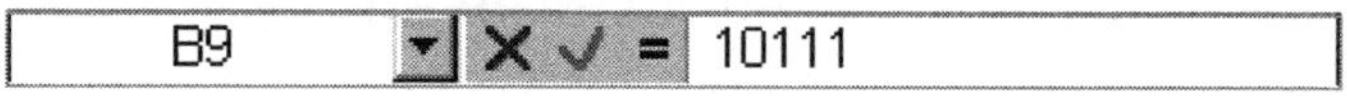

Abbildung 5.12: Die Bearbeitungsleiste

Bearbeiten in der Bearbeitungsleiste

Wenn Sie eine bereits gefüllte Zelle anklicken wird der Inhalt oder die Formel in der Bearbeitungsleiste angezeigt. Bewegen Sie die Maus über die Bearbeitungsleiste. Der Mauszeiger verwandelt sich in eine Einfügemarke. Mit einem Mausklick positionieren Sie diese Einfügemarke in der Bearbeitungsleiste.

Gleichzeitig erscheinen drei Symbole links neben dem angezeigten Zelleninhalt. Sie können den Inhalt der Zelle beliebig verändern. Innerhalb der Bearbeitungsleiste bewegen Sie sich mit den Pfeiltasten.

Mit der linken Schaltfläche verlassen Sie die Zelle unverändert. Beenden und übernehmen können Sie die Veränderung mit einem Klick auf das Häkchen oder mit ↵. Das Symbol *Formel bearbeiten* ruft ein Ergänzungsfeld auf, um an der Stelle der Einfügemarke eine Formel einfügen zu können.

Bearbeiten in der Zelle

Wenn die Option *Direkte Zellbearbeitung aktivieren* in der Registerkarte *Bearbeiten* des *Extras / Optionen*-Dialogs aktiviert ist, können Sie die Zelle auch direkt auf dem Arbeitsblatt bearbeiten. Dazu müssen Sie eine gefüllte Zelle doppelt anklicken. Die Einfügemarke steht dann direkt in der Zelle. Mit den Pfeiltasten können Sie sich innerhalb der Zelle bewegen. Die Veränderung wird auch hier mit [↵] beendet. Probieren Sie es aus.

Ist die Funktion nicht aktiviert, wählen Sie zuerst den Befehl *Extras / Optionen* an. Im Register *Bearbeiten* aktivieren Sie das entsprechende Kontrollkästchen mit einem Häkchen.

Das Register *Bearbeiten* enthält die Grundeinstellungen von Excel, deren Optionen die Bearbeitung von Zellen beeinflussen. Probieren Sie erneut einen Doppelklick, nachdem Sie das Dialogfeld geschlossen haben. Jetzt wird die Einfügemarke direkt in der Zelle stehen.

Nützliche Funktionen bei der Eingabe von Zeichen

Excel bietet eine Reihe nützlicher Funktionen, die die Eingabe immer gleicher Zeichen in verschiedenen Zellen erleichtern.

Automatischer Vorschlag von Texten in Spalten

Während Sie in einer Zelle die ersten Zeichen eines Wortes eingeben, kann Excel im Hintergrund die Zellen oberhalb und unterhalb der Eingabe nach ähnlichen Zeichen durchsuchen. Befindet sich in der Spalte ein Wort, das den ersten eingegebenen Zeichen entspricht, wird es vorgeschlagen. Befinden sich mehrere Wörter darin, die den Zeichen entsprechen, können Sie weiter tippen, bis nur noch ein Wort in Frage kommt.

Es gibt aber auch eine Vorschlagsliste, die Sie mit der Tastenkombination [Alt] + [↓] öffnen können. Wählen Sie dort den passenden Eintrag aus. Sofort wird die Zelle um die restlichen Zeichen ergänzt. Ist das vorgeschlagene Wort nicht das gewünschte, tippen Sie einfach weiter und der Vorschlag verschwindet wieder. Sobald sich eine leere Zelle in der Spalte befindet, wird der dadurch abgetrennte Teil der Spalte für die Vorschläge nicht mehr berücksichtigt.

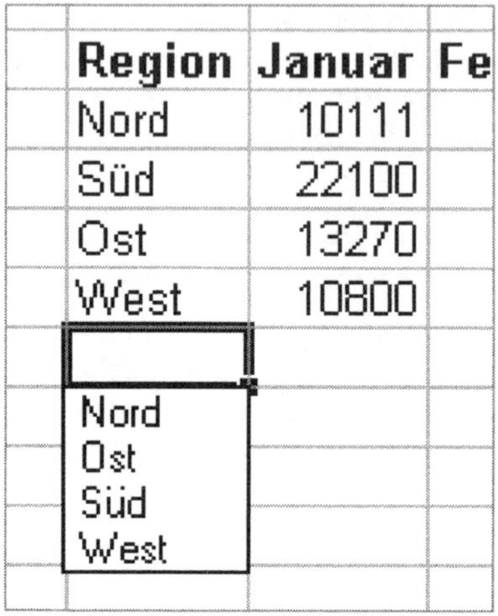

Abbildung 5.13: Eine Vorschlagsliste

Ausfüllen von Zellen

Bei einigen Tabelle ist es notwendig, die gleichen Beschreibungen, Artikel oder Werte öfters zu wiederholen. In anderen Tabelle sind laufende Nummerierungen notwendig. Beide Aufgaben können durch automatisches Ausfüllen mit den entsprechenden Werten vereinfacht werden.

Zellen wiederholen

Wenn mehrere Zellen mit den gleichen Werten untereinander oder nebeneinander gefüllt werden sollen, können Sie die Werte mit der Maus übernehmen.

Am rechten unteren Rand der markierten Zelle befindet sich ein kleines Kästchen. Bewegen Sie den Mauszeiger darüber und er verwandelt sich in ein Fadenkreuz. Wenn Sie dieses Kreuz mit der Maus ziehen, wird ein Bereich mehrerer Zellen markiert. Sobald Sie loslassen, bekommen alle Zellen den Inhalt der zuerst markierten Zellen. Dies geht im Gegensatz zum automatischen Vorschlag auch mit Zahlen und Formeln und kann auch auf einen markierten Bereich angewendet werden.

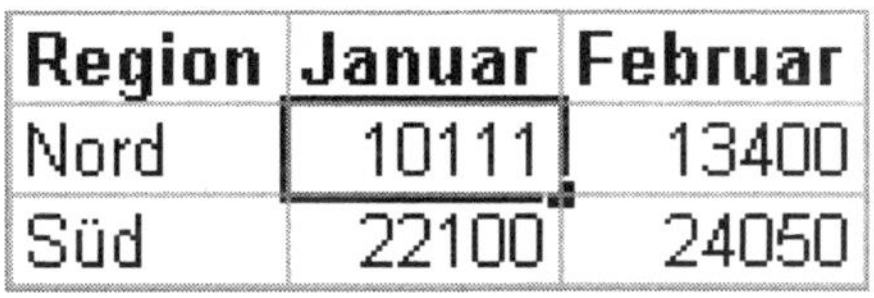

Region	Januar	Februar
Nord	10111	13400
Süd	22100	24050

Abbildung 5.14: Das Ausfüllkästchen

HINWEIS

Beachten Sie bitte, dass es zu anderen Ergebnissen kommen kann, wenn Sie mehrere Zellen mit unterschiedlichen Inhalten markiert haben. Excel versucht dann ein Reihenverhältnis zwischen den Zellen zu finden und füllt die neuen Zellen mit den entsprechenden Reiheninhalten aus.

Ausfüllen mit Reihen

Eine Reihe ist eine Folge von Zahlen oder Zeichen, die auf irgendeine Art und Weise eine gleichmäßige Veränderung erfahren haben. Eine Reihe sind z.B. die Zahlen von 1 bis 100, die Monate von Januar bis Dezember oder die Himmelsrichtungen.

Eine Reihe kann begrenzt sein auf wenige Werte, wie z.B. die Wochentage, oder unendlich sein, wie die Menge der natürlichen Zahlen. Eine Reihe kann aber auch willkürlich von Ihnen selbst festgelegt werden, indem Sie z.B. die Namen der Mitarbeiter Ihrer Firma als Reihe definieren.

Eine benutzerdefinierte Reihe

Geben Sie z.B. die Initialen der Mitarbeiter untereinander auf einem Tabellenblatt ein. Achten Sie auf die alphabetische Reihenfolge. Die hier eingegebenen Initialen werden anschließend als Reihe in genau dieser Sortierung übernommen.

Wenn Sie alle Namen der Reihe eingegeben haben, markieren Sie den gesamten Bereich mit der Maus. Öffnen Sie das Dialogfeld *Optionen* aus dem Menü *Extras* und wechseln Sie in das Register *AutoAusfüllen*.

Im Eingabefeld *Liste aus Zellen importieren* befindet sich ein Zellbezug auf die markierten Zellen Ihrer Reihe. Jetzt müssen Sie nur noch auf die Schaltfläche *Importieren* klicken und schon wird die markierte Reihe in die Liste aufgenommen.

Diese Funktion erleichtert Ihnen das Arbeiten mit Texten, die in verschiedenen Listen und Tabellen immer in derselben Reihenfolge auftauchen. Der Vorteil ist, dass Sie sich nicht auf Zahlen beschränkt. Sie können die Reihe über dasselbe Dialogfeld weiter bearbeiten, um z.B. weitere Mitarbeiter einzufügen oder zu löschen.

Wiederholen des markierten Bereichs

Findet Excel keine definierte Reihe, die mit den ersten markierten Zellen übereinstimmt, wiederholt es die markierten Zellen so lange, bis die leeren Zellen ausgefüllt sind.

Geben Sie vier einfache Zeilenbeschriftungen untereinander ein und markieren Sie diese Zellen und einige leere Zellen, die darunter liegen. Mit dem Befehl *Ausfüllen / Reihe* aus dem Menü *Bearbeiten* wechseln Sie in das Dialogfeld *Reihe* und markieren dort die Option *AutoAusfüllen*. Wenn Sie das Dialogfeld verlassen, werden die markierten Zellen in den leeren Zellen mehrfach wiederholt. Die Reihenfolge der Reihe bleibt dabei erhalten.

Gleichmäßige Reihen

Wenn eine Reihe von Zahlen sich immer um einen bestimmten Wert erhöht, kann Excel die fehlenden Werte in den leeren Zellen einer Reihe gleichmäßig ergänzen. Geben Sie ein oder mehrere Felder der Reihe manuell ein.

Füllen Sie die ersten drei untereinander liegenden Zellen z.B. mit den Zahlen `1001`, `1003` und `1005`. Markieren Sie anschließend die ersten Zellen der Spalte und die darunter liegenden 17 Zellen der gleichen Spalte. Das ist der Bereich, in dem die Reihe wiederholt werden soll. Die markierten Zellen geben Excel an, wo die Reihe beginnen und enden soll.

Benutzen Sie wiederum den Befehl *Ausfüllen / Reihe* aus dem *Bearbeiten*-Menü.

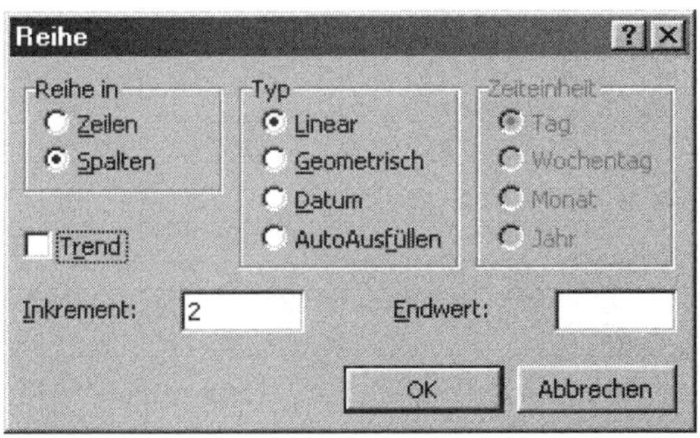

Abbildung 5.15: Das Dialogfeld *Reihe*

Im Dialogfeld *Reihe* finden Sie das Eingabefeld *Inkrement*, das Ihnen angibt, um wie viel der Wert in der Zelle von Zeile zu Zeile erhöht werden soll. Die Zahl 2 wird Ihnen vorgeschlagen, weil die ersten drei Zellen der Reihe bereits diese Differenz aufweisen. Excel erkennt also aus den vorgegebenen Werten bereits die beabsichtigte Reihe. Sie können den Wert natürlich verändern.

Wenn die Option *Linear* ausgewählt ist, wird Excel den Wert im Feld *Inkrement* dem ersten Wert der Reihe hinzuaddieren und in die nächste Zeile eintragen. Diese Funktion entspricht den Vorgaben des Beispiels. Die Auswahl *Geometrisch* würde den Wert im Feld *Inkrement* jeweils mit dem vorherigen Wert der Reihe multiplizieren.

Solange das Kontrollkästchen *Trend* nicht aktiviert ist, wird immer der Wert im Feld *Inkrement* berücksichtigt. Das kann dazu führen, dass der Wert in der zweiten Zeile von dem errechneten Wert überschrieben wird. Aktivieren Sie das Kontrollkästchen, um aus den ersten eingegebenen Werten eine Art mittlere Veränderung zu errechnen. Bei Messreihen z.B. in einem Versuchsaufbau können Sie so die zu erwartenden noch fehlenden Werte vorausberechnen.

HINWEIS

> Trendfunktionen können Sie verständlicherweise nicht auf Datums- oder Zeitangaben oder auf Texte anwenden.

Gleichzeitige Eingabe in mehreren Zellen der Arbeitsmappe

Markieren Sie die Zellen, deren Inhalte identisch werden sollen. Dabei ist es vollkommen egal, ob die Zellen aneinander angrenzen oder getrennt auf verschiedenen Arbeitsblättern liegen. Geben Sie den Wert oder den Text ein und schließen Sie die Eingabe mit [Strg] + [↵] ab. Alle markierten Zellen bekommen den gleichen Inhalt.

Zahlen, Texte und Funktionen

Excel unterscheidet zwischen eingegebenen Texten, Zahlenwerten, Formeln oder Funktionen. Wenn Sie alphanumerische Zeichen eingeben, wertet Excel die Zeichen als Text, der normalerweise linksbündig abgestellt wird.

Mit einem *Textfeld*, in dem Texte stehen, kann Excel keine Berechnungen durchführen. Wenn Sie also mathematische Funktionen nutzen, dürfen Sie sich nicht auf solche Zellen beziehen. Um eine Zahl als Text eingeben zu können, stellen Sie der Zahl das Hochkomma (»'«) voran. Es erscheint in der Zelle später nicht mehr und kann nur in der Bearbeitungsleiste erkannt werden. Die Zahl entspricht dann zwar einem Text, allerdings ist Excel in der Lage, mit Texten, die nur aus nummerischen Werten bestehen, zu rechnen.

Zahlen und Texte

Geben Sie einfache Zahlen ein, so erkennt Excel diese als Zahl und ordnet sie rechtsbündig in der Zelle an. Nachkommastellen trennen Sie mit einem Komma. Wenn Sie einen Punkt zwischen den Zahlen eingeben, versucht Excel diesen als Trennzeichen für Zahlengruppen zu interpretieren.

Zu Gruppen fasst man im Allgemeinen Dreierzahlenkolonnen zusammen und trennt diese zur besseren Lesbarkeit mit einem Punkt. Die Zahl 1234567,90 würde getrennt als 1.234.567,90 eingegeben werden. Diese Eingabe erkennt Excel als Zahl. Stimmt die Gruppierung jedoch nicht, wird die Zahl als Text erkannt. Die Zahl 123.45,60 ist ein Beispiel für eine falsche Gruppierung.

Einfache Formeln

Eine einfache Berechnung können Sie in einer Zelle eingeben, indem Sie ein Gleichheitszeichen an den Anfang der Eingabe setzen. Geben Sie z.B. die Aufgabe

```
=200+200/100*15
```

ein, wird in der Zelle der Wert 230 eingetragen. Die Berechnung, die zu dem Ergebnis geführt hat, wird in der Bearbeitungsleiste weiter angezeigt.

Eine Formel wird immer von links nach rechts abgearbeitet. Die Reihenfolge, in der die Operatoren bearbeitet werden, entspricht aber den mathematischen Grundgesetzen. Um die Reihenfolge der

Berechnung in der Formel zu verändern, müssen Sie an den entsprechenden Stellen Klammern setzen.

Einige Operatoren finden Sie ja bereits in dem Beispiel. Die Hierarchie der Operatoren entspricht der folgenden Liste.

Operator	Erklärung
:	definierter Bereich von : bis
;	Vereinigung mehrerer Zellen oder Bereiche
–	Negation
%	Prozent
^	Potenz
/	Multiplikation und Division
+ –	Addition und Subtraktion
&	Textoperator
= < >	Vergleiche

Tabelle 5.1: Hierarchie der Operatoren

Funktionen

Um eine Funktion in eine Zelle einzufügen, klicken Sie auf das Gleichheitszeichen-Symbol in der Bearbeitungsleiste. Sie können das Dialogfeld auch über den Menübefehl *Einfügen / Funktion* aufrufen.

Funktionen stellen komplexe Aneinanderreihungen verschiedener Berechnungen oder manueller Bearbeitungen dar, die Excel automatisch auf Zellen, Zahlen, Texte oder Bezüge anwenden kann. Dazu gehören verschiedene mathematische und finanzmathematische Formeln ebenso wie Statistik und Logik.

Einer Funktion können Sie verschiedene Werte zuordnen. Die in einer Funktion bereits vorgegebenen Berechnungen werden auf diese Werte angewendet und das Ergebnis der Funktion wird zurückgegeben. Der *Funktionsassistent* hilft Ihnen, die Werte einer Funktion oder die Bereiche, in denen die zu bearbeitenden Werte oder Texte liegen, weiter zu definieren.

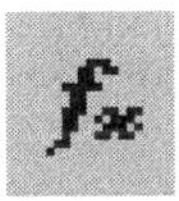

Abbildung 5.16: Das Symbol der Funktion

Bewegen im Arbeitsblatt

Sie können sich auf verschiedene Arten in der Arbeitsmappe bewegen. Dazu benutzen Sie in der Regel die Maus. Oft ist es jedoch einfacher und schneller, die Aktionen mit der Tastatur auszuführen. Je vertrauter Sie mit Excel werden, desto häufiger werden Sie die Mausaktionen durch geeignete Tastenkombinationen ersetzen.

Bewegen des Bildausschnitts

Um eine andere Stelle des Arbeitsblattes einsehen zu können, ohne die Position der Bearbeitungsmarkierung zu verändern, benutzen Sie die Bildlaufleisten am rechten und unteren Rand des Arbeitsblattes.

Durch Verschieben der Bildlaufleisten können Sie die Anzeige meist nur in geringem Rahmen verschieben. Felder, die noch nicht gefüllt sind und sich weit außerhalb der Anzeige befinden, ordnet Excel nicht mehr der zu bearbeitenden Seite zu. Hat Ihr Tabellenblatt z.B. nur 132 gefüllte Zeilen und 10 benutzte Spalten, dann werden nur diese zu den Bildlaufleisten ins Verhältnis gesetzt. Um weiter außerhalb der Anzeige auf leere Zeilen zuzugreifen, müssen Sie die Pfeiltasten an den Ecken der Bildlaufleisten benutzen.

Abbildung 5.17: Eine Bildlaufleiste

Bewegen der Bearbeitungsmarkierung

Jedes Arbeitsblatt hat seine eigene Bearbeitungsmarkierung. Wenn Sie also das Arbeitsblatt wechseln, kann es sein, dass die Markierung sich in einer anderen Zelle befindet.

Wechseln des Arbeitsblattes

Um ein anderes Arbeitsblatt zu bearbeiten, klicken Sie auf eines der Register oder wechseln mit [Strg] + [Bild↓] oder [Strg] + [Bild↑] in das nächste Arbeitsblatt.

Bewegen mit den Pfeiltasten

Die Bewegung zur nächsten Zelle nach einer Eingabe kennen Sie ja schon aus dem vorherigen Abschnitt dieses Kapitels. Die Pfeiltasten benutzen Sie auch, um die Markierung der Zelle im Arbeitsblatt je eine Zeile oder Spalte weiter in die gewünschte Richtung zu bewegen.

Mit [Bild↑] und [Bild↓] wird die Markierung immer um eine Seite nach oben oder unten bewegt.

Besondere Funktionen

Benutzen Sie eine der Pfeiltasten in Kombination mit [Strg], bewegt sich die Markierung auf den Anfang oder das Ende einer Reihe von ausgefüllten Zellen. Wenn in der angestrebten Richtung keine benutzen Zellen mehr auftreten, bewegen Sie die Markierung an das Ende des Arbeitsblattes.

Bewegen der Daten in der Arbeitsmappe

Werte, Texte, Zellen oder Bereiche können innerhalb des Arbeitsblattes bewegt, dupliziert oder kopiert werden, um Ihnen eine erneute Eingabe zu ersparen. Um eine Zelle oder einen Bereich in der beschriebenen Art zu bearbeiten, müssen Sie alle Zellen, die bearbeitet werden sollen, zunächst auswählen.

Zellen markieren

Durch Kombination von Tastatureingaben und Mausaktionen können Sie Zellen auf verschiedene Arten markieren. Eine einzelne Zelle markieren Sie durch einen Klick mit der Maus in das Tabellenblatt. Die markierte Zelle wird umrandet.

Markieren eines zusammenhängenden Bereichs mit der Maus

Um einen Bereich zu markieren, positionieren Sie die Maus in einer der Eckzellen des Bereichs und ziehen die Maus mit gedrückter linker Maustaste über das Arbeitsblatt. Die Zellen, die Sie überfahren, werden abgedunkelt markiert und bekommen einen Rahmen. Lassen Sie die Maustaste los, ist der Bereich ausgewählt.

Wenn Sie die Maus auf den Rahmen positionieren, verändert er seine Form zu einem Pfeil. An diesem Rahmen können Sie den Bereich anfassen, um ihn z.B. zu verschieben. Diese Methode eignet sich besonders bei kleinen Bereichen, die nicht über den Rand des Bildschirms hinausgehen.

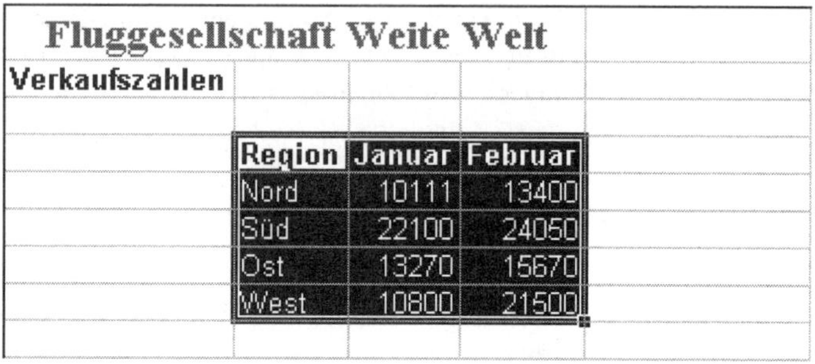

Fluggesellschaft Weite Welt

Verkaufszahlen

Region	Januar	Februar
Nord	10111	13400
Süd	22100	24050
Ost	13270	15670
West	10800	21500

Abbildung 5.18: Ein markierter Bereich

Eine andere Möglichkeit bietet Ihnen die Kombination von [⇧] mit der linken Maustaste. Markieren Sie zuerst wieder die Eckzelle des zu markierenden Bereichs. Bewegen Sie den Mauszeiger anschließend zum entgegengesetzten Eckfeld des Bereichs, drücken Sie [⇧] und klicken Sie dabei auf die Zelle. Der umschlossene Bereich wird umrandet und abgedunkelt markiert. Bei Bereichen, die über den Rand der Anzeige hinausgehen, sollten Sie diese Art der Markierung verwenden.

Markieren eines zusammenhängenden Bereichs mit der Tastatur

Um einen Bereich mit Hilfe der Tastatur zu markieren, halten Sie [⇧] gedrückt und bewegen Sie die Markierung mit den Pfeiltasten. Die entsprechenden Zellen werden abgedunkelt hinterlegt und umrahmt. Um einen größeren Bereich zu markieren, benutzen Sie [Strg].

Genau wie bei der Bewegung von Zelle zu Zelle weiter oben in diesem Abschnitt bewirkt eine Kombination mit [Strg], dass die Markierung an den Anfang oder das Ende mehrerer benutzter Zellen bewegt wird.

Um z.B. eine vollständig ausgefüllte Tabelle zu markieren, bewegen Sie die Markierung auf die oberste linke Ecke der Tabelle. Drücken Sie anschließend [Strg] + [⇧] + [→] und [Strg] + [⇧] + [↓]. Die gesamte Tabelle ist damit markiert.

Gleiches funktioniert auch in Kombination mit [Bild↑] und [Bild↓]. Es wird immer eine Seite markiert, wenn [⇧] + [Bild↑] oder [⇧] + [Bild↓] gedrückt wird.

Markieren mehrerer nicht angrenzender Zellen mit der Maus

Um mehrere Zellen zu markieren, die nicht direkt nebeneinander liegen, oder mehrere Bereiche gleichzeitig zu markieren, müssen Sie die Maus benutzen. Halten Sie [Strg] gedrückt, während Sie die Auswahl treffen.

Spalten und Zeilen markieren

Die Spalten und Zeilenköpfe dienen nicht nur der Beschriftung der Spalten oder Zeilen. Mit einem Klick auf einen Spaltenkopf wird die gesamte Spalte markiert. Bewegen Sie die Maus dabei nach rechts oder links, werden auch die angrenzenden Spalten markiert. Gleiches geht auch mit den Zeilenköpfen. Durch Kombination mit [Strg] oder [⇧] können Sie wieder mehrere nebeneinander liegende oder getrennte Zeilen oder Spalten auswählen.

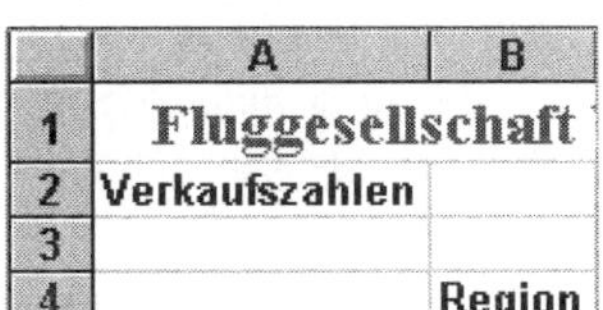

Abbildung 5.19: Spalten und Zeilenköpfe

Mehrere Arbeitsblätter markieren

Ein komplettes Arbeitsblatt markieren Sie mit einem Klick der Maus auf die Schaltfläche in der linken obere Ecke eines Tabellenblattes. Das gesamte Arbeitsblatt wird schwarz hinterlegt und umrahmt.

Um mehrere Arbeitsblätter zu markieren, halten Sie [Strg] fest und klicken Sie mit der Maus auf eines der abgeblendeten Register. Die Registerlasche wird augenblicklich hell hervorgehoben. Damit ist dieses Blatt ebenfalls markiert. Um Blatt eins bis fünf zu markieren, können Sie auch Blatt eins auswählen und anschließend mit gedrückter [⇧]-Taste die fünfte Seite anklicken. Alle dazwischen liegenden Blätter werden ebenfalls markiert.

Es werden aber nur die Zellen auf den unteren Blättern markiert, die den markierten Zellen der obersten Seite entsprechen. Haben Sie auf Seite eins z.B. den Bereich A1 bis E7 markiert, so wird auch auf den ebenfalls markierten Seiten zwei bis fünf nur dieser Bereich ausgewählt.

Löschen einer Markierung

Es kann natürlich passieren, dass Sie einen falschen Bereich markiert haben oder ein wenig zu viel ausgewählt haben. Korrigieren Sie die Auswahl je nach Ursache mit einer anderen Aktion.

Um die Markierung ganz aufzuheben, reicht es, mit der Maus eine andere Zelle des Tabellenblattes anzuklicken. Genauso gut können Sie mit der Maus einen neuen Bereich auswählen, der zuvor markierte Bereich wird dann freigegeben.

Wenn Sie eine der Pfeiltasten benutzen, ohne [⇧] gedrückt zu halten, löschen Sie die zuvor vorgenommene Markierung eines Bereichs und bewegen sie in das nächste angrenzende Feld in der gewählten Richtung.

Wenn Sie nur wenige Zeilen oder Spalten zu viel markiert haben, bewegen Sie die Maus einfach in die entgegengesetzte Richtung.

Wenn Sie den Bereich nicht mit der Maus, sondern mit der Tastatur markiert haben, benutzen Sie die der letzten Aktion entgegengesetzte Richtungstaste. Sind Sie z.B. durch die Tastenkombination [Strg] + [⇧] + [→] an das Ende des Tabellenblattes gelangt, ist es am einfachsten, die Aktion mit [Strg] + [⇧] + [←] wieder rückgängig zu machen.

Bearbeiten eines markierten Bereichs

Nun, da Sie wissen, wie Sie Bereiche markieren, können Sie diese auch weiter bearbeiten. Dabei müssen Sie unterscheiden, ob Sie den Inhalt der Zellen bearbeiten wollen oder die Zellen selbst.

Den Inhalt eines Bereichs können Sie in Form, Farbe, Ausrichtung oder Zahlenformat verändern. An den Zellen selbst verändern Sie Farbe, Form und Stil der Rahmen- und Gitterlinien, die Hintergrundfarbe der Zellen oder deren Höhe und Breite.

Außerdem können Sie alle Daten kopieren, verschieben, löschen, ausschneiden, bewegen oder duplizieren. Diese Veränderungen können Sie sowohl auf den Inhalt der Zellen als auch auf die gesamten Zellen mit allen Formatierungen anwenden. Meistens ist es einfacher, diese Aktionen mit der Maus auszuführen. Einige Aktionen können Sie durch Ziehen der Maus erreichen. Geht das nicht, können Sie den markierten Bereich mit der rechten Maustaste anklikken und ein Kontextmenü öffnen.

KNOW-HOW

Kontextmenüs enthalten immer andere Menüpunkte, je nach angeklicktem Objekt der Anwendung. Alle Veränderungen, die zum ausgewählten Objekt passen könnten, werden in diesem Menü angeboten. Zuletzt stehen für manche Befehle aus den Menüs auch Tastenkombinationen zur Verfügung.

In die Ablagemappe kopieren

Ein markierter Bereich kann mit Hilfe der Tastenkombination [Strg] + [C] in die Ablagemappe kopiert werden. Damit haben Sie den Bereich in Form und Inhalt komplett kopiert und können ihn an anderer Stelle wieder einfügen. Auch andere Windows-Anwendungen können dann auf diese Daten zugreifen.

Über den Befehl *Kopieren* im Kontext- oder im *Bearbeiten*-Menü erzielen Sie denselben Effekt. Excel bietet eine Reihe von Symbolleisten an, deren Symbole einigen Befehlen der Menüs entsprechen. Das Symbol *Kopieren* können Sie somit ebenfalls für diese Aktion anklicken.

Abbildung 5.20: Das Symbol *Kopieren*

Wenn Sie alle drei Möglichkeiten mit verschiedenen Bereichen ausprobiert haben, dann haben Sie wahrscheinlich festgestellt, dass sich plötzlich ein Fenster öffnet. Dabei handelt es sich um die Mehrfach-Zwischenablage von Excel bzw. dem Office-2000-Paket, die hier integriert ist.

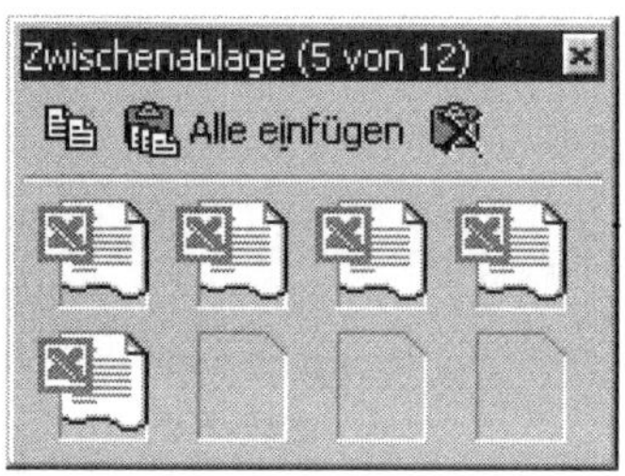

Abbildung 5.21: Die Mehrfach-Zwischenablage

Hier werden bis zu zwölf verschiedene Einträge, die an die Zwischenablage übergeben wurden, verwaltet. Sie können zwischen den enthaltenen Einträgen wählen, indem Sie mit der Maus auf das entsprechende Symbol klicken. Der damit verbundene Inhalt wird dann an die Position der aktuellen Zelle eingefügt. Auf diese Weise können auch Mehrfachmarkierungen verarbeitet werden.

Bereiche ausschneiden

Markieren Sie einen Bereich und drücken Sie [Strg] + [X]. Genau wie beim Kopieren werden die markierten Daten in die Ablagemappe abgelegt. Die Originaldaten im Tabellenblatt werden jedoch ausgeschnitten. Diese Aktion entspricht dem Kopieren und Löschen eines markierten Bereichs.

Auch dieser Befehl wird im Kontext- und im *Bearbeiten*-Menü angeboten sowie als Symbol in der Standard-Symbolleiste.

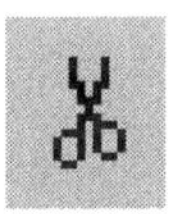

Abbildung 5.22: Das Symbol *Ausschneiden*

Aus der Ablagemappe einfügen

Um einen Bereich, der sich in der Ablagemappe befindet, wieder einzufügen, müssen Sie zuvor einige Überlegungen treffen, um nicht unabsichtlich Daten zu verlieren.

Sie müssen die Markierung des Arbeitsblattes zu der Zelle bewegen, die die Daten aufnehmen soll. Wenn in der Ablagemappe mehr als eine Zelle abgelegt wurde, benutzt Excel die markierte Zelle als linke obere Ecke der einzufügenden Daten. Die angrenzenden Zellen rechts und darunter werden überschrieben, sofern Sie den eingefügten Daten im Weg sind. Aus diesem Grund sollten Sie den Inhalt der Ablagemappe an einer Stelle des Tabellenblattes einfügen, an der Sie genug Platz haben.

KNOW-HOW

Wenn Sie genau wissen, wie viel Zeilen und Spalten der Bereich in der Ablagemappe umfasst, sollten Sie zuerst den benötigten Zielbereich markieren. Stimmen der benötigte und der markierte Zielbereich nicht überein, werden die Daten nicht eingefügt.

Über das Kontext- oder das *Bearbeiten*-Menü erreichen Sie den Befehl *Einfügen*. Wie in allen Standard-Windows-Anwendungen können Sie auch die Tastenkombination [Strg] + [V] für diese Aktion benutzen. In der Symbolleiste wird dieser Befehl mit diesem Symbol dargestellt.

Abbildung 5.23: Das Symbol *Einfügen*

Inhalte einfügen

Die Daten, die Sie in die Ablagemappe kopiert haben, enthalten Informationen zu Art und Größe der Schrift, zu der Farbe, Form, Höhe oder Breite der Zelle sowie dazu, welche Ausrichtung die Daten in der Zelle haben. All diese Informationen – und sicher noch einige mehr – gehören zu der Formatierung einer Zelle oder eines Bereichs.

Manchmal können Sie die Daten in der Ablagemappe aber nicht in dem Format gebrauchen, in dem sie abgelegt wurden. In diesem

Fall kopieren Sie nur einen Teil der Informationen aus der Ablagemappe wieder in das Tabellenblatt.

Benutzen Sie dazu den Befehl *Inhalte einfügen* aus dem Kontextmenü oder dem Menü *Bearbeiten*. Im folgenden Dialogfeld können Sie dann auswählen, ob z.B. nur die Inhalte oder Formate der Zellen, die Formatierung der Rahmen oder alles außer den Formeln in den Zielbereich eingefügt werden soll. Zudem können Sie die Felder in der Ablagemappe beim Einfügen transponieren. Dabei werden die Zeilen und Spalten des Bereichs in der Ablagemappe vertauscht.

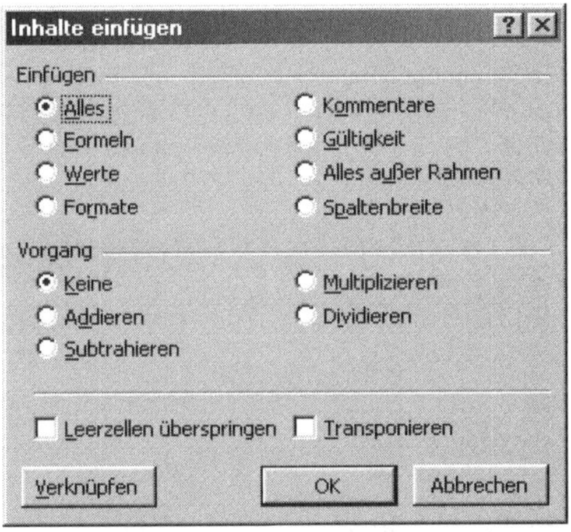

Abbildung 5.24: Das Dialogfeld *Inhalte einfügen*

Bereiche bewegen

Der Rahmen, der um einen markierten Bereich gelegt wird, eignet sich gut zum Verschieben der Zellen. Wenn Sie die Maus auf den Rand bewegen, wird der Mauszeiger zum Pfeil. Sie haben nun zwei verschiedene Möglichkeiten. Entweder Sie drücken die linke

Maustaste und ziehen die Maus zum Zielbereich der Daten oder Sie benutzen dazu die rechte Maustaste. Während Sie die Maus ziehen, wird ein Rahmen ohne Inhalt mitgezogen, der Ihnen anzeigt, wie viel Platz Sie für ihre Daten benötigen.

Ziehen mit der rechten Maustaste

Die rechte Maustaste bietet Ihnen ein Kontextmenü zu der durchgeführten Verschiebung an, sobald Sie die Taste losgelassen haben. Mit diesem Kontextmenü können Sie dann entscheiden, ob der Bereich nur verschoben, kopiert und eingefügt, nur die Inhalte kopiert oder die Formate ebenfalls benutzt werden sollen. Außerdem muss der Zielbereich nicht leer sein. Sie haben eine Auswahl an Befehlen, die den Inhalt der Zellen nach unten oder rechts verschieben. Beachten Sie allerdings, dass Sie den Rahmen der markierten Zellen »anpacken« müssen, nicht den umrahmten Inhalt.

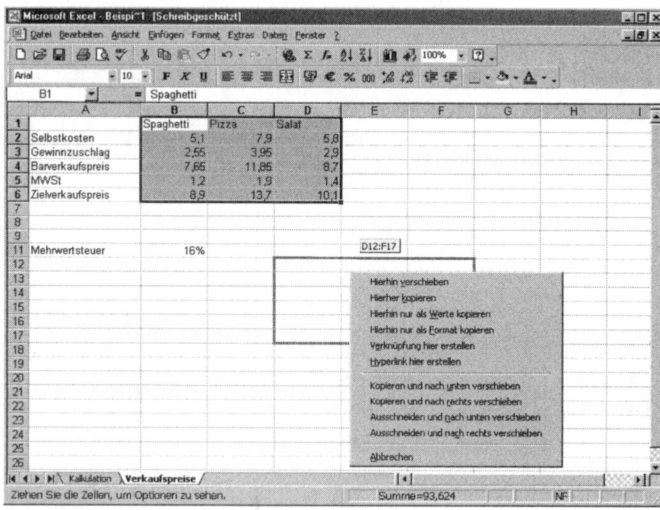

Abbildung 5.25: Das *Verschieben*-Kontextmenü

Ziehen mit der linken Maustaste

Wenn Sie die Zellen mit der linken Maustaste verschieben, führen Sie ein einfaches Verschieben aus. Halten Sie dabei jedoch [Strg] gedrückt, wird der Bereich kopiert und im Zielbereich wieder eingefügt. Mit [⇧] und der linken Maustaste wird der Bereich ausgeschnitten und im Zielbereich wieder eingefügt. Kombinieren Sie [⇧] + [Strg] mit der linken Maustaste, so werden die belegten Zellen im Zielbereich nach rechts oder unten verschoben.

Operative Verknüpfungen beim Einfügen der Inhalte

Die im Dialogfeld angebotenen Rechenoperatoren erlauben Ihnen eine Verknüpfung zwischen den Daten in der Ablagemappe und den Daten im Zielbereich.

Wenn Sie die Daten in der Ablagemappe mit der Option *Addieren* einfügen, so werden die Werte der Zellen zu den Werten des Zielbereichs hinzuaddiert.

Bei der Auswahl *Dividieren* werden die Daten der Ablagemappe durch die Daten im Zielbereich dividiert. Die Werte des Zielbereichs werden durch die Ergebnisse der Operation ersetzt. Auf die vorherigen Werte im Zielbereich können Sie anschließend nicht mehr zurückgreifen.

Die Verknüpfungen *Subtrahieren* und *Multiplizieren* funktionieren analog zu den beiden anderen Verknüpfungen.

KNOW-HOW

Sollten Sie bestimmte Daten in Reihen benötigen, die Sie innerhalb von Zeilen vorliegen haben, dann bietet sich der Einsatz der *Transponieren*-Schaltlfäche an. Wenn Sie diese Option aktivieren, werden die Daten beim Einfügen entsprechend neu angeordnet eingefügt.

Inhalte löschen

Um die Werte, Texte oder Formeln eines markierten Bereichs zu löschen, benutzen Sie [Entf] oder den Befehl *Bearbeiten / Löschen*.

Mit der Auswahl *Formate* oder *Kommentare* im erweiterten Menü *Bearbeiten / Löschen* können Sie auch die vorgenommenen Formatierungen einer Zelle und die Kommentare in diesem Bereich löschen. Die Auswahl *Alles* umfasst alles zusammen und macht die Zelle komplett leer.

Zellen löschen

Bisher haben Sie nur die Inhalte, die Formatierung und dazugehörende Kommentare gelöscht. Damit bleiben die Zellen des markierten Bereichs weiter an ihrer Position. Wenn Sie die gesamte Zelle oder einen Bereich löschen wollen, müssen Sie Excel bekannt geben, in welche Richtung die angrenzenden Zellen verschoben werden sollen, um die Lücke im Tabellenblatt zu schließen.

Markieren Sie einen Bereich und versuchen Sie ihn über den Befehl *Zellen löschen* im Menü *Bearbeiten* oder im Kontextmenü zu löschen. Das anschließende Dialogfeld fragt Sie dann, wohin die anderen Zellen des Tabellenblattes, die davon betroffen sind, verschoben werden sollen. Die unteren beiden Optionen in diesem Dialogfeld geben Ihnen zusätzlich die Möglichkeit, die gesamten Zeilen oder Spalten des markierten Bereichs zu löschen.

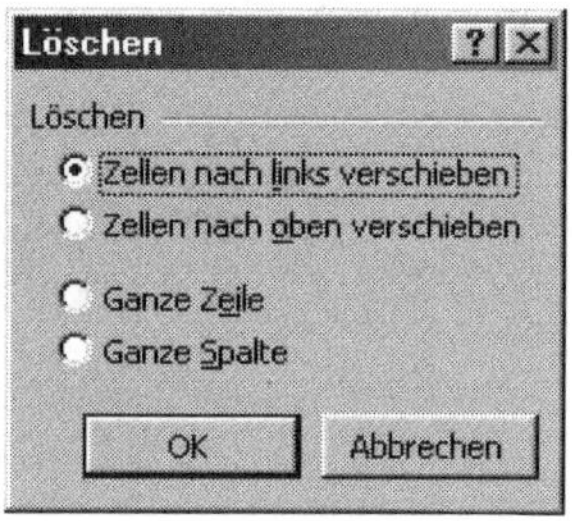

Abbildung 5.26: Das Dialogfeld *Löschen*

Zeilen und Spalten löschen

Ganze Zeilen oder Spalten können Sie aber auch löschen, indem Sie die Zeile oder Spalte mit einem Klick auf den Zeilen- oder Spaltenkopf markieren und den Befehl *Zellen löschen* benutzen. In diesem Fall weiß Excel ganz genau, wohin die verbleibenden Zellen des Tabellenblattes verschoben werden sollen. Wird eine ganze Zeile gelöscht, kann Excel die Daten nur nach oben verschieben. Deshalb erscheint in diesem Fall kein Dialogfeld mehr.

Zellen einfügen

In einer Tabelle oder Liste kommt es häufig vor, dass Sie eine Veränderung vornehmen müssen. Oft ist dazu aber kein Platz mehr vorhanden. In diesem Fall müssen neue Zellen eingefügt werden. Zuerst markieren Sie dazu die Stelle, an der etwas eingefügt werden soll und danach wählen Sie den Befehl *Einfügen / Zellen* an.

Einfügen einer Zelle

Wenn nur eine Zelle eingefügt werden soll, markieren Sie die Zelle, vor der die neue Zelle erscheinen soll. Die angrenzenden Felder können dann nach rechts oder nach unten verschoben werden. Die Abfrage der Richtung erfolgt wie beim Löschen der Zellen automatisch.

Auch hier stehen wieder zwei zusätzliche Optionen zur Auswahl. Damit befehlen Sie Excel, die komplette Zeile oder Spalte der markierten Zelle nach rechts oder nach unten zu verschieben. So wird also nicht nur eine Zelle, sondern gleich eine ganze Zeile oder Spalte in die Tabelle eingefügt.

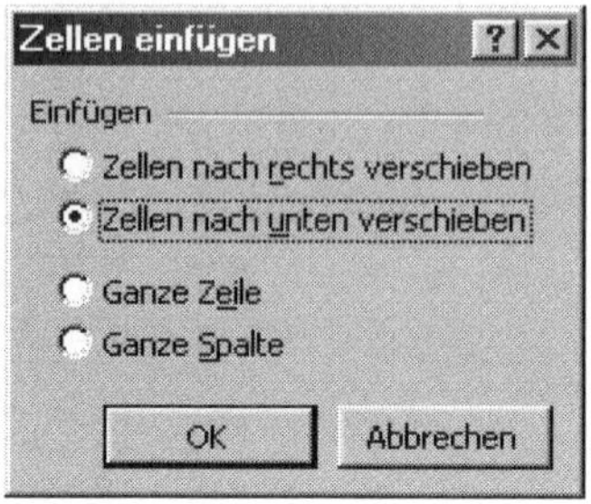

Abbildung 5.27: Das Dialogfeld *Zellen einfügen*

Einfügen mehrerer Zellen

Wenn Sie mehrere Zellen, einen Bereich oder mehrere Spalten oder Zeilen gleichzeitig einfügen wollen, finden Sie auch dazu in Excel eine einfache Funktion.

Excel geht davon aus, dass der Bereich, den Sie markieren, durch neue Zellen ergänzt werden soll. Markieren Sie zum Test drei nebeneinander liegende Spalten. Wählen Sie den Befehl *Einfügen / Zellen*. Automatisch werden drei Spalten vor dem markierten Bereich eingefügt und die markierten Spalten nach rechts verschoben. Bei einem zusammenhängenden Bereich von mehreren Zellen geschieht dies genauso, nur erscheint dort wieder das Dialogfeld *Zellen einfügen*, um die Richtung der Verschiebung zu bestimmen. Es werden genauso viele Zellen eingefügt, wie vorher markiert wurden.

Zeilen und Spalten einfügen

Einen Weg, um Zeilen oder Spalten einzufügen, haben Sie bereits im Dialogfeld *Zellen einfügen* gesehen. Im Menü *Einfügen* finden Sie den Befehl *Zeilen* sowie *Spalten*. Beide Befehle können bei markierten Bereichen angewendet werden. Haben Sie zuerst eine oder mehrere Spalten markiert, so können Sie natürlich auch nur *Einfügen / Spalten* auswählen. Aus demselben Grund wird z.B. bei zwei markierten Zeilen auch nur der Befehl *Einfügen / Zeilen* hervorgehoben. Wählen Sie ihn an, werden vor den markierten Zeilen zwei neue Zeilen eingefügt.

Zeilen und Spalten ausblenden

Wenn Sie eine Tabelle aufbauen, um Sie z.B. in eine Präsentation einzubinden, sind einige Daten der Tabelle für den Betrachter vielleicht vollkommen belanglos oder sollten aus anderen Gründen nicht dargestellt werden. Eventuell sind auch einige Berechnungen, die auf dem Tabellenblatt durchgeführt wurden, nur Zwischenergebnisse, die für die Berechnung der Tabelle allerdings unerlässlich sind.

Sie können diese Zellen, Zeilen oder Spalten natürlich auf ein anderes Arbeitsblatt kopieren und die Bezüge der Formeln dorthin umstellen. Dies ist jedoch meist umständlich. Zudem sind die Berechnungen so sicher nicht leichter nachzuvollziehen. Excel bietet Ihnen hier die Möglichkeit, Zeilen oder Spalten auszublenden. Die Bezüge auf diese Zellen bleiben dabei in den Formeln erhalten. Die Zellen werden nach dem Ausblenden weder am Bildschirm noch beim Ausdruck berücksichtigt.

Gehen Sie beim Ausblenden folgendermaßen vor: Markieren Sie zuerst die Zeile, die Sie ausblenden möchten, also bspw. die Zeile 10 auf einem Tabellenblatt. Im Kontextmenü, das erscheint, wenn Sie mit der rechten Maustaste in die markierte Spalte klicken, finden Sie den Befehl *Ausblenden*. Wählen Sie ihn an und die Zeile verschwindet.

Um die Zeile zum weiteren Bearbeiten wieder sichtbar zu machen, markieren Sie die Zeilen vor und nach der ausgeblendeten Zeile, also in diesem Fall die Zeilen 9 und 11, und wählen Sie den Befehl *Einblenden* – entweder aus dem Kontextmenü oder über die Befehlsfolge *Format / Zeile / Einblenden*. Ob eine Zeile fehlt und damit ausgeblendet ist, erkennen Sie leicht daran, dass die Nummerierung der Zeilen- bzw. Spaltenköpfe nicht fortlaufend ist, sondern Einträge fehlen.

Feldbezüge

Wie bereits erwähnt kann eine Zelle über die Position in Zeile und Spalte eindeutig zugeordnet werden. Der Vorteil einer Tabellenkalkulation besteht darin, dass mehrere Felder in eine mathematische Formeln eingebaut werden können. Das Ergebnis dieser Formel ist dann abhängig von den Feldern, auf die sich die Formel bezieht.

Ändert sich z.B. der Einkaufspreis eines Artikels, so können Sie am Ende der Kalkulation sofort den aktuellen Verkaufspreis entnehmen. Um das an einem Beispiel zu demonstrieren, legen Sie eine neue Arbeitsmappe an. Markieren Sie das Blatt 3 und löschen Sie es. Das erste Tabellenblatt können Sie mit dem Namen *Kalkulation* beschriften. Geben Sie dann die Werte und Texte der unten abgebildeten Tabelle ein. Um dieses Beispiel weiter benutzen zu können, speichern Sie es unter dem Namen BEISPIELKALKULATION ab (siehe Abbildung 5.28).

CD

Nachfolgend wird mit der Beispieltabelle weitergearbeitet. Sollten Sie die Vorgaben nicht abtippen wollen, dann können Sie auch die fertige Tabelle von der CD im Buch laden. Sie finden diese im Ordner KAPITEL05 unter dem oben genannten Namen.

Um den gesamten Absatz auszurechnen, müssen Sie die Werte der Felder B6 und B7 addieren. Klicken Sie auf das Feld B8 und geben Sie ein Gleichheitszeichen ein. Excel will von Ihnen anschließend wissen, welche Zelle Sie in die Formel aufnehmen wollen.

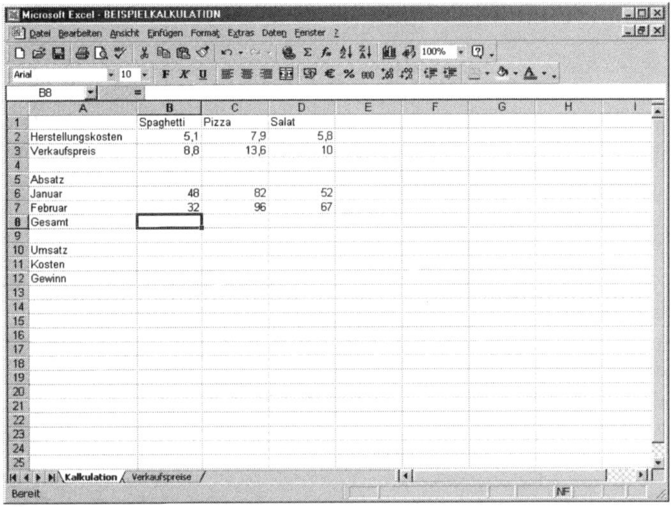

Abbildung 5.28: Das Beispiel

Sie können den Feldbezug zum Feld B7 manuell eingeben, indem Sie diese Angabe per Tastatur eintippen. Eine andere Möglichkeit ist das Festlegen der erforderlichen Bereiche mit der Maus. Wenn Sie dazu mit der Maus die Zelle B7 anklicken, wechselt nicht wie eigentlich zu erwarten die markierte Zelle. Stattdessen wird der Bezug zur Zelle in Ihre Formel eingetragen und die Zelle selber mit einem gestrichelten Rahmen umzogen. Solange Sie keinen Operator eingeben, können Sie die Zelle noch wechseln. Diese Art der Bereichsfestlegung ist grundsätzlich innerhalb von Formeleingaben möglich.

Klicken Sie zum Test auf die Zelle B6 und auch sie wird in die Formel aufgenommen. Sobald Sie den Operator »+« eingeben, verschwindet der gestrichelte Rahmen. Klicken Sie als Nächstes auf das Feld B7 und Ihre Formel wird wie im nachfolgenden Bild aussehen. Um die Aktion abzuschließen, müssen Sie die Formel mit [↵] bestätigen.

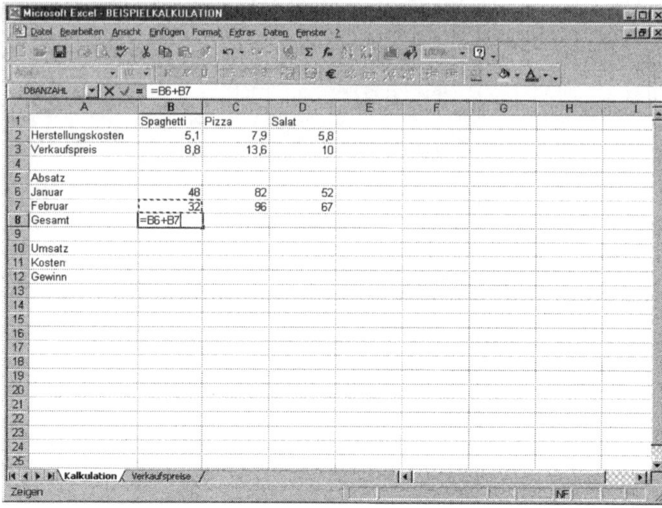

Abbildung 5.29: Bezug auf zwei Zellen

Nachdem Sie auf [Enter] gedrückt haben, wird Ihnen in der Zelle nicht mehr die Formel angezeigt, sondern deren Ergebnis. Sobald sich ein Wert ändert, auf den sich die Formel bezieht, wird das Ergebnis korrigiert.

Relativer Bezug

Dieser aufgebaute Bezug ist relativ zur Position der Zelle, in der die Formel steht. Eigentlich schreibt die Formel =B6+B7 vor, die Zelle zwei Zeilen über der aktuellen Zelle mit der Zelle direkt über der aktuellen Zelle zu addieren. Kopieren Sie die Formel in Zelle B8 durch Ziehen des Ausfüllkästchens in die Zellen C8 und D8. Die Formel wurde dabei verändert.

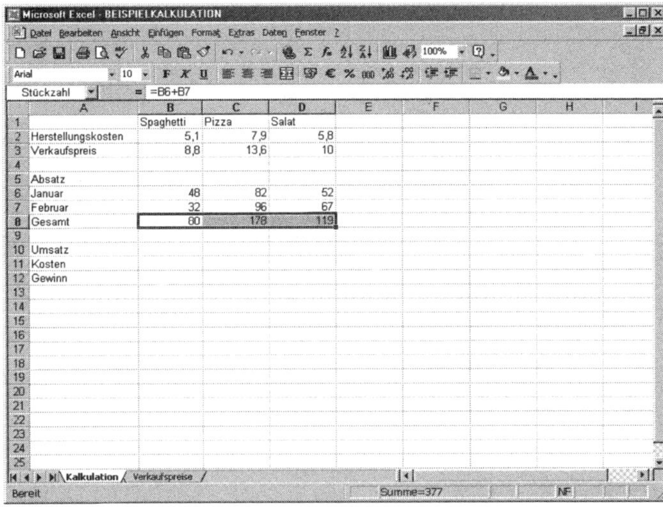

Abbildung 5.30: Kopieren der Formel innerhalb der Zeile

Klicken Sie auf die Zelle C8. Sie sehen: der Bezug zur neuen Spalte wird in die Formel automatisch übernommen. Der Bezug zu den Zeilen 6 und 7 bleibt allerdings erhalten.

Kopieren Sie eine Formel in der Waagerechten, so wird der Bezug zur Spalte angepasst. Wenn Sie die Formel innerhalb der Spalte nach unten oder oben kopieren, wird auch der Bezug zur Zeile entsprechend verändert. Kopieren Sie die Formel z.B. mit Strg + C in die Ablagemappe und mit Strg + V in die Zelle B12, versucht Excel die Zellen B10 und B11 zu addieren.

Einfügen von Zeilen oder Spalten

Anders verhält sich Excel, wenn Sie die Formel verschieben. Markieren Sie die Zeile 8 und fügen Sie eine neue Zeile, in diesem Fall für den Monat März, ein. Der Bezug der Zelle B9 bezieht sich immer noch auf die Zellen B6 und B7. Geben Sie jetzt die Zahlen für den Monat März in die neuen Zellen ein. Die Zahlen entnehmen Sie der nachfolgenden Abbildung.

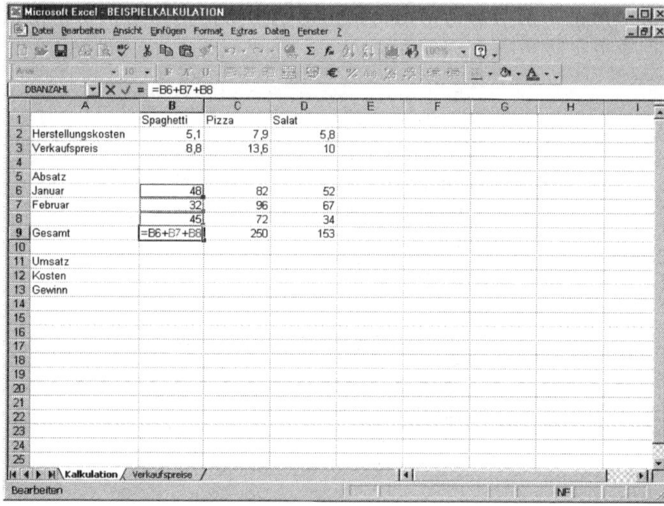

Abbildung 5.31: Ändern des Bezugs

Um die neuen Zahlen in die Formel aufzunehmen, müssten Sie die Formel bearbeiten. Klicken Sie doppelt auf die Zelle B9 und schauen Sie sich die Formel an. Sie sehen, dass Excel Ihre Ergänzung erkannt hat und automatisch an das Ende der Formel »+B8« angefügt hat. In diesem Fall ist es das, was Sie auch beabsichtigt haben. Doch das ist nicht immer so. Ergänzen Sie Zellen außerhalb des Formelbereichs, wird diese Änderung nicht automatisch erkannt. Vielleicht wollten Sie hier auch nur einen anderen Wert ergänzen. Dann wäre die Formel nicht mehr in Ordnung. Vergewissern Sie sich nach einem Schritt also immer, ob das Ergebnis der Änderung auch Ihren Wünschen entspricht.

Arbeiten mit Bereichen

Um einen Bereich zu addieren, können Sie auch die Summe eines Bereichs bilden. Markieren Sie das Feld C9 und klicken Sie das Summensymbol mit der Bezeichnung *AutoSumme* in der Symbolleiste an. Excel schlägt als Bezug für die Formel automatisch alle Felder oberhalb der Formel bis zur ersten leeren Zelle vor.

Ein Bereich gibt immer die erste und letzte Zelle eines Rechtecks an. Die beiden Zellbezüge sind durch einen : getrennt. In diesem Fall wurde nur die Spalte C ausgewählt. Der Bereich in der Formel ist noch markiert. Die gestrichelte Umrandung gibt ihnen einen Eindruck vom Umfang und der Position des Bereichs. Sie können die Auswahl durch Ziehen mit der Maus weiter verändern. Schließen Sie die Formel mit [↵] ab und kopieren Sie sie in das Feld D9.

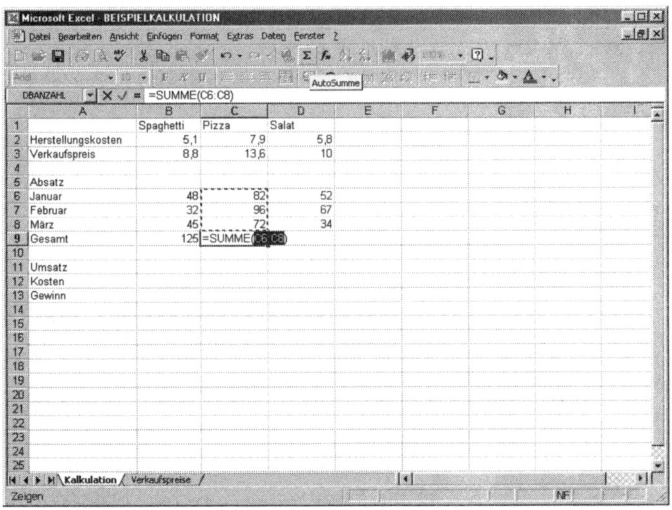

Abbildung 5.32: Summe eines Bereichs

Eine Summe über einen Bereich zu berechnen ist sinnvoller, als alle Zellen einzeln zu addieren. Wenn Sie eine Zeile innerhalb des Bereiches hinzufügen, wird der Bezug auf den Bereich in den Summenformeln in Spalte C und D automatisch ausgedehnt. Bei der Addition der einzelnen Zellen in Spalte B jedoch müssen Sie die Formel jedes Mal anpassen bzw. sie wird automatisch angepasst, so dass die Formel sehr lang wird.

Markieren Sie die Zeile 8 und fügen Sie eine neue Zeile hinzu. Geben Sie in dieser Zeile die Werte für den Monat April ein. Sie werden sofort die Veränderung der Summenfelder in Spalte C und D bemerken. Eine Änderung in der Spalte B findet diesmal nicht statt.

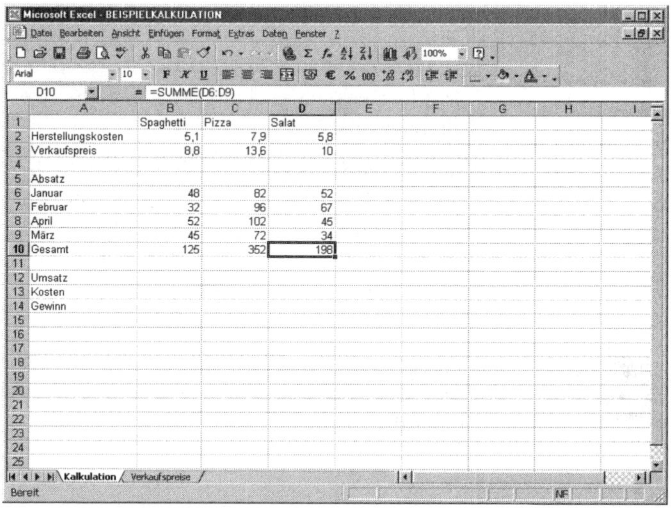

Abbildung 5.33: Ausdehnen eines Bereichs

Um nun die richtige Reihenfolge der Monate zu erhalten, markieren Sie die Zeile 9 für März, indem Sie auf den Zeilenkopf klicken.

Anschließend wählen Sie *Bearbeiten / Ausschneiden*. Die Zeile wird daraufhin gestrichelt umrandet. Anschließend markieren Sie auf die gleiche Weise die Zeile 8. Wählen Sie dann *Einfügen / Zellen ausschneiden*. Die richtige Reihenfolge ist damit hergestellt.

Verändern Sie nun die Tabelle so, dass alle Gesamtergebnisse mittels der Summenformel errechnet werden.

Absoluter Bezug

Ein absoluter Bezug verweist auf eine bestimmte Zelle. Auch durch Verschieben oder Kopieren wird diese Zelle nicht verändert. Absolute Bezüge haben ein $-Zeichen vor der Spalten- oder Zeilenangabe.

Haben Sie z.B. auf einem Tabellenblatt verschiedene Konstanten, wie die Mehrwertsteuer oder Gewinnspannen, so können Sie eine Formel immer auf die Zelle verweisen lassen, egal wohin sie kopiert oder verschoben wird.

Legen Sie auf dem Tabellenblatt 2, das Sie in *Verkaufspreise* umbenennen sollen, die unten abgebildete Tabelle an und geben Sie die Herstellkosten ein. Anschließend füllen Sie die Felder B10 und B11 mit den konstanten Werten für Gewinnmargen und Mehrwertsteuer (siehe Abbildung 5.34).

> Sie können sich die Tabelle auch von der CD im Buch laden. Sie finden Sie unter dem Namen BEISPIELKALKULATION.XLS im Ordner KAPITEL05.

Für die Berechnung der anderen Werte in der Tabelle müssen Sie aus jeder Spalte heraus auf diese Zellen zugreifen. Damit der Bezug zu der Spalte nicht automatisch angepasst wird, geben Sie in das Feld B3 die Formel

```
=B2*$B$10
```

ein.

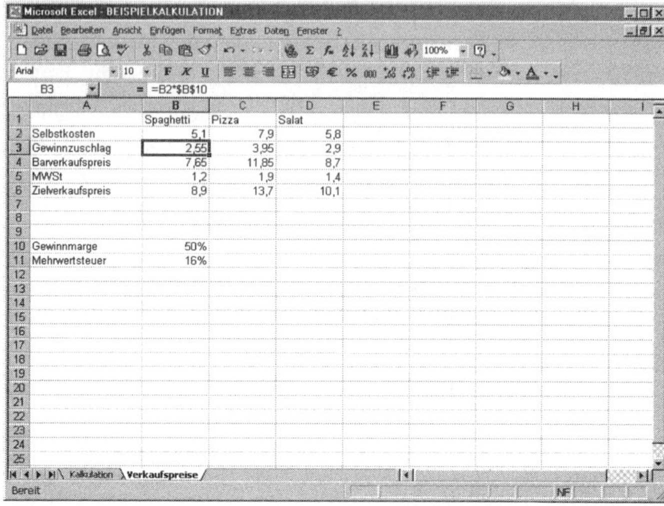

Abbildung 5.34: Ein absoluter Bezug

Wenn diese Formel kopiert wird, bleibt der zweite Teil konstant, während der erste relative Bezug B2 verändert wird. Kopieren Sie diese Formel in die Felder C3 und D3 und sehen Sie sich das Ergebnis an.

Sie können auch relative und absolute Bezüge kombinieren. Der Teil, vor dem ein $ steht, wird nicht verändert. So könnten Sie z.B. die Formel

```
=B$4*$B$11
```

in das Feld B5 eingeben, um die Mehrwertsteuer zu berechnen. Diese Formel können Sie in jede andere Zelle des Tabellenblattes kopieren, sie wird immer das Ergebnis der aktiven Spalte anzeigen.

Addieren Sie in Zelle B4 die Zellen B2 und B3 ebenso wie in Zelle B6 die Zellen B4 und B5. Kopieren Sie die Formeln in Zelle B3 bis B6 in die Spalten C und D. Damit ist die Tabelle komplett. An diesem Beispiel haben Sie die verschiedenen Bezugsarten und verschiedene Auswirkungen beim Bearbeiten ausprobieren können.

Interessant ist noch eine Funktion von Excel. Wenn Sie eine Zelle oder einen Bereich verschieben, auf den sich eine beliebige Formel bezieht, so wird diese Formel automatisch angepasst. Die neue Position der Zelle oder des Bereichs wird in der Formel automatisch berücksichtigt, so dass Sie die Änderung nicht bei allen Formeln eingeben müssen.

Register und Dateinamen im Bezug

Um die Ergebnisse aus dem Tabellenblatt *Verkaufspreise* in die erste Tabelle zu übernehmen, können Sie die Zelle des zweiten Tabellenblattes über einen Bezug zum Namen des Blattes ansprechen.

Aktivieren Sie die Zelle B2 auf dem Tabellenblatt *Kalkulation*. Geben Sie

```
=Verkaufspreise!B2
```

ein. Damit haben Sie der Zelle *Kalkulation!B2* die Anweisung gegeben, das Ergebnis der Zelle *Verkaufspreise!B2* zu übernehmen. Um also eine bestimmte Zelle eines anderen Tabellenblattes in die Formel einzubeziehen, reicht es aus, den Namen des Tabellenblattes der Zelle oder dem Bereich voranzustellen. Die beiden Bezüge müssen mit einem !-Zeichen getrennt werden.

Wenn Sie die Tabellenblätter in den Bezug einbeziehen können, so ist das auch mit anderen Dateien möglich. Dazu setzen Sie den Dateinamen in eckige Klammern und stellen ihn dem Bezug auf das Tabellenblatt voran. Beinhaltet der Dateiname oder das Arbeitsblatt Leerzeichen oder eine Pfadangabe, so müssen Sie beides mit ‘-Zeichen umschließen. Ein gültiger Bezug wäre dann z.B.

```
='[EINE BEISPIELKALKULATION.XLS]Verkaufspreise'!$B$2
```

Am leichtesten definieren Sie diesen Bezug durch Anklicken der Zelle, nachdem Sie das Gleichheitszeichen eingegeben haben. Dazu muss aber die zweite Datei, auf die Sie sich beziehen, geöffnet sein.

Excel geht standardmäßig davon aus, dass ein Bezug auf eine Zelle einer anderen Datei ein absoluter Bezug bleiben soll. Sie können den Bezug aber auch als relativen Bezug festlegen. Dazu reicht es aus, die $-Zeichen aus der Formel zu entfernen.

Wenn Sie eine Zelle verändern, auf die sich eine andere Datei bezieht, so fragt Excel automatisch, ob es die Datei auf den neuesten Stand bringen soll. Das kostet in der Regel viel Zeit. Wenn Sie darauf verzichten, wird sie beim nächsten Öffnen sowieso aktualisiert.

Zellen benennen

Verschiedene Formeln, die Sie erstellen, sind mit ihren vielen Buchstaben und Zahlen, den Dollar- und Ausrufezeichen nicht besonders leserlich. Aus diesem Grund können Sie einzelnen Zellen oder Bereichen einen eigenen Namen geben.

Der Bezug auf eine benannte Zelle stellt einen absoluten Bezug dar. Haben Sie jedoch einen Bereich benannt, so wird der Bezug relativ zu den Zellen des benannten Bereichs aufgebaut.

Nehmen Sie als Beispiel die Zellen B3 bis D3. Markieren Sie diesen Bereich. Klicken Sie mit der linken Maustaste in das Namensfeld ganz links in der Zeile der Formeleingabe und vergeben Sie den Namen *Verkaufspreis*. Schließen Sie die Eingabe des Namens mit [↵] ab. Der Bereich ist somit benannt. Den Bereich B10 bis D10 benennen Sie mit *Stückzahl* (siehe Abbildung 5.35).

Geben Sie in Zelle B12 die Formel

```
=Verkaufspreis*Stückzahl
```

ein. Sie können die einzelnen Namen auch durch Aufklappen der Namensfeldliste auswählen. Damit verhindern Sie Schreibfehler in der Formel.

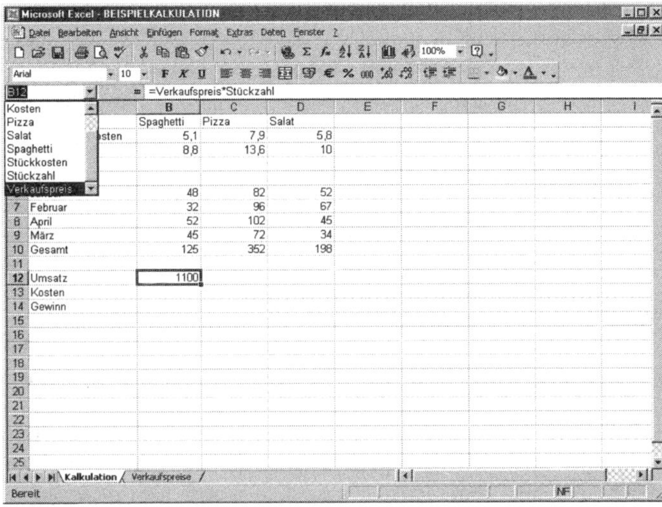

Abbildung 5.35: Das Listenfeld der benannten Bereiche

Diese Formel können Sie in die Zellen C12 und D12 kopieren. Der Bezug zur Spalte wird automatisch angepasst, aber nur solange Sie innerhalb der Spalten B bis D bleiben, also innerhalb der Grenzen des Bereichs, den Sie benannt haben. Wird der Bezug in eine Spalte außerhalb des Bereichs kopiert, findet Excel keine Werte mehr für die Formel. Der benannte Bereich bezieht sich eben nicht auf diese Spalte und somit stehen Excel keine Werte mehr zur Verfügung, auch wenn in den Zellen neben dem Bereich noch Werte eingetragen wurden.

Kopieren Sie den Bezug innerhalb einer Spalte in eine andere Zeile, ist der Bezug jedoch als absoluter Bezug zu sehen. Die Formel mit dem benannten Bereich greift immer auf die Zeile zurück, die mit dem Namen des Bereichs verknüpft ist, egal in welcher Zeile Sie sich befindet.

Bereiche können mehrere Zeilen und Spalten umfassen. Auch diese können benannt werden, genauso wie Sie ganze Zeilen oder ganze Spalten benennen können. Versuchen Sie sich komplizierte Vorgänge zu vereinfachen, indem Sie die Formeln leserlicher machen.

Wenn Sie einen Namen in der Formel finden und wissen wollen, welcher Bereich denn mit diesem Namen beschrieben wird, öffnen Sie das aufklappbare Listenfeld mit allen Namen der Arbeitsmappe. Wählen Sie den Namen aus und sofort wird Excel den passenden Bereich markieren. So können Sie erkennen, auf welche Zellen sich die Formel bezieht.

Mappen und Tabellenblätter schützen

Interessant bei der Verarbeitung von Daten ist insbesondere der Schutz einzelner Arbeitsblätter oder ganzer Arbeitsmappen. Daten oder Formeln, die Sie ausblenden, sollen anderen nicht zugänglich gemacht werden. Einige Daten, die Sie errechnet haben, sollen aber doch für andere einsehbar sein. Wenn jemand eine solche Tabelle laden und bearbeiten darf, könnte er die Zeilen oder Spalten wieder einblenden, die Sie vor ihm verbergen wollen.

Durch den Schutz der Arbeitsmappe mit einem Passwort verhindern Sie die Veränderung der Zellen. Damit auch das Einblenden der Zeilen und Spalten, die Verschiebung von Arbeitsblättern, die Anzeige von Formeln und jede andere Veränderung Ihrer Daten.

Aktivieren Sie den Befehl *Extras / Schutz*. Im Untermenü haben Sie die Wahl, ob Sie nur das aktive Blatt oder die ganze Arbeitsmappe mit einem Schutz versehen wollen. Sie müssen dabei nicht zwingend ein Kennwort eingeben. Das Kennwort wird jedoch wieder abgefragt, wenn der Schutz aufgehoben werden soll.

HINWEIS

Vergessen Sie das Kennwort, haben Sie keine Chance mehr, an die geschützten Daten heranzukommen. Ohne ein Kennwort kann allerdings jeder den Schutz wieder deaktivieren. Damit sind Ihre Daten keineswegs sicher. Lediglich unbeabsichtigtes Überschreiben können Sie so verhindern.

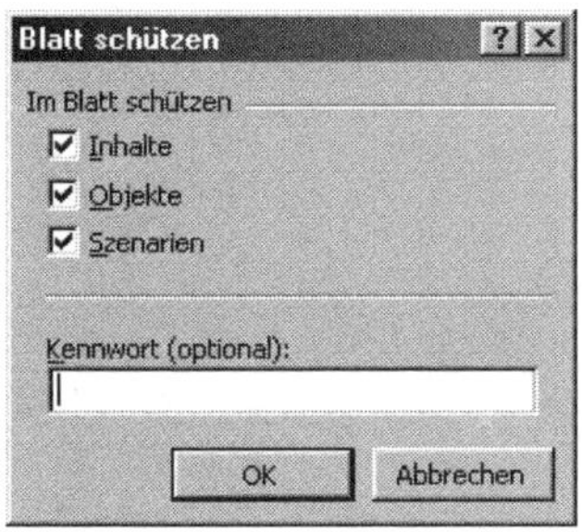

Abbildung 5.36: Der Schutz wird hier aktiviert

Wenn Sie den Blattschutz aktivieren, werden normalerweise alle Zellen vor Veränderung geschützt. Dies hängt von der Vorgabe im Register *Schutz* des Dialogfeldes *Format / Zellen* ab. Das Kontrollkästchen *Gesperrt* ist normalerweise für jede Zelle aktiviert.

Mit den verschiedenen Kontrollkästchen können Sie den Schutz der Zellen noch beschränken oder ausdehnen (siehe Abbildung 5.37).

Sobald der Blattschutz eingeschaltet wird, kann die Zelle nicht mehr verändert werden. Sie können sich dieses Kontrollkästchen zunutze machen, indem Sie für die Zellen, die andere noch verändern dürfen, die Markierung wieder entfernen und anschließend den Blattschutz aktivieren. Nicht geschützte Zellen können dann noch verändert werden. Versuchen Sie dennoch, eine geschützte Zelle zu verändern, bekommen Sie einen Hinweis darauf, dass das nicht geht.

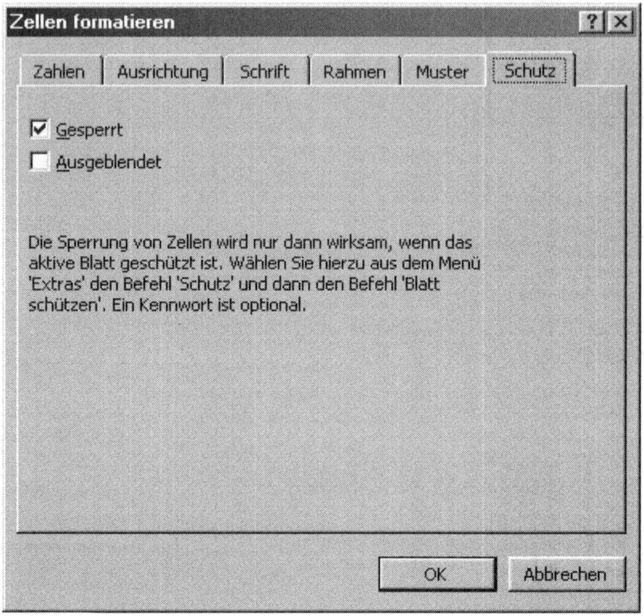

Abbildung 5.37: Das Register *Schutz*

Interessant ist hier auch die Option *Ausgeblendet*. Aktivieren Sie diese Option, so wird eine in der Zelle vorhandene Formel bei der Aktivierung der Zelle innerhalb der Bearbeitungszeile nicht angezeigt. Auf diese Weise können Sie die eigentliche Berechnung des Zelleninhaltes verbergen.

KAPITEL

6

Die Zellenformate in Excel

Das Haupteinsatzgebiet von Excel besteht in der Berechnung, Verknüpfung und Auswertung von Daten. Doch es gibt eine Reihe von unterschiedlichen Zellenarten. Welche dies sind und wie sie innerhalb von Excel eingesetzt werden, erfahren Sie in diesem Kapitel.

Die Zellenformate in Excel

Excel kann Ihre Daten, Zahlen, Formeln und Werte auf die unterschiedlichsten Arten darstellen. Ein Datum oder eine Zeitangabe können Sie auf verschiedene Arten ausgeben, Währungen können automatisch hinzugefügt werden, Prozentwerte können ausgegeben und in die Berechnung einbezogen werden und vieles andere mehr. Darauf wird in diesem Kapitel näher eingegangen.

Vorgegebene Zahlenformate

Die Daten der Tabellen aus Kapitel 5 sind nicht besonders ansprechend. Das normale Format einer Zelle schneidet alle führenden und nachfolgenden Nullen einer Zahl einfach ab. Für einen Währungsbetrag sollten jedoch zwei Dezimalstellen erhalten bleiben. Sie müssen die Zellen also neu formatieren.

Alle Formatierungen einer Zelle werden im Dialogfeld *Format / Zellen* vorgenommen. Sie erreichen das Dialogfeld auch über den Befehl *Zellen formatieren* im Kontextmenü oder über die Tastenkombination [Strg] + [1]. Im Register *Zahlen* finden Sie alle Formate, die eine Zelle bekommen kann.

Einteilung der Formate in Kategorien

Es gibt zu verschiedenen Kategorien Vorlagen, die Excel für Sie bereithält. Es steht Ihnen jedoch frei, zusätzlich eigene Zellenformate zu definieren und auf eine markierte Zelle anzuwenden. Zunächst werden die verschiedenen Kategorien angesprochen.

Das Zahlen-Register

Das Register *Zahlen* verändert seine Form jedes Mal, wenn Sie eine andere Kategorie aus dem gleichnamigen Listenfeld auswählen. Jede Kategorie enthält vordefinierte Zahlenformate, die mit Hilfe von Beispielen und Zahlen, Zeichen und Buchstabenkombinationen zusammengesetzt wurden.

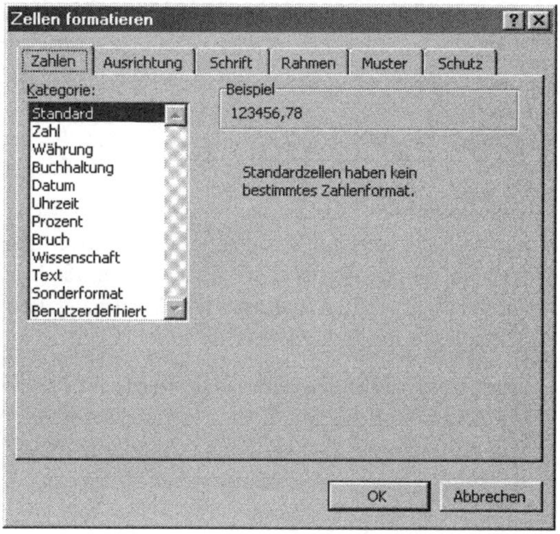

Abbildung 6.1: Das Register *Zahlen*

Die Anzahl der bereits definierten Formate variiert je nach Kategorie. Ebenso die Anzahl der aufklappbaren Listenfelder, die verschieden aussehen, andere Inhalte auflisten und andere Positionen und Größen beinhalten können.

Einige Felder bleiben jedoch immer gleich. Das *Beispiel*-Feld zeigt Ihnen stets anhand einer Beispielzahl an, wie sich Ihre Auswahl auf eine Zahl auswirkt.

War die Zelle, die formatiert werden soll, leer, als Sie das Dialogfeld aufgerufen haben, wird keine Zahl von Excel vorgegeben. Sie sollten also vor der Formatierung die gewünschte Zahl eingeben, damit Sie sie in dem *Beispiel*-Feld angezeigt bekommen.

Haben Sie eine Zelle mit Inhalt markiert und danach das Register *Zahlen* aufgerufen, wird jedes Format, das Sie auswählen, auf diesen Inhalt angewendet und im Bereich *Beispiel* angezeigt. Das erleichtert Ihnen besonders bei selbst definierten Zahlenformaten die Arbeit.

Die einzelnen Kategorien geben einen Hinweis auf den Sinn der Formatierung. Wie das Format der Zahl in der Zelle letztendlich aussehen soll, wird über das Listenfeld *Formate* ausgewählt oder durch Kombination von Eingabewerten, Listenfeldern und Kontrollkästchen festgelegt.

Die Kategorie Zahl

Normale Zahlen haben keine besondere Formatierung. Für sie reichen normalerweise die Formatierungen der Kategorie *Standard*. Die Kategorie *Zahl* unterscheidet sich nur noch in der Anzeige der Dezimalstellen, 1000er-Trennzeichen und negativen Zahlen. Markieren Sie z.B. die Felder B2 bis D12 auf dem Tabellenblatt *Kalkulation* des Beispiels, das Sie schon aus Kapitel 5 kennen, und formatieren Sie die Zelle mit zwei Dezimalstellen und 1000er-Trennzeichen.

Dezimalstellen

Mit der Anzahl der Dezimalstellen zwingen Sie Excel, den Wert in der Zelle auf eine bestimmte Anzahl Nachkommastellen zu bringen. Das kann entweder bedeuten, dass die restlichen fehlenden Stellen mit Nullen aufgefüllt werden oder dass die Nachkommastellen gerundet werden. Excel rundet mathematisch richtig. Das bedeutet, dass die nächste Stelle hinter der angegebenen letzten Dezimalstelle den Ausschlag gibt. Bis vier und darunter wird abgerundet, ab fünf und höher rundet Excel auf.

1000er-Trennzeichen

Je nachdem, wie groß die Zahlen in Ihrer Tabelle werden können, sollten Sie das Kontrollkästchen für die 1000er-Trennzeichen aktivieren. Dadurch wird alle drei Stellen ein Punkt als Trennzeichen in die Zahl eingefügt und Sie haben einen besseren Überblick. Deaktivieren Sie die Option, wenn Ihre Tabelle nicht mehr auf eine Druckseite passt, um Platz zu sparen.

Negative Zahlen

Nicht immer sollen negative Zahlen in einer Tabelle auffallen. Normalerweise werden Sie einfach als Zahl mit negativem Vorzeichen angezeigt. An einigen Stellen ist es aber wichtig, gerade solche Werte von den anderen abzuheben.

Um nicht jede Zelle einzeln formatieren zu müssen, sobald eine negative Zahl erscheint, benutzen Sie eines der vorgeschlagenen Zahlenformate. Wählen Sie z.B. die Auswahl vier aus dem Listenfeld, so wird der Wert in dieser Zelle in Rot dargestellt, sobald er negativ wird. Zusätzlich wird der Zahl das negative Vorzeichen vorangestellt. Damit heben Sie diese Werte aus der Menge der Zahlen in einer Tabelle hervor (siehe Abbildung 6.2).

Die Kategorie Währung

Wenn Sie die Felder in der Tabelle des Beispiels mit zwei Dezimalstellen formatiert haben, ergibt das nicht bei jeder Zelle einen Sinn. Stückzahlen gehen z.B. nur als ganze Zahlen raus und Preise bekommen eventuell eine Währung zugewiesen.

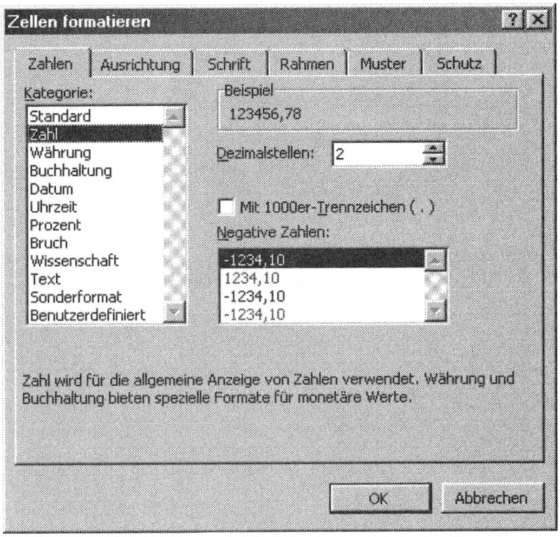

Abbildung 6.2: Das erweiterte Zahlenformat

Je nach Einrichtung von Windows werden die Standardparameter aus der Systemsteuerung übernommen und in verschiedenen Formaten verarbeitet. So wird als Währungssymbol für Deutschland eben *DM* an Excel übergeben.

Die Auswahl der Kategorie *Währung* entspricht komplett der Kategorie *Zahl*. Einziger Unterschied ist die Ergänzung jeder Zelle mit dem Währungssymbol und die Option für das 1000er-Trennzeichen, welches bei der Währung automatisch aktiv ist.

Wenn Sie ein anderes Währungssymbol benötigen, z.B. für Euro (EUR), dann können Sie dieses aus der Liste heraussuchen. Benötigen Sie ein Symbol, das in dieser Liste nicht enthalten ist, müssen Sie ein benutzerdefiniertes Zahlenformat festlegen. Wie das geht, erfahren Sie weiter unten in diesem Kapitel.

KNOW-HOW

Sollten Sie die neue €-Einheit verwenden wollen, so können Sie das €-Symbol mittels der Tastenkombination [Alt] + [0] [1] [2] [8] erreichen, wobei Sie hierzu die Nummern aus dem Nummernblock der Tastatur verwenden müssen. Das ¢-Symbol erreichen Sie über die Tastenkombination [Alt] + [0] [1] [6] [2].

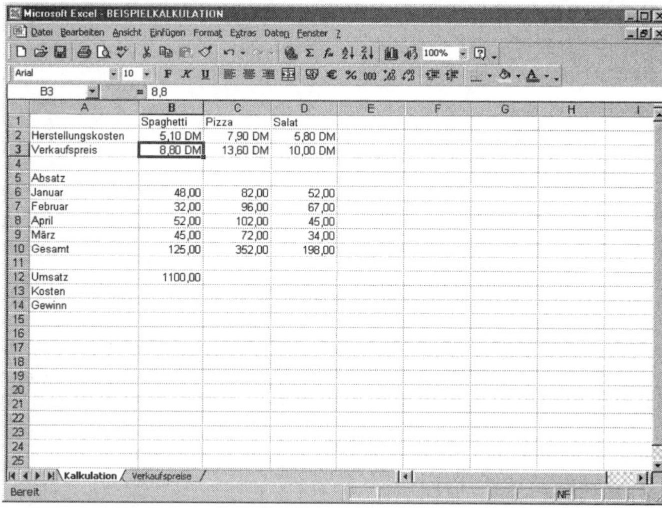

	A	B	C	D
1		Spaghetti	Pizza	Salat
2	Herstellungskosten	5,10 DM	7,90 DM	5,80 DM
3	Verkaufspreis	8,80 DM	13,60 DM	10,00 DM
4				
5	Absatz			
6	Januar	48,00	82,00	52,00
7	Februar	32,00	96,00	67,00
8	April	52,00	102,00	45,00
9	März	45,00	72,00	34,00
10	Gesamt	125,00	352,00	198,00
11				
12	Umsatz	1100,00		
13	Kosten			
14	Gewinn			

Abbildung 6.3: Zellen mit dem Format *Währung*

Formatierungen sollen in der Regel Übersicht und Ordnung in eine Tabelle bringen. Dies ist allerdings nicht immer automatisch der Fall. Formatieren Sie die Felder B2 bis D3 mit einem Währungsformat und behalten Sie die zwei Dezimalstellen bei. Die Werte in den Zellen werden rechtsbündig, die Währungssymbole übereinander angeordnet (siehe Abbildung 6.3).

Wenn Sie unterschiedlich lange Dezimalstellen in übereinander liegenden Zellen haben, kann das allerdings mehr verwirren, als dass es die Tabelle übersichtlicher macht. Probieren Sie selber aus, welche verschiedenen Möglichkeiten Ihnen die verschiedenen Formatierungen bieten und welche Formatierungen für welche Art von Daten geeignet sind.

Die Kategorie Buchhaltung

In der Buchhaltung benutzen Sie oft Tabellen, um Kontenblätter oder Bilanzen zu erstellen. Die normale Währungsfunktion ordnet die Werte rechtsbündig an. Dabei wird das Währungssymbol standardmäßig ganz dicht an den rechten Rand der Zelle gesetzt. Sie können Zellen aber auch anders formatieren und die Zahlen in die Mitte der Zelle oder an den linken Rand bewegen.

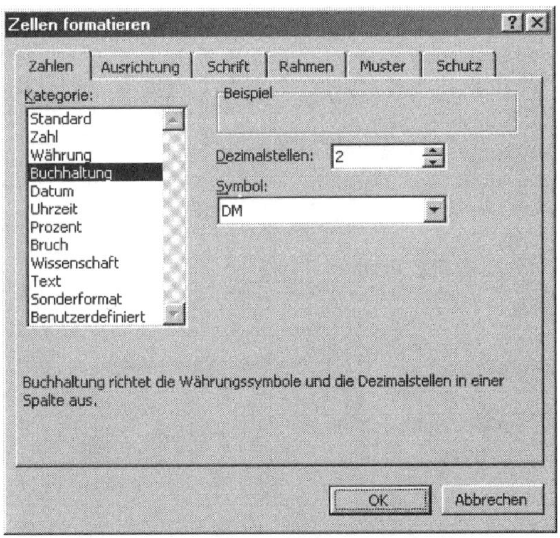

Abbildung 6.4: Das Format *Buchhaltung*

Die Funktion *Buchhaltung* kann dies nicht. In der Buchhaltung werden die Zahlen immer am rechten Rand der Zelle ausgerichtet.

Allerdings wird zum rechten Rand ein kleiner Abstand gelassen, so dass z.B. die Zahlen auf der linken Seite einer Bilanz nicht direkt an der Mittellinie anliegen. Das dient der besseren Lesbarkeit und sieht zudem noch ordentlicher aus.

Negative Werte erkennen Sie beim Format *Buchhaltung* nicht auf den ersten Blick, da sie nicht wie bei einigen anderen Formaten rot dargestellt werden.

Die Kategorie Datum

Datumsformate einer Zahl gibt es in sehr vielen verschiedenen Kombinationen. Die Beispiele im Listenfeld *Formate* zeigen Ihnen, ob der Monat ausgeschrieben wird, welche Trennzeichen benutzt werden oder ob das Jahrtausend mit ausgegeben wird. Ebenso gibt es einige Kombinationen aus Datum und Uhrzeit.

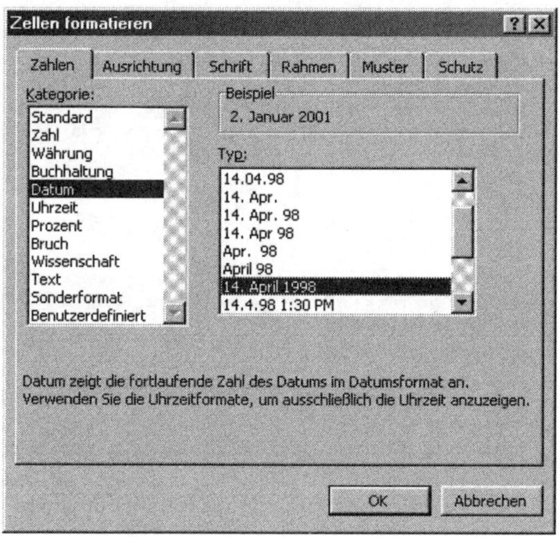

Abbildung 6.5: Die Beispiele im Listenfeld *Formate*

Sie können eine einfache Zahl eingeben und die Zelle anschließend mit einem Datumsformat belegen. Excel wird das ausgewählte Format auf den Inhalt der Zelle anwenden und aus der Zahl ein Datum machen.

Basis der Berechnung

Excel errechnet das Datum immer im Bezug auf den 0.1.1900, 00:00 Uhr. Das Datum ergibt keinen Sinn, wird Ihnen aber bei Eingabe der Zahl 0 ausgegeben. Formatieren Sie eine 1 als Datum, wird das Datum 01.01.1900 ausgegeben und aus der 367 wird der 01.01.1901.

Um auf diese Art und Weise ein Datum einzugeben, ist die Funktion viel zu umständlich und zu rechenintensiv. Sie ist für die Eingabe von Datumsangaben auch nicht gedacht. Wenn Sie ein Datum in einem gängigen Format in eine Zelle eingeben, erkennt Excel automatisch das Format und formatiert die Zelle entsprechend. Sie können also z.B. direkt den Wert 21.09.1999 eingeben und Excel formatiert die Zelle in 21.09.99 um (siehe Abbildung 6.6).

Noch interessanter ist die Möglichkeit, das Datum in einem anderen als dem Ausgabeformat einzugeben. Tippen Sie August 72, ein formatiert Excel den Wert der Zelle in 01.08.72 um und die Ausgabe wird auf *Aug 72* umgestellt.

Durch den Bezug auf den Beginn des zwanzigsten Jahrhunderts kann Excel verschiedene Datumsangaben miteinander vergleichen und auch miteinander verrechnen. Ein gutes Beispiel ist die Berechnung der Tage, die ihrem Lebensalter entsprechen.

KNOW-HOW

Viele reden derzeit über das *Jahr-2000*-Problem. Excel ist hierauf vorbereitet. Excel interpretiert alle zweistellig eingegebenen Jahreszahlen auf folgende Weise: Alle Jahreszahlen von 00 bis 29 werden als Jahreszahlen von 2000 bis 2029 interpretiert. Die Jahreszahlen 30 bis 99 werden als Jahreszahlen von 1930 bis 1999 angesehen.

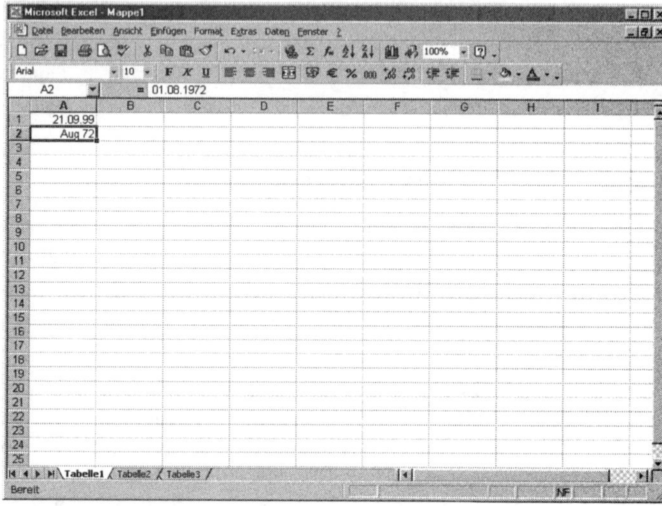

Abbildung 6.6: Das Datum direkt eingeben

Ein Beispiel für die Datumsberechnung

Nehmen Sie als praktisches Beispiel ein neues Tabellenblatt und setzen Sie in die Zelle A1 das aktuelle Datum und in die Zelle A2 Ihr Geburtsdatum.

Formatieren Sie die Zellen mit einem Datumsformat.

Geben Sie in Zelle A3 die in der Abbildung 6.7 abgebildete Formel ein.

Das Ergebnis entspricht der Anzahl der Tage, die Sie schon leben.

Mit einem Datum kann also genauso gerechnet werden wie mit einer normalen Zahl. So können Sie zu einem Datum auch eine gewünschte Anzahl Tage hinzuaddieren.

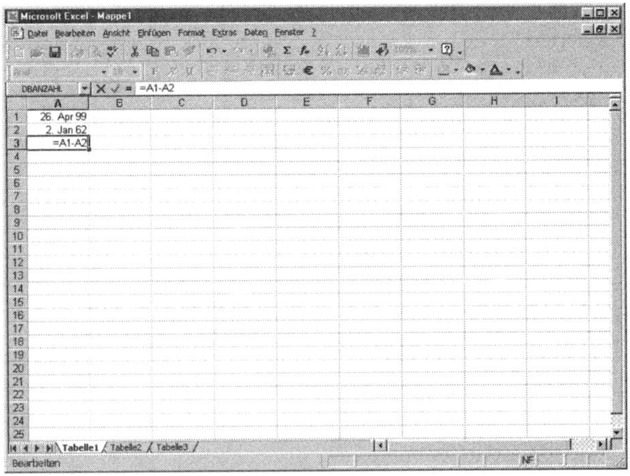

Abbildung 6.7: Datum subtrahieren

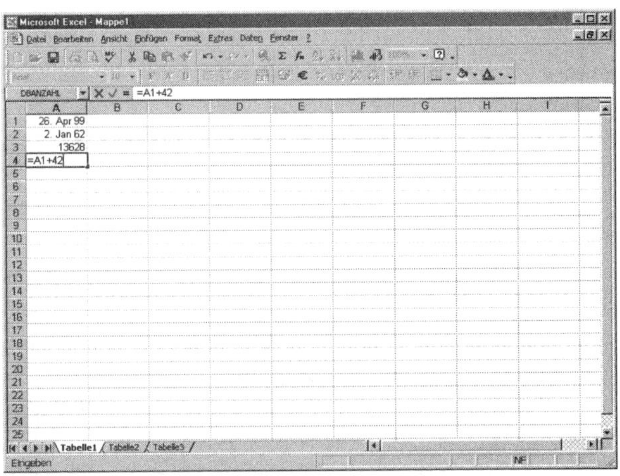

Abbildung 6.8: Tage addieren

Um z.B. herauszubekommen, welches Datum heute in sechs Wochen ist, addieren Sie 42 Tage auf die Zelle A1. Setzen Sie dazu in Zelle A4 die Formel aus der Abbildung 6.8 ein.

Nach der Eingabe von [↵] können Sie das Ergebnis der Berechnung sofort erkennen.

Uhrzeit-Formate

Wenn eine Zahl in ein Datum umgerechnet werden kann, dann geht das äquivalent auch mit der Uhrzeit.

Die Formate der Kategorie *Uhrzeit* funktionieren ähnlich dem Format eines Datums. Jedoch wird nur mit den Nachkommastellen gerechnet.

Excel teilt den Tag in Minuten auf. Jeder Tag hat 1440 Minuten. Um also eine Minute einzugeben, wird zum Tag 1/1440 hinzugezogen. Jede Stunde entspricht dann 1/24. Daraus können Sie eine Uhrzeit errechnen lassen.

Die Zahl vor dem Komma wird bei der Ausgabe der Zeit also nicht berücksichtigt. Denken Sie aber daran, dass der Wert in der Zelle erhalten bleibt.

Bei einer Berechnung mit zwei Zeiten können auch wieder die Stellen vor dem Komma in die Berechnung einbezogen werden. Das hängt nur von dem Ausgabeformat der Zielzelle ab. Probieren Sie dazu das folgende Beispiel aus.

Formatieren Sie die Zellen C1 bis C4 mit dem *Uhrzeit*-Format *13:30:55*. Die 13 macht deutlich, dass es sich hier um ein Format mit 24-stündiger Anzeige handelt (siehe Abbildung 6.9).

Geben Sie `34963,456` in die Zelle C1 und `34964.678` in die Zelle C2 ein. Excel formatiert die Zahlen sofort in ein Datum und eine Tageszeit um. Durch die Zahl vor dem Komma werden zwei aufeinander folgende Tage definiert. Die Ausgabe in den Zellen beschränkt sich jedoch auf die Tageszeit. Das komplette Datum erkennen Sie nur in der Bearbeitungsleiste.

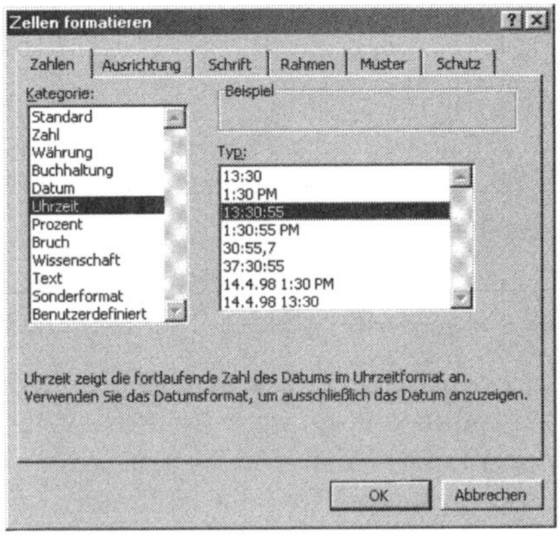

Abbildung 6.9: Die Formate in der Kategorie *Uhrzeit*

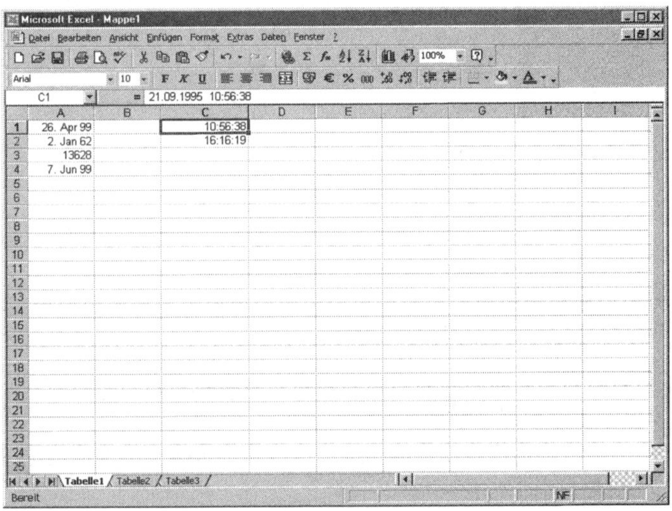

Abbildung 6.10: Ausgabe der Tageszeit

In Zelle C3 und C4 geben Sie die Formel

```
=C2-C1
```

ein. Beide Zellen enthalten das gleiche Ergebnis. Der Unterschied zwischen den beiden Zeiten beträgt gerade einmal 5 Stunden 19 Minuten und 41 Sekunden.

Berücksichtigt man jedoch das Datum, so liegen weitere 24 Stunden dazwischen, also 29 Stunden, 19 Minuten und 41 Sekunden.

Um diese Ausgabe zu erhalten, wenden Sie das Format 37:30:55 auf die Zelle C4 an. Die 37 an der ersten Stelle zeigt, dass es sich nicht um eine 24-stündige Anzeige handelt, sondern dass komplette Tage, also alle Stellen vor dem Komma, in Stunden umgerechnet werden.

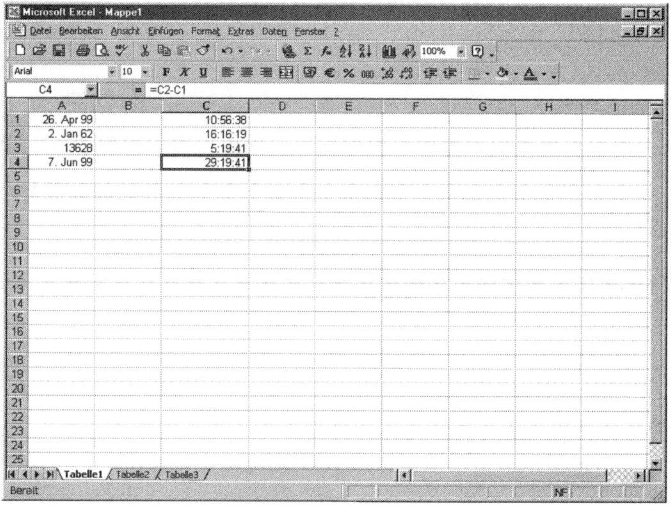

Abbildung 6.11: Die Anzahl der Stunden errechnen

Wenn das Format nicht mehr dargestellt werden kann, weil die formatierte Zahl z.B. zu groß ist, wird die ganze Zelle mit #### gefüllt. Das gilt allerdings für die Darstellung aller Formate.

Es kann aber auch sein, dass die Spalte nur zu schmal ist, um den Inhalt darzustellen. In dem Fall verbreitern Sie einfach die Spalte. Mit einem Doppelklick auf den rechten Rand des Spaltenkopfs wird die Spalte automatisch auf die optimale Breite vergrößert.

Wird der Inhalt auch dann nicht richtig ausgegeben, ist evtl. die Formel in der Zelle falsch oder einfach nur der Wert nicht darstellbar. Eine negative Zahl kann z.B. nicht als Datum dargestellt werden.

Prozentwerte

Wenn Sie Prozente in eine Zelle eingeben wollen, müssen Sie auf die Reihenfolge der Vorgehensweise achten. Excel setzt die Zahl 1 dem Wert 100 % gleich. Das rührt daher, das Excel die 1 dem Zähler des Bruchs 1/100 gleichsetzt.

Sie können die Zelle vor oder nach der Eingabe der Zahl mit dem Format *Prozent* belegen.

Belegen Sie zum Test die Zelle B1 mit dem Format *Prozent*. Die Anzahl der Nachkommastellen bleibt Ihnen überlassen, je nachdem, wie genau Ihr Prozentwert angegeben werden soll.

Geben Sie der Zelle B1 anschließend den Wert 15. Excel macht daraus sofort 15 %. Dieser Wert entspricht jedoch der Zahl 0,15. Multiplizieren Sie also z.B. die Zahl 3000 mit 15 %, so wird eigentlich 3000 * 0,15 gerechnet. Das Ergebnis ist dann 450 (siehe Abbildung 6.12).

Wenn Sie bereits gefüllte Zellen mit dem *Prozent*-Format belegen, hat das eine andere Auswirkung. Geben Sie zum Test die 15 in die Zelle B7 ein und wählen Sie dann erst im Dialogfeld *Zellen* die Kategorie *Prozent* für diese Zelle aus.

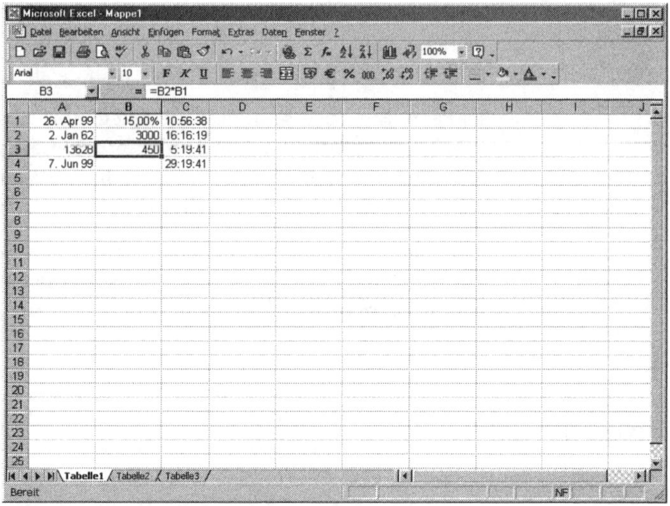

Abbildung 6.12: Berechnung mit Prozentwerten

Bereits im Vorschaufeld können Sie erkennen, dass aus der 15 der Wert 1500,00 % gemacht wird. Das liegt daran, dass Excel den Wert einer Zelle immer mit 100 multipliziert. Die Anzeige von Nachkommastellen können Sie mit der Eingabe von 0 unterdrücken (siehe Abbildung 6.13).

Um also 15 % aus einer Dezimalzahl zu bekommen, müssen Sie 0,15 in die Zelle eingeben und diese mit Prozent formatieren. Der Wert wird mit 100 multipliziert und das Ergebnis um das Prozentzeichen ergänzt.

Geben Sie direkt 15 % ein, erkennt Excel das auch und formatiert die Zelle automatisch richtig. Der Wert der Zelle entspricht dann auch 0,15.

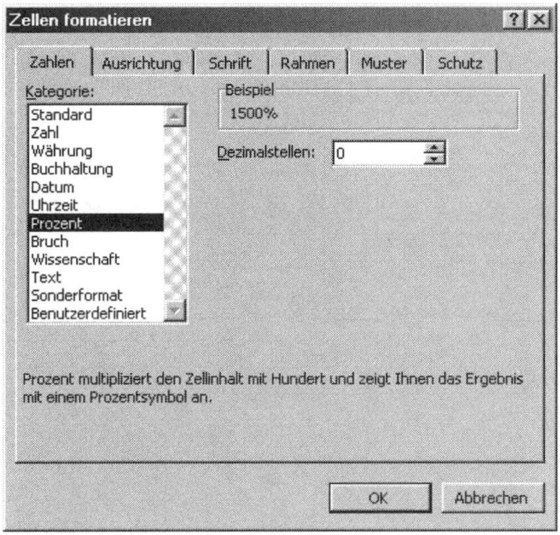

Abbildung 6.13: Der Wert wird mit 100 multipliziert

Brüche

Zellen, die Sie mit dem Format *Bruch* belegt haben, rechnen eine Dezimalzahl sofort in einen Bruch um. Wie genau der Bruch werden soll, definieren Sie mit der Auswahl aus dem Listenfeld *Typ*. Dreistellige Brüche können z.B. bis auf elf Nachkommastellen genau sein (siehe Abbildung 6.14).

Sie können natürlich auch Brüche direkt eingeben. Ganze Zahlen trennen Sie mit einer Leerstelle von dem Bruch. Der Bruch selber wird mit »/« getrennt.

Excel kürzt einen Bruch, sobald Sie [↵] gedrückt haben und rundet je nach ausgewähltem Format auch auf oder ab. Haben Sie z.B. ein Format mit einstelligen Brüchen gewählt und geben dort `34 45/90` ein, wird daraus `34 1/2`.

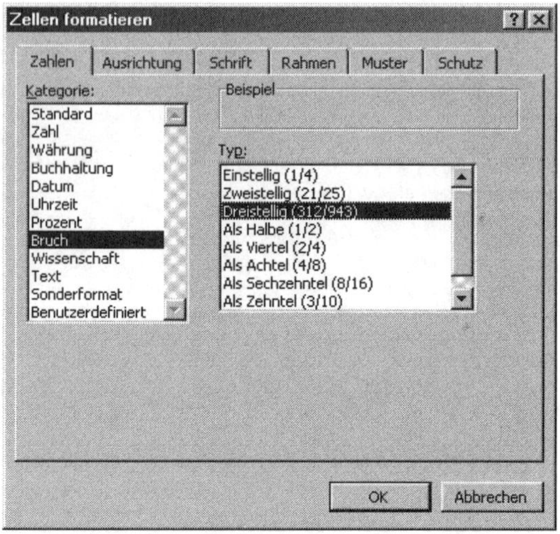

Abbildung 6.14: Dreistellige Brüche

Wissenschaftlich

In einigen Tabellen, in denen mit Messwerten oder physikalischen Größen gerechnet wird, entstehen häufig Zahlen, die sehr klein oder riesig groß sind und deshalb viele Nullen vor oder nach dem Komma enthalten. Die Spalte und damit auch die gesamte Tabelle wird durch diese Nullen schnell zu groß und kann nicht mehr komplett angezeigt oder ausgedruckt werden. Zudem wirkt sie oft unübersichtlich. Die Werte können nicht mehr besonders gut verglichen werden.

Die wissenschaftliche Schreibweise verschiebt das Komma nach rechts oder links, um diese Nullen nicht mehr anzuzeigen. Um wie viele Stellen das Komma verschoben wurde, erkennen Sie an der Zahl hinter dem Buchstaben *E*. Dies entspricht der Wertedarstellung von $x*10^y$, wobei die Kommaverschiebung durch den Wert Y festgelegt wird.

Geben Sie die Zahl `1.234.000.000.000` in eine Zelle ein und formatieren Sie sie mit der wissenschaftlichen Anzeige. Stellen Sie die anzuzeigenden Nachkommastellen auf drei ein (siehe Abbildung 6.15).

Die Zelle wird mit 1,234E+12 (also 1,234 * 10^{12}) gefüllt. Das Komma wurde also um 12 Stellen nach links verschoben.

Die wissenschaftliche Eingabe funktioniert natürlich auch in umgekehrter Richtung. Geben Sie `1,23E-8` (also 1,23 * 10^{-8}) ein, ist der Wert der Zahl eigentlich 0,0000000123. Das Komma wurde um 8 Stellen nach rechts verschoben.

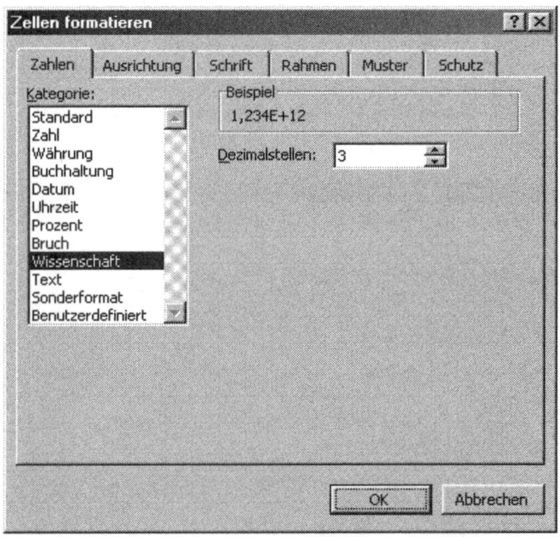

Abbildung 6.15: Die wissenschaftliche Anzeige

HINWEIS

Beachten Sie, dass durch die Angabe von »-8« kein negativer Wert entsteht, sondern lediglich ein sehr kleiner.

Auf diesem Weg können Sie sich auch das Eintippen vieler Zahlen ersparen. Anstatt eine Eins mit sechs Nullen für einen Millionenbetrag einzugeben, schreiben Sie einfach `1E+6` und formatieren die Zahl dann um.

Zahlen als Text formatieren

Um eine Zahl als Text einzugeben, reicht es aus, der Zahl ein Hochkomma »'« voranzustellen. Die Zahl wird fortan als Text behandelt und sofort linksbündig angeordnet. Mit diesem Wert kann auch weiterhin gerechnet werden. Diese Vorgehensweise eignet sich aber nur bei einzelnen Zellen.

Eine andere Lösung bietet die Kategorie *Text* aus dem Register *Zahlen*. Wird eine Zelle damit formatiert, wird jedes Zeichen in der Tabelle als Text angesehen und bleibt so auch erhalten.

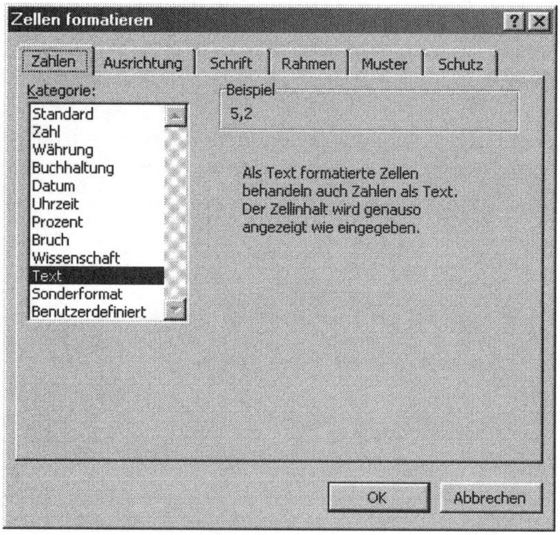

Abbildung 6.16: Die Kategorie *Text*

Formeln stellen dabei eine Besonderheit dar. Formatieren Sie eine Zelle mit einer Formel zu einer Textzelle, die zu diesem Zeitpunkt einen Wert anzeigt, so wird Excel den Wert als Text ablegen.

Wollen Sie jetzt die Formel verändern, indem Sie mit einem Doppelklick auf die Zelle klicken, erscheint auch die Formel im Textfeld. Wenn Sie die Zelle jetzt aber wieder verlassen, wird die Formel als Text in die Zelle eingetragen. Der Wert ist weg.

Um ihn wiederzubekommen, muss die Zelle zuerst als Zahl oder Standard formatiert werden und anschließend erneut bearbeitet und wieder verlassen werden.

Sonderformate

Unter Sonderformaten versteht Excel besondere Zahlenangaben, die in verschiedenen Ländern oder Formeln immer wieder vorkommen. Das betrifft Postleitzahlen ebenso wie ISBN- oder Sozialversicherungsausweis-Nummern. Alle diese Nummern werden in einem festgelegten Abstand mit Strichen oder Leerstellen ausgefüllt. Meistens ist die Angabe genormt und wird überall sofort als solche Zahl erkannt.

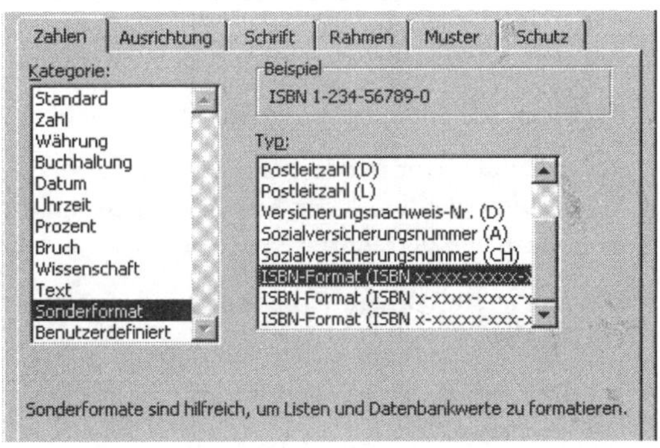

Abbildung 6.17: Sonderformate wie die ISBN-Nummer

Sie können sich die Eingabe der Zeichen, Striche und Leerstellen sparen, indem Sie einfach die Zahl fortlaufend eingeben und dann die Zellen mit dem entsprechenden Sonderformat formatieren.

Die Kategorie *Sonderformat* enthält nur eine kleine Auswahl an Formaten. Finden Sie nicht das passende Format, definieren Sie ein eigenes.

Selbst definierte Formate

Benutzerdefinierte Formate sind immer dann notwendig, wenn keines der vorgegebenen Formate die Zahlen in dem gewünschten Ausgabeformat darstellen können.

Legen Sie z.B. Tabellen mit Auftragsnummern, Artikellisten oder Lieferscheinen an, können Sie für die verschiedenen Nummerierungen eigene Ausgaben definieren, die die Zahlen im gewünschten Format ausgeben. Die verschiedenen Formate bauen Sie aus verschiedenen Symbolen, so genannten *Zahlenformatcodes* zusammen, die in diesem Abschnitt erklärt werden.

Die vier Abschnitte eines Zahlenformatcodes

Ein Zahlenformatcode kann z.B. so aussehen :

```
#.##0,00 DM;[Rot]-#.##0,00 DM);0;@
```

Jeder Zahlenformatcode kann aus bis zu vier Abschnitten zusammengesetzt werden. Jeder Abschnitt wird mit einem Semikolon »;« vom nächsten getrennt.

- Der erste Abschnitt definiert die Anzeige normaler, positiver Zahlen.
- Der zweite Abschnitt gibt an, wie negative Zahlen dargestellt werden sollen.

- Im dritten Abschnitt wird die Vorgabe für einen möglichen Nullwert festgelegt.
- Zuletzt beschreiben Sie noch, welches Format ein eingegebener Text bekommen wird.

Je nachdem, was in eine formatierte Zelle eingegeben wird, erscheint der Wert im gewählten Format.

- Wenn Sie ein Format auslassen wollen, setzen Sie einfach zwei Semikolon hintereinander.
- Lassen Sie die letzten beiden Abschnitte weg, werden Nullwerte wie positive Zahlen behandelt.
- Definieren Sie nur einen Abschnitt, werden alle Zahlen so formatiert.

Grundlegende Zahlenformatierungen

Zunächst werden Ihnen die verschiedenen Symbole und deren Bedeutung vorgestellt.

Die Null

Jede Null »0«, die Sie in einem Zahlenformatcode verwenden, stellt eine Zahl dar. Die Stelle, an der die Null steht, wird auf jeden Fall angezeigt, egal ob die Zahl an der Stelle eine Null oder eine andere Zahl ist. Es ist jedoch von Bedeutung, ob die Null hinter oder vor dem Komma steht. Wenn Nullen vor dem Komma stehen, werden mindestens die entsprechenden Ziffern angezeigt. Es können also führende Nullen benutzt werden, z.B. mit der Eingabe von 000,00.

Definieren Sie z.B. ein Zahlenformatcode 0,00, werden mindestens eine Stelle vor dem Komma und genau zwei Stellen nach dem Komma angezeigt.

	A	B
1	Eingabe	Ausgabe
2	0	0,00
3	12345,6789	12345,68
4	0,435	0,44
5	0,1	0,10
6	1,203	1,20

Abbildung 6.18: Zahlenformatcode 0,00

Das Doppelkreuz

Ein Doppelkreuz »#« funktioniert ähnlich wie eine Null, jedoch werden führende oder nachfolgende Nullen nicht mehr angezeigt.

Das Zahlenformat 0,## zeigt z.B. mindestens eine Stelle vor und maximal zwei Stellen nach dem Komma an. Es werden aber nur die Zahlen nach dem Komma angezeigt, die nicht nachfolgende Nullen sind.

	A	B
1	Eingabe	Ausgabe
2	0	0,
3	12345,6789	12345,68
4	0,435	0,44
5	0,1	0,1
6	1,203	1,2

Abbildung 6.19: Zahlenformatcode 0,##

Über ein Zahlenformat #,00 können Sie alle Nullwerte vor dem Komma auslassen und hinter dem Komma mindestens zwei Stellen ausgeben, egal ob es sich dabei um eine Null handelt oder um eine andere Zahl (siehe Abbildung 6.20).

Beabsichtigen Sie den 1000er-Punkt zu verwenden, dann ist es unumgänglich, das Format mit dem Doppelkreuz vorzugeben.

	A	B
1	Eingabe	Ausgabe
2	0	,00
3	12345,6789	12345,68
4	0,435	,44
5	0,1	,10
6	1,203	1,20

Abbildung 6.20: Zahlenformatcode #,00

Das Fragezeichen

Genau wie die Null fügt auch das Fragezeichen »?« zusätzliche Stellen für führende oder nachfolgende Nullen in ein Format ein, sowohl vor als auch nach dem Komma. Jedoch werden Nullen diesmal als Leerzeichen eingefügt. Damit wird die Ausgabe nachfolgender Nullen z.B. unterdrückt und die Zahlen werden trotzdem untereinander an ihrer Dezimalstelle ausgerichtet.

Probieren Sie einmal das Format 0,0?? aus. Es werden auf keinen Fall mehr als drei Nachkommastellen angezeigt, aber mindestens eine Stelle vor und nach dem Komma ausgegeben. Nachfolgende Nullen werden durch Leerzeichen ersetzt. Auf diese Weise können Sie auch erreichen, dass das Dezimalzeichen oder ein Währungssymbol bündig untereinander stehen.

	A	B
1	Eingabe	Ausgabe
2	0	0,0
3	12345,6789	12345,679
4	0,435	0,435
5	0,1	0,1
6	1,203	1,203

Abbildung 6.21: Zahlenformatcode 0,0??

Der Punkt

Der Punkt ».« als Trennzeichen für Tausenderstellen kann auch in einen Zahlenformatcode eingebaut werden. Setzen Sie einen Punkt zwischen die Symbole vor dem Komma, wird eine Unterteilung in Zahlengruppen vorgenommen.

Da es meist wenig Sinn hat, vor dem Komma führende Nullen auszugeben und dann auch noch ein 1000er-Trennzeichen einzugeben, wird es normalerweise mit #.##0,00 definiert.

Es ist jedoch ebenso möglich, 0.000,00 als Format zu definieren. Einen Unterschied macht das nur bei Zahlen, die nicht mindestens vier Stellen vor dem Komma haben.

Im unten angezeigten Bild werden führende Nullen unterdrückt, jedoch mindestens eine Stelle vor und zwei Stellen nach dem Komma angezeigt. Wenn die Zahl über eine Tausenderstelle hinausgeht, wird jedesmal ein Punkt eingefügt.

	A	B
1	Eingabe	Ausgabe
2	0	0,00
3	12345,6789	12.345,68
4	987654321	987.654.321,00

Abbildung 6.22: Zahlenformatcode #.##0,00

Wichtig ist, dass der Punkt nicht am Anfang eines Zahlenformatcodes stehen darf. Wenn Sie ein Format mit .0,00 definieren, bekommen alle Zahlen einen Punkt vorangestellt, etwas anderes geschieht jedoch nicht. Aus diesem Grund muss das Format richtig #.0,00 heißen. Die Punktierung wird weiterhin Dreiergruppen zusammenfassen, auch wenn der Punkt an einer anderen Stelle des Formats steht. Intern wandelt Excel das Format direkt in #.##0,00 um.

KNOW-HOW

Wird der Punkt am Ende des Formats eingesetzt, dann bekommt dieser eine andere Aufgabe, er »schluckt« nämlich einen Dreierblock vor dem Komma. So macht das Format »0,00.« aus 40355 40,36, das Format »0,00..« aus 40355 0,04. Sinnvoll sind also z.B. Formate wie 0,00. »TDM« oder 0,00.. »Mio. DM«.

Das Komma

Das Komma definiert die Dezimalstellen einer Zahl. Wenn Sie kein Komma in einen Zahlenformatcode eingeben, werden alle Zahlen ohne Nachkommastellen ausgegeben.

Hinter einem Komma müssen Sie anschließend die Anzahl der Nachkommastellen angeben. Damit das Komma nicht ohne wenigstens eine Stelle nach dem Komma erscheint, sollte die erste Stelle nach dem Komma eine Null sein.

	A	B	C
1	Eingabe	0,##	0,0#
2	0	0,	0,0
3	12345,6789	12345,68	12345,68
4	0,435	0,44	0,44
5	0,1	0,1	0,1
6	1,203	1,2	1,2
7	987654321	987654321,	987654321,0

Abbildung 6.23: Zahlen mit 0,## und 0,0# formatiert

Andere Sonderzeichen

Ein Sternchen »*« geben Sie in einem Formatcode an, wenn Sie das darauf folgende Zeichen so lange wiederholen wollen, bis die Zelle in voller Spaltenbreite ausgefüllt ist. Der Code *0,00 würde die Zelle immer auf voller Breite mit führenden Nullen ausfüllen.

Das Minuszeichen »-« stellen Sie einer Zahl voran, wenn bei negativen Werten in der Zelle der Wert mit einem Minus angegeben werden soll. Das Minuszeichen muss dabei nicht unbedingt am Anfang stehen. Es erscheint an der Stelle, an der Sie es im Formatcode platzieren.

Der Unterstrich »_« fügt eine Leerstelle von der Breite des nachfolgenden Zeichens in den Zahlenformatcode ein. Geben Sie z.B. in einen Zahlenformatcode _D_M ein, werden zwei Leerstellen von der Breite der Zeichen »D« und »M« eingefügt.

So werden z.B. Zahlen mit und ohne Währungssymbol trotzdem untereinander angeordnet.

Das Leerzeichen können Sie ebenso nutzen, um Platz zwischen der Zahl und einem folgenden Text wie z.B. einem Währungssymbol einzufügen. Die Leerstelle ist jedoch immer gleich breit.

Leerzeichen und Unterstriche funktionieren auch am Ende oder am Anfang eines Zahlenformatcodes.

Andere Zahlenformatcodes

Eine Besonderheit der Zahlenformatcodes stellen die Formate für Datums- und Zeitangaben dar. Daneben sind dann noch Formatierungen für Texte und mathematische Anzeigen von Bedeutung. Damit werden z.B. die wissenschaftliche Anzeige oder besondere Formatierungen für Bedingungen eingestellt.

Wenden wir uns zunächst den Datums- und Zeitformaten zu.

Die Kombination der Symbole

Excel erkennt anhand der eingegebenen Buchstabenkombinationen, wie ein Datum oder eine Zeit aussehen soll.

Datumssymbole sind mit Großbuchstaben beschrieben, während Zeitformate sich aus kleinen Buchstaben zusammensetzen.

Die Anzahl der Wiederholungen einzelner Symbole bestimmt die Anzeige des Datums oder der Zeit.

Datumssymbole

Das T ist das Symbol für den Tag. Sie können den Tag in einem Datumsformat mit oder ohne führende Nullen anzeigen oder als Wochentag. Der Wochentag kann ausgeschrieben oder auf zwei Stellen abgekürzt werden. Natürlich sind auch Kombinationen aus beidem möglich.

	A	B	C
1	Format	Eingabe	Ausgabe
2	T	09.02.95	9
3	TT	09.02.95	09
4	TTT	09.02.95	Do
5	TTTT	09.02.95	Donnerstag

Abbildung 6.24: Die Tagesformate

Mit dem `M` können Sie die Ausgabe des Monats bestimmen. Wie beim Tag können führende Nullen unterdrückt werden und der Monat namentlich ausgeschrieben oder abgekürzt werden. Ein Beispiel dafür finden Sie im nächsten Bild.

	A	B	C
1	Format	Eingabe	Ausgabe
2	M	09.02.95	2
3	MM	09.02.95	02
4	MMM	09.02.95	Feb
5	MMMM	09.02.95	Februar

Abbildung 6.25: Die Monatsformate

Beim Format der Jahreszahl schränken sich die Kombinationen etwas ein. Sie können zwischen der zwei- und der vierstelligen Jahresanzeige wählen. Geben Sie dazu zwei oder vier `J` ein.

	A	B	C
1	Format	Eingabe	Ausgabe
2	JJ	09.02.95	95
3	JJJJ	09.02.95	1995

Abbildung 6.26: Die Jahresanzeige mit und ohne Jahrhundert

Kombinieren Sie diese Symbole jetzt zu unterschiedlichen Formaten, so können Sie unterschiedliche Ergebnisse erzielen. Um die einzelnen Zeichen voneinander zu trennen, geben Sie eigene Trennzeichen an oder lassen Sie Leerstellen an den entsprechenden

Stellen. Anhand der Beispiele sollte das Prinzip recht schnell deutlich werden.

	A	B	C
1	Format	Eingabe	Ausgabe
2	MM-TT-JJJJ	09.02.95	02-09-1995
3	TTTT, T. MMM JJJJ	09.02.95	Donnerstag, 9. Feb 1995
4	MM/JJ	09.02.95	02/95
5	T.M.JJ	09.02.95	9.2.95

Abbildung 6.27: Beispiele für ein Datumsformat

Zeitsymbole

Bei den Zeitformaten verhält es sich ähnlich wie beim Datum. Je nach Kombination der unterschiedlichen Buchstaben können Sie ein anderes Zeitformat erstellen. Dazu benutzen Sie kleine Buchstaben.

Berücksichtigen Sie als Erstes die Stunden. Es gibt vier verschiedene Formatierungen für die Stunde. Sie können die führenden Nullen weglassen, indem Sie das Symbol `h` nur einmal angeben. Mit zweimal `hh` werden die Stunden mit führenden Nullen ausgegeben.

Das Ausgabeformat kann im Zwölf- oder Vierundzwanzig-Stunden-Format angegeben werden. Wenn Sie `a/p`, `am/pm`, `A/P` oder `AM/PM` eingeben, wird die Ausgabe in zwölf Stunden vor und nach zwölf Uhr mittags unterteilt.

	A	B	C
1	Format	Eingabe	Ausgabe
2	h	9:26:53	9
3	hh	9:26:53	09
4	hh	16:26:53	16
5	h am/pm	16:26:53	4 pm
6	[hh]	=Summe(B4:B5)	32

Abbildung 6.28: Die Stundenformate

Eine Sonderfunktion erreichen Sie über die eckigen Klammern. Damit können Sie Excel anweisen, die Stunden zu addieren. Sind z.B. durch die Addition zweier Zeiten Werte größer als 24 Stunden entstanden, so sollen diese auch angezeigt werden. Aus der Addition von 16 Stunden zu 16 Uhr wird dann nicht 8 Uhr morgens, sondern 32 Stunden.

Die Minutenformate stellen mit dem kleinen m eine Ausnahme dar. Das M ist als einziges Zeichen in Datums- und Zeitformatcodes vorhanden.

HINWEIS

> Nur anhand der Groß-/Kleinschreibung der Buchstaben kann Excel Monate von Minuten unterscheiden. Achten Sie also auf die Schreibweise.

Genau wie die Stunden werden auch hier die führenden Nullen wahlweise unterdrückt oder angezeigt.

	A	B	C
1	Format	Eingabe	Ausgabe
2	m	09:06:53	6
3	mm	09:06:53	06
4	[mm]	09:06:53	546

Abbildung 6.29: Die Minutenanzeige

Überschreitet ein Wert in der Zelle die 60 Minuten, beginnt Excel wieder bei 0 Minuten. Wenn der Zahlenformatcode `m` oder `mm` in einer eckigen Klammer steht, weisen Sie Excel an, die Minuten weiter zu addieren, auch wenn sie über 60 Minuten hinausgehen.

Die Sekunden sind nun der letzte Bereich für ein Zeitformat. Das s symbolisiert die Sekundenanzeige.

Auch hier gibt es wieder die Unterscheidung in s und ss für oder gegen die Anzeige führender Nullen.

Mit eckigen Klammern werden die Sekunden addiert. Die Anzeige der Stunden und Minuten wird so in mehrere tausend Sekunden umgerechnet.

	A	B	C
1	Format	Eingabe	Ausgabe
2	s	13:12:09	9
3	ss	13:12:09	09
4	[ss]	13:12:09	47529

Abbildung 6.30: Die Anzeige der Sekunden

Farben

Um einzelne Formate besser von anderen abzuheben oder negative Zahlen besser zu erkennen, können Sie Farben mit in den Formatcode einbringen. Farben definieren Sie in eckigen Klammern. Dazu gibt es zwei verschiedene Auswahlmöglichkeiten:

- Wählen Sie eine der Farben aus der Standard-Farbpalette aus, z.B. [Farbe32]. Die Farben sind mit laufenden Nummern zwischen 0 und 56 versehen.
- Oder Sie geben den Namen der Farbe direkt an. Excel akzeptiert die Farben Blau, Rot, Grün, Gelb, Schwarz, Weiß, Cyan und Magenta.

	A	B	C
1	Eingabe	[Farbe43]#.##0,00	[Blau]#.##0,00
2	0	0,00	0,00
3	12345,6789	12.345,68	12.345,68
4	0,435	0,44	0,44
5	0,1	0,10	0,10
6	1,203	1,20	1,20
7	987654321	987.654.321,00	987.654.321,00

Abbildung 6.31: Farben im Zahlenformatcode

Genügen Ihnen die Grundfarben, benutzen Sie besser die zweite Methode. Haben Sie besondere Vorstellungen, gehen Sie den Weg über die Farbpalette.

Textformatierungen

Textformatierungen können auf zwei verschiedene Arten durchgeführt werden.

Der Abschnitt Text im Zahlenformatcode

Zum einen definieren Sie mit dem vierten Abschnitt eines Zahlenformatcodes die Ausgabe von Text, falls keine Zahlen in die Zelle eingegeben werden.

Fügen Sie ein »@« an einer Stelle im Zahlenformatcode ein. Bei der Eingabe von Zeichen in die Zelle wird dieser immer als Text an die Stelle des Zeichens @ eingefügt.

	A	B	C
1	Eingabe	Format für Text kombiniert mit Text	Ausgabe
2	Eis	"Sie haben das Wort" @ "eingegeben"	Sie haben das Wort Eis eingegeben
3	Haus	"Sie haben das Wort" @ "eingegeben"	Sie haben das Wort Haus eingegeben
4	Boden	"Sie haben das Wort" @ "eingegeben"	Sie haben das Wort Boden eingegeben
5	Excel	"Sie haben das Wort" @ "eingegeben"	Sie haben das Wort Excel eingegeben

Abbildung 6.32: Das Symbol für einen Text

Zeichen im Zahlenformatcode

Die andere Formatierung mit Texten betrifft die Darstellung von Zeichen in Zahlen- oder Datums- und Zeitformatcodes.

Sie können zu jedem Zahlen-, Datums- oder Zeitformatcode eigenen Text hinzufügen. Schon bei der Definition des Codes im Register *Zahlen* zeigt Ihnen die Vorschau die Art der Darstellung anhand des Wertes in der aktuell markierten Zelle.

Geben Sie in einem Zahlenformatcode Zeichen dazu, die Excel nicht als Sonderzeichen interpretieren kann, so werden diese Zeichen zwischen den Zahlen ausgegeben. So können Sie z.B. hinter einem Zahlenformatcode ein Währungssymbol abstellen oder hinter der Anzeige der Stunden das Wort Uhr einfügen.

	A	B	C
1	Eingabe	Format	Ausgabe
2	2000	#.0,00 $	2.000,00 $
3	09.02.95	"Es ist der "T". Tag im Monat" MMMM	Es ist der 9. Tag im Monat Februar
4	03:55:50	h" Uhr "m" und "ss" Sekunden"	3 Uhr 55 und 50 Sekunden

Abbildung 6.33: Beispiele für Zahlen und Texte in einem Format

HINWEIS

Sie müssen jedoch darauf achten, dass keine Buchstaben aus einem Wort von Excel interpretiert werden. Der Buchstabe *T* im Wort Tag würde von Excel genauso umgesetzt werden wie das *h* im Wort Uhr. Die aktuelle Tageszahl bzw. Stunde würde mitten im Wort eingefügt werden.

Damit Text nicht interpretiert wird, können Sie ihn in Hochkommata einschließen. Das Zeichen »'« wird nicht mit ausgegeben, wie Sie aus dem Beispiel in der Abbildung sehen können.

Die Sonderzeichen $, -, +, /, : und die runden Klammern werden von Excel nicht interpretiert und benötigen deshalb keine doppelten Anführungszeichen.

Wie bereits erwähnt ist der Unterstrich ein Symbol für Excel, ein Leerzeichen an der Stelle einzufügen, das die Breite des nachfolgenden Buchstabens hat. So können Sie z.B. negative Zahlen umklammert bündig zu positiven Zahlen darstellen. Fügen Sie im Abschnitt der positiven Zahlen ein _) am Ende ein. Dadurch werden die positiven und negativen Zahlen untereinander bündig angeordnet.

	A	B	C
1	Eingabe	Format für pos. und neg. Zahlen	Ausgabe
2	0	#.##0,00_);(-#.##0,00)	0,00
3	-3546	#.##0,00_);(-#.##0,00)	(-3.546,00)
4	0,435	#.##0,00_);(-#.##0,00)	0,44
5	-5	#.##0,00_);(-#.##0,00)	(-5,00)
6	2343,65467	#.##0,00_);(-#.##0,00)	2.343,65
7	-987654321	#.##0,00_);(-#.##0,00)	(-987.654.321,00)

Abbildung 6.34: Ein Beispiel für den Unterstrich

Wissenschaftliche Anzeige

Die wissenschaftliche Anzeige von Werten bewirkt die Verschiebung des Kommas hinter die erste Zahl, die nicht null ist.

Das E, der sogenannte Exponent der Zahl, verrät Ihnen die Anzahl der Stellen und die Richtung, in die das Komma verschoben wurde.

Haben Sie eine Zahl, die kleiner ist als eins, so wurde das Komma um eine oder mehrere Stellen nach rechts verschoben. Der Exponent wird dann negativ dargestellt.

Eine positive Verschiebung, also wenn die Zahl größer als eins ist, wird mit einem + markiert. Auch dabei wurde das Komma nach links verschoben.

Die Anzahl Stellen nach dem Komma gibt an, wie viel Stellen noch angezeigt werden sollen.

	A	B	C
1	Eingabe	Wissenschaftlich	Ausgabe
2	0	0,00E+00	0,00E+00
3	12345,6789	0,00E+00	1,23E+04
4	0,000435	0,00E+00	4,35E-04
5	0	0,00E-00	0,00E00
6	12345,6789	0,00E-00	1,23E04
7	0,000435	0,00E-00	4,35E-04

Abbildung 6.35: Die wissenschaftliche Anzeige

Die Stellen nach dem Exponent bestimmen die Anzahl der maximal möglichen Exponentialstellen. Mit 00 definieren Sie also maximal eine Verschiebung um 99 Stellen.

Das E+ oder e+ im Format bewirkt, dass Verschiebungen nach rechts durch ein »-« und Verschiebungen nach links mit dem »+« gekennzeichnet werden.

Sie können auch E- oder e- angeben. In dem Fall geht Excel davon aus, dass nur die Verschiebung nach rechts mit einem Vorzeichen »-« angezeigt werden soll. Verschiebungen nach links werden ganz ohne Vorzeichen angezeigt. Ein Beispiel dazu finden Sie im oben abgebildeten Tabellenblatt.

Bedingungen im Format

Excel ist in der Lage, Bedingungen in ein Format aufzunehmen. Sie können die Anzeige des Inhalts und das angewendete Format abhängig machen von dem Wert in der Zelle.

Ein gutes Beispiel für die Verwendung einer Bedingung sind Grenzwerte. Sie belegen alle Felder einer Tabelle einfach mit der Bedingung `[<500][Grün]#.0,00` und schon fallen alle Ausreißer im Arbeitsblatt, die kleiner als 500 sind, farbig auf.

Bedingungen werden in eckige Klammern gefasst. Die Operatoren für eine Bedingung sind <, >, =, >=, <= oder <>. Im Bild sehen Sie einige Beispiele für solche Bedingungen.

	A	B	C
1	Eingabe	Wissenschaftlich	Ausgabe
2	07:55	[>8] 0,00 "Uhr" "zu Spät";0,00 "Uhr"	7,55 Uhr
3	08:10	[>8] 0,00 "Uhr" "zu Spät";0,00 "Uhr"	8,10 Uhr zu Spät
4			
5	234	[Rot][<=1] #0,00;Standard	234
6	0,234	[Rot][<=1] #0,00;Standard	0,23
7	1	[Rot][<=1] #0,00;Standard	1,00

Abbildung 6.36: Bedingungen im Format

Formatieren mit Funktionen

Bisher haben Sie Formatierungen kennen gelernt, die über den Menübefehl *Format / Zellen* vorgenommen wurden. Bei einigen Formaten, die Ihnen nicht so geläufig sind, oder bei benutzerdefinierten Formaten ist das sicher auch die einfachste Methode.

Trotzdem soll noch eine andere Formatierungsmethode beschrieben werden, die Formatierung über eine Funktion.

Der Weg über eine Formatfunktion ist nicht kompliziert, aber kaum jemand kennt alle Funktionen auswendig. Die gängigsten Funktionen werden Sie aber schnell behalten, je öfter Sie sie anwenden.

Was ist eine Funktion?

Eine Funktion ist ein kleines Programm, dem Sie Werte übergeben können. Das Programm liefert dann je nach eingegebenen Parametern einen Wert in einem bestimmten Format zurück.

Welche Werte und Parameter Sie übergeben oder in welcher Reihenfolge Sie die Werte übergeben müssen, wird in einer Funktionsdefinition festgelegt.

Die Aufgabe einer Funktion muss jedoch nicht mathematischer Natur sein. Es muss also ein Wert nicht unbedingt mit einem anderen verrechnet werden, und das Ergebnis der Berechnung stellt dann das Ergebnis der Funktion dar.

Nein, eine Funktion kann auch die Übergabe eines Wertes mit verschiedenen Formatierungsangaben sein. Das zurückgelieferte Ergebnis der Formatfunktion könnte z.B. darin bestehen, die Zahl in einer anderen Farbe darzustellen.

Die Syntax

Einer Funktion müssen die Werte und Parameter immer in einer bestimmten Reihenfolge übergeben werden. Diese spezielle Anordnung der Parameter nennt man *Syntax*.

Die Syntax einer Funktion sieht z.B. vor, dass der Name der Funktion hinter einem »=« eingegeben werden muss. Der Name der Funktion ist fest definiert und muss der Schreibweise der Definition hundertprozentig entsprechen.

Dem Funktionsnamen folgen die *Parameter*. Die Parameter sind mit runden Klammern umschlossen und durch ein Semikolon »;« voneinander getrennt.

Normalerweise ist es nicht möglich, einen erforderlichen Parameter wegzulassen, denn dann würde die Funktion nicht richtig funktionieren. In einigen Fällen setzt Excel jedoch Standardparameter ein, wenn Angaben fehlen. Optionale Parameter können hingegen weggelassen werden, ohne dass die Funktion in der Arbeitsweise eingeschränkt wird.

An einigen Beispielen soll hier die Formatierung mit einer Funktion erklärt werden.

Die Funktion FEST

Die Syntax lautet wie folgt :

```
FEST(Zahl; Dezimalstellen; Keine_Punkte)
```

Die Funktion FEST rundet und formatiert eine Zahl an der angegebenen Dezimalstelle und versieht die Zahl je nach Angabe mit dem 1000er-Trennzeichen.

Das Ergebnis der Funktion wird jedoch als Text zurückgegeben und nicht als Zahl, im Gegensatz zu der Formatierung einer Zahl über den Dialog *Format / Zellen*.

	A	B
1	Funktion	Ausgabe
2	=FEST(987654,12345;4)	987.654,1235
3	=FEST(987654,12345;1)	987.654,1
4	=FEST(987654,12345;-2)	987.700
5	=FEST(987654,12345)	987.654,12
6	=FEST(98765,4321;2;WAHR)	98765,43
7	=FEST(98765,4321;2;FALSCH)	98.765,43
8	=FEST(98765,4321;2;1)	98765,43
9	=FEST(98765,4321;2;0)	98.765,43

Abbildung 6.37: Beispiele für die Funktion FEST

Der erste Parameter *Zahl* ist der Wert, den Sie in die Zelle eingeben und als Text formatiert zurückbekommen wollen.

Der Parameter *Dezimalstellen* legt die Anzahl der Dezimalstellen und damit die Stelle der Rundung fest. Dabei bekommen negative und positive Werte eine andere Bedeutung.

Positive Zahlen geben die Anzahl der Nachkommastellen an. Zahlen können in Excel inklusive Vor- und Nachkommastellen nicht mehr als 15 Stellen lang werden, da hier nur 15 Stellen mit Genauigkeit verarbeitet werden können.

Gerechnet wird in Excel aber auch mit den nicht dargestellten Zahlen, bis zu 127 Stellen nach dem Komma. So können Sie für den Parameter Dezimalstellen auch maximal den Wert 127 angeben.

Mit einer negativen Zahl werden keine Dezimalstellen ausgegeben und die Zahl wird an der angegebenen Stelle links vom Komma gerundet. Mit einer -2 ist also die zweite Stelle vor dem Komma ausschlaggebend für die Rundung der dritten Stelle vor dem Komma. Ein Beispiel dazu finden Sie im nächsten Bild.

Der Parameter *Dezimalstelle* ist einer der Werte, die Sie auch weglassen können. Dann nimmt Excel an, dass Sie auf zwei Nachkommastellen runden wollen.

Der letzte Parameter *Keine_Punkte* ist ein Wahrheitswert. Er kann also nur den Wert 0 oder 1 bzw. WAHR oder FALSCH annehmen.

Auch dieser Wert ist optional. Lassen Sie ihn weg, geht Excel davon aus, dass Sie ein 1000er-Trennzeichen haben wollen und setzt den Parameter auf 0 oder FALSCH.

Die Funktion DM

Auch für Währungsformate gibt es eine Funktion. Die Syntax ist schnell erklärt.

```
DM(Zahl; Dezimalstellen)
```

Die Funktion DM gibt eine Zahl gerundet und um das Währungssymbol erweitert als Text zurück. Auch hier besteht der Unterschied zwischen einem Währungsformat und der Funktion DM wieder darin, dass ein Text und keine Zahl zurückgegeben wird.

Auf Berechnungen hat das aber keine Auswirkungen. Excel wandelt sowieso alle Zahlen, die als Text eingegeben wurden, bei Berechnungen wieder in Zahlen um.

Der Parameter *Zahl* ist wieder der Wert, der formatiert und als Text ausgegeben werden soll. Es muss dort ebenso wie bei der Funktion FEST keine Zahl angegeben werden. Sie können auch einen Bereich oder eine Zelle angeben.

Die *Dezimalstellen*, an denen gerundet werden soll, geben Sie genau wie bei der Funktion FEST ein.

Wird der Parameter weggelassen, werden wieder zwei Nachkommastellen angenommen.

	A	B
1	Funktion	Ausgabe
2	=DM(4321,4321;2)	4.321,43 DM
3	=DM(4321,4321;-2)	4.300 DM
4	=DM(-4321,4;2)	-4.321,40 DM
5	=DM(-4321,4321;-1)	-4.320 DM

Abbildung 6.38: Text mit der Funktion DM

Die Funktion TEXT

Die Syntax dieser Funktion:

```
TEXT(Wert; Textformat)
```

Über diese Funktion können Sie eine beliebige Zahl in einen Text umwandeln. Das Besondere daran ist, dass Sie das Ausgabeformat der Zahl zusätzlich angeben können.

Der Parameter *Wert* muss aber nicht unbedingt eine Zahl sein. Sie können auch einen Bereich, eine Zelle oder eine Formel an der Stelle eingeben.

Das *Textformat* beschreibt eine der Buchstaben- und Zahlenkombinationen aus den weiter vorne beschriebenen Zahlenformatcodes. Die Symbole * und *Standard* dürfen jedoch nicht verwendet werden.

	A	B
1	Funktion	Ausgabe
2	=TEXT("12.10.95";"T. MMMM JJJJ")	12. Oktober 1995
3	=TEXT(12345;"T. MMM JJ")	18. Okt 33
4	=TEXT(12,3;"#.0,00 %")	1.230,00 %
5	=TEXT(12,34567;"#0 ##0/##0")	12 28/81
6		
7	=TEXT(B2;"T.M.JJJJ")	12.10.1995
8	=TEXT(B5*B4;"#.0,00 $")	151,85 $
9		

Abbildung 6.39: Formatieren mit der Funktion *Text*

Die Funktion T(Wert)

Die Funktion T(Wert) benutzen Sie, um festzustellen, ob der Inhalt einer Zelle eine Zahl oder ein Text ist.

Ist der Parameter *Wert* eine Zahl, liefert die Funktion kein Ergebnis zurück.

Bezieht sich *Wert* jedoch auf einen Text oder auf eine Zelle, in der ein Text steht, wird der Inhalt der Zelle von der Funktion zurückgeliefert.

Über die Funktion T(Wert) können Sie den Inhalt der Zelle auf einen Wert prüfen.

Diese Funktion benutzen Sie nur, um anderen Tabellenkalkulationen die Möglichkeit zu geben, Ihre Excel-Tabellen fehlerfrei zu importieren.

Andere Tabellenkalkulationen können evtl. nicht mit textformatierten Feldern rechnen, weil Sie nicht wie Excel die Zahl im Textformat erkennen und den Wert der Zelle zur Berechnung heranziehen.

Die Funktion ZELLE

Die weitaus umfangreichste Formatierungsfunktion ist die Funktion ZELLE.

```
ZELLE(Infotyp; Bezug)
```

Alle Eigenschaften, die Sie einer Zelle zuweisen können, werden über diese Funktion wieder abgefragt. Der Rückgabewert gibt Ihnen Informationen zu Formatierung, der Position oder dem Inhalt der Zelle.

Die Art der Information, die Sie wünschen, legen Sie mit dem Parameter *Infotyp* fest. Die verschiedenen Informationstypen werden in der nachstehenden Auflistung erläutert.

Auch hier ist es wieder möglich, einen Bezug auf einen Bereich einzugeben anstelle einer einzelnen Zelle. Die Information, die ausgegeben wird, bezieht sich jedoch immer nur auf die linke obere Zelle des Bereichs.

Die Infotypen

Der Typ *Adresse* liefert den absoluten Bezugs des angegebenen Bereichs als Zeichenfolge zurück. Wenn Sie also in einer Formel einmal einen absoluten Bezug auf die erste Zelle eines Bereichs benötigen, können Sie diese Funktion anwenden.

Spalte und *Zeile* sind die beiden Infotypen, die jeweils den absoluten Bezug auf die Zeile oder Spalte als Information zurückliefern.

Wenn Sie die Zelle, auf die Sie Bezug nehmen, für negative Zahlen in einer anderen Farbe formatiert haben, liefert der Infotyp *Farbe* den Wert 1 zurück. Unterscheidet die Formatierung nicht farbig zwischen negativer und positiver Zahl, wird 0 als Ergebnis geliefert.

Der Inhalt der obersten linken Zelle des ausgewählten Bereichs wird Ihnen als Antwort auf den Infotyp *Inhalt* angeboten. Dabei wird aber wirklich nur der Inhalt, nicht die Formatierung der Zelle übernommen.

Der Dateiname inklusive des kompletten Pfades, an dem die Arbeitsmappe abgespeichert wurde, und der Name des Arbeitsblattes, auf dessen Bereich Sie sich beziehen, ist das Ergebnis der Funktion *ZELLE(Dateiname, Bezug)*.

	A	B
1	Funktion	Beispiele für die Funktion Zelle
2	=Zelle("Adresse";B1)	$B$1
3	=Zelle("Zeile";B1)	1
4	=Zelle("Spalte";B1)	2
5	=Zelle("Farbe";B1)	1
6	=Zelle("Inhalt";B1)	Beispiele für die Funktion Zelle
7	=Zelle("Dateiname";B1)	E:\Eigene Dateien\[BEISPIEL KALKULATION.xls]Tabelle2

Abbildung 6.40: Einige Beispiele für die Funktion ZELLE

Der Typ *Format* liefert eine Zeichenfolge zurück, die etwas über das Format der Zelle aussagt.

Die Standardformate, die in Excel bereits vordefiniert sind, liefern folgende Ergebnisse:

Format	Zeichenkette
Standard	"S"
0	"F0"
0,00	"F2"
#.##0	."0"
#.##0,00	".2"
#.##0 DM;-#.##0 DM	"W0"
#.##0 DM;[Rot]-#.##0 DM	"W0-"
#.##0,00 DM;-#.##0,00 DM	"W2"
#.##0,00 DM;[Rot]-#.##0,00 DM	"W2-"
0%	"P0"
0,00%	"P2"
0,00E+0	"E1"
0,00E+00	"E2"
# ?/? oder # ??/??	"S"
T/M/JJ oder T/M/JJ h:mm oder TT/MM/JJ	"D4"
T.MMM.JJ oder TT.MMM.JJ	"D1"
T.MMM oder TT.MMM	"D2"
MMM JJ	"D3"
h:mm AM/PM	"U2"
h:mm:ss AM/PM	"U1"

Format	Zeichenkette
h:mm	"U4"
h:mm:ss	»U3«

Tabelle 6.1: Vordefinierte Standardformate

Die Zeichenketten der oben stehenden Tabelle sind die Rückgabewerte der Funktion für Standardformate.

Benutzerdefinierte Formate werden ähnlich dargestellt. Die Komponenten, die im benutzerdefinierten Format zusätzlich zu vordefinierten Formaten auftauchen, werden symbolisch dargestellt.

Format	Zeichenkette
(0,00);[Rot]-0,00	"F2-( )"

Tabelle 6.2: Benutzerdefinierte Formate

- *F2* bedeutet: Format 0,00
- \- bedeutet : Für einen negativen Wert wurde eine andere Farbe definiert.
- *( )* bedeutet: Positive Zahlen werden mit einer Klammer umschlossen.

	A	B	C
1	Format	Wert	=Zelle("Format";Bereich)
2			
3	#.##0 DM;[Rot]-#.##0 DM	4.534 DM	W0-
4	_-* #.##0,00 DM_-;-* #.##0,00 DM_-;_-* "-"?? DM_-	4.534 DM	W0
5	# ?/16	4534 6/16	S
6	0,00E+00	5,E+03	E0
7	#.##0,00;[Rot]#.##0,00	4.534,35	.2-
8	(0,00);[Rot]-0,00;	(4534,35)	F2-()

Abbildung 6.41: Beispiele für den Infotyp *Format*

Klammern für positive Zahlen werden normalerweise nicht extra definiert. Wenn aber alle oder nur positive Werte in einer Zelle mit Klammern umschlossen werden, wird der Infotyp *Klammern* den Wert 1 zurückgeben. Bei anderen Formatierungen liefert die Funktion den Wert 0.

Der Infotyp *Präfix* sagt etwas über die Ausrichtung eines Textes in einer Zelle aus.

Mögliche Rückgabewerte sind ', ", ^ oder \.

- ' zeigt an, dass der Text linksbündig in die Zelle abgestellt wird.
- " bedeutet, der Text wird rechtsbündig in der Zelle angeordnet.
- Das ^ wird dann ausgegeben, wenn der Text zentriert in einer Zelle angeordnet wurde.
- Wurde der Text jedoch zentriert über mehrere Zellen formatiert, ist der Rückgabewert der Funktion ein \.
- Wenn eine leere Zeichenfolge oder eben nichts zurückgegeben wird, enthält die Zelle etwas anderes als Text.

	A	B
1	Funktion	Beispiele für die Funktion Zelle
2		linksbündig
3		rechtsbündig
4		zentriert
5		
6	=Zelle("Präfix";B2)	'
7	=Zelle("Präfix";B3)	"
8	=Zelle("Präfix";B4)	^

Abbildung 6.42: Der Typ *Präfix*

Zellen können Sie vor Veränderung schützen. Über den Infotyp *Schutz* ist es möglich, den Status der Zelle abzufragen.

Ist die Zelle gesperrt, so wird eine 1 zurückgeliefert, andernfalls eine 0. So können Sie z.B. abhängig vom Ergebnis der Abfrage entweder den Schutz der Zelle aufheben oder die Zelle schützen, falls sie noch nicht geschützt ist.

Der Inhalt einer Zelle kann in drei Kategorien unterteilt werden, in so genannte Datentypen. Der Infotyp *Typ* liefert Ihnen für jeden Typen ein Zeichen:

- Die Zelle ist leer, der Rückgabewert der Funktion ist b. Das b steht für *blank*, das englische Wort für Leerzeichen.
- Wenn ein Text in der Zelle steht, wird ein l zurückgegeben. Das l steht für *label*, was so viel bedeutet wie Beschriftung.
- Bleibt zuletzt noch das v für die englische Bezeichnung *value*, zu deutsch Wert. Damit ist also eine Zahl in einer Zelle zu identifizieren.

Der letzte Infotyp ist die *Breite*. Die Breite einer Spalte wird abgerundet auf eine ganze Zahl. Die Einheit *Spaltenbreite* definiert sich aus der Breite eines darstellbaren Zeichens in der Standardschriftart.

Ist der Rückgabewert wie im Beispiel 48, kann Excel maximal 48 Zeichen in der Standardschriftart nebeneinander in dieser Spalte darstellen.

=Zelle("Schutz";B1)	1
=Zelle("Breite";B1)	48
=Zelle("Typ";B1)	l

Abbildung 6.43: Die Funktion ZELLE

Die Funktion WERT(Text)

Wie schon erwähnt ist Excel in der Lage, automatisch aus einem Text eine Zahl zu machen, vorausgesetzt, in der Zelle ist eine Zahl vorhanden.

Da andere Tabellenkalkulationen dies aber nicht unbedingt können, gibt Ihnen diese Funktion den Wert einer textformatierten Zelle zurück.

Interessant ist die Funktion in Verbindung mit datums- und zeitformatierten Zellen. Wenden Sie WERT(Text) auf ein Datum an, bekommen Sie als Ergebnis wieder die absolute Zahl an Tagen, seit dem 00.01.1900.

	A	B
1	Funktion	Funktion WERT(Text)
2	=WERT("12.345,00 DM")	12345
3	=WERT("01.10.1995")	34973
4	=WERT("17:32:02,5")	0,730584491
5	=WERT("12 345/678")	12,50884956

Abbildung 6.44: Die Funktion *Wert*

Sonstige Funktionen

Daneben gibt es noch eine Reihe weiterer Formatfunktionen, die hier nur anhand der Syntax erläutert werden.

Die Funktionen:

- ✓ CODE(Text) liefert den ASCII-Wert eines Zeichens zurück. Wird ein Bereich angegeben, wird der Code des ersten Zeichens im Text ausgegeben.
- ✓ ZEICHEN(Zahl) ist das Pendant zur vorherigen Funktion. Der ASCII-Wert der übergebenen Zahl wird ausgegeben.
- ✓ ERSETZEN (Alter Text; Erstes Zeichen; Anzahl Zeichen; Neuer Text) ersetzt einen Text durch einen anderen. Sie müssen dabei die Position des zu ersetzenden Textes kennen.
- ✓ FINDEN(Suchtext; Text; Erstes Zeichen) sucht ein Zeichen oder einen Text in einem angegebenen Bereich.

- GLÄTTEN(Text) löscht Leerstellen in einem angegebenen Text.
- GROSS2(Text) wandelt den ersten Buchstaben in jedem Wort in einen Großbuchstaben um.
- GROSS(Text) wandelt alle Zeichen im angegebenen Text in große Buchstaben um.
- KLEIN(Text) setzt alle Zeichen im angegebenen Text auf kleine Buchstaben um.
- IDENTISCH(Text1; Text2) prüft zwei Zeichenfolgen auf Gleichheit. Das Ergebnis ist WAHR oder FALSCH.
- LÄNGE(Text) gibt als Ergebnis die Anzahl der Zeichen des angegebenen Textes zurück.
- LINKS(Text; Anzahl Zeichen) gibt an, wie viel Zeichen eines Textes als Ergebnis der Funktion wieder zurückgegeben werden.
- RECHTS(Text; Anzahl Zeichen) Wie bei der Funktion LINKS wird die angegebene Anzahl Zeichen von der rechten Seite des Textes abgeschnitten und als Ergebnis der Funktion zurückgegeben.
- TEIL(Text; Erstes Zeichen; Anzahl Zeichen) ermöglicht es Ihnen, einen Teil mitten aus einem angegebenen Text herauszuschneiden.
- SÄUBERN(Text) löscht alle nicht druckbaren Zeichen aus einer Datei.
- SUCHEN(Suchtext; Text; Erstes Zeichen) gibt als Ergebnis die Nummer des ersten Zeichens im Text zurück.
- VERKETTEN(Text1;Text2;...) ist die Funktion, mit der Sie verschiedene Texte, Bereiche und Zellen miteinander zu einem Text verknüpfen können.

WECHSELN(Text; Alter Text; Neuer Text; n-tes Auftreten) benutzen Sie, um innerhalb eines Textes einen Teil gegen einen neuen Text zu ersetzen, egal wo der gesuchte Text steht.

- ✔ WIEDERHOLEN(Text; Multiplikator) ist geeignet, um eine Zeichenfolge mehrmals hintereinander zu wiederholen. Der Multiplikator gibt an, wie oft die Zeichenfolge wiederholt werden soll.

TEIL II

Techniken und Praxis

Nachdem Sie im Teil I einige Grundlagen zum Thema Tabellenkalkulation erfahren haben, erhalten Sie hier in Teil II Informationen zu den vorhandenen Funktionen und den praktischen Möglichkeiten der Tabellenkalkulation Excel 2000.

KAPITEL

Arbeiten mit Tabellen

In diesem Kapitel widmen wir uns dem praktischen Arbeiten mit einer Tabelle. Sie werden sehen, wie einfach es ist, eine Tabelle aufzubauen und Berechnungen vorzunehmen. Alle dazu notwendigen Informationen werden hier aufgegriffen und erläutert.

7

Arbeiten mit Tabellen

In den vorherigen Kapiteln ging es um die Bearbeitung von Zellen, die Eingabe von Werten, Formeln und Funktionen und die Formatierung der Zellen. Dabei haben Sie schon etwas über Zellbezüge gehört und einzelne Formeln und Funktionen benutzt.

Wie fast immer bei Excel gibt es nicht nur einen Weg zur Lösung einer Aufgabe. Dabei ist der Weg, der am schnellsten zum Ziel führt, nicht immer der beste. Oft fällt es anderen Anwendern dann schwer, die Tabelle zu verstehen und die Berechnungen nachzuvollziehen.

Wenn Sie die Tabelle in anderen Mappen benutzen wollen oder die Bezüge für andere leichter zu durchschauen sein sollen, lohnt es sich eventuell, mehr Zeit in die Entwicklung einer Tabelle zu investieren. Das zahlt sich dann später aus.

Formeln und Funktionen

Dass Sie in eine Zelle Werte in verschiedenen Formaten eingeben können, wurde im vorherigen Kapitel erläutert. Auch einfache Formeln wurden schon erwähnt. Jetzt werden Sie sich die Formeln einmal genauer ansehen.

Was ist eine Formel?

Eine Formel beginnt immer mit einem Gleichheitszeichen »=«. Damit wird Excel signalisiert, dass mit den nachfolgenden Zeichen, Werten und Bezügen eine Berechnung durchgeführt werden soll.

Eine Formel ist eigentlich nichts anderes als eine ganz normale Berechnung mit Zahlen und Bezügen. Je nach Operatoren und eingesetzten Klammern kann die Berechnung trotzdem sehr komplex werden.

Die Formel ist immer auf Operatoren angewiesen, im Gegensatz zu einer Funktion. Funktionen werden die Parameter in einer vorgegebenen Reihenfolge übergeben.

Beide, Formeln und Funktionen, liefern an die Zelle ein Ergebnis zurück, das dann in der Zelle ausgegeben wird. Dabei hängt die Anzeige des Ergebnisses dann wieder von der Formatierung der Zelle ab.

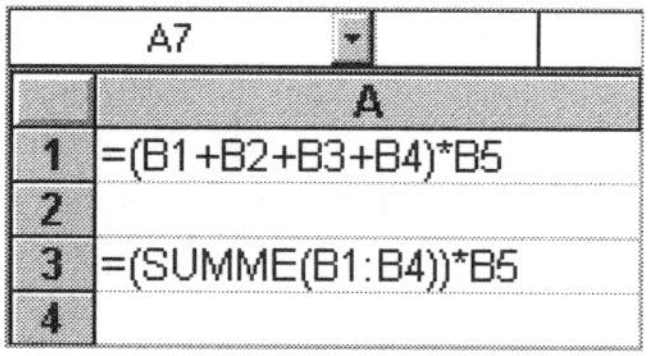

Abbildung 7.1: Formeln und Funktionen

Werte

Beliebige Zahlen können in einer Formel direkt eingegeben werden. So können Sie z.B. Formeln aufbauen, die einen konstanten Wert, wie die Mehrwertsteuer, immer in der Formel selbst integriert haben. Wird die Formel dann verschoben, so verändern sich unter Umständen die Bezüge, nicht aber die Werte in der Formel.

Bezüge

Bezüge benutzen Sie in Formeln, um Werte aus verschiedenen Zellen zur Berechnung eines Ergebnisses heranzuziehen.

Dabei benutzt Excel zwei verschiedene Verfahren für einen Bezug.

- Standardmäßig werden die Spalten alphabetisch beschriftet. Diese Bezugsart wird mit A1 bezeichnet.

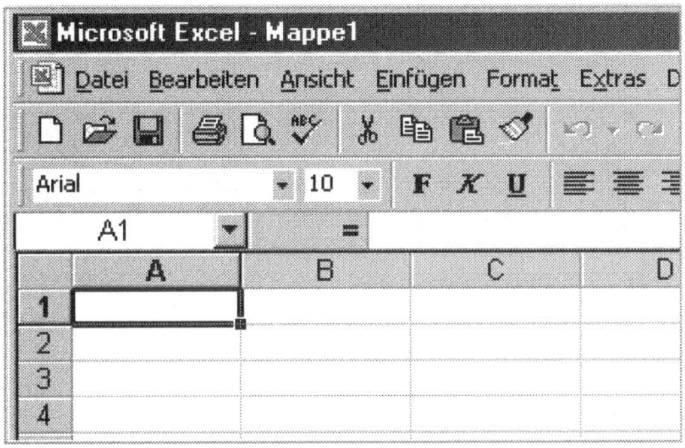

Abbildung 7.2: Zellen über den Bezug A1

- Sie haben jedoch die Möglichkeit, die Zellbezüge auf das Format S1Z1 umzustellen. Dann werden sowohl Zeilen als auch Spalten mit Zahlen durchnummeriert.

Abbildung 7.3: Zellen über den Bezug Z1S1

Operatoren

Operatoren in einer Formel sind z.B. die Zeichen für eine Subtraktion, Addition oder Multiplikation mehrerer Werte. Die Verknüpfung von Texten, der Vergleich mehrerer Werte oder die Definition eines Bereichs wird ebenfalls über Operatoren gesteuert.

Folgende Operatoren werden von Excel erkannt und benutzt:

Arithmetische Operatoren entsprechen in etwa den Grundrechenarten der Mathematik.

Zeichen	Erläuterung
+	Addition
-	Subtraktion
*	Multiplikation
/	Division
%	Prozent entspricht einer Division der eingegebenen Zahl mit 100
^	Dieses Zeichen benutzen Sie für die Angabe von Potenzen.

Tabelle 7.1: Arithmetische Operatoren

	A	B	C	D
1	Formel	Wert1	Wert2	Ergebnis
2	=B2+C2	12	5	17
3	=B3-C3	12	5	7
4	=B4*C4	12	5	60
5	=B5/C5	12	5	2,4
6	=B6^C6	12	5	248832
7	=B6+C6%	12	5	12,05
8	=B7*C7%	12	5	0,6
9	=B8+B8*C8%	12	5	12,6
10	=B10-B10*C10	12	5	-48
11	=(B10-B10)*C10	12	5	0

Abbildung 7.4: Beispiele für einfache Berechnungen

Textoperatoren werden nur angewendet, um mehrere Zellen, die Text enthalten, zu einem Text zusammenzufügen.

Zeichen	Erläuterung
&	Texte werden mit dem kaufmännischen Und verknüpft. Die Texte zweier verschiedener Zellen werden zu einem Text zusammengesetzt.

Tabelle 7.2: Textoperatoren

	1	2	3	4
1	Text 1	Text 2	Formel	Ergebnis
2	Dies ist	ein Beispiel	=Z2S1&Z2S2	Dies ist ein Beispiel
3	Umgedreht	Das geht auch	=Z3S2&Z3S1	Das geht auch Umgedreht
4	Variablen und	Text	=Z4S1&Z4S2&" mischen"	Variablen und Text mischen
5	Die Zahl	3	=Z5S1&" "&Z5S2	Die Zahl 3

Abbildung 7.5: Beispiele für Textverknüpfungen im Z1S1-Bezug

Bezugsoperatoren werden für die Definition von Bezügen und Bereichen benötigt.

Zeichen	Erläuterung
:	Mit dem Doppelpunkt definieren Sie einen Bereich. Die Größe des Bereichs reicht von der Zelle vor dem : bis zur angegebenen Zelle danach.
;	Das Semikolon benutzen Sie, um einzelne Zellen oder mehrere nicht zusammenhängende Bereiche in einer Formel ansprechen zu können.

Tabelle 7.3: Bezugsoperatoren

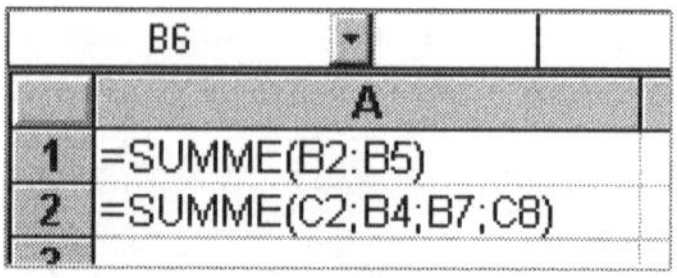

Abbildung 7.6: Bezüge zu einem Bereich

Zeichen	Erläuterung
» «	Schnittmengen werden mit einem Leerzeichen definiert. Wenn Sie zwei sich kreuzende Bezüge mit einem Leerzeichen voneinander getrennt in eine Formel einfügen, wird der Bereich der sich überschneidenden Zellen zur Berechnung herangezogen.

Tabelle 7.4: Schnittmengenzeichen

Vergleichsoperatoren benutzen Sie, um Zahlen mit Bezügen oder anderen Zahlen zu vergleichen. Das Ergebnis eines Vergleichs ist immer nur WAHR oder FALSCH bzw. null oder nicht null.

Zeichen	Erläuterung
=	Das *Gleichheitszeichen* liefert den Wert 1 oder WAHR zurück, wenn der Inhalt der Zellen im Bezug davor und danach gleich ist.
<	Der Operator *kleiner als* liefert WAHR, wenn der erste Bezug oder die erste Zahl kleiner ist als die zweite.
>	Das *Größer-als*-Zeichen bewirkt genau das Gegenteil. Der Wert wird WAHR, wenn die erste Zahl größer ist als die zweite.
<=	Die Kombination *kleiner als* oder *gleich* ist WAHR, wenn eine der beiden Bedingungen erfüllt ist, also der erste Wert kleiner ist als der zweite Wert oder zumindest gleich groß.

Zeichen	Erläuterung
>=	Die Bedingung *größer als* oder *gleich* ist das Gegenstück zur Bedingung *kleiner als*. Sie ist immer WAHR, wenn der erste Wert auf keinen Fall kleiner ist als der zweite.

Tabelle 7.5: Vergleichsoperatoren

D8

	A	B	C
1	Bedingung	Wert	Ergebnis
2	=B2=0	0,00	WAHR
3	=B3>=300	233,00	FALSCH
4	=B4<=22	22,00	WAHR
5	=WENN(B5=345;"OK";"nicht OK")	343,00	nicht OK

Abbildung 7.7: Vergleichende Operatoren

Was ist eine Funktion?

Auch eine Funktion beginnt immer mit einem »=«. Sie müssen sich bei einer Funktion jedoch keine Gedanken machen, welche Berechnungen Sie mit den Werten durchführen wollen, wie bei einer Formel.

Eine Funktion ist praktisch schon eine fertige Formel, die an den entsprechenden Stellen für Ihre individuellen Werte noch Platz gelassen hat. Diese Werte übergeben Sie an die Funktion und diese liefert Ihnen das Ergebnis der Berechnung automatisch zurück.

Funktionen werden durch Ihre Syntax, wie bereits weiter vorne beschrieben, definiert. Diese Syntax gibt an, welche Parameter in welcher Reihenfolge an die Funktion übergeben werden sollen.

Um eine Funktion in eine Zelle einzufügen, starten Sie den Dialog *Funktion einfügen* mit dem Befehl *Funktion* aus dem Menü *Einfügen*.

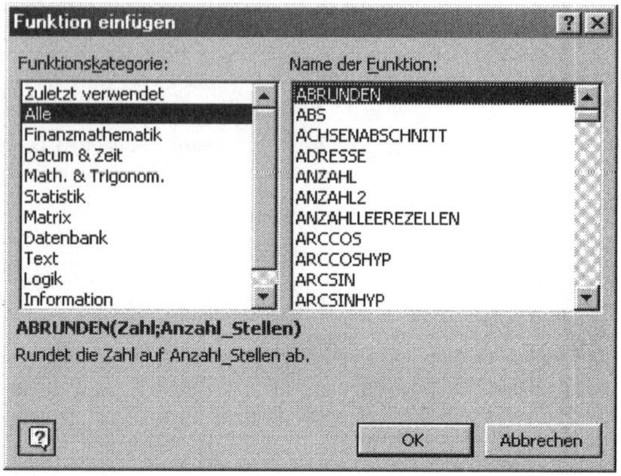

Abbildung 7.8: Der *Funktion-einfügen*-Dialog

Funktionsname

Der Name der Funktion besteht meist aus wenigen großgeschriebenen Buchstaben. Mathematische Funktionen, wie die Berechnung des Logarithmus zu einer angegebenen Basis oder des Sinus eines Winkels, benutzen eine Abkürzung als Funktionsnamen. Die Abkürzung entspricht oft der allgemein geläufigen Bezeichnung in der Mathematik. Einige Funktionen werden aber auch ausgeschrieben, wie z.B. die Funktion SUMME oder FAKULTÄT.

Werte

Die erste Zahl, die in den Klammern hinter dem Funktionsnamen angegeben wird, ist immer der Wert, auf den sich die ganze Berechnung oder Formatierung beziehen soll.

Bei vielen Funktionen ist es aber nicht nur ein Wert, sondern mehrere, die mit einem Semikolon voneinander getrennt aufgeführt werden. Die Reihenfolge wird von der Syntax der Funktion bestimmt.

Alle Werte, die zu einer Funktion gehören, sogenannte *Variable*, werden in der Syntax ebenfalls abgekürzt dargestellt. Wenn Sie eine Funktion benutzen wollen, müssen Sie also schon wissen, welche Abkürzung für welchen Wert steht.

Wenn nicht, gibt Ihnen Excel über das Dialogfenster *Funktion einfügen* zu jedem Parameter eine genauere Beschreibung.

Sie müssen aber nicht unbedingt Werte in eine Funktion eintragen. Natürlich kann jeder einzelne Wert auch durch einen Bezug auf eine Zelle oder einen Bereich angegeben werden. Die Funktion kann jedoch einen Fehlerwert zurückliefern, wenn einer der Bezüge keine Zahlen aufweist.

Optionale Parameter

Die meisten Parameter einer Funktion sind Pflichtfelder. Das bedeutet, dass Excel ohne einen solchen Wert keine Berechnung durchführen kann. Die Eingabe des Parameters ist also unbedingt erforderlich.

Aber nicht alle Werte oder Parameter einer Funktion müssen angegeben werden. Solche optionalen Parameter können durchaus weggelassen werden. Meistens setzt Excel für diese Parameter dann eine 1 oder 0 ein, je nachdem, was in der Funktion an der Stelle sinnvoller ist. In vielen Fällen können optionale Parameter auch weggelassen werden, ohne dass Excel dafür einen Standardwert einsetzt. Die Werte dieser Parameter sind dann für die Funktion nicht zwingend erforderlich.

Das Ergebnis einer Funktion wird ebenso wie bei einer Formel an die Zelle zurückgeliefert.

Bei einer Formel ist der Rückgabewert jedoch immer das Ergebnis einer Berechnung.

Eine Funktion kann als Ergebnis auch eine Formatierung der Zelle zur Folge haben, das Ergebnis eines Vergleichs oder einer Suche anzeigen oder den kleinsten Wert eines Bereichs ausgeben.

Ist das Ergebnis der Funktion aus irgendeinem Grund nicht darstellbar, wird ein Fehlerwert in die Zelle eingetragen. Dieser Wert gibt Ihnen eine Hilfe bei der Suche nach dem Fehler.

Allgemeine mathematische Formeln und Funktionen

Den größten Teil der Funktionen, die Excel anbietet, werden Sie nie benutzen, es sei denn, Sie befinden sich gerade in einem Mathematikstudium. Aber zu fast jeder Funktion können Sie in der Online-Hilfe Informationen und Beispiele bekommen.

Um Formeln und Funktionen zu vergleichen und auch deren Unterschiede besser herauszustellen, werden nachfolgend einige genauer besprochen.

Die Summe als Formel und Funktion

Die einfachste Formel, die Sie bereits kennen gelernt haben, ist die Addition mehrerer Werte oder Zellen. Dazu geben Sie hinter einem »=« alle Zahlen oder Zellen mit einem »+« voneinander getrennt ein.

C9

	A	B	C
1	Bedingung	Wert	Ergebnis
2	=B2+4332	3.232	7.564
3	=B3+B4	3.233	3.676
4	=B2+B3+34+B5	443	6.820
5	=(B5-B4)*10	321	-1.220
6			

Abbildung 7.9: Die Addition von Zahlen und Zellen

Die Funktion SUMME(Zahl1;Zahl2;...) kommt zu demselben Ergebnis. Alle Zellen oder Zahlen, die addiert werden sollen, geben Sie als Werte in Klammern mit »;« voneinander getrennt ein.

Bis dahin kann sowohl die Funktion oder die Formel eingesetzt werden. Um aber z.B. fünf untereinander stehende Zellen zu addieren, ist die Formel zu umständlich. Sie müssen alle Zellen einzeln mit einem »+« getrennt angeben.

Die Funktion SUMME macht es Ihnen einfacher. Natürlich können Sie auch da alle Zellen einzeln angeben. Excel erlaubt aber in einer Formel den Bezug auf einen Bereich. So geben Sie einfach nur den Bezug auf die erste und letzte Zelle mit einem : getrennt an und Excel berechnet die Summe dieses Bereichs. Die Summenbildung kann auch in die Horizontale ausgedehnt oder über mehrere Tabellenblätter angewendet werden. So sind also auch Summen über zwei- und dreidimensionale Tabellen denkbar.

Funktionen ausfüllen

Etwas komplizierter als eine Summe sind da schon die Zinsfunktionen von Excel. An diesem Beispiel wird nun die Benutzung von Funktionen erklärt.

Bevor der Einsatz der Funktion durchgeführt wird, ein wenig Theorie.

Um z.B. die verschiedenen Werte eines Kredits mit Hilfe einer Formel zu berechnen, müssen Sie die Formeln der Zinsberechnung schon gut kennen. Je nachdem, welche Variable in der Formel Sie ausrechnen wollen, müssen Sie die Formel umstellen und neu formulieren. Die Funktionen von Excel ersparen Ihnen das Umrechnen. Sie wählen einfach die Funktion aus und geben die restlichen Werte hintereinander an.

$$BW * (1 + Zins)^{Zzr} + Rmz(1 + Zins * F) * \left(\frac{(1 + Zins)^{Zzr} - 1}{Zins}\right) + Zw = 0$$

Abbildung 7.10: Die Zinsformel

Stellen Sie sich einmal vor, Sie sollen einen Kredit von 10.000 DM berechnen. Die Abschlussgebühren und Darlehenskosten sollen für dieses Beispiel einmal außer Acht gelassen werden. Dieser Betrag ist die einzige Konstante der Berechnung, denn das ist der Betrag, der unbedingt ausgezahlt werden soll. Den Barwert kürzt Excel mit der Funktionsbezeichnung BW ab.

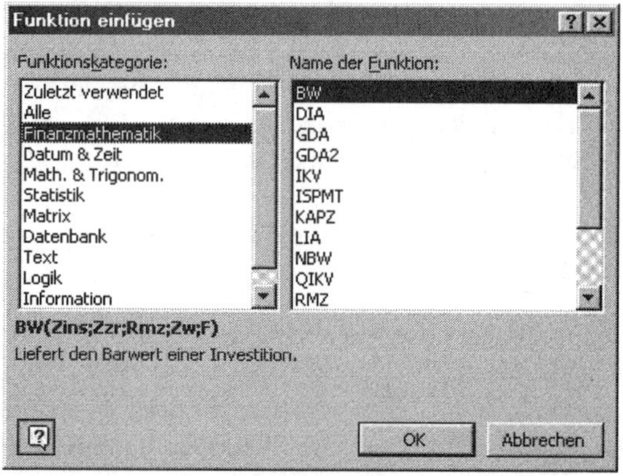

Abbildung 7.11: Die Funktion *Barwert*

Kredit- und Ertragsberechnungen

Über die Zinsfunktionen können Sie sich jetzt verschiedene Angebote ausrechnen.

Die fehlenden Werte in dieser Berechnung des Barwertes sind die Anzahl der Zahlungszeiträume, der regelmäßig zu bezahlende Betrag und der Zinssatz. Diese drei Werte können jetzt variieren.

Abhängig davon, ob der Zinssatz oder der Betrag der monatlichen Zahlungen veränderbar ist oder ob Sie die Laufzeit verändern können, ergeben sich so verschiedene Kreditbeispiele.

- Die Anzahl der Zahlungszeiträume, kurz ZZR, ist die Anzahl der Zahlungen, die geleistet werden. Bezahlen Sie z.B. über zwei Jahre jeweils am Ende eines jeden Monats, so ist die Anzahl der Zahlungszeiträume 2*12 Monate, also 24. Würden Sie jedoch vierteljährlich bezahlen, verringert sich die Anzahl auf acht Zahlungen.

  Mit der Funktion ZZR(Zins; Rmz; Bw; Zw; F) kann Excel aus den anderen Werten die Anzahl der Zahlungen berechnen.

- Die Höhe des periodischen Rückzahlungsbetrags ist natürlich abhängig von den Abständen der Zahlungen und dem gewählten Zinssatz. Die Abkürzung RMZ steht für regelmäßige Zahlung. Normalerweise wird dieser Wert auch als Konstante gehandelt, denn die Höhe der Rückzahlungen ist meistens nur in geringem Rahmen frei wählbar. Vielmehr ist sie meistens abhängig vom Einkommen des Kreditnehmers. Sollten Sie trotzdem alle anderen Angaben vorgeben und nur den monatlichen Betrag ermitteln, so benutzen Sie die Funktion RMZ(Zins; Zzr; Bw; Zw; F).

- Der dritte Wert in der Funktion ist der Zinssatz. In Formeln wird er mit der Abkürzung ZINS bezeichnet. Dieser ist meistens von der Bank vorgegeben und abhängig von der allgemeinen wirtschaftlichen Lage. Für den Kreditnehmer kann es jedoch interessant sein, einmal verschiedene Zinsangebote mehrerer Banken in die Funktion einzusetzen und so zu erfahren, bei welcher Bank er den günstigsten Kredit bekommt. So kann es z.B. sein, dass ein höherer Zinssatz bei geringfügig höheren Rückzahlungsbeträgen im Endeffekt doch günstiger ist.

  Die Funktion zur Berechnung des Zinssatzes lautet ZINS(Zzr; Rmz, Bw; Zw; F; Schätzwert).

  Für die Berechnung der Zahlungen ist es wichtig, die Angabe des Zinssatzes an die Anzahl der Raten anzupassen. Ein Zinssatz von 9 % pro Jahr muss bei monatlichen Zahlungen auf 1/12 runtergerechnet werden. Zahlen Sie vierteljährlich, so teilen Sie den Zinssatz durch 4.

Viele Kreditverträge machen den Zinssatz abhängig von der Höhe des Kredits und den monatlichen Rückzahlungen sowie einer ganz bestimmten Anzahl von Rückzahlungsräumen. Diese Standardkredite mit immer gleichen Werten haben meist keinen variablen Zinssatz, sind für die Bank einfacher zu bearbeiten und deshalb oft günstiger als andere Kredite. In diesem Fall können Sie nur die Laufzeiten oder die Höhe des Kredits verändern.

- ✔ Wenn also alle anderen Angaben des Kredits feststehen, können Sie nun noch den Barwert mit der Funktion BW(Zins; Zzr; Rmz; Zw; F) berechnen.
- ✔ Der Parameter *Zw* für den zukünftigen Endwert wird von Excel automatisch auf 0 gesetzt, wenn Sie ihn nicht extra mit angeben. Bei einem Kredit ist der Zielwert, nach dem er zurückgezahlt wurde auch 0 DM. Würden Sie jedoch einen Sparvertrag ausrechnen, bei dem der Endbetrag 12.000 DM betragen soll, müssen Sie diesen Betrag als Endwert eingeben.
- ✔ Zuletzt hat noch der Parameter *Fälligkeit* eine Bedeutung. Die Berechnung des Zinses ist abhängig davon, ob Sie die Zahlungen am Ende oder am Anfang einer Zahlungsperiode entrichten. Lassen Sie den Parameter F ganz weg, wird die Zahlung zum Ende der Periode angenommen. Geben Sie den Parameter mit einer 1 an, wird die Zahlung am Anfang der Periode vorgenommen.

Der praktische Funktionseinsatz

Nach der Theorie folgt nun die Praxis: Die Formeln werden eingesetzt.

Geben Sie zunächst auf einer leeren Seite die Werte für den Barwert des Kredits, einen Zinssatz und die gewünschte Laufzeit an. Das nächste Bild ist nur ein Vorschlag. Sie können die Zellen natürlich auch anders anordnen.

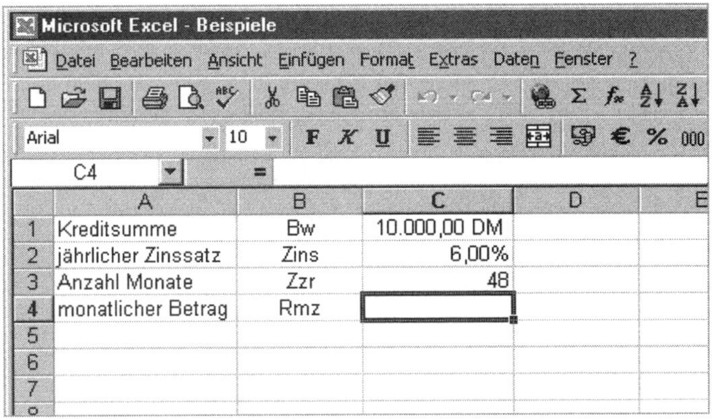

Abbildung 7.12: Die Grundwerte für die Berechnung

Den Betrag der regelmäßigen Zahlung errechnen Sie jetzt über die Funktion RMZ.

- Klicken Sie auf die Zelle C4 und öffnen Sie den oben beschriebenen Dialog mit dem Menübefehl *Einfügen / Funktion*.
- Wechseln Sie in die Kategorie *Finanzmathematik*.
- Dort wählen Sie mit einem Klick die Funktion *RMZ* aus. Eine kurze Beschreibung der Funktion und die Syntax wird am unteren linken Rand des Dialogfeldes angezeigt.
- Wenn Sie die richtige Funktion markiert haben, klicken Sie auf *OK*, um zum nächsten Schritt der Eingabe zu gelangen.
- Über eine erweiterte Eingabe wird jetzt jeder einzelne Parameter der Funktion abgefragt. Jeder Parameter hat eine eigene Eingabezeile, in der Sie Werte und Bezüge eingeben können. Alle Parameter werden kurz erklärt, sobald Sie die Eingabezeile wechseln.

- Die fett gedruckten Abkürzungen vor den Eingabezeilen stellen Pflichtfelder dar. Parameter, die Sie auslassen können, werden nicht fett dargestellt. Mit der Maus können Sie zwischen den einzelnen Eingabefeldern wechseln.

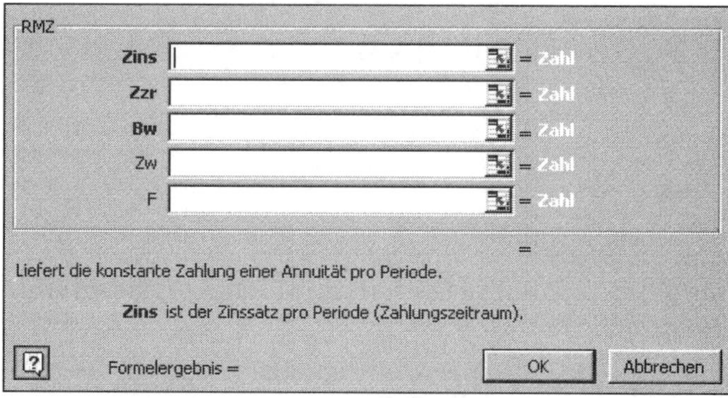

Abbildung 7.13: Der zweite Schritt bei der Funktionseingabe

- Sie können nun einen Wert, einen Bezug oder eine Kombination aus beidem in die Eingabezelle eingeben.
- Wann immer Sie einen Bezug eingeben können, sei es in einer Formel oder einer Funktion, haben Sie die Möglichkeit, mit der Maus die Zelle oder den Bereich zu markieren. Wenn Ihnen das Dialogfeld die Sicht auf Ihre Arbeitsmappe versperrt, klicken Sie auf das entsprechende rechteckige Feld am rechten Rand der gewünschten Eingabezeile. Der Dialog verkleinert sich und Sie können den Bezug ohne Umstände mit der Maus anwählen.
- Für den Zinssatz im ersten Eingabefeld klicken Sie z.B. auf die Zelle C2 im Arbeitsblatt.

- Die einzelnen Wertfelder rechts von den Eingabefeldern zeigen den jeweiligen Wert des Eingabefeldes an.

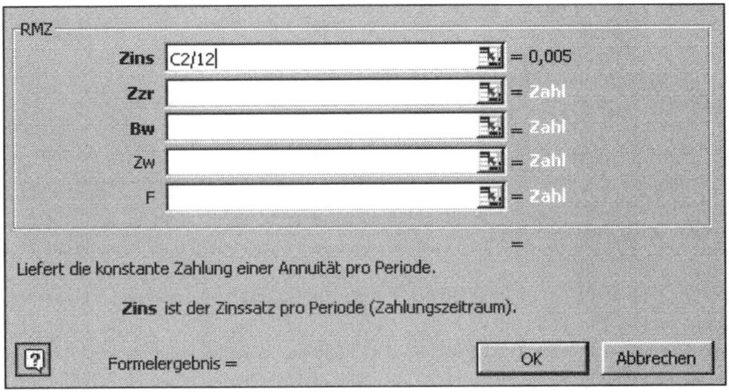

Abbildung 7.14: Der Bezug auf eine Zelle wird durch 12 geteilt

- Da sich der Zinssatz auf eine monatliche Zahlung bezieht, müssen Sie den Wert in Zelle C2 durch 12 dividieren. Geben Sie also /12 hinter dem Bezug ein. Auch das Ergebnis dieser Berechnung wird im Feld rechts davon ausgegeben.
- Wechseln Sie in die nächsten Eingabezeilen und geben Sie die restlichen Bezüge ein (siehe Abbildung 7.15).
- Das Ausgabefeld *Formelergebnis* zeigt Ihnen den Rückgabewert der Funktion an, sobald Sie alle erforderlichen Parameter eingegeben haben.
- Die nicht erforderlichen Parameter können Sie überspringen und das Dialogfeld mit der Schaltfläche *OK* schließen.

Der monatlich zu entrichtende Betrag wird negativ angezeigt, da er ja zu Lasten des Kreditnehmers geht und sich deshalb negativ auf ein Guthaben auswirkt (siehe Abbildung 7.16).

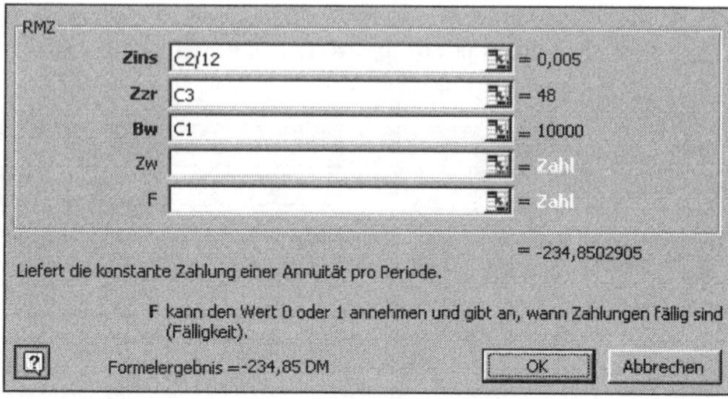

Abbildung 7.15: Bezüge und Werte kombinieren

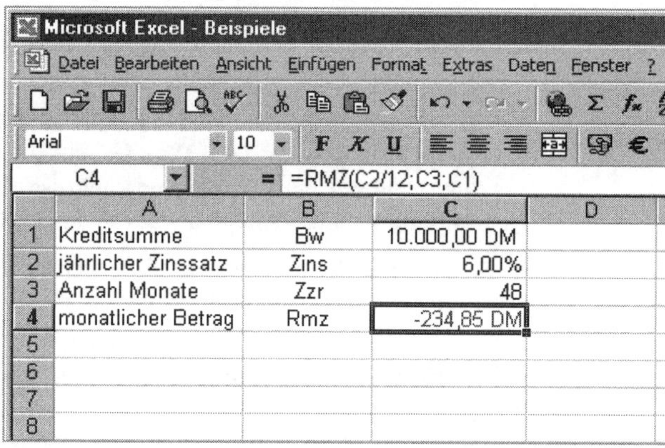

Abbildung 7.16: Der monatliche Rückzahlungsbetrag

Ausgehend vom Barwert des Kredits können Sie nun verschiedene Modelle entwickeln, z.B. mit einem festen Rückzahlungsbetrag und einem variablen Zahlungszeitraum. Im Beispiel wurde dazu die nächste Spalte benutzt.

Geben Sie einen höheren Betrag in Zelle D4 ein und fügen Sie in Zelle D3 die Funktion *ZZR* ein. Wenn Sie alle erforderlichen Parameter eingegeben haben, kommen Sie zu einem neuen Ergebnis.

Im Beispiel mit 500 DM wird eine Laufzeit von etwas mehr als 21 Monaten errechnet. Da Kreditverträge aber nur über ganze Monate laufen, müssen Sie sich für 21 oder 22 Monate Laufzeit entscheiden. Im Beispiel wurde die Zahl deshalb abgerundet.

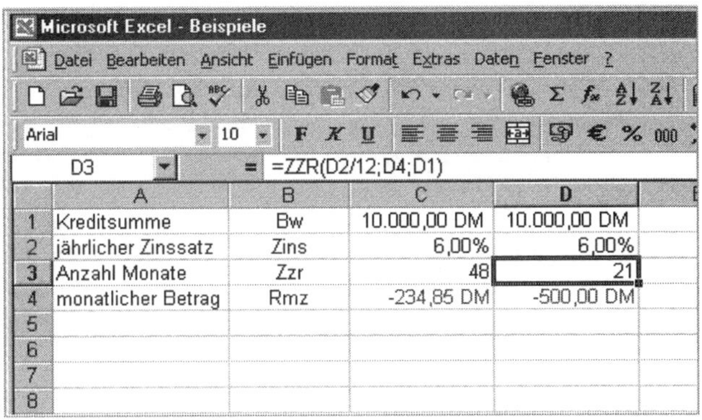

Abbildung 7.17: Variabler Zahlungszeitraum

Funktionen verschachteln

Oft stehen die Werte, die Sie in einer Funktion angeben müssen, noch nicht fest. Sie errechnen sich selbst erst aus anderen Formeln oder einer weiteren Funktion.

Sie können in einem solchen Fall natürlich zuerst den Wert in einer anderen Zelle mit einer anderen Funktion berechnen und in der zweiten Funktion dann auf diese Zelle Bezug nehmen. Wenn Sie das Zwischenergebnis aber eigentlich nicht benötigen, können Sie die Formeln auch direkt ineinander verschachteln.

Im obigen Beispiel hätte es sich angeboten, den Wert der Zahlungszeiträume ohne Nachkommastellen zu runden.

Um also die Funktion *RUNDEN* und die Funktion *ZZR* miteinander zu verschachteln, müssen Sie zunächst die äußere Funktion *RUNDEN* in die Zelle D3 einfügen.

Diese Funktion rundet die Zahl innerhalb der Klammern an der mit dem Parameter *Anzahl_Stellen* angegebenen Stelle.

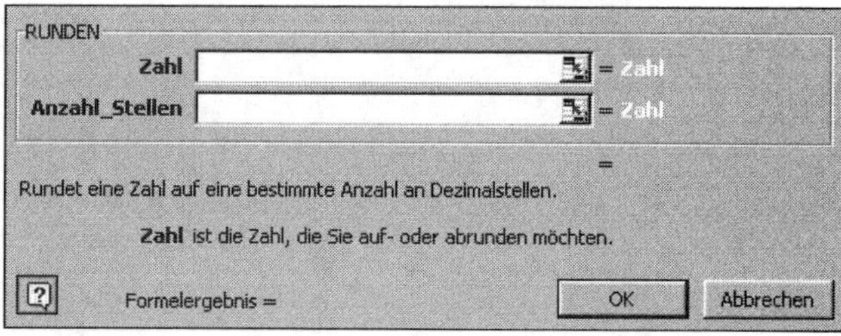

Abbildung 7.18: Die äußere Funktion

Im Eingabefeld *Anzahl_Stellen* geben Sie nun eine 0 ein, um ohne Nachkommastellen ab- oder aufzurunden.

Die Zahl, die gerundet werden soll, können Sie aber nicht eingeben, denn die soll sich aus der nächsten Funktion ergeben. Um eine Funktion in das Eingabefeld *Zahl* einzufügen, wird im Listenfeld neben der Eingabezeile eine Liste von Funktionen angeboten. Klicken Sie auf das Symbol mit dem nach unten weisenden Pfeil und die Liste öffnet sich. Klicken Sie den Eintrag *Weitere Funktionen* an und es öffnet sich der bekannte Dialog zum Einfügen bzw. zur Auswahl einer Funktion.

Wählen Sie die innere Funktion *ZZR* aus und füllen Sie die Felder im darauf folgenden Dialogfeld, wie schon in den vorangegangenen Beispielen.

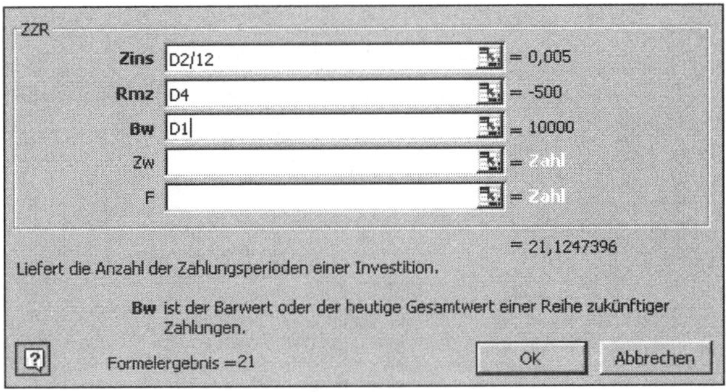

Abbildung 7.19: Verschachtelte Funktionen

Wenn Sie das Dialogfeld verlassen, kommen Sie wieder in die äußere Funktion, und wenn dort auch alle Eingaben abgeschlossen wurden, ist die verschachtelte Funktion fertig. In diesem Fall die Funktion

```
=RUNDEN(ZZR(D2/12;D4;D1);0)
```

Eigene Funktionen anlegen

Die über zweihundert vorgegebenen Funktionen von Excel decken einen großen Teil von Berechnungen und Formatierungen ab. Aus dem Zusammenhang der Berechnungen in einem Tabellenblatt ergeben sich aber oft so komplizierte Berechnungen und Formeln, dass es sich lohnt, dafür im Dialog *Funktion eingeben* eine eigene Funktion zu definieren. Wählen Sie dazu über die Kategorie *Benutzerdefiniert* einen der vorgegebenen Funktionstypen aus, je nachdem, welche und wie viele Parameter Ihre Funktion bekommen wird (siehe Abbildung 7.20).

Ein Vorteil der Funktion ist, dass Sie nur die Eckdaten der Berechnung angeben müssen.

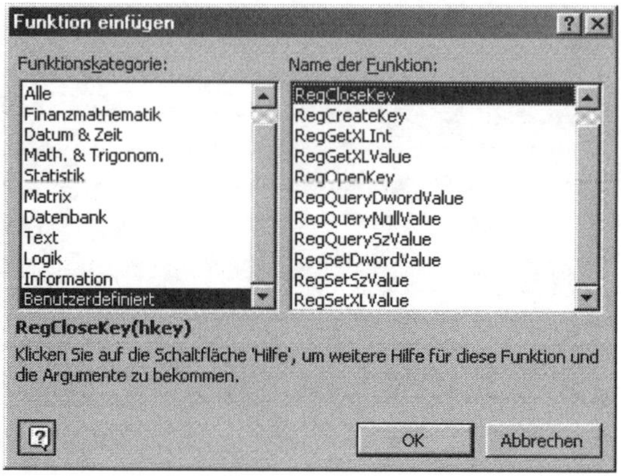

Abbildung 7.20: Benutzerdefinierte Funktionen

Die Art und Weise der Berechnung, z.B. eine von Ihnen selbst entwickelte Formel, liegt in der Funktion versteckt. So kann z.B. keiner direkt erkennen, auf welchem Weg Sie zu dem Ergebnis gekommen sind. Damit erhalten Sie einen größeren Schutz.

Manchmal verwirren Formeln auch. Bei einer Formel sieht der Anwender nur Zahlen und Zellbezüge. Da kann eine Funktion mit einem aussagefähigen Namen dem Benutzer eines Tabellenblattes Klarheit verschaffen. Den Funktionsnamen kann der Anwender sofort einer ihm geläufigen Formel gleichsetzen, und er weiß sofort, mit welchen Werten er die Funktion verbinden muss.

Formeln im Arbeitsblatt anzeigen

Die Formeln und Funktionen in einem Arbeitsblatt werden normalerweise nicht angezeigt. Die berechneten Daten werden sowohl am Bildschirm als auch auf dem Ausdruck angezeigt.

Sie können Excel aber dazu zwingen, die Formeln anstelle der Werte auszugeben.

Die Umschaltung per Tastenkombination

Mit der Tastenkombination [Strg] + [#] wechseln Sie zwischen der Anzeige der Werte und der Formeln hin und her. Die Anzeige bezieht sich dabei nur auf das aktuelle Arbeitsblatt. Der Rest der Arbeitsmappe bleibt davon unberührt.

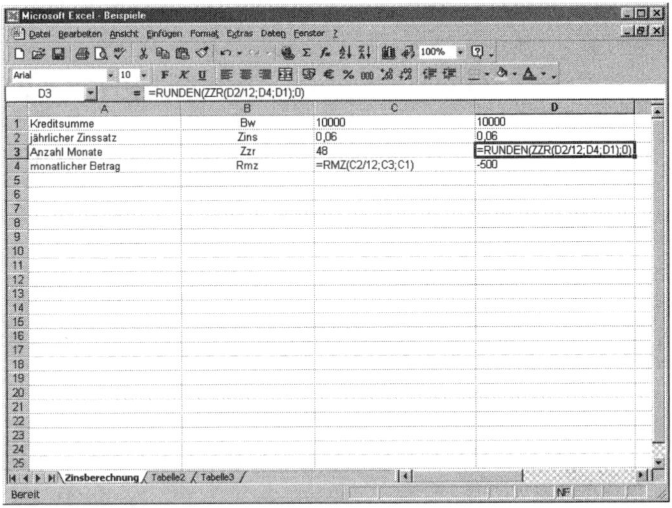

Abbildung 7.21: Anzeige der Formeln und Funktionen

Die Umstellung im Dialog Optionen

Die gleiche Wirkung erzielen Sie, wenn Sie über *Extras / Optionen* im Dialog *Optionen* zur Registerkarte *Ansicht* wechseln und dort das Kontrollkästchen *Formeln* aktivieren bzw. deaktivieren. Schneller geht es allerdings über die Tastenkombination.

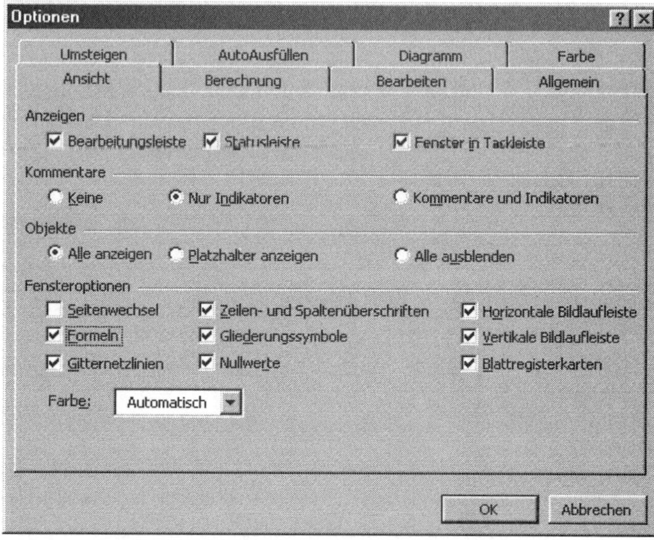

Abbildung 7.22: Hier schalten Sie die Formelansicht ein

HINWEIS

Die Zellen werden bei der Umschaltung automatisch verbreitert, da Excel davon ausgeht, dass die Formel breiter ist als der Wert, der berechnet wird. Wenn Sie die Spalten jetzt verändern, beeinflussen Sie auch die Breite in der normalen Anzeige. Schieben Sie die Spalten zusammen, so reicht der Platz nach dem Zurückschalten nicht mehr aus, um die Zahlen anzuzeigen.

Die Anzeige der Formeln benutzen Sie meistens, um Fehler in der Berechnung zu finden oder um anderen zu erklären, wie Sie die Werte errechnet haben bzw. welche Funktionen zu dem Ergebnis führen.

Berechnungen

Jetzt haben Sie schon eine ganze Menge an Berechnungen mit Formeln und Funktionen kennen gelernt. Die Aufgaben, die Sie nachfolgend mit Hilfe einer Tabelle erledigen werden, werden nun immer komplexer.

Bezüge

Das Thema Bezüge taucht immer wieder auf, wenn Sie mit Excel arbeiten. Der Bezug auf andere Zellen des Arbeitsblattes ist ein wichtiger Bestandteil der Tabellenkalkulation. Sie müssen sich bei jedem Bezug, den Sie aufbauen, immer darüber im Klaren sein, was mit der Formel später passiert. Wird Sie kopiert oder verschoben, kann sich der Bezug in der Formel verändern.

Bezugsarten A1 und Z1S1

Ob Sie die Adressierung A1 oder Z1S1 benutzen, bleibt Ihnen überlassen. Die Arbeitsweise ist von Ihrem persönlichen Empfinden abhängig. Die Vorgabe von Excel ist auf den Bezug A1 eingestellt. Das ist einer der Gründe, warum die meisten Anwender von Excel damit arbeiten.

Sie können jederzeit zwischen den beiden Bezugsarten umschalten. Excel passt alle Formeln im Arbeitsblatt automatisch an. Im Register *Allgemein* stellen Sie die Bezugsart um. Benutzen Sie dazu den Befehl *Optionen* aus dem Menü *Extras* (siehe Abbildung 7.23).

Der A1-Bezug ist kürzer, da er mit weniger Zeichen auskommt. So würden Sie für den Z1S1-Bezug Z5S205 einfach GW5 eingeben. Sie sparen sich also die Eingabe mehrerer Zeichen.

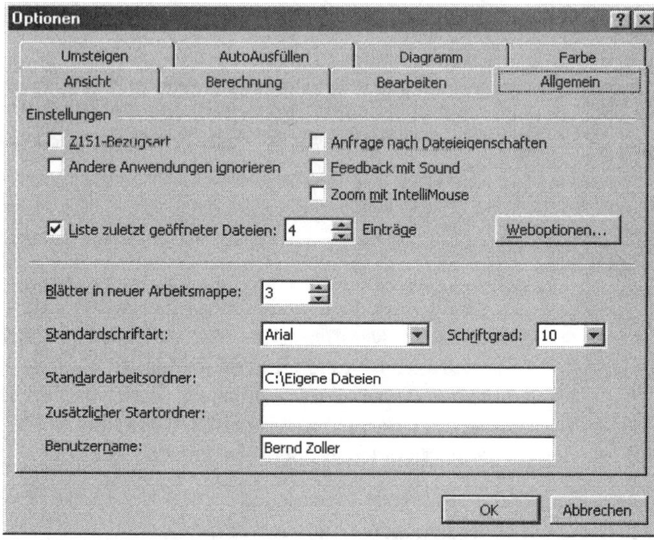

Abbildung 7.23: Das Register *Allgemein*

Der Z1S1-Bezug hat aber auch Vorteile. Sie können Zeilen und Spalten in Bezug auf die aktuelle Zelle mit »+« und »-« angeben. Um z.B. eine Zelle in der gleichen Spalte, aber zwei Zeilen oberhalb der aktuellen Zeile anzugeben, können Sie als Bezug Z(-2)S benutzen.

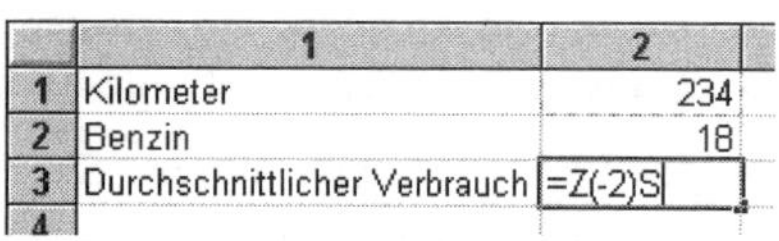

Abbildung 7.24: Bezüge mit Z1S1

Ein negatives Vorzeichen bedeutet Anzahl Stellen nach links oder oben. Eine Zahl ohne Vorzeichen oder mit einem »+« bedeutet entsprechend die Anzahl Stellen nach rechts oder unten.

Absolut und relativ adressieren

Excel unterscheidet zwischen relativen und absoluten Bezügen.

- ✔ Ein absoluter Bezug identifiziert genau eine Zelle im Tabellenblatt. Diese Zelle gibt es nur einmal.
- ✔ Ein relativer Bezug ist immer abhängig von der Zelle, in der die Formel steht, bezieht sich also immer auf die Position der Formel.

Relativ und absolut in der Bezugsart A1

In der Bezugsart A1 wird ein absoluter Bezug mit dem $-Zeichen festgelegt. Die Zelle $B$7 ist ein absoluter Bezug. Wenn die Formel, die diesen Bezug enthält, kopiert oder verschoben wird, greift Excel trotzdem immer auf die Zelle B7 zu.

Der relative Bezug B7 wird beim Kopieren verändert. Kopieren Sie die Formel zwei Spalten nach rechts, wird aus B7 der Bezug auf D7. Wird die Formel eine Zeile nach oben kopiert, passt Excel den Bezug in B6 an.

Beim Kopieren von relativen Bezügen müssen Sie darauf achten, sich nicht auf Zellen außerhalb der Tabelle zu beziehen. Wenn z.B. in Zelle B4 Bezug auf die Zelle B1 genommen wird, können Sie die Formel nicht nach B3 kopieren. Excel würde versuchen, sich auf die Zelle B0 zu beziehen. Die gibt es aber nicht.

C8

	A	B
1	Kilometer	423
2	Liter	32
3		=B1/#BEZUG!*100
4	Durchschnittlicher Verbrauch	=B2/B1*100
5		

Abbildung 7.25: Bezug außerhalb des Tabellenblattes

Gemischter Bezug in der Bezugsart A1

Bei verschiedenen Formeln ist es angebracht, die relativen und absoluten Bezüge zu verbinden. Die Spalte kann so z.B. beim Kopieren der Formel angepasst werden. Die Zeile würde jedoch beibehalten. Gemischte Bezüge finden Sie im Beispiel im nächsten Bild. Die Formel in Zelle B4 wurde nach oben und nach rechts kopiert. Die Formel in Zelle B3 entspricht der Ausgangsformel, die Zelle C4 wurde verändert.

C8

	A	B	C
1	Kilometer	423	520
2	Benzin	34	36
3		=B$2/B$1*100	
4	Durchschnittlicher Verbrauch	=B$2/B$1*100	=C$2/C$1*100

Abbildung 7.26: Gemischte Bezüge

Relativ und absolut in der Bezugsart Z1S1

In der Bezugsart Z1S1 wird der Unterschied zwischen relativen und absoluten Bezügen deutlicher. Ein absoluter Bezug setzt sich aus einer Spalten- und einer Zeilennummer zusammen. Dieser Bezug ist absolut eindeutig.

Der Bezug auf die Zelle Z1S2 bleibt immer gleich, egal wohin die Formel kopiert wird.

Um diesen Bezug zu relativieren, müssen die Zahlen in Klammern gesetzt werden. Z(1)S(2) wird automatisch angepasst, wenn die Formel verschoben wird. Z(1) bedeutet aber nicht die Zeile 1, sondern eine Zeile nach unten, ausgehend von der aktuellen Zelle. Entsprechend würde S(-2) zwei Spalten nach links bedeuten.

Wenn Sie für die Zeile oder Spalte keine Zahl angeben, bezieht sich die Formel auf die aktuelle Zeile oder Spalte. Z(+3)S würde also einen Bezug auf eine Zelle drei Zeilen weiter nach unten in der aktuellen Spalte darstellen.

Z7S3

	1	2	3
1	Kilometer	423	520
2	Benzin	34	36
3		=Z2S/Z1S*100	
4	Durchschnittlicher Verbrauch	=Z2S/Z1S*100	=Z2S/Z1S*100

Abbildung 7.27: Kopierter Z1S1-Bezug

Um eine ganze Zeile oder Spalte zu adressieren, geben Sie lediglich ein Z oder S ein. Ein absoluter Bezug auf die Zeile 5 würde dann mit Z5 angegeben. Die Summe einer ganzen Spalte können Sie so z.B. mit =SUMME(S5) angeben.

Gemischte Bezüge können Sie natürlich auch benutzen. Dazu geben Sie einfach die Zeile oder Spalte, die absolut bleiben soll, ohne Klammer an und den relativen Teil des Bezugs in Klammern.

Ausgangszelle B5	bzw. Z5S2	Erläuterung
C3	Z(-2)S(1)	relativer Bezug, zwei Zeilen höher, eine Spalte nach rechts
B7	Z(2)S	relativer Bezug, zwei Zeilen tiefer, gleiche Spalte
$C$4	Z4S3	absoluter Bezug, Zeile 4, Spalte 3
$A4	Z(-1)S1	Gemischter Bezug, eine Zeile nach oben in der ersten Spalte
	Z(-3)	relativer Bezug, drei Zeilen oberhalb der aktuellen Zeile
	S	absoluter Bezug, die aktuelle Spalte

Tabelle 7.6: Die Bezugsarten im Vergleich (bezogen auf die Zelle)

Erweiterte, externe und Fernbezüge

Bisher haben Sie sich nur auf Zellen innerhalb des Tabellenblattes bezogen. Um jetzt einen Bezug auf ein anderes Tabellenblatt vorzunehmen, wird der Zeilen- und Spaltenangabe der Name des Tabellenblattes vorangestellt. Der Name wird mit einem Ausrufezeichen »!« von dem Zellbezug getrennt.

Am einfachsten legen Sie auch diesen erweiterten Bezug wieder über einen Mausklick in die Zelle auf dem entsprechenden Arbeitsblatt fest.

In dem folgenden Beispiel wurden die Herstellungskosten für verschiedene Speisen auf dem Tabellenblatt *Verkaufspreise* errechnet. Um diese Werte in die Umsatzberechnung einfließen zu lassen, müssen die Werte automatisch in das Tabellenblatt *Kalkulation* übergeben werden.

> Das Beispiel ist auch auf der Buch-CD vorhanden. Sie finden das Tabellenblatt *Verkaufspreise* innerhalb der Tabelle BEISPIELE.XLS im Ordner KAPITEL07.

- Die Ergebnisse der Berechnung werden für die Umsatz- und Gewinnermittlung auf dem zweiten Tabellenblatt benutzt. Die Verkaufspreise in der Kalkulation sollen sich also auf die Zellen in Zeile 6 auf dem Tabellenblatt *Verkaufpreis* beziehen.
- Dazu wird zunächst der Zielbereich B3 in der Kalkulation mit einem Mausklick markiert (siehe Abbildung 7.28).
- Beginnen Sie die Formel mit einem »=«. Nach jedem Operator, wozu auch das Gleichheitszeichen zählt, können Sie auf eine Zelle klicken, auf die sich die Formel beziehen soll.
- Wechseln Sie dazu über das Register auf das Tabellenblatt *Verkaufspreise* und klicken dort auf die Zelle B6.
- Der Bezug zur Zelle erscheint in der Bearbeitungsleiste als *Verkaufspreise!B6* (siehe Abbildung 7.29).

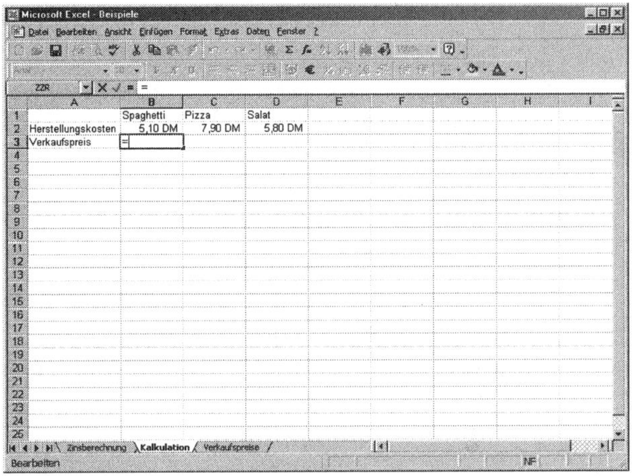

Abbildung 7.28: Markierte Zelle im ersten Tabellenblatt

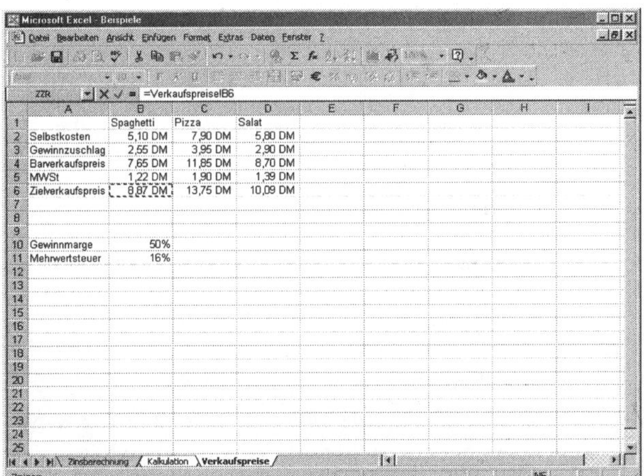

Abbildung 7.29: Erweiterter Bezug auf ein anderes Tabellenblatt

- Sobald Sie [↵] eingeben, landen Sie wieder auf dem ursprünglichen Tabellenblatt und das Ergebnis der Formel wird angezeigt.
- In diesem Fall bedeutet das Ergebnis der Formel lediglich, dass die Zelle *Kalkulation!B3* den gleichen Wert bekommen soll wie dic Zcllc *Verkaufspreise!B6*.
- Wenn Sie diese Formel jetzt in die Zellen C3 und D3 kopieren, wird auch dieser relative Bezug angepasst.

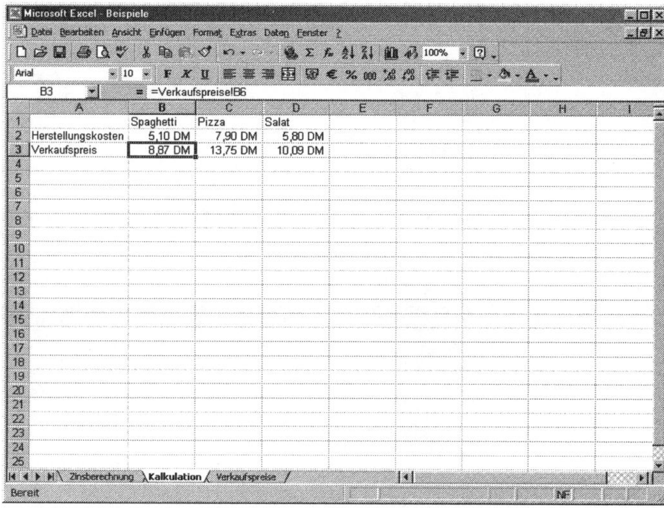

Abbildung 7.30: Das Ergebnis des erweiterten Bezugs

Der externe Bezug greift im Gegensatz zum erweiterten Bezug auf eine Zelle aus einer anderen Excel-Arbeitsmappe zu.

Auch hier werden der Name des Tabellenblattes und die Zelle wieder mit einem Ausrufezeichen »!« voneinander getrennt angegeben.

Vor dem Namen der Arbeitsmappe wird aber bei einem externen Bezug der Dateiname in eckigen Klammern eingefügt.

Datei- und Tabellenblattname werden in Hochkommas »‘« eingefasst, um Verwechslungen mit benannten Bereichen oder Formeln der Arbeitsmappe zu vermeiden.

Externe Bezüge sind immer absolute Bezüge. Das bedeutet, dass eine Formel mit einem externen Bezug beim Kopieren oder Verschieben auf dem Arbeitsblatt nicht verändert wird.

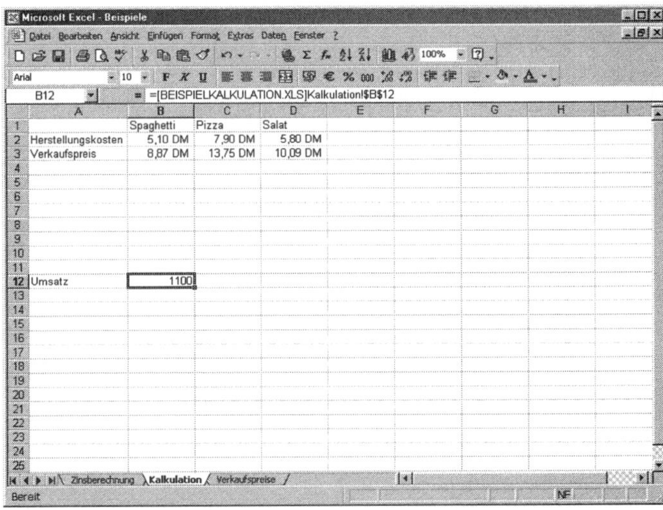

Abbildung 7.31: Ein externer Bezug

Mit einem Fernbezug können Sie auf Zellen in Arbeitsmappen oder Tabellenblättern anderer Anwendungen zugreifen. Excel ist in der Lage, die Daten anderer Programme wie z.B. Lotus 1-2-3 zu erkennen und in eigene Arbeitsmappen zu integrieren.

Der Fernbezug auf solche Daten wird nach folgender Syntax aufgebaut :

```
Programmname|Dokumentenname!Zellbezug
```

Der Programmname wird durch ein sogenanntes Pipe-Symbol »|«, den senkrechten Strich, mit dem Dokumentennamen verbunden.

Der Zellbezug kann auch ein benannter Bereich oder ein Thema sein. So muss ein Fernbezug sich nicht unbedingt auf Zellen einer Tabelle beziehen. Es ist ebenso gut möglich, Text aus einer anderen Anwendung in eine Zelle einfließen zu lassen.

3-D-Bezüge

Bereiche werden in Excel festgelegt, indem die erste und letzte Zelle mit einem Doppelpunkt »:« voneinander getrennt angegeben werden. Dieser Bereich kann nun in verschiedene Dimensionen ausgedehnt werden.

Um einen 3-D-Bezug genauer zu erklären, muss an dieser Stelle zunächst einmal der ein- und zweidimensionale Bezug erläutert werden.

- *Eindimensional* bedeutet, dass sich die erste und letzte Zelle des Bezugs in der gleichen Spalte oder Zeile befindet. Der Bereich B2:B7 ist somit ein 1-D-Bezug, hier am Beispiel der Summenformel.

B8 =SUMME(B2:B7)

	A	B	C	D	E
1	**Umsatzstatistik**	Bereich A	Bereich B	Bereich C	Summe
2	Januar	655	432	643	
3	Februar	435	374	455	
4	März	345	323	544	
5	April	445	233	365	
6	Mai	544	653	666	
7	Juni	223	223	678	
8	Summe 1. Halbjahr	=SUMME(B2:B7)			
9					

Abbildung 7.32: 1-D-Bezug

- *Zweidimensional* bedeutet dementsprechend die Ausdehnung des Bereichs auf mehrere Zeilen und Spalten, wie im nächsten Bild der Bereich B2:D7. Damit sind die Dimensionen horizontal und vertikal vergeben.

B2 =SUMME(B2:D7)

	A	B	C	D	E
1	**Umsatzstatistik**	Bereich A	Bereich B	Bereich C	Summe
2	Januar	655	432	643	
3	Februar	435	374	455	
4	März	345	323	544	
5	April	445	233	365	
6	Mai	544	653	666	
7	Juni	223	223	678	
8	Summe 1. Halbjahr	2647	2238	3351	=SUMME(B2:D7)
9					

Abbildung 7.33: 2-D-Bezug

- Die einzige Richtung, die noch eine dritte Dimension darstellt, ist die Ausdehnung in die Tiefe. Da die Arbeitsblätter in Excel alle übereinander liegen und alle gleich aufgebaut sind, kann ein Bereich auch über mehrere Tabellenblätter angegeben werden.

Definieren Sie einmal einen 3-D-Bezug.

- Um z.B. die Erträge mehrerer Filialen zu addieren, klicken Sie zuerst die Zelle an, in der das Ergebnis berechnet werden soll.
- Geben Sie dort die Summenformel ein. Wenn Sie die Symbolleiste *Standard* aktiviert haben, benutzen Sie dazu am besten die Schaltfläche mit dem Summensymbol.

Abbildung 7.34: Die Schaltfläche *Summe*

- Wechseln Sie anschließend auf das erste Tabellenblatt und markieren Sie dort den zweidimensionalen Bereich B2:D7.
- Anschließend halten Sie ⇧ gedrückt und klicken mit der Maus das letzte Tabellenblatt an, das in den Bereich aufgenommen werden soll.
- Alle Tabellenblätter, über die sich der Bezug ausdehnt, werden jetzt hell hervorgehoben. Die Formel erscheint in der Bearbeitungsleiste.

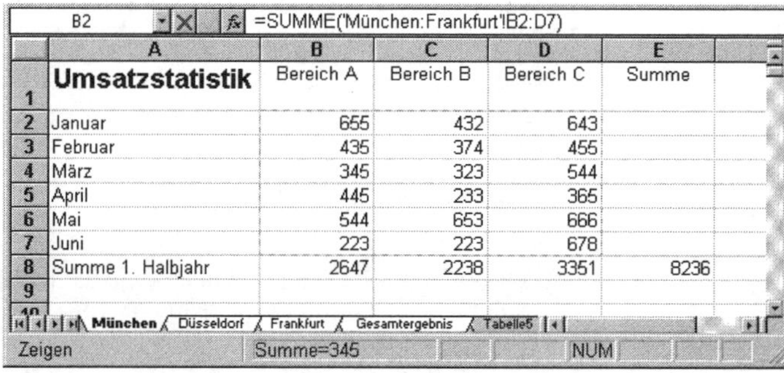

	A	B	C	D	E
1	**Umsatzstatistik**	Bereich A	Bereich B	Bereich C	Summe
2	Januar	655	432	643	
3	Februar	435	374	455	
4	März	345	323	544	
5	April	445	233	365	
6	Mai	544	653	666	
7	Juni	223	223	678	
8	Summe 1. Halbjahr	2647	2238	3351	8236
9					

Abbildung 7.35: Ein 3-D-Bezug

Der Bezug in der Summenformel setzt sich aus zwei Teilen zusammen. Der erste Teil gibt die Tabellenblätter *München* bis *Frankfurt* an. Weil das Tabellenblatt *Düsseldorf* dazwischen liegt, werden die Daten auf diesem Blatt automatisch integriert. Um Verwechslungen mit anderen Namen in der Tabelle zu vermeiden, setzt Excel die Namen der Tabellenblätter wieder in Hochkommas »'«.

Der zweite Teil des Bezugs gibt die horizontale und vertikale Ausdehnung des Bereichs an.

Aus diesen beiden Teilen wurde so ein dreidimensionales Gebilde geschaffen, das man am ehesten mit einem Würfel oder besser einem Quader vergleichen kann. Die Funktion in der letzten Abbildung berechnet also die Summe aus insgesamt 54 Zellen.

Veränderung beim Kopieren, Verschieben, Einfügen oder Löschen

Sie müssen beim Kopieren und Einfügen von Zellen auf die Bezugsart der Zellen achten.

Wenn Sie innerhalb eines Bereichs Zellen, Zeilen, Spalten oder Blätter einfügen oder löschen, werden die Zellen in die Bereiche einbezogen oder herausgenommen.

Bewegen Sie Zellen, Zeilen, Spalten oder Blätter aus dem markierten Bereich heraus, werden die Daten aus dem Bezug herausgenommen.

Werden die Randmarkierungen eines Bereichs verschoben und damit der Bereich ausgedehnt, werden die neu umschlossenen Zellen, Zeilen, Spalten oder Blätter dem Bereich hinzugefügt.

Teilberechnung der Formeln

Um komplizierte Formeln lesbarer zu machen, können Sie Teilergebnisse in der Formel ausrechnen lassen und das Ergebnis in die Formel einfügen.

So haben Sie später weniger unnötige Bezüge und mehr Zahlen in den Formeln.

- ✔ Doppelklicken Sie dazu auf eine Zelle mit einer längeren Formel.
- ✔ Markieren Sie den Teilbereich, der ausgerechnet werden soll.
- ✔ Drücken Sie [F9] und sofort berechnet Excel ein Teilergebnis der Formel.
- ✔ Wenn Sie die Zahl in die Formel übernehmen wollen, drücken Sie [↵].

✔ Wollen Sie die Berechnung verwerfen, reicht ein Druck auf Esc.

Wenn jedoch erst einmal ein Teilergebnis den Bezug in der Formel ersetzt hat, dann ist der Bezug endgültig weg.

Das bedeutet unter anderem, dass eine Änderung in der Zelle, auf die sich das Teilergebnis bisher bezogen hat, keine Auswirkungen mehr auf die Formel hat.

Werte der Logik

Die Logik nimmt einen ganz eigenen Teil der Funktionen von Excel ein. Einen nicht unwesentlichen Teil, wie man schnell feststellen kann, wenn komplexere Tabellen und Statistiken ausgewertet werden sollen.

Oft werden Zahlenkolonnen ungewollt unübersichtlich. Über gezielte Abfragen können z.B. wichtige Grundwerte besser kenntlich gemacht oder Auswertungen automatisiert werden.

Zur Logik gehört, dass es auf eine Frage immer nur die Antwort WAHR oder FALSCH geben kann. Je nachdem, welches Ergebnis die Abfrage bringt, kann dann die nächste Aktion ausgeführt werden.

Die Syntax der WENN-Funktion lautet:

```
WENN(Prüfung;Dann_Wert;Sonst_Wert)
```

Die Prüfung

Prüfen können Sie jede Information, die Sie über eine Zelle, einen Wert oder eine Formel bekommen können. Dazu gehört das Ergebnis einer Formel ebenso wie Informationen zur Formatierung der Zelle.

Die Operatoren für verschiedene Prüfungen wurden bereits im vorherigen Kapitel aufgelistet. Ist die Bedingung oder Prüfung richtig, liefert die Funktion den Wert WAHR zurück. Andernfalls würde der Rückgabewert FALSCH lauten.

Die Parameter Dann_Wert und Sonst_Wert

Wenn Sie den Wert WAHR als Antwort auf Ihre Frage erhalten und mit der positiven Antwort eine Aktion starten wollen, füllen Sie den Parameter *Dann_Wert* mit einer Aktion.

Als Aktion können verschiedene Vorgänge eingegeben werden. Es kann ein Text oder eine Zahl ausgegeben werden, eine Berechnung durchgeführt oder eine weitere Prüfung ausgeführt werden. Eine weitere Funktion kann als Aktion berechnet werden oder eine neue Formel in die Zelle eingefügt werden.

Angenommen, es soll eine Meldung ausgegeben werden, wenn ein bestimmter Wert überschritten wurde, dann könnte eine Aktion lauten:

```
=WENN(B8>2500;«ZIEL ERREICHT«)
```

Sobald der Wert der Zelle 2500 überschritten hat, gibt Excel die Meldung *ZIEL ERREICHT* aus. Bis dahin wird die Zelle aufgrund der Antwort FALSCH mit dem *Sonst_Wert* gefüllt. Weil kein *Sonst_Wert* angegeben wurde, wird der Zelle der Standardwert FALSCH zugeordnet.

Sinnvollerweise sollte die Formel also wie folgt ergänzt werden.

```
=WENN(B8>2500; »ZIEL ERREICHT«; B8)
```

Ist der Wert der Zelle also noch nicht größer als 2500, soll die Zelle B8 den Wert der Zelle B8 annehmen. Das wiederum bedeutet, Excel soll den Wert anzeigen, der in der Zelle steht, bis der Wert 2500 übersteigt (siehe Abbildung 7.36).

Zu der Grundfunktion WENN gibt es noch weitere Funktionen, mit denen weitere Prüfungen, Verschachtelungen der Abfragen oder Invertierungen des Ergebnisses vorgenommen werden können.

D11

	A	B	C
1	Bedingung	Wert	Ergebnis
2	=WENN(B2>2500;"ZIEL ERREICHT";B2)	2500	2500
3	=WENN(B3>2500;"ZIEL ERREICHT";B3)	2501	ZIEL ERREICHT
4	=WENN(D4=2;"Gut";"Sehr Gut")	2	Gut
5	=WENN(B5=2;"Gut";"Sehr Gut")	1	Sehr Gut
6	=WENN(B6>=255;7%;15%)	234	15%
7	=WENN(B7>=255;7%;15%)	345	7%
8			

Abbildung 7.36: Beispiele für Bedingungen

Dazu gehören die Funktionen:

```
UND(Wert1;Wert2;...)
```

```
ODER(Wert1;Wert2;...)
```

```
NICHT(Wert1)
```

Die Funktion UND ist immer dann WAHR, wenn alle Werte in Klammern WAHR sind. Über die Funktion können mehrere Abfragen miteinander verknüpft werden. Die Aktion einer WENN-Funktion kann so von mehreren Bedingungen abhängig gemacht werden.

A11

	A	B	C
1	Bedingung	Wert	Ergebnis
2	=UND(2+2=4;3^3=27)		WAHR
3	=UND(B3<=0,07;ZELLE("Format";B3)="P0")	7%	WAHR
4	=UND(B4<=0,07;ZELLE("Format";B4)="P0")	15,00%	FALSCH
5	=WENN(UND(B5>25;B5<50);B5;"Wert außerhalb")	30	30
6	=WENN(UND(B6>25;B6<50);B6;"Wert außerhalb")	23	Wert außerhalb
7			
8			

Abbildung 7.37: Die Funktion *UND*

Die Funktion ODER arbeitet ähnlich der Funktion UND. Jedoch reicht der Funktion ODER die Erfüllung einer der angegebenen

Bedingungen. Es muss also nur eine der eingegebenen Bedingungen erfüllt sein, um den Wert WAHR zurückzuliefern.

Zuletzt bleibt noch die Funktion NICHT, mit der Sie jedes Ergebnis ins Gegenteil umkehren können. Ist das Ergebnis einer Prüfung z.B. WAHR, können Sie mit einem NICHT die Prüfung umschließen und damit das Ergebnis auf FALSCH umstellen.

C10

	A	B	C
1	Bedingung	Wert	Ergebnis
2	=UND(2+2=4;NICHT(3^3=27))		FALSCH
3	=NICHT(UND(B3<=0,07;ZELLE("Format";B3)="P0"))	7%	FALSCH
4			
5	=WENN(UND(B5>25;NICHT(B5<50));B5;"Wert außerhalb")	60	60
6	=WENN(NICHT(UND(B6>25;B6<50));B6;"Wert außerhalb")	30	Wert außerhalb
7			

Abbildung 7.38: Umkehrung des Ergebnisses mit NICHT

Namen in Excel

Wie Sie mit Sicherheit schon bemerkt haben, ist die Bezeichnung der Zellen, Formeln und Bezüge zwar recht logisch und nachvollziehbar. Die Übersichtlichkeit leidet dennoch darunter. Es ist für einen Anwender meist recht schwer, den Sinn z.B. der Formel

```
=B$2/B$1*100
```

zu erkennen.

Hieße die Formel jedoch

```
=Liter/Kilometer*100
```

würde schnell deutlich, dass es sich bei der Formel um einen durchschnittlichen Verbrauch handelt.

Namen vergeben

Excel bietet eine Funktion an, mit der Sie Formeln, Zellen, Bereiche, Bezüge und Konstanten mit einem Namen versehen können.

Auch dieses Beispiel ist auf der CD im Buch vorhanden. Sie finden die Tabellenblätter *Durchschnittsverbrauch* und *Konstanten* innerhalb der Tabelle BEISPIELE.XLS im Ordner KAPITEL07.

Spalten und Zeilen benennen

Um einer Zeile z.B. den Namen *Kilometer* zu geben, markieren Sie die Zeile zuerst mit einem Klick auf den Zeilenkopf.

✔ Im Namensfeld der Bearbeitungsleiste erscheint der Name der Zelle in der linken oberen Ecke des markierten Bereichs. In diesem Fall erscheint A1.

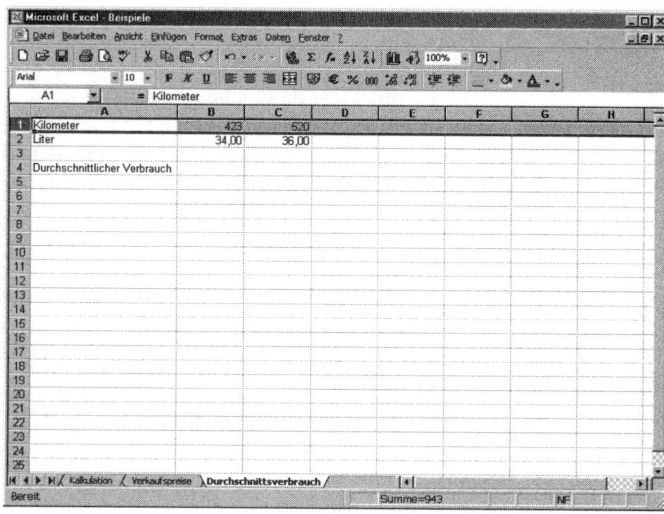

Abbildung 7.39: Die markierte Zeile A

- In dieses Namensfeld können Sie nun einen Namen für die Zeile eingeben. Klicken Sie dazu mit der Maus in das Feld und vergeben Sie einen sinnvollen Namen
- Um den Titel einer Zeile oder Spalte aus der markierten Tabelle selbst zu übernehmen, öffnen Sie das Dialogfeld *Namen erstellen* mit dem Befehl *Einfügen / Namen / Erstellen*. Excel erkennt, dass der erste Eintrag in der Zeile oder Spalte kein Wert ist und geht von einer Tabellenüberschrift aus. Also übernimmt er den Eintrag als Namen für die Zeile oder Spalte. Die Zelle wird außerdem nicht dem Bereich zugeordnet.

Abbildung 7.40: Das Dialogfeld *Namen erstellen*

- Jede Zelle in dieser Zeile bekommt nun den Bezug zu dem angegebenen Namen. Anstelle von B1 können Sie jetzt *Kilometer* in einer Formel eingeben.
- Die Zeile 2 soll nun auf demselben Weg den Namen *Liter* bekommen. Damit sind alle Vorbereitungen getroffen, um mit den benannten Bereichen eine Formel aufzustellen.
- Wenn Sie nun eine Formel definieren, brauchen Sie nicht mehr darauf zu achten, welche Zellen Sie markieren. Mit einem Klick auf den Pfeil rechts neben dem Namensfeld öffnen Sie eine Namensliste, in der alle definierten Namen der Arbeitsmappe aufgelistet werden.

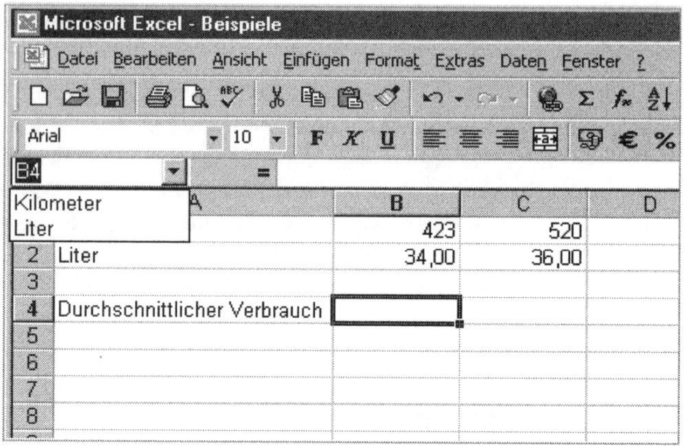

Abbildung 7.41: Auswählen eines benannten Bereichs

Um einen der vorhandenen Namen innerhalb einer Formel zu verwenden, aktivieren Sie den Menübefehl *Einfügen / Namen / Einfügen*. Es öffnet sich ein Dialog mit einer Liste der vorhandenen Namen.

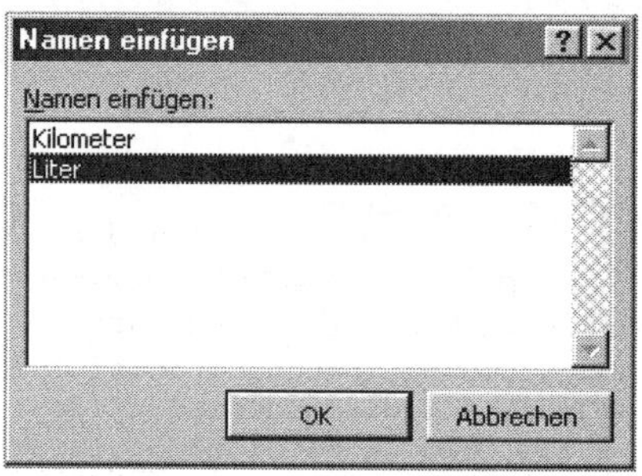

Abbildung 7.42: Die Namensliste

Aus dieser Liste wählen Sie die Namen aus, die Sie für Ihre neue Formel benötigen. Im Beispiel können Sie in die Zelle B4 die Formel

```
=Liter/Kilometer*100
```

eingeben.

Wenn Sie diese Formel in die Zelle C4 kopieren, bezieht sich die Angabe *Kilometer* auf die Zeile 2 in der aktuellen Spalte. Wurde also ein Bereich mit einem Namen versehen, ist der Bezug auf diesen Namen ein absoluter Bezug.

Zellen als Konstanten

Genauso wie einen Bereich können Sie auch einzelne Zellen mit einem Namen versehen. Normalerweise benutzen Sie diese Möglichkeit, um Konstanten mit Namen anzusprechen.

Legen Sie z.B. ein neues Tabellenblatt in der Arbeitsmappe an, und benennen Sie dieses Blatt mit einem Doppelklick auf das Blattregister. Ich habe das Blatt mit dem Namen *KONSTANTEN* versehen.

In die Zelle A1 wurde der Wert 16 % eingegeben. Diese Zelle soll in Zukunft bei allen Berechnungen, in denen die Mehrwertsteuer eine Rolle spielt, mit dem Namen *MWST* angesprochen werden.

HINWEIS

Es ist hier auch möglich, im Dialog *Namen* den Bezug auf einen Wert statt auf eine Zelle zu definieren. Dennoch sollten Sie dem Beispiel folgen, damit Sie die Funktionsweise des Zellenbezugs noch einmal praktisch durchführen.

Klicken Sie also in das Namensfeld und geben Sie `MWST` ein. Wenn sich die Mehrwertsteuer wieder einmal ändert, müssen dann nicht alle Formeln neu berechnet oder verändert werden. Lediglich der Wert in der Zelle A1 wird geändert und alle Formeln stimmen wieder.

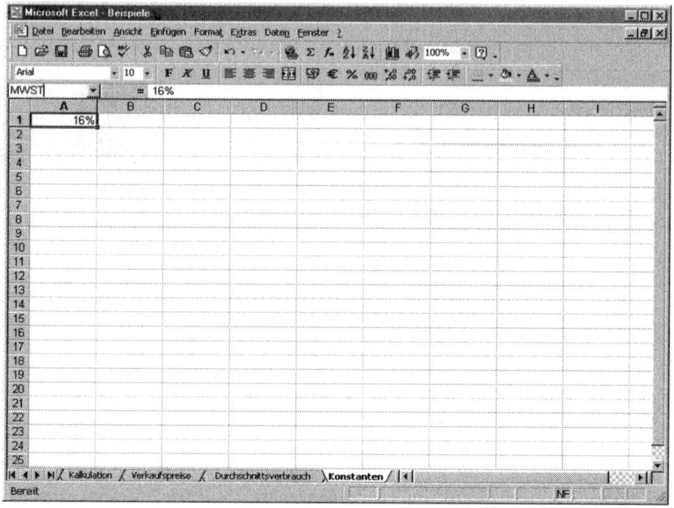

Abbildung 7.43: Ein Name für eine Konstante

Bereiche benennen

Ein markierter Bereich, egal ob er ein-, zwei- oder dreidimensional ist, kann natürlich genauso mit einem Namen angesprochen werden. Letztendlich ist ein benannter Bereich auch nicht anders als die oben beschriebene benannte Zeile.

Bei Formeln, die sich auf einen solchen Bereich beziehen, muss die Zusammenfassung des Bereichs natürlich auch einen Sinn ergeben (siehe Abbildung 7.44).

Wenn Sie alle Werte einer Tabelle mit dem Namen *Werte* zusammenfassen, können Sie natürlich die Summe aller Zellen mit der Formel

```
SUMME(Werte)
```

berechnen.

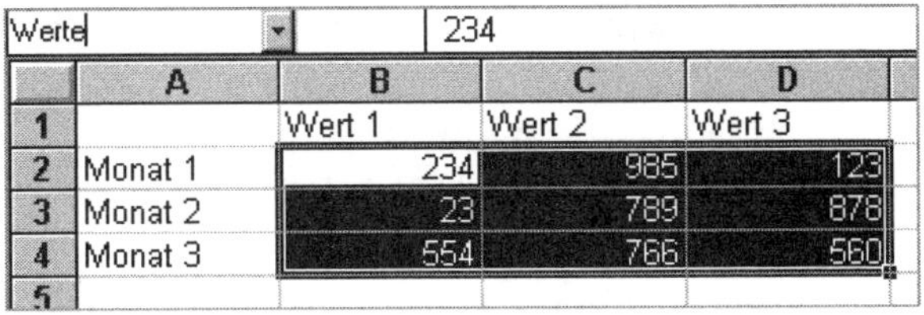

Werte | 234

	A	B	C	D
1		Wert 1	Wert 2	Wert 3
2	Monat 1	234	985	123
3	Monat 2	23	789	878
4	Monat 3	554	766	560
5				

Abbildung 7.44: Alle Werte einer Tabelle zusammengefasst

Den benannten Bereich *Werte* aber z.B. mit 100 zu multiplizieren ergibt keinen Sinn.

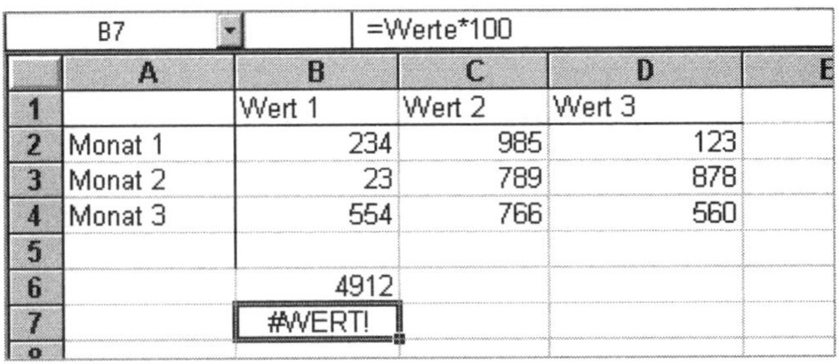

B7 | =Werte*100

	A	B	C	D	E
1		Wert 1	Wert 2	Wert 3	
2	Monat 1	234	985	123	
3	Monat 2	23	789	878	
4	Monat 3	554	766	560	
5					
6		4912			
7		#WERT!			

Abbildung 7.45: Fehler in der Formel

Beim 2-D-Bereich gibt es eine Besonderheit: Befindet sich nur eine Zelle mit dem Namen in derselben Zeile/Spalte wie die Formel, ist die Berechnung sinnvoll, da Excel dann den Wert aus dieser Zeile/Spalte wählt.

Namen ändern

Wenn Sie bei der Vergabe eines Namens einmal einen Fehler gemacht haben oder einen Namen wieder verändern möchten, müssen Sie den Namen aus der Liste der Namen im Arbeitsblatt wieder löschen.

Änderungen nehmen Sie im Dialogfeld *Namen definieren* vor. Sie öffnen das Dialogfeld über den Befehl *Namen / Definieren* im Menü *Einfügen*.

Klicken Sie den Namen, den Sie verändern wollen, im Listenfeld an, damit er in die Eingabezeile übernommen wird. Den Bereich, auf den sich der ausgewählte Name bezieht, erkennen Sie in der Eingabezeile *Bezieht sich auf*.

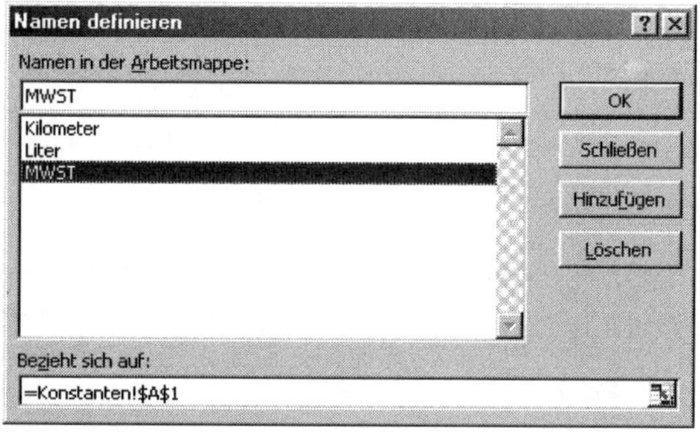

Abbildung 7.46: Namen verwalten

Um einen neuen Namen für den gleichen Bereich zu vergeben, überschreiben Sie den Namen mit einer neuen Bezeichnung und klicken anschließend auf *Hinzufügen*.

Um den nicht mehr benötigten Namen aus der Liste zu entfernen, klicken Sie ihn erneut an und aktivieren die Schaltfläche *Löschen*.

Formeln benennen

Wenn Sie jetzt einer Formel noch einen Namen geben, dann benötigen Sie für viele Formeln keine Informationen mehr über die Zellen selbst.

Im Beispiel wurde der durchschnittliche Verbrauch aus den gefahrenen Kilometern und den verbrauchten Litern errechnet. Wo diese Werte stehen, ist der Formel egal, sie bezieht sich nur auf die Namen *Kilometer* und *Liter*.

Dieser Formel geben Sie jetzt den Namen *VERBRAUCH*.

Markieren Sie zunächst die Zelle B4, in der die Formel

```
=Liter/Kilometer*100
```

steht.

Öffnen Sie erneut das Dialogfeld *Namen definieren* aus dem Menü *Einfügen*.

Der Text aus der Zelle A4 wird von Excel als neuer Name vorgeschlagen. Da dieser Name aber sehr lang ist, geben Sie den neuen Namen `VERBRAUCH` ein.

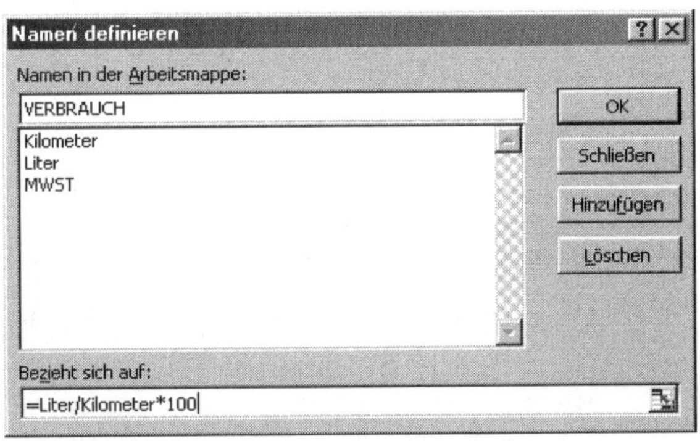

Abbildung 7.47: Benennen einer Formel

In das Eingabefeld *Bezieht sich auf* geben Sie nun die Formel

```
=Liter/Kilometer*100
```

ein. Klicken Sie auf *Hinzufügen*, um den Namen in die Liste der Namen in der Arbeitsmappe aufzunehmen und schließen Sie das Dialogfeld.

Benannte Formel einfügen

Die so mit einem Namen versehene Formel können Sie jetzt überall auf jedem Tabellenblatt einfügen. Dazu wählen Sie aus dem Menü *Einfügen* den Befehl *Namen / Einfügen*, um den Dialog mit allen Namen zu öffnen. Die dort ausgewählte Formel wird in die markierte Zelle übernommen.

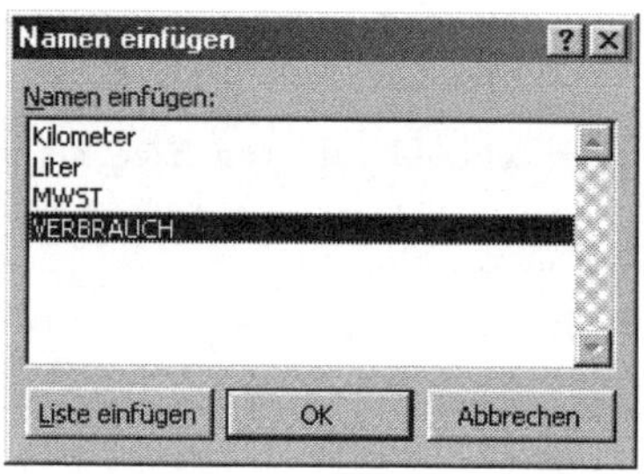

Abbildung 7.48: Das Dialogfeld *Namen einfügen*

HINWEIS

Bedenken Sie dabei jedoch, dass ein benannter Bereich und ebenso eine benannte Formel immer einen absoluten Bezug darstellen. Die Zellbezüge, die sich hinter dem Namen verstecken, werden durch das Einfügen der Formel oder Kopieren in andere Zellen nicht mehr angepasst. Das bedeutet zum Beispiel, wenn Sie die benannte Formel VERBRAUCH der Zelle C4 zuweisen, erhalten Sie das Ergebnis aus der Zelle B4.

Eine Namensübersicht erstellen

Haben Sie mehrere Namen innerhalb der Tabellenblätter definiert, dann können Sie leicht den Überblick verlieren, welche Definition sich hinter den Namen verbirgt. Um das zu vermeiden, sollten Sie folgende Vorgehensweise ausprobieren:

- Legen Sie mit dem Menübefehl *Einfügen / Tabellenblatt* eine neue leere Tabelle an. Benennen Sie diese mit dem Namen *Namensübersicht*. Aktivieren Sie dann die Zelle A1.
- Anschließend aktivieren Sie den Dialog *Namen einfügen* mittels des gleichnamigen Menübefehls aus dem Menü *Einfügen*.
- Klicken Sie die Schaltfläche *Liste einfügen* an und sofort werden alle vorhandenen Namen mit der entsprechenden Definition in das Tabellenblatt eingefügt.

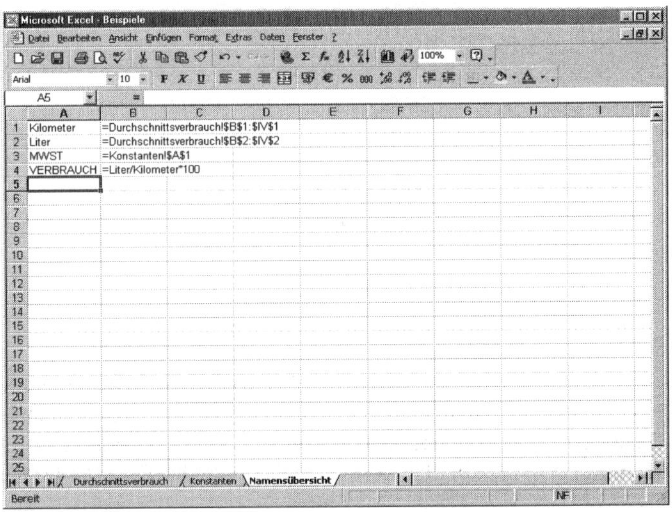

Abbildung 7.49: Hier erhalten Sie einen Überblick

Anhand der Eintragungen können Sie nun leicht nachvollziehen, was sich hinter jedem Namen verbirgt.

Kommentare eingeben

Zu jeder Zelle können Sie zusätzliche Informationen erfassen. Zusatztexte, sogenannte *Kommentare*, werden Sie jedoch nur zu den Zellen, Formeln oder Berechnungen eingeben, die näher erläutert werden müssen. Normale Felder, die Daten enthalten, brauchen diese Kommentare eigentlich nicht.

Einen Kommentar zur markierten Zelle geben Sie direkt innerhalb des Tabellenblatts in ein sich öffnendes Fenster ein. Sie öffnen das Fenster über den Befehl *Einfügen / Kommentar*.

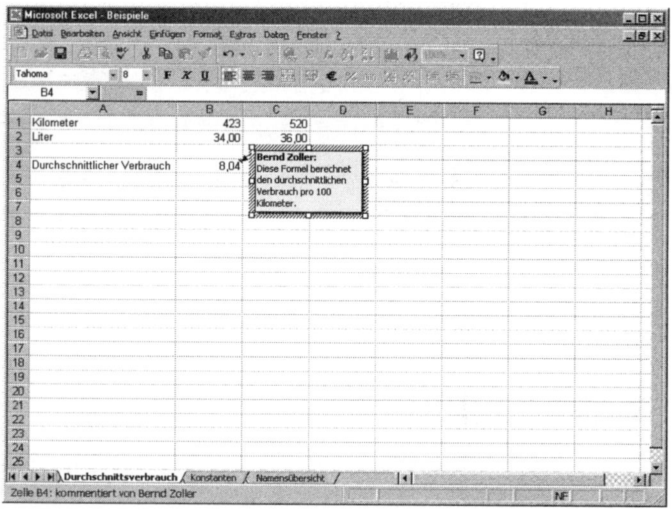

Abbildung 7.50: Das Fenster für den Kommentar

Geben Sie den Kommentar zur markierten Zelle in das Fenster ein. Wenn der Kommentar erfasst oder verändert wurde, klicken Sie auf das Tabellenblatt neben dem Kommentar und dieser wird automatisch übernommen. Sie erkennen dies an der Kennzeichnung der Zelle. Diese erhält ein kleines rotes Dreieck im rechten oberen Winkel.

Anzeigen und Verändern des Kommentars

Sobald sich Ihr Mauszeiger über einer Zelle befindet, die mit einem solchen roten Dreieck markiert ist, wird der Kommentar in dem bekannten Fenster angezeigt.

Um einen vorhandenen Kommentar zu verändern, klicken Sie die Zelle mit der rechten Maustaste an. Im Kontextmenü wählen Sie dann den Befehl *Kommentar bearbeiten* an. Der vorhandene Kommentar öffnet sich daraufhin und kann sofort bearbeitet werden.

Das Löschen eines Kommentars erledigen Sie am besten auch über das Kontextmenü der Zelle. Ein entsprechender Befehl ist dafür vorhanden.

KNOW-HOW

Sollten Sie die in einer Tabelle vorhandenen Kommentare bearbeiten bzw. überprüfen wollen, dann empfiehlt es sich, die Symbolleiste *Überarbeiten* zu öffnen. Dort sind die dazu notwendigen Funktionen enthalten. Sie aktivieren diese Symbolleiste über *Ansicht / Symbolleisten / Überarbeiten*.

Fehler suchen

Wenn Sie mit Formeln und Funktionen arbeiten, wird es immer wieder zu Fehlern in Ihren Berechnungen kommen.

Unterschieden wird dabei zwischen Fehlern, die durch unmögliche oder unverständliche Kombinationen von Operationen in Formeln zustande kommen und einfachen Rechenfehlern.

- Formeln, die keinen Sinn ergeben oder die auf Bezüge oder Namen zugreifen, die es nicht gibt, können schnell erkannt werden. Unter bestimmten Umständen ist Excel sogar in der Lage, diese Fehler zu erkennen und den Fehler in der Formel weiter einzukreisen.
- Rechenfehler sind da schon schwieriger nachzuvollziehen. Diese Fehler fallen oft nicht auf, weil das Ergebnis eventuell nicht weit von dem erwarteten Ergebnis abweicht.

Fehler erkennen

Anhand der folgenden Beispiele werden Ihnen einige nützliche Funktionen von Excel vorgestellt, die Ihnen helfen sollen, Fehler zu finden.

Wenn Excel feststellt, dass das Ergebnis der Berechnung aus irgendeinem Grunde nicht darstellbar ist, wird an die Zelle ein sogenannter *Fehlerwert* übergeben.

####

Die Doppelkreuze werden immer dann ausgegeben, wenn Excel den Wert nicht mehr darstellen kann. Das kann verschiedene Ursachen haben:

- Die Spalte ist zu schmal, um den Wert darzustellen.

  Die Spaltenbreite verändern Sie über das Menü *Format / Spalte*. Mit einem Doppelklick auf den rechten Rand des Spaltenkopfes können Sie die Spalte auf die optimale Breite verbreitern. Die Spalte wird dabei gerade so breit, dass der größte Eintrag noch angezeigt werden kann.
- Die Zahl kann im gegenwärtig gewählten Ausgabeformat nicht angezeigt werden.

  Verändern Sie das Ausgabeformat über die Tastenkombination [Strg] + [1] oder über das Menü *Format / Zellen*.

#DIV/0!

Die Zelle enthält eine Formel, die durch einen Bezug auf eine Zelle eine Division durch null versucht hat.

Wenn der Divisor einer Zahl auf eine Zelle zeigt, deren Wert null geworden oder deren Inhalt leer ist, erscheint dieser Fehlerwert.

- ✔ Wenn Sie explizit eine null im Divisor einer Formel eingegeben haben, kann diese Formel nicht korrekt sein. Eine Division durch null, wie z.B. die Berechnung =765+354 / 0 ist in der Mathematik nicht erlaubt.

  Korrigieren Sie die Formel entsprechend oder ändern Sie die Berechnung in den Zellen.

- ✔ Der Divisor einer Zelle ist null, weil der Bezug auf eine leere Zelle zeigt.

  Wenn die Zelle, auf die der Divisor zeigt, gelöscht wurde, korrigieren Sie die Formel, indem Sie wieder einen Wert in die Zelle eingeben oder in der Formel den neuen Bezug zum Divisor festlegen.

- ✔ Der Divisor Ihrer Formel errechnet sich aus verschiedenen Werten. Die eingegebene Formel ist korrekt, aber bei bestimmten Werten wird das Ergebnis der Berechnung des Divisors null. Diesen Nullstellen der Formel kann Excel keinen Wert zuordnen.

  Sie müssen die Formel mit Hilfe von Bedingungen für einen bestimmten Bereich von Werten begrenzen. Der Definitionsbereich Ihrer Formel ist nicht festgelegt.

#NV

Leere Zellen stellen für Excel den Wert null dar.

- ✔ Damit eine Formel bei einem Bezug auf ein leeres Feld nicht ein falsches Ergebnis zurück liefert, müssen Sie alle Felder, die noch nicht gefüllt sind, auf deren Inhalt in einer anderen Formel allerdings bezogen wird, mit #NV füllen.

Der Rückgabewert einer Formel oder Funktion wird dann erst berechnet, wenn #NV durch einen Wert ersetzt wird.

D10

	B	C
1	Eingabewerte	Ausgabewerte
2	32423423423423	############
3	=6/0	#DIV/0!
4	=#NV	#NV
5	=Kalometer	#NAME?
6	=WURZEL(-4)	#ZAHL!
7	=#BEZUG!*100/5	#BEZUG!
8	=E2+E3	#WERT!

Abbildung 7.51: Beispiele für Fehlerwerte

#NAME?

Wenn eine Formel den Wert #NAME? zurückgibt, dann haben Sie innerhalb einer Formel einen Bezug auf einen Namen eingegeben, der Excel zur Zeit nicht bekannt ist.

- Der Name, der in der Formel benutzt wurde, ist noch nicht definiert oder er wurde gelöscht.

  Sobald der Name neu definiert wird, korrigiert Excel das Ergebnis der Formel.

- Der Name ist zwar definiert, aber Sie haben sich in der Formel vertippt und einen falschen Namen eingegeben.

  Korrigieren Sie die Formel. Wenn Sie sicher sein wollen, dass der Name richtig eingegeben wird, wählen Sie ihn aus dem Dialog *Namen einfügen* aus.

- Sie beziehen sich in Ihrer Formel auf eine andere Arbeitsmappe.

  Unter Umständen kann es vorkommen, dass Excel den Namen der anderen Arbeitsmappe mit einem benannten Bereich innerhalb der eigenen Arbeitsmappe verwechselt. Um das zu vermeiden, müssen Sie den Namen der Arbeitsmappe und des Tabellenblattes mit Hochkommas »'« umschließen.

- Sie haben in einer Funktion oder Formel Text eingegeben, der als Text nicht gekennzeichnet wurde.

  Der Text muss in einer Funktion oder Formel mit »« umschlossen werden.

#NULL!

Wenn Sie mit Schnittmengen zweier Bereiche arbeiten, so kann eine Formel den Fehlerwert #NULL! zurück liefern.

- Schnittmengen müssen sich in einem Bereich überschneiden. Die Schnittmengen in Ihrer Formel haben keinerlei Überschneidungen.

  Sie haben einen falschen Bereich angegeben. Überprüfen Sie die Formel auf Tippfehler. Wenn Sie keine finden, schauen Sie sich die Bereiche genau an, auf die Sie sich beziehen. Wenn Sie sich nicht überschneiden, benutzen Sie das Semikolon »;« für die Vereinigung mehrerer Bereiche anstelle der Schnittmenge.

#ZAHL!

Excel hat ein Problem bei der Berechnung einer Zahl. Excel findet keine Zahl, die das gewünschte Ergebnis liefert.

- In einer Formel erwartet Excel einen nummerischen Wert. Bezieht sich die Formel z.B. auf eine Zelle, deren Wert nicht in die Formel passt, wird das Ergebnis mit dem Fehlerwert #ZAHL!

zurückgegeben. Es ist z.B. nicht möglich, die Funktion =WURZEL(-4) auszurechnen.

Überprüfen Sie den Inhalt der Zellen, auf die sich die Funktion bezieht.

- Das Ergebnis einer Berechnung führte zu einer Zahl, die außerhalb der von Excel darstellbaren Zahlen liegt.

  Sie müssen die Formel ändern, um das Ergebnis von Excel berechnen zu lassen.

- Die Anzahl der Iterationen reichte Excel nicht aus, um zu einem Ergebnis zu gelangen.

  Verwenden Sie andere Anfangswerte für die Berechnung oder erhöhen Sie die Iterationsschritte im Dialogfeld *Optionen*.

#BEZUG!

Wie bereits am Anfang des Kapitels erwähnt, ist der Fehlerwert #BEZUG! auf einen Bezug außerhalb der Grenzen des Tabellenblattes zurückzuführen.

- Sie beziehen sich innerhalb einer Formel auf ein Feld außerhalb der Definitionen eines Tabellenblattes, z.B. auf die Zelle B0 oder Z(65536)S.

  Dieser Fehler kommt meistens durch Kopieren der Formeln auf dem Arbeitsblatt zustande. Relative Bezüge wurden von Excel entsprechend der Bewegung der Formel angepasst und zeigen nun auf Zellen außerhalb des Tabellenblattes.

  Klicken Sie die Zelle doppelt an, so wird nur der Teil der Formel, der den ungültigen Bezug beinhaltet, durch #BEZUG! ersetzt. So können Sie diesen Teil durch einen neuen Bezug ersetzen.

- Sie beziehen sich auf Daten aus einer anderen Anwendung, die aber zur Zeit nicht gestartet ist oder deren Dokument nicht im Zugriff von Excel liegt.

Starten Sie die Anwendung oder prüfen Sie die Verbindungen zu angegebenen Netzwerkverbindungen.

#WERT!

Die Formel, die Sie eingegeben haben, ergibt einen Wert, den Excel nicht darstellen kann.

- ✔ Excel kann keinen Text in eine Formel einbeziehen. Sie können nicht B1+B2 angeben, wenn eine der beiden Zellen keine Zahl enthält.

  Prüfen Sie die Bezüge auf Ihre Werte und korrigieren Sie entsprechend die Bezüge oder die Werte der Zellen.

Werkzeuge zur Fehlersuche

Fehler, die mit einem Fehlerwert zurückkommen, haben also recht eindeutige Ursachen. In diesen Fällen ist es leicht, den Fehler einzugrenzen. Um aber Rechenfehler zu verfolgen oder überhaupt einmal eine komplexe Tabelle im Zusammenhang zu erkennen, stellt Excel einige Werkzeuge zur Verfügung.

Spuren verfolgen

Im Stile eines Detektivs ermöglicht Excel eine visuelle Überprüfung des Tabellenblattes. Jede Zelle, die einen Wert enthält, stellt die Basis einer Berechnung dar.

Formeln und Funktionen beziehen sich auf diese Zellen.

Durch Verschachtelung und Verkettung mehrerer Formeln kann so eine komplexe Struktur über mehrere Ebenen aufgebaut werden.

Über diese Verkettungen bekommt eine Zelle immer einen Nachfolger und einen Vorgänger. Ausgenommen davon sind natürlich die ersten und letzten Zellen in einer Kette.

Mit Hilfe von Spurpfeilen können Sie sich diese Verkettungen am Bildschirm anzeigen lassen.

Über das Menü *Extras / Detektiv* können Sie die verschiedenen Befehle zur Suche des Nachfolgers oder Vorgängers auswählen.

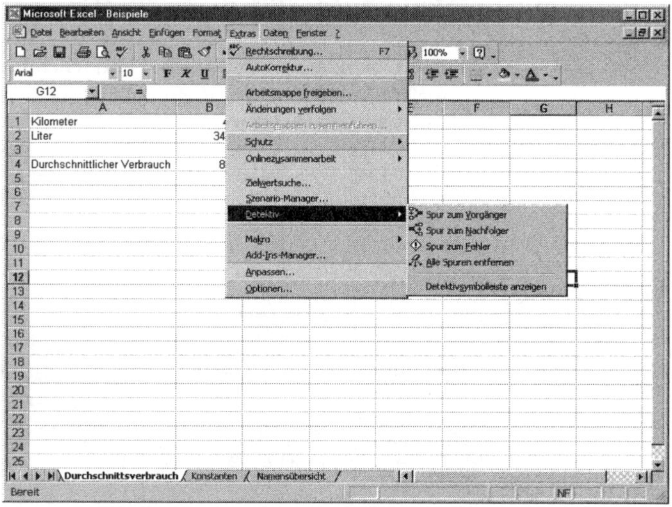

Abbildung 7.52: Die Befehle des Detektivs

Wenn Sie mehrere Tabellen oder Funktionen überprüfen wollen, empfiehlt es sich, die Symbolleiste des Detektivs einzublenden. Über deren Schaltflächen können Sie die einzelnen Vorgänger- und Nachfolgerpfeile abrufen und wieder löschen.

Klicken Sie auf eine Zelle, die eine Funktion oder Formel enthält und wählen Sie den Befehl *Spur zum Vorgänger*.

Alle Zellen, auf die in der markierten Zelle Bezug genommen wurde, werden blau umrandet und ein Pfeil zeigt von der Zelle oder dem Bereich in die Zielzelle.

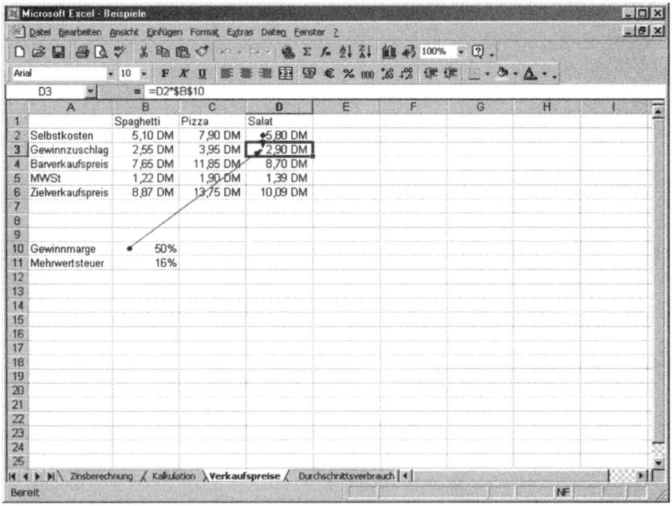

Abbildung 7.53: Bezug auf einen Vorgänger

Der umgekehrte Weg ist die Auswahl einer Zelle, auf die sich eine andere Zelle beziehen muss.

Wählen Sie den Befehl *Spur zum Nachfolger* und Sie erhalten einen Pfeil von der Zelle zu jeder Formel, die darauf Bezug nimmt.

Wenn die Formel sich nicht auf diesem Tabellenblatt befindet, so wird ein schwarzer, gestrichelter Pfeil mit dem Symbol eines Tabellenblattes eingeblendet. Mit einem Doppelklick auf den Ausgangspunkt des Pfeils können Sie auf das Tabellenblatt wechseln (siehe Abbildung 7.54).

Sollte eine Formel einen Fehler aufweisen, so können Sie über diesen Weg auch die Spur zum Fehler anzeigen lassen. Spurpfeile zu einem Fehler werden rot eingezeichnet.

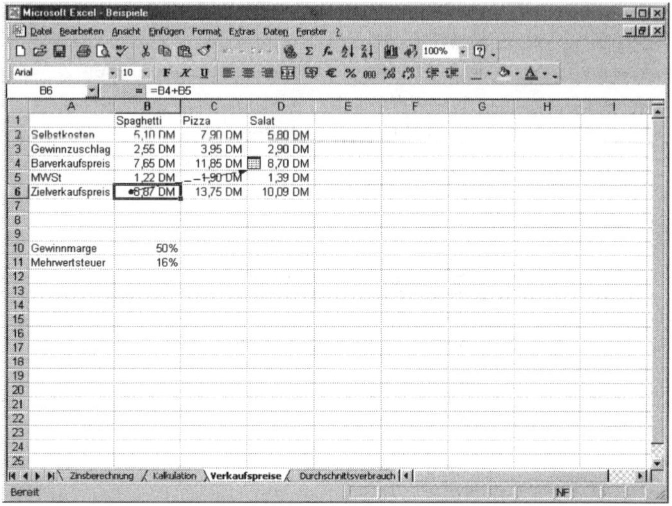

Abbildung 7.54: Nachfolger auf einem anderen Tabellenblatt

Die Zielwertsuche

Wenn Sie nach Werten suchen, die eine bestimmte Bedingung oder Formel erfüllen, so können Sie den Zielwertsucher aktivieren.

Sie finden den Befehl *Zielwertsuche* im Menü *Extras*.

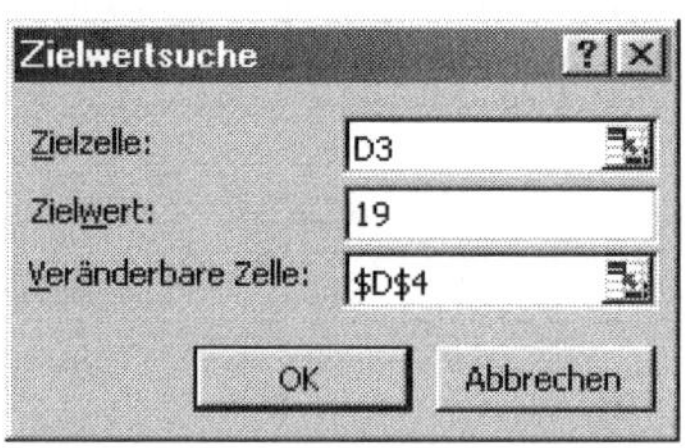

Abbildung 7.55: Der Zielwertsucher

Markieren Sie die Zelle, die die Formel enthält und geben Sie nach dem Öffnen des Dialogfeldes *Zielwertsuche* die Zelle an, die Excel im Wert verändern soll. Geben Sie einen Zielwert vor und klicken Sie auf *OK*. Der Zielwertsucher versucht dann eine passende Zahl für die Formel zu finden.

Ist die Suche erfolgreich gewesen, dann erhalten Sie das Ergebnis in einem Dialog.

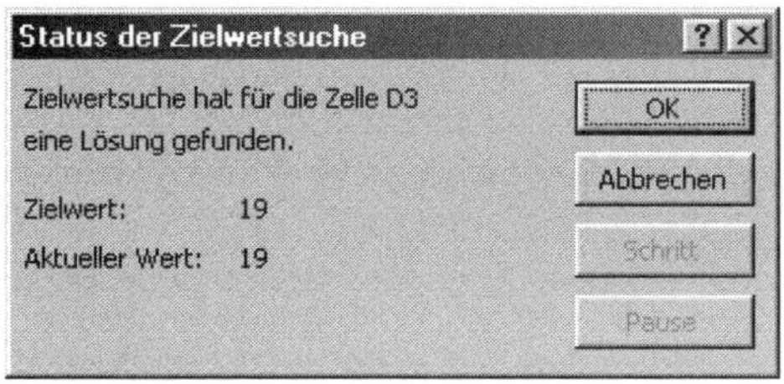

Abbildung 7.56: Das Ergebnis der Suche

Damit haben Sie die grundlegenden Arbeiten mit Formeln und Funktionen sowie deren Fehlerarten und -korrekturen kennen gelernt.

KAPITEL 8

Tabellenblätter gestalten

Neben der Eingabe und der Verarbeitung von Daten innerhalb von Excel spielt auch die Gestaltung der Daten eine wichtige Rolle. Nur wenn die Daten ordentlich gestaltet werden, sind Sie übersichtlich und werten die Tabelle auf. Erfahren Sie in diesem Kapitel, welche Möglichkeiten sich Ihnen bieten.

Tabellenblätter gestalten

Das Gestalten einer Tabelle ist nicht so einfach, wie es auf den ersten Blick scheint. Sicher, Zahlen sind schnell zu Papier gebracht oder besser in die Excel-Tabelle eingetragen, doch sie soll übersichtlich und ihre Information leicht abzulesen sein.

Excel bietet dem Anwender eine ganze Reihe von Gestaltungsmöglichkeiten an. Zellen- und Spaltenbreite sind frei variierbar, lassen sich umranden oder mit einer Farbe hinterlegen, Text kann in Form, Stil, Farbe, Ausrichtung und Größe verändert werden und vieles mehr.

Grundlegend sollten Sie allerdings bedenken, dass weniger oft mehr ist. Farben oder Muster sollten Sie nur gezielt einsetzen, zu schnell kann eine Tabelle optisch verkommen. Gleiches gilt auch für die Darstellung der Daten. Natürlich lässt sich jede Zelle in einem eigenen Schriftstil darstellen, jedoch sollten Sie eine einheitliche Form wählen und lediglich Spalten- und Zeilenköpfe im Stil abändern.

Ein abschreckendes Beispiel dafür, wie man eine Tabelle verschandeln kann, zeigt das nächste Bild. In dieser Tabelle wurde so ziemlich alles falsch gemacht, was man falsch machen kann. Natürlich ist das Beispiel stark übertrieben (siehe Abbildung 8.1).

Dieselbe Tabelle kann auch besser gestaltet werden, wie die Abbildung 8.2 zeigt.

Was Sie keinesfalls bei der Tabellenerstellung außer Acht lassen sollten, ist Ihr Drucker. Normalerweise wollen Sie eine Tabelle auch zu Papier bringen. Doch nicht jeder Drucker ist in der Lage, eine aufwendig und sauber gestaltete Tabelle auch gut lesbar zu Papier zu bringen.

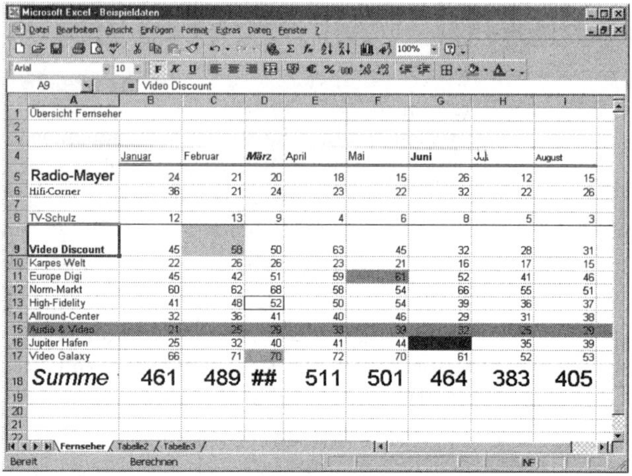

		Januar	Februar	März	April	Mai	Juni	Juli	August
1	Übersicht Fernseher								
2									
3									
4		Januar	Februar	März	April	Mai	Juni	Juli	August
5	Radio-Mayer	24	21	20	18	15	26	12	15
6	Hifi-Corner	36	21	24	23	22	32	22	26
7									
8	TV-Schulz	12	13	9	4	6	8	5	3
9	Video Discount	45	58	50	63	45	32	28	31
10	Karpes Welt	22	26	26	23	21	16	17	15
11	Europe Digi	45	42	51	59	61	52	41	46
12	Norm-Markt	60	62	68	58	54	66	55	51
13	High-Fidelity	41	48	52	50	54	39	36	37
14	Allround-Center	32	36	41	40	46	29	31	38
15	Audio & Video	21	25	29	33	39	32	25	29
16	Jupiter Hafen	25	32	40	41	44	[illegible]	35	39
17	Video Galaxy	66	71	70	72	70	61	52	53
18	Summe	461	489	##	511	501	464	383	405

Abbildung 8.1: So sollte eine Tabelle nicht aussehen!

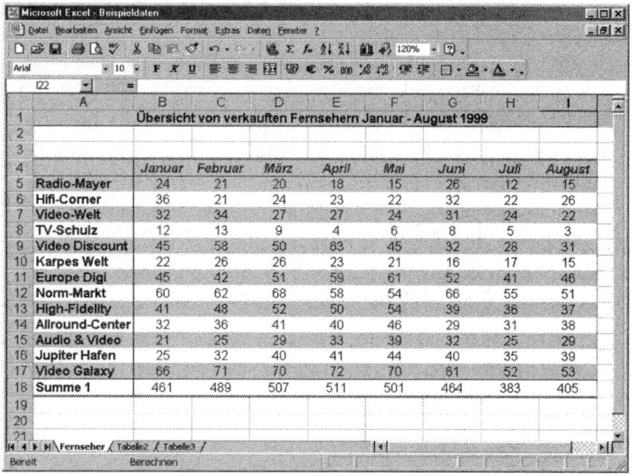

		Januar	Februar	März	April	Mai	Juni	Juli	August
1	Übersicht von verkauften Fernsehern Januar - August 1999								
5	Radio-Mayer	24	21	20	18	15	26	12	15
6	Hifi-Corner	36	21	24	23	22	32	22	26
7	Video-Welt	32	34	27	27	24	31	24	22
8	TV-Schulz	12	13	9	4	6	8	5	3
9	Video Discount	45	58	50	63	45	32	28	31
10	Karpes Welt	22	26	26	23	21	16	17	15
11	Europe Digi	45	42	51	59	61	52	41	46
12	Norm-Markt	60	62	68	58	54	66	55	51
13	High-Fidelity	41	48	52	50	54	39	36	37
14	Allround-Center	32	36	41	40	46	29	31	38
15	Audio & Video	21	25	29	33	39	32	25	29
16	Jupiter Hafen	25	32	40	41	44	40	35	39
17	Video Galaxy	66	71	70	72	70	61	52	53
18	Summe 1	461	489	507	511	501	464	383	405

Abbildung 8.2: Eine sauber gestaltete Tabelle

Besitzen Sie beispielsweise keinen Farbdrucker, sollte man mit dem Einsatz von Farbe vorsichtig sein. Blau und Rot ergeben bei einem Schwarzweißdruck fast den gleichen Grauwert. Dadurch kann es vorkommen, dass Tabellen, die auf dem Monitor in schönster Farbenpracht erscheinen, auf dem Papierausdruck fast unlesbar sind.

In einem solchen Fall sollten Sie bei Ihrer Tabelle wenn möglich komplett auf Farbe verzichten.

Weiterhin können Sie Ihrer Tabelle auch eine Grafik oder ein Diagramm beifügen, was die nüchternen Zahlen auflockert.

In diesem Kapitel soll auf die Gestaltungsmöglichkeiten von Tabellen eingegangen werden, was es dabei zu beachten gilt und welche Besonderheiten von Bedeutung sind.

Die Tabellenorganisation

Beliebige Zahlen sind schnell in das Tabellenblatt eingetragen. Schnell merkt man aber, dass die Übersichtlichkeit zu wünschen übrig lässt.

Bevor Sie also Zahlen in Ihre Tabelle eintragen, sollten Sie sich ein paar Gedanken machen, beispielsweise über die Aufteilung: Wollen Sie die Tabelle horizontal oder vertikal ausrichten, wie viele und welche Daten muss die Tabelle aufnehmen usw.

Grundlegende Bestandteile einer Tabelle

Eine Tabelle sollte immer einige grundlegende Bestandteile besitzen:

- ✔ Überschrift
- ✔ Unterüberschrift
- ✔ Spaltenkopf

- Zeilenkopf
- Daten

Geben Sie Ihrer Tabelle eine aussagefähige Überschrift, damit der Betrachter sofort weiß, was die Tabelle aussagt. Verwenden Sie unter Umständen Unterüberschriften, um die Tabelle noch näher zu beschreiben. Des weiteren sind aussagekräftige Spalten- und Zeilenköpfe ein wichtiger Bestandteil.

Heben Sie Überschriften/Unterüberschriften sowie Spalten- und Zeilenköpfe hervor. Was für Möglichkeiten Ihnen Excel dabei bietet, erfahren Sie in diesem Kapitel.

Die Gitternetzlinien

Zur besseren Übersicht lässt sich ein Gitternetz einstellen, das beim Ausdruck mit ausgegeben werden kann oder nicht.

Um das Gitternetz an- bzw. auszuschalten, wählen Sie den Menüeintrag *Extras / Optionen* und anschließend die Registerkarte *Ansicht*. Korrespondierend erreichen Sie das *Optionen*-Fenster neben dem Anwählen mit der Maus auch über die Tastatursequenz [Alt] + [X] [O] (siehe Abbildung 8.3).

> HINWEIS: Beachten Sie bei der Einstellung der Gitternetzlinien, dass in diesem Dialog die Einstellung lediglich für die Darstellung am Bildschirm gilt. Die Einstellung der Gitternetzlinien für den Ausdruck auf einem Drucker kann unabhängig von dieser Einstellung vorgenommen werden.

Natürlich können Sie im *Optionen*-Fenster noch zahlreiche weitere Einstellungen vornehmen. Bei der Tabellengestaltung ist nur die Gitternetzoption, die Sie im unteren Bereich des Dialogs finden, von Bedeutung.

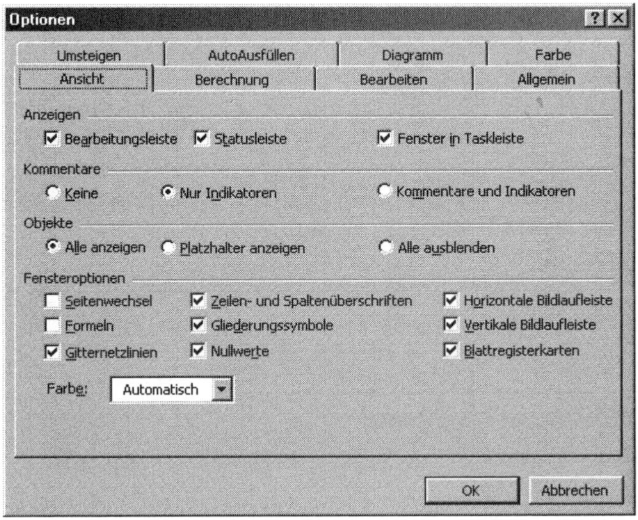

Abbildung 8.3: Im *Optionen*-Fenster können Sie die Gitternetzlinien ein- bzw. ausschalten

Ein automatisches Gitternetz erleichtert das Erstellen einer Tabelle. Der Anwender erkennt sofort die Maße einer einzelnen Zelle. Allerdings kann ein Gitternetz beim Ausdruck störend wirken.

Sie können das Gitternetz beim Ausdruck wie folgt ein- bzw. ausschalten. Wählen Sie den Menüpunkt *Datei / Seite einrichten* (oder [Alt] + [D] [I]) und anschließend die Registerkarte *Tabelle*. Im *Drukken*-Bereich finden Sie das Kontrollkästchen *Gitternetzlinien*. Aktivieren Sie es, wird ein Gitternetz gedruckt.

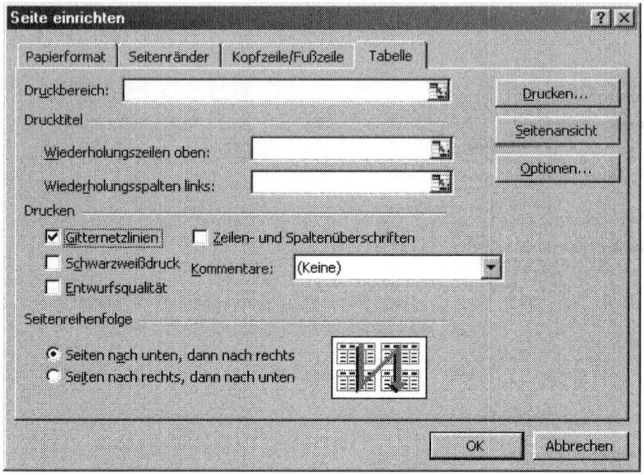

Abbildung 8.4: Im *Seite einrichten*-Fenster innerhalb der Registerkarte *Tabelle* können Sie die Gitternetzlinienoption anwählen

Funktionen zur Tabellengestaltung

Excel bietet Ihnen eine ganze Reihe von Funktionen zur Tabellengestaltung an. Neben reinen Textgestaltungen lassen sich Linien bzw. Rahmen hinzufügen und Muster oder Farben. Eigentlich werden Ihnen von Excel kaum Einschränkungen auferlegt.

Die Formatleiste

Herz der Tabellengestaltung ist die *Formatleiste*. Sie umfasst alle Möglichkeiten einer freien Tabellengestaltung.

Abbildung 8.5: Die Formatleiste von Excel

Die Formatleiste lässt sich entweder in einem separatem Fenster darstellen oder im Kopf des Excel-Fensters.

Haben Sie eine oder mehrere Zellen markiert, können Sie sich zur Formatierung der Zellen der Formatleiste bedienen.

Die erste Schaltfläche bietet die *Schriftwahl* an.

Abbildung 8.6: Mit Hilfe dieser Schaltfläche können Sie die Schrift für eine Zelle einstellen

Diese Schaltfläche finden Sie übrigens in fast jeder Microsoft-Anwendung.

Die zweite Schaltfläche ermöglicht das Ändern der *Schriftgröße*. Sie können in das Eingabefeld einen Wert direkt eingeben oder im Listenfeld eine Größe auswählen.

Abbildung 8.7: Mit Hilfe dieser Schaltfläche können Sie die Schriftgröße definieren

Die nächsten drei Schaltflächen setzen den Text entweder *fett*, *kursiv* oder *unterstrichen* bzw. beliebige Kombinationen daraus. Diese Eigenschaften werden als *Textauszeichnungen* bezeichnet.

Abbildung 8.8: Die Schaltflächen setzen den Text fett, kursiv oder unterstrichen

Die Schaltflächen *Linksbündig*, *Zentriert* und *Rechtsbündig* setzen den Text bezüglich dieser Ausrichtungen.

Abbildung 8.9: Der Text kann linksbündig, zentriert und rechtsbündig gesetzt werden

Die Schaltfläche *Verbinden und zentrieren* ist recht nützlich bei Tabellenüberschriften. Sie setzt einen Zellentext zentriert. Als Zentrierbasis dienen hierbei die markierten Zellen. Im Gegensatz zur »normalen« Zentrierung eines Textes innerhalb einer Zelle, wo der Text lediglich in der einen Zelle ausgerichtet wird, erfolgt hierbei eine Zentrierung über mehrere Zellen.

Abbildung 8.10: Diese Schaltfläche zentriert einen Zelleninhalt über mehrere Spalten hinweg

Die nächsten sechs Schaltflächen beeinflussen das Zahlenformat der Zellen. Die erste Schaltfläche definiert das DM-Währungs-, die zweite das Euro-Währungs- und die dritte das Prozentformat. Schaltfläche vier setzt einen 1000er-Trennpunkt, Schaltfläche fünf fügt jeweils eine Dezimalstelle hinzu und die letzte Schaltfläche entfernt jeweils eine Dezimalstelle.

Abbildung 8.11: Mit Hilfe dieser sechs Schaltflächen lässt sich das Zahlenformat der Zellen beeinflussen

Sollten Sie das Euro-Währungssymbol anwählen und es passiert daraufhin nichts, dann müssen Sie über das *Extras*-Menü den Add-Ins-Manager mit gleich lautendem Menübefehl aktivieren. Hierüber können Sie dann das *Eurotool* aktivieren. Erst wenn dieses aktiv ist, bewirkt auch ein Klick auf die Schaltfläche etwas.

Die nächsten beiden Schaltflächen sind für den Einzug innerhalb einer Zelle vorgesehen. Durch die linke Schaltfläche verkleinern Sie den Einzug, durch die rechte Schaltfläche vergrößern Sie ihn.

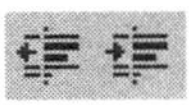

Abbildung 8.12: Die Schaltflächen für den Einzug

Die nächste Schaltfläche ist für die Tabellengestaltung sehr wichtig. Mit ihrer Hilfe lassen sich *Linien* und *Rahmen* um Zellen bzw. Zellbereiche legen. Die Schaltfläche bietet eine Rahmenlinien-Palette an. Zur Auswahl stehen unterschiedliche Linienstärken und Ausrichtungen. Sie öffnen die Palette, indem Sie auf den nach unten weisenden Pfeil klicken. Haben Sie eine Auswahl aus der Palette getroffen, dann wird diese Auswahl anschließend als Schaltfläche neben dem Pfeil dargestellt und kann somit eine weiteres Mal sehr schnell angewählt werden, ohne die Palette ein weiteres Mal zu öffnen.

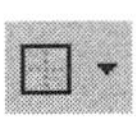

Abbildung 8.13: Die *Rahmen*-Schaltfläche

Die Palette kann auch in einem eigenen Fenster dargestellt werden. Dazu müssen Sie die Palette aufklappen und mit der Maus den oberen Rand der Palette anklicken und ziehen. Etwas Übung ist hier allerdings nötig, da der Treffpunkt sehr klein ist.

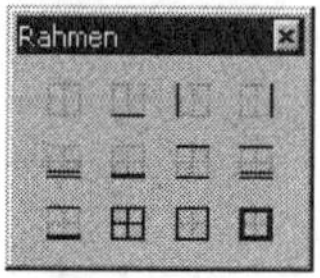

Abbildung 8.14: Die Rahmenpalette in einem eigenen Fenster

Das Rahmenpaletten-Fenster besitzt den Vorteil, dass alle Rahmen und Linien direkt zur Anwahl mit der Maus angeboten werden. Dadurch lassen sich komplexe Gestaltungen schnell und bequem durchführen.

Die zuletzt gewählte Rahmenlinie wird übrigens als Schaltfläche dargestellt, dadurch können Sie schnell und bequem die zuletzt gewählte Linie erneut anwenden. Eine Linien- bzw. Rahmenfarbe lässt sich hier nicht zuweisen. Dazu muss ein anderer Weg beschritten werden.

Die Schaltfläche *Füllfarbe* bietet im Grunde dieselben Möglichkeiten wie die Rahmenpalette, mit dem Unterschied, dass hier den Zellen kein Rahmen, sondern eine Hintergrundfarbe zugewiesen werden kann.

Abbildung 8.15: Sie können mit Hilfe der Farbenpalette den Zellen eine Farbe zuweisen

Auch die Farbenpalette lässt sich in einem eigenen Fenster darstellen.

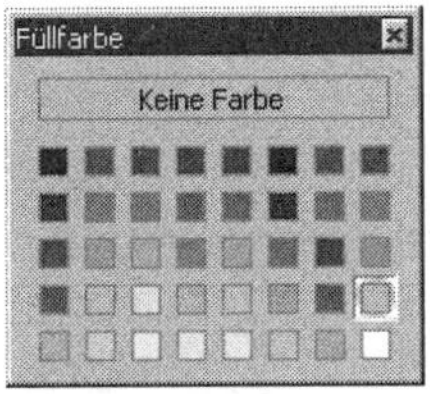

Abbildung 8.16: Die Farbenpalette in einem eigenen Fenster

Die letzte Schaltfläche der Formatleiste ist für die *Schriftfarbe* verantwortlich. Sie bietet ebenfalls eine Farbpalette an, die in einem eigenen Fenster ausgegeben werden kann.

Abbildung 8.17: Die Schaltfläche *Schriftfarbe*

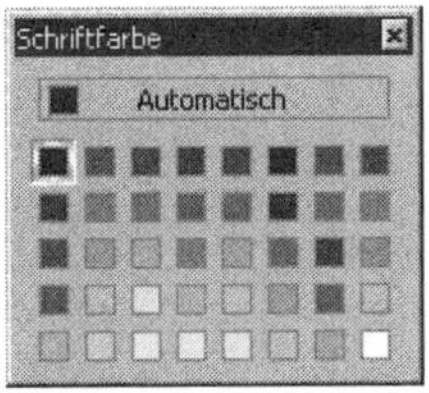

Abbildung 8.18: Die Schriftfarbenpalette in einem separaten Fenster

Das Format-Menü

Mit Hilfe der Formatleiste können Sie bequem Gestaltungsänderungen der Zellen vornehmen. Allerdings bietet Excel Ihnen außer den in der Formatleiste angebotenen noch mehr Möglichkeiten an.

Weitere Möglichkeiten finden Sie im *Format*-Menü. Es besitzt eine Reihe von Menüpunkten, die zur Formatierung und damit zur Gestaltung von Tabellen und deren einzelnen Elemente gedacht sind.

Der *Zellen*-Menüpunkt ist mit der Maus über *Format / Zellen* ober über die Tastatursequenzen [Alt] + [T] [Z] bzw. [Strg] + [1] aufrufbar. Er öffnet ein Registerkartenfenster mit folgenden Karten:

- *Zahlen*
- *Ausrichtung*
- *Schrift*
- *Rahmen*
- *Muster*
- *Schutz*

Die Registerkarte Zahlen

Die Registerkarte *Zahlen* ermöglicht es Ihnen, den Zellen ein bestimmtes Zahlenformat zu geben, beispielsweise *Prozent*, *Währung*, *Datum*, *Uhrzeit* und viele mehr. Auf die Erklärung der einzelnen Zahlenformate wurde schon an anderer Stelle in diesem Buch eingegangen (siehe Abbildung 8.19).

Die Registerkarte Ausrichtung

Die Registerkarte *Ausrichtung* ist für die Textausrichtung verantwortlich. Mit ihrer Hilfe können Sie den Text beliebig arrangieren.

Neben den üblichen horizontalen Ausrichtungen wie *linksbündig*, *rechtsbündig*, *zentriert*, *Blocksatz* sowie *zentriert über Markierung* können Sie den Text auch vertikal versetzen bzw. eine gradmäßige Ausrichtung einstellen (siehe Abbildung 8.20).

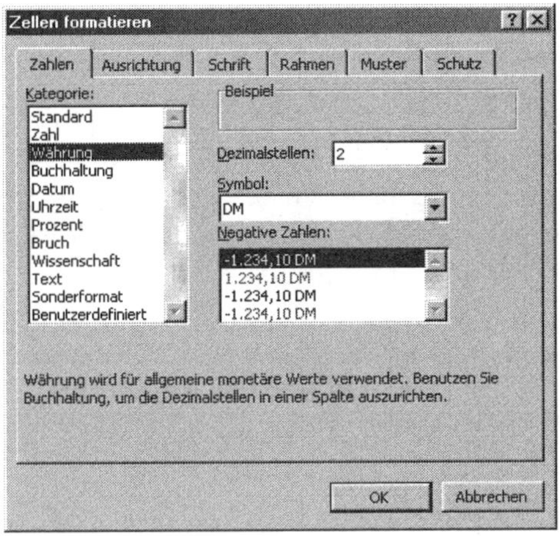

Abbildung 8.19: Die *Zahlen*-Registerkarte

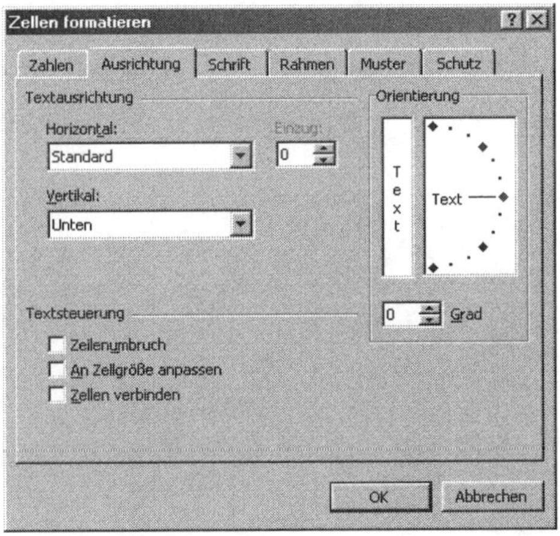

Abbildung 8.20: Die Registerkarte *Ausrichtung*

Erwähnenswert ist das Kontrollkästchen *Zeilenumbruch*. Normalerweise schreibt Excel einen Text, egal wie breit eine Zelle ist, gnadenlos über den Zellenrand hinaus – es sei denn, die benachbarte Zelle ist mit Daten gefüllt. In diesem Fall wird der ansonsten überstehende Text nicht dargestellt. Aktivieren Sie das Kontrollkästchen, wird das Überschreiben des Randes verhindert und stattdessen ein Zeilenumbruch durchgeführt. Bedenken Sie allerdings, dass sich die Zellenhöhe dadurch ändert.

Die Registerkarte Schrift

Die Registerkarte *Schrift* bedarf eigentlich keiner großen Erklärung. Mit ihr können Sie den Schriftart, -schnitt und -grad und einiges mehr einstellen.

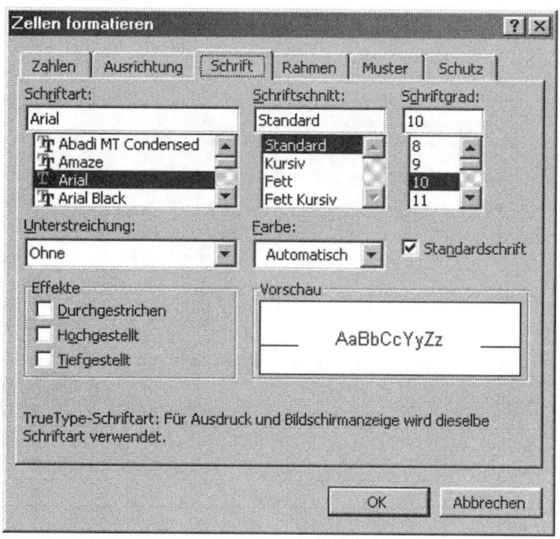

Abbildung 8.21: Die Registerkarte *Schrift*

Die Registerkarte Rahmen

Die *Rahmen*-Registerkarte ist für die Umrandungen der Zellen verantwortlich. Im *Rahmen*-Bereich können Sie ersehen, welcher Rahmen bereits gesetzt ist. Im *Linien*-Bereich können Sie den Typ auswählen. Weiterhin können Sie hier den Rahmen eine Farbe zuweisen. Ist bei Farbe *Automatisch* eingestellt, versucht Excel die optimale Rahmenfarbe für Sie zu bestimmen.

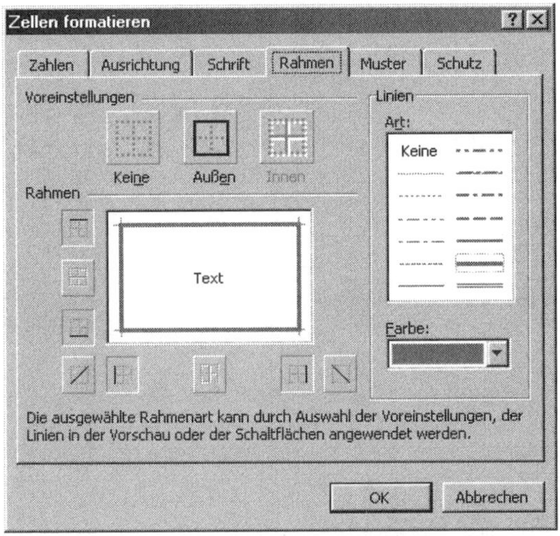

Abbildung 8.22: Die *Rahmen*-Registerkarte

Sie können die Linien auch durch Klicken innerhalb der Vorschau setzen bzw. aufheben. Probieren Sie es aus, es ist sehr einfach und sehr effektiv.

Die Muster-Registerkarte

Die *Muster*-Registerkarte dient dazu, den Zellen ein spezielles Muster bzw. eine Hintergrundfarbe zuzuweisen. Dabei können Sie dem eigentlichen Muster eine Farbe geben und dem Zellenhintergrund eine andere.

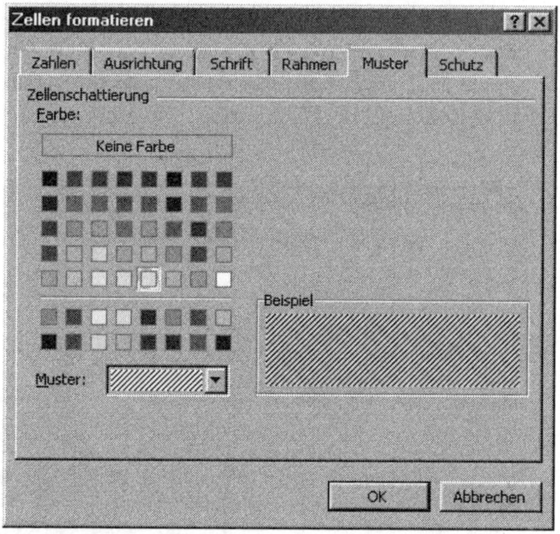

Abbildung 8.23: Die *Muster*-Registerkarte

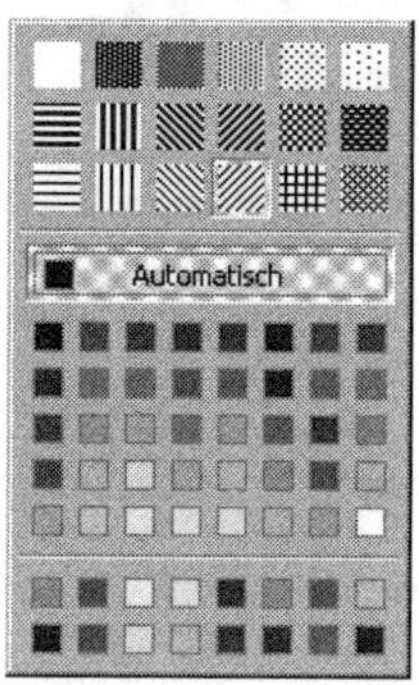

Abbildung 8.24: Diese Muster und Farben stehen zur Auswahl

Die Registerkarte Schutz

Die Registerkarte *Schutz* hat eigentlich nichts mit der Gestaltung einer Tabelle gemein. Sie soll an dieser Stelle nur der Vollständigkeit halber erwähnt werden. Sie können mit ihrer Hilfe Zellen vor dem Überschreiben bzw. vor dem Löschen schützen. Allerdings müssen Sie hierbei auch das aktive Blatt schützen, ansonsten tritt keine Wirkung ein.

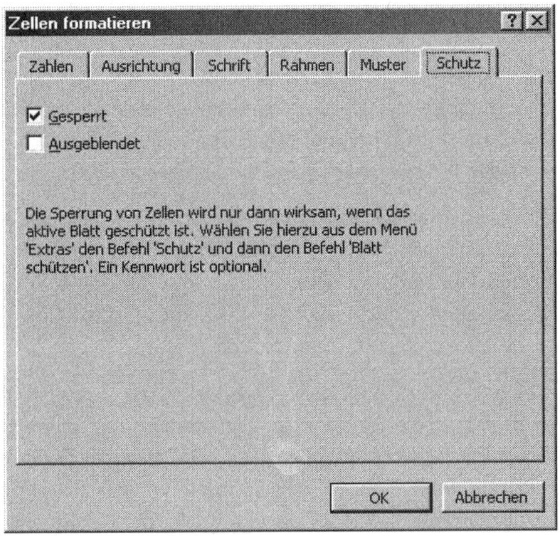

Abbildung 8.25: Die Registerkarte *Schutz*

Der Zeile-Menüpunkt

Der *Zeile*-Menüpunkt innerhalb des *Format*-Menüs bietet insgesamt vier Untermenüs an: *Höhe*, *Optimale Höhe*, *Ausblenden* und *Einblenden*.

Den Menüpunkt *Höhe* erreichen Sie durch *Format / Zeile* oder durch die Tastatursequenz [Alt] + [T] [E] [H]. Es öffnet sich ein Fenster, in dem Sie in einem Eingabefeld eine feste Höhe für alle markierten Zellen eingeben können.

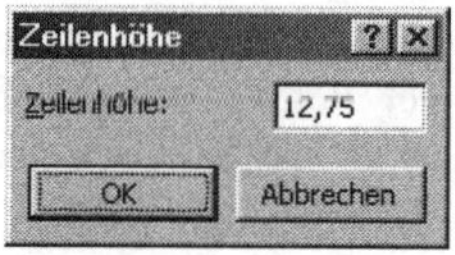

Abbildung 8.26: Sie können einen Wert für die Zellenhöhe eingeben

Die Maßeinheit in dem Eingabefeld ist *Punkt*, wobei Werte zwischen 0 und 409,5 eingestellt werden können. Geben Sie beispielsweise 0 ein, wird die Zelle ausgeblendet.

Optimale Höhe erreichen Sie über *Format / Zeile* oder über die Tastatursequenz [Alt] + [T] [E] [O]. Dieser Menüpunkt errechnet eine optimale Zellenhöhe. Besonders wenn Sie die Zellenhöhe mit der Maus direkt verändert haben, hilft diese Funktion, eine bestmögliche Höhe der Zellen einzustellen.

Der Menüpunkt *Ausblenden* lässt sich aufrufen über *Format / Zeile / Ausblenden* oder über die Tastatursequenz [Alt] + [T] [E] [A]. Wird dieser Punkt aktiviert, werden die Zeilen ausgeblendet, in denen zuvor eine Markierung vorgenommen wurde. Beachten Sie, dass immer die gesamte Zeile ausgeblendet wird, obwohl Sie beispielsweise nur eine einzige Zelle markiert haben.

Korrespondierend zum *Ausblenden*-Menüpunkt ist der Menüpunkt *Einblenden* vorhanden. Er blendet die Zeilen wieder ein. Den Befehl erreichen Sie über *Format / Zeile / Einblenden* bzw. über die Tastatursequenz [Alt] + [T] [E] [L].

Sie können die Zeilenhöhe bzw. Spaltenbreite auch mit der Maus direkt im Tabellenblatt ändern. Dazu klicken Sie den Rand der gewünschten Zeile/Spalte innerhalb des Zeilen-/Spaltenkopfes an und ziehen diesen dann in die gewünschte Richtung. Zudem können

Sie die optimale Höhe bzw. Breite durch einen Doppelklick auf den entsprechenden Rand des Zeilen- bzw. Spaltenkopfes erreichen.

Der Spalte-Menüpunkt

Neben den diversen Zeilenbefehlen existiert natürlich auch ein Menüpunkt für Spalten. Der *Spalte*-Menüpunkt besitzt ebenfalls Untermenüs, fünf an der Zahl: *Breite*, *Optimale Breite bestimmen*, *Ausblenden*, *Einblenden* und *Standardbreite*.

Breite erreichen Sie durch *Format / Spalte* bzw. durch Drücken der Tasten [Alt] + [T] [L] [B]. Nach dem Anwählen öffnet sich ein Fenster mit einem Eingabefeld, das die Breite der Spalte definiert. Werte zwischen 0 und 255 inklusive zwei Nachkommastellen können ausgewählt werden.

Im Gegensatz zur Zeilenhöhe ist das Maß nicht in Punkt anzugeben, sondern entspricht der Anzahl der Zeichen, die in der Standardschriftart dargestellt werden können. Bedenken Sie auch hier, dass die Breite für die komplette Spalte gilt, egal wie viele Zellen Sie markiert haben.

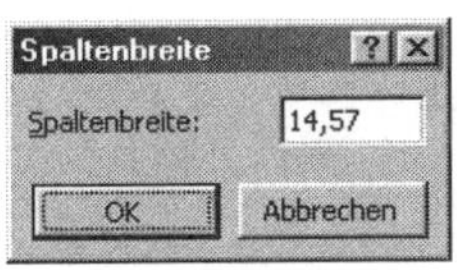

Abbildung 8.27: Die Spaltenbreite wird nach Zeichenanzahl eingestellt

Der Menüpunkt *Optimale Breite bestimmen* ist erreichbar über *Format / Spalte* oder über die Tastatursequenz [Alt] + [T] [L] [O]. Excel errechnet nach dem Aufruf eine optimale Breite der Spalte. Auch hier wird immer die Breite der gesamten Spalte geändert. Aus diesem Grund sollten Sie beachten, dass die breiteste Zelle einer Spalte mit markiert ist. Ansonsten kann es zu unangenehmen Überraschungen kommen, denn der Text kann bei manchen Zellen gekappt werden.

Der Menüpunkt *Ausblenden* bewirkt, dass eine Spalte ausgeblendet wird. Sie können den Befehl aufrufen über *Format / Spalte / Ausblenden* oder über die Tastatursequenz [Alt] + [T] [I] [A].

Der Menüpunkt *Einblenden* stellt das Gegenstück zum *Ausblenden*-Menüpunkt dar. Er blendet eine ausgeblendete Spalte wieder ein. Über *Format / Spalte / Einblenden* bzw. über die Tastatursequenz [Alt] + [T] [L] [L] können Sie den Befehl aufrufen.

Der Menüpunkt *Standardbreite* öffnet ein Fenster mit einem Eingabefeld, in dem Excel eine Standardbreite bereits eingetragen hat. Die Standardbreite richtet sich nach Anzahl der Zeichen und dem als Standardschrift eingestellten Zeichensatz.

Demnach kann eine Standardbreite immer unterschiedlich sein, je nachdem welche Schrift als Standard definiert ist. Geben Sie keinen neuen Wert ins Eingabefeld ein, wird die markierte Spalte in die Standardbreite gesetzt. Geben Sie jedoch einen neuen Standardwert an, wird die Breite aller Spalten geändert, bei denen bisher noch keine Spaltenbreitenänderung vorgenommen wurde.

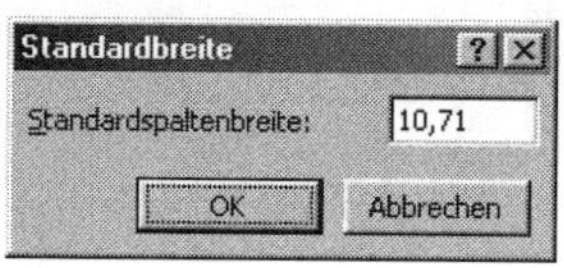

Abbildung 8.28: Der *Standardbreite*-Menüpunkt

Über *Format / Spalte / Standardbreite* bzw. über die Tastatursequenz [Alt] + [T] [L] [S] erreichen Sie den Befehl.

Der Menüpunkt Blatt

Der Menüpunkt *Blatt* hat eigentlich nichts mit der Gestaltung einer Tabelle zu tun. Auch er soll nur der Vollständigkeit halber erwähnt werden.

Der Menüpunkt besitzt die Untermenüs *Umbenennen*, *Ausblenden*, *Einblenden* und *Hintergrund*. Mit *Umbenennen* können Sie einem Tabellenblatt einen neuen Namen geben. *Ausblenden* blendet das aktive Tabellenblatt aus, *Einblenden* wieder ein.

Hintergrund setzt ein Bild horizontal in den Tabellenhintergrund ein. Nach dem Anwählen des Menübefehls öffnet sich das Dateiauswahlfenster, mit dessen Hilfe Sie eine Grafik lokalisieren können.

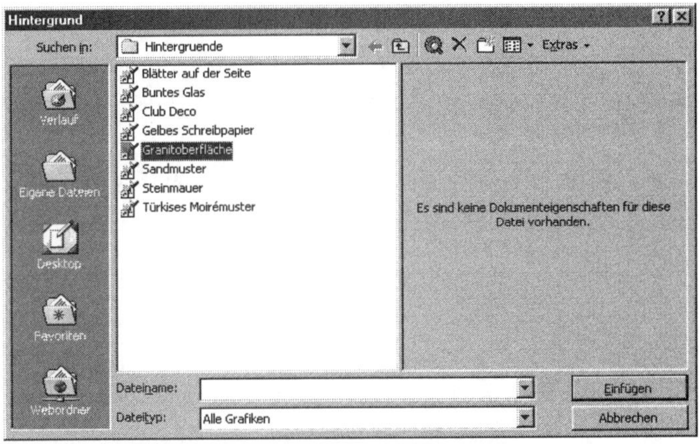

Abbildung 8.29: Hintergrundgrafik auswählen

Excel bietet eine ganze Reihe von Grafikformaten an, die eingebunden werden können. Angefangen von .BMP, .TIF, .JPG über .WMF, .CDR, .PCX bis hin zu .DXF und .EPS.

Dieser Menüpunkt ist eigentlich sehr umfassend. Allerdings ist hier die Qualität der Grafik von entscheidender Bedeutung. Bei der Auswahl der Grafik sollten Sie unbedingt darauf achten, dass man die Tabelle nach Einfügen der Grafik auch noch lesen kann.

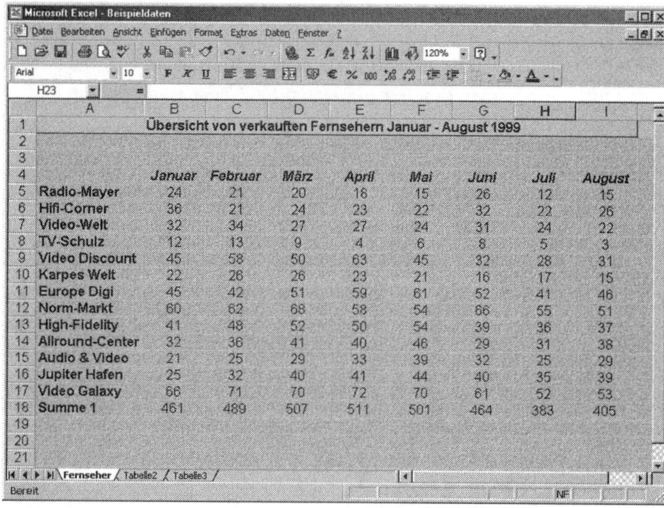

Übersicht von verkauften Fernsehern Januar - August 1999

	Januar	Februar	März	April	Mai	Juni	Juli	August
Radio-Mayer	24	21	20	18	15	26	12	15
Hifi-Corner	36	21	24	23	22	32	22	26
Video-Welt	32	34	27	27	24	31	24	22
TV-Schulz	12	13	9	4	6	8	5	3
Video Discount	45	58	50	63	45	32	28	31
Karpes Welt	22	26	26	23	21	16	17	15
Europe Digi	45	42	51	59	61	52	41	46
Norm-Markt	60	62	68	58	54	66	55	51
High-Fidelity	41	48	52	50	54	39	36	37
Allround-Center	32	36	41	40	46	29	31	38
Audio & Video	21	25	29	33	39	32	25	29
Jupiter Hafen	25	32	40	41	44	40	35	39
Video Galaxy	66	71	70	72	70	61	52	53
Summe 1	461	489	507	511	501	464	383	405

Abbildung 8.30: In den Tabellenhintergrund ist eine Grafik eingesetzt

Die Hintergrund-Funktion erreichen Sie über *Format / Blatt* bzw. über die Tastatursequenz [Alt] + [T] [B] [H]. Erwähnenswert ist noch, dass die Hintergrundgrafik immer bildschirmfüllend angezeigt wird und dass sie nicht mit ausgedruckt wird. Deshalb ist Vorsicht bei der Anwendung dieser Funktion geboten. Auf dem Bildschirm ist das Tabellenblatt noch gut lesbar, denkt man sich jedoch die Hintergrundgrafik weg, kann die Lesbarkeit leiden.

Möchten Sie die Hintergrundgrafik wieder entfernen, rufen Sie den Befehl erneut auf. Dieser hat sich automatisch in *Hintergrund löschen* geändert.

Das AutoFormat

Der Menübefehl *AutoFormat* ist ein mächtiges Hilfsmittel, um Ihrer Tabelle ohne großen Aufwand ein ansprechendes Layout zu geben. Er übernimmt für Sie die komplette Formatierung. Der Anwender hat lediglich ein paar Eingriffsmöglichkeiten.

Bevor Sie AutoFormat aufrufen, müssen Sie den Tabellenbereich markieren, der formatiert werden soll. Vergessen Sie dabei nicht, Spalten- und Zeilenköpfe mit zu markieren. Überschriften sollten Sie hingegen auslassen. Des weiteren muss der markierte Bereich zusammenhängend sein, d.h., es sollten wenn möglich keine Leerzeilen und -spalten mit ausgewählt werden.

Der Vorteil dieser Funktion besteht darin, dass man quasi per Tastendruck die komplette Gestaltung einer Tabelle vornehmen kann, ohne umständliches Anwählen jeder Zelle, Spalte oder Zeile. Bitte verwechseln Sie diese *AutoFormat*-Funktion nicht mit der von Diagrammen; auch dort stehen zahlreiche automatische Formate zur Diagrammerstellung zur Verfügung.

Die Funktion können Sie aufrufen durch *Format / AutoFormat* oder durch die Tastatursequenz [Alt] + [T] [F].

Nach Anwählen öffnet sich das *AutoFormat*-Fenster. Es bietet insgesamt sechzehn Formate an, die die gängigsten Tabellenarten aufgreifen. Das Fenster gliedert sich in einen Bereich, in dem die verschiedenen Formate als Vorschau anwählbar sind und in den Bereich *Formatierung*, der eingeblendet wird, wenn Sie auf die Schaltfläche *Optionen* klicken (siehe Abbildung 8.31).

Die Vorschaufelder zeigen eine Vorschau des gewählten Formats, allerdings nicht von Ihrem zuvor markierten Tabellenbereich, sondern nur anhand von Beispielwerten.

Der untere Bereich *Formatierung* bietet die Kontrollkästchen *Zahl*, *Schriftart*, *Ausrichtung*, *Rahmen*, *Muster* und *Breite/Höhe*. Die Kontrollkästchen aktivieren bzw. deaktivieren die jeweilige Option.

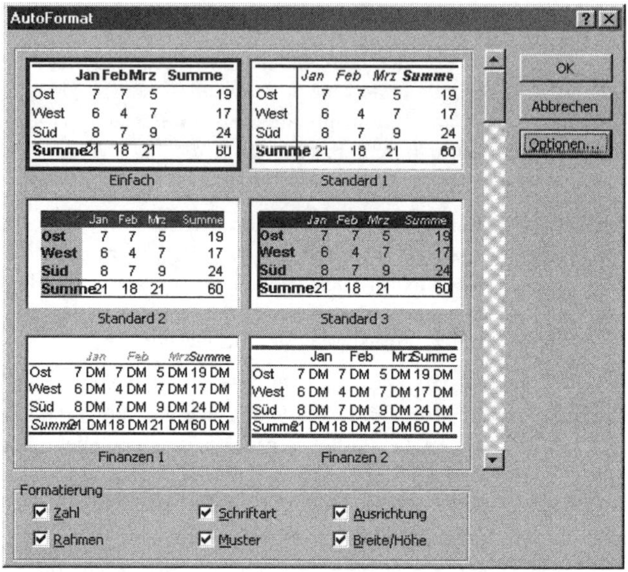

Abbildung 8.31: Das *AutoFormat*-Fenster

- *Zahl* ermöglicht dem AutoFormat, auch bestimmte Formate zu setzen, beispielsweise Währung oder Prozent.
- Bei nicht aktiviertem *Schriftart*-Kontrollkästchen wird die Schriftart beibehalten, die Sie in Ihrer Tabelle verwendet haben. Ansonsten kann eine neue eingesetzt werden.
- Bei eingeschalteter *Ausrichtung* setzt AutoFormat unter Umständen eine neue Ausrichtung Ihrer Zellen, ansonsten wird sie belassen.
- Das Kontrollkästchen *Rahmen* schaltet den AutoFormat-Rahmen an bzw. aus. Dasselbe gilt für die Kontrollkästchen *Muster* und *Breite/Höhe*.

Nachfolgend sollen die unterschiedlichen AutoFormate angesprochen werden.

Möchten Sie die AutoFormate ausprobieren, dann können Sie dazu die Daten des Tabellenblatts *Fernseher* der Tabelle BEISPIELDATEN.XLS im Ordner KAPITEL08 auf der Buch-CD nachvollziehen.

AutoFormat Einfach

Dieses Format ist, wie der Name schon sagt, recht einfach aufgebaut, es beschränkt sich lediglich auf ein paar Rahmenarten und Textformatierungen. Sie können dieses Format für fast alle Tabellen verwenden.

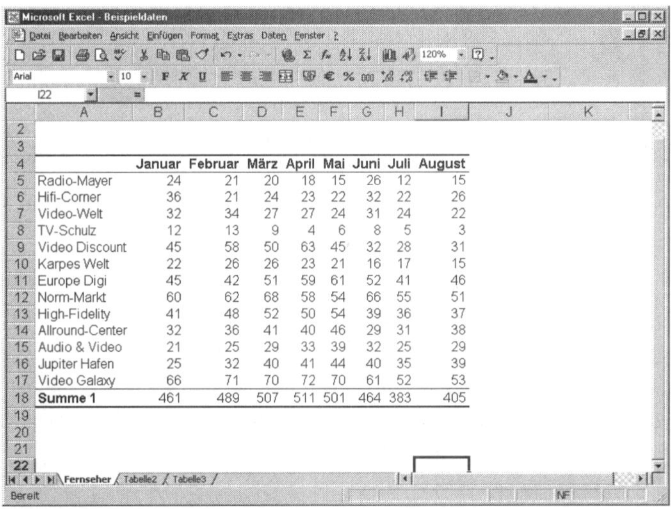

	Januar	Februar	März	April	Mai	Juni	Juli	August
Radio-Mayer	24	21	20	18	15	26	12	15
Hifi-Corner	36	21	24	23	22	32	22	26
Video-Welt	32	34	27	27	24	31	24	22
TV-Schulz	12	13	9	4	6	8	5	3
Video Discount	45	58	50	63	45	32	28	31
Karpes Welt	22	26	26	23	21	16	17	15
Europe Digi	45	42	51	59	61	52	41	46
Norm-Markt	60	62	68	58	54	66	55	51
High-Fidelity	41	48	52	50	54	39	36	37
Allround-Center	32	36	41	40	46	29	31	38
Audio & Video	21	25	29	33	39	32	25	29
Jupiter Hafen	25	32	40	41	44	40	35	39
Video Galaxy	66	71	70	72	70	61	52	53
Summe 1	461	489	507	511	501	464	383	405

Abbildung 8.32: Das AutoFormat *Einfach* in der Anwendung

AutoFormat Standard 1

Das *Standard-1*-Format ähnelt dem Format *Einfach*. Es bietet lediglich etwas mehr Rahmen- und Textgestaltung an. Das Format lässt sich ebenfalls für alle Standard-Tabellen verwenden.

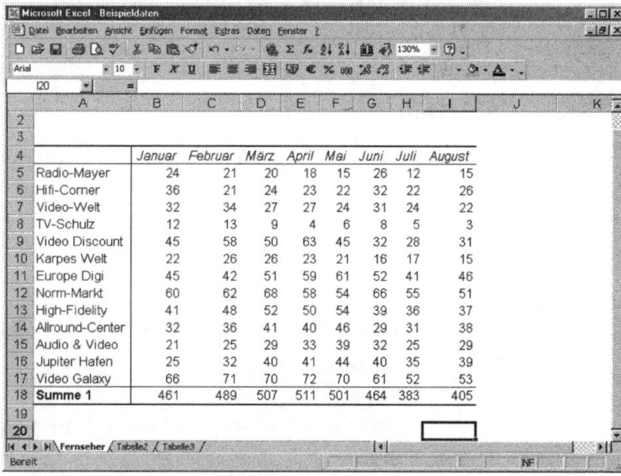

	Januar	Februar	März	April	Mai	Juni	Juli	August
Radio-Mayer	24	21	20	18	15	26	12	15
Hifi-Corner	36	21	24	23	22	32	22	26
Video-Welt	32	34	27	27	24	31	24	22
TV-Schulz	12	13	9	4	6	8	5	3
Video Discount	45	58	50	63	45	32	28	31
Karpes Welt	22	26	26	23	21	16	17	15
Europe Digi	45	42	51	59	61	52	41	46
Norm-Markt	60	62	68	58	54	66	55	51
High-Fidelity	41	48	52	50	54	39	36	37
Allround-Center	32	36	41	40	46	29	31	38
Audio & Video	21	25	29	33	39	32	25	29
Jupiter Hafen	25	32	40	41	44	40	35	39
Video Galaxy	66	71	70	72	70	61	52	53
Summe 1	461	489	507	511	501	464	383	405

Abbildung 8.33: AutoFormat *Standard 1* bildet das abgebildete Tabellenformat ab

AutoFormat Standard 2

Das zweite Standard-AutoFormat nutzt auch Farbe und Muster. Es sieht recht schick aus, ist allerdings nur für die Ausgabe auf Farbdruckern geeignet (siehe Abbildung 8.34).

AutoFormat Standard 3

Das AutoFormat *Standard 3* nutzt ebenfalls Farbe und verschiedene Muster (siehe Abbildung 8.35).

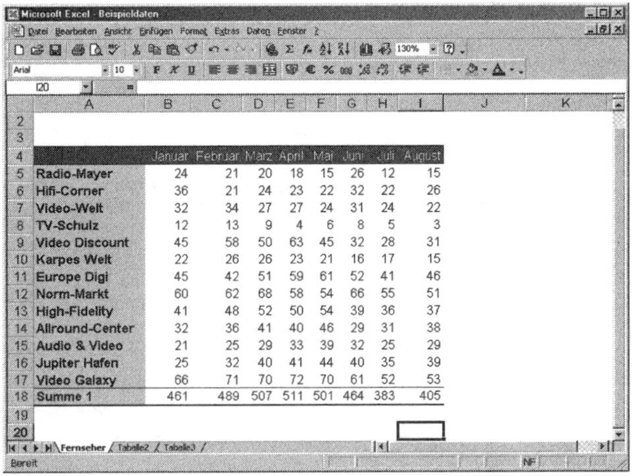

Abbildung 8.34: *Standard 2* unterstützt Farbe und verschiedene Muster

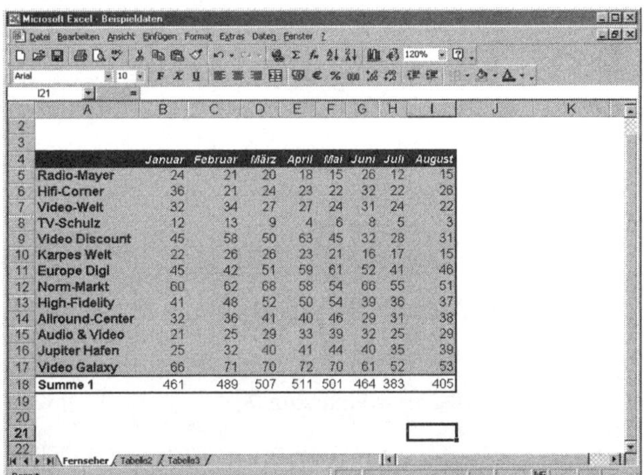

Abbildung 8.35: Das AutoFormat *Standard 3* nutzt verschiedene Farben

Werden die Standardfarben genutzt, ist ein Ausdruck auch auf einem Schwarzweiß-Drucker möglich. Wenn Sie dieses Format wählen können Sie eigentlich nicht viel falsch machen.

AutoFormat Finanzen 1

Das *Finanzen-1*-Format ähnelt *Standard 1*, allerdings wird hier das Währungsformat gesetzt, so dass jede Zelle, ausgenommen die Spalten- und Zeilenköpfe sowie die Summenspalte und -zeile, das Währungszeichen erhält.

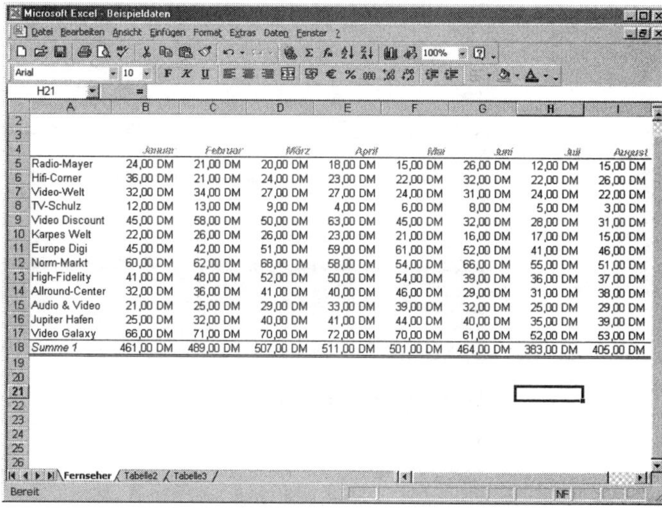

	Januar	Februar	März	April	Mai	Juni	Juli	August
Radio-Mayer	24,00 DM	21,00 DM	20,00 DM	18,00 DM	15,00 DM	26,00 DM	12,00 DM	15,00 DM
Hifi-Corner	36,00 DM	21,00 DM	24,00 DM	23,00 DM	22,00 DM	32,00 DM	22,00 DM	26,00 DM
Video-Welt	32,00 DM	34,00 DM	27,00 DM	27,00 DM	24,00 DM	31,00 DM	24,00 DM	22,00 DM
TV-Schulz	12,00 DM	13,00 DM	9,00 DM	4,00 DM	6,00 DM	8,00 DM	5,00 DM	3,00 DM
Video Discount	45,00 DM	58,00 DM	50,00 DM	63,00 DM	45,00 DM	32,00 DM	28,00 DM	31,00 DM
Karpes Welt	22,00 DM	26,00 DM	26,00 DM	23,00 DM	21,00 DM	16,00 DM	17,00 DM	15,00 DM
Europe Digi	45,00 DM	42,00 DM	51,00 DM	59,00 DM	61,00 DM	52,00 DM	41,00 DM	46,00 DM
Norm-Markt	60,00 DM	62,00 DM	68,00 DM	58,00 DM	54,00 DM	66,00 DM	55,00 DM	51,00 DM
High-Fidelity	41,00 DM	48,00 DM	52,00 DM	50,00 DM	54,00 DM	39,00 DM	36,00 DM	37,00 DM
Allround-Center	32,00 DM	36,00 DM	41,00 DM	40,00 DM	46,00 DM	29,00 DM	31,00 DM	38,00 DM
Audio & Video	21,00 DM	25,00 DM	29,00 DM	33,00 DM	39,00 DM	32,00 DM	25,00 DM	29,00 DM
Jupiter Hafen	25,00 DM	32,00 DM	40,00 DM	41,00 DM	44,00 DM	40,00 DM	35,00 DM	39,00 DM
Video Galaxy	66,00 DM	71,00 DM	70,00 DM	72,00 DM	70,00 DM	61,00 DM	52,00 DM	53,00 DM
Summe 1	461,00 DM	489,00 DM	507,00 DM	511,00 DM	501,00 DM	464,00 DM	383,00 DM	405,00 DM

Abbildung 8.36: AutoFormat *Finanzen 1* mit DM-Beträgen

AutoFormat Finanzen 2

Das zweite Finanzen-AutoFormat unterscheidet sich von *Finanzen 1* nur unerheblich durch farbige Rahmen und einige wenige Textveränderungen. Auch hier werden die Zellen ins Währungszahlenformat gesetzt, so dass das Kürzel DM mit ausgegeben werden kann. Dieses AutoFormat eignet sich insbesondere für Tabellen, die auf DM-Werten basieren.

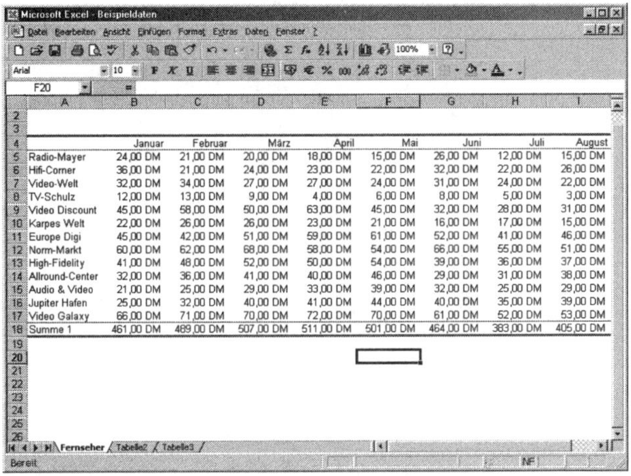

	Januar	Februar	März	April	Mai	Juni	Juli	August
Radio-Mayer	24,00 DM	21,00 DM	20,00 DM	18,00 DM	15,00 DM	26,00 DM	12,00 DM	15,00 DM
Hifi-Corner	36,00 DM	21,00 DM	24,00 DM	23,00 DM	22,00 DM	32,00 DM	22,00 DM	26,00 DM
Video-Welt	32,00 DM	34,00 DM	27,00 DM	27,00 DM	24,00 DM	31,00 DM	24,00 DM	22,00 DM
TV-Schulz	12,00 DM	13,00 DM	9,00 DM	4,00 DM	6,00 DM	8,00 DM	5,00 DM	3,00 DM
Video Discount	45,00 DM	58,00 DM	50,00 DM	63,00 DM	45,00 DM	32,00 DM	28,00 DM	31,00 DM
Karpes Welt	22,00 DM	26,00 DM	26,00 DM	23,00 DM	21,00 DM	16,00 DM	17,00 DM	15,00 DM
Europe Digi	45,00 DM	42,00 DM	51,00 DM	59,00 DM	61,00 DM	52,00 DM	41,00 DM	46,00 DM
Norm-Markt	60,00 DM	62,00 DM	68,00 DM	58,00 DM	54,00 DM	66,00 DM	55,00 DM	51,00 DM
High-Fidelity	41,00 DM	48,00 DM	52,00 DM	50,00 DM	54,00 DM	39,00 DM	36,00 DM	37,00 DM
Allround-Center	32,00 DM	36,00 DM	41,00 DM	40,00 DM	46,00 DM	29,00 DM	31,00 DM	38,00 DM
Audio & Video	21,00 DM	25,00 DM	29,00 DM	33,00 DM	39,00 DM	32,00 DM	25,00 DM	29,00 DM
Jupiter Hafen	25,00 DM	32,00 DM	40,00 DM	41,00 DM	44,00 DM	40,00 DM	35,00 DM	39,00 DM
Video Galaxy	66,00 DM	71,00 DM	70,00 DM	72,00 DM	70,00 DM	61,00 DM	52,00 DM	53,00 DM
Summe 1	461,00 DM	489,00 DM	507,00 DM	511,00 DM	501,00 DM	464,00 DM	383,00 DM	405,00 DM

Abbildung 8.37: Das *Finanzen-2*-AutoFormat

AutoFormat Finanzen 3

Finanzen 3 ist fast identisch mit *Finanzen 1*, lediglich die Rahmensetzung ist etwas verändert. Ansonsten gilt das Gleiche wie bei *Finanzen 1* (siehe Abbildung 8.38).

AutoFormat Finanzen 4

Das letzte Finanzen-Format, *Finanzen 4*, ähnelt wiederum *Finanzen 2*, allerdings lässt dieses AutoFormat einen kleinen Raum zwischen den Spalten. Der Zeilenüberblick lässt zwar nach, trotzdem wirkt die Tabelle recht locker und sehr übersichtlich (siehe Abbildung 8.39).

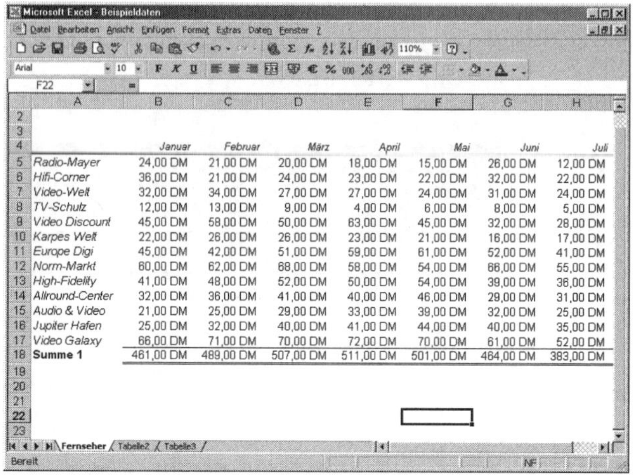

	Januar	Februar	März	April	Mai	Juni	Juli
Radio-Mayer	24,00 DM	21,00 DM	20,00 DM	18,00 DM	15,00 DM	26,00 DM	12,00 DM
Hifi-Corner	36,00 DM	21,00 DM	24,00 DM	23,00 DM	22,00 DM	32,00 DM	22,00 DM
Video-Welt	32,00 DM	34,00 DM	27,00 DM	27,00 DM	24,00 DM	31,00 DM	24,00 DM
TV-Schulz	12,00 DM	13,00 DM	9,00 DM	4,00 DM	6,00 DM	8,00 DM	5,00 DM
Video Discount	45,00 DM	58,00 DM	50,00 DM	63,00 DM	45,00 DM	32,00 DM	28,00 DM
Karpes Welt	22,00 DM	26,00 DM	26,00 DM	23,00 DM	21,00 DM	16,00 DM	17,00 DM
Europe Digi	45,00 DM	42,00 DM	51,00 DM	59,00 DM	61,00 DM	52,00 DM	41,00 DM
Norm-Markt	60,00 DM	62,00 DM	68,00 DM	58,00 DM	54,00 DM	66,00 DM	55,00 DM
High-Fidelity	41,00 DM	48,00 DM	52,00 DM	50,00 DM	54,00 DM	39,00 DM	36,00 DM
Allround-Center	32,00 DM	36,00 DM	41,00 DM	40,00 DM	46,00 DM	29,00 DM	31,00 DM
Audio & Video	21,00 DM	25,00 DM	29,00 DM	33,00 DM	39,00 DM	32,00 DM	25,00 DM
Jupiter Hafen	25,00 DM	32,00 DM	40,00 DM	41,00 DM	44,00 DM	40,00 DM	35,00 DM
Video Galaxy	66,00 DM	71,00 DM	70,00 DM	72,00 DM	70,00 DM	61,00 DM	52,00 DM
Summe 1	461,00 DM	489,00 DM	507,00 DM	511,00 DM	501,00 DM	464,00 DM	383,00 DM

Abbildung 8.38: *Finanzen 3*-AutoFormat

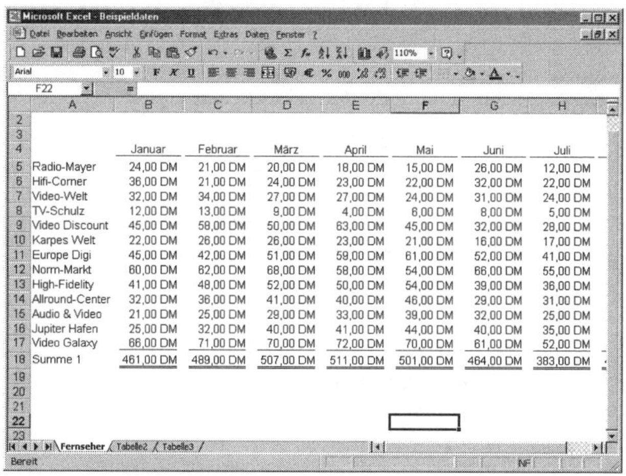

	Januar	Februar	März	April	Mai	Juni	Juli
Radio-Mayer	24,00 DM	21,00 DM	20,00 DM	18,00 DM	15,00 DM	26,00 DM	12,00 DM
Hifi-Corner	36,00 DM	21,00 DM	24,00 DM	23,00 DM	22,00 DM	32,00 DM	22,00 DM
Video-Welt	32,00 DM	34,00 DM	27,00 DM	27,00 DM	24,00 DM	31,00 DM	24,00 DM
TV-Schulz	12,00 DM	13,00 DM	9,00 DM	4,00 DM	6,00 DM	8,00 DM	5,00 DM
Video Discount	45,00 DM	58,00 DM	50,00 DM	63,00 DM	45,00 DM	32,00 DM	28,00 DM
Karpes Welt	22,00 DM	26,00 DM	26,00 DM	23,00 DM	21,00 DM	16,00 DM	17,00 DM
Europe Digi	45,00 DM	42,00 DM	51,00 DM	59,00 DM	61,00 DM	52,00 DM	41,00 DM
Norm-Markt	60,00 DM	62,00 DM	68,00 DM	58,00 DM	54,00 DM	66,00 DM	55,00 DM
High-Fidelity	41,00 DM	48,00 DM	52,00 DM	50,00 DM	54,00 DM	39,00 DM	36,00 DM
Allround-Center	32,00 DM	36,00 DM	41,00 DM	40,00 DM	46,00 DM	29,00 DM	31,00 DM
Audio & Video	21,00 DM	25,00 DM	29,00 DM	33,00 DM	39,00 DM	32,00 DM	25,00 DM
Jupiter Hafen	25,00 DM	32,00 DM	40,00 DM	41,00 DM	44,00 DM	40,00 DM	35,00 DM
Video Galaxy	66,00 DM	71,00 DM	70,00 DM	72,00 DM	70,00 DM	61,00 DM	52,00 DM
Summe 1	461,00 DM	489,00 DM	507,00 DM	511,00 DM	501,00 DM	464,00 DM	383,00 DM

Abbildung 8.39: *Finanzen-4*-AutoFormat

AutoFormat Farbig 1

Das AutoFormat *Farbig 1* verwendet, wie der Name schon verrät, exzessiv Farbe. Der Vorteil bei diesem AutoFormat besteht in der Tatsache, dass die Tabelle nicht nur auf dem Bildschirm ansehnlich wirkt, sondern auch noch nach einem Schwarzweiß-Ausdruck gut zu lesen ist. Sie können dieses Format für alle gängigen Tabellen verwenden, große Einschränkungen werden Ihnen nicht auferlegt.

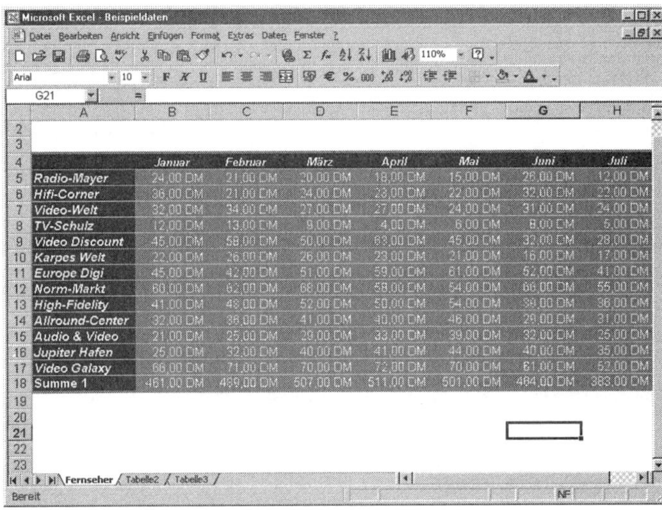

Abbildung 8.40: Das AutoFormat *Farbig 1* sieht nicht nur auf dem Bildschirm ansprechend aus, sondern auch beim Ausdruck

AutoFormat Farbig 2

Das zweite farbige AutoFormat *Farbig 2* unterscheidet sich vom ersten farbigen in der Farbgebung und in der Nutzung von Rahmen bzw. Linien. Gegenüber dem ersten Format sind die Farben jedoch dezenter. Ein Schwarzweiß-Ausdruck ist möglich, ohne dass die Lesbarkeit darunter leidet.

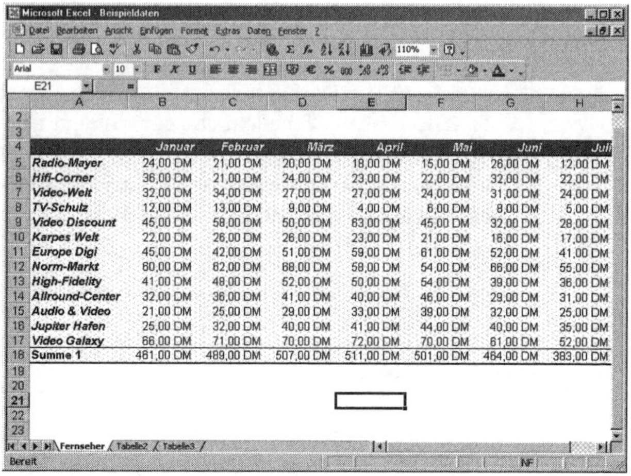

	Januar	Februar	März	April	Mai	Juni	Juli
Radio-Mayer	24,00 DM	21,00 DM	20,00 DM	18,00 DM	15,00 DM	26,00 DM	12,00 DM
Hifi-Corner	36,00 DM	21,00 DM	24,00 DM	23,00 DM	22,00 DM	32,00 DM	22,00 DM
Video-Welt	32,00 DM	34,00 DM	27,00 DM	27,00 DM	24,00 DM	31,00 DM	24,00 DM
TV-Schulz	12,00 DM	13,00 DM	9,00 DM	4,00 DM	6,00 DM	8,00 DM	5,00 DM
Video Discount	45,00 DM	58,00 DM	50,00 DM	63,00 DM	45,00 DM	32,00 DM	28,00 DM
Karpes Welt	22,00 DM	26,00 DM	26,00 DM	23,00 DM	21,00 DM	16,00 DM	17,00 DM
Europe Digi	45,00 DM	42,00 DM	51,00 DM	59,00 DM	61,00 DM	52,00 DM	41,00 DM
Norm-Markt	60,00 DM	62,00 DM	68,00 DM	58,00 DM	54,00 DM	66,00 DM	55,00 DM
High-Fidelity	41,00 DM	48,00 DM	52,00 DM	50,00 DM	54,00 DM	39,00 DM	36,00 DM
Allround-Center	32,00 DM	36,00 DM	41,00 DM	40,00 DM	46,00 DM	29,00 DM	31,00 DM
Audio & Video	21,00 DM	25,00 DM	29,00 DM	33,00 DM	39,00 DM	32,00 DM	25,00 DM
Jupiter Hafen	25,00 DM	32,00 DM	40,00 DM	41,00 DM	44,00 DM	40,00 DM	35,00 DM
Video Galaxy	66,00 DM	71,00 DM	70,00 DM	72,00 DM	70,00 DM	61,00 DM	52,00 DM
Summe 1	461,00 DM	489,00 DM	507,00 DM	511,00 DM	501,00 DM	464,00 DM	383,00 DM

Abbildung 8.41: AutoFormat *Farbig 2*

AutoFormat Farbig 3

Das letzte *Farbig* genannte Format, die Nummer 3, setzt den Tabellenhintergrund schwarz, was die Tabelle sehr schwer erscheinen lässt. Auch der Ausdruck ist etwas problematisch. Viele Drucker beherrschen den Druck einer großen schwarzen Fläche nur bedingt. Diese Tabelle hat für viele einen zu starken Black-Box-Charakter (siehe Abbildung 8.42).

AutoFormat Liste 1

Bei diesem Format definiert der Formatname das Anwendungsgebiet. Es ist für alle Listen nutzbar. Auf Farbe wird hier fast gänzlich verzichtet, lediglich ein paar Linien bzw. der Spaltenkopf sind farbig gehalten (siehe Abbildung 8.43).

Das Format ist bestens für den Schwarzweiß-Druck geeignet.

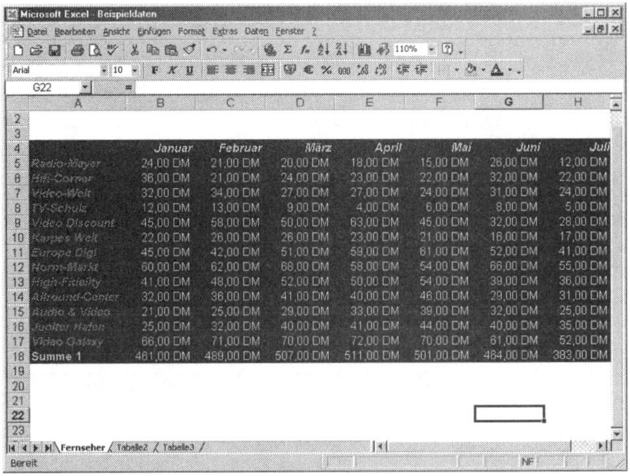

	Januar	Februar	März	April	Mai	Juni	Juli
Radio-Mayer	24,00 DM	21,00 DM	20,00 DM	18,00 DM	15,00 DM	26,00 DM	12,00 DM
Hifi-Corner	36,00 DM	21,00 DM	24,00 DM	23,00 DM	22,00 DM	32,00 DM	22,00 DM
Video-Welt	32,00 DM	34,00 DM	27,00 DM	27,00 DM	24,00 DM	31,00 DM	24,00 DM
TV-Schulz	12,00 DM	13,00 DM	9,00 DM	4,00 DM	6,00 DM	8,00 DM	5,00 DM
Video Discount	45,00 DM	58,00 DM	50,00 DM	63,00 DM	45,00 DM	32,00 DM	28,00 DM
Karpes Welt	22,00 DM	26,00 DM	26,00 DM	23,00 DM	21,00 DM	16,00 DM	17,00 DM
Europe Digi	45,00 DM	42,00 DM	51,00 DM	59,00 DM	61,00 DM	52,00 DM	41,00 DM
Norm-Markt	60,00 DM	62,00 DM	68,00 DM	58,00 DM	54,00 DM	66,00 DM	55,00 DM
High-Fidelity	41,00 DM	48,00 DM	52,00 DM	50,00 DM	54,00 DM	39,00 DM	36,00 DM
Allround-Center	32,00 DM	36,00 DM	41,00 DM	40,00 DM	46,00 DM	29,00 DM	31,00 DM
Audio & Video	21,00 DM	25,00 DM	29,00 DM	33,00 DM	39,00 DM	32,00 DM	25,00 DM
Jupiter Hafen	25,00 DM	32,00 DM	40,00 DM	41,00 DM	44,00 DM	40,00 DM	35,00 DM
Video Galaxy	66,00 DM	71,00 DM	70,00 DM	72,00 DM	70,00 DM	61,00 DM	52,00 DM
Summe 1	461,00 DM	489,00 DM	507,00 DM	511,00 DM	501,00 DM	464,00 DM	383,00 DM

Abbildung 8.42: AutoFormat *Farbig 3*

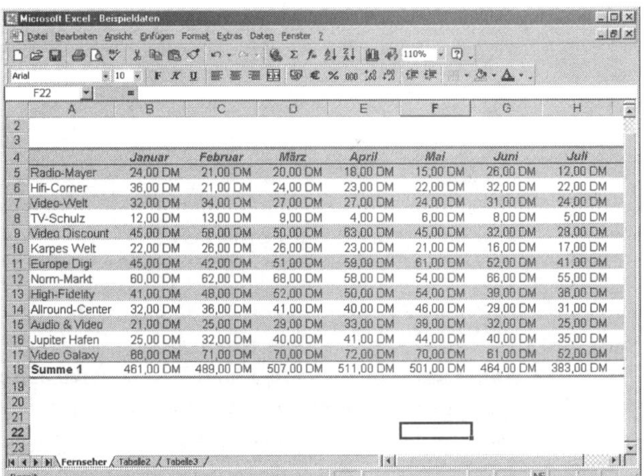

	Januar	Februar	März	April	Mai	Juni	Juli
Radio-Mayer	24,00 DM	21,00 DM	20,00 DM	18,00 DM	15,00 DM	26,00 DM	12,00 DM
Hifi-Corner	36,00 DM	21,00 DM	24,00 DM	23,00 DM	22,00 DM	32,00 DM	22,00 DM
Video-Welt	32,00 DM	34,00 DM	27,00 DM	27,00 DM	24,00 DM	31,00 DM	24,00 DM
TV-Schulz	12,00 DM	13,00 DM	9,00 DM	4,00 DM	6,00 DM	8,00 DM	5,00 DM
Video Discount	45,00 DM	58,00 DM	50,00 DM	63,00 DM	45,00 DM	32,00 DM	28,00 DM
Karpes Welt	22,00 DM	26,00 DM	26,00 DM	23,00 DM	21,00 DM	16,00 DM	17,00 DM
Europe Digi	45,00 DM	42,00 DM	51,00 DM	59,00 DM	61,00 DM	52,00 DM	41,00 DM
Norm-Markt	60,00 DM	62,00 DM	68,00 DM	58,00 DM	54,00 DM	66,00 DM	55,00 DM
High-Fidelity	41,00 DM	48,00 DM	52,00 DM	50,00 DM	54,00 DM	39,00 DM	36,00 DM
Allround-Center	32,00 DM	36,00 DM	41,00 DM	40,00 DM	46,00 DM	29,00 DM	31,00 DM
Audio & Video	21,00 DM	25,00 DM	29,00 DM	33,00 DM	39,00 DM	32,00 DM	25,00 DM
Jupiter Hafen	25,00 DM	32,00 DM	40,00 DM	41,00 DM	44,00 DM	40,00 DM	35,00 DM
Video Galaxy	66,00 DM	71,00 DM	70,00 DM	72,00 DM	70,00 DM	61,00 DM	52,00 DM
Summe 1	461,00 DM	489,00 DM	507,00 DM	511,00 DM	501,00 DM	464,00 DM	383,00 DM

Abbildung 8.43: AutoFormat *Liste 1*

AutoFormat Liste 2

AutoFormat *Liste 2* nutzt recht blasse Farben, was das Erscheinungsbild allerdings nicht trübt. Rahmen und Linien sind in einem dezenten Grau gehalten. Ein Tabellenformat, das für viele Listen bedenkenlos zur Verwendung kommen kann. Einem Ausdruck auf einem Schwarzweiß-Drucker steht ebenfalls nichts im Wege. Die Tabelle bleibt gut lesbar.

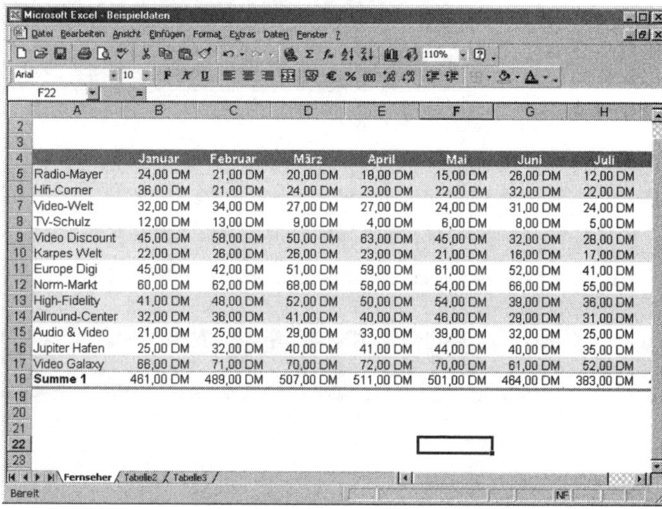

	Januar	Februar	März	April	Mai	Juni	Juli
Radio-Mayer	24,00 DM	21,00 DM	20,00 DM	18,00 DM	15,00 DM	26,00 DM	12,00 DM
Hifi-Corner	36,00 DM	21,00 DM	24,00 DM	23,00 DM	22,00 DM	32,00 DM	22,00 DM
Video-Welt	32,00 DM	34,00 DM	27,00 DM	27,00 DM	24,00 DM	31,00 DM	24,00 DM
TV-Schulz	12,00 DM	13,00 DM	9,00 DM	4,00 DM	6,00 DM	8,00 DM	5,00 DM
Video Discount	45,00 DM	58,00 DM	50,00 DM	63,00 DM	45,00 DM	32,00 DM	28,00 DM
Karpes Welt	22,00 DM	26,00 DM	26,00 DM	23,00 DM	21,00 DM	16,00 DM	17,00 DM
Europe Digi	45,00 DM	42,00 DM	51,00 DM	59,00 DM	61,00 DM	52,00 DM	41,00 DM
Norm-Markt	60,00 DM	62,00 DM	68,00 DM	58,00 DM	54,00 DM	66,00 DM	55,00 DM
High-Fidelity	41,00 DM	48,00 DM	52,00 DM	50,00 DM	54,00 DM	39,00 DM	36,00 DM
Allround-Center	32,00 DM	36,00 DM	41,00 DM	40,00 DM	46,00 DM	29,00 DM	31,00 DM
Audio & Video	21,00 DM	25,00 DM	29,00 DM	33,00 DM	39,00 DM	32,00 DM	25,00 DM
Jupiter Hafen	25,00 DM	32,00 DM	40,00 DM	41,00 DM	44,00 DM	40,00 DM	35,00 DM
Video Galaxy	66,00 DM	71,00 DM	70,00 DM	72,00 DM	70,00 DM	61,00 DM	52,00 DM
Summe 1	461,00 DM	489,00 DM	507,00 DM	511,00 DM	501,00 DM	464,00 DM	383,00 DM

Abbildung 8.44: AutoFormat *Liste 2*

AutoFormat Liste 3

Im Gegensatz zu Liste 1 und 2 verzichtet dieses AutoFormat auf Farbe. Lediglich der Spaltenkopf und einige Zellen des Zeilenkopfes sind farbig. Das Format wirkt recht nüchtern, aber keinesfalls langweilig oder gar unübersichtlich. Es kann bedenkenlos auf jeden Drucker ausgegeben werden.

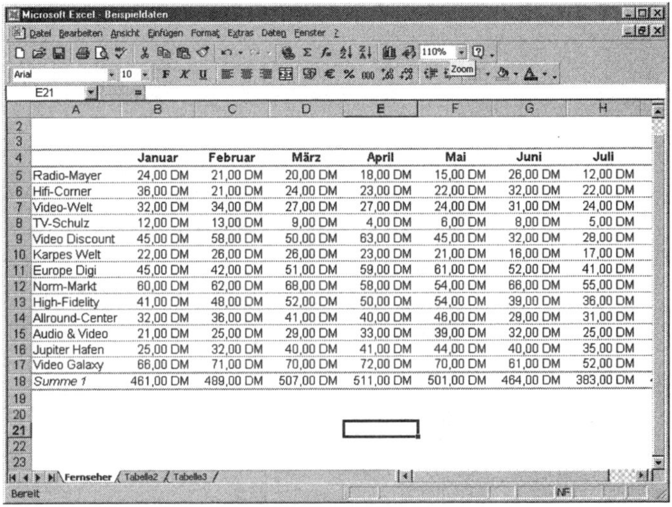

	Januar	Februar	März	April	Mai	Juni	Juli
Radio-Mayer	24,00 DM	21,00 DM	20,00 DM	18,00 DM	15,00 DM	26,00 DM	12,00 DM
Hifi-Corner	36,00 DM	21,00 DM	24,00 DM	23,00 DM	22,00 DM	32,00 DM	22,00 DM
Video-Welt	32,00 DM	34,00 DM	27,00 DM	27,00 DM	24,00 DM	31,00 DM	24,00 DM
TV-Schulz	12,00 DM	13,00 DM	9,00 DM	4,00 DM	6,00 DM	8,00 DM	5,00 DM
Video Discount	45,00 DM	58,00 DM	50,00 DM	63,00 DM	45,00 DM	32,00 DM	28,00 DM
Karpes Welt	22,00 DM	26,00 DM	26,00 DM	23,00 DM	21,00 DM	16,00 DM	17,00 DM
Europe Digi	45,00 DM	42,00 DM	51,00 DM	59,00 DM	61,00 DM	52,00 DM	41,00 DM
Norm-Markt	60,00 DM	62,00 DM	68,00 DM	58,00 DM	54,00 DM	66,00 DM	55,00 DM
High-Fidelity	41,00 DM	48,00 DM	52,00 DM	50,00 DM	54,00 DM	39,00 DM	36,00 DM
Allround-Center	32,00 DM	36,00 DM	41,00 DM	40,00 DM	46,00 DM	29,00 DM	31,00 DM
Audio & Video	21,00 DM	25,00 DM	29,00 DM	33,00 DM	39,00 DM	32,00 DM	25,00 DM
Jupiter Hafen	25,00 DM	32,00 DM	40,00 DM	41,00 DM	44,00 DM	40,00 DM	35,00 DM
Video Galaxy	66,00 DM	71,00 DM	70,00 DM	72,00 DM	70,00 DM	61,00 DM	52,00 DM
Summe 1	461,00 DM	489,00 DM	507,00 DM	511,00 DM	501,00 DM	464,00 DM	383,00 DM

Abbildung 8.45: AutoFormat *Liste 3* verzichtet fast vollständig auf Farbe

AutoFormat 3D-Effekt 1

Das AutoFormat *3D-Effekt 1* erzeugt durch geschicktes Setzen von Linien und Graufärbung von Zeilen einen dreidimensionalen Effekt. Farbe findet sich lediglich im Spaltenkopf und in einigen Zellen des Zeilenkopfes.

Das Bild dieses Tabellenformats ist recht eindrucksvoll, allerdings führen nachträgliche Gestaltungsänderungen an der Tabelle zu unerwünschten Ergebnissen, denn schnell ist der 3-D-Effekt verloren. Dieses Format kann auch für einen Schwarzweiß-Ausdruck verwendet werden. Allerdings sollte Ihr Drucker mindestens eine Auflösung von 300 dpi unterstützen, ansonsten kann der Ausdruck unleserlich sein.

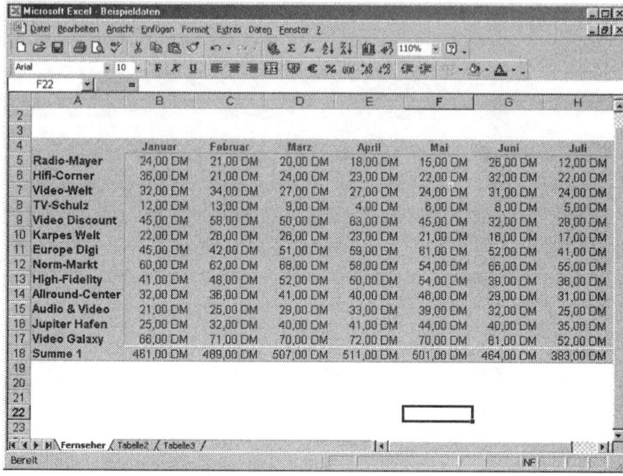

	Januar	Februar	Marz	April	Mai	Juni	Juli
Radio-Mayer	24,00 DM	21,00 DM	20,00 DM	18,00 DM	15,00 DM	26,00 DM	12,00 DM
Hifi-Corner	36,00 DM	21,00 DM	24,00 DM	23,00 DM	22,00 DM	32,00 DM	22,00 DM
Video-Welt	32,00 DM	34,00 DM	27,00 DM	27,00 DM	24,00 DM	31,00 DM	24,00 DM
TV-Schulz	12,00 DM	13,00 DM	9,00 DM	4,00 DM	6,00 DM	8,00 DM	5,00 DM
Video Discount	45,00 DM	58,00 DM	50,00 DM	63,00 DM	45,00 DM	32,00 DM	28,00 DM
Karpes Welt	22,00 DM	26,00 DM	26,00 DM	23,00 DM	21,00 DM	18,00 DM	17,00 DM
Europe Digi	45,00 DM	42,00 DM	51,00 DM	59,00 DM	61,00 DM	52,00 DM	41,00 DM
Norm-Markt	60,00 DM	62,00 DM	68,00 DM	58,00 DM	54,00 DM	66,00 DM	55,00 DM
High-Fidelity	41,00 DM	48,00 DM	52,00 DM	50,00 DM	54,00 DM	39,00 DM	36,00 DM
Allround-Center	32,00 DM	36,00 DM	41,00 DM	40,00 DM	46,00 DM	29,00 DM	31,00 DM
Audio & Video	21,00 DM	25,00 DM	29,00 DM	33,00 DM	39,00 DM	32,00 DM	25,00 DM
Jupiter Hafen	25,00 DM	32,00 DM	40,00 DM	41,00 DM	44,00 DM	40,00 DM	35,00 DM
Video Galaxy	66,00 DM	71,00 DM	70,00 DM	72,00 DM	70,00 DM	61,00 DM	52,00 DM
Summe 1	461,00 DM	489,00 DM	507,00 DM	511,00 DM	501,00 DM	464,00 DM	383,00 DM

Abbildung 8.46: Das Format *3D-Effekt 1*

AutoFormat 3D-Effekt 2

Das zweite dreidimensionale AutoFormat *3D-Effekt 2* hat zu Effekt 1 kaum einen Unterschied. Es verzichtet komplett auf Farbe, sondern bedient sich nur Grauwerten. Deshalb ist es für die Ausgabe auf Schwarzweiß-Druckern gut geeignet. Der Drucker sollte allerdings eine Mindestauflösung von 300 dpi besitzen (siehe Abbildung 8.47).

AutoFormat Keine

Das letzte AutoFormat, das Ihnen Excel anbietet, ist im Grunde genommen kein Format, sondern es entfernt jegliche Gestaltungsmerkmale wie Rahmen, Linien, Textformatierungen, Farbgebung usw. Der Formatname *Keine* ist deshalb sehr zutreffend.

Das Format findet seine Anwendung, wenn Sie bestimmte Teile einer Tabelle von jeglicher Gestaltung befreien oder eine komplett neue eigene Gestaltung vornehmen möchten (siehe Abbildung 8.48).

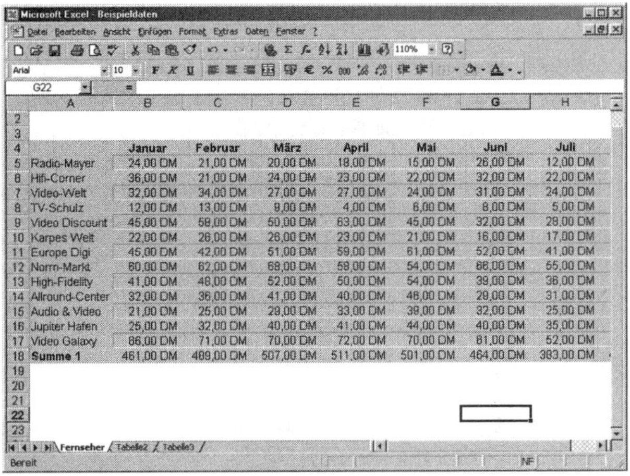

	Januar	Februar	März	April	Mai	Juni	Juli
Radio-Mayer	24,00 DM	21,00 DM	20,00 DM	18,00 DM	15,00 DM	26,00 DM	12,00 DM
Hifi-Corner	36,00 DM	21,00 DM	24,00 DM	23,00 DM	22,00 DM	32,00 DM	22,00 DM
Video-Welt	32,00 DM	34,00 DM	27,00 DM	27,00 DM	24,00 DM	31,00 DM	24,00 DM
TV-Schulz	12,00 DM	13,00 DM	9,00 DM	4,00 DM	6,00 DM	8,00 DM	5,00 DM
Video Discount	45,00 DM	58,00 DM	50,00 DM	63,00 DM	45,00 DM	32,00 DM	28,00 DM
Karpes Welt	22,00 DM	26,00 DM	26,00 DM	23,00 DM	21,00 DM	16,00 DM	17,00 DM
Europe Digi	45,00 DM	42,00 DM	51,00 DM	59,00 DM	61,00 DM	52,00 DM	41,00 DM
Norm-Markt	60,00 DM	62,00 DM	68,00 DM	58,00 DM	54,00 DM	66,00 DM	55,00 DM
High-Fidelity	41,00 DM	48,00 DM	52,00 DM	50,00 DM	54,00 DM	39,00 DM	36,00 DM
Allround-Center	32,00 DM	36,00 DM	41,00 DM	40,00 DM	46,00 DM	29,00 DM	31,00 DM
Audio & Video	21,00 DM	25,00 DM	29,00 DM	33,00 DM	39,00 DM	32,00 DM	25,00 DM
Jupiter Hafen	25,00 DM	32,00 DM	40,00 DM	41,00 DM	44,00 DM	40,00 DM	35,00 DM
Video Galaxy	66,00 DM	71,00 DM	70,00 DM	72,00 DM	70,00 DM	61,00 DM	52,00 DM
Summe 1	461,00 DM	489,00 DM	507,00 DM	511,00 DM	501,00 DM	464,00 DM	383,00 DM

Abbildung 8.47: AutoFormat *3D-Effekt 2* unterscheidet sich kaum von *3D-Effekt 1*

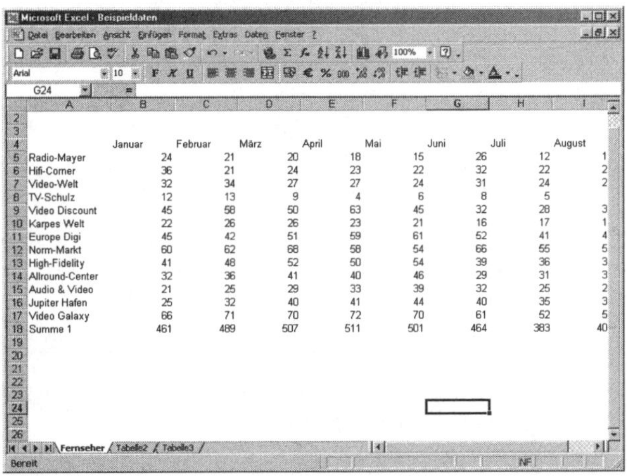

	Januar	Februar	März	April	Mai	Juni	Juli	August
Radio-Mayer	24	21	20	18	15	26	12	1
Hifi-Corner	36	21	24	23	22	32	22	2
Video-Welt	32	34	27	27	24	31	24	2
TV-Schulz	12	13	9	4	6	8	5	
Video Discount	45	58	50	63	45	32	28	3
Karpes Welt	22	26	26	23	21	16	17	1
Europe Digi	45	42	51	59	61	52	41	4
Norm-Markt	60	62	68	58	54	66	55	5
High-Fidelity	41	48	52	50	54	39	36	3
Allround-Center	32	36	41	40	46	29	31	3
Audio & Video	21	25	29	33	39	32	25	2
Jupiter Hafen	25	32	40	41	44	40	35	3
Video Galaxy	66	71	70	72	70	61	52	5
Summe 1	461	489	507	511	501	464	383	40

Abbildung 8.48: Das AutoFormat *Keine* entfernt jegliches Gestaltungsmerkmal

AutoFormat-Gestaltung

Nicht immer können Sie ein AutoFormat für Ihre Tabelle uneingeschränkt anwenden. Oft kommen wichtige Aussagen der Tabelle nicht zur Geltung und gehen unter. Abhilfe schafft unter Umständen das Anwenden der verschiedenen Optionen der AutoFormate. Aber auch hier sind Grenzen gesetzt.

Es spricht nichts dagegen, ein AutoFormat nach der Anwendung zu verfremden. Beispielsweise können Sie eine andere Farbgebung anwenden oder eine spezielle Textformatierung. Sie können das AutoFormat ohne Bedenken so weit abändern, bis es mit dem Original eigentlich nichts mehr gemein hat.

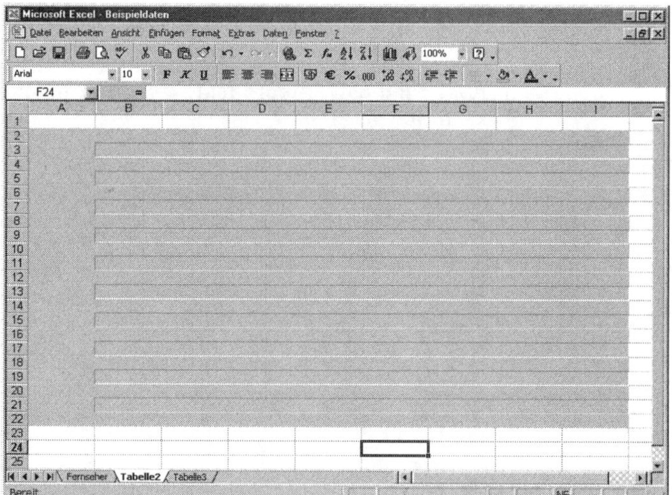

Abbildung 8.49: Hier wurde das AutoFormat *3D-Effekt 2* auf eine leere Tabelle angewendet

Bei der Tabellenerstellung ist es oft sinnvoll, ein AutoFormat anzuwenden, bevor Sie irgendeine Zelleneintragung vorgenommen haben. Haben Sie den AutoFormat-Bereich zu klein gewählt, können Sie bestimmte Tabellenteile komplett mit Ihrer Gestaltung kopieren. Wiederholen Sie den Vorgang so oft, bis die Anzahl der bereits gestalteten Zellen ausreicht.

Der Menüpunkt Formatvorlage

Der Menüpunkt *Formatvorlage* ist erreichbar über das *Format*-Menü bzw. über die Tastatursequenz [Alt] + [T] [V]. Er stellt ein vielseitiges Werkzeug dar. Eine Formatvorlage ist die Definition einer Zelle. Sie beinhaltet alle Informationen wie Zahlenformat, Schrift, Rahmen, Muster usw., also alle Einstellungen, die Sie an einer Zelle vornehmen können.

Abbildung 8.50: Excel bietet bereits einige Formatvorlagen an

Die Formatvorlagen sind vergleichbar mit den Absatz- oder Druckformatvorlagen von Textverarbeitungen oder DTP-Programmen, mit dem Unterschied, dass die Excel-Formatvorlagen sich auf Zellen beziehen und nicht auf Absätze. Mittels der Formatvorlagen können Sie bestimmte Darstellungseinstellungen bzw. -formatierungen leicht auf viele Zellen anwenden, da die Einstellung bzw. Formatierung nur einmal vorgenommen und dann der jeweiligen Zelle nur noch zugeordnet werden muss.

Excel bietet Ihnen bereits eine Reihe von vorgefertigten Formatvorlagen an, beispielsweise für Währung, Prozent oder Dezimalwerte.

Im *Formatvorlage*-Fenster können Sie Vorlagen auf markierte Zellen anwenden oder neue Formatvorlagen kreieren. Möchten Sie eine Formatvorlage auf bestehende Zellen anwenden, markieren Sie zunächst die Zellen, auf die das Format angewendet werden soll. Anschließend rufen Sie das *Formatvorlage*-Fenster (*Format / Formatvorlage*) auf und wählen Sie die gewünschte Vorlage.

In dem Fenster können Sie ersehen, welche Formate die Vorlage bereits enthält. Selbstverständlich können Sie die bestehende Formatvorlage auch ändern. Dazu müssen Sie die Schaltfläche *Ändern* anwählen. Es öffnet sich das Zellenformatierungsfenster mit den Registerkarten *Zahlen*, *Ausrichtung*, *Schrift*, *Rahmen*, *Muster* und *Schutz*. Sie können jetzt nach Belieben das Format ändern.

Möchten Sie eine neue Formatvorlage hinzufügen, geben Sie einfach in das Eingabefeld *Formatvorlagenname* einen neuen Namen ein und bestimmen anschließend das Zellenformat mit Zellenformatierungsfenster.

HINWEIS

Ein kleiner Tipp am Rande. Haben Sie eine Zelle markiert, die bereits umfangreich gestaltet wurde, können Sie die Gestaltung schnell als eigene Formatvorlage speichern. Dazu markieren Sie die Zelle und rufen den Menüpunkt *Formatvorlage* auf. Geben Sie jetzt einfach einen neuen Namen in das Eingabefeld *Formatvorlagenname* ein und schon steht die neue Vorlage für die Anwendung auf andere Zellen zur Verfügung.

Eine Tabellengestaltung am Beispiel

In diesem Abschnitt wird eine Art Workshop durchgeführt, in dem alle wesentlichen Gestaltungskriterien einer Tabelle aufgegriffen und angewendet werden.

Sie können Schritt für Schritt die Gestaltung nachvollziehen. Es wird hier absichtlich auf die Anwendung eines AutoFormats verzichtet, damit Sie einen besseren Einblick gewinnen können, wie eine recht aufwendige Gestaltung durchgeführt wird.

Sie können für den Workshop auch auf die Buch-CD zurückgreifen. Sie finden dort das Tabellenblatt *Workshop* innerhalb der Tabelle BEISPIELDATEN.XLS im Ordner KAPITEL08.

Die Daten anlegen

Sie öffnen zunächst eine neue Tabelle, die die von Excel vorgegebenen Standards enthält. Die Tabelle soll eine Umsatzübersicht von Fernsehern verschiedener Handelsketten in den Ländern Deutschland, Frankreich, Spanien und Italien darstellen.

In Abbildung 8.51 sehen Sie eine Tabelle, in der bereits die Daten eingetragen sind. Als Zeilen dienen die einzelnen Umsätze der verschiedenen Firmen, als Spalten die unterschiedlichen Länder. Füllen Sie Ihre leere Tabelle mit den abgebildeten Daten.

Ändern des Zahlenformats

Als Erstes geben Sie den Daten ein anderes Zahlenformat. Dazu markieren Sie mit der Maus alle Daten, allerdings ohne den Spalten- und Zeilenkopf (siehe Abbildung 8.52).

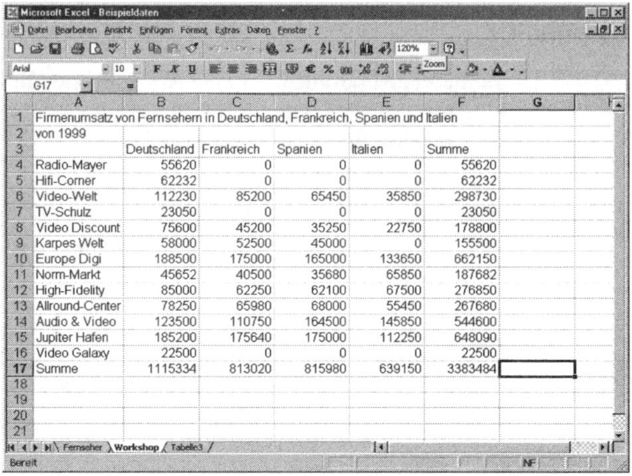

	A	B	C	D	E	F
1	Firmenumsatz von Fernsehern in Deutschland, Frankreich, Spanien und Italien					
2	von 1999					
3		Deutschland	Frankreich	Spanien	Italien	Summe
4	Radio-Mayer	55620	0	0	0	55620
5	Hifi-Corner	62232	0	0	0	62232
6	Video-Welt	112230	85200	65450	35850	298730
7	TV-Schulz	23050	0	0	0	23050
8	Video Discount	75600	45200	35250	22750	178800
9	Karpes Welt	58000	52500	45000	0	155500
10	Europe Digi	188500	175000	165000	133650	662150
11	Norm-Markt	45652	40500	35680	65850	187682
12	High-Fidelity	85000	62250	62100	67500	276850
13	Allround-Center	78250	65980	68000	55450	267680
14	Audio & Video	123500	110750	164500	145850	544600
15	Jupiter Hafen	185200	175640	175000	112250	648090
16	Video Galaxy	22500	0	0	0	22500
17	Summe	1115334	813020	815980	639150	3383484

Abbildung 8.51: Als Grundstock des Workshops dient die abgebildete Tabelle

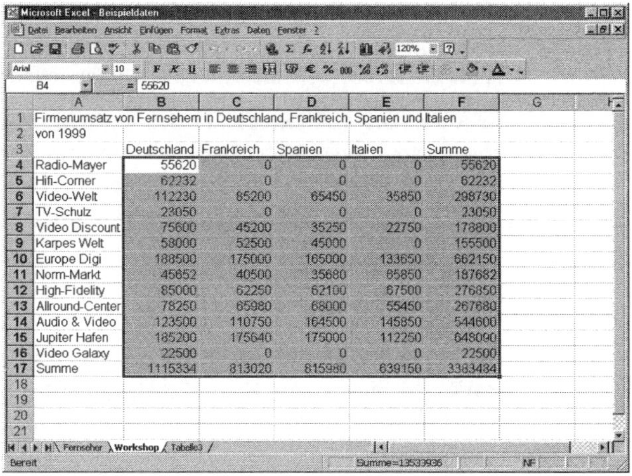

	A	B	C	D	E	F
1	Firmenumsatz von Fernsehern in Deutschland, Frankreich, Spanien und Italien					
2	von 1999					
3		Deutschland	Frankreich	Spanien	Italien	Summe
4	Radio-Mayer	55620	0	0	0	55620
5	Hifi-Corner	62232	0	0	0	62232
6	Video-Welt	112230	85200	65450	35850	298730
7	TV-Schulz	23050	0	0	0	23050
8	Video Discount	75600	45200	35250	22750	178800
9	Karpes Welt	58000	52500	45000	0	155500
10	Europe Digi	188500	175000	165000	133650	662150
11	Norm-Markt	45652	40500	35680	65850	187682
12	High-Fidelity	85000	62250	62100	67500	276850
13	Allround-Center	78250	65980	68000	55450	267680
14	Audio & Video	123500	110750	164500	145850	544600
15	Jupiter Hafen	185200	175640	175000	112250	648090
16	Video Galaxy	22500	0	0	0	22500
17	Summe	1115334	813020	815980	639150	3383484

Abbildung 8.52: Markieren Sie alle Daten der Tabelle

Nach dem Markieren rufen Sie *Format / Zellen* auf bzw. betätigen die Tastatursequenz [Alt] + [T] [Z] bzw. [Strg] + [1]. Es öffnet sich der *Zellen-formatieren*-Dialog. Wählen Sie jetzt die Registerkarte *Zahlen* und anschließend die Kategorie *Währung*. Als Dezimalstellen geben Sie *2* ein und das Symbol belassen Sie auf *DM* eingestellt.

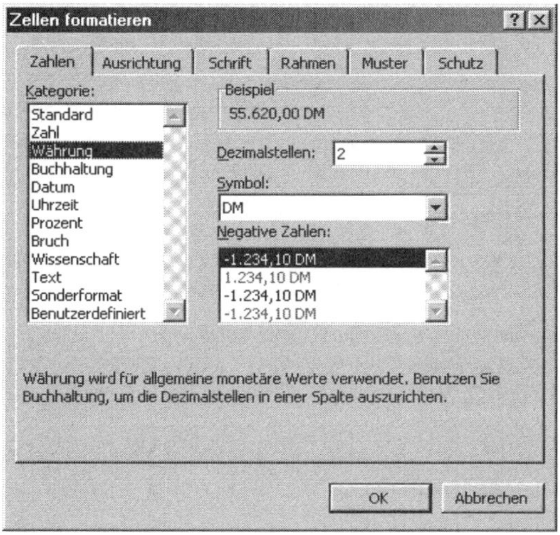

Abbildung 8.53: Das *Zellen-formatieren*-Fenster

Haben Sie das Zahlenformat geändert, präsentiert sich Ihr Tabellenblatt unter Umständen mit zahlreichen #-Zeichen. Werden diese Zeichen ausgegeben, bedeutet das, dass die Werte zu lang sind bzw. zu viele Zeichen besitzen, so dass sie nicht in die Zelle passen.

Um dieses Manko zu beseitigen, markieren Sie die gesamte Tabelle und wählen anschließend den Menüpunkt *Format / Spalte / Optimale Breite bestimmen* bzw. drücken die Tastatursequenz [Alt] + [T] [L] [O]. Excel errechnet nach dem Aufruf der Funktion für jede Spalte eine optimale Breite.

Danach können Sie alle Werte wieder einwandfrei lesen. Ein kleiner Nachteil besteht jedoch in der Tatsache, dass die Spalten jetzt unterschiedlich breit sind. Wenn Sie das nicht in Kauf nehmen wollen, wählen Sie den Menübefehl *Format / Spalte / Breite* und geben Sie einen Wert direkt ein, von dem Sie wissen, dass er die Spalten breit genug setzt.

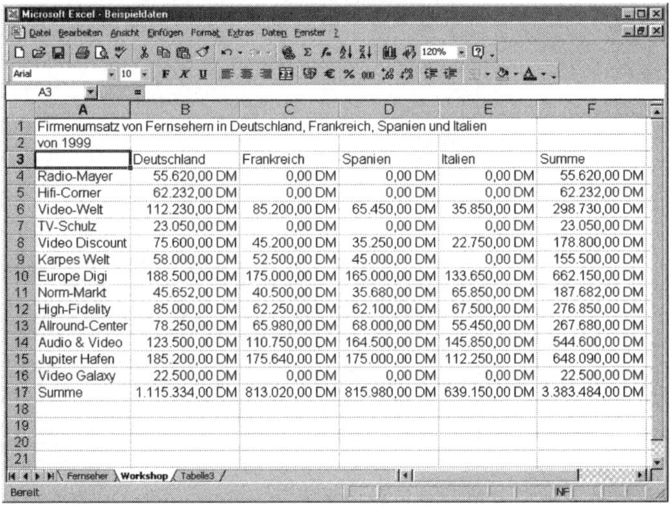

	A	B	C	D	E	F
1	Firmenumsatz von Fernsehern in Deutschland, Frankreich, Spanien und Italien					
2	von 1999					
3		Deutschland	Frankreich	Spanien	Italien	Summe
4	Radio-Mayer	55.620,00 DM	0,00 DM	0,00 DM	0,00 DM	55.620,00 DM
5	Hifi-Corner	62.232,00 DM	0,00 DM	0,00 DM	0,00 DM	62.232,00 DM
6	Video-Welt	112.230,00 DM	85.200,00 DM	65.450,00 DM	35.850,00 DM	298.730,00 DM
7	TV-Schulz	23.050,00 DM	0,00 DM	0,00 DM	0,00 DM	23.050,00 DM
8	Video Discount	75.600,00 DM	45.200,00 DM	35.250,00 DM	22.750,00 DM	178.800,00 DM
9	Karpes Welt	58.000,00 DM	52.500,00 DM	45.000,00 DM	0,00 DM	155.500,00 DM
10	Europe Digi	188.500,00 DM	175.000,00 DM	165.000,00 DM	133.650,00 DM	662.150,00 DM
11	Norm-Markt	45.652,00 DM	40.500,00 DM	35.680,00 DM	65.850,00 DM	187.682,00 DM
12	High-Fidelity	85.000,00 DM	62.250,00 DM	62.100,00 DM	67.500,00 DM	276.850,00 DM
13	Allround-Center	78.250,00 DM	65.980,00 DM	68.000,00 DM	55.450,00 DM	267.680,00 DM
14	Audio & Video	123.500,00 DM	110.750,00 DM	164.500,00 DM	145.850,00 DM	544.600,00 DM
15	Jupiter Hafen	185.200,00 DM	175.640,00 DM	175.000,00 DM	112.250,00 DM	648.090,00 DM
16	Video Galaxy	22.500,00 DM	0,00 DM	0,00 DM	0,00 DM	22.500,00 DM
17	Summe	1.115.334,00 DM	813.020,00 DM	815.980,00 DM	639.150,00 DM	3.383.484,00 DM

Abbildung 8.54: Die Tabelle präsentiert sich wie abgebildet

Formatierung der Spalten- und Zeilenköpfe

Als nächsten Schritt nehmen Sie die Formatierung der Spalten- und Zeilenköpfe in Angriff.

Beginnen Sie mit den Spaltenköpfen. Markieren Sie hierzu die Zellen *Deutschland*, *Frankreich*, *Spanien*, *Italien* und *Summe*. Anschließend klicken Sie mit der Maus die Schaltflächen *Fett* und *Zentriert* aus der *Format*-Leiste an.

Mit den Zeilenköpfen verfahren Sie ähnlich, markieren Sie alle Firmennamen und die Summe und betätigen Sie dann die Schaltfläche *Fett* und *Linksbündig*. Lassen Sie die Markierung bestehen und rufen Sie noch einmal den Menüpunkt *Format / Spalte / Optimale Breite bestimmen* auf.

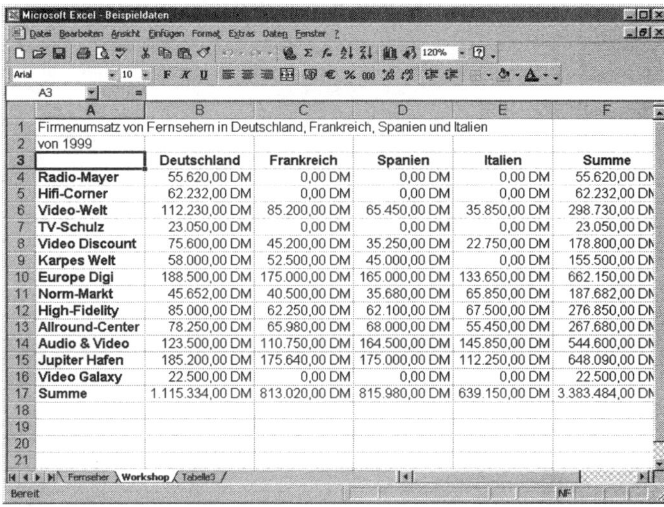

	A	B	C	D	E	F
1	Firmenumsatz von Fernsehern in Deutschland, Frankreich, Spanien und Italien					
2	von 1999					
3		**Deutschland**	**Frankreich**	**Spanien**	**Italien**	**Summe**
4	**Radio-Mayer**	55.620,00 DM	0,00 DM	0,00 DM	0,00 DM	55.620,00 DN
5	**Hifi-Corner**	62.232,00 DM	0,00 DM	0,00 DM	0,00 DM	62.232,00 DN
6	**Video-Welt**	112.230,00 DM	85.200,00 DM	65.450,00 DM	35.850,00 DM	298.730,00 DN
7	**TV-Schulz**	23.050,00 DM	0,00 DM	0,00 DM	0,00 DM	23.050,00 DN
8	**Video Discount**	75.600,00 DM	45.200,00 DM	35.250,00 DM	22.750,00 DM	178.800,00 DN
9	**Karpes Welt**	58.000,00 DM	52.500,00 DM	45.000,00 DM	0,00 DM	155.500,00 DN
10	**Europe Digi**	188.500,00 DM	175.000,00 DM	165.000,00 DM	133.650,00 DM	662.150,00 DN
11	**Norm-Markt**	45.652,00 DM	40.500,00 DM	35.680,00 DM	65.850,00 DM	187.682,00 DN
12	**High-Fidelity**	85.000,00 DM	62.250,00 DM	62.100,00 DM	67.500,00 DM	276.850,00 DN
13	**Allround-Center**	78.250,00 DM	65.980,00 DM	68.000,00 DM	55.450,00 DM	267.680,00 DN
14	**Audio & Video**	123.500,00 DM	110.750,00 DM	164.500,00 DM	145.850,00 DM	544.600,00 DN
15	**Jupiter Hafen**	185.200,00 DM	175.640,00 DM	175.000,00 DM	112.250,00 DM	648.090,00 DN
16	**Video Galaxy**	22.500,00 DM	0,00 DM	0,00 DM	0,00 DM	22.500,00 DN
17	**Summe**	1.115.334,00 DM	813.020,00 DM	815.980,00 DM	639.150,00 DM	3.383.484,00 DN
18						
19						
20						
21						

Abbildung 8.55: Die Tabelle wird langsam übersichtlicher

Für die Tabelle wird kein Gitternetz eingesetzt, das sich über das komplette Tabellenblatt erstreckt. Dazu wählen Sie *Extras / Optionen* und die Registerkarte *Ansicht* aus (siehe Abbildung 8.56).

Deaktivieren Sie das Kontrollkästchen *Gitternetzlinien* und bestätigen Sie die Einstellung mit der Schaltfläche *OK*. Das Tabellenblatt zeigt sich jetzt ohne jegliche Gitternetzlinien (siehe Abbildung 8.57).

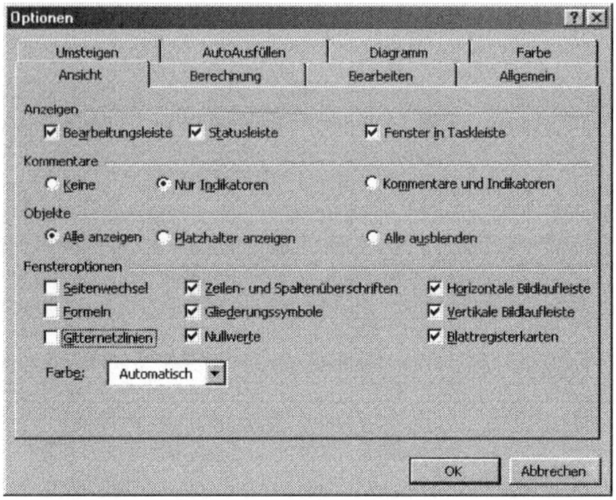

Abbildung 8.56: Im *Optionen*-Fenster schalten Sie die Gitternetzdarstellung aus

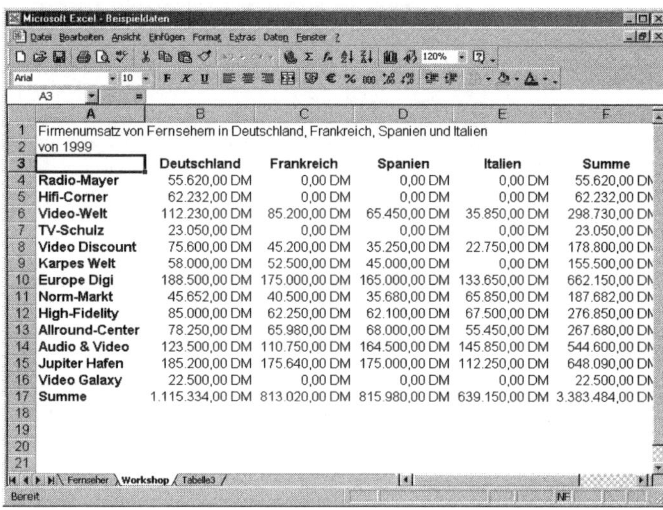

Firmenumsatz von Fernsehern in Deutschland, Frankreich, Spanien und Italien von 1999

	Deutschland	Frankreich	Spanien	Italien	Summe
Radio-Mayer	55.620,00 DM	0,00 DM	0,00 DM	0,00 DM	55.620,00 DM
Hifi-Corner	62.232,00 DM	0,00 DM	0,00 DM	0,00 DM	62.232,00 DM
Video-Welt	112.230,00 DM	85.200,00 DM	65.450,00 DM	35.850,00 DM	298.730,00 DM
TV-Schulz	23.050,00 DM	0,00 DM	0,00 DM	0,00 DM	23.050,00 DM
Video Discount	75.600,00 DM	45.200,00 DM	35.250,00 DM	22.750,00 DM	178.800,00 DM
Karpes Welt	58.000,00 DM	52.500,00 DM	45.000,00 DM	0,00 DM	155.500,00 DM
Europe Digi	188.500,00 DM	175.000,00 DM	165.000,00 DM	133.650,00 DM	662.150,00 DM
Norm-Markt	45.652,00 DM	40.500,00 DM	35.680,00 DM	65.850,00 DM	187.682,00 DM
High-Fidelity	85.000,00 DM	62.250,00 DM	62.100,00 DM	67.500,00 DM	276.850,00 DM
Allround-Center	78.250,00 DM	65.980,00 DM	68.000,00 DM	55.450,00 DM	267.680,00 DM
Audio & Video	123.500,00 DM	110.750,00 DM	164.500,00 DM	145.850,00 DM	544.600,00 DM
Jupiter Hafen	185.200,00 DM	175.640,00 DM	175.000,00 DM	112.250,00 DM	648.090,00 DM
Video Galaxy	22.500,00 DM	0,00 DM	0,00 DM	0,00 DM	22.500,00 DM
Summe	1.115.334,00 DM	813.020,00 DM	815.980,00 DM	639.150,00 DM	3.383.484,00 DM

Abbildung 8.57: Unser Tabellenblatt ohne Gitternetzlinien

Als Nächstes werden Sie die Spalten- und Zeilenköpfe mit einem Muster hinterlegen sowie einige Linien setzen. Markieren Sie zunächst die Spaltenköpfe *Deutschland*, *Frankreich*, *Spanien*, *Italien*, *Summe* und den leeren Spaltenkopf oberhalb der Firmennamen.

Anschließend wählen Sie wieder den Menüpunkt *Format / Zellen*. Wählen Sie zunächst die Registerkarte *Muster* aus. Sie werden einen recht dunklen Spaltenkopf erstellen, deshalb wählen Sie in dem Bereich *Zellenschattierung* eine dunkelgraue Farbe aus.

Jetzt müssen Sie noch die Schriftfarbe ändern. Wählen Sie dazu die Registerkarte *Schrift*. Wählen Sie als Schriftfarbe *Weiß* aus.

Als letzten Schritt aktivieren Sie die Registerkarte *Rahmen*. Setzen Sie einen Rahmen oder besser eine Linie unterhalb der Zellen. Wählen Sie zuvor eine recht dicke, durchgezogene Linienart aus.

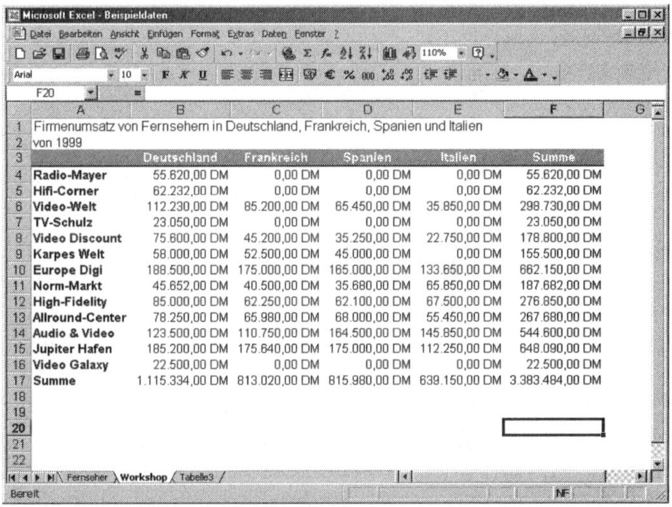

Abbildung 8.58: Wählen Sie eine Linienart aus

Haben Sie die Einstellungen vorgenommen, dann verlassen Sie den Dialog mit *OK*. Danach bietet sich Ihnen folgendes Bild.

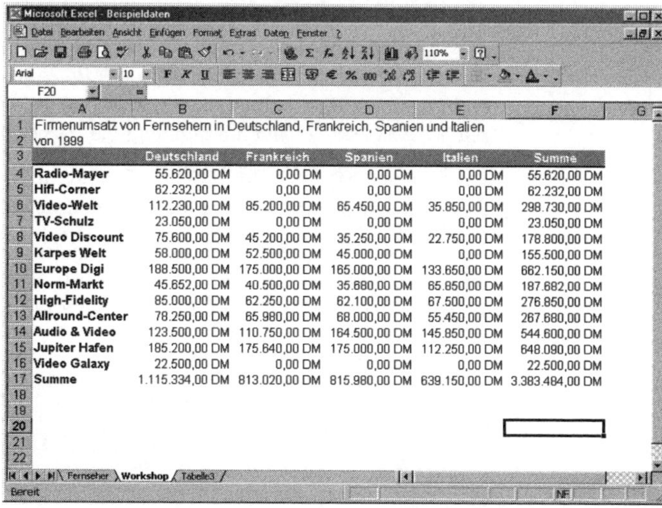

	Deutschland	Frankreich	Spanien	Italien	Summe
Radio-Mayer	55.620,00 DM	0,00 DM	0,00 DM	0,00 DM	55.620,00 DM
Hifi-Corner	62.232,00 DM	0,00 DM	0,00 DM	0,00 DM	62.232,00 DM
Video-Welt	112.230,00 DM	85.200,00 DM	65.450,00 DM	35.850,00 DM	298.730,00 DM
TV-Schulz	23.050,00 DM	0,00 DM	0,00 DM	0,00 DM	23.050,00 DM
Video Discount	75.600,00 DM	45.200,00 DM	35.250,00 DM	22.750,00 DM	178.800,00 DM
Karpes Welt	58.000,00 DM	52.500,00 DM	45.000,00 DM	0,00 DM	155.500,00 DM
Europe Digi	188.500,00 DM	175.000,00 DM	165.000,00 DM	133.650,00 DM	662.150,00 DM
Norm-Markt	45.652,00 DM	40.500,00 DM	35.680,00 DM	65.850,00 DM	187.682,00 DM
High-Fidelity	85.000,00 DM	62.250,00 DM	62.100,00 DM	67.500,00 DM	276.850,00 DM
Allround-Center	78.250,00 DM	65.980,00 DM	68.000,00 DM	55.450,00 DM	267.680,00 DM
Audio & Video	123.500,00 DM	110.750,00 DM	164.500,00 DM	145.850,00 DM	544.600,00 DM
Jupiter Hafen	185.200,00 DM	175.640,00 DM	175.000,00 DM	112.250,00 DM	648.090,00 DM
Video Galaxy	22.500,00 DM	0,00 DM	0,00 DM	0,00 DM	22.500,00 DM
Summe	1.115.334,00 DM	813.020,00 DM	815.980,00 DM	639.150,00 DM	3.383.484,00 DM

Abbildung 8.59: Der Spaltenkopf ist fertig

Jetzt geht es an die Zeilenköpfe. Markieren Sie dazu die Köpfe respektive alle Firmennamen und die Summe. Rufen Sie wiederum *Format / Zellen* und anschließend die Registerkarte *Rahmen* auf. Wählen Sie dieselbe Linienart wie zuvor, allerdings als Rahmenposition *Rechts* aus.

Widmen Sie sich nun der Zeilengestaltung. Der Betrachter soll jede Zeile bequem ablesen können. Dazu stehen mehrere Möglichkeiten bereit. Man kann jede Zeile mit einem Rahmen versehen oder mit einem speziellen Muster. Natürlich können Sie auch verschiedene Schrifttypen oder -arten wählen. Damit sollten Sie aber vorsichtig sein, eine Tabelle kann dadurch schnell unsauber aussehen.

Sie werden den Zeilen ein spezielles Muster unterlegen, allerdings nicht allen. Dazu markieren Sie jede zweite Datenzeile.

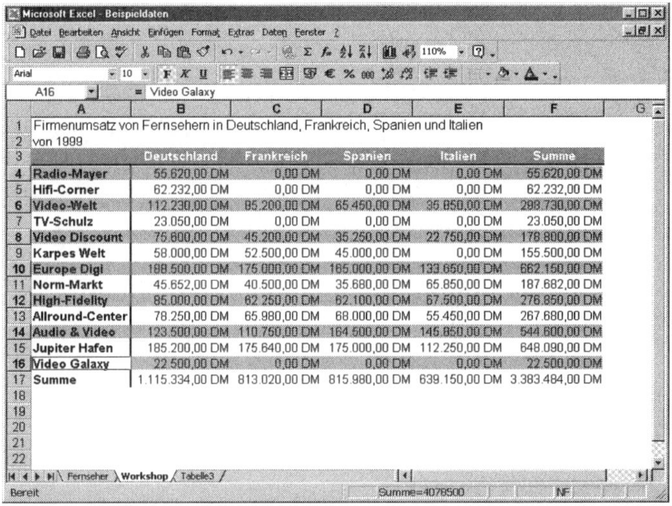

Abbildung 8.60: Markieren Sie jede zweite Datenzeile

HINWEIS

Um nicht zusammenhängende Zellen zu markieren, halten Sie die [Strg]-Taste gedrückt. Sie können jetzt jede Zelle auswählen, auch wenn sie nicht aneinander angrenzen.

Rufen Sie wiederum *Format / Zellen* und die Registerkarte *Muster* auf. Wählen Sie jetzt ein helles Grau und bestätigen Sie mit der Schaltfläche *OK*.

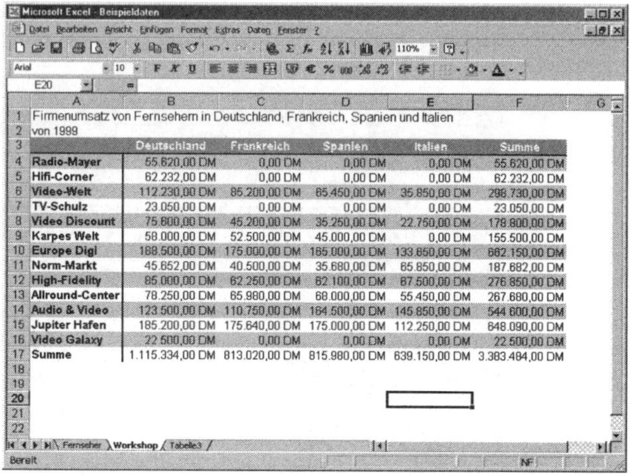

Abbildung 8.61: Jede zweite Zeile ist mit einem hellen Grau hinterlegt

Als Nächstes setzen Sie einen dicken Rahmen um die komplette Tabelle, allerdings ohne die Überschrift mit einzubeziehen. Markieren Sie dazu die Tabelle. Wählen Sie jetzt das *Rahmen*-Symbol aus der *Format*-Leiste mit der Maus so aus, dass die Palette aufklappt. Wählen Sie als Rahmenform das Kästchen, das einen Rahmen um den markierten Bereich zieht. In diesem Fall ist es das Kästchen rechts unten, das eine recht dicke Umrandung zieht (siehe Abbildung 8.62).

Markieren Sie als Nächstes die Summenzeile. Hier wird eine dünne Linie oberhalb der Zeile gesetzt. Rufen Sie wiederum *Format / Zellen* und die Registerkarte *Rahmen* aus. Aktivieren Sie zunächst eine dünne, durchgezogene Linie und dann die Linie oberhalb der Zelle. Bestätigen Sie die Einstellung mit der Schaltfläche *OK* (siehe Abbildung 8.63).

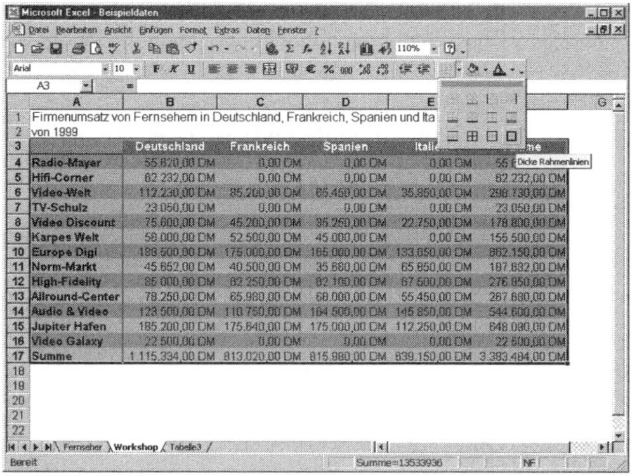

Abbildung 8.62: Wählen Sie in der Rahmen-Palette die Rahmenform rechts unten aus

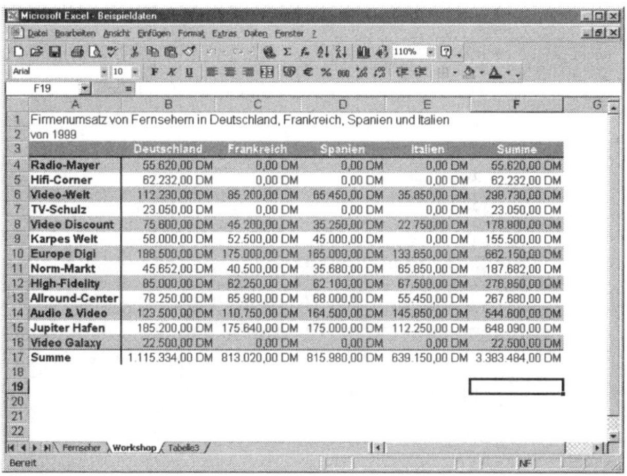

Abbildung 8.63: Die Tabelle sollte sich nun so präsentieren

Die Tabelle ist fast fertig. Nur noch die Überschrift muss ein wenig gestaltet werden. Dazu markieren Sie zuerst die oberste Zeile bis Spalte F. Anschließend wählen Sie innerhalb der Formatleiste die Schaltflächen *Verbinden und zentriert* und *Fett*. Anschließend setzen Sie die Schriftgröße noch auf 12 Punkt. Das Gleiche führen Sie anschließend noch mit der zweiten Zeile durch. Die Tabelle ist fertig.

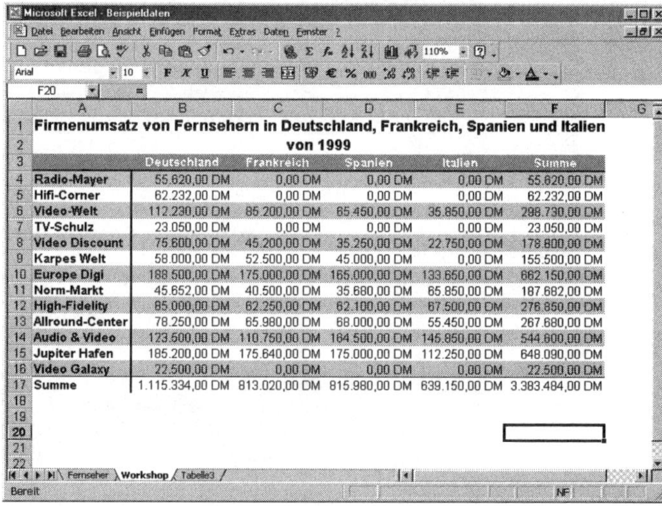

Firmenumsatz von Fernsehern in Deutschland, Frankreich, Spanien und Italien von 1999

	Deutschland	Frankreich	Spanien	Italien	Summe
Radio-Mayer	55.620,00 DM	0,00 DM	0,00 DM	0,00 DM	55.620,00 DM
Hifi-Corner	62.232,00 DM	0,00 DM	0,00 DM	0,00 DM	62.232,00 DM
Video-Welt	112.230,00 DM	85.200,00 DM	65.450,00 DM	35.850,00 DM	298.730,00 DM
TV-Schulz	23.050,00 DM	0,00 DM	0,00 DM	0,00 DM	23.050,00 DM
Video Discount	75.600,00 DM	45.200,00 DM	35.250,00 DM	22.750,00 DM	178.800,00 DM
Karpes Welt	58.000,00 DM	52.500,00 DM	45.000,00 DM	0,00 DM	155.500,00 DM
Europe Digi	188.500,00 DM	175.000,00 DM	165.000,00 DM	133.650,00 DM	662.150,00 DM
Norm-Markt	45.652,00 DM	40.500,00 DM	35.680,00 DM	65.850,00 DM	187.682,00 DM
High-Fidelity	85.000,00 DM	62.250,00 DM	62.100,00 DM	67.500,00 DM	276.850,00 DM
Allround-Center	78.250,00 DM	65.980,00 DM	68.000,00 DM	55.450,00 DM	267.680,00 DM
Audio & Video	123.500,00 DM	110.750,00 DM	164.500,00 DM	145.850,00 DM	544.600,00 DM
Jupiter Hafen	185.200,00 DM	175.640,00 DM	175.000,00 DM	112.250,00 DM	648.090,00 DM
Video Galaxy	22.500,00 DM	0,00 DM	0,00 DM	0,00 DM	22.500,00 DM
Summe	1.115.334,00 DM	813.020,00 DM	815.980,00 DM	639.150,00 DM	3.383.484,00 DM

Abbildung 8.64: Die Tabelle ist fertig gestaltet

Dieser kleine Workshop zeigt natürlich nur einige Möglichkeiten auf, um eine Tabelle zu gestalten. Ebenso können Sie sich die Rahmen-, Schriftartfarben- und Farben-Palette in einem Fenster ausgeben lassen. Eine Gestaltung geht dann unter Umständen noch schneller vonstatten.

Probieren Sie alles aus. Sie werden feststellen, es geht recht einfach und schnell.

KAPITEL

Tabellen mit Diagrammen aufwerten

»Ein Bild sagt mehr als tausend Worte«, sicherlich kennen Sie diese Behauptung. Mit Excel können Sie Ihren Tabellen schnell und einfach ein Diagramm beifügen. Dadurch lassen sich Ihre »Zahlenwüsten« anschaulich präsentieren. Welche Möglichkeiten Excel zur Verfügung stellt, erfahren Sie in diesem Kapitel.

9

Tabellen mit Diagrammen aufwerten

Excel bietet eine Vielzahl von unterschiedlichen Diagrammtypen an, angefangen von einfachen Linien- bzw. Flächendiagrammen über Balken- und Kreisdiagramme bis hin zu Punkt- und Netzdiagrammen. Und das wahlweise in einer 2-D- oder 3-D-Ansicht.

Bevor Sie aber Ihre Tabellen mit einem Diagramm versehen, sollten Sie sich Gedanken machen, welcher Diagrammtyp am sinnvollsten für Ihr Zahlenmaterial ist. Kreisdiagramme eignen sich z.B. am besten, wenn Sie Teilwerte eines Ganzen aufzeigen wollen. Prädestiniert für Kreisdiagramme sind beispielsweise Prozentwerte.

Balken-, Flächen- oder Liniendiagramme hingegen eignen sich besonders zur Darstellung von Absolutwerten, beispielsweise Umsatzwerte oder beliebige Mengenangaben.

Obwohl die Erstellung eines Diagramms in Excel zahlreiche Eingaben und Selektionen voraussetzt, ist die Bewältigung auch für einen Laien kein unüberwindbares Hindernis.

Ein Assistent nimmt Sie an die Hand und führt Sie Schritt für Schritt durch alle erforderlichen Eingaben bzw. Selektionen. Dabei werden alle nötigen Eingaben beschrieben bzw. Detailinformationen gegeben. Natürlich lassen sich nach der Fertigstellung eines Diagramms mit dem Assistenten auch noch Änderungen durchführen, so dass Sie nicht in Panik verfallen müssen, wenn das Diagramm nicht so aussieht, wie Sie es sich vielleicht vorgestellt haben.

Die unterschiedlichen Diagrammtypen

Grundsätzlich bietet Excel verschiedene Arten von Diagrammtypen an, wobei diese in zwei Kategorien zu unterteilen sind:

- 2-D-Diagramme und
- 3-D-Diagramme

Neben den reinen 2-D-Diagrammen, die in der Regel auf einer X- und einer Y-Achse basieren, bietet Excel auch dreidimensionale Diagramme. Neben der X- und Y-Achse kommt noch eine dritte hinzu, die Z-Achse.

3-D-Diagramme haben Vor- und Nachteile. Ein Nachteil ist beispielsweise die schlechtere Lesbarkeit der Werte. Eine exakte Höhe oder Ausdehnung lässt sich kaum ausmachen. Bei 2-D-Diagrammen fällt das leichter, allerdings bieten sie auch keine genaue Ablesbarkeit der einzelnen Werte.

Ein Vorteil von 3-D-Diagrammen besteht darin, dass sie frei gedreht werden können, so dass verdeckte Flächen durch geschicktes Drehen und Wenden besser sichtbar gemacht werden können. Natürlich sehen dreidimensionale Diagramme wesentlich schicker aus und unterstützen nachhaltig die Präsentation der Tabellendaten.

Insgesamt werden vierzehn unterschiedliche Standard-Diagrammtypen angeboten, die sich noch in unterschiedlich viele Untertypen unterteilen.

Durch die große Anzahl von Diagrammtypen fällt es nicht leicht, die richtige Auswahl für sich bzw. für die darzustellende Daten zu treffen. Deshalb erhalten Sie auf den nachfolgenden Seiten einige Erläuterungen zu den einzelnen Diagrammtypen. Hier werden Sie erfahren, für welches Zahlenmaterial sich die einzelnen Typen eignen und was es zu beachten gilt.

Das Säulendiagramm

Das *Säulendiagramm* gibt vertikale Säulen entsprechend der selektierten Werte aus. Die Höhe der einzelnen Säulen richtet sich nach der Wertangabe der Y-Achse.

Die jeweiligen Zeilen der Excel-Tabelle werden in unterschiedlichen Farbsäulen angezeigt. Besitzt Ihre Tabelle mehrere Spalten, werden auch hier Säulengruppen gebildet.

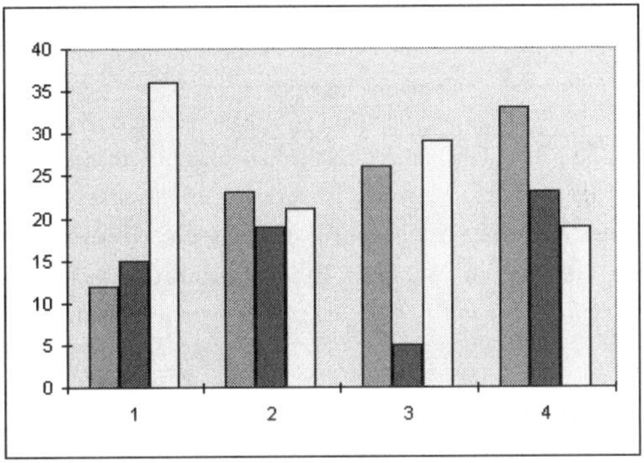

Abbildung 9.1: Eine typisches 2-D-Säulendiagramm

Das Säulendiagramm kann für die gleichen Darstellungen herangezogen werden wie das Balkendiagramm, nämlich für Werte, die miteinander verglichen werden sollen. Für chronologische Werte hingegen sollten Sie diesen Diagrammtyp nicht einsetzen.

Im Großen und Ganzen gleicht das Säulen- dem Balkendiagramm, mit dem Unterschied, dass die Säulen entlang der Y-Achse angezeigt werden. Es besteht die Möglichkeit, die Werte einer Rubrik zu einer kombinierten Säule zusammenzufassen.

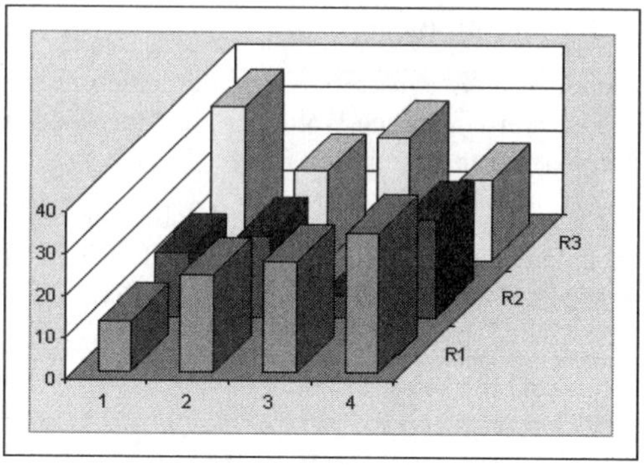

Abbildung 9.2: Das 3-D-Säulendiagramm

Die typische Anwendung eines *3-D-Säulendiagramms* ist die Anzeige von festen Werten, die miteinander verglichen werden sollen, beispielsweise für verkaufte oder produzierte Stück.

Das Balkendiagramm

Bei einem *Balkendiagramm* werden die Balken horizontal entlang der X-Achse aufgebaut. Die Länge der jeweiligen Balken entspricht hierbei einem Wert, dessen Skalierung auf der X-Achse vorgegeben wird (siehe Abbildung 9.3).

Die jeweiligen Zeilen werden als einzelne verschiedenfarbige Balken angezeigt. Bei mehreren Spalten ergeben sich bei diesem Diagrammtyp unterschiedliche Balkengruppen.

Balkendiagramme eignen sich nicht, um zeitliche Vorgaben zu visualisieren. Vielmehr werden sie eher für absolute Einzelwerte verwendet, die miteinander verglichen werden sollen.

Bei dem *3-D-Balkendiagramm* werden verschiedene Werte einer Einheit in unterschiedlichen Farben dargestellt. Ferner besteht die Möglichkeit, die Werte einer Rubrik aufeinander aufbauen zu lassen, so dass nur ein Balken je Rubrik angezeigt wird.

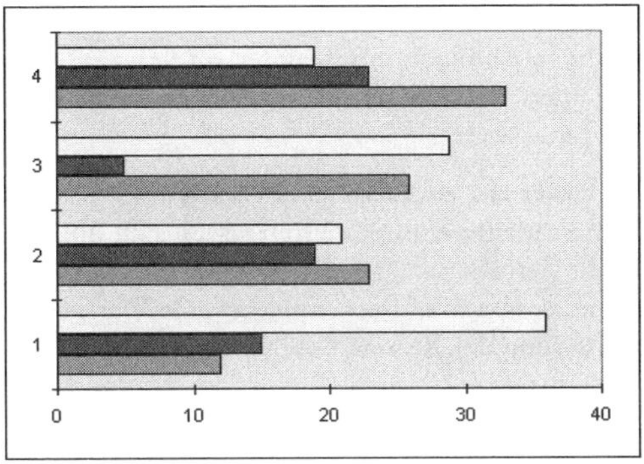

Abbildung 9.3: Bei Excel wird das Balkendiagramm horizontal ausgegeben

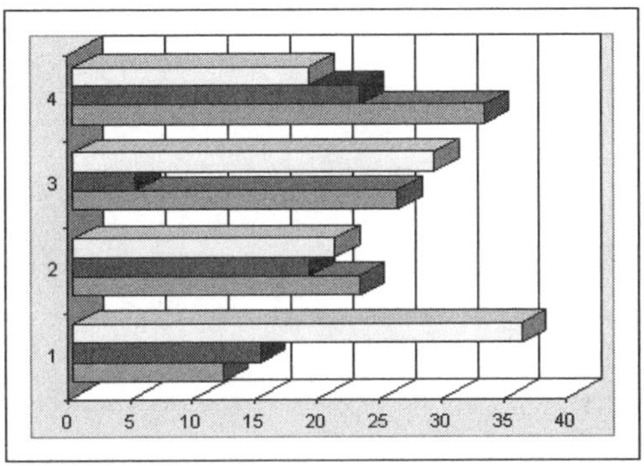

Abbildung 9.4: Die Balken werden entlang der X-Achse ausgegeben

Das Liniendiagramm

Der Diagrammtyp *Liniendiagramm* eignet sich besonders für chronologische Abläufe. Datenwerte werden durch Linien miteinander verbunden, so dass der Eindruck entsteht, es handelte sich um fortlaufende Werte. Mit Hilfe des Liniendiagramms lassen sich leicht zeitliche Abfolgen miteinander vergleichen, beispielsweise die Monatsumsatzwerte einer Firma über mehrere Jahre, wobei jede Linie ein Jahr darstellen kann.

Im Gegensatz zum Flächendiagramm wird die Fläche unterhalb der Linien nicht gefüllt, dadurch lassen sich unterschiedliche Angaben leicht vergleichen. Ferner werden die Werte nicht wie beim Flächendiagramm addiert, sondern jede Wertgruppe wird anhand der Skalierung der X- und Y-Achse angezeigt.

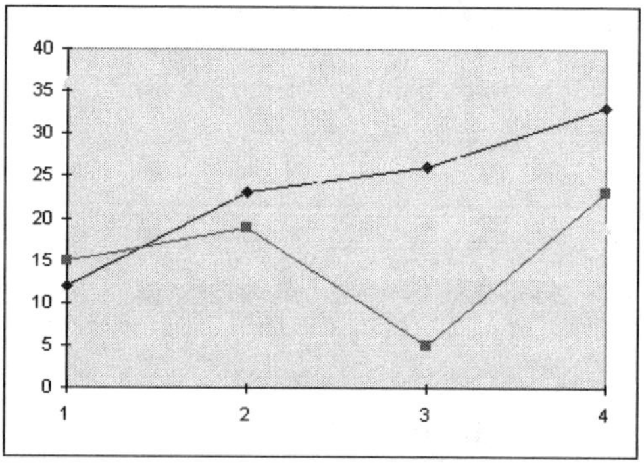

Abbildung 9.5: Mit einem Liniendiagramm lassen sich am besten chronologische Vergleiche verdeutlichen

Das *3-D-Liniendiagramm* ist am besten mit einem Flächendiagramm zu vergleichen. Werte einer Rubrik werden miteinander verbunden, so dass auch hier eine fortlaufende Kurve entsteht. Die Fläche unterhalb der Kurve wird jedoch nicht gefüllt. Beim 3-D-Liniendiagramm werden die Linien durch eine Art Band dargestellt. Unterschiedliche Rubriken besitzen jeweils eine andere Farbe.

Der Vorteil eines Liniendiagramms gegenüber einem Flächendiagramm besteht darin, dass Flächen nicht so schnell durch andere Flächen verdeckt werden können.

3-D-Liniendiagramme eignen sich besonders zur Darstellung von kontinuierlichen Entwicklungen, beispielsweise für Marktprognosen über einen bestimmten Zeitraum oder für Werte, die über einen bestimmten Zeitabschnitt miteinander verglichen werden sollen.

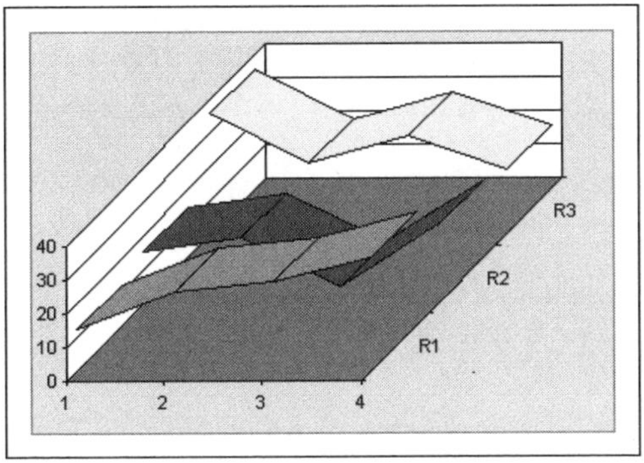

Abbildung 9.6: Das 3-D-Liniendiagramm

Das Kreisdiagramm

Das *Kreisdiagramm* gibt das Verhältnis von verschiedenen Werten im Bezug zu einem Ganzen aus. Prädestiniert für Kreisdiagramme sind beispielsweise Prozentwerte, weil diese Werte sich immer auf ein Ganzes beziehen. Sie kennen dies vielleicht von Wahlergebnissen her (siehe Abbildung 9.7).

Im Gegensatz zu anderen Diagrammtypen unterstützt das Kreisdiagramm nur eine Spalte bzw. Zeile. Wollen Sie mehrere Spalten bzw. Zeilen miteinander vergleichen, müssen Sie als Diagrammtyp das Ringdiagramm wählen.

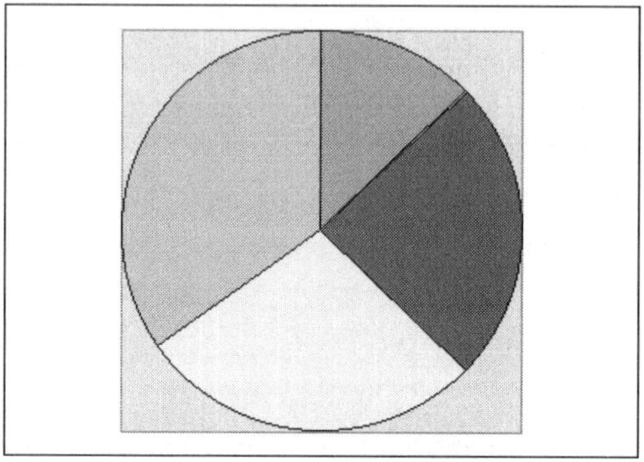

Abbildung 9.7: Das Kreisdiagramm eignet sich für die Darstellung von einer Zeile bzw. Spalte im Bezug auf ein Ganzes

Das *3-D-Kreisdiagramm* wird oft auch als Tortengrafik bezeichnet. Es zeigt die Werte einer einzelnen Datenreihe in Bezug auf ein Ganzes auf. Excel errechnet intern von jedem Wert die Prozentwerte aus und verteilt die einzelnen Werte in korrespondierende Tortenstücke.

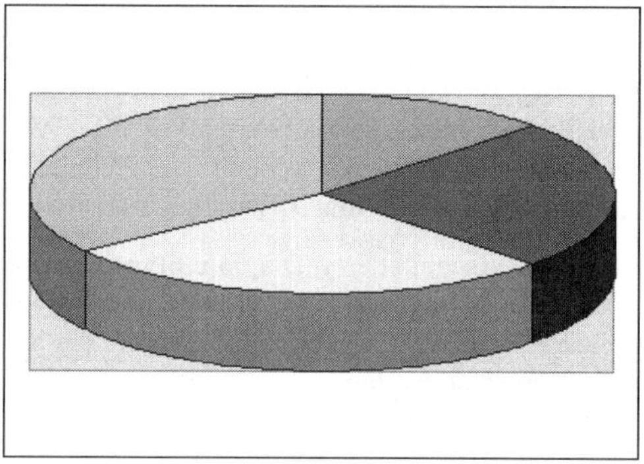

Abbildung 9.8: Das 3-D-Kreisdiagramm

Die einzelnen Tortenstücke werden in unterschiedlichen Farben angezeigt. Zudem besteht die Möglichkeit, bestimmte Tortenstücke etwas aus dem »Kuchen« herauszuziehen, so dass der Betrachter diesem Teil besondere Aufmerksamkeit widmet.

Wollen Sie mehrere Datenreihen anzeigen, müssen Sie das 2-D-Ringdiagramm nutzen. Excel unterstützt kein 3-D-Ringdiagramm.

Das Punktdiagramm

Das *Punktdiagramm* ähnelt dem Liniendiagramm. Jeder Punkt einer Datenreihe besitzt dieselbe Form und Farbe, so dass man leicht unterschiedliche Datenreihen unterscheiden kann.

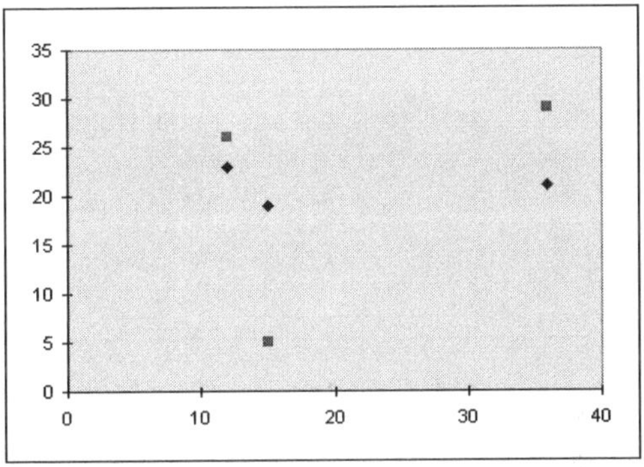

Abbildung 9.9: Die Punkte einer Datenreihe besitzen unterschiedliche Form und Farbe

Es besteht die Möglichkeit, die einzelnen Punkte einer Datenreihe miteinander zu verbinden, so dass eine Art Liniendiagramm entsteht.

Das Flächendiagramm

Bei einem *Flächendiagramm* werden die einzelnen Datenpunkte bzw. Werte Ihrer Tabelle miteinander verbunden. Die Fläche unterhalb der Punkte wird mit einer Farbe oder einem Muster gefüllt. Dem Betrachter entsteht der Eindruck einer kontinuierlichen Kurve. Allerdings sind die Werte zwischen zwei Datenpunkten nur fiktiv und beruhen nur auf vom Computer angeglichenen Werten zwischen den Werten der Datenpunkte. Sind Ihre Werte jedoch absolute Werte, sollten Sie von diesem Diagrammtyp absehen.

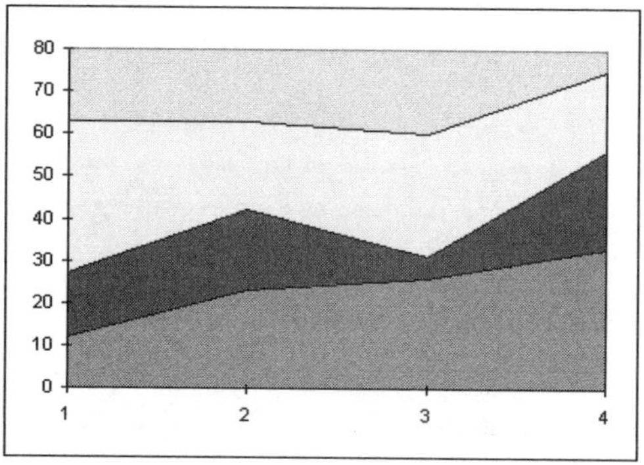

Abbildung 9.10: Das Flächendiagramm

Mehrere Flächen werden bei diesem Diagrammtyp übereinander gesetzt. Dadurch eignet sich der Typ auch für unterschiedliche Umsatzwerte beispielsweise von verschiedenen Produkten.

Das Einsatzgebiet von *3-D-Flächendiagrammen* ist identisch mit dem 2-D-Pendant. Datenpunkte einer Reihe werden miteinander verbunden, so dass eine kontinuierliche Kurve entsteht. Zusätzlich kommt hier noch die Z-Achse hinzu, die durch eine variable und frei einstellbare Größe als Fläche dargestellt wird.

Im Gegensatz zum 2-D-Bruder stellt die 3-D-Variante unterschiedliche Datenreihen nicht übereinander, sondern nebeneinander bzw. hintereinander dar.

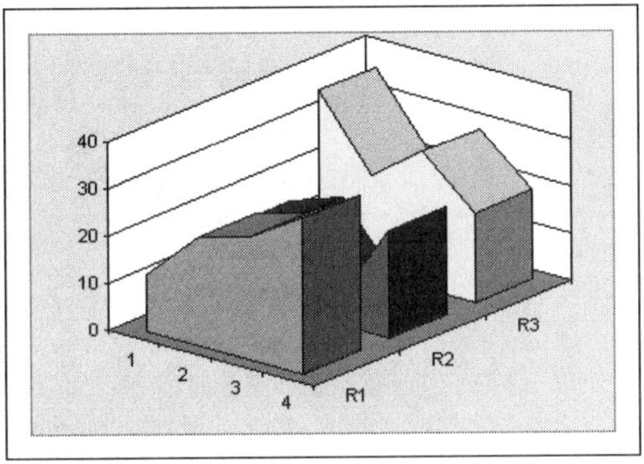

Abbildung 9.11: Das 3-D-Flächendiagramm kann um jede Achse gedreht werden

Ein 3-D-Flächendiagramm eignet sich besonders, um kontinuierliche Wertangaben aufzuzeigen, beispielsweise Umsatz- oder Absatzentwicklungen.

Das Ringdiagramm

Das *Ringdiagramm* ähnelt dem Kreisdiagramm, allerdings mit einem entscheidenden Unterschied: Bei einem Ringdiagramm können mehrere Datenreihen dargestellt werden.

Die einzelnen Datenreihen ergeben auch hier die Summe eines Ganzen und die einzelnen Datenwerte stehen im Vergleich zueinander.

Kreis- und Ringdiagramme geben immer einen Prozentanteil in Form einer Fläche aus. Sie müssen nicht erst in Ihrer Tabelle einen Prozentwert errechnen, der dann zur Darstellung eines Ringdiagramms genutzt werden kann. Excel übernimmt die Umrechnung in Prozentwerte bei dieser Erstellung automatisch.

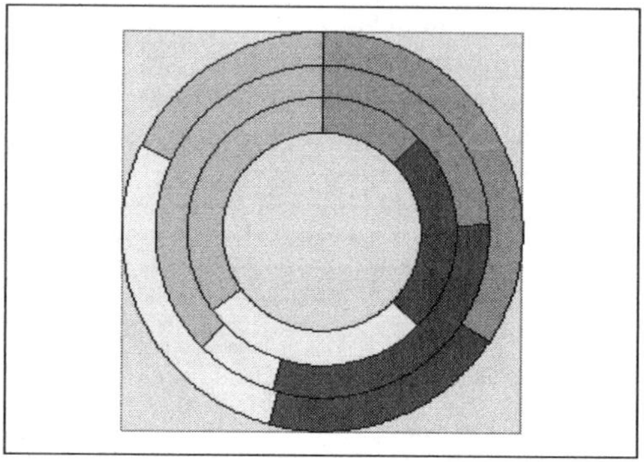

Abbildung 9.12: Bei Ringdiagrammen lassen sich mehrere Datenreihen miteinander vergleichen

Das Netzdiagramm

Das *Netzdiagramm* lässt sich am besten mit einem Liniendiagramm vergleichen, allerdings besitzt jede Datenreihe nur eine eigene Größenachse, die von einem einzigen Nullpunkt ausgeht. Dadurch ergibt sich eine Art Kreis.

Die Werte einer Datenreihe werden dabei durch Linien verbunden. Anfangs- und Endwerte werden ebenfalls verbunden, wodurch eine geschlossene Fläche entsteht. Unterschiedliche Datenreihen werden in verschiedenen Farben angezeigt.

Ein Nachteil dieses Diagrammtyps besteht darin, dass sehr kleine Werte sehr schlecht zu erkennen sind, weil sie unmittelbar um den Nullpunkt aller Datenreihen ausgegeben werden. Allerdings kann dies auch für die Darstellung gewünscht sein, da hierdurch die Gewichtung der Daten sehr deutlich wird.

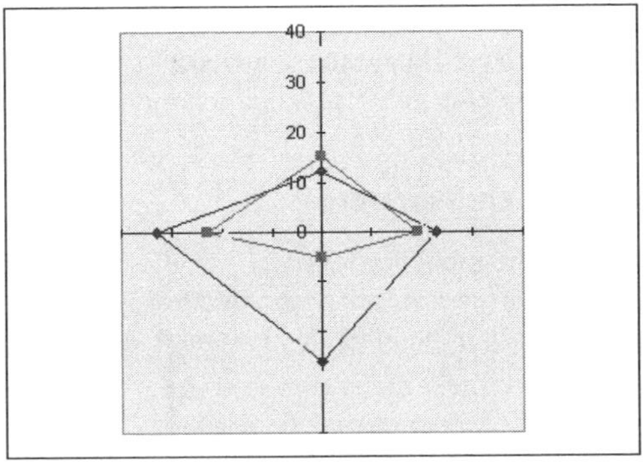

Abbildung 9.13: Netzdiagramm

Das Oberflächendiagramm

Beim *Oberflächendiagramm* werden alle Werte über Knotenpunkte verbunden, dadurch entsteht eine Oberfläche ähnlich einer Landkarte. Gleiche Werte besitzen dasselbe Muster bzw. dieselbe Farbe.

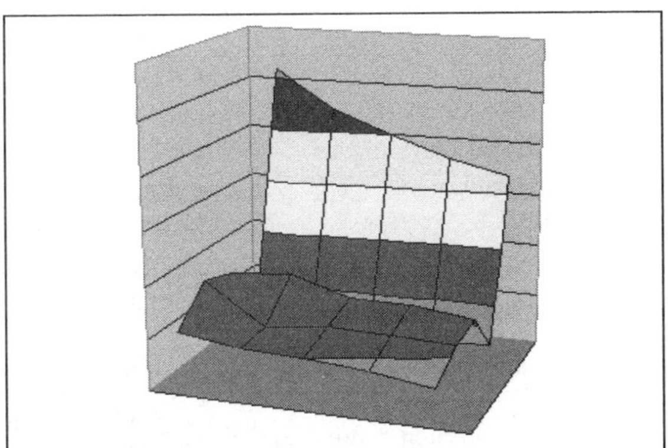

Abbildung 9.14: Das Oberflächendiagramm

Mit Hilfe des *3-D-Oberflächendiagramms* können Zusammenhänge zwischen zwei Datensätzen aufgedeckt werden. Dadurch kann beispielsweise eine günstige Kombination aufgezeigt werden.

Das Blasendiagramm

Die Darstellung von Werten als Blase innerhalb des *Blasendiagramms* hat den Vorteil, dass Sie Größenverhältnisse sehr leicht in Relation sehen können, da hier eine Fläche dargestellt wird.

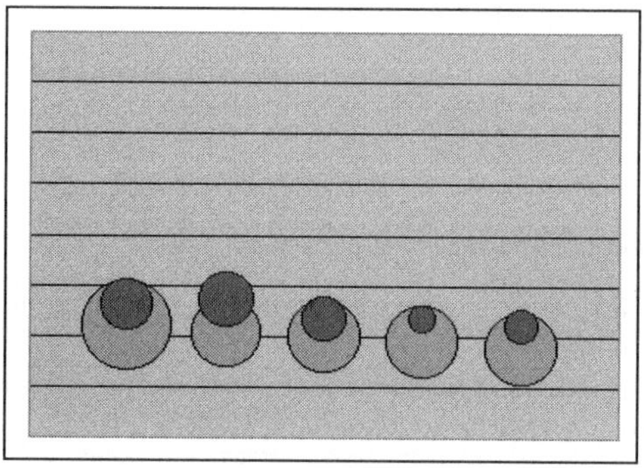

Abbildung 9.15: Das Blasendiagramm

Ein dreidimensionales Gegenstück gibt es zu diesem Diagrammtyp nur insofern, als die Blasen eine dreidimensionale Darstellung erfahren.

Das Kursdiagramm

Mit dem *Kursdiagramm* können Wertentwicklungen dargestellt werden. Da hierbei Höchst-, Tiefst-, Einstiegs- und Ist-Werte berücksichtigt werden, kann dieser Typ gut in Verbindung mit Aktien verwendet werden.

Dieser Diagrammtyp hat die Besonderheit, dass er ganz bestimmte Informationen an ganz bestimmten Stellen erfordert, was den Einsatz etwas aufwendiger werden lässt.

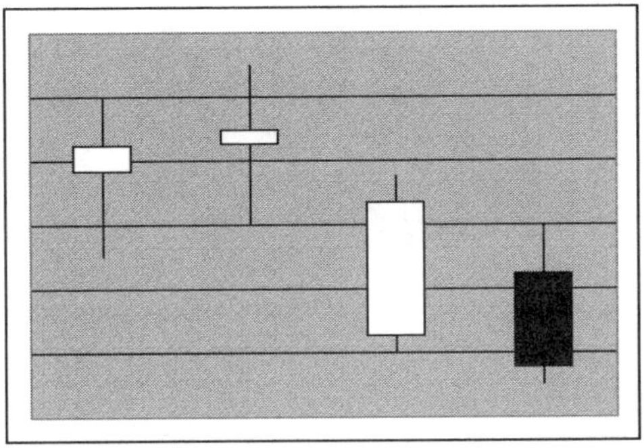

Abbildung 9.16: Hier können Kursentwicklungen interessant dargestellt werden

Das Zylinderdiagramm

Das Zylinderdiagramm können Sie mit einem Säulen- bzw. Balkendiagramm vergleichen, nur dass hierbei die Säulen bzw. Balken als runde Elemente dargestellt werden. Die Einsatzgebiete dieses Diagramms sind allerdings identisch (siehe Abbildung 9.17).

Das Kegeldiagramm

Ähnlich wie das Zylinderdiagramm verhält es sich beim *Kegeldiagramm*. Hier werden die Datenwerte lediglich nicht als Zylinder, sondern als Kegel dargestellt. Ansonsten besteht kein Unterschied (siehe Abbildung 9.18).

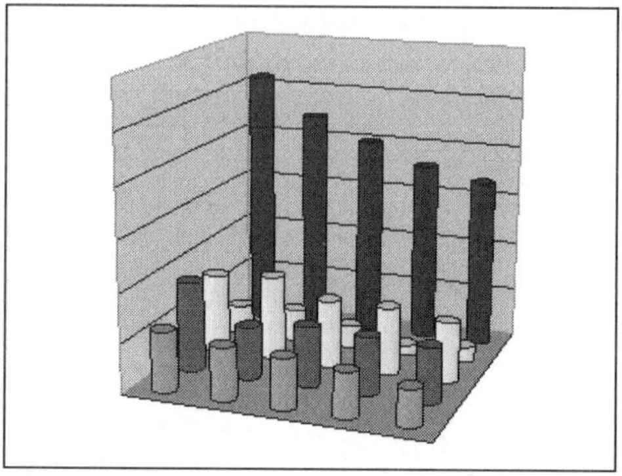

Abbildung 9.17: Das Zylinderdiagramm stellt Werte optisch gut lesbar dar

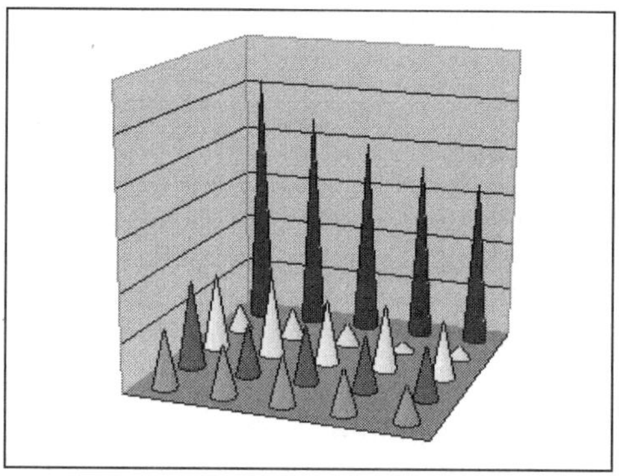

Abbildung 9.18: Die Daten als Kegel

Das Pyramidendiagramm

Möchten Sie keine Kegel mit runden Grundflächen, dann benutzen Sie doch Pyramiden mit quadratischen Grundflächen, so wie es beim *Pyramidendiagramm* der Fall ist.

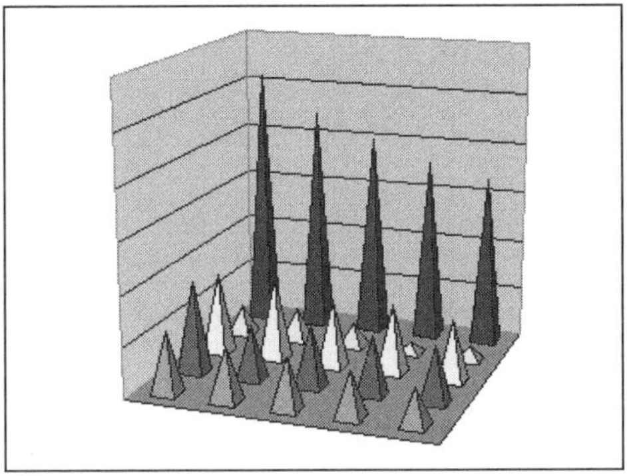

Abbildung 9.19: Hier werden Pyramiden eingesetzt

Damit haben Sie alle Diagrammtypen kennen gelernt. Welche Art von Diagramm Sie für Ihre Daten verwenden wollen, hängt von Ihrem Geschmack, allerdings auch von Ihren Daten ab.

Mehrere Diagrammtypen kombinieren – das Verbunddiagramm

Manchmal ist es notwendig, in einem Diagramm unterschiedliche Arten von Werten zu implementieren, wobei diese auch auf unterschiedliche Weisen darzustellen sind.

Bei einem *Verbunddiagramm* besteht die Möglichkeit, verschiedene Diagrammtypen gleichzeitig in einem Diagramm darzustellen. Beispielsweise können Sie wie im Bild gezeigt Linien- und Säulendiagramme kombinieren.

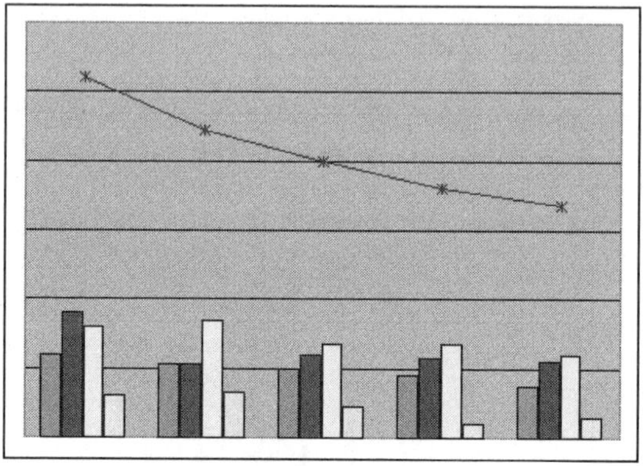

Abbildung 9.20: Das Verbunddiagramm

So können Sie unterschiedliche Datenreihen, die schlecht in einem einzigen Diagrammtyp dargestellt werden können, dennoch gemeinsam ausgeben.

Ein Verbunddiagramm darzustellen ist relativ einfach. Zuerst legen Sie, wie bei einem normalen Diagrammtyp, die Daten fest und stellen alle auf eine Art dar. Dann klicken Sie die Datenreihe an, die Sie mit einem anderen Diagrammtyp darstellen wollen und wählen dafür den entsprechenden Diagrammtyp aus. Auf diese Weise können Sie auch weitere Datenreihen verändern.

HINWEIS

Beachten Sie allerdings: Verbunddiagramme lassen sich nur mit 2-D-Diagrammtypen erzeugen.

Das Erstellen eines Diagramms

Mit Excel ist es ein Leichtes, ein Diagramm zu erstellen. Zuallererst sollten Sie sich Gedanken machen, welchen Zweck Ihr Diagramm erfüllen soll, welches Aussehen dafür notwendig ist und welche Werte einfließen sollen.

Wenn Sie nicht genau beurteilen können, welche Diagrammform die beste ist, macht das zunächst nichts. Sie können die Form jederzeit nachträglich ändern und verschiedene Formen durchspielen.

Markieren Sie als Erstes in Ihrer Tabelle alle Werte, die Sie in Ihr Diagramm aufnehmen wollen. Möchten Sie unterschiedliche Zeilen oder Spalten aufnehmen, die durch unwichtige voneinander getrennt sind, können sie mit Hilfe der Maus und durch Drücken von Strg markieren.

Danach aktivieren Sie den *Diagramm-Assistenten* über den Menübefehl *Einfügen / Diagramm*.

Der Diagramm-Assistent

Der *Diagramm-Assistent* ist enorm hilfreich beim Erstellen eines Diagramms. Er nimmt Sie an die Hand und führt Sie Schritt für Schritt durch alle erforderlichen Eingaben, die für ein Diagramm notwendig sind. Insgesamt werden vier Schritte unternommen.

Wie weiter oben schon erfahren, ist es sinnvoll, vor dem Start des Diagramm-Assistent die Zellen zu markieren, deren Werte in das Diagramm übernommen werden sollen.

Haben Sie alle Zellen markiert, lässt sich der Assistent entweder durch Drücken der *Diagramm-Assistent*-Schaltfläche oder durch Anwählen des schon oben angesprochenen Menüpunktes *Einfügen / Diagramm* starten.

Abbildung 9.21: Die *Diagramm-Assistent*-Schaltfläche

Der erste Schritt – den Diagrammtyp auswählen

Nach dem Start des Assistenten gelangen Sie zum ersten Schritt des Assistenten. Hier können Sie den Diagrammtyp wählen.

Abbildung 9.22: Der erste Schritt des Diagramm-Assistenten

Hier können Sie als Erstes innerhalb der linken Liste einen Diagrammtyp auswählen. Anschließend werden in dem Bereich *Diagrammuntertyp* die vorhandenen Untertypen dargestellt. Hier wählen Sie die Diagrammdarstellung aus, die Sie verwenden wollen.

Da Sie innerhalb des Assistenten jederzeit bedenkenlos einen Schritt zurückgehen können, wählen Sie zunächst ein Diagrammtyp aus, der Ihnen am sinnvollsten für Ihre Daten erscheint. Stellt sich nachträglich heraus, dass der Typ nicht passt, können Sie ihn jederzeit leicht ändern.

Möchten Sie vorab schon mal begutachten, wie Ihr Diagramm in etwa aussehen wird, dann klicken Sie auf die Schaltfläche *Schaltfläche gedrückt halten für Beispiel*. Sobald Sie darauf klicken und die Maustaste gedrückt halten, wird in dem Bereich darüber eine Vorschau unter Berücksichtigung Ihrer markierten Daten dargestellt.

> **HINWEIS** Bedenken Sie allerdings, dass Sie bezüglich des individuellen Aussehens des Diagramms noch keine Einstellungen vorgenommen haben. Es werden einige Standardeinstellungen berücksichtigt, die Sie innerhalb der nächsten Schritte noch verändern können und damit auch das Aussehen des Diagramms.

Unterhalb der Auswahlfelder finden Sie vier Schaltflächen vor, die Sie durch alle Schritte des Diagramm-Assistenten begleiten.

- ✔ Die *Abbrechen*-Schaltfläche beendet den Assistenten, ohne dass ein Diagramm dargestellt wird.
- ✔ Die *< Zurück*-Schaltfläche veranlasst den Assistenten, einen Schritt zurückzugehen. Beim ersten Schritt ist die Schaltfläche nicht anwählbar dargestellt, in allen weiteren hingegen ist sie anwählbar.
- ✔ Die *Weiter >*-Schaltfläche veranlasst den Assistenten, zum nächsten Schritt weiterzugehen.
- ✔ Die *Fertig-stellen*-Schaltfläche beendet den Diagramm-Assistenten und versucht mit den bisher getroffenen Angaben ein Diagramm zu erstellen.

Haben Sie den Diagrammtyp festgelegt, dann klicken Sie auf *Weiter*, um zum nächsten Schritt des Assistenten zu gelangen.

Der zweite Schritt – die Quelldaten bestimmen

Im zweiten Fenster können Sie die Zellen vorgeben, die in das Diagramm übernommen werden sollen. Haben Sie schon vor dem Start des Assistenten eine Selektion vorgenommen, werden die markierten Zellen in dem Eingabefeld angezeigt.

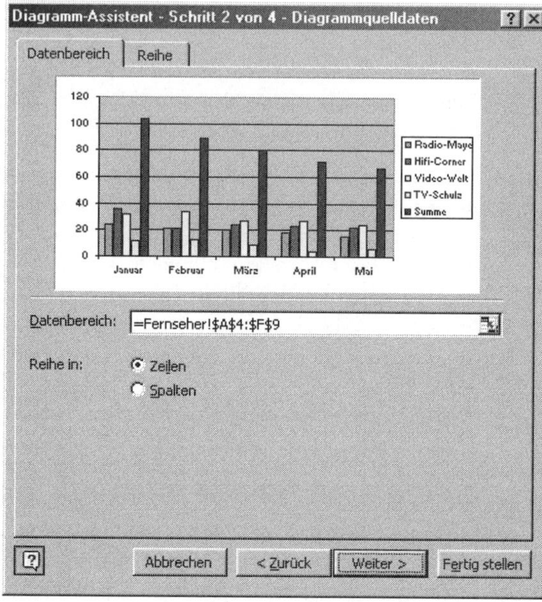

Abbildung 9.23: Im zweiten Schritt können Sie die Zellen eingeben, die in das Diagramm übernommen werden sollen

Haben Sie noch keine Auswahl getroffen, können Sie die Zellen direkt in das Eingabefeld *Datenbereich* eintragen. Wesentlich komfortabler ist aber die Auswahl mit Hilfe der Maus. Dazu klicken Sie einfach rechts in dem Eingabefeld auf das quadratische Symbol. Daraufhin verkleinert sich der Dialog und Sie können die entsprechenden Zellen Ihrer Tabelle mit der Maus markieren, die daraufhin sofort in das Eingabefeld übernommen werden. Anschließend klicken Sie wiederum auf dieses Symbol und der Dialog ist wieder vollständig da.

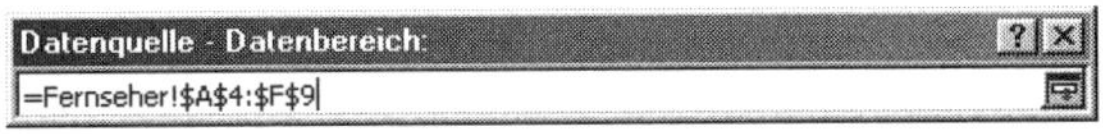

Abbildung 9.24: Der verkleinerte Dialog

Unter dem Beispieldiagramm finden Sie des weiteren zwei Optionsschaltflächen, mit denen Sie definieren können, ob sich Ihre Datenreihen in *Zeilen* oder *Spalten* befinden. Wählen Sie mit der Maus die entsprechende Option aus.

Haben Sie einen Bereich markiert, möchten allerdings einzelne Datenreihen verändern, dann können Sie dies innerhalb des Registers *Reihe* erledigen.

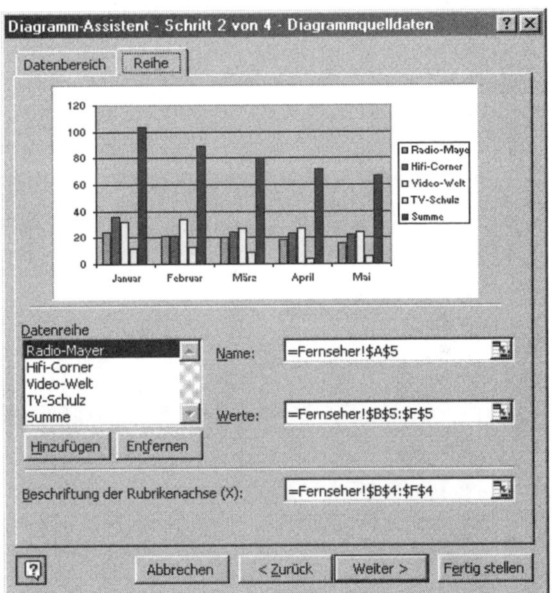

Abbildung 9.25: Hier können Sie Reihen verändern

Die bisher gewählten Daten werden innerhalb des Dialogs dargestellt und können über die vorhandenen Schaltflächen abgeändert werden.

Zum dritten Schritt gelangen Sie wiederum durch einen Klick auf *Weiter*.

Der dritte Schritt – die Diagrammoptionen

Der dritte Schritt bietet gegenüber den vorherigen nochmals eine ganze Reihe an zusätzlichen Einstellungs- und Beeinflussungsmöglichkeiten.

Sowohl für den unbedarften als auch für den versierten Anwender ist das im Assistenten dargestellte Beispieldiagramm enorm wichtig. Es zeigt in einer Vorschau an, wie das Diagramm mit den gewählten Angaben später dargestellt wird. Daran können Sie unter Umständen schnell ersehen, ob Sie den richtigen Diagrammtyp oder den richtigen Diagrammuntertyp gewählt haben.

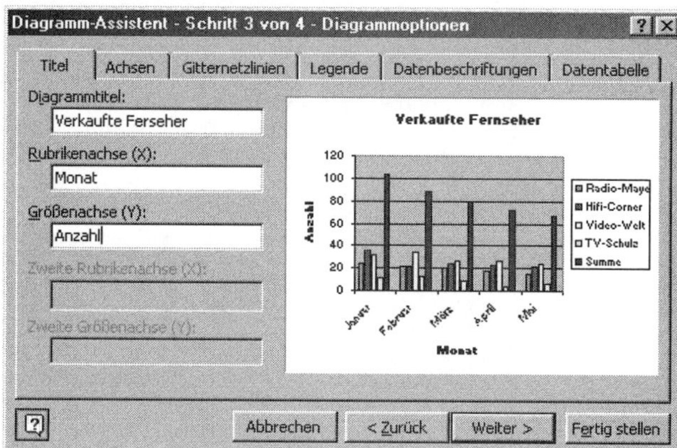

Abbildung 9.26: Hier wird ein Beispieldiagramm angezeigt

Sind Sie mit dem voraussichtlichen Ergebnis nicht zufrieden, können Sie mit Hilfe der *Zurück*-Schaltfläche Ihre bisherigen Angaben jederzeit abändern.

Sie finden eine Reihe von Registern vor, innerhalb deren Sie eine Vielzahl von Einstellungsmöglichkeiten vornehmen können.

So können Sie in diesem Schritt des Assistenten innerhalb des Registers *Titel* einen *Diagrammtitel* sowie eine Rubriken- bzw. Achsenbeschriftung eingeben. Haben Sie hier Eingaben vorgenommen, dann warten Sie einen kleinen Moment, die Angaben werden anschließend automatisch in das Vorschaubild übernommen. Auf diese Weise können Sie die vorgenommen Änderungen sofort überprüfen.

Geben Sie einen Diagrammtitel in das entsprechende Eingabefeld ein. Durch Drücken von [Alt] + [I] wird das Feld aktiv, so dass Sie Eingaben machen können, ohne zur Maus greifen zu müssen. Der Titel wird nach der Eingabe zentriert über das Diagramm gesetzt, wobei ein langer Titel automatisch umgebrochen wird.

Unterhalb des Titels geben Sie die Achsenbeschriftungen ein. Bei einem dreidimensionalen Diagramm können Sie in der Regel die X-, Y- und Z-Achse beschriften. Für jede Achse steht ein Eingabefeld bereit. Zur Eingabe müssen Sie entweder die Felder mit der Maus anwählen oder die Tastaturkombinationen [Alt] + [R] für die Beschriftung der X- bzw. Rubriken-Achse und [Alt] + [G] für die Größen-Achse aktivieren.

Steht ein Eingabefeld nicht zur Verfügung, weil entsprechende Einstellungen oder eine entsprechende Auswahl vorgenommen wurde, wird das entsprechende Feld nicht anwählbar geschaltet.

Eine weitere interessante Einstellungsmöglichkeit in diesem Schritt bezieht sich auf die *Legende* zum Diagramm. Dazu steht das Register *Legende* bereit.

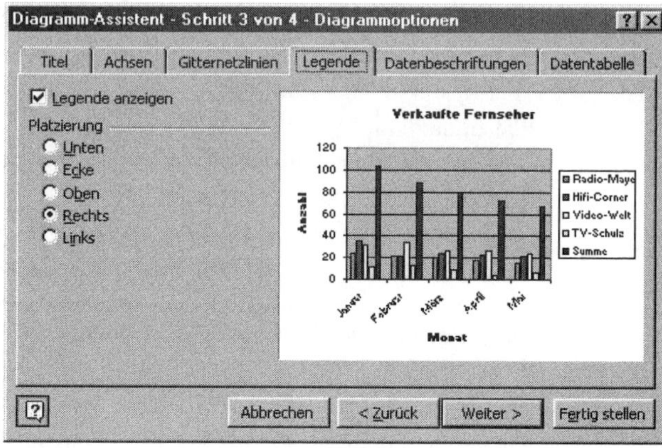

Abbildung 9.27: Das Register *Legende*

Hier können Sie bestimmen, ob und wenn ja, wo Sie die Legende platziert haben möchten. Klicken Sie die entsprechenden Optionen an. Alle Änderungen wirken sich direkt auf das Beispieldiagramm aus. Dadurch können Sie sofort kontrollieren, ob Ihre Eingabe richtig war oder nicht.

Das Register *Datentabelle* birgt noch eine interessante Darstellungsmöglichkeit des Diagramms in Verbindung mit den zuvor festgelegten Tabellendaten (siehe Abbildung 9.28).

Sobald Sie die Option *Datentabelle anzeigen* aktivieren, werden die selektierten Daten dem Diagramm zugeordnet. Dies ist z.B. dann von Vorteil, wenn Sie Ihr Diagramm auf einem separaten Tabellenblatt platzieren, wobei wir schon beim letzten Schritt des Assistenten angekommen wären.

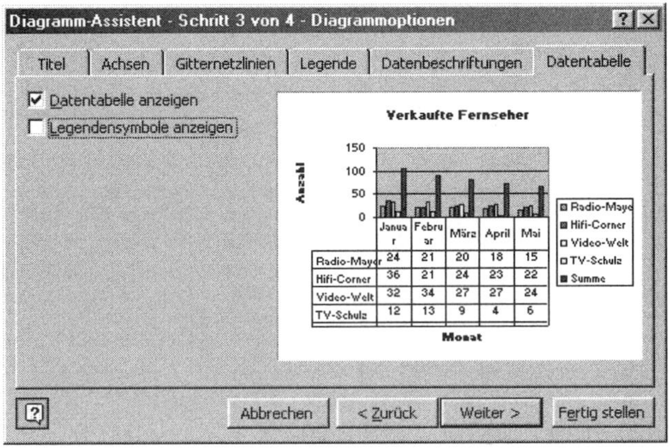

Abbildung 9.28: Diagramm und Daten

Der vierte Schritt – Die Diagrammplatzierung

Haben Sie alle Eingaben vorgenommen, können Sie im letzten Schritt des Assistenten noch festlegen, ob Sie das Diagramm als neues Objekt innerhalb eines der vorhandenen Tabellenblätter integrieren wollen oder ob Sie ein separates, neues Tabellenblatt dafür anlegen lassen wollen.

Abbildung 9.29: Der letzte Schritt

Wollen Sie es als ein Objekt in ein bestehendes Tabellenblatt einfügen, dann können Sie das Tabellenblatt aus dem entsprechenden Listenfeld auswählen.

Möchten Sie dagegen ein separates Tabellenblatt dafür anlegen lassen, dann können Sie in dem entsprechenden Eingabefeld einen Namen für das Tabellenblatt vorgeben.

Haben Sie hier die letzten Einstellungen vorgenommen, dann können Sie durch Drücken der *Fertig-stellen*-Schaltfläche das Diagramm ausgeben. Wollen Sie zuvor noch Änderungen vornehmen, können Sie mit der *Zurück*-Schaltfläche zu den vorherigen Diagramm-Assistenten-Schritten zurückkehren. Alle Eingaben bleiben dabei erhalten. Haben Sie z.B. Ihrem Diagramm bereits einen Titel gegeben, bleibt dieser erhalten, auch wenn Sie einige Schritte zurückkehren.

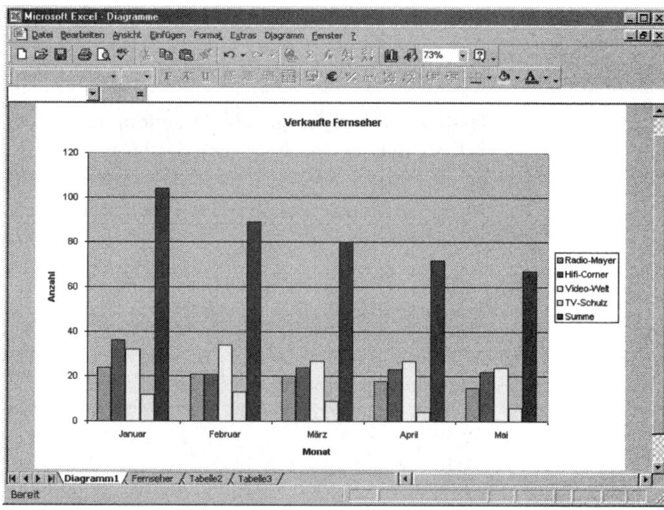

Abbildung 9.30: Ein fertiges Diagramm mit dem Diagramm-Assistenten erstellt

Die Diagrammuntertypen

Weiter oben wurden bereits die *Diagrammuntertypen* erwähnt. An dieser Stelle sollen sie noch einmal aufgegriffen und näher beschrieben werden.

Diagrammtyp Säule

Beim Säulendiagramm stehen sieben Untertypen bereit, die im Grunde identisch sind mit den Typen vom Balkendiagramm. Einziger Unterschied ist die vertikale Ausrichtung der Säulen und die fehlende 3-D-Darstellung. Die Unterschiede der Typen an sich liegen im Detail und werden nachfolgend aufgeführt.

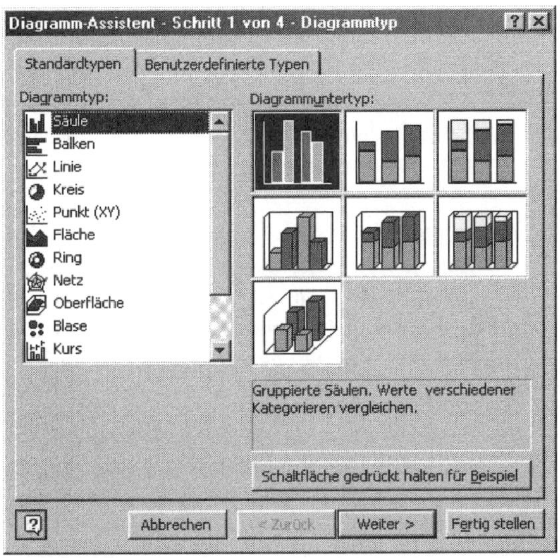

Abbildung 9.31: Sieben Untertypen stehen beim Säulendiagramm bereit

- 1. Untertyp:
Der erste Untertyp stellt jede Rubrik als Gruppe dar, wobei jeder Wert einer Datenreihe einer unterschiedliche Farbe besitzt. Die Daten können hier auch negativ sein, wobei die X-Achse ungefähr mittig zwischen den höchsten und den niedrigsten Wert gesetzt wird.
- 2. Untertyp:
Dieser Typ stellt die Werte einer Datenreihe übereinander dar. Sie werden addiert. Treten negative Werte auf, wird die X-Achse automatisch zentriert gesetzt. Werte der gleichen Rubrik besitzen die gleiche Farbe.
- 3. Untertyp:
Untertyp Nummer drei berücksichtigt alle Werte einer Datenreihe und setzt sie in Bezug zu 100 %. Gleiche Rubriken besitzen dieselbe Farbe.
- 4. Untertyp:
Der vierte Untertyp stellt jede Rubrik wie der erste Untertyp als Gruppe dar, wobei auch hier jeder Wert einer Datenreihe eine unterschiedliche Farbe besitzt. Der große Unterschied besteht hier in der dreidimensionalen Ansicht.
- 5. Untertyp:
Dieser Typ stellt die Werte einer Datenreihe dreidimensional übereinander dar. Sie werden aufaddiert. Treten negative Werte auf, wird die X-Achse automatisch zentriert gesetzt. Werte der gleichen Rubrik besitzen die gleiche Farbe.
- 6. Untertyp:
Untertyp Nummer sechs addiert alle Werte einer Datenreihe und setzt Sie ins Verhältnis zum Gesamtumfang. Gleiche Rubriken besitzen dieselbe Farbe. Die Darstellung ist dreidimensional.
- 7. Untertyp:
Untertyp Nummer sieben setzt alle Rubriken nebeneinander. Die Datenreihensäulen nutzen hier die Z-Achse bzw. die Tiefe.

Diagrammtyp Balken

Beim Balkendiagramm werden insgesamt sechs Untertypen angeboten, die sich mitunter nur in Feinheiten unterscheiden, beispielsweise in der Farbgebung oder in der Anordnung der Balken.

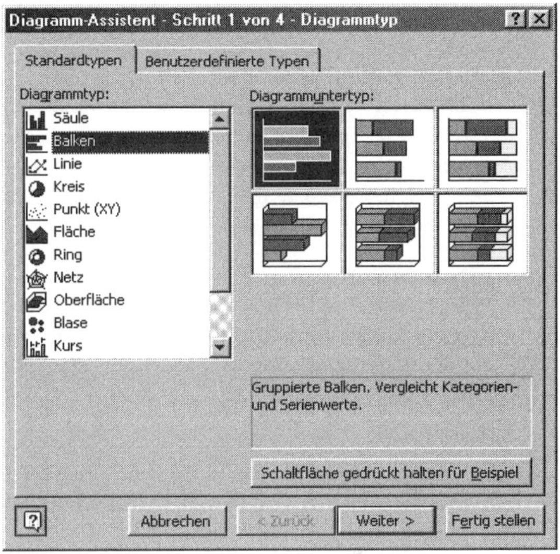

Abbildung 9.32: Sechs Untertypen stehen beim Balkendiagramm zur Verfügung

- 1. Untertyp:
  Der erste Untertyp stellt jede Rubrik als Gruppe dar, wobei jeder Wert einer Datenreihe eine unterschiedliche Farbe besitzt. Die Daten können auch negativ sein, wobei die Y-Achse dann zentriert zwischen den größten und den kleinsten Wert gesetzt wird.
- 2. Untertyp:
  Dieser Typ stellt die Werte einer Datenreihe übereinander dar.

Sie werden addiert. Treten negative Werte auf, wird die Y-Achse automatisch zentriert gesetzt. Werte der gleichen Rubrik besitzen die gleiche Farbe.

- 3. Untertyp:
  Untertyp Nummer drei berücksichtigt alle Werte einer Datenreihe und setzt sie in Bezug zu 100 %. Gleiche Rubriken besitzen dieselbe Farbe.

- 4. Untertyp:
  Der vierte Untertyp stellt jede Rubrik als Gruppe dar, wobei jeder Wert einer Datenreihe eine unterschiedliche Farbe besitzt. Die Daten können auch negativ sein, dann wird die Y-Achse zentriert gesetzt. Die Z-Achse wird nur genutzt, um die Balken räumlich zu gestalten.

- 5. Untertyp:
  Untertyp fünf addiert die Werte einer Datenreihe zu einem einzigen Balken auf. Die unterschiedlichen Wertbereiche werden hierbei farblich unterschieden. Die Darstellung ist dreidimensional.

- 6. Untertyp:
  Untertyp Nummer sechs addiert alle Werte einer Datenreihe und setzt sie ins Verhältnis zum Gesamtumfang. Gleiche Rubriken besitzen dieselbe Farbe. Die Darstellung ist dreidimensional.

Diagrammtyp Linie

Beim Diagrammtyp *Linie* werden sieben Untertypen angeboten, die alle ihre Vor- und Nachteile besitzen. Diese sind der Reihe nach:

- 1. Untertyp:
  Der erste Untertyp stellt alle Rubriken in unterschiedlichen Farben dar, wobei jeder Wert mit dem nächsten durch eine Linie verbunden ist.

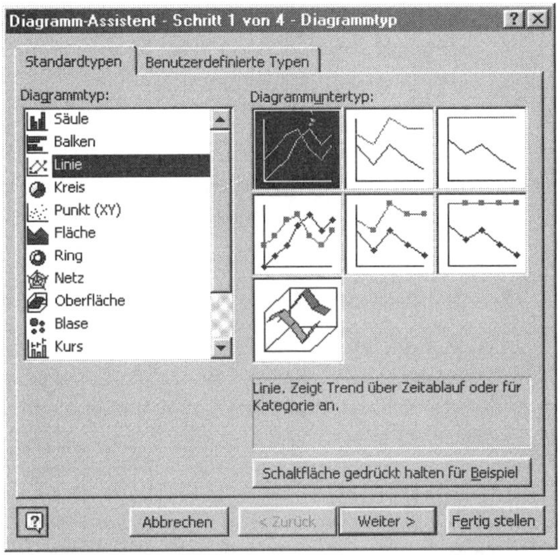

Abbildung 9.33: Das Liniendiagramm bietet sieben Untertypen an

- 2. Untertyp:
  Der zweite Untertyp ist identisch mit Format Nummer eins, jedoch werden hier die Werte der Datenreihen aufaddiert.
- 3. Untertyp
  Untertyp Nummer drei addiert alle Werte einer Datenreihe und setzt sie ins Verhältnis zum Gesamtumfang.
- 4. Untertyp:
  Der vierte Untertyp ist identisch mit dem ersten Typ, allerdings werden hier die Datenwerte durch Datenpunkte hervorgehoben.
- 5. Untertyp:
  Untertyp Nummer fünf ist identisch mit dem zweiten Typ. Auch hier werden zusätzlich Datenpunkte für die Datenwerte angezeigt.

- 6. Untertyp:
  Untertyp Nummer sechs ist identisch mit dem dritten Typ, ebenfalls um die Datenpunkte ergänzt.
- 7. Untertyp:
  Der siebte Untertyp stellt alle Rubriken als eigenes Band dar. Die Datenreihen werden hierbei farblich unterschieden. Die Darstellung ist dreidimensional.

Diagrammtyp Kreis

Das Kreisdiagramm bietet sechs Untertypen an, die im Folgenden näher beschrieben werden. Bedenken Sie, dass das Kreisdiagramm nur eine Rubrik darstellen kann, immer in Bezug auf ein Ganzes oder 100 %.

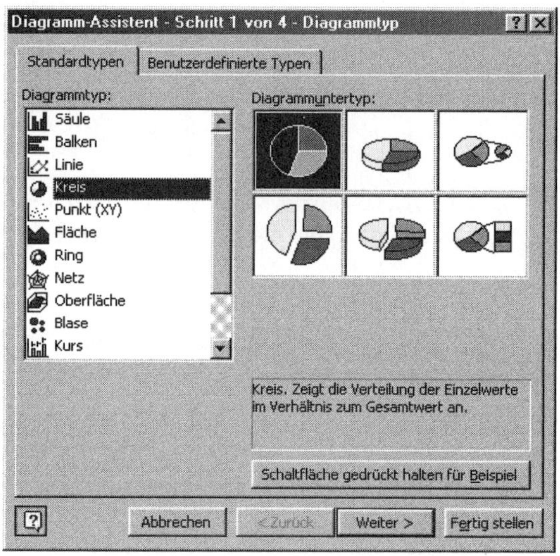

Abbildung 9.34: Insgesamt werden beim Kreisdiagramm sieben Formate angeboten

- 1. Untertyp:
  Der erste Untertyp teilt die Rubrik in verschiedenfarbige Tortenstücke auf. Je nach Wert sind die Stücke unterschiedlich groß.
- 2. Untertyp:
  Der zweite Untertyp ist an sich mit Typ eins identisch. Er verteilt die verschiedenen Werte auf mehrere Tortenstücke. Je nach Wert ergibt sich auch hier eine unterschiedliche Größe. Die Darstellung ist hier jedoch dreidimensional.
- 3. Untertyp:
  Untertyp drei stellt die Werte als Tortenstücke dar. Dabei werden einige Teilstücke zu einem zusammengefasst und dann als herausgezogener separater Kreis mit entsprechenden Teilstükken dargestellt.
- 4. Untertyp:
  Untertyp vier ist ebenfalls identisch mit Format eins, allerdings werden alle Tortenstücke aus dem Kuchen »herausgeschnitten« und mit Zwischenräumen dargestellt.
- 5. Untertyp:
  Typ fünf ist identisch mit Nummer zwei, mit dem Unterschied, dass auch hier die Tortenstücke »herausgeschnitten« sind. Die Darstellung ist ebenfalls dreidimensional.
- 6. Untertyp:
  Der sechste Untertyp ist fast mit Typ 3 identisch, jedoch werden hier die zusammengefassten Tortenteile herausgezogen und nicht anhand eines Kreises, sondern mittels Balken dargestellt.

Diagrammtyp Punkt (XY)

Das Punkt (XY)-Diagramm bietet eine Auswahl von fünf Untertypen an.

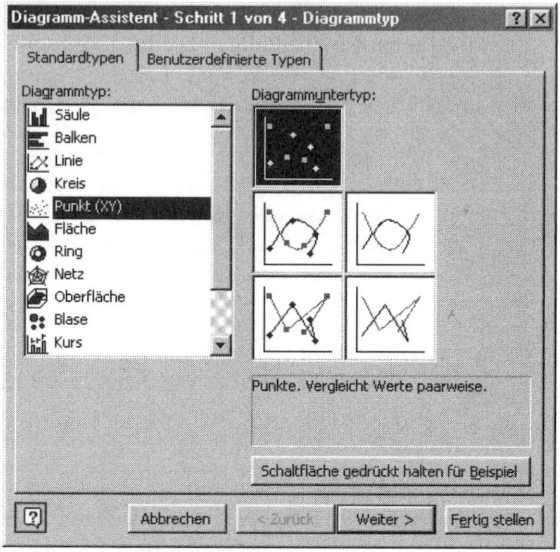

Abbildung 9.35: Insgesamt werden fünf Untertypen bereitgestellt

- 1. Untertyp:
  Der erste Untertyp setzt unterschiedliche Symbole für jede Datenreihe. Die Symbole besitzen ferner differenzierende Farben, wobei jedes Datenpaar miteinander verglichen wird.

- 2. Untertyp:
  Der zweite Untertyp ist übereinstimmend mit Typ eins, jedoch werden die Datenpunkte einer Datenreihe miteinander durch eine Linie verbunden. Dabei berechnet (interpoliert) Excel zusätzlich Werte zwischen zwei Datenpunkte einer Datenreihe, so dass eine Kurve ohne Ecken dargestellt wird. Ein Art Kurvendiagramm entsteht.

- 3. Untertyp:
  Untertyp drei ist identisch mit Typ zwei, jedoch werden hier die Datenpunkte weggelassen, so dass lediglich die Linien dargestellt werden.

- 4. Untertyp:
  Dieser Typ ist ebenfalls identisch mit Nummer zwei, allerdings werden hier keine zusätzlichen Berechnungen (Interpolationen) durchgeführt, so dass die einzelnen Datenpunkte geradlinig miteinander verbunden sind.
- 5. Untertyp:
  Untertyp fünf ist mit Typ vier identisch, jedoch werden hier die Datenwerte nicht durch Datenpunkte dargestellt.

Diagrammtyp Fläche

Haben Sie die Flächendiagramme gewählt, werden insgesamt sechs Untertypen angeboten.

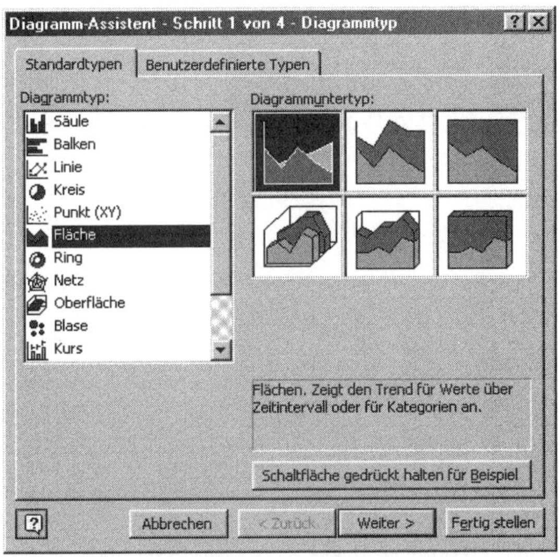

Abbildung 9.36: Insgesamt stehen beim Flächendiagramm sechs Untertypen zur Verfügung

- 1. Untertyp:
  Der erste Untertyp stellt alle Datenreihen unabhängig voneinander als Fläche dar.
- 2. Untertyp:
  Der zweite Untertyp stellt alle Datenreihen aufaddiert übereinander dar, wobei jede Datenreihe eine eigene Farbe erhält.
- 3. Untertyp:
  Dieser Untertyp stellt wiederum alle Datenreihen aufaddiert übereinander dar, allerdings immer in Bezug zu 100 %.
- 4. Untertyp:
  Untertyp vier ist identisch mit Typ eins, jedoch ist hier die Darstellung dreidimensional.
- 5. Untertyp:
  Der fünfte Untertyp ist bis auf die dreidimensionale Darstellung identisch mit Typ zwei.
- 6. Untertyp:
  Auch beim sechsten Untertyp ist lediglich die dreidimensionale Darstellung der Unterschied zu Typ drei.

Diagrammtyp Ring

Bei einem Ringdiagramm können mehrere Datenreihen herangezogen werden, ansonsten gelten die gleichen Grundlagen wie beim Kreisdiagramm.

- 1. Untertyp:
  Der erste Untertyp verteilt die unterschiedlichen Datenreihen in Ringe, deren Rubriken in verschiedenfarbige Teilstücke zerlegt werden. Je nach Wert sind die Teile unterschiedlich groß.
- 2. Untertyp:
  Untertyp zwei ist identisch mit Typ eins, allerdings werden alle Ringteile aus dem ersten Ring herausgeschnitten dargestellt.

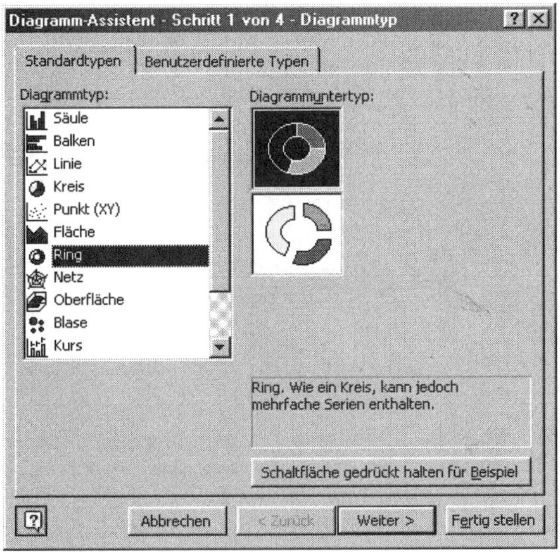

Abbildung 9.37: Die Untertypen des Ringdiagramms

Diagrammtyp Netz

Das Netzdiagramm unterstützt insgesamt drei Formate, die sich wie folgt voneinander unterscheiden.

- 1. Untertyp:
  Das erste Untertyp verbindet alle Werte einer Datenreihe zu den jeweiligen Größenachsen. Die Datenreihen werden farblich unterschieden.
- 2. Untertyp:
  Untertyp zwei ist identisch mit Typ Nummer eins, jedoch werden die Werte der Datenreihen zusätzlich durch Datenpunkte markiert.

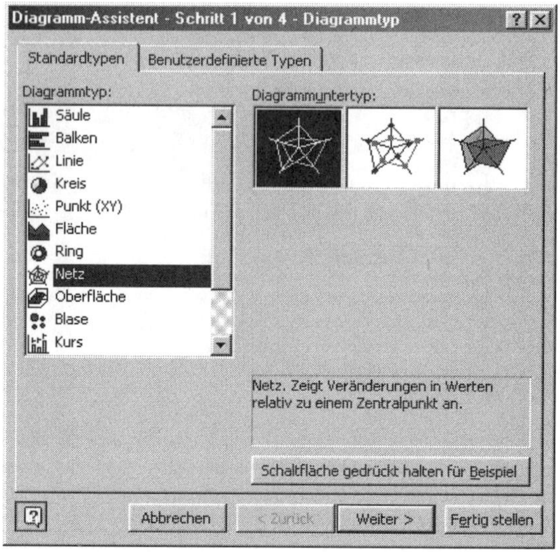

Abbildung 9.38: Das Netzdiagramm bietet drei Untertypen an

- 3. Untertyp:
  Der dritte Untertyp ist übereinstimmend mit Typ eins, jedoch wird die Fläche innerhalb einer Datenreihe mit einem Muster oder einer Farbe gefüllt. Hierbei müssen Sie bedenken, dass unter Umständen einige Flächen von anderen komplett verdeckt werden können.

Diagrammtyp Oberfläche

Vier Untertypen bietet das Oberflächendiagramm. Auch hier liegen die Unterschiede nur im Detail, können mitunter aber Enormes bewirken.

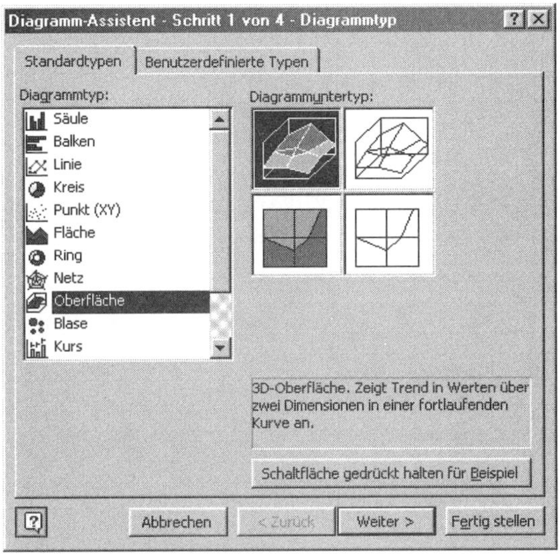

Abbildung 9.39: Vier Untertypen stehen bei der Oberfläche zur Auswahl

- 1. Untertyp:
  Der erste Untertyp verbindet alle Werte einer Rubrik und Datenreihe über Knotenpunkte. Dadurch entsteht eine Art Landschaft. Gleiche Werte besitzen dieselbe Farbe. Die Darstellung ist dreidimensional.
- 2. Untertyp:
  Untertyp zwei ähnelt Typ eins, jedoch werden die Flächen nicht gefüllt, so dass eine Gitternetzlandschaft dargestellt wird.
- 3. Untertyp:
  Dieser Typ ist nur zweidimensional. Er zeigt die Landschaft von oben, Höhenunterschiede können nur durch die Farbgebung sichtbar gemacht werden.

✔ 4. Untertyp:
Untertyp vier ist das Pendant zu Typ drei, jedoch werden keine Flächen gefüllt, so dass man nur »Höhenlinien« erkennt.

Diagrammtyp Blase

Der Diagrammtyp *Blase* stellt lediglich zwei Untertypen bereit, wobei die Unterschiede hier nicht sehr groß sind.

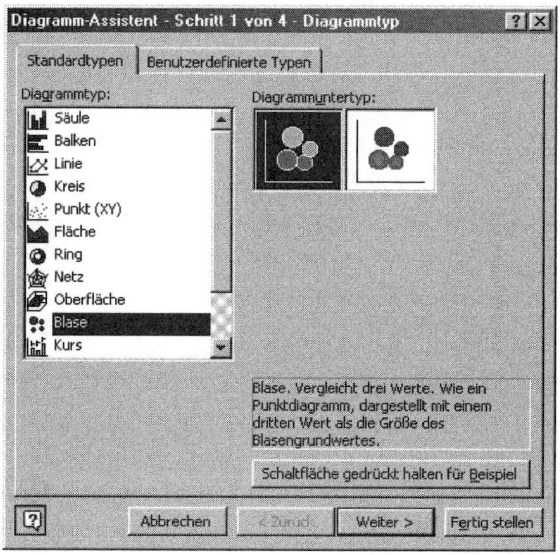

Abbildung 9.40: Der Diagrammtyp *Blase*

✔ Untertyp 1:
Beim Blasendiagramm werden Werte miteinander verglichen und dargestellt. Anhand der Flächendarstellung ist hier ein optisches Vergleichen leicht möglich.

- Untertyp 2:
  Der zweite Typ unterscheidet sich vom ersten nur dadurch, dass die Blasen dreidimensional dargestellt werden.

Diagrammtyp Kurs

Der Diagrammtyp *Kurs* bietet sich für Wertentwicklung mit Höchst- und Tiefstwerten an. Die unterschiedlichen Untertypen benötigen auch unterschiedliche Wertmengen.

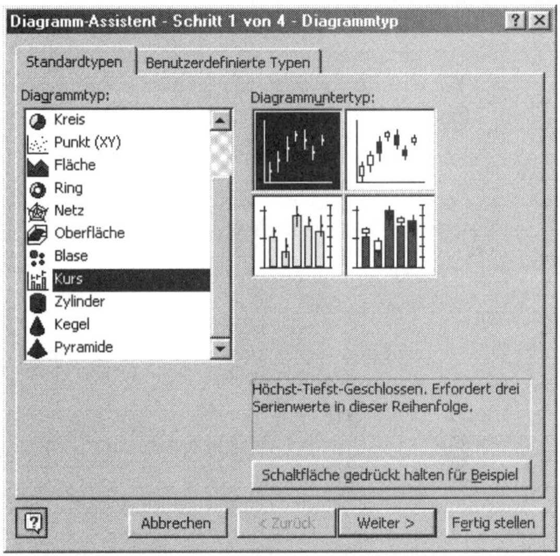

Abbildung 9.41: Hier können Sie Kurse anzeigen lassen

- Untertyp 1:
  Dieser Typ zeigt den Höchst- und Tiefstwert an. Dazu kommt noch ein Strich, der den Schlusswert anzeigt. Die Angaben müssen in der Reihenfolge Hoch-Tief-Schlusswert erfolgen.

- Untertyp 2:
  Der zweite Typ zeigt ebenfalls den Höchst- und Tiefstwert an. Jedoch kommt hier neben dem Schlusswert noch der Eröffnungswert hinzu. Die Angaben müssen in der Reihenfolge Eröffnungswert-Hoch-Tief-Schlusswert erfolgen.
- Untertyp 3:
  Der Untertyp 3 ist mit dem ersten Typ vergleichbar, allerdings wird zusätzlich das Umsatzvolumen als Säule dargestellt. Die Angaben müssen in der Reihenfolge Umsatzvolumen-Hoch-Tief-Schlusswert erfolgen.
- Untertyp 4:
  Dieser Typ ist mit Typ 3 vergleichbar, allerdings wird auch hier das Umsatzvolumen als Säule zusätzlich dargestellt. Die Angaben müssen in der Reihenfolge Umsatzvolumen-Eröffnungswert-Hoch-Tief-Schlusswert erfolgen.

Diagrammtyp Zylinder

Der Diagrammtyp *Zylinder* stellt Datenwerte als zylindrische Säulen oder Balken dar.

Die sieben Untertypen sind von der Funktion her identisch mit einigen Untertypen, die Sie beim Säulen- bzw. Balkendiagramm vorfinden. Die Aufgaben der Untertypen können dort nachgelesen werden. Aus diesem Grund werden sie hier nicht noch einmal aufgezählt (siehe Abbildung 9.42).

Diagrammtyp Kegel

Anders als beim Zylinderdiagrammtyp werden hier Kegel für die Darstellung der Werte verwendet. Alles andere ist identisch (siehe Abbildung 9.43).

Die Untertypen sind identisch mit denen des Kegeldiagramms.

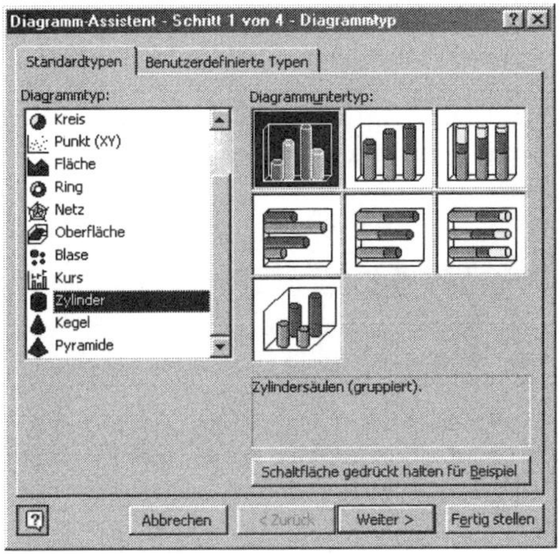

Abbildung 9.42: Hier werden Zylinder dargestellt

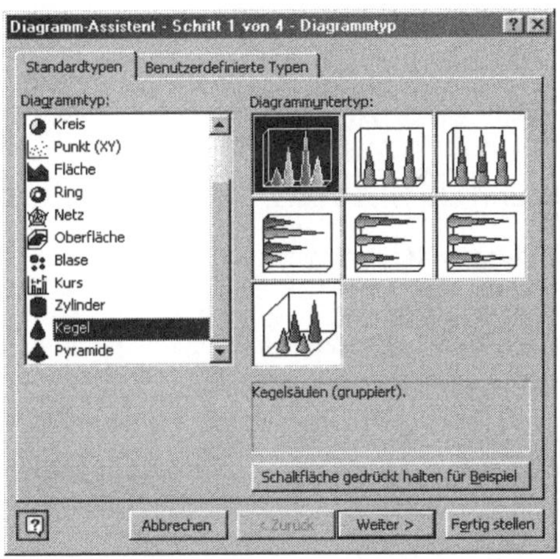

Abbildung 9.43: Die Verwendung von Kegeln

Diagrammtyp Pyramide

Der Pyramidendiagrammtyp reiht sich nahtlos an die beiden vorherigen Diagrammtypen an. Auch hier ist der Aufbau gleich, allerdings mit dem Unterschied, dass hier eben Pyramiden dargestellt werden.

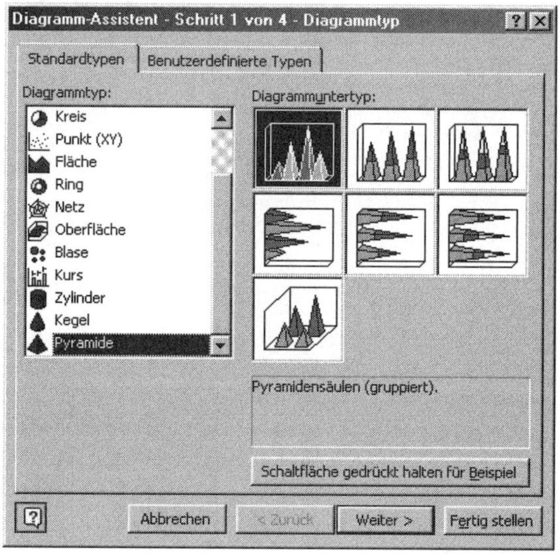

Abbildung 9.44: Pyramiden als Wertedarstellung

Mit den Untertypen verhält es sich wie schon von den vorherigen beiden Diagrammtypen bekannt.

Damit haben Sie alle Standardtypen für die Diagrammerstellung kennen gelernt. Allerdings bietet Excel hier noch mehr, die *benutzerdefinierten Typen*.

Die benutzerdefinierten Typen

Bei den benutzerdefinierten Typen handelt es sich um vorgefertigte Diagramme, die schon etliche Formatierungen enthalten. Nachfolgend werden die einzelnen Typen kurz aufgezeigt.

Blauer Kreis

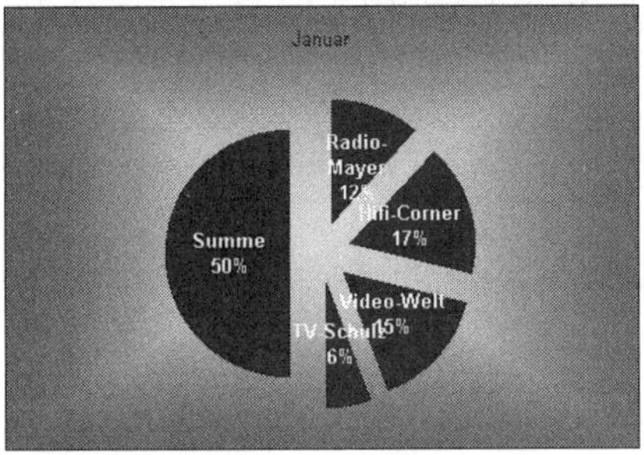

Abbildung 9.45: Typ *Blauer Kreis*

Farbenstapel

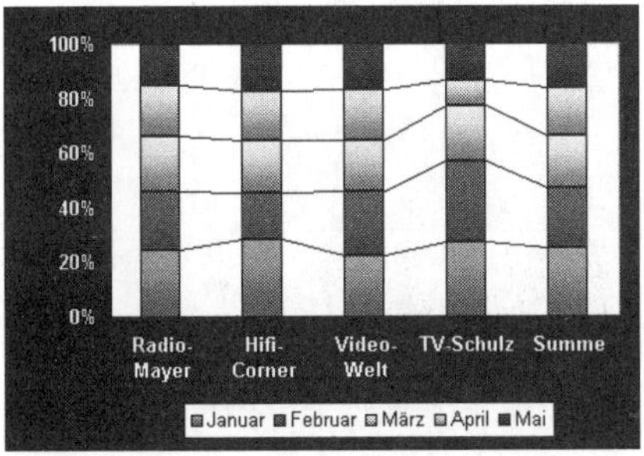

Abbildung 9.46: Typ *Farbenstapel*

Farbige Linien

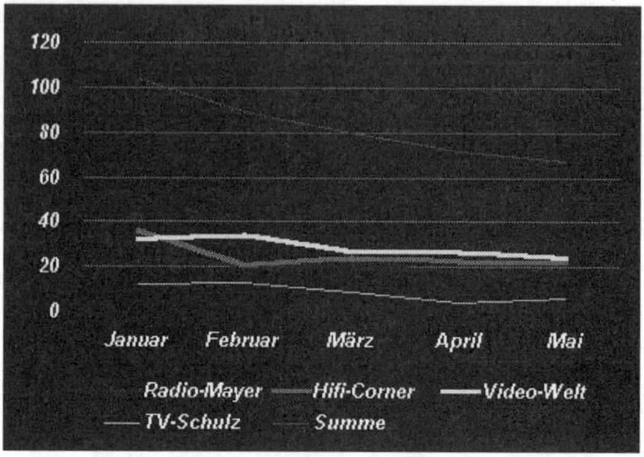

Abbildung 9.47: Typ *Farbige Linien*

Kegel

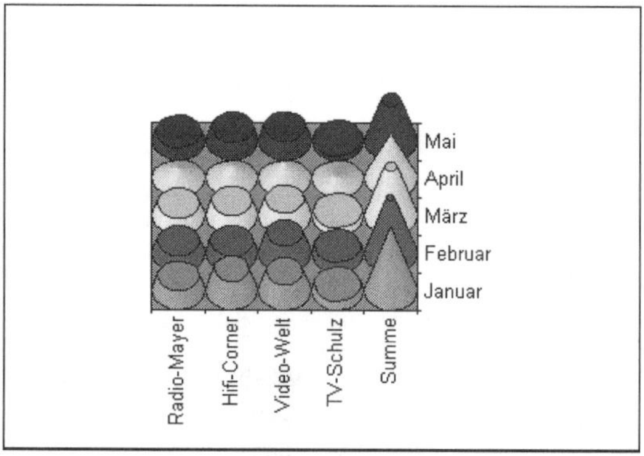

Abbildung 9.48: Typ *Kegel*

Kreisexplosion

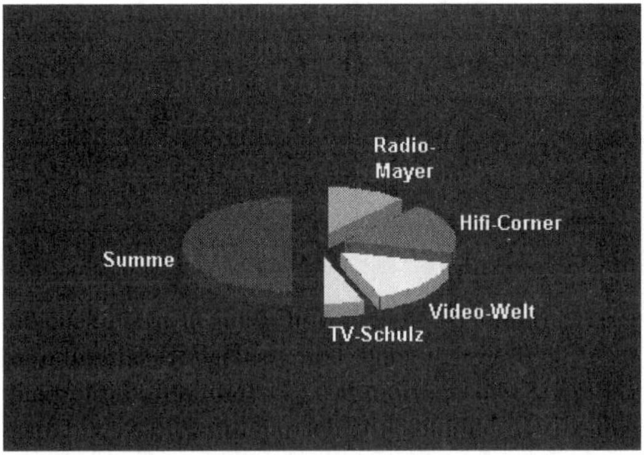

Abbildung 9.49: Typ *Kreisexplosion*

Linie-Säule

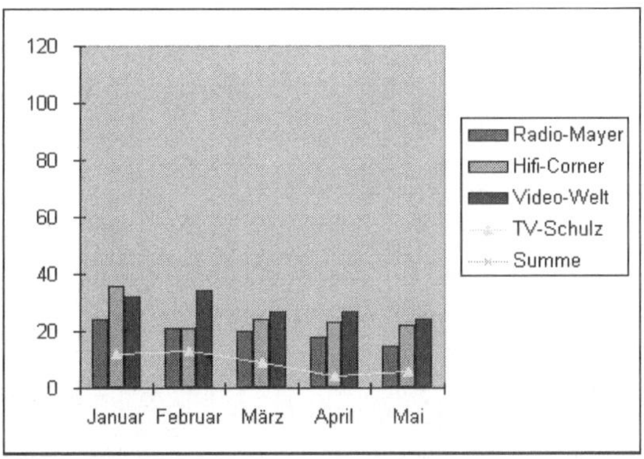

Abbildung 9.50: Typ *Linie-Säule*

Linie-Säule auf zwei Achsen

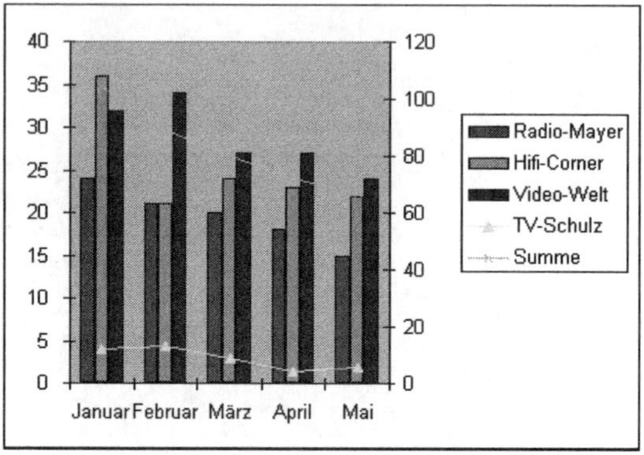

Abbildung 9.51: Typ *Linie-Säule auf zwei Achsen*

Linien auf zwei Achsen

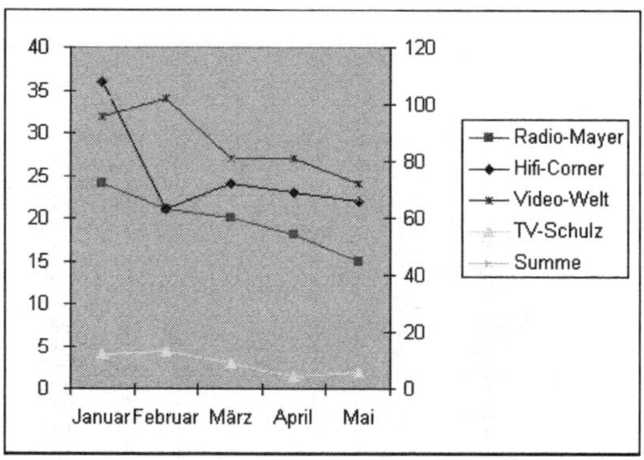

Abbildung 9.52: Typ *Linien auf zwei Achsen*

Logarithmisch

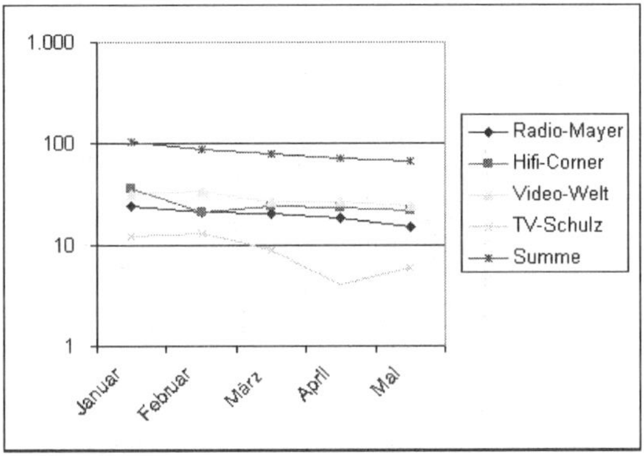

Abbildung 9.53: Typ *Logarithmisch*

Outdoor-Balken

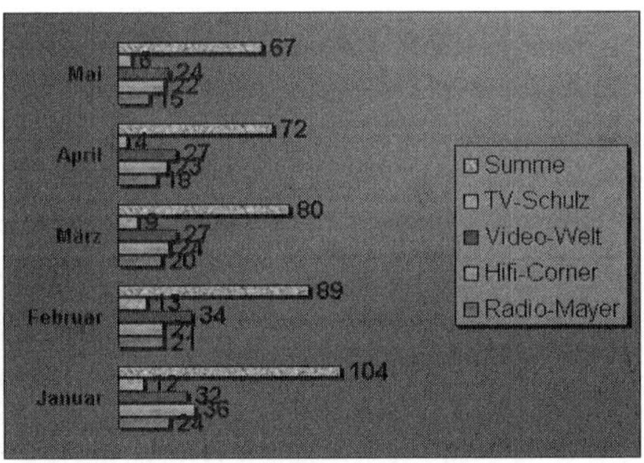

Abbildung 9.54: Typ *Outdoor-Balken*

Pastell

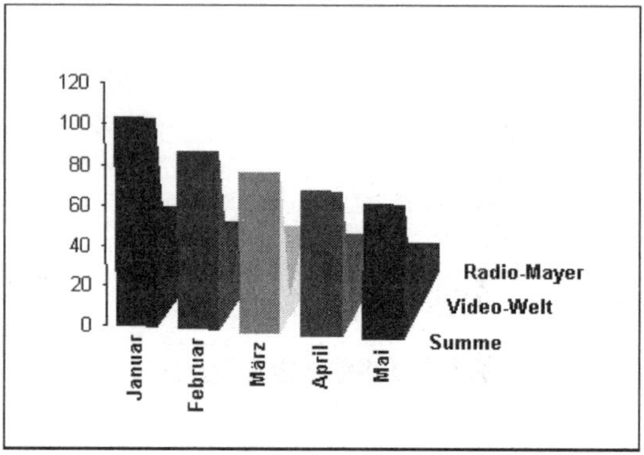

Abbildung 9.55: Typ *Pastell*

Rohre

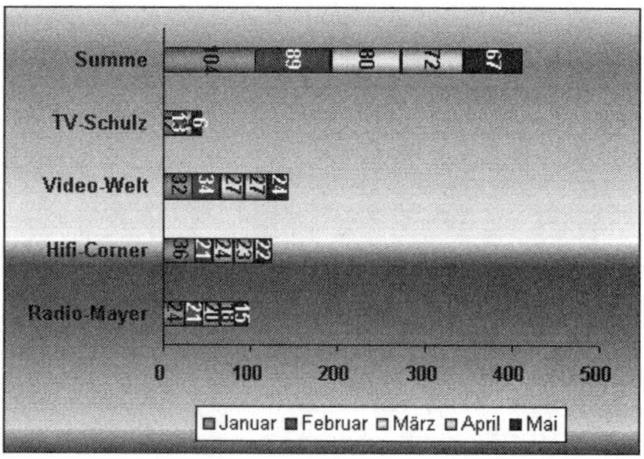

Abbildung 9.56: Typ *Rohre*

S&W Flächendiagramm

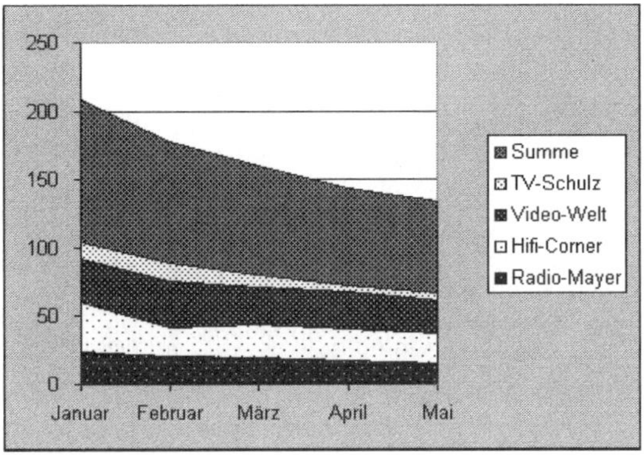

Abbildung 9.57: Typ *S&W Flächendiagramm*

S&W Kreisdiagramm

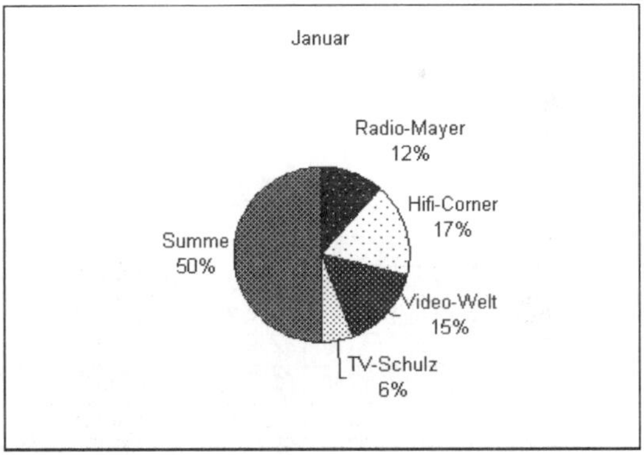

Abbildung 9.58: Typ *S&W Kreisdiagramm*

S&W Linie mit Zeitskala

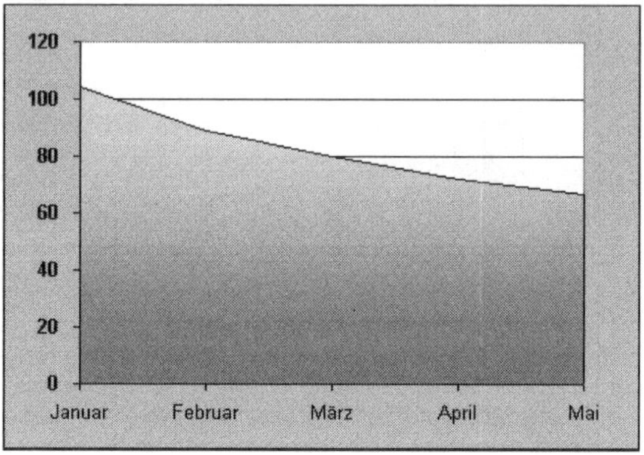

Abbildung 9.59: Typ *S&W Linie mit Zeitskala*

S&W Säulendiagramm

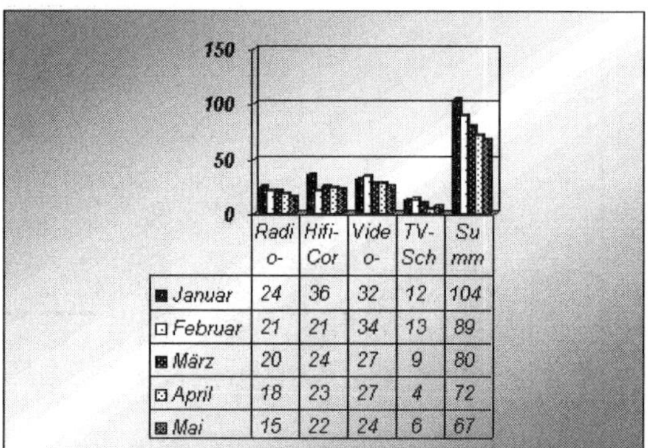

Abbildung 9.60: Typ *S&W Säulendiagramm*

Säulen-Flächen

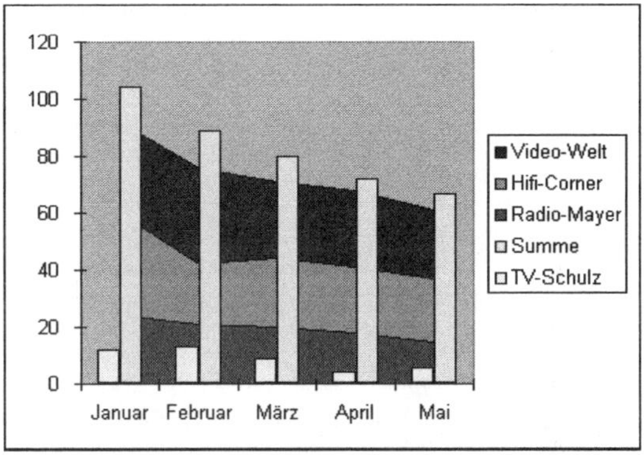

Abbildung 9.61: Typ *Säulen-Flächen*

Säulen mit Tiefe

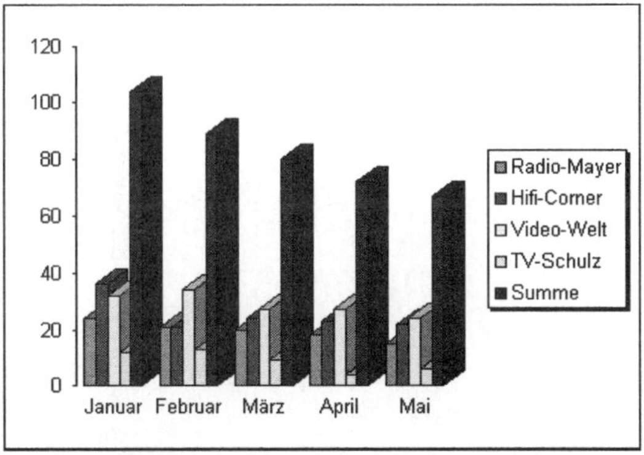

Abbildung 9.62: Typ *Säulen mit Tiefe*

Schwebebalken

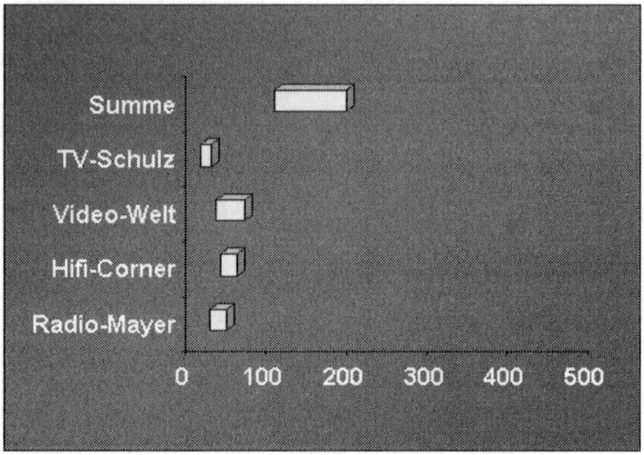

Abbildung 9.63: Typ *Schwebebalken*

Weiche Linien

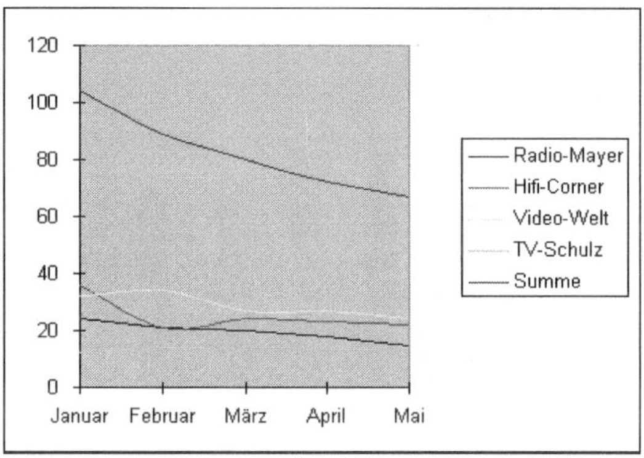

Abbildung 9.64: Typ *Weiche Linien*

Bestandteile von Diagrammen verändern

Haben Sie ein Diagramm mit dem Diagramm-Assistenten erstellt, können Sie es nachträglich beliebig verändern. Um bestehende Diagrammbestandteile zu verändern, steht die *Diagramm*-Symbolleiste bereit, die automatisch eingeblendet wird, sobald Sie ein Diagramm aktivieren.

Die Diagramm-Symbolleiste

Abbildung 9.65: Die *Diagramm*-Symbolleiste

Wird die *Diagramm*-Symbolleiste nicht angezeigt, müssen Sie sie einschalten. Das geschieht mit dem Menübefehl *Ansicht / Symbolleisten*.

Nach Anwählen dieses Menübefehls öffnet sich ein Untermenü, in dem Sie die Symbolleiste *Diagramm* aktivieren müssen. Haben Sie die entsprechende Symbolleiste aktiviert, erscheint sie ab jetzt bei jedem Anwählen eines Diagramms, es sei denn, Sie deaktivieren sie wieder (siehe Abbildung 9.66).

Die *Diagramm*-Symbolleiste bietet insgesamt neun Schaltflächen an:

- *Diagrammobjekte*
- *Diagrammobjekt formatieren*
- *Diagrammtyp*
- *Legende*
- *Datentabelle*

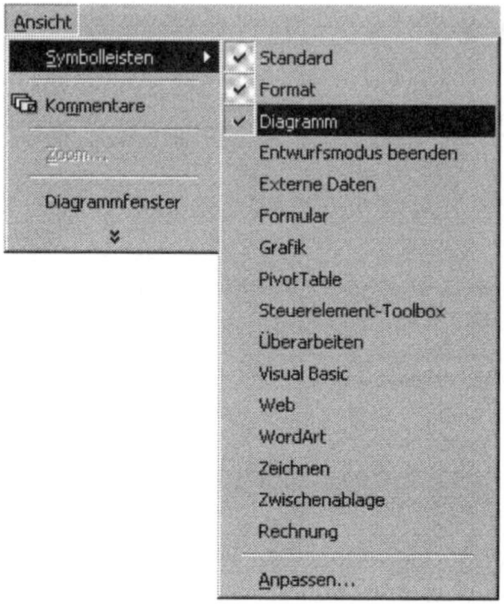

Abbildung 9.66: *Diagramm*-Symbolleiste aktivieren

- *Nach Zeile*
- *Nach Spalte*
- *Text nach unten drehen*
- *Text nach oben drehen*

Diagrammobjekte

Mit dem Listenfeld *Diagrammobjekte* wählen Sie ein Element des Diagramms aus, das Sie anschließend über die zweite Schaltfläche formatieren können.

Diagrammobjekt formatieren

Klicken Sie diese Schaltfläche an, dann öffnet sich ein Dialog, mittels dessen Sie das zuvor bestimmte Diagrammobjekt formatieren können.

Diagrammtyp

Mit dieser Schaltfläche können Sie den Diagrammtyp schnell ändern. Nach dem Anwählen klappt eine Leiste aus, die insgesamt vierzehn Diagrammtypen anbietet. Durch einfaches Anwählen eines Typs wird Ihr Diagramm im neuen Format angezeigt.

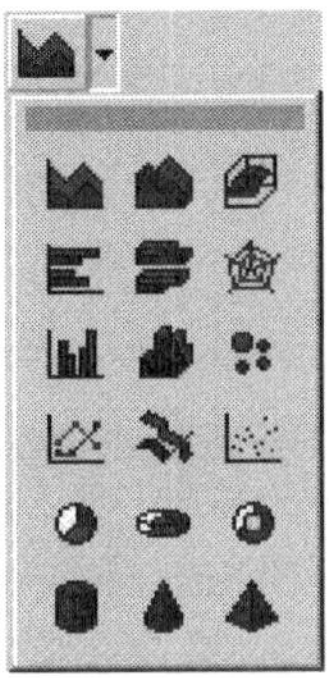

Abbildung 9.67: Insgesamt stehen achtzehn Diagrammtypen zur Auswahl bereit

Die Schaltfläche *Diagrammtyp* ist zweigeteilt. Der linke Bereich zeigt ein bestimmtes Diagrammsymbol an. Klicken Sie mit der Maus in diesen Bereich, wird das Diagramm in den dargestellten Typ verwandelt. Wählen Sie den rechten Bereich der Schaltfläche an, klappt die oben angesprochene Diagrammtyp-Palette auf.

Der Typ, der zuletzt gewählt wurde, wird übrigens als Schaltflächensymbol verwendet.

Legende

Diese Schaltfläche entfernt bzw. fügt dem Diagramm eine Legende hinzu. Ist das Diagramm mit einer Legende versehen, befindet sich die Schaltfläche im gedrückten Zustand.

Datentabelle

Über die Schaltfläche *Datentabelle* können Sie die Tabelle, die die Daten für das Diagramm enthält, mit in das Diagramm aufnehmen.

Nach Zeile/Nach Spalte

Ja nachdem, wie Ihre Daten angeordnet sind und Sie diese dargestellt haben möchten, können Sie Excel mitteilen, dass die Daten entweder innerhalb der Zeilen bzw. innerhalb der Spalten angeordnet sind.

Text nach unten drehen/Text nach oben drehen

Haben Sie bei der Auswahl des Diagrammobjektes eines der Achsen-Objekte ausgewählt, dann können Sie mit diesen beiden Schaltflächen den Neigungswinkel des Textes entsprechend verändern.

Damit haben Sie mittels der *Diagramm*-Symbolleiste eine Reihe von Möglichkeiten, ein Diagramm schnell zu verändern.

Die Diagrammformatierung

Haben Sie ein Diagramm mit dem Assistenten fertig gestellt, können Sie die grundlegenden Eigenschaften mit der *Diagramm*-Symbolleiste ändern. Doch damit sind noch lange nicht alle Änderungsmöglichkeiten erschöpft. Sie können das Diagramm noch nach Ihren Wünschen formatieren.

Diagramme bearbeiten

Wie zuvor schon erwähnt, können Sie ein Diagramm vielfältig abändern. Die Formatierungsmöglichkeiten stehen Ihnen durch einfaches Anwählen eines Diagramms bereit.

Sie finden das Tabellenblatt *Fernseher* innerhalb der Tabelle DIAGRAMME.XLS im Ordner KAPITEL09 auf der Buch-CD. Anhand dieser Tabelle können Sie die Formatierungsmöglichkeiten ausprobieren.

Der Bearbeitungsmodus

Die Möglichkeiten der Formatierung ergeben sich, wenn Sie ein Diagramm in den *Bearbeitungsmodus* schalten. Das geschieht durch einfaches Anklicken des Diagramms mit der linken Maustaste. Haben Sie ein Diagramm angeklickt, ändert sich sein Rahmen.

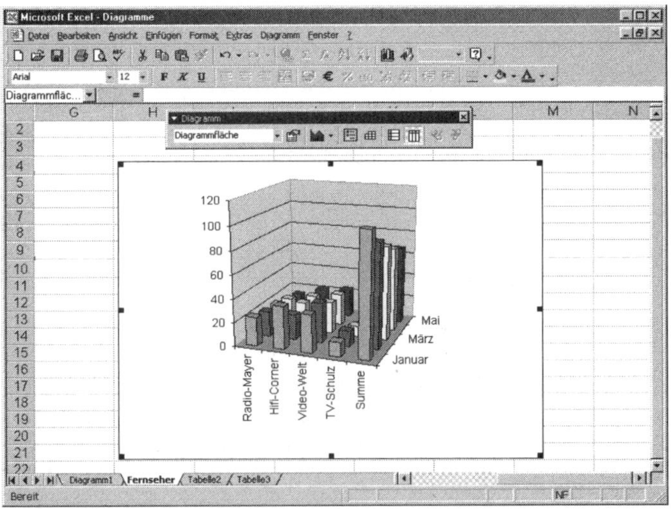

Abbildung 9.68: Um ein Diagramm bearbeiten zu können, muss der Rahmen markiert sein

Die Größe ändern

Haben Sie ein Diagramm aktiviert, sehen Sie insgesamt acht kleine Rechtecke an der Umrahmung, mit deren Hilfe Sie die Größe bzw. Ausdehnung des Diagramms verändern können. Sie können es beispielsweise rechteckiger oder wesentlich größer ziehen. Haben Sie vielleicht zu Beginn der Diagrammerstellung nur ein recht kleines Fenster vorliegen, haben dann z.B. die Legende hinzugefügt, dann können Sie jetzt das Feld beliebig vergrößern, verkleinern oder in den Dimensionen abändern.

Spezielle Diagrammformatierungen

Neben der Größenänderung bietet Ihnen Excel weitere spezielle Diagrammformatierungen an. Sie erreichen diese *Objektänderungen* genannte Möglichkeit über mehrere Wege:

- Durch Drücken der Tastenkombination [Strg] + [1]
- Durch Drücken der Tastenkombination [Alt] + [T] [M]
- Durch Anwählen des Menüpunktes *Format / Markiertes Objekt*
- Durch Drücken der rechten Maustaste und Anwählen des Punktes *Diagrammobjekt formatieren* innerhalb des Kontexmenüs oder durch einen Doppelklick auf das entsprechende Diagrammobjekt.

Excel hat sich verändert

Neben der Änderung des Rahmens beim Anklicken eines Diagramms hat sich auch Excel etwas verändert. Das *Format*-Menü besitzt jetzt komplett andere Einträge, die sich mit der Bearbeitung des Diagramms befassen (siehe Abbildung 9.69).

Je nachdem, welches Diagrammobjekt Sie markiert haben, wird ein entsprechender Menüpunkt angezeigt, mit dessen Hilfe Sie die Formatierung des Objekts vornehmen können.

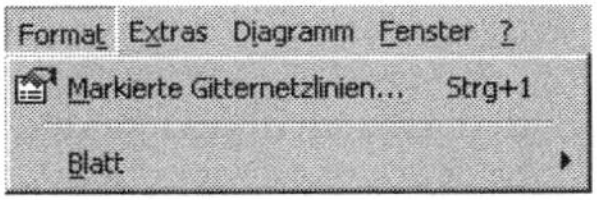

Abbildung 9.69: Nach dem Anwählen eines Diagramms ändert sich das *Format*-Menü

Das Kontextmenü

Genauso verhält es sich auch mit dem Kontextmenü, das durch Drücken der rechten Maustaste aufklappt. Es bietet ebenfalls nach der Selektion eines Diagramms andere Einträge.

Damit ist die Wandlungsfähigkeit von Excel aber noch nicht erschöpft. Haben Sie ein Diagramm angewählt, so dass der Rahmen erscheint, können Sie jeden Bestandteil eines Diagrammes mit der Maus selektieren. Je nachdem, welches Diagrammobjekt Sie gewählt haben, ändern sich auch die Menüeinträge des Kontextmenüs.

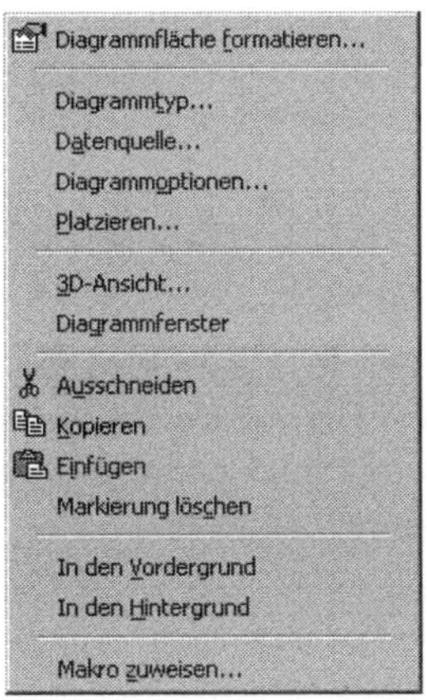

Abbildung 9.70: Ein typisches Diagramm-Kontextmenü

Diagrammobjekt formatieren

In den meisten Fällen bezieht sich der oberste Eintrag innerhalb des Kontextmenüs auf das markierte Diagrammobjekt. Sie können hier dieses Objekt formatieren.

Löschen bzw. Markierung löschen

Bei fast allen Selektionen gibt es den Eintrag *Löschen* bzw. *Markierung löschen*. Er entfernt die markierte Auswahl. Dieser Menüpunkt ist recht nützlich. Hat man z.B. eine Datenreihe zu viel mit ins Diagramm übernommen, lässt sie sich durch diesen Befehl schnell entfernen.

Setzen Sie diesen Befehl mit sehr viel Sorgfalt ein, da hier keine Sicherheitsabfrage erfolgt. Das Markierte ist sofort gelöscht. Sollten Sie dennoch aus Versehen etwas gelöscht haben, was nicht gelöscht werden sollte, dann können Sie dies mit dem Befehl *Bearbeiten / Rückgängig* wieder ungeschehen machen.

Diagrammtyp

Über den Menüeintrag *Diagrammtyp* können Sie dem Diagramm einen neuen Typ zuweisen.

Datenquelle

Über den *Datenquelle*-Menüpunkt erreichen Sie einen der Dialoge, die Sie schon beim Diagramm-Assistenten kennen gelernt haben. Hier können Sie die dem Diagramm zugrunde gelegten Datenauswahl korrigieren, wenn nötig.

Diagrammoptionen

Hierüber gelangen Sie zu den *Diagrammoptionen*, die Sie ebenfalls schon von Assistenten her kennen.

Platzieren

Mittels *Platzieren* können Sie den Speicherort des Diagramms neu bestimmen.

3-D-Ansicht

Haben Sie einen dreidimensionalen Diagrammtyp verwendet, dann können Sie mit diesem Menüpunkt den *3-D-Ansicht*-Dialog öffnen und dort entsprechende Einstellungen vornehmen.

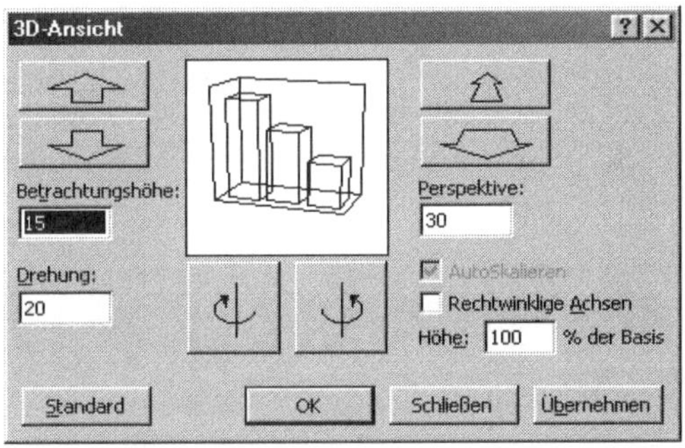

Abbildung 9.71: Die verschiedenen Betrachtungswinkel jeder Achse eines dreidimensionalen Diagramms lassen sich ändern

Dieser Dialog ermöglicht das Abändern des Betrachtungswinkels jeder Achse. Dazu stehen unterschiedliche Schaltflächen und Eingabefelder bereit. Ein kleines Vorschaufeld zeigt die Änderungen an. Mit Hilfe dieses Fenster lassen sich verdeckte Datenreihen unter Umständen besser zur Geltung bringen.

Hier ist jedoch Vorsicht geboten. Schnell hat man ein Diagramm zu stark gedreht und es wirkt einfach nur schief. Zur Kontrolle steht zum einen das kleine Vorschaufenster bereit und zum anderen die Schaltfläche *Übernehmen*. Sie überträgt die Einstellungen zum Diagramm, ohne das Fenster zu schließen. Dadurch können Sie Ungereimtheiten noch ausbessern und eine neue Zuweisung vornehmen.

Die Schaltfläche *Standard* bringt das Diagramm in den ursprünglichen Zustand zurück.

Diagrammfenster

Haben Sie ein Diagramm erstellt, dann können Sie dieses mit dem Menüpunkt *Diagrammfenster* als Kopie innerhalb eines eigenen Fensters darstellen lassen.

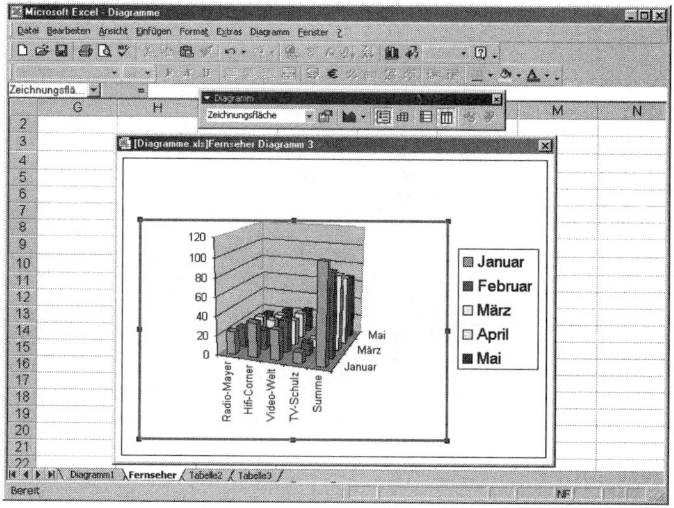

Abbildung 9.72: Das Diagramm in einem eigenen Fenster

Diagrammbestandteile formatieren

Ein Menüpunkt innerhalb des Kontextmenüs, der ständig seinen Namen ändert, je nachdem welches Objekt eines Diagramms Sie angewählt haben, ist der Punkt ... *formatieren*. Eines bleibt aber immer gleich, er öffnet ein Registerkartenfenster, allerdings fast immer mit einer unterschiedlichen Anzahl und Arten von Registerkarten.

Nachfolgend sollen nun einige Registerkarten aufgezeigt werden.

Die Muster-Registerkarte

Eine sehr häufig erscheinende Registerkarte ist die *Muster*-Registerkarte.

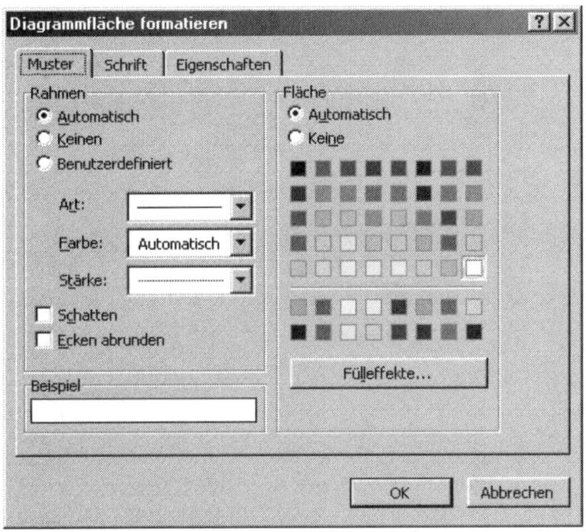

Abbildung 9.73: Die *Muster*-Registerkarte

Die *Muster*-Registerkarte ermöglicht es, den Rahmen und eine Füllfarbe bzw. ein -muster einzustellen. Beispielsweise können Sie definieren, ob der Rahmen abgerundete Ecken haben oder einen Schatten werfen soll.

Um dem Hintergrund ein Muster zuzuordnen, klicken Sie die Schaltfläche *Fülleffekte* an. Daraufhin öffnet sich ein Dialog mit mehreren Registerkarten und einer Vielzahl von Möglichkeiten.

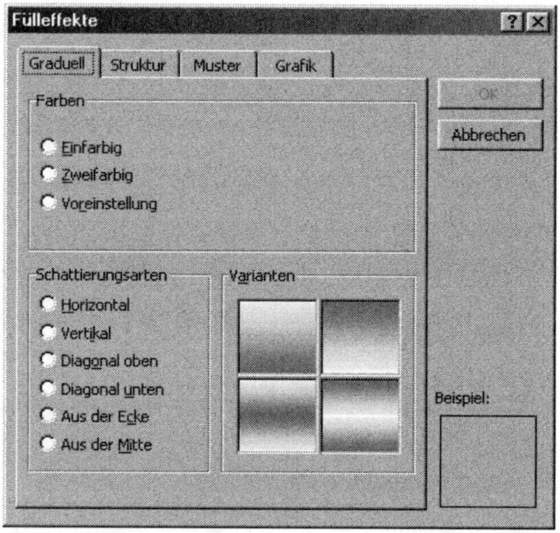

Abbildung 9.74: Hier können Sie eine Reihe von Einstellungen vornehmen

Beachten Sie aber, dass die hier gemachten Änderungen sich auf den Hintergrund des globalen Diagramms bzw. auf den Rahmen beziehen. Es lassen sich die Farbe, das Muster und der Rahmen einer Fläche ändern. Eine Fläche kann beispielsweise ein Diagrammhintergrund oder eine Seite eines dreidimensionalen Balkens sein.

Die Schrift-Registerkarte

Eine weitere sehr verbreitete Registerkarte befasst sich mit der Schrift.

Hier können Sie die Schriftart, den Schriftgrad, den Schriftschnitt oder die Schriftfarbe einstellen. Diese Karte wird Ihnen nicht nur in Excel begegnen, sondern auch in anderen Microsoft-Applikationen.

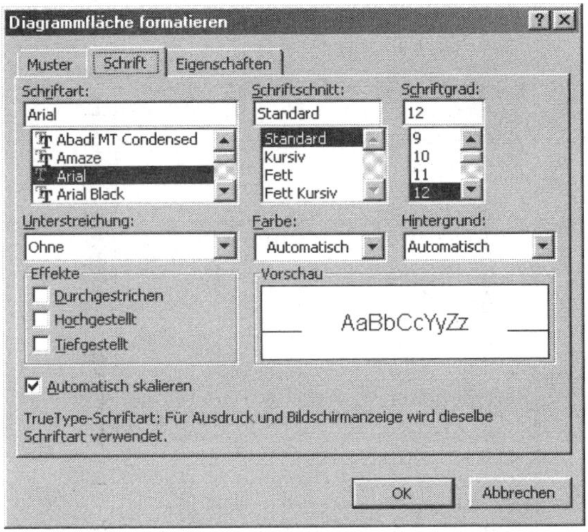

Abbildung 9.75: Die *Schrift*-Registerkarte

Die Eigenschaften-Registerkarte

Die Registerkarte *Eigenschaften* bietet Möglichkeiten, um gewisse Eigenarten von Diagrammen zu bestimmen. Beispielsweise können Sie definieren, ob das Diagramm gedruckt werden soll oder nicht. Ferner lässt sich die Diagrammposition von Zellpositionen und -größe abhängig machen.

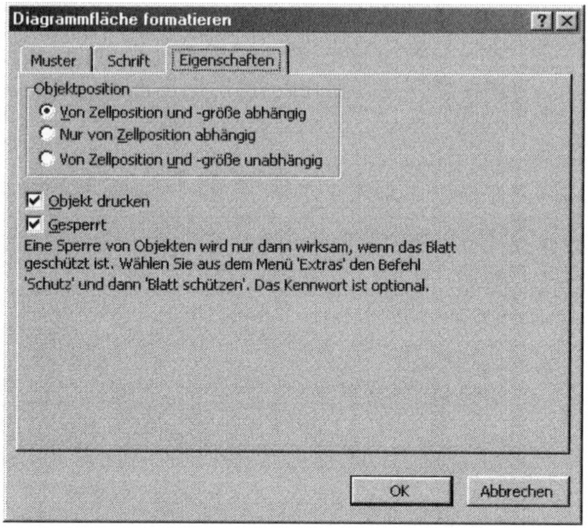

Abbildung 9.76: Die Registerkarte *Eigenschaften*

Die Ausrichtung-Registerkarte

Eine weitere Registerkarte greift wiederum die Schrift auf, die *Ausrichtung*-Registerkarte. Hier können Sie einstellen, wie der Text horizontal und vertikal ausgerichtet werden soll. Außerdem können Sie festlegen, wie der globale Text ausgerichtet sein soll (siehe Abbildung 9.77).

Die Skalierung-Registerkarte

Insbesondere bei Gitternetzlinien und Achsen bietet Excel eine *Skalierung*-Registerkarte an. Hier können Sie die Skalierung der Achsen nach Ihren Wünschen vorgeben (siehe Abbildung 9.78).

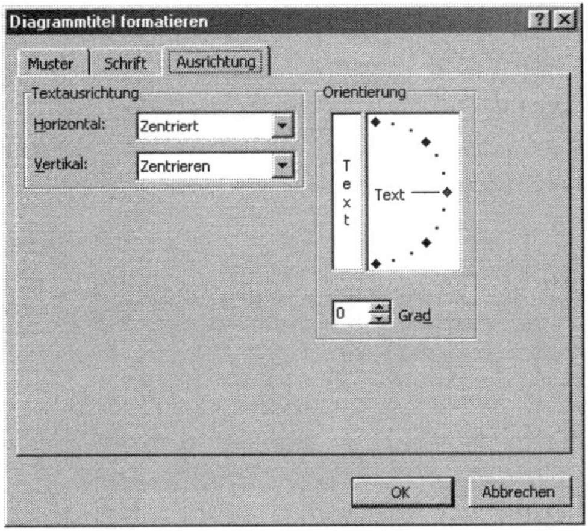

Abbildung 9.77: Die *Ausrichtung*-Registerkarte

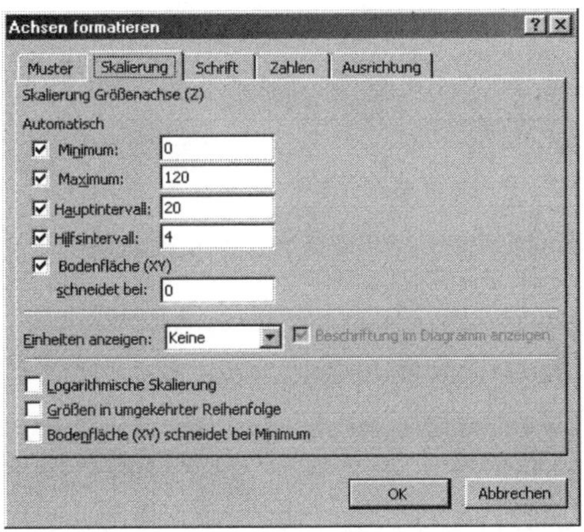

Abbildung 9.78: Die *Skalierung*-Registerkarte

Die Zahlen-Registerkarte

Die *Zahlen*-Registerkarte wird bei Diagrammbestandteilen angeboten, die sich mit Zahlen befassen, beispielsweise alle Rubriken und Datenreihen. Mit ihrer Hilfe können Sie das Zahlenformat ändern. Ein Vorschaufeld gibt Ihnen dabei näheren Aufschluss, wie sich Ihre Änderung auswirkt.

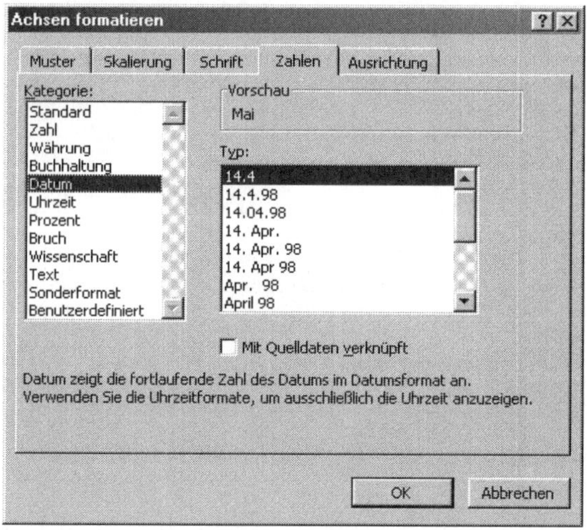

Abbildung 9.79: Die *Zahlen*-Registerkarte

Die Datenreihen-Registerkarte

Die *Datenreihen*-Registerkarte erlaubt es, Datenreihen in der Position zu ändern. Ein Ausgabefeld zeigt die vorgenommene Änderung augenblicklich an.

Wollen Sie beispielsweise eine bestimmte Datenreihe als Erstes haben, ist es ein Leichtes, sie an die erste Position zu setzen. Besonders bei 3-D-Diagrammen kann es vorkommen, dass hintere Reihen komplett verdeckt werden. Mit Hilfe dieser Registerkarte können Sie sie in den Vordergrund setzen, so dass sie nicht mehr verdeckt werden.

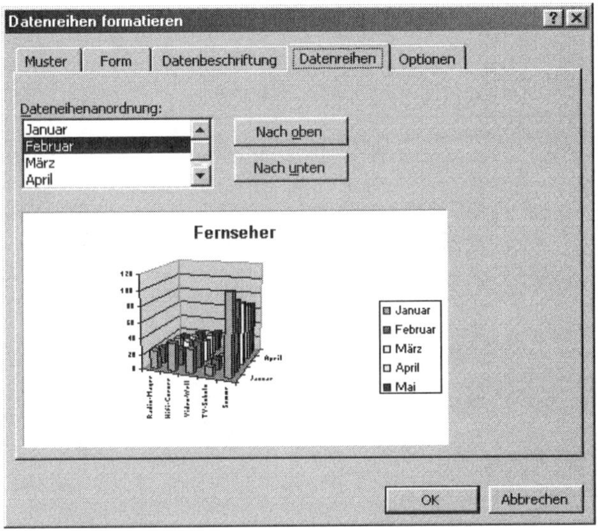

Abbildung 9.80: Die *Datenreihen*-Registerkarte

Die Optionen-Registerkarte

Die Registerkarte *Optionen* bietet die Möglichkeit, den Zwischenraum, den Abstand oder die Diagrammtiefe zu verändern. Dadurch haben Sie die Gelegenheit, die Übersicht eines Diagramms zu erhöhen. Ein Vorschaufeld zeigt Ihnen die Auswirkungen der vorgenommenen Änderungen sofort an.

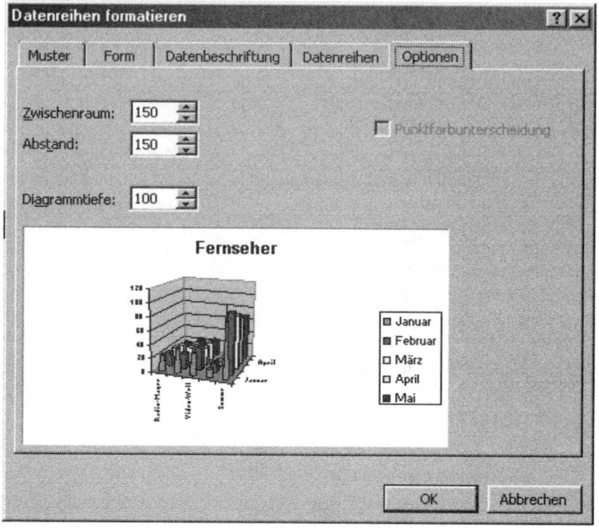

Abbildung 9.81: Die *Optionen*-Registerkarte

Exportieren von Diagrammen

Haben Sie ein Diagramm unter Excel erstellt, können Sie das Diagramm auch exportieren und so anderen Anwendungen zugänglich machen.

Formate, die von vielen Anwendungen unterstützt werden, sind Grafikformate. Unter Excel lassen sich aus Diagrammen ebenfalls Grafikformate erzeugen.

Wählen Sie zu diesem Zweck das jeweilige Diagramm aus und drücken Sie anschließend die ⇧-Taste. Wählen Sie dann unter *Bearbeiten* den Punkt *Bild kopieren* aus.

Wenn Sie die ⇧-Taste nicht gedrückt halten, werden Sie den *Bild-kopieren*-Menübefehl nicht finden, stattdessen den üblichen *Kopieren*-Eintrag.

Es öffnet sich nachstehendes Fenster:

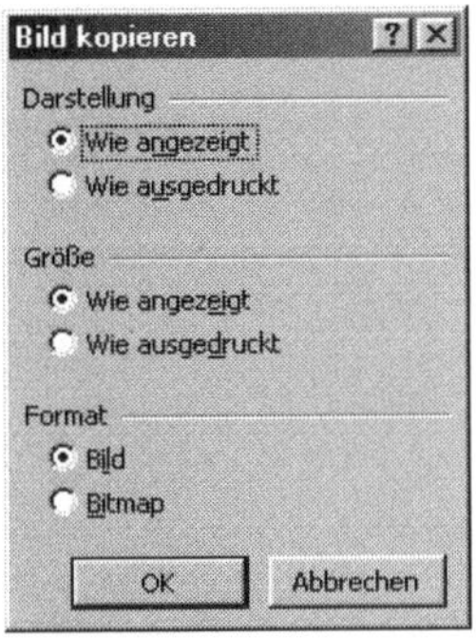

Abbildung 9.82: Das *Bild kopieren*-Fenster

In dem abgebildeten Fenster finden Sie drei Bereiche, *Darstellung*, *Größe* und *Format*. Unter *Format* können Sie wählen, ob die Grafik im .BMP- (*Bitmap*) bzw. im Windows-Meta-File-Format .WMF (*Bild*) in die Zwischenablage kopiert werden soll.

Bei *Darstellung* stehen ebenfalls zwei Optionen zur Auswahl. Bei *Wie angezeigt* wird das Diagramm in die Zwischenablage kopiert, und zwar so, wie es auf dem Bildschirm dargestellt wird. Wählen Sie *Wie ausgedruckt*, wird es so kopiert, wie es ausgedruckt erscheinen würde.

Haben Sie das Diagramm als Bitmap-Grafik kopiert, können Sie es wie gewohnt in jedes Programm einfügen, das das Bitmap-Format unterstützt.

KAPITEL

10

Die Einbindung von Zusatzelementen

Da Daten allein immer ein sehr trockenes Erscheinungsbild bieten, hält Excel für Sie einige Möglichkeiten parat, um interessante Zusatzelemente in Ihre Tabellen einzubinden. Welche das sind und wie Sie sie für sich nutzen können, erfahren Sie in diesem Kapitel.

Die Einbindung von Zusatzelementen

Wenn Sie Grafiken bzw. Fotos oder andere Elemente in Ihre Tabellen einbinden möchten, dann stellt Ihnen Excel dafür eine Reihe von Möglichkeiten zur Seite, die Ihnen dabei helfen, eine Tabelle nach Ihren Wünschen zu gestalten.

Egal ob Sie Grafiken, Fotos oder Zeichnungen in Ihre Tabellen einbinden möchten, Excel 2000 stellt Ihnen für jedes dieser Objekte Hilfsmittel zur Hand, die es Ihnen ermöglichen, mit wenigen Handgriffen Ihre Tabellen aufzuwerten.

Die Integration von WordArt

Eine besondere Funktion innerhalb von Excel ist das Erstellen von Logos oder Schriftzügen mit *WordArt*. WordArt ist genau genommen ein separates Programm, ist aber so in Excel 2000 integriert, dass das Ausführen keinerlei Probleme aufwirft. Hiermit können Sie leicht besonders auffällige Schrifteffekte erzielen.

Zum Aufrufen von WordArt aktivieren Sie zuerst das Menü *Ansicht* und hier den Eintrag *Symbolleisten*. Klicken Sie nun auf *WordArt*. Es öffnet sich die *WordArt*-Symbolleiste.

Abbildung 10.1: Die *WordArt*-Symbolleiste

Klicken Sie auf das grafische *A* im oberen Teil des Fensters und es öffnet sich das *WordArt*-Auswahlfenster.

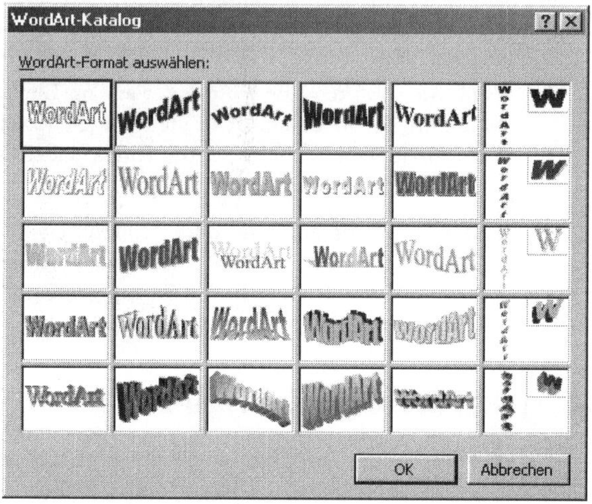

Abbildung 10.2: Der *WordArt-Katalog*

Hier können Sie sich ein Format aussuchen. Markieren Sie es mit der linken Maustaste und bestätigen Sie mit *OK*.

Sie gelangen nun zum Eingabefenster für den Text (siehe Abbildung 10.3).

Hier können Sie einen Text oder Schriftzug eingeben sowie die Schriftart und den Schriftgrad auswählen. Des weiteren können Sie bestimmen, ob der Text fett oder/und kursiv ausgegeben werden soll.

Haben Sie Ihren Text oder Schriftzug formatiert, klicken Sie auf *OK* und gelangen wieder in Ihre Tabelle. Wie Sie sehen können, wurde Ihr Text nun in Ihre Tabelle eingefügt (siehe Abbildung 10.4).

Abbildung 10.3: Das Texteingabefenster

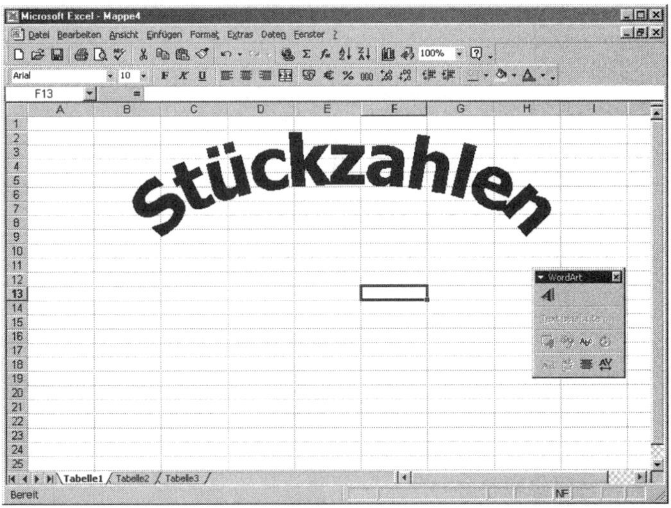

Abbildung 10.4: Ihr erstelltes WordArt-Objekt

Jetzt können Sie mit Hilfe der *Zeichnen*-Symbolleiste Ihr WordArt weiter nach Ihren Wünschen gestalten.

Abbildung 10.5: Die *Zeichnen*-Symbolleiste

Sie können hier Änderungen in der Ansicht, in der 3-D-Darstellung sowie bei der Füllfarbe und der Linienfarbe vornehmen.

ClipArts einbinden

Neben WordArt und allgemeinen Grafiken kann man auch so genannte *ClipArts* einfügen. ClipArts sind kleine vorgefertigte Symbole, die z.B. auch mit dem Office-Paket mitgeliefert werden.

Um ein ClipArt einzubinden, klicken Sie im Menü *Einfügen* auf *Grafik* und dann auf *ClipArt*.

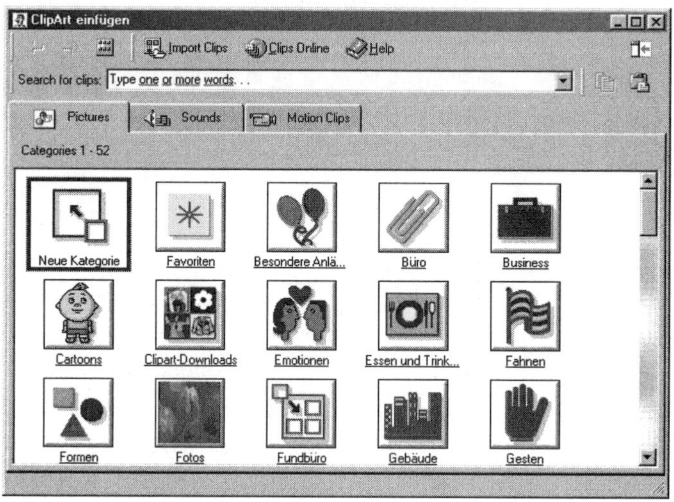

Abbildung 10.6: Die ClipArt-Gallery

Suchen Sie sich jetzt ein passendes ClipArt aus und markieren Sie es mit der linken Maustaste. Betätigen Sie anschließend mit *OK*, wird das ausgesuchte ClipArt in Ihre Tabelle übernommen. Auch diese so eingefügten ClipArts kann man noch weiter bearbeiten. Dazu im weiteren Verlauf mehr.

Das Einfügen von Fotos und Grafiken

Sie können in Ihre Excel-Tabellen auch die unterschiedlichsten Fotos und Grafiken einbinden.

Dazu klicken Sie im *Einfügen*-Menü auf *Grafik* und dann auf *Aus Datei*. Es öffnet sich nun ein Dateiauswahlfenster.

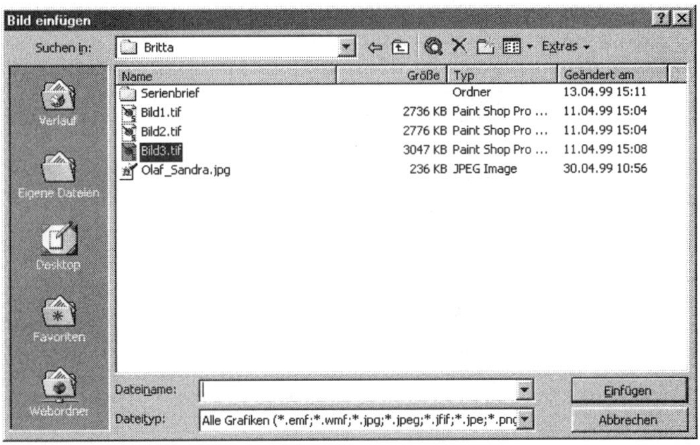

Abbildung 10.7: Dateiauswahlfenster für das Einfügen eines Bildes

Sie können hier nun in das Verzeichnis wechseln, in dem sich das gesuchte Bild befindet. Hierzu klicken Sie auf den kleinen Pfeil rechts neben dem Eingabefeld *Suchen in*. Haben Sie ein Verzeichnis ausgewählt, werden im Hauptfenster alle Grafiken angezeigt, die das Verzeichnis beinhaltet.

Mit einer Auswahl im Eingabefenster *Dateityp* können Sie die Anzeige der gefundenen Grafiken auf bestimmte Typen beschränken. Genauso können Sie im Eingabefeld *Dateiname* nach einer bestimmten Grafik suchen lassen. In diesem Fall wird auch nur diese eine Grafik im Hauptfenster angezeigt.

Haben Sie Ihre Auswahl getroffen, markieren Sie die Grafik mit der linken Maustaste. Möchten Sie sich erst eine Grafik anschauen, bevor Sie sie auswählen, können Sie sich eine Vorschau anzeigen lassen. Dazu klicken Sie auf die Schaltfläche *Ansichten* in der oberen Menüleiste und wählen dort *Vorschau* aus.

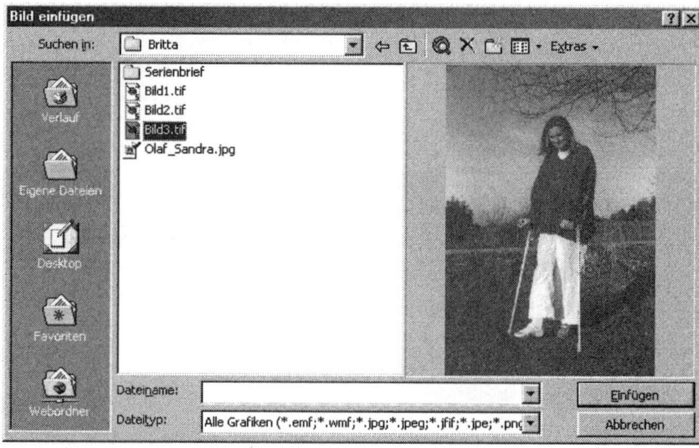

Abbildung 10.8: Die Vorschau

Klicken Sie nun auf einen der Dateinamen im linken Fenster, dann erscheint im rechten Fenster die Vorschau des ausgewählten Bildes. So können Sie sich jetzt sicher sein, dass Sie auch das richtige Bild ausgewählt haben.

Haben Sie sich für ein Bild entschieden, klicken Sie auf die Schaltfläche *Einfügen*. Hierzu muss grundsätzlich gesagt werden, dass beim Einfügen das Bild zusammen mit der Tabelle gespeichert wird. Dies hat zu Folge, dass sich die Datei entsprechend vergrößert.

Haben Sie nun eine umfangreiche Tabelle, in der einige Bilder gespeichert sind, kann Ihre Dateigröße mehrere Megabytes erreichen. Das wirkt sich dann störend beim Öffnen der Tabelle aus, da es eine längere Zeit in Anspruch nimmt, um diese zu laden.

Das Bearbeiten des Bildes

Haben Sie nun das Bild in Ihre Tabelle eingefügt, können Sie beginnen, das Bild nach Ihren Wünschen innerhalb der Tabelle zu bearbeiten. Hierzu benötigen Sie kein gesondertes Bildbearbeitungsprogramm. Sie können Ihre Bilder direkt mit Excel bearbeiten. Öffnen Sie die *Grafik*-Symbolleiste aus dem *Ansicht*-Menü.

Helligkeit und Kontrast

Mit den Symbolen der *Grafik*-Symbolleiste ist es Ihnen unter anderem möglich, die Helligkeit und den Kontrast Ihres Bildes zu verändern.

Abbildung 10.9: Die *Grafik*-Symbolleiste

Durch Klicken auf die Symbole für *Kontrast* und *Helligkeit*, die Sie wahrscheinlich auch schon von Ihrem Fernsehgerät her kennen, können Sie die Bildeinstellungen ändern.

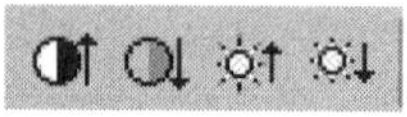

Abbildung 10.10: Kontrast und Helligkeit

Zuschneiden des Bildes

Des weiteren können Sie Ihr Bild zuschneiden. Durch das Zuschneiden können Sie den Inhalt der Grafik verringern. Weniger wichtige Teile des Bildes können so herausgeschnitten werden. Klicken Sie auf das *Zuschneiden*-Symbol und führen Sie den Cursor auf den Ausschnitt, den Sie beseitigen möchte.

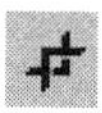

Abbildung 10.11: Das *Zuschneiden*-Symbol

Rahmen und Linien

Weiterhin ermöglicht Ihnen Excel, die Grafik mit Linien zu umranden. Grundsätzlich werden Bilder in Excel ohne Rahmen importiert. Hat Ihr Bild z.B. einen weißen Hintergrund, kann dies zu Irritationen führen. Um das zu vermeiden, können Sie Ihr Bild mit Linien umgeben.

Grafik formatieren

Reichen die in der Symbolleiste zur Verfügung gestellten Funktionen nicht aus, dann können Sie die Grafik auch über einen separaten Dialog formatieren. Diesen rufen Sie über das Symbol *Grafik formatieren* auf.

Auf diese Weise haben Sie eine Vielzahl von Möglichkeiten, Ihre eingefügte Grafik zu verändern bzw. zu ergänzen.

Objekte in eine Tabelle integrieren

OLE – Object Linking and Embedding ist eines der Schlagworte, die immer wieder in Verbindung mit Windows genannt werden. Wenn der Begriff Object Linking and Embedding ins Deutsche übertragen wird, dann ist leicht erkennbar, um was es sich dabei handelt. Mit einem Objekt ist hier ein mittels einer Anwendung erstelltes Dokument gemeint. Dabei kann es sich um eine Grafik, einen Sound, eine Videosequenz oder ähnliche Dinge handeln.

Auch Excel ist für OLE vorbereitet und stellt Ihnen somit die Möglichkeiten dieser Datenkombination zur Verfügung. Wie Sie mit Excel diese Technologie nutzen, erfahren Sie nachfolgend. Damit das Thema verständlich wird, muss es allerdings ein wenig ausführlicher abgehandelt werden.

Objekt Linking bedeutet Verknüpfen mit einem Objekt und *Embedding* bezeichnet das Einbetten eines Objekts. Bezogen auf ein Excel-Dokument bedeutet dies, dass Objekte einer anderen Anwendung in dieses eingefügt werden und damit dann verbunden sind.

Mit dem OLE-Verfahren stehen zwei Möglichkeiten der Verbindung von einem Objekt zu einem Dokument zur Verfügung: zum einem das Einbetten in ein Dokument und zum anderen das Verknüpfen von einer Datei.

Beim Embedding-Verfahren wird ein Objekt aus der Entwicklungsanwendung in das Excel-Dokument eingebettet. Dabei wird das eingebettete Objekt zusammen mit dem gesamten Dokument abgespeichert. Dem eingebetteten Objekt liegen jedoch zusätzliche Informationen bei, die auf die Entwicklungsanwendung verweisen, in der dieses Objekt entstanden ist.

Sind im Dokument Änderungen an dem eingebetteten Objekt nötig, so genügt es, dieses Objekt mit einem Doppelklick zu aktivieren. Die Entwicklungsanwendung, mit der dieses Objekt erstellt worden ist, wird daraufhin automatisch gestartet und das Objekt zum Bearbeiten geladen. Das Objekt muss dabei nicht als eigenständige Datei vorliegen.

Nachdem Sie die erforderlichen Änderungen vorgenommen haben, genügt es, die Anwendung zu schließen und das geänderte Objekt erscheint in seinem neuen Zustand im Dokument. Die Verbindung zur Objektdatei wird dabei nicht berücksichtigt, was bedeutet, dass die Objektdatei in viele Dokumente eingebettet und dort nach Belieben verändert werden kann, ohne die originale Objektdatei zu beeinflussen.

Neben der Einbettung gibt es auch die Möglichkeit, Objekte zu verknüpfen (Linking). So kann beispielsweise eine Datei aus Paint mit einer Tabelle von Excel verknüpft werden. Die Informationen, mit welcher Ursprungsanwendung das Objekt erstellt worden ist, werden auch hierbei im Dokument mit abgespeichert. Der Unterschied zum Einbetten besteht darin, dass beim Verknüpfen eine Objektdatei vorhanden sein muss.

Bei einer Änderung des Objektes innerhalb des Excel-Dokuments wird durch einen Doppelklick auf dem Objekt die entsprechende Anwendung gestartet und das Objekt geladen. Nachdem die Änderung vorgenommen worden ist, kann diese Anwendung beendet werden und das geänderte Objekt wird in die Excel-Tabelle übernommen.

Gegenüber dem Einbetten (Embedding) besteht bei der Verknüpfung (Linking) ein Verweis zur Originaldatei des Objekts. Dies bedeutet, dass Änderungen an einem verknüpften Objekt auch in die Originaldatei übernommen werden.

Wird das Objekt von seiner Ursprungsanwendung geändert, ohne dass diese aus der Verknüpfung heraus aufgerufen wurde, so wird in der Zielanwendung das Objekt entweder automatisch oder bei Bedarf »von Hand« aktualisiert.

KNOW-HOW

Das Verknüpfen ist dann von Vorteil, wenn ein Objekt in mehrere Dokumente bzw. Tabellen eingefügt wird und dort immer die gleichen Objektdaten vorliegen sollen.

Das Einbetten eines Objektes

Wird ein Objekt in eine neue bzw. bestehende Tabelle eingebettet, so kann es zu jedem späteren Zeitpunkt geändert werden. Es besteht eine Verbindung zwischen dem Objekt und der Ursprungsanwendung, mit welcher das Objekt erzeugt wurde.

Ein Objekt kann z.B. eine Zeichnung aus einem Grafikprogramm wie Paint oder eine CAD-Zeichnung aus AutoCAD sein. Es kann eine bestehende Datei eingebettet werden. Sie können allerdings auch ein neu zu erstellendes Objekt einbetten.

Ein Objekt aus Paint in Excel einbetten

Um ein Objekt wie z.B. aus dem Windows-Zubehör-Programm Paint in eine Excel-Tabelle einzubetten, gehen Sie wie folgt vor:

- ✔ Zunächst starten Sie Excel, da hier eine Tabelle erstellt werden soll, in die ein Objekt eingebettet werden soll.
- ✔ Nach dem Start wird sofort eine leere Tabelle zur Weiterverarbeitung vorbereitet. So können Sie ohne weitere Aktivitäten direkt mit dem Einbetten beginnen.

Ein neues Objekt erstellen und einbetten

Aus dem Menü *Einfügen* wählen Sie den Eintrag *Objekt* und es erscheint folgender Dialog:

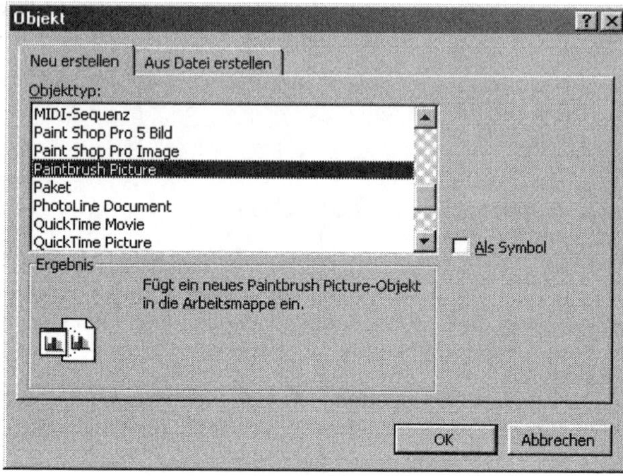

Abbildung 10.12: Der *Objekt*-Dialog

In der Liste werden die Objekttypen angezeigt, welche zur Verfügung stehen. Dabei handelt es sich um jene Anwendungen, die das OLE-Verfahren unterstützen und ermöglichen. Aus dieser Liste können Sie eine Ursprungsanwendung wählen.

Da in diesem Beispiel eine Paint-Grafik eingebettet werden soll, ist *Paintbrush-Picture* der anzuwählende Listeneintrag. In dem darunter liegenden Informationskasten *Ergebnis* werden bei Anwahl der verschiedenen Listeneinträge Erläuterungen zu den einzelnen Objekttypen angezeigt. Hier können Sie kontrollieren, ob es sich um das gewünschte Objekt handelt, das Sie einbetten möchten.

Sie schließen den Dialog mit *OK* ab und automatisch wird die Funktionalität des Programms Paint gestartet. Dies ist mit Absicht so formuliert worden, da hier nicht Paint als eigenständiges Programm gestartet wurde, sondern die Funktionen innerhalb von Excel aktiviert werden.

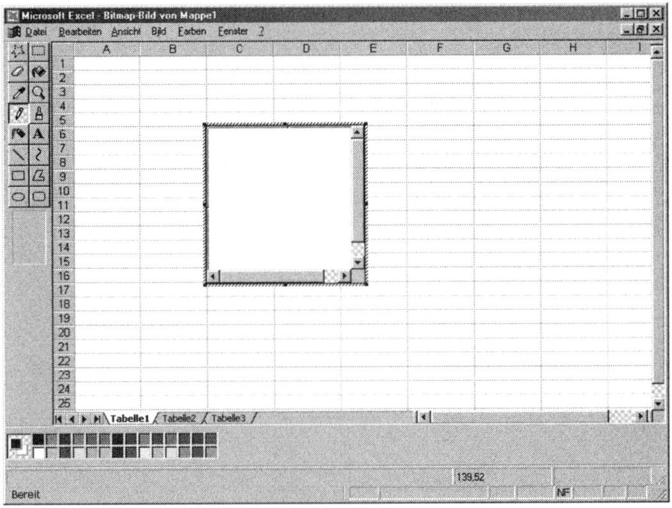

Abbildung 10.13: Das Programm Paint in Excel

Im Arbeitsbereich wird ein markierter Rahmen angezeigt, der die Größe des Objektes darstellt. Sie können innerhalb dieses Rahmens Ihr Bild erzeugen.

Nachdem Sie das gewünschte Bild gemalt haben, klicken Sie mit der linken Maustaste innerhalb der weißen Fläche neben oder unter dem Rahmen und das Bild wird innerhalb der Tabelle von Excel dargestellt.

Je nachdem, ob Sie in dem Dialog *Objekt* das Kontrollkästchen *Symbol* aktiviert oder deaktiviert haben, wird das Objekt als Symbol oder als Bild dargestellt (siehe Abbildung 10.14).

Sie können die Excel-Tabelle abspeichern und zu einem späteren Zeitpunkt wieder laden. Möchten Sie dann eine Änderung an dem eingebetteten Objekt vornehmen, genügt es, das Objekt mit einem Doppelklick zu aktivieren. Dadurch wird die Ursprungsanwendung geladen und Sie können das Objekt bearbeiten.

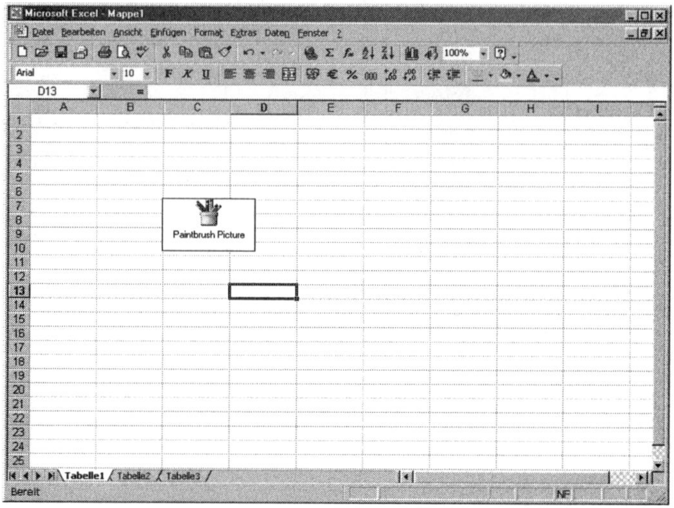

Abbildung 10.14: Excel mit eingebettetem Objekt als Symbol

Ein bestehendes Objekt einbetten

Im Dialogfeld *Objekt* befindet sich eine weitere Registerkarte, mit der Sie die Möglichkeit haben, eine vorhandene Datei einzubetten (siehe Abbildung 10.15).

Wählen Sie das Register *Aus Datei erstellen* an, so erhalten Sie eine Eingabezeile, in der die Datei eingegeben werden soll. Dies können Sie per Hand vornehmen oder über die Schaltfläche *Durchsuchen* bewerkstelligen. Nachdem Sie die gewünschte Datei über einen separaten Dialog gewählt und den Dialog mit *Einfügen* bestätigt haben, erscheint in der Pfadanweisung *Dateiname* die vollständige Pfadangabe der Datei.

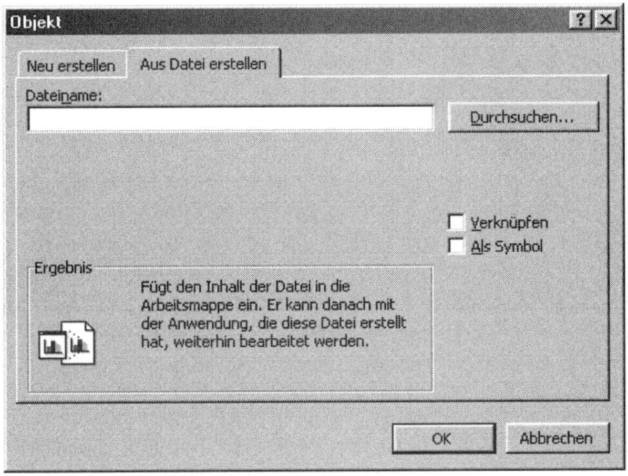

Abbildung 10.15: Eine bestehende Datei wird berücksichtigt

Ein Klick auf *OK* beendet das Einbetten eines bestehenden Objekts in das Dokument, wobei Sie darauf achten müssen, dass das Kontrollkästchen *Verknüpfen* deaktiviert bleibt. Das ausgewählte Objekt ist anschließend in die Excel-Tabelle eingebettet und kann wie schon weiter oben erwähnt bearbeitet werden.

Verknüpfen eines Objektes

Als weiteres Verfahren der Einbindung eines Objektes steht das Verknüpfen zur Verfügung. Dabei werden dem Objekt das Ursprungsprogramm und die Originaldatei als Information mitgegeben. Gegenüber dem Einbetten hat die Änderung eines Objektes in der Originaldatei auch Auswirkungen auf die Excel-Tabelle, mit der es verknüpft ist. Somit kann das Objekt in mehreren Zielanwendungen mit immer gleichem Inhalt eingefügt werden.

Ein Objekt aus Paint mit einem Excel-Dokument verknüpfen

Wie beim Einbetten eines Objektes soll auch das Verknüpfen anhand des Programms *Paint* gezeigt werden.

Aus dem Menü *Einfügen* wählen Sie auch hier den Eintrag *Objekt* und der Dialog *Objekt* wird wiederum dargestellt. Aktivieren Sie das Register *Aus Datei erstellen* und suchen Sie durch Betätigen der Schaltfläche *Durchsuchen* die gewünschte Datei innerhalb des erscheinenden Dateiauswahlfensters. Wählen Sie eine zuvor mit Paint erstellte Datei aus, z.B. ÄGYPTEN.BMP aus dem Windows-Verzeichnis und bestätigen Sie den Dialog mit *Einfügen*.

Aktivieren Sie anschließend das Kontrollkästchen *Verknüpfen*, um die Datei nicht einzubetten, sondern zu verknüpfen. Beenden Sie den Dialog durch Betätigen von *OK*. Das ausgewählte Objekt wird daraufhin in die Excel-Tabelle an der aktuellen Stelle der aktuellen Zelle eingefügt.

Je nachdem, ob Sie im Dialog *Objekt* das Kontrollkästchen *Symbol* aktiviert oder deaktiviert haben, erscheint das Objekt als Symbol oder als Bild (siehe Abbildung 10.16).

Möchten Sie zu einem späteren Zeitpunkt Änderungen an dem Objekt vornehmen, können Sie mit einem Doppelklick auf das Objekt die Ursprungsanwendung laden, das Objekt ändern und durch Beenden der Ursprungsanwendung das geänderte Objekt übernehmen.

Damit haben Sie eine Reihe von Möglichkeiten kennen gelernt, wie Sie Ihr Dokument mit zusätzlichen Elementen verfeinern können. Probieren Sie die vorhandenen Möglichkeiten aus und Sie werden erstaunt sein, was Excel alles bietet.

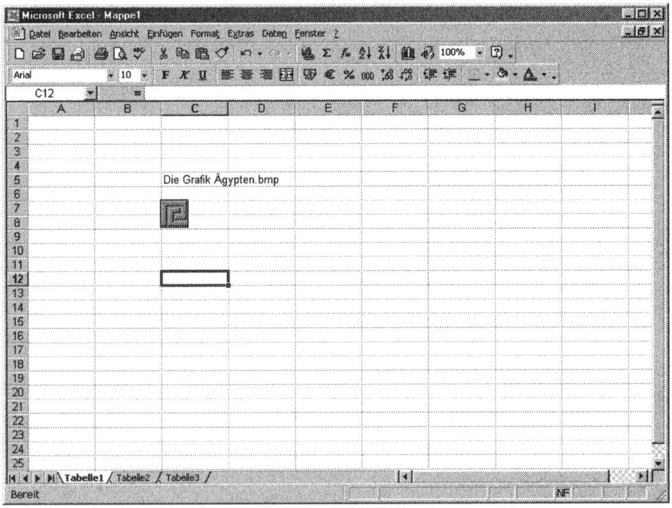

Abbildung 10.16: Die Grafik in der Tabelle

Die Einbindung von Landkarten

Excel bietet allerdings noch eine weitere sehr interessante Funktion, die Sie bei den ersten Excel-Versionen vergeblich gesucht haben, die *Landkartenfunktion*. Mit Hilfe dieser Funktion können Sie geographische Daten anschaulich visualisieren.

Microsoft hat in diese Funktion sehr viele Details hineingepackt. Länderkarten beispielsweise können mit Städten oder Autobahnen versehen werden.

Die Abbildung 10.17 ist eine Beispieldemonstration. Die Funktion bietet eine Reihe von ungeahnten Möglichkeiten.

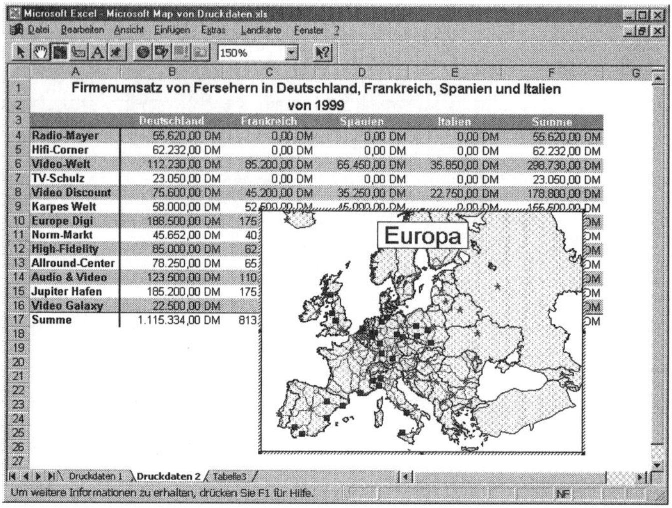

Abbildung 10.17: Die Landkartenfunktion in Aktion

Das Aktivieren der Landkarte

Die Landkartenfunktion erreichen Sie durch Anwählen des Menüpunktes *Einfügen / Objekt*, so wie Sie es im letzten Abschnitt kennen gelernt haben. Allerdings wählen Sie diesmal den Objekttyp *Microsoft Map* (siehe Abbildung 10.18).

Klicken Sie anschließend auf *OK*, um die Landkarte zu aktivieren.

Auswählen der Landkarte

Haben Sie zuvor keine Daten markiert bzw. kann Excel keine geographischen Daten ausmachen, erscheint ein Fenster, in dem Sie eine Landkarte auswählen können (siehe Abbildung 10.19).

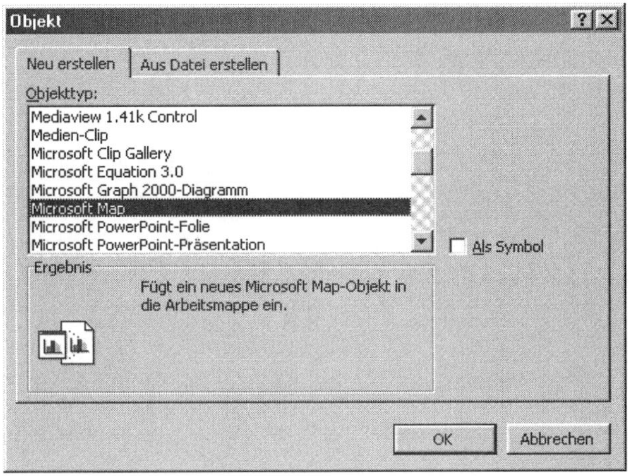

Abbildung 10.18: Wählen Sie *Microsoft Map*

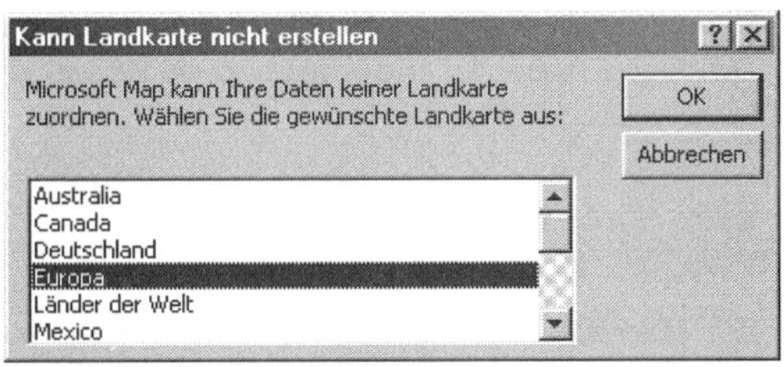

Abbildung 10.19: Konnte Excel keine geographischen Daten ausmachen, erscheint dieses Auswahlfenster

Zur Auswahl stehen eine Reihe von Ländern und Kontinenten. Welche Karte Sie benutzen wollen, hängt natürlich von Ihren Daten ab.

Anders verhält es sich, wenn Excel geographische Daten ausmachen konnte. Im nachfolgenden Beispiel wurden europäische Länder gewählt. Es erscheint demnach folgendes Fenster:

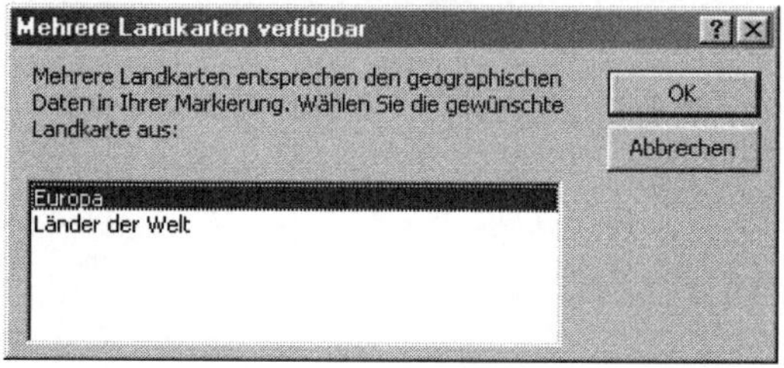

Abbildung 10.20: Excel konnte geographische Daten ausmachen

In diesem Beispiel stehen nur zwei Selektionen zur Auswahl: *Europa* und *Länder der Welt*.

Nahe liegend, dass Europa selektiert wurde, da nur europäische Länder als Daten vorliegen. Nachdem dieses geklärt ist, wird die Landkarte in die Tabelle eingefügt, wo sie weiter bearbeitet werden kann (siehe Abbildung 10.21).

Der Karten-Manager

Das Herzstück der Landkartenfunktion ist der *Karten-Manager*. Er kann aktiviert werden, indem Sie die Landkarte doppelt anklicken. Nachdem die Europakarte in das Tabellenblatt eingefügt ist, wird der Karten-Manager allerdings automatisch gestartet (siehe Abbildung 10.22).

Alle Einstellungen, die Sie im Karten-Manager vornehmen, werden augenblicklich im Landkartenfeld auf Ihrem Excel-Arbeitsblatt aktualisiert.

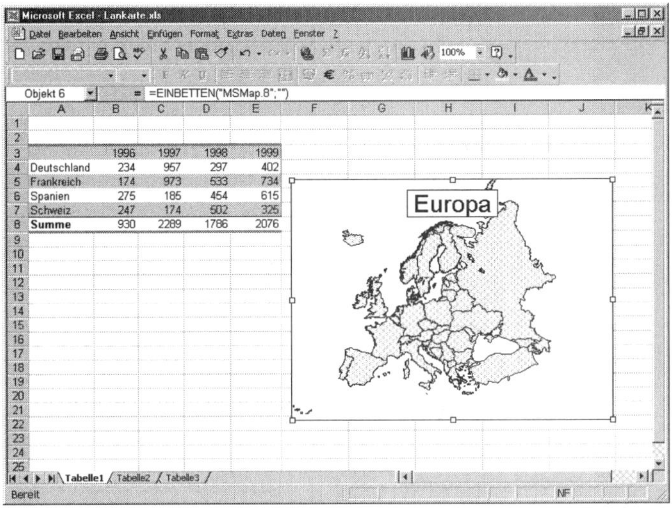

Abbildung 10.21: Die Karte in der Tabelle

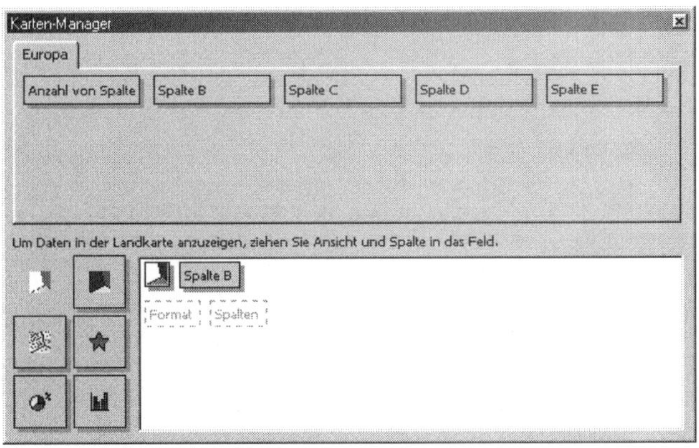

Abbildung 10.22: Mit dem Karten-Manager können Sie das Erscheinungsbild der Karte einstellen

Der Karten-Manager stellt sich als Registerkarte dar. Je nachdem, welche geographischen Gebiete gefunden wurden, präsentieren sich verschiedene Registerkarten.

Der Manager wird per Drag & Drop bedient. In der oberen Hälfte liegen die einzelnen *Spalten*-Schaltflächen. Fahren Sie mit der Maus über eine der Flächen, ändert sie ihr Aussehen.

Der untere Bereich dient der Formatierung. Hier finden Sie das Formatierungsfeld und verschiedene Formatierungssymbole.

Die Formatierungssymbole

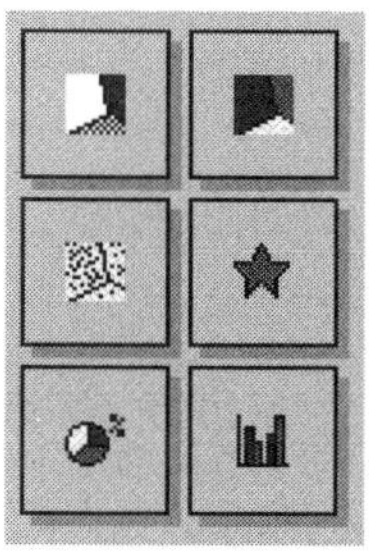

Abbildung 10.23: Sechs Formatierungssymbole stehen bereit

Insgesamt stehen sechs Formatierungssymbole zur Verfügung. Sie haben folgende Bedeutung (von links oben nach rechts unten.):

- *Bereich*
- *Wert*
- *Verteilung*
- *Symbol*
- *Kreisdiagramm*
- *Säulendiagramm*

Zwei Formatierungssymbole bilden jeweils eine Gruppe.

Mit Hilfe der Maus können Sie die *Spalten*-Schaltflächen und die Formatierungssymbole im Drag-&-Drop-Verfahren in das Formatierungsfeld ziehen. Ihre Aktivitäten werden in Ihrer Landkarte sofort angezeigt.

Bedenken Sie, dass Sie einem Formatierungssymbol auch eine Spalte zuordnen müssen. Im Formatierungsfeld muss deshalb immer ein Symbol einer Spalte zugeordnet sein. Ansonsten wird keine Wirkung auf die Landkarte ausgeübt.

Bereich

Das *Bereich*-Formatierungssymbol dient dazu, die Bereichsansicht zu nutzen. Beispielsweise lassen sich umsatzstarke bzw. -schwache Bereiche einstellen, so dass sie in der Landkarte unterschieden werden können.

Ziehen Sie das Symbol *Bereich* in das Formatierungsfeld. Anschließend ziehen Sie die *Spalten*-Schaltfläche B rechts neben das *Bereich*-Symbol (siehe Abbildung 10.24).

Sie können bei der Bereichsansicht noch diverse Einstellungen vornehmen. Dazu wählen Sie im Formatierungsfeld das *Bereich*-Symbol mit einem doppelten Mausklick an. Es öffnet sich das *Formateigenschaften*-Fenster (siehe Abbildung 10.25).

In diesem Fenster lassen sich die Anzahl der Bereiche, die Bereichswerte, die Farbe oder eine Berechnung einstellen.

Wollen Sie beispielsweise Bereiche für Umsatzhöchstwerte, Mittelwerte und Tiefstwerte definieren, müssen Sie die Anzahl der Bereiche auf 3 einstellen.

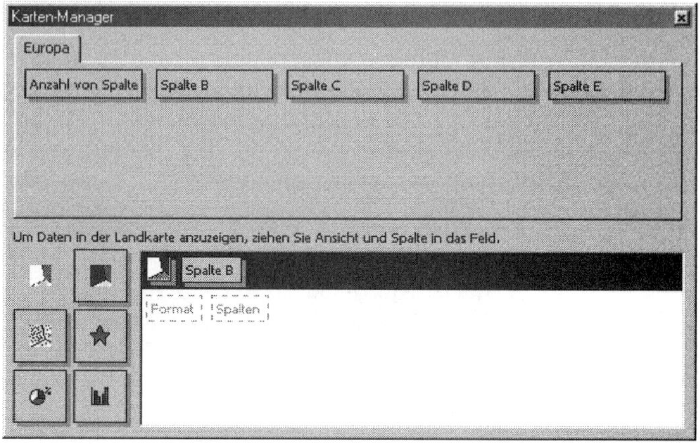

Abbildung 10.24: So sieht der Karten-Manager aus, nachdem Sie die Symbole platziert haben

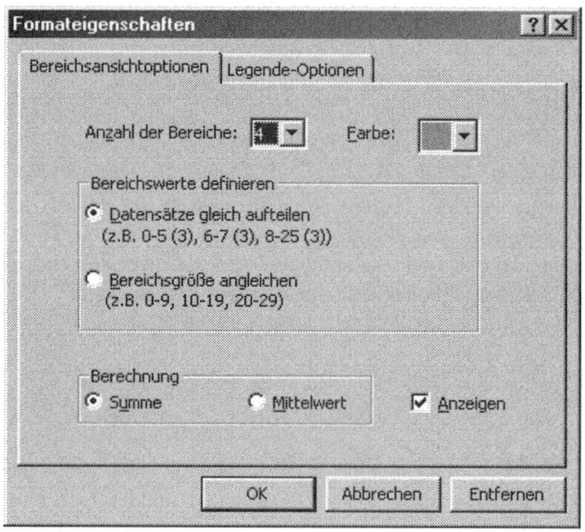

Abbildung 10.25: Im *Formateigenschaften*-Fenster können Sie bestimmte Einstellungen treffen

Die Registerkarte *Legende-Optionen* dient dazu, Einstellungen hinsichtlich der Legende festzulegen. Hier können Sie die Legendenanzeige auch unterdrücken, indem Sie die Option *Legende anzeigen* deaktivieren.

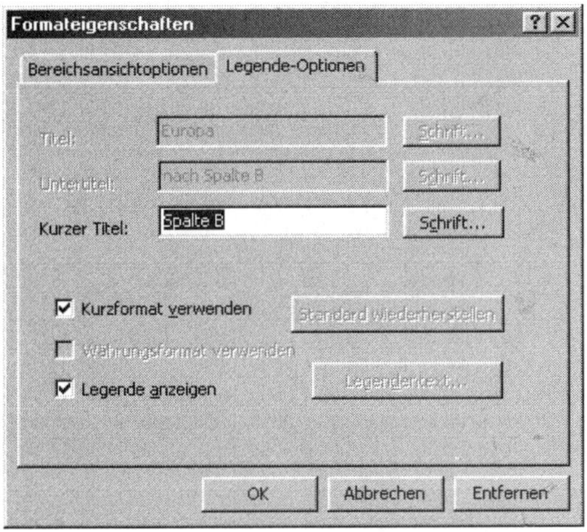

Abbildung 10.26: Die *Legende-Optionen*

Diese Registerkarte ist bei allen Formatierungssymbolen gleich.

Wert

Das *Wert*-Formatierungssymbol dient dazu, den Werten der jeweiligen Spalte eine Farbe zuzuweisen. Auch hier können Sie per doppeltem Mausklick ein Bearbeitungsfenster öffnen.

In einem Listenfeld finden Sie die Werte der zugewiesenen Spalte. Sie können jetzt nach Belieben jedem Wert eine andere Farbe zuweisen. Excel gibt Ihnen hierbei eine Farbgebung vor, die allerdings nicht verbindlich ist.

Abbildung 10.27: Im *Wert*-Bearbeitungsfenster lässt sich den unterschiedlichen Werten einer Spalte eine Farbe zuweisen

Verteilung

Das *Verteilung*-Formatierungssymbol dient dazu, eine Wertverteilung vorzunehmen. Dabei werden in den jeweiligen Landkartenabschnitten Punkte gesetzt. Je nach Spaltenwert ändert sich die Anzahl der Punkte.

Ein hoher Wert ist gleichbedeutend mit vielen Punkten, ein niedriger mit wenigen. Die Verteilung lässt sich natürlich noch bearbeiten. Per doppeltem Mausklick öffnet sich die *Verteilungsansichtoptionen*-Registerkarte.

In diesem Fenster können Sie einstellen, wie hoch die Wertigkeit eines Punktes sein soll, ob die Punkte groß oder klein dargestellt werden oder ob eine Summe bzw. ein Mittelwert berechnet wird.

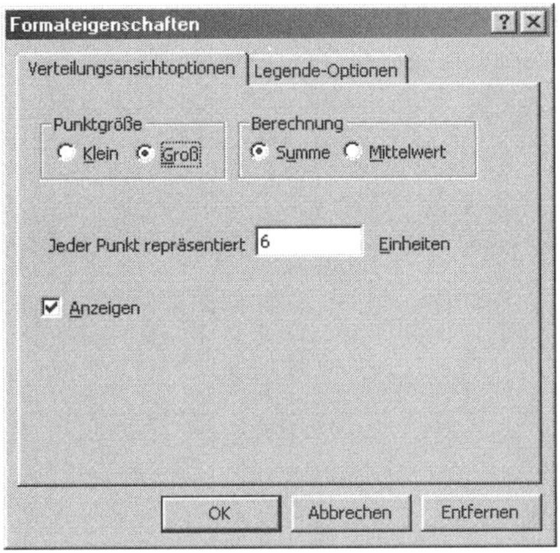

Abbildung 10.28: Die *Verteilungsansichtoptionen*-Registerkarte

Symbol

Wenn Sie das *Symbol*-Formatierungssymbol wählen, wird ein Symbol in der Landkarte angezeigt. Welches Symbol Sie wählen, bleibt Ihnen überlassen. Dabei können Sie auf jeden installierten Zeichensatz zurückgreifen. Grafiken können allerdings nicht als Symbol herangezogen werden.

Das *Formateigenschaften*-Fenster für dieses Symbol wird auch hier mit einem doppelten Mausklick aufgerufen (siehe Abbildung 10.29).

In diesem Dialog finden Sie einige Parameter, beispielsweise *Relativ*. Er bestimmt, ob die Symbole in ihrer Größe variieren, je nach zugehörigem Wert.

Über die Schaltfläche *Symbol ändern* können Sie sich alle Zeichen des gewählten Zeichensatzes anzeigen lassen und dort entsprechend auch auswählen. Mit der Schaltfläche *Schrift* können Sie hier auch einen anderen Font wählen (siehe Abbildung 10.30).

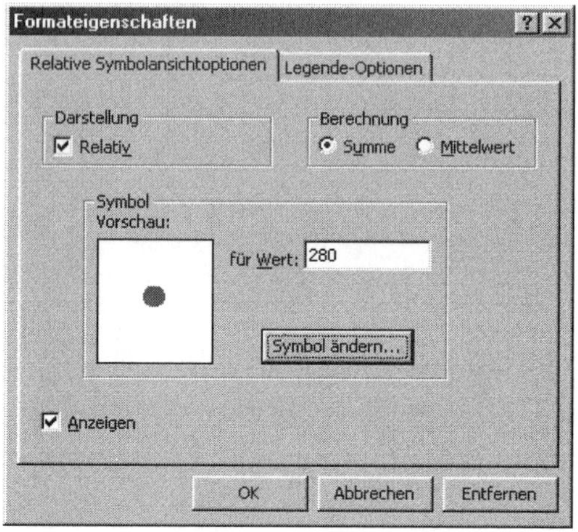

Abbildung 10.29: Dieses Register bietet einige Einstellungsmöglichkeiten

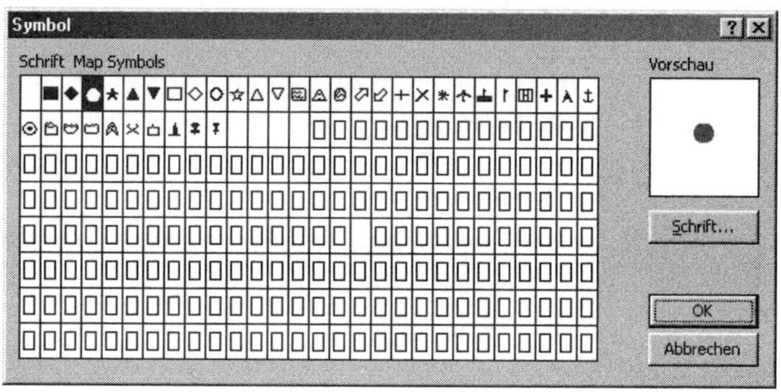

Abbildung 10.30: Die Symbolauswahl

Kreis- und Säulendiagramm

Das *Kreis-* und *Säulendiagramm*-Formatierungssymbol veranlasst, ein entsprechendes Diagramm zu zeichnen. Im Gegensatz zu allen anderen Symbolen können hier mehrere Spalten zugeordnet werden.

Das Register *Kreisdiagrammansichtoptionen* bietet einige Einstellungsmöglichkeiten, z.B. lässt sich die Farbe jedes Tortenstückes unterschiedlich definieren und noch einiges mehr. Die weiteren Möglichkeiten unterscheiden sich allerdings kaum von denen der anderen Bearbeitungsfenster.

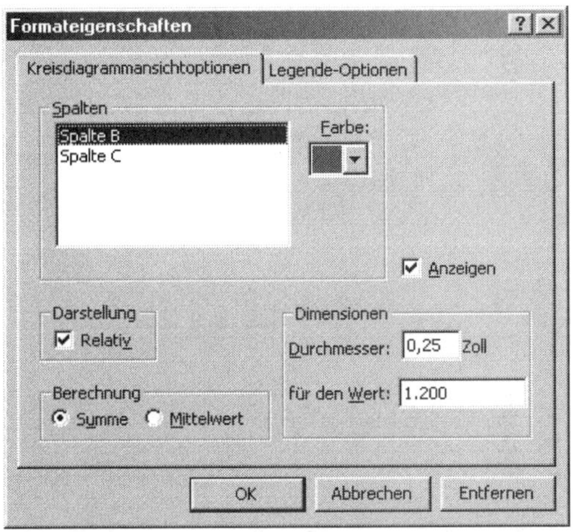

Abbildung 10.31: Die Einstellungsmöglichkeiten

Den Unterschied zwischen einem Kreis- und einem Säulendiagramm soll an dieser Stelle nicht mehr aufgegriffen werden. Sie können jedoch nur eines der beiden Diagramme gleichzeitig nutzen.

Landkarten bearbeiten

Ein Landkartenobjekt lässt sich natürlich noch verändern. Dazu müssen Sie die Landkarte in den Bearbeitungsmodus wechseln. Das geschieht durch doppeltes Anklicken mit der Maus oder durch einen einmaligen Klick und das Anwählen des Menüpunktes *Bearbeiten / Microsoft Map-Objekt / Bearbeiten*. Dass sich ein Objekt im Bearbeitungsmodus befindet, erkennen Sie an seinem gestrichelten Rahmen. Haben Sie die Landkarte in den Bearbeitungsmodus gewechselt, ändert sich das Aussehen, d.h. die Menüstruktur und die Symbolleisten von Excel.

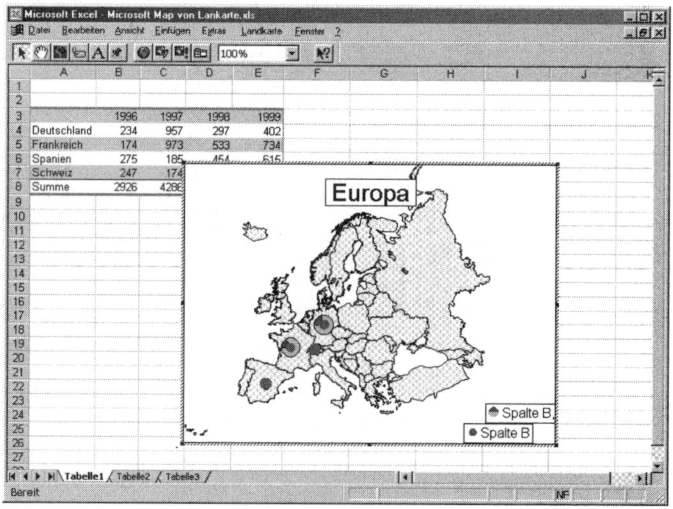

Abbildung 10.32: Haben Sie eine Landkarte in den Bearbeitungsmodus geschaltet, wechselt Excel das Aussehen

An die Stelle aller bisherigen Symbolleisten tritt die *Microsoft Map*-Symbolleiste. Weiterhin finden Sie das neue Menü *Landkarte*. Auch der Inhalt der verschiedenen Menüs hat sich zum Teil erheblich geändert. Erwähnenswert ist das *Extras*-Menü.

Abbildung 10.33: Die *Landkarten*-Symbolleiste bietet eine Reihe von Schaltflächen an

Objekte auswählen

Objekte auswählen nennt sich die erste Schaltfläche. Ist sie aktiv, befindet sie sich im gedrückten Zustand. Mit dieser Funktion können Sie Objekte der Landkarte auswählen, beispielsweise Titel, Texte oder Beschriftungen. Haben Sie ein Objekt gewählt, können Sie es verändern, löschen oder verschieben.

Grabber

Die *Grabber*-Schaltfläche dient dazu, die Karte in ihrem Feld zu verschieben. Die Größe und Ausdehnung der Karte bleiben allerdings erhalten.

Landkarte zentrieren

Möchten Sie eine bestimmte Stelle der dargestellten Karte als Mittelpunkt des Kartenfeldes bestimmen, dann aktivieren Sie das Symbol *Landkarte zentrieren* und klicken anschließend die gewünschte Stelle auf der Karte an. Daraufhin wird die Karte so verschoben, dass dieser Punkt in die Mitte des Kartenfeldes gerückt wird.

Landkartenbeschriftungen

Mit Hilfe der *Landkartenbeschriftungen*-Schaltfläche können Sie Kartenbeschriftungen hinzufügen. Nach dem Anwählen öffnet sich zunächst ein Fenster, in dem Sie bestimmte Merkmale definieren können. Anschließend können Sie mit der Maus über die Landkarte fahren. Sofern Excel Textverknüpfungen findet, werden diese in einem Textfeld angezeigt. Durch Drücken der linken Maustaste wird dann die Beschriftung aktiviert.

Die Beschriftungen lassen sich durch einen Doppelklick abändern. So können Sie beispielsweise einen neuen Text eingeben.

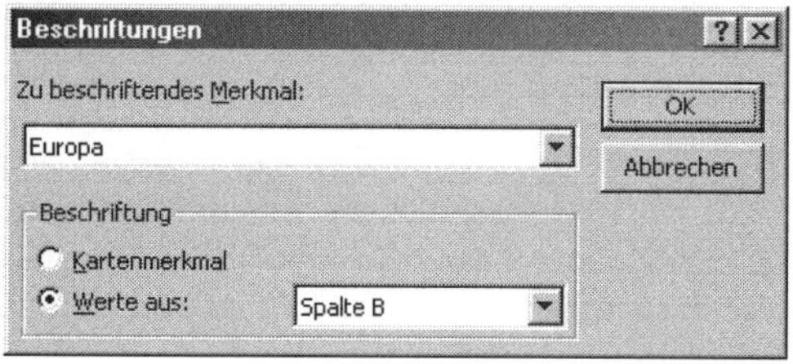

Abbildung 10.34: Das *Beschriftungen*-Fenster

Text hinzufügen

Die Schaltfläche *Text hinzufügen* erlaubt es, einen beliebigen Text in die Landkarte einzufügen, z.B. eine Überschrift oder einen erklärenden Zusatztext. Der Text lässt sich jederzeit formatieren, so dass Sie jeden installierten Zeichensatz mit allen Schriftattributen zuweisen können.

Pinnfolie

Die Schaltfläche *Pinnfolie* ermöglicht es, eine Pinnadel in die Landkarte zu platzieren bzw. eine neue Pinnadel-Folie zu öffnen. Damit ist es ein Leichtes, bestimmte Orte speziell zu kennzeichnen.

Excel greift zur Darstellung der Pinnadel von Haus aus auf den Zeichensatz *Map Symbols* zurück. Sie können jedoch auch jeden anderen einstellen. Ein doppelter Mausklick oder das Drücken der rechten Maustaste auf die Pinnnadel und das anschließende Aktivieren von *Formatieren* öffnet das *Symbol*-Fenster.

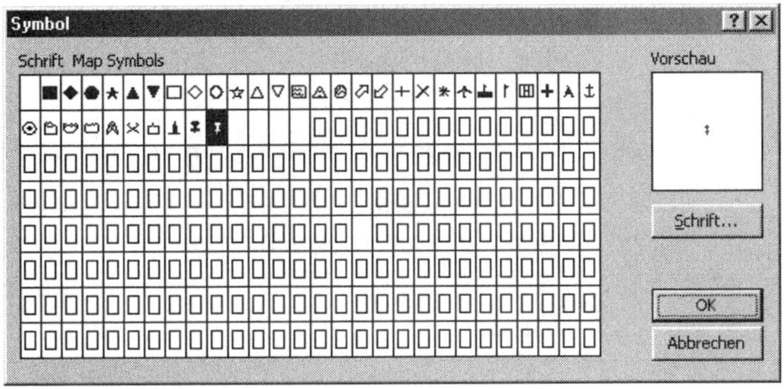

Abbildung 10.35: Als Pinnnadel-Quelle dient der Zeichensatz *Map Symbols*

Vollständig anzeigen

Die Schaltfläche *Vollständig anzeigen* veranlasst nach dem Anwählen, dass die Karte im Ausgabefeld wieder ganz dargestellt wird. Haben Sie mit den möglichen Schaltflächen eine andere Anzeige herbeigeführt, lässt sich die Karte mit einem Mausklick wieder in den Ursprungszustand versetzen.

Landkarte neu zeichnen

Diese Schaltfläche veranlasst das Neuzeichnen der Landkarte. Haben Sie z.B. zahlreiche Änderungen vorgenommen, können einige Kartenteile nicht mehr sauber dargestellt sein. Durch Anwählen dieser Schaltfläche verbessern Sie die Darstellung.

Landkarte aktualisieren

Über das Symbol *Landkarte aktualisieren* erreichen Sie, dass die Landkarte die Daten aus der Excel-Tabelle erneut einliest und darstellt. Auf diese Weise können Wertänderungen in die Landkarte übernommen werden.

Karten-Manager einblenden/ausblenden

Diese Schaltfläche aktiviert bzw. deaktiviert den schon weiter oben angesprochenen Karten-Manager.

Zoomfaktor

Die Listenfeld *Zoomfaktor* versetzt Sie in die Lage, die Landkarte hinein- bzw. herauszuzoomen. Je nachdem, welchen Wert Sie auswählen oder eingeben, verändert sich die Darstellung der Landkarte. Sie wird größer bzw. kleiner dargestellt.

Hilfe

Das letzte Symbol stellt eine Hilfe dar. Klicken Sie dieses Symbol an, verwandelt sich der Mauszeiger und Sie können z.B. ein Symbol aus der Symbolleiste anwählen, um dann spezielle Informationen dazu zu erhalten.

Das Extras-Menü im Landkartenbearbeitungsmodus

Das *Extras*-Menü bietet im Bearbeitungsmodus zwei Einträge:

- ✔ Beschriftungen
- ✔ Optionen

Beschriftungen

Der Menüeintrag *Beschriftungen* öffnet das Beschriftungsfenster. Es kann auch durch Drücken der *Landkartenbeschriftungen*-Schaltfläche aufgerufen werden.

Optionen

Optionen öffnet ein *Optionen*-Fenster, in dem man mehrere Optionsschaltflächen findet. Zur Auswahl stehen *Kartenauswahl, Maßstabseinheiten* und *Daten aktualisieren*.

Abbildung 10.36: Das *Optionen*-Fenster

Maßstabseinheiten erlaubt es, die Maßstabseinheit zu ändern.

Kartenauswahl erlaubt die Selektion zwischen *Schnell* und *Gründlich*. Weiterhin lässt sich ein *Zeitlimit* setzen. Das ist beispielsweise sehr nützlich, wenn als Option *Gründlich* gewählt wurde und man einen recht langsamen Computer sein Eigen nennt. Eine Kartenauswahl kann mitunter recht lange dauern, selbst auf einem schnellen Rechner.

Im Bereich *Daten aktualisieren* legen Sie fest, wie die Aktualisierung von Daten vorgenommen werden soll.

Das Landkarten-Menü

Das *Landkarten*-Menü bietet unterschiedlich viele Einträge an, je nachdem, welche Symbole mit dem Karten-Manager aktiviert wurden. Prinzipiell sind folgende Einträge erreichbar:

- ✔ *Merkmale*
- ✔ *Merkmale hinzufügen*
- ✔ *Kartenvorlage speichern*
- ✔ *Kartenvorlage löschen*
- ✔ *Aktualisieren*
- ✔ *Pinnfolie öffnen*
- ✔ *Pinnfolie schließen*
- ✔ *Pinnfolie löschen*

Vom Karten-Manager abhängig sind folgende Einträge:

- ✔ *Wertansicht bearbeiten*
- ✔ *Bereichsansicht bearbeiten*
- ✔ *Symbolansicht bearbeiten*
- ✔ *Verteilungsansicht bearbeiten*
- ✔ *Kreisdiagrammansicht bearbeiten*
- ✔ *Säulendiagrammansicht bearbeiten*

Merkmale

Den Menüpunkt *Merkmale* erreichen Sie auch über die Tastenkombination [Alt] + [L] [M]. Es öffnet sich ein Fenster, in dem Sie bestimmte Kartenmerkmale aktivieren können, so dass sie gezeichnet werden. Kartenmerkmale sind beispielsweise Autobahnen, Flüsse, Flughäfen, Städte oder Postleitzahlen. Mitunter lässt sich das Merkmal auch noch leicht verändern, z.B. in der Form oder in der Farbe.

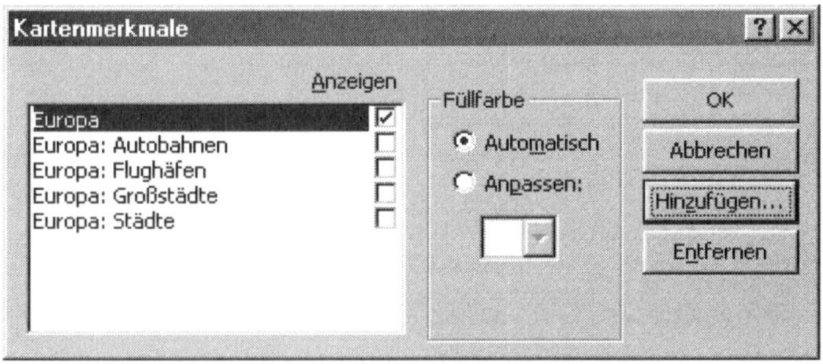

Abbildung 10.37: Im Fenster *Kartenmerkmale* lassen sich Merkmale aktivieren

Die Schaltfläche *Hinzufügen* öffnet ein neues Fenster, mit dessen Hilfe weitere Merkmale hinzugefügt werden können.

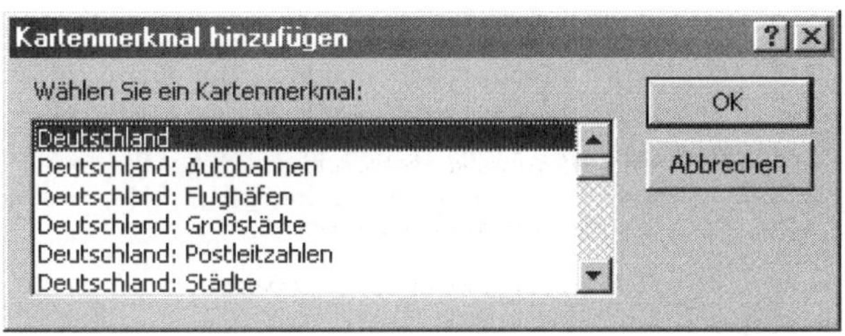

Abbildung 10.38: Die Liste der verfügbaren Kartenmerkmale ist lang

HINWEIS

Bedenken Sie aber, zu viele Merkmale gehen zu Lasten der Übersichtlichkeit. »Weniger ist mehr«, sollte die Devise lauten.

Merkmal hinzufügen

Dieser Menüpunkt lässt sich auch über die Tastenkombination [Alt] + [L] [K] aufrufen. Er öffnet das eben beschriebene Fenster, in dem alle verfügbaren Kartenmerkmale aufgelistet sind.

Kartenvorlage speichern

Der Menüpunkt *Kartenvorlage speichern* ist ebenfalls über eine Tastenkombination erreichbar: [Alt] + [L] [V]. Haben Sie eine Karte erzeugt, die auch für andere Tabellen genutzt werden soll, können Sie sie als Vorlage speichern. Nach Anwählen des Menüpunktes öffnet sich ein Fenster, in dem Sie der Karte einen Namen geben können, unter dem sie abgespeichert werden soll.

Kartenvorlage löschen

Mit Hilfe dieses Menüpunktes können Sie eine gespeicherte Kartenvorlage löschen. Der Punkt ist auch über die Tastenkombination [Alt] + [L] [L] erreichbar.

Aktualisieren

Dieser Menüpunkt veranlasst die Karte zu aktualisieren. Dabei werden die vorhandenen Daten und Einstellungen berücksichtigt und die Landkarte neu berechnet. Die Funktion lässt sich auch durch die Tastenkombination [Alt] + [L] [A] starten.

Pinnfolie öffnen

Der Menüpunkt *Pinnfolie öffnen* richtet eine neue Pinnfolie ein. Dazu sollten Sie wissen, dass eine Landkarte mehrere Pinnfolien besitzen kann, allerdings kann immer nur eine geöffnet sein. Eine Pinnfolie versetzt Sie in die Lage, bestimmte Punkte einer Karte durch Pinnadeln kenntlich zu machen. *Pinnfolie öffnen* erreichen Sie auch durch Drücken der Tasten [Alt] + [L] [P].

Pinnfolie schließen & Pinnfolie löschen

Diese Menüpunkte schließen bzw. löschen eine Pinnfolie. Sie sind auch über die Tastenkombinationen [Alt] + [L] [S] bzw. [Alt] + [L] [N] aufrufbar.

Weitere Funktionen

Die vom Karten-Manager abhängigen Funktionen sind schon im Abschnitt »Landkarten bearbeiten« angesprochen worden, so dass sie an dieser Stelle nicht noch einmal erläutert werden.

Legenden formatieren

Sie können die in Ihrer Landkarte vorhandenen Legenden bearbeiten, wenn die *Objekte-markieren*-Schaltfläche aktiv ist. Mit einem doppelten Mausklick auf die entsprechende Legende öffnet sich das Bearbeitungsfenster, in dem Sie z.B. den Legendentext abändern, eine Legenden-Kurzform einstellen oder die Schriftart modifizieren können.

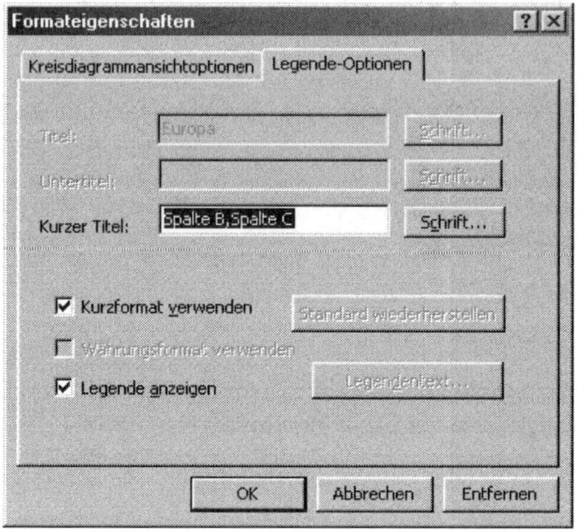

Abbildung 10.39: Das *Legende-Optionen*-Fenster

Nun haben Sie erfahren, welche Möglichkeiten Sie in Verbindung mit der Landkarte haben. Probieren Sie sie aus, Sie werden erstaunt sein, welche Ergebnisse Sie hier zustande bringen können.

KAPITEL

Excel als Datenbank nutzen

Obwohl es sich bei Excel um eine Tabellenkalkulation handelt, besteht die Möglichkeit, Excel in bestimmten Situationen als Datenbank einzusetzen. Erfahren Sie in diesem Kapitel, welche Möglichkeiten und Verfahren Ihnen dafür zur Verfügung stehen.

11

Excel als Datenbank nutzen

Da innerhalb von Excel in der Regel in großem Umfang Daten verarbeitet werden, ist es oftmals erforderlich, diese auf eine bestimmte Art zu bearbeiten bzw. diese weiter zu verarbeiten. Nicht immer sind diese Arbeiten mit den Anwendungsoptionen einer Tabellenkalkulation zu erledigen.

Um diesem Umstand Rechnung zu tragen, enthält Excel die Möglichkeit, vorhandene Daten wie in einer Datenbank zu handhaben. Dazu sind einige datenbankähnliche Funktionen in Excel implementiert worden, die nachfolgend erläutert werden sollen.

Daten sortieren

Mit Microsoft Excel 2000 haben Sie die Möglichkeit, die Daten einer Tabelle zu sortieren. Sie können sie beispielsweise in aufsteigender oder absteigender Reihenfolge sortieren. Zeilen können auch nach dem Inhalt von zwei oder mehreren Spalten sortiert werden. Spalten können nach dem Inhalt von Zeilen sortiert werden. Listen lassen sich nach Monatsnamen, Wochentagen oder benutzerdefiniert sortieren.

Excel verwendet für die Sortierung verschiedene Sortierreihenfolgen, um die Daten nach dem Wert und nicht nach dem Format der Daten anzuordnen. Für die aufsteigende Reihenfolge werden die Daten von der kleinsten negativen Zahl zur größten positiven Zahl angeordnet. Bei der alphanumerischen Sortierung werden die Zeichen von links nach rechts sortiert. Hierbei ist zu beachten, dass zum Beispiel eine Zelle mit dem Text *A100* vor einer Zelle mit dem Text *A11* sortiert wird. Der Wert *0* ist geringer als der Wert *1*, obwohl der gesamte Wert *A11* geringer ist als *A100*. Leere Zellen werden grundsätzlich an das Ende der Sortierreihenfolgen gesetzt.

Für Text mit und ohne Zahlen gilt folgende Sortierreihenfolge:

(Leerzeichen) ! # $ % & ( ) * , . / : »;« ? @ [\ ] ^ _ ` { | } ~ + < = > 0 1 2 3 4 5 6 7 8 9 A Ä B C D E F G H I J K L M N O Ö P Q R S ß T U Ü V W X Y Z

Für das Apostroph (´) und den Bindestrich (-) besteht eine Ausnahme: Unterscheiden sich zwei Textzeichenfolgen mit Ausnahme eines Bindestriches nicht voneinander, dann wird die Textzeichenfolge mit dem Bindestrich zuletzt sortiert.

Bei logischen Werten wird der Wert *FALSCH* vor dem Wert *WAHR* angeordnet. Für Fehlerwerte gilt grundsätzlich keine Sortierreihenfolge, diese werden alle gleich angeordnet.

Für die absteigende Sortierreihenfolge gelten diese Regeln einfach umgekehrt:

Aufsteigende Sortierung = 1 bis 9, A bis Z, (A1, A100, A11)

Absteigende Sortierung = 9 bis 1, Z bis A, (A11, A100, A1)

Lernen Sie die Anwendung der Sortierreihenfolge anhand von Praxisbeispielen kennen.

Daten in Zeilen oder Spalten sortieren

Um die Daten von Zeilen oder Spalten in aufsteigender oder absteigender Reihenfolge zu sortieren, müssen Sie zunächst die gewünschten Zeilen oder Spalten markieren, um auf Nummer sicher zu gehen. Zwar genügt es, wenn eine Zeile innerhalb eines Bereichs markiert ist, da Excel dann den dazugehörigen Bereich sucht, allerdings ist oftmals vorher nicht genau ersichtlich, welchen Bereich sich Excel zu diesem Zweck sucht.

Nachfolgend finden Sie in den Abbildungen einige Texte vor, die Sie abschreiben können, um die Arbeiten bei sich nachzuvollziehen.

Abbildung 11.1: Die markierten Zeilen

Anschließend wählen Sie aus dem Menü *Daten* den Eintrag *Sortieren*. Es erscheint der Dialog *Sortieren*.

Abbildung 11.2: Der Dialog *Sortieren*

Über die Schaltfläche *Optionen* rufen Sie den Dialog *Sortieroptionen* auf, mit dem Sie bestimmen können, ob die Daten von Zeilen oder Spalten sortiert werden sollen. Aktivieren Sie im Abschnitt *Orientierung* dazu die entsprechende Option.

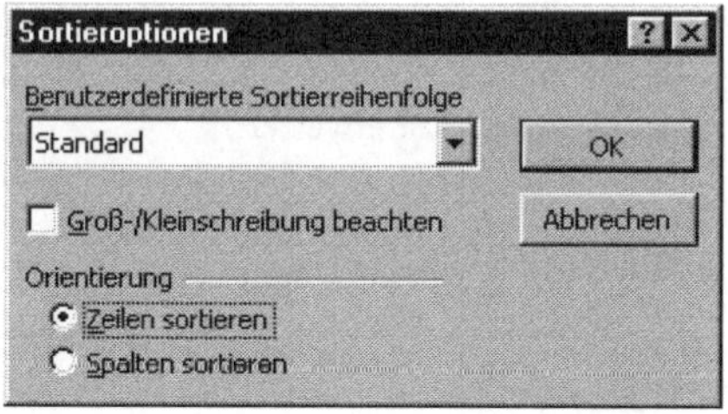

Abbildung 11.3: Der Dialog *Sortieroptionen*

Möchten Sie die Zellen einer Spalte bzw. die Zeilen von markierten Spalten sortieren, dann müssen Sie die Option *Zeilen sortieren* aktivieren. In diesem Fall werden dann die Zellen einer Spalte entsprechend der gewählten Sortierreihenfolge nach der gewählten Sortierung aufsteigend oder absteigend sortiert. Wenn Sie hingegen die Spalten sortieren möchten, müssen Sie die Option *Spalten sortieren* aktivieren.

Im Abschnitt *Benutzerdefinierte Sortierreihenfolge* können Sie festlegen, ob die Sortierung nach den zuvor beschriebenen Standardregeln oder nach benutzerdefinierten Einstellungen aus dem aufklappbaren Listenfeld erfolgen soll. Um eine benutzerdefinierte Einstellung zu wählen, klicken Sie auf den nach unten weisenden Pfeil in dem Listenfeld und wählen die gewünschte Einstellung.

Benutzerdefinierte Sortierreihenfolgen lassen sich nur auf die im Abschnitt *Sortieren nach* angegebene Spalte anwenden. Schließlich können Sie mit der Option *Groß-/Kleinschreibung beachten* entsprechende Schreibformen für die Sortierung von Daten berücksichtigen. Klicken Sie auf *OK*, um den Dialog *Sortieroptionen* zu verlassen und zum Dialog *Sortieren* zurückzukehren.

Je nach gewählter Option im Dialog *Sortieroptionen* wird im Listenfeld *Sortieren nach* eine Zeile oder Spalte angegeben. Neben dem Listenfeld befinden sich zwei weitere Optionsschaltflächen, mit denen Sie festlegen, in welcher Richtung die Sortierung (aufsteigend oder absteigend) erfolgt.

Wollen Sie mehr als eine Zeile oder Spalte sortieren, können Sie zusätzlich die Optionen *Anschließend nach* und *Zuletzt nach* verwenden, um die Sortierung zu erweitern.

Überschrift verwenden

Enthält eine Tabelle oder Liste eine Überschrift, so können Sie diese im Abschnitt *Liste enthält* im Dialog *Sortieren* bei der Sortierung von Zeilen mit der Option *Überschrift* berücksichtigen. In diesem Fall werden dann in den Listenfeldern *Sortieren nach*, *Anschließend nach* und *Zuletzt nach* nicht die Spaltennamen, sondern die Überschriften der Spalte angezeigt. Zudem wird dann die Überschrift bei der Sortierung nicht mit berücksichtigt, so dass diese an ihrer Position bleibt. Besonders bei relativ großen und umfangreichen Listen ist mit dieser Möglichkeit eine Wahl der richtigen Spalte gewährleistet.

Abbildung 11.4: Sortieren von Listen mit Überschrift

Klicken Sie auf *OK*, um die Liste zu sortieren.

Benutzerdefinierte Sortierreihenfolge

Wie bereits erwähnt wurde, können Sie benutzerdefinierte Sortierreihenfolgen verwenden. Die Auswahl der benutzerdefinierten Sortierreihenfolgen erreichen Sie über den Dialog *Sortieren*, indem Sie in diesem Dialog auf die Schaltfläche *Optionen* klicken und damit den Dialog *Sortieroptionen* aufrufen.

Im Abschnitt *Benutzerdefinierte Sortierreihenfolge* wird im Listenfeld standardmäßig der Eintrag *Standard* vorgegeben. Verwenden Sie Monatsnamen oder Wochentage für Ihre Liste, so finden Sie im Listenfeld auch dafür entsprechende Sortierreihenfolgen. Klicken Sie dazu auf den nach unten weisenden Pfeil im Listenfeld und wählen Sie die gewünschte Sortierreihenfolge aus.

Eigene benutzerdefinierte Sortierreihenfolgen erstellen

Möchten Sie jedoch eine eigene benutzerdefinierte Sortierreihenfolge anwenden, müssen Sie diese zunächst erstellen. Wählen Sie dazu aus dem Menü *Extras* den Eintrag *Optionen*. Es erscheint der Dialog *Optionen* (siehe Abbildung 11.5).

Klicken Sie auf die Registerkarte *AutoAusfüllen*. In dieser Registerkarte werden im Feld *Benutzerdefinierte Listen* die bereits vorhandenen benutzerdefinierten Sortierreihenfolgen angezeigt. Wenn Sie auf eine dieser Sortierreihenfolgen klicken, bekommen Sie die entsprechenden Listeneinträge in dem gleichnamigen Feld aufgeführt.

Um eine neue benutzerdefinierte Liste zu erstellen, klicken Sie im Feld *Benutzerdefinierte Listen* auf den Eintrag *Neue Liste*. Sie können anschließend die neuen Listeneinträge im Feld *Listeneinträge* in der gewünschten Sortierreihenfolge eingeben (siehe Abbildung 10.6).

Die Listeneinträge werden untereinander, getrennt durch ein Absatzendezeichen, eingegeben. Nachdem alle Listeneinträge für die neue Sortierreihenfolge eingetragen sind, klicken Sie auf die Schaltfläche *Hinzufügen* und die neue benutzerdefinierte Sortierreihenfolge wird in das Feld *Benutzerdefinierte Listen* aufgenommen.

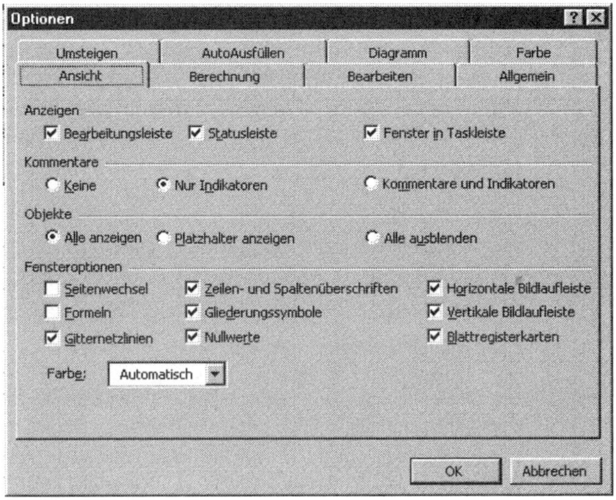

Abbildung 11.5: Der Dialog *Optionen*

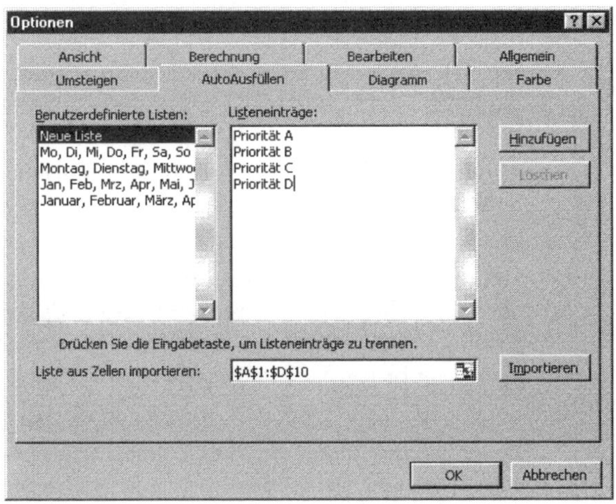

Abbildung 11.6: Eingeben der Listeneinträge

Sie können aber auch bereits bestehende Zellen aus einem Excel-Arbeitsblatt oder einer Excel-Liste als Listeneinträge übernehmen. Klicken Sie dazu auf das kleine Symbol im Eingabefeld *Liste aus Zellen importieren* und es wird automatisch zum aktiven Arbeitsblatt oder *Liste von Microsoft Excel 2000* gewechselt. Gleichzeitig wird dabei der Dialog *Optionen – Liste aus Zellen importieren* mit einem Eingabefeld angezeigt.

Um eine Zelle als Listeneintrag zu wählen, klicken Sie die gewünschte Zelle im Arbeitsblatt an. Dabei wird die entsprechende Zellenzuordnungsnummer im Eingabefeld des Dialogs *Optionen – Liste aus Zellen importieren* eingetragen. Um mehrere Zellen zu wählen, verwenden Sie die Tasten ⇧ und/oder Strg.

Sie können auch die entsprechenden Zellenzuordnungsnummer manuell über die Tastatur im Eingabefeld eintragen oder durch Aufziehen eines Markierungsrahmens mit der Maustaste mehrere Zellen gleichzeitig markieren und als Listeneinträge übernehmen.

Bedenken Sie jedoch, dass die Sortierreihenfolge der Reihenfolge entspricht, in der Sie die Zellen auswählen.

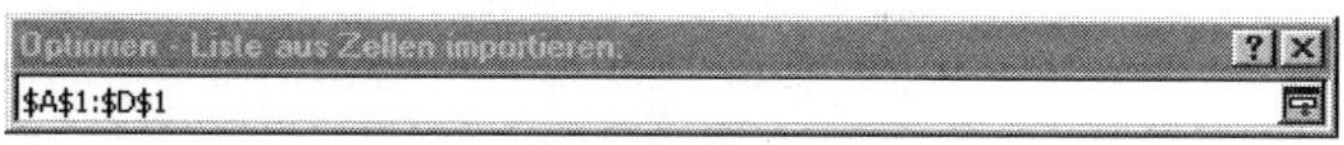

Abbildung 11.7: Wahl der Zellen für eine benutzerdefinierte Sortierreihenfolge

Sofern Sie alle Zellen gewählt haben, die für die benutzerdefinierte Sortierreihenfolge verwendet werden sollen, klicken Sie wieder auf das kleine Symbol im Eingabefeld des Dialogs *Optionen – Liste aus Zellen importieren*. Sie gelangen dann zum Dialog *Optionen* zurück.

Klicken Sie jetzt auf die Schaltfläche *Importieren* und die gewählten Zellen werden in der gewählten Reihenfolge im Feld *Listeneinträge* aufgeführt und gleichzeitig als benutzerdefinierte Sortierreihenfolge im Feld *Benutzerdefinierte Liste* eingetragen.

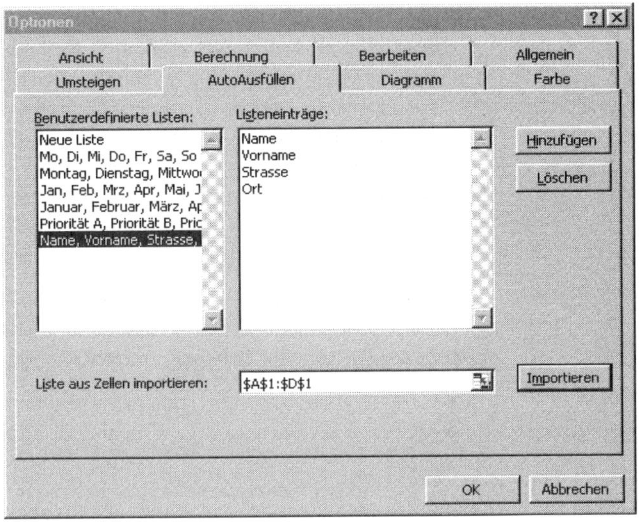

Abbildung 11.8: Importierte Zellen als Listeneinträge für die benutzerdefinierte Sortierreihenfolge

Die erstellten benutzerdefinierten Sortierreihenfolgen können jederzeit aus dem Dialog *Optionen / Sortieroptionen* angewendet werden. Ebenso können Sie die neu erstellten benutzerdefinierten Sortierreihenfolgen über das Menü *Extras / Optionen* in der Registerkarte *AutoAusfüllen* ändern oder löschen.

Filter verwenden

Möchten Sie eine bestimmte Untermenge von Daten suchen, um mit dieser in einer Liste zu arbeiten, bietet sich die Anwendung von Filtern an. Durch die Verwendung von Filtern werden nur diejenigen Daten in einer Liste angezeigt, die den Kriterien des Filters entsprechen. Mit Excel stehen zwei Befehle für das Filtern von Daten zur Verfügung:

- *AutoFilter*
  Hiermit kann nach ausgewählten Zellen gefiltert werden. Dieser Befehl eignet sich für einfache Kriterien.
- *Spezialfilter*
  Für komplexere Kriterien eignet sich dieser Befehl.

Beim Filtern von Daten wird die Liste nicht neu angeordnet, so wie es beispielsweise bei der Sortierfunktion der Fall ist. Es werden nur Zeilen, die nicht dem Kriterium des Filters entsprechen, zeitweise ausgeblendet.

Sie können die gefilterte Liste bearbeiten, formatieren, als Diagramm darstellen oder drucken, ohne diese neu anzuordnen oder zu verschieben.

AutoFilter anwenden

Aktivieren Sie im Menü *Daten / Filter* den Eintrag *AutoFilter*, werden neben den Spaltenüberschriften bzw. den Spaltenbeschreibungen nach unten weisende Pfeile (*AutoFilter*) angezeigt. Durch einen Klick auf einen dieser Pfeile werden alle sichtbaren Elemente einer Spalte, einschließlich leerer Zeilen in einer Liste angezeigt. Mit der Auswahl eines Elements dieser Liste, werden alle Zeilen ausgeblendet, die nicht dem ausgewählten Wert der Liste *AutoFilter* entsprechen.

Enthält zum Beispiel ein Arbeitsblatt Datensätze, auf dem verschiedene Mitarbeiter für verschiedene Verkaufsbereiche aufgeführt werden und Sie möchten davon alle Mitarbeiter angezeigt bekommen, die für den Verkaufsbereich *Düsseldorf* tätig sind, dann klicken Sie auf den Pfeil in der Spaltenüberschrift *Verkaufsbereich* und wählen aus der Liste *AutoFilter* den Eintrag *Düsseldorf*. Es werden alle Zeilen ausgeblendet, die nicht zum Verkaufsbereich *Düsseldorf* gehören. Sie haben somit ein Arbeitsblatt, auf dem nur die Mitarbeiter des Verkaufsbereichs *Düsseldorf* angezeigt werden.

	D	E	F	G
1	PLZ	Ort	Verkaufsbereich	Umsatz in DM
2	44455	Musterhausen	Düsseldorf	10.000
3	33222	Nirgendwo	Berlin	15.000
4	45666	Walddorf	Düsseldorf	8.000
5	22346	Gartenlaube	Hamburg	5.000
6	99345	Eckendorf	München	20.000
7	89345	Blaudorf	München	25.000
8	73456	Tulpia	Karlsruhe	4.000
9	12456	Hexenhausen	Flensburg	6.000
10	47880	Luftsee	Düsseldorf	11.000
11				

	D	E	F	G
1	PLZ	Ort	Verkaufsbereich	Umsatz in DM
2	44455	Musterhausen	Düsseldorf	10.000
4	45666	Walddorf	Düsseldorf	8.000
10	47880	Luftsee	Düsseldorf	11.000
11				

Abbildung 11.9: Obere Liste ohne Verwendung von *AutoFilter*, darunter gefiltert für den Verkaufsbereich *Düsseldorf*

Durch die blaue Zeilennummerierung im Arbeitsblatt wird gekennzeichnet, dass auf dem Arbeitsblatt nur gefilterte Datensätze angezeigt werden. An dem blauen nach unten weisenden Pfeil in der Spaltenüberschrift oder der Spaltenbeschreibung lässt sich erkennen, für welche Spalte der Filter gesetzt wurde. Um wieder alle Datensätze einer Spalte darzustellen, müssen Sie auf den blauen nach unten weisenden Pfeil klicken und aus der Liste den Eintrag *(Alle)* wählen.

Top 10

Mit dem Eintrag *(Top 10...)* des *AutoFilters* können Sie sich zehn höchst- oder niedrigwertigen Datensätze anzeigen lassen. Klicken Sie bei aktivem *AutoFilter* auf den Eintrag *(Top 10...)*, erscheint der Dialog *Top-10-AutoFilter*:

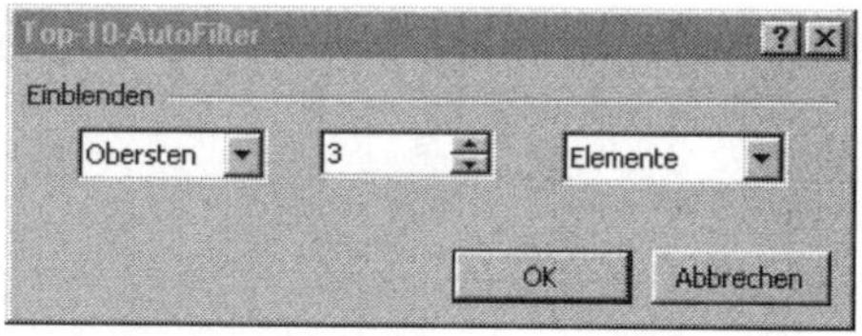

Abbildung 11.10: Der Dialog *Top-10-AutoFilter*

Im linken Listenfeld legen Sie fest, ob für die berücksichtigte Spalte Zeilen mit hohen oder niedrigen Werten angezeigt werden sollen. Im mittleren Feld bestimmen Sie die Anzahl der Elemente oder den Prozentsatz der gesamten Liste, die angezeigt werden soll. Um für die verwendete Spalte die Zeilen mit hohen oder niedrigen Werte anzeigen zu lassen, müssen Sie im rechten Listenfeld den Eintrag *Elemente* wählen. Wollen Sie dagegen für die entsprechende Spalte Zeilen anzeigen, die einen hohen oder niedrigen Prozentsatz der gesamten Liste enthalten, dann müssen Sie den Eintrag *Prozent* in dem rechten Listenfeld wählen. Klicken Sie auf die Schaltfläche *OK*, werden die gefundenen entsprechenden Datensätze angezeigt.

Benutzerdefinierter AutoFilter

Sie können mit der Verwendung des *AutoFilters* Listen auch nach Datensätzen filtern, die von Ihnen vorgegebene Bedingungen erfüllen. Somit können auch Listen erstellt werden, die für eine Spalte mehr als eine Bedingung erfüllen.

Beispielsweise könnten Sie alle Datensätze anzeigen lassen, die einen Wert zwischen X und Y enthalten. In Bezug auf das vorhergehende Beispiel mit dem Verkaufsbereich ließen sich auf diese Weise solche Datensätze anzeigen, die einen Umsatz zwischen 10.000 DM und 25.000 DM eingebracht haben.

Um einen benutzerdefinierten *AutoFilter* zu verwenden, klicken Sie auf den nach unten weisenden Pfeil in der entsprechenden Spaltenüberschrift bzw. Spaltenbeschreibung und wählen den Eintrag *(Benutzerdefiniert...)*. Es erscheint der Dialog *Benutzerdefinierter AutoFilter*:

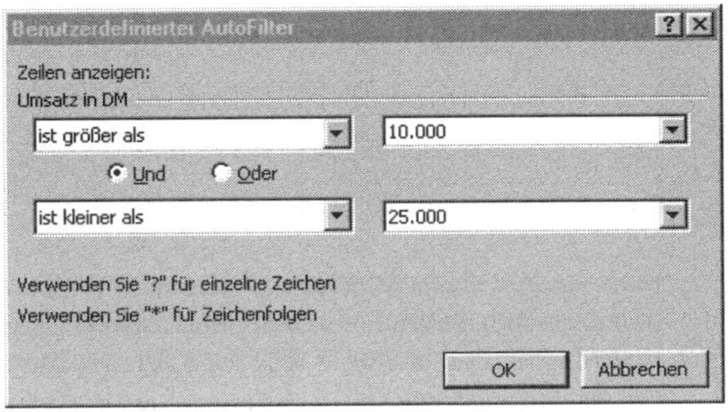

Abbildung 11.11: Der Dialog *Benutzerdefinierter AutoFilter*

In diesem Dialog legen Sie die Bestimmungen Ihrer Definition fest, nach denen die Datensätze ausgewählt werden sollen. Gemäß dem Beispiel sollen Werte zwischen 10.000 DM und 25.000 DM ermittelt werden. Dementsprechend sollen also Werte angezeigt werden, die *größer als 10.000* und *kleiner als 25.000* sind.

Durch einen Klick auf die Pfeile in den Listenfeldern können Sie die Bestimmungen definieren und entsprechende verfügbare Werte wählen, die bereits in den Spalten der Datensätze vorhanden sind. Die Datensätze lassen sich nach dem *und-oder*-Prinzip verknüpfen. Auf diese Weise können Datensätze herausgefiltert werden, die entweder die eine oder die andere Bedingung erfüllen, oder es lassen sich Datensätze ermitteln, welche sowohl die eine und als auch die andere Bedingung erfüllen.

Wählen Sie im linken oberen Listenfeld den Eintrag *ist größer als* und im rechten oberen Listenfeld den Eintrag *10.000*, im linken unteren Listenfeld den Eintrag *ist kleiner als* und im rechten unteren Listenfeld den Eintrag *25.000*, dann würde folgende Liste dargestellt.

	D	E	F	G
1	PLZ	Ort	Verkaufsbereich	Umsatz in DM
3	33222	Nirgendwo	Berlin	15.000
6	99345	Eckendorf	München	20.000
10	47880	Luftsee	Düsseldorf	11.000
11				

Abbildung 11.12: Liste mit benutzerdefiniertem AutoFilter

Spezialfilter

Um aus einem Arbeitsblatt Datensätze mit bestimmten Kriterien anzuzeigen, können Sie den *Spezialfilter* verwenden. Er bietet Ihnen die Möglichkeit, mehrere Kriterien für eine Spalte oder für mehrere Spalten festzulegen. Sie können auch Kriterien erstellen, die eine Formel ergeben.

Bei der Verwendung des *Spezialfilters* werden die Listenpfeile der *AutoFilter*-Funktion nicht angezeigt. Um den Kriterienbereich festzulegen, müssen Sie über das Menü *Daten / Filter* den Eintrag *Spezialfilter* auswählen. Es erscheint der Dialog *Spezialfilter*.

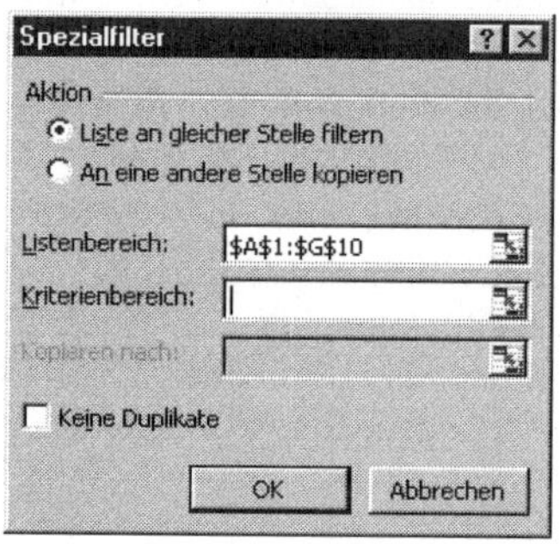

Abbildung 11.13: Der Dialog *Spezialfilter*

Mit der Option *Liste an gleicher Stelle filtern* wird die gefilterte Liste auf dem zur Zeit verwendeten Arbeitsplatz angezeigt. Verwenden Sie die Option *An eine andere Stelle kopieren*, wird die gefilterte Liste an eine andere Stelle im Arbeitsblatt kopiert.

Mit dem Eingabefeld *Listenbereich* bestimmen Sie den Zellbereich, auf dem der *Spezialfilter* wirken soll. Sie können diesen manuell in das Eingabefeld eingeben oder aber mit dem Mauszeiger bei gehaltener linker Maustaste auf dem Arbeitsblatt aufziehen. Wenn Sie auf das kleine Symbol im Eingabefeld klicken, wird der Dialog *Spezialfilter* vorübergehend verkleinert dargestellt und ermöglicht somit eine bessere Übersicht auf das darunter liegende Arbeitsblatt. Durch einen erneuten Klick auf das Symbol wird der Dialog wieder in voller Größe angezeigt.

Mit dem Eingabefeld *Kriterienbereich* definieren Sie auf die gleiche Weise den Bereich, in dem die Kriterien für den Spezialfilter angegeben sind. Auch hierbei können Sie entweder den Kriterienbereich manuell in das Eingabefeld eingeben oder mit gehaltener linker Maustaste einen Rahmen um den Kriterienbereich auf dem Arbeitsblatt aufziehen.

Sofern Sie die Option *An eine andere Stelle kopieren* aktiviert haben, können Sie mit dem Eingabefeld *Kopieren nach* bestimmen, wohin die ermittelten Datensätze, die mit dem Spezialfilter übereinstimmen, kopiert werden sollen. Auch in diesem Eingabefeld können Sie den Bereich manuell eingeben oder mit der Maus wählen.

Um Duplikate auszuschließen, aktivieren Sie die Option *Keine Duplikate*. Somit wird verhindert, dass doppelte Zeilen, welche den Kriterien des Spezialfilters entsprechen, angezeigt werden. Wurde kein Kriterium für den Spezialfilter gesetzt, bewirkt das Aktivieren dieser Option, dass alle doppelten Zeilen ausgeblendet werden.

Den Spezialfilter praktisch anwenden

Um die Verwendung des Spezialfilters besser verstehen zu können, wird nachfolgend anhand eines Beispiels der Einsatz des Spezialfilters erklärt. Das Beispiel basiert auf einem Arbeitsblatt, in dem verschiedene Mitarbeiter aufgeführt sind. Die Mitarbeiter fungieren als Verkäufer in verschiedenen Städten (Verkaufsbereichen) und haben unterschiedliche Umsätze (Umsatz in DM).

Mit dem Spezialfilter wollen Sie aus dem Arbeitsblatt die Verkäufer aus den Verkaufsbereichen *Düsseldorf*, *München* und *Hamburg* ermitteln. Für den Verkaufsbereich *Düsseldorf* wollen Sie jedoch nur die Verkäufer angezeigt bekommen, die einen Umsatz von mehr als DM 9.000 erbracht haben. Für den Verkaufsbereich *München* soll der erbrachte Umsatz des Verkäufers mehr als DM 21.000 betragen, damit er in der ermittelten Liste angezeigt wird. Schließlich soll für den Verkaufsbereich *Hamburg* der erbrachte Umsatz der Verkäufer mehr als DM 4.000 betragen, um in der ermittelten Liste aufgeführt zu werden.

Für den Spezialfilter müssen Sie nun eine Formel aufstellen, mit der die gewünschten Daten aus der Liste des Arbeitsblattes ermittelt werden können. Positionieren Sie dazu den Eingabecursor in eine freie Zelle auf dem Arbeitsblatt und geben Sie die Spaltenüberschriften bzw. Spaltenbeschreibungen für die zu ermittelnden Daten ein.

Bezug nehmend auf das Beispiel sind dies die Spalten *Verkaufsbereich* und *Umsatz in DM*. Darunter müssen die gesuchten Kriterien angegeben werden. Für den *Verkaufsbereich* waren dies *Düsseldorf*, *München* und *Hamburg*. Für den *Umsatz in DM* müssen für die Definition des Kriteriums Formeln eingesetzt werden. Da gemäß dem Beispiel Werte *größer als* ermittelt werden sollen, verwenden Sie das >-Zeichen, um den entsprechenden Wert zu ermitteln. Demnach haben Sie folgende Zeilen für die Ermittlung der Liste eingegeben:

Verkaufsbereich	Umsatz in DM
Düsseldorf	>9.000
München	>21.000
Hamburg	>4.000

Abbildung 11.14: Definition des Kriteriums für den Spezialfilter

Nachdem Sie die Definition für den Spezialfilter erstellt haben, rufen Sie aus dem Menü *Daten / Filter* den Eintrag *Spezialfilter* auf. Im Dialog *Spezialfilter* wählen Sie zunächst eine der zwei verfügbaren Optionen *Liste an gleicher Stelle filtern* oder *An eine andere Stelle kopieren*. Anschließend definieren Sie mit dem Eingabefeld *Listenbereich* die Liste, aus der die Zeilen gefiltert werden sollen.

Im Eingabefeld *Kriterienbereich* geben Sie den Bereich an, in dem Sie die Definition für den Spezialfilter geschrieben haben. Sofern die Liste an eine andere Stelle kopiert werden soll, geben Sie im Eingabefeld *Kopieren nach* den Bereich an, zu dem die neue Liste kopiert werden soll. Aktivieren Sie die Option *Keine Duplikate*, um doppelte Datensätze zu vermeiden. Der Dialog *Spezialfilter* könnte dann folgendermaßen aussehen:

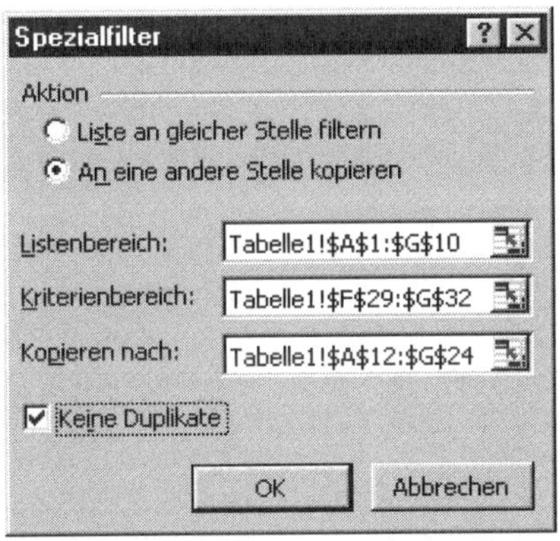

Abbildung 11.15: Der ausgefüllte Dialog *Spezialfilter*

Klicken Sie auf die Schaltfläche *OK* und die ermittelten Zeilen werden angezeigt.

	A	B	C	D	E	F	G
1	Name	Vorname	Strasse	PLZ	Ort	Verkaufsbereich	Umsatz in DM
2	Adelsmann	Werner	Hoppelweg 12	44455	Musterhausen	Düsseldorf	10.000
3	Donnerbaum	Tom	Tanzstrasse 22	33222	Nirgendwo	Berlin	15.000
4	Fantasia	Manuel	Buschweg 21	45666	Walddorf	Düsseldorf	8.000
5	Irgendwer	Paul	Baustrasse 34	22346	Gartenlaube	Hamburg	5.000
6	Lampe	Stefan	Bremsweg 45	99345	Eckendorf	München	20.000
7	Müller	Manfred	Blaumansweg 56	89345	Blaudorf	München	25.000
8	Mustermann	Klaus	Blumengasse 66	73456	Tulpia	Karlsruhe	4.000
9	Träumer	Wolfgang	Schräge Gasse 33	12456	Hexenhausen	Flensburg	6.000
10	Zauberer	Walter	Am Boden 78	47880	Luftsee	Düsseldorf	11.000
11							
12	Name	Vorname	Strasse	PLZ	Ort	Verkaufsbereich	Umsatz in DM
13	Adelsmann	Werner	Hoppelweg 12	44455	Musterhausen	Düsseldorf	10.000
14	Irgendwer	Paul	Baustrasse 34	22346	Gartenlaube	Hamburg	5.000
15	Müller	Manfred	Blaumansweg 56	89345	Blaudorf	München	25.000
16	Zauberer	Walter	Am Boden 78	47880	Luftsee	Düsseldorf	11.000
17							

Abbildung 11.16: Oberhalb die Liste aller Verkäufer, darunter die Liste, die mit dem Spezialfilter ermittelt wurde

Die Arten vergleichender Suchkriterien

Für den *Spezialfilter* und auch für den *benutzerdefinierten Filter* können verschiedene Arten vergleichender Suchkriterien verwendet werden.

Zeichenfolgen

Sie können nach einer Zeichenfolge suchen, indem Sie in einer freien Zelle die Spaltenüberschrift bzw. Spaltenbeschriftung eingeben und darunter die gesuchte Zeichenfolge. Suchen Sie zum Beispiel alle Zeilen, die dem Verkaufsbereich *Düsseldorf* angehören, dann geben Sie unter der Beschriftung *Verkaufsbereich* als Zeichenfolge *Düsseldorf* ein.

Verkaufsbereich
Düsseldorf

Abbildung 11.17: Suchen nach Zeichenfolge

Es werden dann nur Zeilen angezeigt, welche den Verkaufsbereich *Düsseldorf* enthalten.

Bei der Verwendung eines Spezialfilters brauchen Sie für Text als Suchkriterium nicht den vollständigen Begriff einzugeben. Geben Sie zum Beispiel statt *Düsseldorf* nur *Düss* ein, werden trotzdem alle Zeilen gefunden, welche *Düss* enthalten. Somit können Sie durch die Verwendung von Text als Suchkriterium auch nach Zeilen suchen, die bestimmte Textstellen enthalten.

Haben Sie zum Beispiel in der Liste Zeilen, die den Begriff *Haushaltswaren* und *Haushaltsgeräte* enthalten, reicht es, das Kriterium auf *Haus* festzulegen. Es werden dann sowohl die Zeilen mit dem Begriff *Haushaltswaren* als auch die mit dem Begriff *Haushaltsgeräte* gefunden.

Wenn jedoch explizit nur der angegebene Text gefunden werden soll, dann müssen Sie das Kriterium nach folgender Formel eingeben:

```
="=Text"
```

Für *Text* geben Sie die zu suchende Zeichenfolge ein. Es werden dann bei Verwendung des Spezialfilters nur Zeilen gelistet, welche Einträge enthalten, die mit der Zeichenfolge 100 % identisch sind.

Stellvertretende Zeichen

Es kann auch nach Textwerten gefiltert werden, bei denen nur einige Zeichen übereinstimmen. Für eine solche Suche verwenden Sie *stellvertretende Zeichen* für ein oder mehrere beliebige Zeichen.

Stellvertretendes Zeichen	Bedeutung und Auswirkung
? (Fragezeichen)	Für das ? (Fragezeichen) kann ein beliebiges Zeichen stehen, somit können durch die Eingabe von *M??er* Listeneinträge gefunden werden, die den Eintrag *Mayer*, *Meier*, *Meyer* oder *Maier* enthalten.
* (Sternchen)	Für das * (Sternchen) können beliebig viele Zeichen stehen. Die Eingabe von **geräte* kann zu Ergebnissen führen wie zum Beispiel *Elektrogeräte*, *Haushaltsgeräte*, *Gartengeräte* usw.

Tabelle 11.1: Stellvertreterzeichen

Vergleichsoperatoren

Sollen Zeilen angezeigt werden, deren Werte innerhalb einer bestimmten Grenze liegen, dann verwenden Sie sogenannte *Vergleichsoperatoren*. Suchen Sie zum Beispiel in einer Liste nur die Umsätze, die größer oder gleich 10.000 sind, dann müssen Sie unter der Kriterienbeschriftung folgende Formel eingeben:

```
>=10.000
```

HINWEIS

> Für die Auswertung des *AutoFilters* bzw. des *Spezialfilters* wird nicht zwischen der Groß- und Kleinschreibung unterschieden.

Werden stellvertretende Zeichen oder Vergleichsoperatoren verwendet, die eine bestimmte Zeichenposition definieren, dann können diese nur für Textwerte verwendet werden, jedoch nicht für numerische Daten.

Alle Daten anzeigen

Wenn Sie im Dialog *Spezialfilter* die Option *Liste an gleicher Stelle filtern* aktiviert haben und nach der Darstellung der gefilterten Zeilen wieder alle Zeilen der vollständigen Liste angezeigt haben möchten, klicken Sie im Menü *Daten / Filter* auf den Eintrag *Alle anzeigen*. Damit wird der Spezialfilter deaktiviert und die vollständige Liste wieder dargestellt.

Das Symbol AutoFilter

Alternativ zur *AutoFilter*-Funktion über das Menü *Daten* können Sie die *AutoFilter*-Funktion auch über die Symbolleiste verwenden. In diesem Fall klicken Sie die Zelle in der Liste an, nach deren Inhalt die Liste gefiltert werden soll. Klicken Sie dann auf das Symbol *AutoFilter*. Die Liste wird gefiltert und die gefundenen Einträge werden angezeigt. Dabei werden automatisch auch die nach unten weisenden Pfeile neben der Spaltenüberschrift bzw. Spaltenbeschriftung angezeigt.

Das Verfahren über das Symbol *AutoFilter* vereinfacht und beschleunigt die Verwendung des *AutoFilters* insofern, als die *AutoFilter*-Funktion nicht über das Menü *Daten* aktiviert werden muss, um einen Begriff als Filter zu wählen. Die Wahl des gewünschten Begriffs erfolgt quasi direkt aus der Liste.

Abbildung 11.18: Das Symbol *AutoFilter*

Die Datenmaske

Mit Hilfe einer *Datenmaske* können Sie leicht die Datensätze Ihrer Liste verwalten, löschen oder neue Datensätze hinzufügen. Sie erzeugen eine Datenmaske, indem Sie Ihre gesamte Liste, einschließlich der Spaltenüberschriften bzw. Spaltenbeschriftung, markieren und dann aus dem Menü *Daten* den Eintrag *Maske* anklicken.

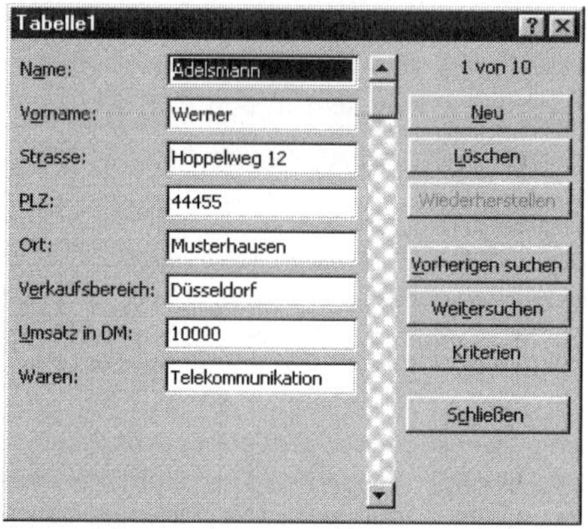

Abbildung 11.19: Die Datenbankmaske

Es wird eine Datenbankmaske angezeigt, die für jede zuvor markierte Spalte ein Eingabefeld darstellt, in dem Ihre Daten aufgeführt werden. Mit den Cursortasten [↓] und [↑] können Sie zwischen den Datensätzen blättern.

Neuen Datensatz erstellen

Möchten Sie einen neuen Datensatz eingeben, klicken Sie auf die Schaltfläche *Neu* und die Maske wird mit leeren Eingabefeldern angezeigt. Der Eingabecursor befindet sich automatisch in dem ersten Eingabefeld. Sie können die Eingabefelder mit Ihren Daten füllen. Um vom aktuellen Eingabefeld zum nächsten Eingabefeld zu wechseln, drücken Sie die Taste [⇆]. Zurück zum vorherigen Eingabefeld gelangen Sie, wenn Sie die Taste [⇧] + [⇆] drücken.

Um den Datensatz zu übernehmen, drücken Sie auf die Taste [↵]. Durch Wechsel zu einem anderen Datensatz wird der aktuelle neue Datensatz ebenfalls übernommen. Wenn Sie alle Datensätze eingegeben haben, können Sie mit einem Klick auf die Schaltfläche *Schließen* den letzten Datensatz übernehmen und die Datenmaske schließen.

Einen Datensatz suchen und/oder löschen

Sie können den in der Maske aktuell angezeigten Datensatz durch Klicken auf die Schaltfläche *Löschen* aus der Liste entfernen. Wollen Sie dagegen einen bestimmten Datensatz löschen, der nicht gerade in der Maske angezeigt wird, können Sie diesen Datensatz suchen.

Klicken Sie dazu auf die Schaltfläche *Kriterien* und die Eingabefelder der Maske werden geleert. Sie können jetzt in einem oder mehreren Eingabefeldern Suchkriterien eingeben, mit denen der gewünschte Datensatz gefunden werden kann. Nach der Eingabe des letzten Suchkriteriums drücken Sie die Taste [↵] und der erste gefundene Datensatz wird in der Maske angezeigt.

Falls dies noch nicht der gewünschte Datensatz ist, können Sie mit einem Klick auf die Schaltfläche *Weitersuchen* den nächsten Datensatz suchen, auf den die eingegebenen Kriterien zutreffen. Mit der Schaltfläche *Vorherigen suchen* gelangen Sie wieder zum zuvor gefundenen Datensatz zurück.

Anmerkungen zur Maske

Werden für die Erstellung der Maske Felder einbezogen, die Formeln enthalten, so werden die Formelergebnisse als Beschriftungen in der Maske angezeigt. Die Beschriftungen können in der Maske nicht geändert werden. Fügen Sie einen neuen Datensatz mit einer Formel über die Maske ein, so wird die Formel erst dann berechnet, wenn der Datensatz durch Drücken der Taste [↵] oder durch Schließen der Maske übernommen wurde.

Wird ein neuer Datensatz über die Maske erstellt, können Änderungen durch einen Klick auf die Schaltfläche *Wiederherstellen* so lange rückgängig gemacht werden, wie der Datensatz noch nicht durch Drücken der Taste [↵], durch Wechsel zu einem anderen Datensatz oder durch Schließen der Maske übernommen wurde.

Die Maske eines Arbeitsblattes bzw. einer Datenbank braucht nur einmal erstellt zu werden. Sie wird mit dem Arbeitsblatt gespeichert. Benötigen Sie die Maske zu einem späteren Zeitpunkt erneut, brauchen Sie die Zeilen auf dem Arbeitsblatt nicht nochmals zu markieren. Es genügt der Aufruf der Maske über das Menü *Daten*. Ein erneutes Markieren von Zeilen ist nur dann notwendig, wenn die Maske neu definiert werden soll.

Teilergebnisse verwenden

Mit Excel 2000 können Sie die Daten in einer Liste automatisch zusammenfassen und Teil- sowie Gesamtergebnisse ermitteln. Um Teilergebnisse automatisch ermitteln zu können, muss die Liste auf dem Arbeitsblatt Spaltenbeschriftungen enthalten. Ebenfalls muss die Liste nach Spalten sortiert sein, für welche die Teilergebnisse ermittelt werden sollen. Die Ermittlung von Teilergebnissen und der Gesamtsumme lässt sich an der in Abbildung 11.20 dargestellten Beispielliste verdeutlichen.

In dieser Liste sind zwei Verkäufer aufgeführt, die verschiedene Produkte verkaufen. Ermittelt werden sollen der Umsatz je Verkäufer und der Gesamtumsatz aller Verkäufer. Demnach sind also zwei Teil- und ein Gesamtergebnis zu ermitteln.

Um das Teilergebnis ermitteln zu können, muss zunächst die entsprechende Spalte sortiert werden, da ansonsten zu viele ungewünschte Teilergebnisse erscheinen.

	A	B	C	D
1	Verkäufer	Produkt	Stückzahl	Ertrag in DM
2	Blumane	Fernseher	50	50000
3	Gurwall	Fernseher	25	25000
4	Blumane	HiFi-Anlagen	30	18000
5	Gurwall	HiFi-Anlagen	45	27000
6	Blumane	TK-Anlage	25	12500
7	Gurwall	TK-Anlage	50	25000
8	Blumane	Videorecorder	100	30000
9	Gurwall	Videorecorder	50	15000
10				

Abbildung 11.20: Liste, aus der Teil- und Gesamtergebnisse ermittelt werden sollen

In der Beispielliste werden die Teilergebnisse für die Verkäufer berechnet, somit muss auch diese Spalte sortiert werden. Dazu wird eine Zeile in der Spalte *Verkäufer* gewählt und anschließend erfolgt ein Klick auf das Symbol *Aufsteigend* in der Symbolleiste. Alternativ kann auch der Weg über das Menü *Daten / Sortieren* gewählt werden. In diesem Fall muss im Dialog *Sortieren* nach *Verkäufer* sortiert werden.

	A	B	C	D
1	Verkäufer	Produkt	Stückzahl	Ertrag in DM
2	Blumane	Fernseher	50	50000
3	Blumane	HiFi-Anlagen	30	18000
4	Blumane	TK-Anlage	25	12500
5	Blumane	Videorecorder	100	30000
6	Gurwall	Fernseher	25	25000
7	Gurwall	HiFi-Anlagen	45	27000
8	Gurwall	TK-Anlage	50	25000
9	Gurwall	Videorecorder	50	15000
10				

Abbildung 11.21: Die sortierte Spalte *Verkäufer*

Nachdem die Liste über die Spalte *Verkäufer* sortiert wurde, wird der Dialog *Teilergebnisse* über das Menü *Daten* mit dem Eintrag *Teilergebnisse* aufgerufen:

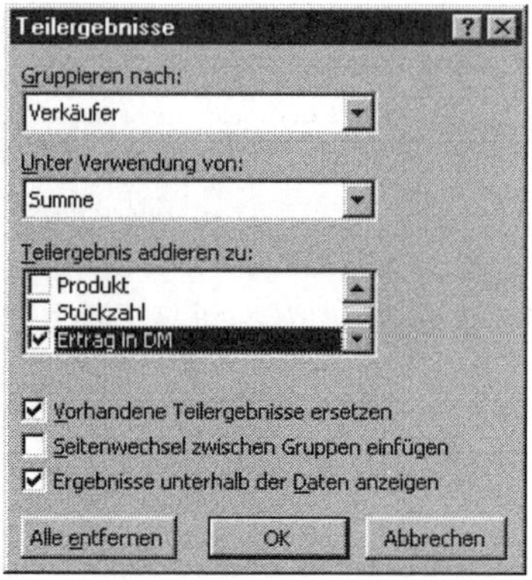

Abbildung 11.22: Der Dialog *Teilergebnisse*

- *Gruppieren nach*
  In dem Listenfeld *Gruppieren nach* wird die Spalte gewählt, auf welche sich die Teil- und Gesamtergebnisse beziehen. Es sollte sich dabei immer um dieselbe Spalte handeln, die zuvor sortiert wurde.
- *Unter Verwendung von*
  Im Listenfeld *Unter Verwendung von* wird die Funktion gewählt, welche für die Berechnung des Teil- und Gesamtergebnisses benötigt wird.
- *Teilergebnis addieren zu*
  Im Feld *Teilergebnis addieren zu* werden die Kontrollkästchen der Spalten aktiviert, welche die Werte enthalten, mit denen die Teil- und Gesamtergebnisse errechnet werden sollen.
- *Optionen*
  Um bereits alte ermittelte Teilergebnisse durch neu berechnete Teilergebnisse zu ersetzen, muss die Option *Vorhandene Teiler-*

gebnisse ersetzen aktiviert werden. Mit der Option *Seitenwechsel zwischen Gruppen einfügen* wird nach jeder Gruppe mit Daten, für die ein Teilergebnis ermittelt wurde, ein Seitenwechsel eingefügt. Mit der Option *Ergebnisse unterhalb der Daten anzeigen* werden die Zeilen für das Gesamtergebnis und die Teilergebnisse unterhalb der Detaildaten eingefügt.

Bezug nehmend auf die vorhergehende Beispielliste muss der Dialog *Teilergebnisse* folgende Einstellungen aufweisen:

- Gruppieren nach: *Verkäufer*
- Unter Verwendung von: *Summe*
- Teilergebnis addieren zu: *Ertrag in DM*

Standardmäßig sind die Optionen *Vorhandene Teilergebnisse ersetzen* und *Ergebnisse unterhalb der Daten anzeigen* aktiviert. Diese Einstellung ist zutreffend.

Durch einen Klick auf *OK* werden die Teil- und das Gesamtergebnis ermittelt und die Liste angezeigt.

	A	B	C	D
1	Verkäufer	Produkt	Stückzahl	Ertrag in DM
2	Blumane	Fernseher	50	50000
3	Blumane	HiFi-Anlagen	30	18000
4	Blumane	TK-Anlage	25	12500
5	Blumane	Videorecorder	100	30000
6	**Blumane Ergebnis**			110500
7	Gurwall	Fernseher	25	25000
8	Gurwall	HiFi-Anlagen	45	27000
9	Gurwall	TK-Anlage	50	25000
10	Gurwall	Videorecorder	50	15000
11	**Gurwall Ergebnis**			92000
12	**Gesamtergebnis**			202500
13				

Abbildung 11.23: Die ermittelten Teil- und das Gesamtergebnis

Das Teil- und das Gesamtergebnis aus der Liste entfernen

Ermittelte Teil- und Gesamtergebnisse können aus der Liste problemlos wieder entfernt werden. Damit wird die ursprüngliche Darstellung der Liste wiederhergestellt. Um Teil- und das Gesamtergebnis aus der Liste zu entfernen, ist erneut der Dialog *Teilergebnisse* über das Menü *Daten* mit einem Klick auf den Eintrag *Teilergebnisse* aufzurufen.

In dem Dialog *Teilergebnisse* sind die alten Einstellungen noch vorhanden. Um die in der Liste eingefügten Teil- und das Gesamtergebnis wieder zu entfernen, ist auf die Schaltfläche *Alle entfernen* zu klicken. Die Liste wird wieder in ihrer ursprünglichen Darstellung angezeigt.

Die Gültigkeitsprüfung

Durch die Verwendung einer *Gültigkeitsprüfung* kann bestimmt werden, welche Art von Daten in einem Datenfeld eingegeben werden dürfen. Darüber hinaus kann die Gültigkeitsprüfung beim Betreten des Datenfelds durch einen frei definierbaren Hinweis über die zulässige Eingabe von Daten informieren. Bei der Eingabe nicht zulässiger Daten ist es möglich, den Anwender durch einen frei bestimmbaren Hinweis-, Warn- oder Informationstext auf die falsche Eingabe aufmerksam zu machen.

Arbeitsmappe nicht freigeben

Gültigkeitsprüfungen können jedoch nur dann für Datenfelder angelegt werden, wenn die Arbeitsmappe nicht freigegeben ist. Nicht freigegeben bedeutet, dass andere Benutzer eines Netzwerks nicht auf die Arbeitsmappe zugreifen können. Um eine freigegebene Arbeitsmappe in eine nicht freigegebene Arbeitsmappe zu verwandeln, wählen Sie aus dem Menü *Extras* den Eintrag *Arbeitsmappe freigeben*. Es erscheint der Dialog *Arbeitsmappe freigeben*.

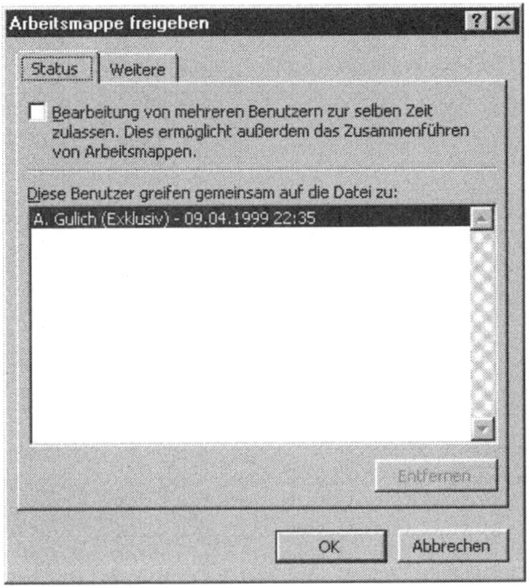

Abbildung 11.24: Der Dialog *Arbeitsmappe freigeben*

In diesem Dialog muss die Option *Bearbeitung von mehreren Benutzern* deaktiviert sein, wenn Sie die Gültigkeitsprüfungen für die Datenfelder in der Arbeitsmappe vergeben wollen. In dem Feld *Diese Benutzer greifen gemeinsam auf die Datei zu* darf nur Ihr Name stehen, andernfalls kann die Vergabe der Gültigkeitsprüfung nicht durchgeführt werden.

Gültigkeitsprüfungen festlegen

Markieren Sie die Zellen oder Spalten, für die Sie die Gültigkeitsprüfung gleichermaßen festlegen wollen. Anschließend wählen Sie aus dem Menü *Daten* den Eintrag *Gültigkeit*. Es erscheint der Dialog *Gültigkeitsprüfung*.

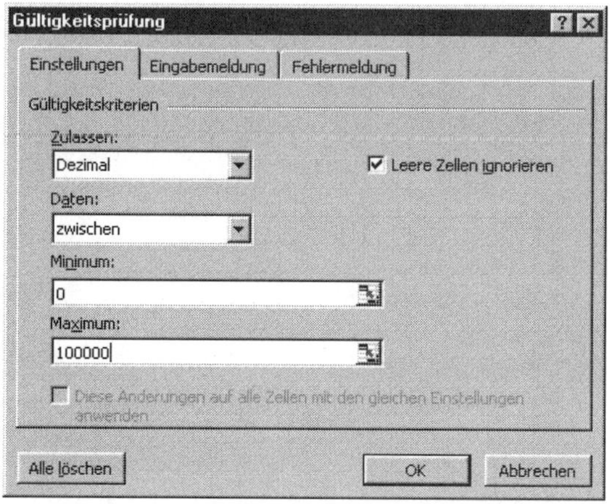

Abbildung 11.25: Der Dialog *Gültigkeitsprüfung*

Der Dialog *Gültigkeitsprüfung* besteht aus drei Registerkarten, die nachfolgend erläutert werden:

Registerkarte Einstellungen

In der Registerkarte *Einstellungen* werden die Kriterien definiert, die für die Gültigkeitsprüfung maßgebend sind. Im Listenfeld *Zulassen* wird eingestellt, welcher Wert für die Eingabe zulässig ist. Je nach gewählter Einstellung im Listenfeld *Zulassen* ändert sich der Aufbau der Registerkarte *Einstellungen*. Es werden entsprechend mehr oder weniger zugehörige Eingabefelder angezeigt. Folgende Einstellungen können für das Listenfeld *Zulassen* vorgenommen werden:

Wert	Bedeutung
Jeden Wert	Im Datenfeld kann jede Art von Daten eingegeben werden.
Ganze Zahl	Es können nur ganze Dezimalzahlen in dem Datenfeld eingegeben werden. Die Eingabe alphanumerischer Zeichen ist nicht zulässig.
Dezimal	Es können nur Dezimalzahlen, jedoch auch mit Kommastellen im Datenfeld eingegeben werden.
Liste	Es können nur Werte aus einer zuvor erstellten Liste gewählt werden. Die Eingabe anderer Werte in dem Datenfeld ist nicht zulässig.
Datum	Es können nur Werte im Datumsformat in das Datenfeld eingefügt werden.
Zeit	Die Werteingabe in das Datenfeld kann nur im Format Zeit erfolgen.
Textlänge	Mit dieser Einstellung kann die Textlänge bestimmt werden, die der Wert haben darf, der in das Datenfeld eingetragen wird. Es können sowohl alphanumerische als auch numerische Daten eingegeben werden.
Benutzerdefiniert	Mit dieser Einstellung kann eine eigene Formel angelegt werden, nach der Daten in ein Datenfeld eingetragen werden dürfen.

Tabelle 11.2: Zugelassene Eingaben

Sind für eine Einstellung im Listenfeld *Zulassen* mehrere Eingaben möglich, erscheint relativ häufig auch das Listenfeld *Daten*. Dieses Listenfeld stellt den Vergleichsoperator zu der im Listenfeld *Zulassen* gewählten Einstellung dar. Folgende Vergleichsoperatoren stehen zur Verfügung:

Vergleichsoperator	Bedeutung
Zwischen	In den Eingabefeldern *Minimum:* und *Maximum:* kann der Minimal- und Maximalwert angegeben werden. Damit wird der Wertebereich definiert, in dem Eingaben zulässig sind. Werte unterhalb der Minimumgrenze oder oberhalb der Maximumgrenze sind nicht zulässig.
nicht zwischen	Genau umgekehrt funktioniert der Vergleichsoperator *nicht zwischen*. Hierbei können nur Werte in das Datenfeld eingetragen werden, die sich nicht im Bereich zwischen dem angegebenen Wert im Eingabefeld *Minimum:* und *Maximum:* befinden.
Gleich	Es können nur solche Werte in das Datenfeld eingegeben werden, die dem angegebenen Wert unterhalb des Listenfelds *Daten:* entsprechen.
Ungleich	Wiederum in umgekehrter Weise funktioniert der Vergleichsoperator *ungleich*. Hierbei können nur Werte in das Datenfeld eingegeben werden, die nicht dem Wert entsprechen, welcher in dem Eingabefeld unter dem Listenfeld *Datum:* angegeben wurde.
größer als	Mit der Wahl dieses Vergleichsoperators können nur Werte in das Datenfeld eingegeben werden, die größer als der angegebene Vergleichswert sind.
kleiner als	Durch die Verwendung dieses Vergleichsoperators können nur Werte in das Datenfeld eingegeben werden, die kleiner als der angegebene Vergleichswert sind.
größer oder gleich	Dieser Vergleichsoperator wird verwendet, wenn der im Datenfeld eingegebene Wert größer oder gleich dem angegebenen Vergleichswert sein soll.
kleiner oder gleich	Soll der einzugebende Wert im Datenfeld kleiner oder gleich dem Vergleichswert sein, dann ist dieser Vergleichsoperator zu wählen.

Tabelle 11.3: Vergleichsoperatoren

Auf dieser Registerkarte finden Sie zudem noch die Option *Leere Zellen ignorieren*. Diese Option ist standardmäßig aktiviert. Die Aktivierung dieser Option verhindert die Ausgabe einer Fehlermeldung, wenn die gültigkeitsbeschränkte Zelle oder eine abhängige Zelle für Bezüge oder Formeln leer ist.

HINWEIS

Sie können in den Eingabefelder *Minimum* und *Maximum* anstelle eines Wertes auch eine Formel oder den Bezug auf eine andere Zelle eingeben. Ebenso kann auch für die Eingabefelder *Anfangsdatum*, *Anfangszeit*, *Enddatum* und *Endzeit* eine Formel oder ein Bezug auf eine andere Zelle gesetzt werden. Für die *Liste* können Sie eine zuvor erstellte Liste aus der Tabelle als Bezug übernehmen. Zusätzlich erscheint bei der Gültigkeitsprüfung *Liste* eine weitere Option *ZellenListen*, die im aktivierten Zustand in der beschränkten Zelle ein Listenfeld zur Auswahl des gewünschten Wertes zur Verfügung stellt.

Den Bezug auf Zelle(n) herstellen

Um einen Bezug auf eine oder mehrere Zellen herzustellen, klicken Sie zunächst in das Eingabefeld, in dem der Bezug eingefügt werden soll. Anschließend wechseln Sie bei dargestelltem Dialog *Gültigkeitsprüfung* zu der Arbeitsmappe, indem Sie auf das Arbeitsblatt klicken. Markieren Sie die Zelle oder Zellen, die als Bezug im Eingabefeld eingefügt werden soll(en) und wechseln Sie zum Dialog zurück. Die gewählte(n) Zelle(n) werden automatisch im Eingabefeld eingetragen. Der Bezug zu der/den Zelle(n) ist damit hergestellt.

Bei kleinen Bildschirmen bzw. geringen Bildschirmauflösungen kann der Dialog *Gültigkeitsprüfung* das Arbeitsblatt zum größten Teil verdecken, so dass ein Auswählen von Zellen nicht ohne weiteres möglich ist. Für diesen Fall klicken Sie auf das *Minimieren*-Symbol, welches sich im gewählten Eingabefeld rechts befindet. Der Dialog *Gültigkeitsprüfung* wird dann bis auf das Eingabefeld verkleinert dargestellt. Nach der Wahl der Zelle oder Zellen klicken Sie erneut auf das *Minimieren*-Symbol und der Dialog wird wieder in seiner vollständigen Größe aufgebaut. Die gewählte(n) Zelle(n) wurde(n) dabei automatisch im Eingabefeld eingetragen.

Der Bezug auf eine oder mehrere Zellen kann auch manuell direkt über die Tastatur eingegeben werden.

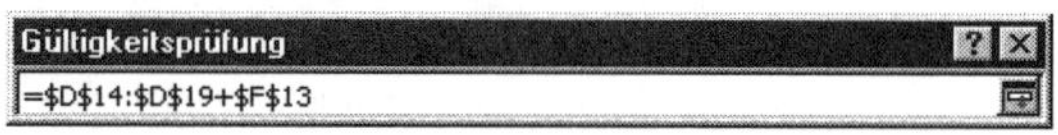

Abbildung 11.26: Minimierter Dialog *Gültigkeitsprüfung*

Den Bezug auf Listen herstellen

Die Verwendung einer Liste als Gültigkeitsprüfung ist eine hervorragende Funktion, wenn es um die Eingabe von Werten geht, die sich aus einem vordefinierbaren Stamm von Begriffen wiederholen. Ein passendes Beispiel wäre ein kontinuierlicher Artikelstamm. Wenn sich der Artikelstamm nicht ändert und immer wieder ein Artikel aus diesem Stamm in einem Datenfeld eingegeben werden muss, kann eine *Liste* als Gültigkeitsprüfung angelegt und damit die Eingabe erheblich vereinfacht werden.

Für die Erzeugung einer solchen Zellenbeschränkung müssen Sie zunächst auf dem Arbeitsblatt die Liste an einem freien Platz erstellen:

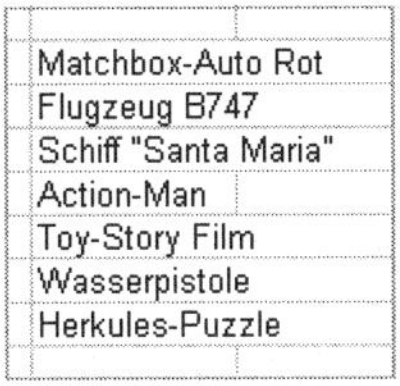

Abbildung 11.27: Die erstellte Liste

Anschließend fügen Sie den Eingabecursor in die Zelle oder markieren die Zellen, auf denen die Gültigkeitsprüfung definiert werden soll. Rufen Sie dann den Dialog *Gültigkeitsprüfung* auf.

Wählen Sie im Listenfeld *Zulassen* den Eintrag *Liste*. In dem Eingabefeld *Quelle* klicken Sie auf das *Minimieren*-Symbol und markieren dann die neu erstellte Liste im Arbeitsblatt. Anschließend klicken Sie auf das *Maximieren*-Symbol im Eingabefeld *Quelle*. Klicken Sie auf *OK*, um den Dialog zu beenden. Die Gültigkeitsprüfung ist damit angelegt.

Betreten Sie jetzt das gültigkeitsbeschränkte Datenfeld, wird rechts daneben ein nach unten weisender Pfeil dargestellt. Durch einen Klick auf diesen Pfeil bekommen Sie die erstellte Liste angezeigt, aus der Sie den gewünschten Wert wählen können. Dieser Wert wird dann automatisch in das Datenfeld übertragen.

Abbildung 11.28: Auswahl aus der Liste

Die Eingabe eines Wertes, der nicht in der Liste vorhanden ist, führt zu einer Fehlermeldung. Auf diese Weise können Sie falsche Eingaben in Datenfeldern verhindern.

Registerkarte Eingabemeldung

Sie können dem Anwender eine Eingabemeldung einblenden, wenn er eine Zelle betritt, für die eine Gültigkeitsprüfung angelegt wurde. Diese Eingabemeldung können Sie mit einer eigenen Titelüberschrift und eigenem Textinhalt versehen. Um die Eingabemeldung zu erstellen, klicken Sie im Dialog *Gültigkeitsprüfung* auf die Registerkarte *Eingabemeldung*.

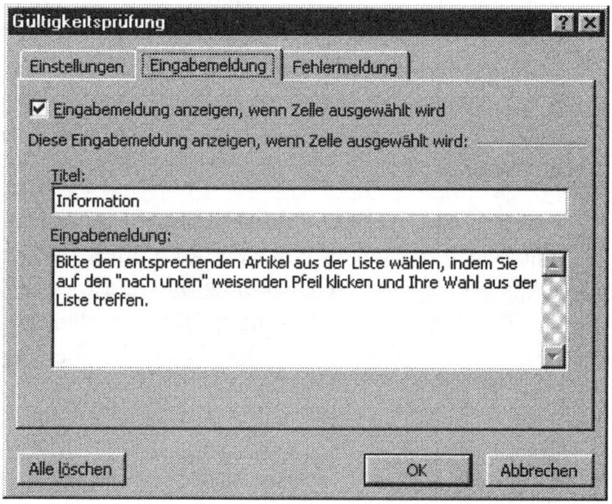

Abbildung 11.29: Die Registerkarte *Eingabemeldung*

Aktivieren Sie die Option *Eingabemeldung anzeigen, wenn* und geben Sie im Eingabefeld *Titel* eine angemessene Titelüberschrift ein. Im Feld *Eingabemeldung* geben Sie den Informationstext ein. Mit einem Klick auf *OK* beenden Sie den Dialog und die Eingabemeldung ist erstellt.

Abbildung 11.30: Die Eingabemeldung beim Betreten einer gültigkeitsgeprüften Zelle

Registerkarte Fehlermeldung

Entsprechend der Eingabemeldung können Sie den Anwender bei einer Falscheingabe ebenfalls mit einem Hinweis- oder Warntext informieren. Klicken Sie dazu im Dialog *Gültigkeitsprüfung* auf die Registerkarte *Fehlermeldung*.

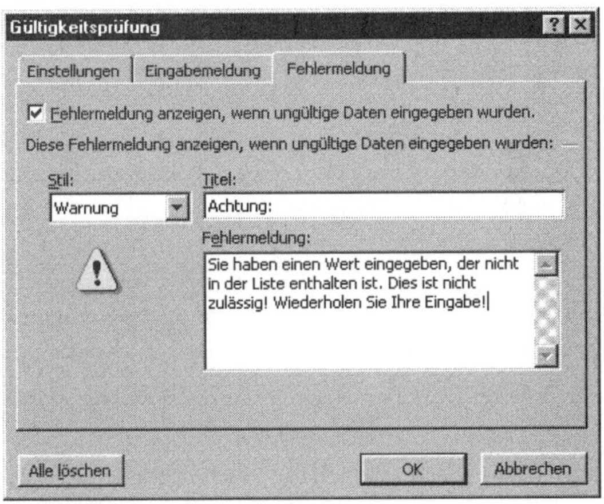

Abbildung 11.31: Die Registerkarte *Fehlermeldung*

Aktivieren Sie in dieser Registerkarte die Option *Fehlermeldung anzeigen, wenn...* und wählen Sie aus dem Listenfeld *Stil* eines von drei Symbolen aus, welches bei der Anzeige der Fehlermeldung dargestellt werden soll. Im Eingabefeld *Titel* geben Sie eine aussagekräftige Titelüberschrift ein. Den Informationstext für die Fehlermeldung geben Sie im Feld *Fehlermeldung* ein. Klicken Sie auf die Schaltfläche *OK* und die Fehlermeldung ist erstellt. Gibt der Anwender in der gültigkeitsgeprüften Zelle einen falschen Wert ein, erhält er eine aussagekräftige Fehlermeldung.

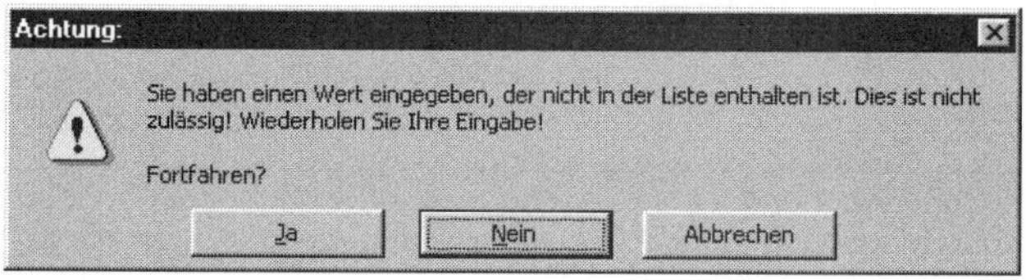

Abbildung 11.32: Fehlermeldung bei der Eingabe eines falschen Wertes

Der Textkonvertierungs-Assistent

Mit Excel 2000 können Sie den Text einer Zelle oder einer Spalte in mehrere Spalten konvertieren. Dabei kann jedoch nur der Text einer Spalte konvertiert werden.

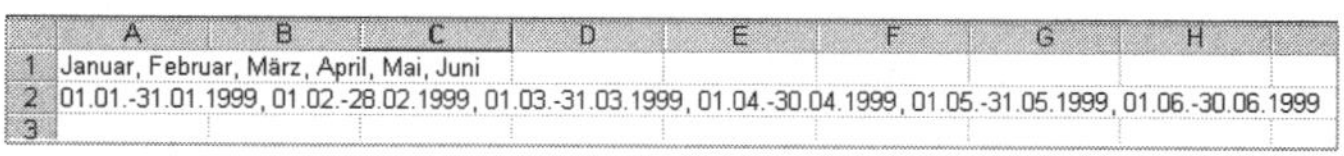

Abbildung 11.33: Ein Text, der in Spalten konvertiert werden kann

Die Spalte kann beliebig viele Zeilen hoch sein, darf aber nicht mehr als eine Spaltenbreite betragen. Um einen Text einer Spalte auf mehrere Spalten zu verteilen, markieren Sie die zu konvertierenden Zellen bzw. den Text in der Spalte. Anschließend rufen Sie im Menü *Daten* über den Eintrag *Text in Spalten* den *Textkonvertierungs-Assistenten* auf:

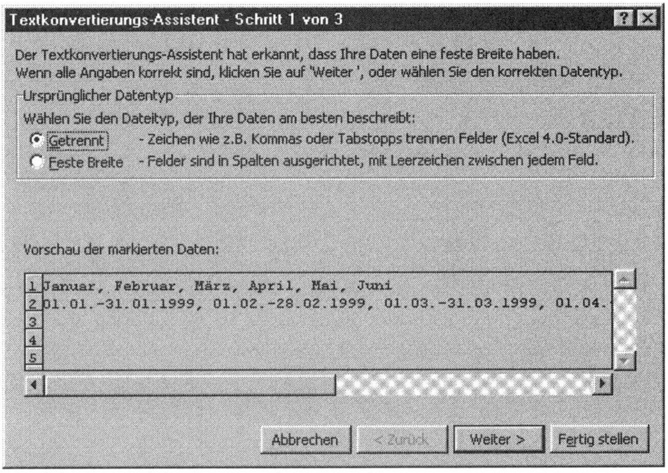

Abbildung 11.34: Der *Textkonvertierungs-Assistent*

Sollen die Elemente der einzelnen Zellen durch Zeichen wie z.B. Kommas oder Tabstopps getrennt sein, dann aktivieren Sie im *Textkonvertierungs-Assistenten* die Option *Getrennt*. Falls die Elemente jedoch alle die gleiche Textlänge aufweisen, aktivieren Sie die Option *Feste Breite*. In diesem Fall sind die Felder in einer Spalte ausgerichtet und mit einem Leerzeichen zwischen jedem Feld versehen.

Im Feld *Vorschau der markierten Daten* werden die Inhalte der gewählten Zellen aufgeführt. Mit einem Klick auf die Schaltfläche *Weiter* gelangen Sie zum nächsten Dialog des *Textkonvertierungs-Assistenten*, der je nach gewählter Option unterschiedlich dargestellt wird.

Die Verwendung der Option Getrennt

Wenn Sie im ersten Dialog des *Textkonvertierungs-Assistenten* die Option *Getrennt* aktiviert haben, erhalten Sie im weiteren Verlauf des *Textkonvertierungs-Assistenten* den nachfolgenden Dialog:

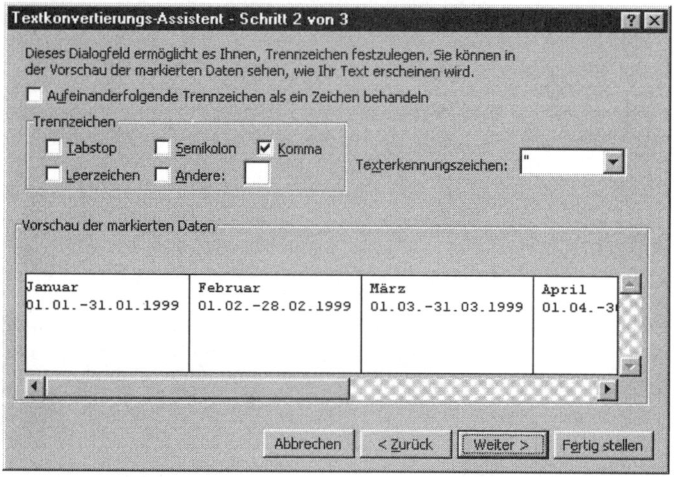

Abbildung 11.35: Der zweite Dialog des *Textkonvertierungs-Assistenten*

In diesem Dialogfeld bestimmen Sie das Trennzeichen, welches vom *Textkonvertierungs-Assistenten* für die Trennung der Datenfelder erkannt werden soll. Enthalten die Daten ein aus mehreren Zeichen bestehendes Trennzeichen, dann aktivieren Sie die Option *Aufeinanderfolgende Trennzeichen als ein Zeichen behandeln*, damit die Trennung der Datenfelder gewährleistet ist.

Im Abschnitt *Trennzeichen* können Sie das Trennzeichen definieren, welches der *Textkonvertierungs-Assistent* verwenden soll. Zur Verfügung stehen folgende Trennzeichen:

- *Tabstopp*
- *Semikolon*
- *Komma*
- *Leerzeichen*
- *Andere:* (Benutzerdefiniert)

Im Listenfeld *Texterkennungszeichen* wählen Sie das Trennzeichen, falls Sie die Option *Aufeinanderfolgende Trennzeichen als ein Zeichen behandeln* aktiviert haben. Im Fenster *Vorschau der markierten Daten* wird dargestellt, wie der in Spalten aufgeteilte Text im Arbeitsblatt konvertiert wird.

Klicken Sie auf die Schaltfläche *Weiter,* um zum letzten Dialog des *Textkonvertierungs-Assistenten* zu gelangen.

Die Verwendung der Option Feste Breite

Für den Fall, dass Sie im ersten Dialog des *Textkonvertierungs-Assistenten* die Option *Feste Breite* aktiviert haben, erscheint im weiteren Verlauf ein anderer Dialog als über die aktivierte Option *Getrennt* (siehe Abbildung 11.36).

In diesem Dialog können Sie bestimmen, an welcher Position der Spaltenwechsel erfolgen soll. Um die Position des Spaltenwechsel zu bestimmen, klicken Sie an der gewünschten Position im Fenster *Vorschau der markierten Daten* und eine Linie mit Pfeil wird dargestellt. Um die Position der Markierungslinie für den Spaltenwechsel zu korrigieren, können Sie den Pfeil mit der Maus verschieben. Zum Löschen eines Spaltenwechsels klicken Sie doppelt auf die dargestellte Linie bzw. auf den Pfeil.

Klicken Sie auf die Schaltfläche *Weiter,* um zum letzten Dialog des *Textkonvertierungs-Assistenten* zu gelangen.

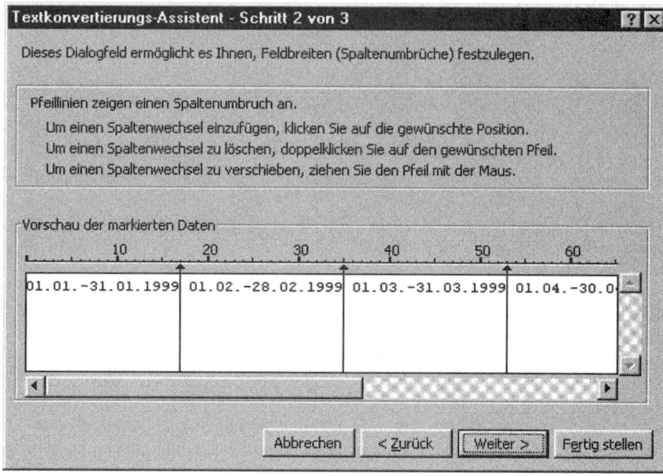

Abbildung 11.36: Der zweite Dialog des *Textkonvertierungs-Assistenten* bei aktivierter Option *Feste Breite*

Den Datentyp festlegen

Im letzten Dialog des *Textkonvertierungs-Assistenten* können Sie den Datentyp für jede Spalte bestimmen (siehe Abbildung 11.37).

Im Abschnitt *Datenformat der Spalten* können Sie den Datentyp für die im Fenster *Vorschau der markierten Daten* markierten Spalten definieren. Wenn alle Spalten den selben Datentyp entsprechen, markieren Sie im Fenster *Vorschau der markierten Daten* zunächst alle Spalten und wählen dann den entsprechenden Datentyp. Aktiviert ist standardmäßig die Option *Standard*. Diese Option behält Datums- und Zahlenwerte bei, wandelt jeden anderen Wert aber in Text um.

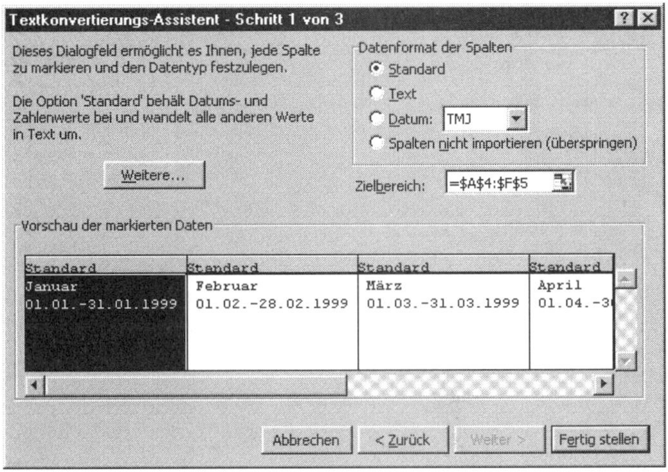

Abbildung 11.37: Die letzte Seite des *Textkonvertierungs-Assistenten*

Über die Schaltfläche *Weiter* können Sie weitere Textimporteinstellungen vornehmen. Zu diesen gehören das *Dezimaltrennzeichen* und das *1000er-Trennzeichen*.

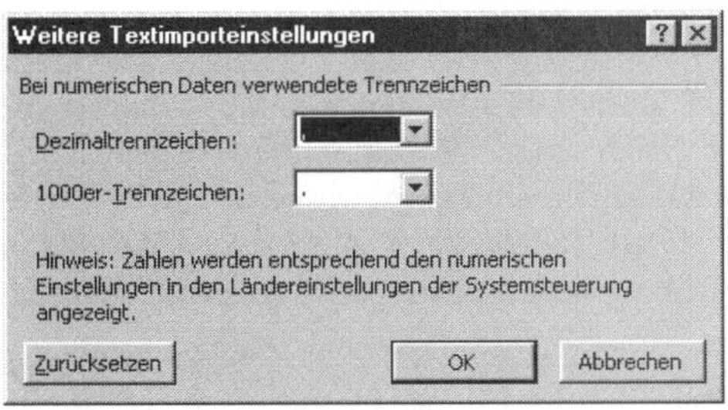

Abbildung 11.38: *Weitere Textimporteinstellungen*

Im Eingabefeld *Zielbereich* bestimmen Sie den Ausgabeort für den Text, der in Spalten ausgegeben werden soll. Sie können diesen Bereich manuell über die Tastatur in das Eingabefeld eingeben oder aber durch Wechsel auf das Arbeitsblatt den Bereich mit der Maus markieren. Der markierte Bereich wird dabei automatisch in das Eingabefeld *Zielbereich* übernommen.

Falls der Dialog des *Textkonvertierungs-Assistenten* das Arbeitsblatt zu sehr verdeckt, klicken Sie auf das *Minimieren*-Symbol, um den Dialog *Textkonvertierungs-Assistent* bis auf die Eingabezeile *Zielbereich* zu verkleinern. Nach der Wahl des Zielbereichs können Sie den Dialog durch einen Klick auf das *Maximieren*-Symbol im Eingabefeld *Zielbereich* wieder auf die ursprüngliche Größe bringen.

Klicken Sie auf *Fertig stellen*, um die Spalten zu erzeugen.

4	Januar	Februar	März	April	Mai	Juni
5	01.01.-31.01.1999	01.02.-28.02.1999	01.03.-31.03.1999	01.04.-30.04.1999	01.05.-31.05.1999	01.06.-30.06.1999
6						

Abbildung 11.39: Die erstellten Spalten

Die PivotTable-Berichte

Zum Zusammenfassen großer Datenmengen eignen sich *PivotTable-Berichte*. *PivotTable-Berichte* sind interaktive Tabellen. In dieser Tabelle können Sie die Zeilen und Spalten des Berichts drehen oder die Daten durch die Anzeige verschiedener Seiten filtern, um unterschiedliche Zusammenfassungen der Quelldaten darzustellen. Mit *PivotTable-Berichten* können auch Details für interessante Bereiche hervorgehoben werden (siehe Abbildung 10.40).

Verwendet werden *PivotTable-Berichte* vor allem dann, wenn es darum geht, in Beziehung stehende Summen zu vergleichen oder lange Listen sinnvoll zusammenzufassen und auf unterschiedliche Weise zu betrachten.

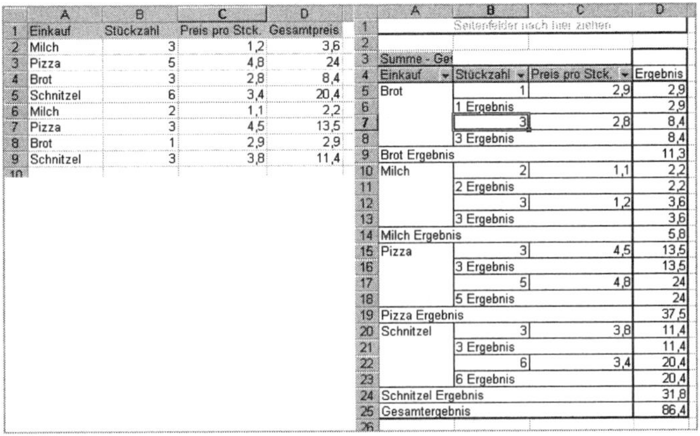

	A	B	C	D
1	Einkauf	Stückzahl	Preis pro Stck.	Gesamtpreis
2	Milch	3	1,2	3,6
3	Pizza	5	4,8	24
4	Brot	3	2,8	8,4
5	Schnitzel	6	3,4	20,4
6	Milch	2	1,1	2,2
7	Pizza	3	4,5	13,5
8	Brot	1	2,9	2,9
9	Schnitzel	3	3,8	11,4
10				

	A	B	C	D
1	Seitenfelder nach hier ziehen			
2				
3	Summe - Ge			
4	Einkauf	Stückzahl	Preis pro Stck.	Ergebnis
5	Brot	1	2,9	2,9
6		1 Ergebnis		2,9
7		3	2,8	8,4
8		3 Ergebnis		8,4
9	Brot Ergebnis			11,3
10	Milch	2	1,1	2,2
11		2 Ergebnis		2,2
12		3	1,2	3,6
13		3 Ergebnis		3,6
14	Milch Ergebnis			5,8
15	Pizza	3	4,5	13,5
16		3 Ergebnis		13,5
17		5	4,8	24
18		5 Ergebnis		24
19	Pizza Ergebnis			37,5
20	Schnitzel	3	3,8	11,4
21		3 Ergebnis		11,4
22		6	3,4	20,4
23		6 Ergebnis		20,4
24	Schnitzel Ergebnis			31,8
25	Gesamtergebnis			86,4
26				

Abbildung 11.40: Links die Quelldaten für den rechts abgebildeten *PivotTable-Bericht*

Besonders wenn lange Zahlenreihen zusammengefasst und sortiert werden müssen, kann Excel dies mit dem *PivotTable-Bericht* übernehmen und die Sortierung sowie die Ermittlung von Teil- und Gesamtsummen übernehmen.

Wie Sie leicht an der obigen Abbildung erkennen können, ist die Quelltabelle sehr unübersichtlich. Detaillierte Informationen wie zum Beispiel die Anzahl der einzelnen Produkte, der Gesamtpreis je Produkt usw. lassen sich nur schwer erkennen. Dagegen ist mit dem *PivotTable-Bericht* rechts in der Abbildung eine geordnete Übersicht gewährleistet und Details sind leicht erkennbar.

Um einen *PivotTable-Bericht* zu erstellen, wählen Sie aus dem Menü *Daten* den Eintrag *PivotTable- und PivotChart-Bericht.* Der *PivotTable- und PivotChart-Assistent* wird daraufhin gestartet.

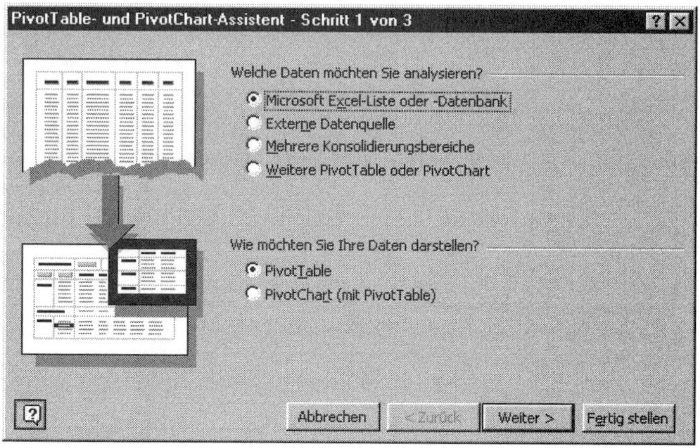

Abbildung 11.41: Der *PivotTable- und PivotChart-Assistent* wurde gestartet

Im Abschnitt *Welche Daten möchten Sie analysieren?* wählen Sie die benötigte Option.

- *Microsoft Excel-Liste oder -Datenbank*
  Wählen Sie diese Option, wenn Ihre Daten in beschriftete Reihen oder Spalten in einer Microsoft-Tabelle angeordnet sind.
- *Externe Datenquelle*
  Diese Option ist zu wählen, wenn die Daten außerhalb der Arbeitsmappe in einer externen Quelle vorzufinden sind, z.B. in einer separaten Datei oder Datenbank.
- *Mehrere Konsolidierungsbereiche*
  Soll der *PivotTable-Bericht* aus mehreren Microsoft-Excel-Tabellenbereichen erstellt werden, dann wählen Sie diese Option.
- *Weitere PivotTable oder PivotChart*
  Mit dieser Option wird ein weiterer PivotTable- oder PivotChart-Bericht aus einem anderen PivotTable-Bericht derselben Arbeitsmappe erstellt.

Im Abschnitt *Wie möchten Sie Ihre Daten darstellen?* bestimmen Sie, ob ein *PivotTable-Bericht* oder ein *PivotChart-Bericht* erstellt werden soll.

Klicken Sie auf *Weiter,* um zum nächsten Dialog des *PivotTable- und PivotChart-Assistenten* zu gelangen. Je nach gewählter Option unterscheidet sich der nachfolgende Dialog des Assistenten. In jedem der Dialoge geht es aber um die Wahl der Quelldaten.

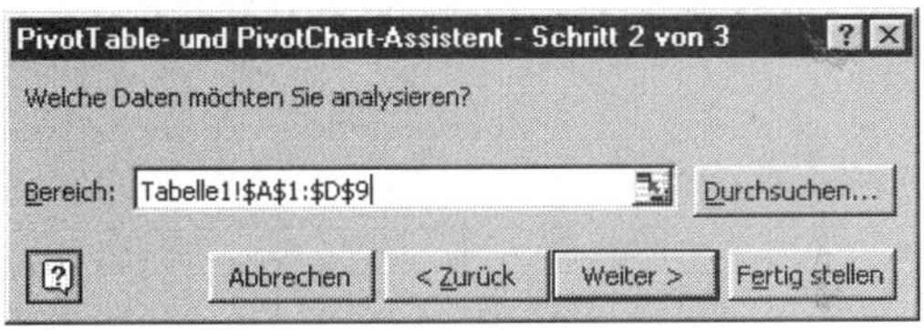

Abbildung 11.42: Wahl der Quelldaten

Wenn Sie die Quelldaten gewählt haben, klicken Sie erneut auf die Schaltfläche *Weiter,* um mit der Erstellung des *PivotTable-Berichts* fortzufahren.

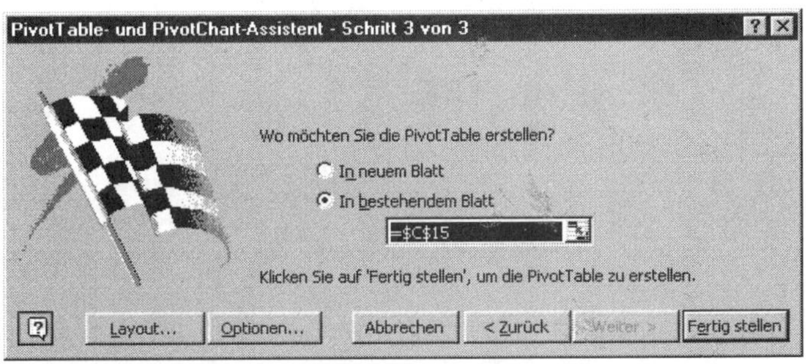

Abbildung 11.43: Der letzte Dialog vor der endgültigen Erstellung des *PivotTable-Berichts*

Bestimmen Sie in diesem Dialog, wo die *PivotTable* erstellt werden soll. Verfügbar sind die Optionen *In neuem Blatt* oder *In bestehendem Blatt*. In dem Listenfeld unter dieser Option können Sie den Zielbereich für die *PivotTable* manuell bestimmen oder mit dem Mauszeiger auf dem Arbeitsblatt neu bestimmen. Sie finden hierfür auch das bereits bekannte *Minimieren*- und *Maximieren*-Symbol in dem Listenfeld.

Das Layout definieren

Wenn Sie das Layout für die *PivotTable* selbst definieren wollen, klicken Sie auf die Schaltfläche *Layout*. Es erscheint der Dialog *PivotTable- und PivotChart-Assistent – Layout*.

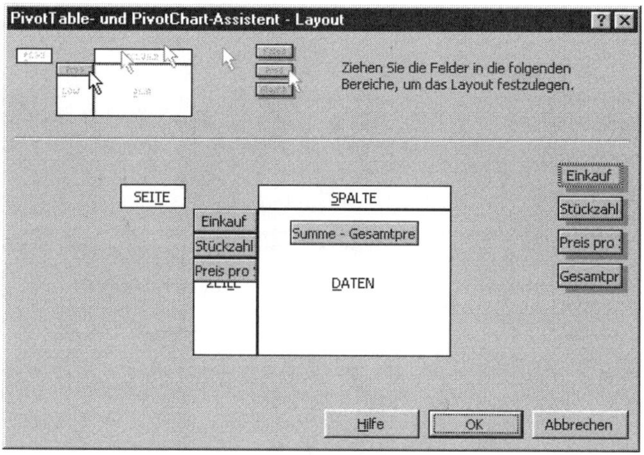

Abbildung 11.44: Der *Layout*-Dialog

Rechts in dem Dialog finden Sie verschiedene Felder, die Ihre Quelldaten darstellen. Diese Felder müssen für die Erstellung des Layouts in den Zeilen-, Spalten-, Daten- und Seitenbereich abgelegt werden. Klicken Sie dazu auf das entsprechende Feld rechts im Dialog und ziehen dieses bei gehaltener linker Maustaste auf den gewünschten Bereich im Layout-Rahmen. Verfahren Sie auf diese Weise auch mit den anderen Feldern.

Wurde die *PivotTable* nicht von Quelldaten aus OLAP-Datenbanken erstellt, können Sie durch einen Doppelklick auf die Feldschaltflächen einen Dialog aufrufen, in dem Sie bestimmen können, wie die Felddaten zusammengefasst sind.

Abbildung 11.45: Definition der Felddaten

Wählen Sie die gewünschten Einstellungen und verlassen Sie den Dialog über die Schaltfläche *OK*.

Daten- und Formatierungsoptionen einstellen

Über die Schaltfläche *Optionen* können Sie verschiedene Formatierungsoptionen und Datenoptionen aktivieren oder deaktivieren.

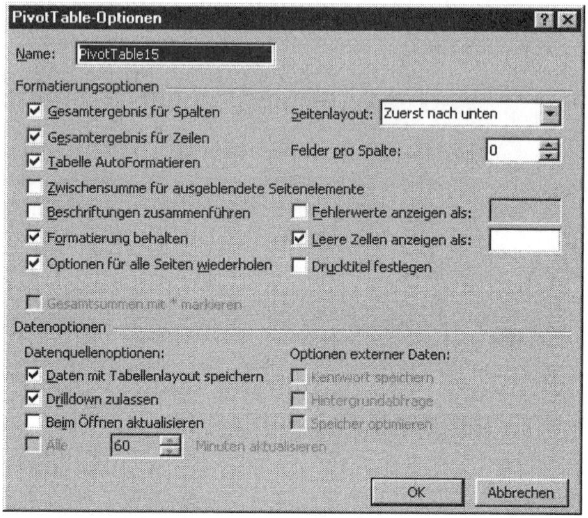

Abbildung 11.46: Die *PivotTable-Optionen*

Im oberen Abschnitt dieses Dialogs befinden sich die *Formatierungsoptionen* und im unteren Abschnitt die *Datenoptionen*. Je nach aktivierter Option *PivotTable-Bericht* oder *PivotChart-Bericht* sind unterschiedliche Optionen standardmäßig aktiviert bzw. deaktiviert. Manche Optionen sind für den *PivotChart-Bericht* nicht wählbar. Die Optionen erklären sich von selbst, aufgrund dessen wird auch nicht ausführlicher darauf eingegangen. Klicken Sie auf *OK*, um den Dialog wieder zu beenden.

Die PivotTable-Symbolleiste

Um den *PivotTable-Bericht* endgültig zu erzeugen, klicken Sie auf die Schaltfläche *Fertig stellen*. Zusammen mit dem *PivotTable-Bericht* wird dann auch die Symbolleiste *PivotTable* automatisch angezeigt.

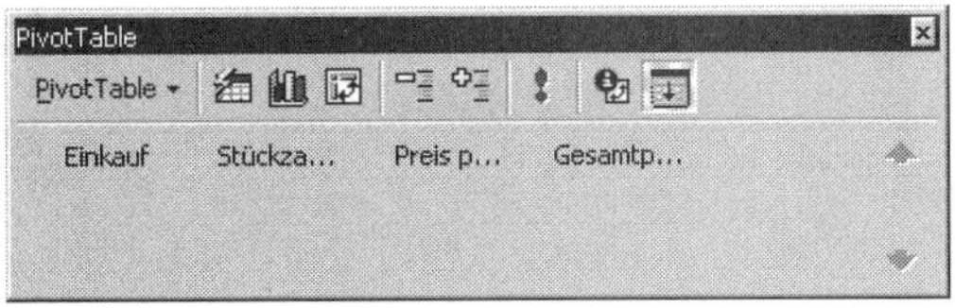

Abbildung 11.47: Die Symbolleiste *PivotTable*

Die Symbolleiste *PivotTable* besteht aus einer Menüleiste und mehreren Symbolen. Ebenso sind in der Symbolleiste die Quelldatenfelder enthalten, die Sie beliebig auf das Arbeitsblatt in den *PivotTable-Bericht* ziehen können, um den *PivotTable-Bericht* zu ergänzen.

Das Listenfeld Pivot-Table

Ganz links in der Symbolleiste befindet sich das Listenfeld *PivotTable*. Wenn Sie auf den nach unten weisenden Pfeil klicken, werden mehrere Menüeinträge angezeigt:

- *Assistenten*
  Über diesen Eintrag rufen Sie den *PivotTable- und PivotChart-Assistenten* erneut auf und können einen neuen oder zusätzlichen *PivotTable-* oder *PivotChart-Bericht* erstellen.
- *Markieren*
  Um im *PivotTable-Bericht* Beschriftungen und/oder Daten zu markieren, verwenden Sie den Eintrag *Markieren*. Über diesen Eintrag können Sie auch die gesamte Tabelle mit nur einem Klick markieren.
- *Formeln*
  Über den Eintrag *Formeln* können Sie eine Formel bearbeiten, die einer Zelle im *PivotTable-Bericht* zugeordnet ist oder neue berechnete Felder oder Elemente über den Untereintrag *Berechnetes Feld* bzw. *Berechnetes Element* dem *PivotTable-Bericht* hinzufügen.

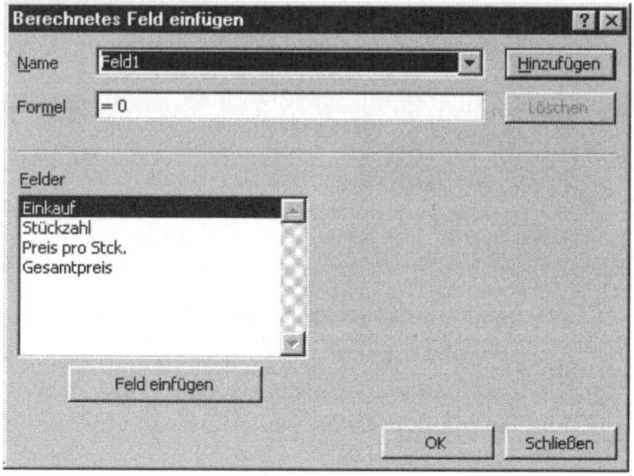

Abbildung 11.48: Berechnetes Feld in den *PivotTable-Bericht* einfügen

Ebenso können Sie über den Menüeintrag *Formeln* die Lösungsreihenfolge der Berechnung des *PivotTable-Berichts* bearbeiten. Klicken Sie dazu auf den Untereintrag *Lösungsreihenfolge* und korrigieren Sie im Dialog *Lösungsreihenfolge* die Reihenfolge, in der vorhandene Formeln bearbeitet werden sollen.

Schließlich können Sie sich die verwendeten Formeln eines *PivotTable-Berichts* anzeigen lassen, indem Sie auf den Untereintrag *Formeln auflisten* klicken.

- *Feldeigenschaften*
  Mit dem Menüeintrag *Feldeigenschaften* können Sie die Eigenschaften von Feldern im *PivotTable-Bericht* bearbeiten (siehe Abbildung 11.49).

  Markieren Sie zunächst das Feld im *PivotTable-Bericht*, welches Sie bearbeiten wollen und klicken Sie dann in dem Menü *PivotTable* auf den Eintrag *Feldeigenschaften ...* Es erscheint der Dialog *PivotTable-Feld*. Die verfügbaren Schaltflächen in diesem Dialog sind je nach gewähltem Feld unterschiedlich.

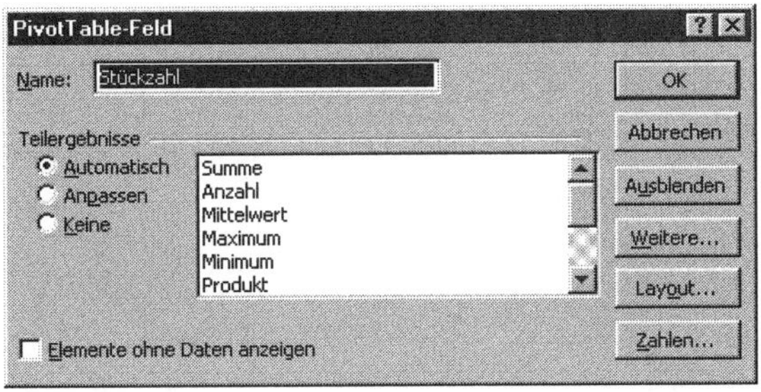

Abbildung 11.49: Bearbeiten der Eigenschaften eines Feldes

Im oberen Feld *Name* wird der Name des Feldes angezeigt. Im Abschnitt *Teilergebnisse* können Sie definieren, mit welcher Zusammenfassungsfunktion und auf welche Weise das Teilergebnis für das Feld ermittelt werden soll. Über die Schaltfläche *Ausblenden* können Sie das Feld aus dem *PivotTable-Bericht* ausblenden. Über die Schaltfläche *Weitere ...* können Sie weitere Einstellungen zum Sortieren und zum Anzeigen des Feldes vornehmen. Mit der Schaltfläche *Layout ...* können optische Darstellungen eines Felds bearbeitet werden. Dazu gehören die Optionen, ein Feld im Tabellenformat oder in der Gliederungsansicht darzustellen, Leerzeilen nach jedem Element einzufügen oder für die Druckoption einen Seitenumbruch nach einem Element zu erzeugen.

Über die Schaltfläche *Zahlen ...* können Sie das Zahlenformat für die Zelle wählen (siehe Abbildung 11.50).

Im Dialog *Zellen formatieren* können Sie im Feld *Kategorie:* das Zahlenformat wählen. Der Abschnitt *Beispiel* stellt die Auswirkung des Zahlenformats dar. Unter diesem Abschnitt sind je nach gewähltem Zahlenformat unterschiedliche Optionen verfügbar, die zur weiteren Definition des Zahlenformats dienen.

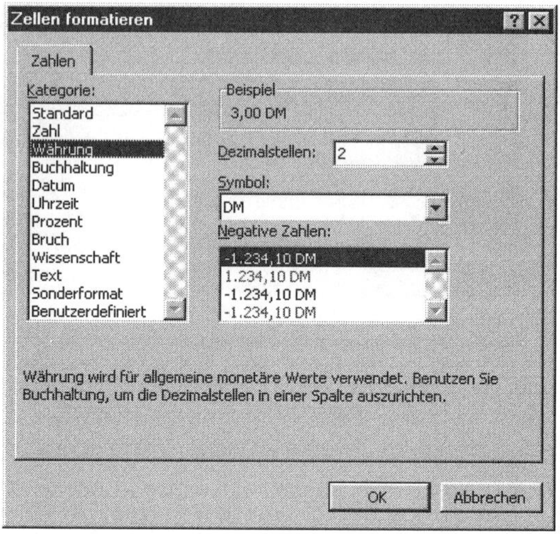

Abbildung 11.50: Der Dialog *Zellen formatieren*

- *Tabellenoptionen*
  Über diesen Eintrag können Sie die Tabellenoptionen bearbeiten, die auch schon bei der Erstellung des *PivotTable-Berichts* über den Assistenten verfügbar waren. Bearbeitet werden können die Formatierungs- und Datenoptionen des *PivotTable-Berichts* (siehe Abbildung 11.51).

- *Bericht formatieren*
  Für die optische Gestaltung des *PivotTable-Berichts* steht der Menüeintrag *Bericht formatieren* zur Verfügung. Durch einen Klick auf diesen Eintrag erscheint der Dialog *AutoFormat* (siehe Abbildung 11.52).

  In diesem Dialog sind verschiedene vordefinierte Formate dargestellt, die Sie auf Ihren *PivotTable-Bericht* anwenden können.

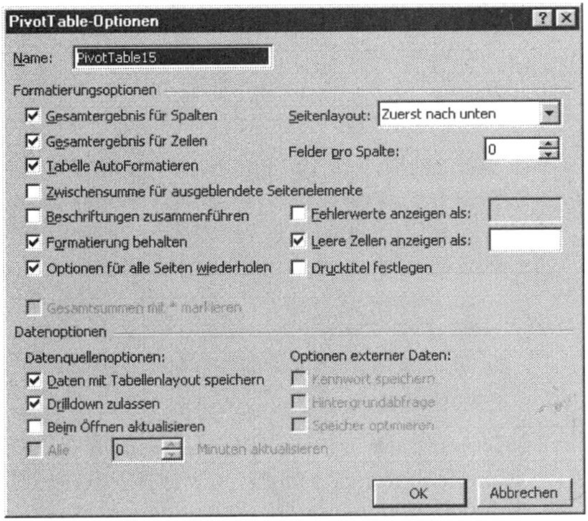

Abbildung 11.51: Der Dialog *PivotTable-Optionen*

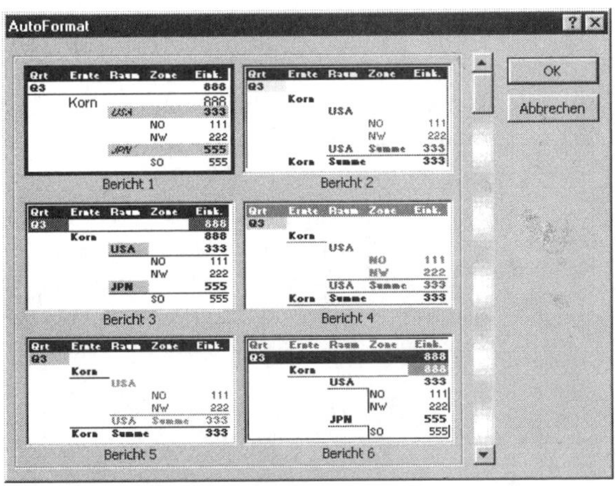

Abbildung 11.52: Der Dialog *AutoFormat*

Wählen Sie ein Format zwischen *Bericht 1* und *Bericht 10*, wird der *PivotTable-Bericht* im eingezogenen Format dargestellt, so wie es bei traditionellen oder formatierten Datenbankberichten der Fall ist.

Wählen Sie ein Format zwischen *Tabelle 1* und *Tabelle 10* oder *Standard-PivotTable*, werden die Spaltenfelder im Bericht nicht in den Zeilenbereich verschoben. Ebenso wird der *PivotTable-Bericht* nicht im eingezogenen Format dargestellt. Zusätzlich wird bei den Formaten zwischen *Tabelle 1* und *Tabelle 5* sowie bei *Tabelle 7* jedem Element im äußersten Zeilenfeld eine Leerzeile angefügt und eine Zeichen- und Zellenformatierung zugeordnet.

Durch die Wahl des Formats *Kein(e)* wird die Zeichen- und Zellenformatierung des *PivotTable-Berichts* entfernt.

- *Daten aktualisieren*
  Über diesen Menüeintrag können Sie die Daten des *PivotTable-Berichts* aktualisieren. Dies ist besonders dann wichtig, wenn die Daten aus einer externen Datenquelle eingespielt werden oder nachdem Quelldaten geändert wurden. Haben Sie beispielsweise die Quelldaten für Ihren *PivotTable-Bericht* geändert, müssen Sie anschließend den gesamten *PivotTable-Bericht* markieren und auf den Eintrag oder das entsprechende Symbol *Daten aktualisieren* klicken.

- *PivotChart*
  Mit dem Eintrag *PivotChart* können Sie den *PivotTable-Bericht* grafisch als Diagramm darstellen und somit optisch ansprechend gestalten. Wenn Sie auf diesen Eintrag klicken, wird ein neues Arbeitsblatt in die Arbeitsmappe eingefügt, auf dem der *PivotChart-Bericht* dargestellt wird.

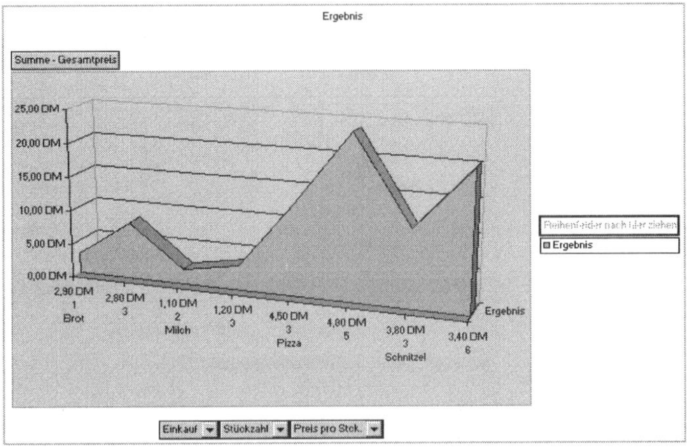

Abbildung 11.53: Der *PivotChart-Bericht*

Die Symbole

Die Symbole in der Symbolleiste *PivotTable* entsprechen den Menüeinträgen im Menü *PivotTable* der Symbolleiste. Zum schnelleren Zugriff sind die wichtigsten Menüeinträge als Symbole in der Symbolleiste abgelegt. Wenn Sie mit dem Mauszeiger auf den Symbolen verweilen, bekommen Sie in einem Infotext den Namen bzw. die Beschriftung des Symbols angezeigt.

Lediglich die Funktionen *Detail ausblenden* und *Detail einblenden* sind nur als Symbole in der Symbolleiste *PivotTable* vorhanden. Mit diesen beiden Symbolen können Sie die Details eines *PivotTable-* oder *PivotChart-Berichts* verringern oder erweitern. Dazu muss zunächst das Datenfeld markiert werden, dessen Details verändert werden sollen. Anschließend kann mit den Symbolen *Details ausblenden* und *Details einblenden* die Detailtiefe für das markierte Feld bearbeitet werden.

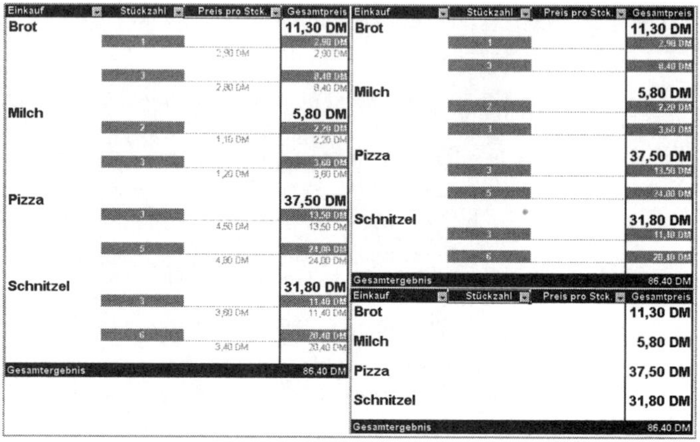

Abbildung 11.54: Derselbe PivotTable-Bericht in drei Detailstufen

Ein weiteres Symbol, *Felder ausblenden*, ermöglicht das Ausblenden der Datenfelder in der Symbolleiste. Ist das Symbol aktiv, werden die Datenfelder des *PivotTable-Berichts* in der Symbolleiste angezeigt. Wird es deaktiviert, werden die Datenfelder nicht in der Symbolleiste angezeigt.

Der PivotChart-Bericht

Basierend auf einem *PivotTable-Bericht* kann ein *PivotChart-Bericht* erstellt werden. Dies ist die übliche Reihenfolge. Es ist jedoch auch möglich, direkt den *PivotChart-Bericht* zu erstellen, dann allerdings wird der *PivotTable-Bericht* automatisch parallel zum *PivotChart-Bericht* von Microsoft Excel erstellt und ebenfalls in der Arbeitsmappe eingefügt. Werden im *PivotTable-Bericht* Werte geändert, so wird automatisch auch der *PivotChart-Bericht* entsprechend angepasst und umgekehrt.

Einen PivotChart-Bericht erstellen

Um den *PivotChart-Bericht* zu erstellen, verwenden Sie den bereits bekannten Assistenten des *PivotTable-Berichts*. Den Assistenten rufen Sie über das Menü *Daten* mit einem Klick auf den Eintrag *PivotTable- und PivotChart-Bericht* auf. Es wird derselbe Assistent aufgerufen, der bereits mit der Erstellung des *PivotTable-Berichts* vorgestellt wurde. Jedoch wählen Sie für die Erstellung eines *PivotChart-Berichts* im Abschnitt *Wie möchten Sie Ihre Daten darstellen?* die Option *PivotChart (mit PivotTable)*.

Die weiteren Schritte des Assistenten sind mit denen der Erstellung des *PivotTable-Berichts* vollständig identisch. Wenn der Assistent durchlaufen ist, wird der erstellte *PivotTable- und PivotChart-Bericht* in der Arbeitsmappe eingefügt und dargestellt.

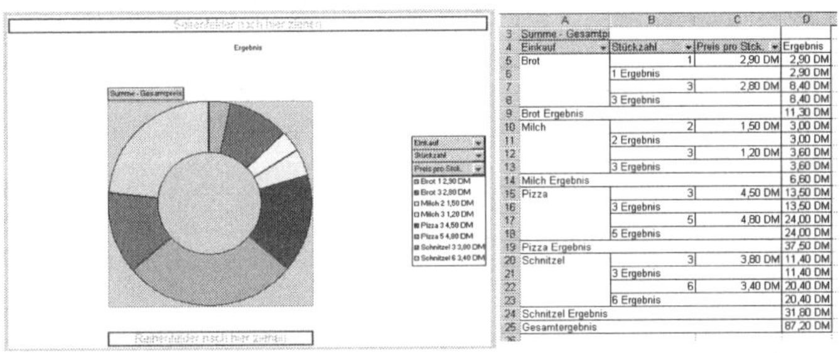

	A	B	C	D
3	Summe - Gesamtp			
4	Einkauf	Stückzahl	Preis pro Stck.	Ergebnis
5	Brot	1	2,90 DM	2,90 DM
6		1 Ergebnis		2,90 DM
7		3	2,80 DM	8,40 DM
8		3 Ergebnis		8,40 DM
9	Brot Ergebnis			11,30 DM
10	Milch	2	1,50 DM	3,00 DM
11		2 Ergebnis		3,00 DM
12		3	1,20 DM	3,60 DM
13		3 Ergebnis		3,60 DM
14	Milch Ergebnis			6,60 DM
15	Pizza	3	4,50 DM	13,50 DM
16		3 Ergebnis		13,50 DM
17		5	4,80 DM	24,00 DM
18		5 Ergebnis		24,00 DM
19	Pizza Ergebnis			37,50 DM
20	Schnitzel	3	3,80 DM	11,40 DM
21		3 Ergebnis		11,40 DM
22		6	3,40 DM	20,40 DM
23		6 Ergebnis		20,40 DM
24	Schnitzel Ergebnis			31,80 DM
25	Gesamtergebnis			87,20 DM

Abbildung 11.55: Der fertige *PivotChart- und PivotTable-Bericht*

Den PivotChart-Bericht formatieren

Die grafische Darstellung des *PivotChart-Berichts* kann den eigenen Bedürfnissen angepasst werden. Sie können beispielsweise bestimmen, als welcher Diagrammtyp der *PivotChart-Bericht* dargestellt werden soll. Es können auch zusätzliche Beschriftungen und Legenden eingefügt werden. Standardmäßig wird der *PivotChart-Bericht* als zweidimensionales Balkendiagramm dargestellt.

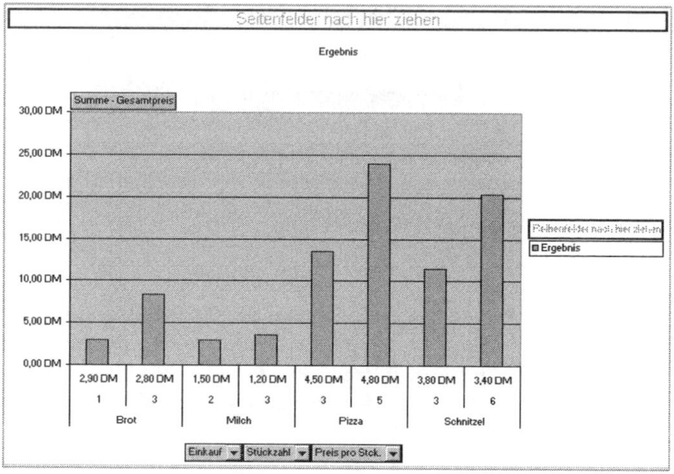

Abbildung 11.56: Der *PivotChart-Bericht* in der Standarddarstellung

Um den Diagrammtyp zu wechseln, klicken Sie mit der rechten Maustaste auf das dargestellte Diagramm und wählen aus dem Kontextmenü den Eintrag *Diagrammtyp*. Alternativ können Sie auch aus dem Menü *Diagramm* den Eintrag *Diagrammtyp* anklicken. Es erscheint der Dialog *Diagrammtyp* (siehe Abbildung 11.57).

Der Dialog *Diagrammtyp* besteht aus zwei Registerkarten, *Standardtypen* und *Benutzerdefinierte Typen*.

Registerkarte Standardtypen

In der Registerkarte *Standardtypen* sind im Feld *Diagrammtyp* die verfügbaren Diagrammtypen aufgeführt. Durch die Wahl eines Diagrammtyps aus diesem Feld werden im Abschnitt *Diagrammuntertyp* weitere Untertypen der gewählten Kategorie gezeigt. Sie können sich den gewünschten auswählen.

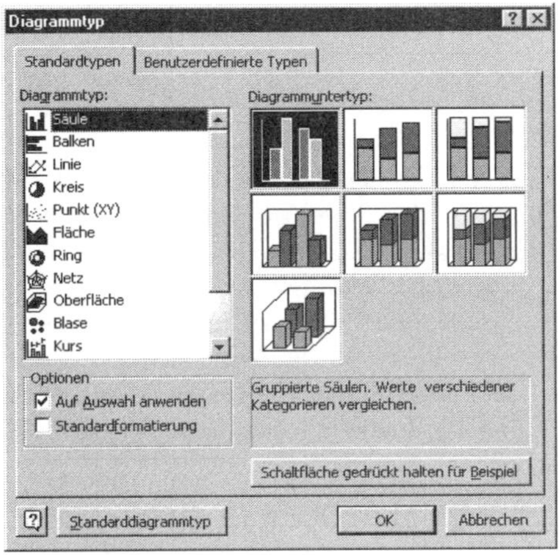

Abbildung 11.57: Der Dialog *Diagrammtyp*

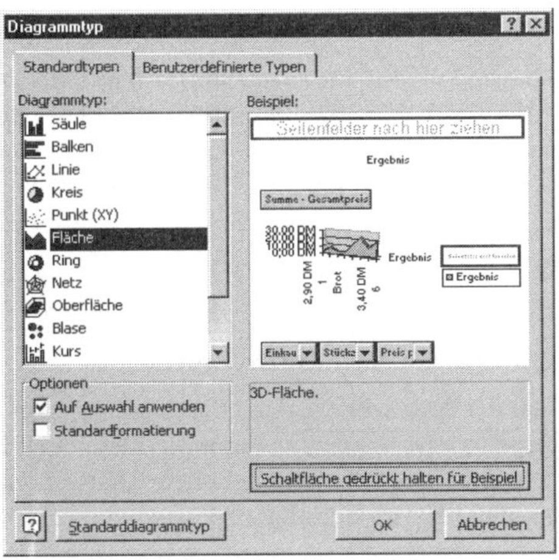

Abbildung 11.58: Vorschau eines Diagrammtypen

Um eine Vorschau des Diagrammtyps in Bezug auf Ihren *PivotChart-Bericht* zu erhalten, klicken Sie auf die Schaltfläche *Schaltfläche gedrückt halten für Beispiel* und eine Vorschau wird angezeigt (siehe Abbildung 11.58).

Im Abschnitt *Optionen* stehen Ihnen zwei Optionsschalter zur Verfügung. Mit dem Optionsschalter *Auf Auswahl anwenden* können Sie den gewählten Diagrammtyp auf Ihren aktuellen *PiovtChart-Bericht* anwenden. Wenn Sie den angewandten Diagrammtyp jedoch wieder von Ihrem *PivotChart-Bericht* entfernen möchten, dann aktivieren Sie die Option *Standardformatierung*. In diesem Fall wird dann der Diagrammtyp von Ihrem aktuellen *PivotChart-Bericht* entfernt und die Standardformatierung wiederhergestellt.

Um den gewählten Diagrammtyp für künftig zu erstellende *PivotChart-Berichte* automatisch zu verwenden, können Sie den aktuell gewählten Diagrammtyp als *Standarddiagrammtyp* festlegen. Klicken Sie dazu auf die Schaltfläche *Standarddiagrammtyp*.

Registerkarte Benutzerdefinierte Typen

In der Registerkarte *Benutzerdefinierte Typen* können Sie verschiedene *Diagrammtypen* für die benutzerdefinierte Darstellung wählen. Im Abschnitt *Auswählen aus* können Sie über die Option *Benutzerdefiniert* die von Ihnen bereits angepassten Diagramme anzeigen lassen. Mit der Option *Integriert* werden die bereits vorgefertigten benutzerdefinierten Diagrammtypen von Microsoft Excel angezeigt (siehe Abbildung 11.59).

Die Diagrammoptionen

Neben der Möglichkeit, den Diagrammtyp zu ändern, stehen Ihnen noch andere Optionen zur Formatierung des *PivotChart-Berichts* zur Verfügung. Diese Optionen sind im Dialog *Diagrammoptionen* vorzufinden (siehe Abbildung 11.60).

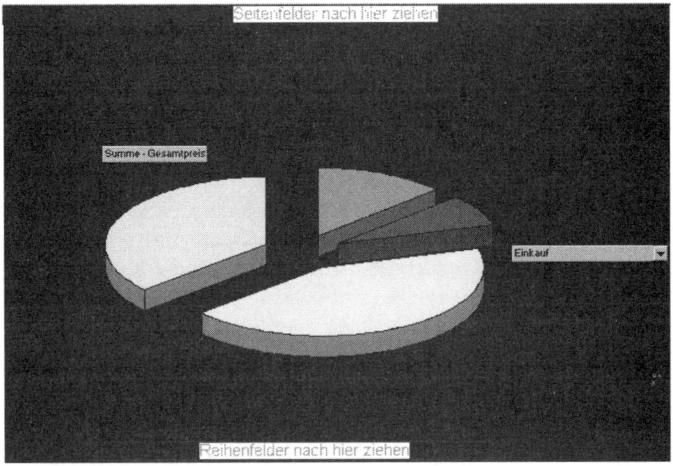

Abbildung 11.59: Ein benutzerdefinierter Diagrammtyp

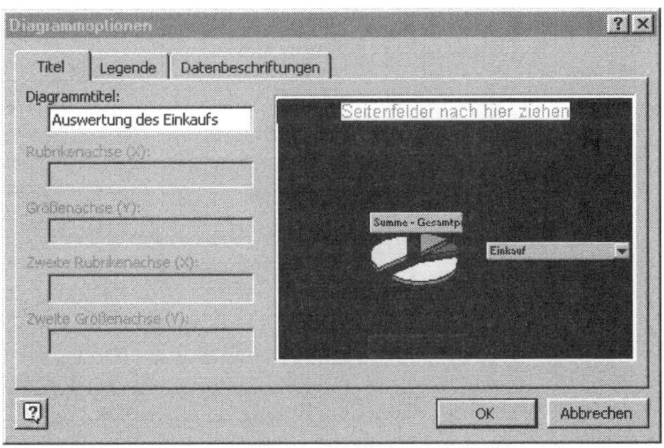

Abbildung 11.60: Der Dialog *Diagrammoptionen*

Um den Dialog *Diagrammoptionen* aufzurufen, klicken Sie mit der rechten Maustaste auf eine freie Stelle der Diagrammfläche und wählen Sie aus dem Kontextmenü den Eintrag *Diagrammoptionen.* Alternativ können Sie auch aus dem Menü *Diagramm* den Eintrag *Diagrammoptionen* anklicken. Es erscheint der Dialog *Diagrammoptionen*.

Der Dialog *Diagrammoptionen* ist in seinem Funktionsumfang abhängig vom gewählten Diagrammtyp und besteht aus drei bis sechs Registerkarten, die nachfolgend erklärt werden.

Registerkarte Titel

In der Registerkarte *Titel* geben Sie im Eingabefeld *Diagrammtitel* einen Titel für das Diagramm ein. Falls Diagrammachsen verfügbar sind, können Sie zusätzlich auch die Achsentitel in den entsprechenden Eingabefeldern vergeben.

Die Auswirkung der Änderungen werden in der dargestellten Vorschau angezeigt.

Registerkarte Legende

Mit der Registerkarte *Legende* können Sie die Option *Legende anzeigen* aktivieren oder deaktivieren. Im aktivierten Zustand können Sie im Abschnitt *Platzierung* festlegen, wo die *Legende* innerhalb des Diagramms positioniert werden soll (siehe Abbildung 11.61).

Registerkarte Datenbeschriftungen

In der Registerkarte *Datenbeschriftungen* können Sie verschiedene Beschriftungen zur Erläuterung der Daten im Diagramm wählen. Ist die Option *Legendensymbol neben Beschriftung* aktiviert, werden die Legendensymbole neben den Beschriftungen dargestellt (siehe Abbildung 11.62).

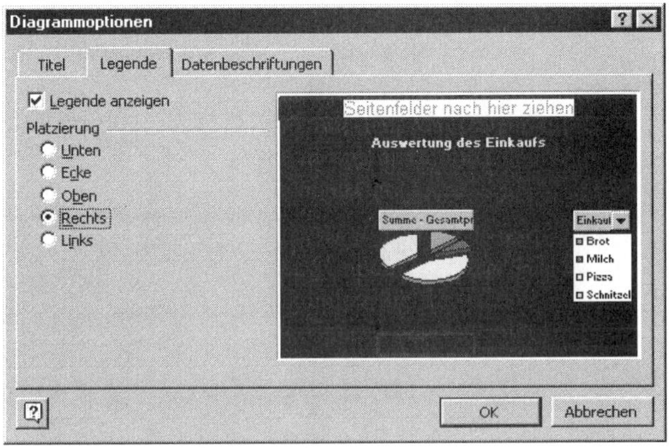

Abbildung 11.61: Eine Legende im Diagramm einfügen

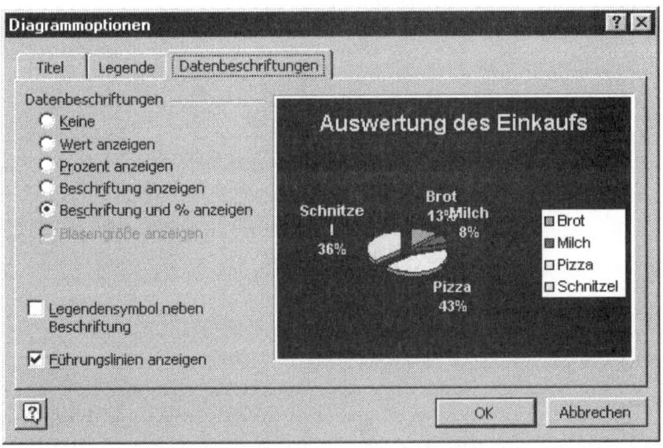

Abbildung 11.62: Die Registerkarte *Datenbeschriftungen*

Mit aktiver Option *Führungslinien anzeigen* wird in Kreisdiagrammen eine Linie gezeigt, die vom Datenpunkt des Kreissegments bis zur Beschriftung verläuft.

Registerkarte Achsen

In der Registerkarte *Achsen* können Sie die *Rubrikenachse (X)* und die *Größenachse (Y)* aktivieren. Für die *Rubrikenachse (X)* stehen drei weitere Optionen zur Verfügung, die je nach Diagrammtyp aktiviert bzw. deaktiviert werden können.

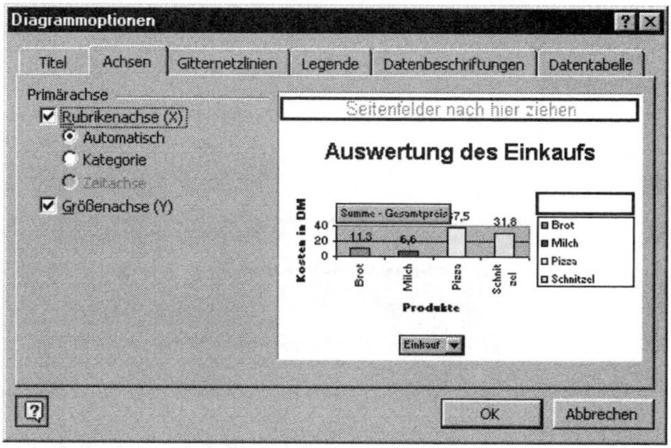

Abbildung 11.63: Die Registerkarte *Achsen*

- *Automatisch*
  Wird diese Option aktiviert, werden Daten, denen ein Datumsformat zugewiesen wurde, automatisch mit einer Zeitachse (X) eingeblendet. Alle anderen Daten werden mit der Standard-Rubrikenachse (X) dargestellt.

- *Kategorie*
  Mit dieser Option werden Daten grundsätzlich mit der Standard-Rubrikenachse (X) eingeblendet, auch wenn es sich um Daten handelt, denen das Datumsformat zugewiesen wurde.
- *Zeitachse*
  Mittels dieser Option wird die Rubrikenachse (X) als Zeitachse (X) eingeblendet, auch wenn es sich bei den Daten nicht um solche mit zugewiesenem Datumsformat handelt. Aufgetragen werden die Zeitachsen-Teilstriche auf der X-Achse in regelmäßigen Abständen, entsprechend den Haupt- und Hilfsintervallen für Zeitangaben.

Registerkarte Gitternetzlinien

Mit der Registerkarte *Gitternetzlinien* können die Gitternetzlinien für die Haupt- und Hilfsintervalle der *Rubrikenachse (X)* und der *Größenachse (Y)* angezeigt oder ausgeblendet werden.

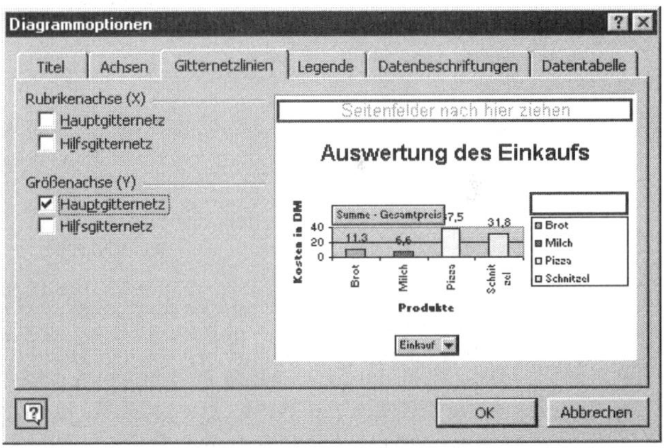

Abbildung 11.64: Die Registerkarte *Gitternetzlinien*

Für das Anzeigen oder Ausblenden der Gitternetzlinien stehen die Optionen *Hauptgitternetz* und *Hilfsgitternetz* zur Verfügung.

Registerkarte Datentabelle

Sollen die Werte der Daten in einer Datentabelle, also einem Gitternetz unter dem Diagramm, angezeigt werden, verwenden Sie die Registerkarte *Datentabelle* und aktivieren Sie die Option *Datentabelle anzeigen*.

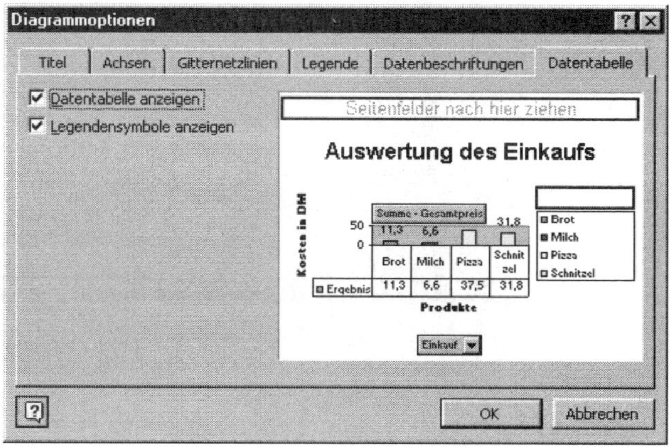

Abbildung 11.65: Anzeigen einer Datentabelle

Für Kreis-, XY-(Punkt)-, Blasen-, Ring-, Netz- oder Oberflächendiagramme steht diese Funktion nicht zur Verfügung.

Mit der Option *Legendensymbole anzeigen* können Sie Legendensymbole mit dem zugewiesenen Format und Farbe neben den Datenbeschriftungen im Diagramm anzeigen.

Durch einen Klick auf *OK* werden die Einstellungen im Dialog *Diagrammoptionen* auf den aktuellen *PivotChart-Bericht* übernommen.

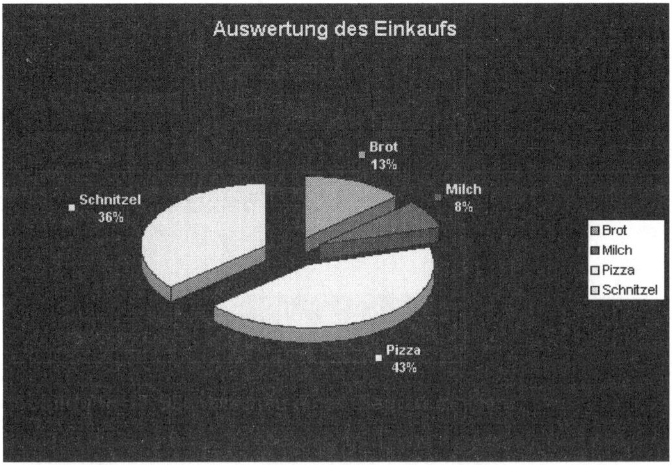

Abbildung 11.66: *PivotChart-Bericht* mit geänderten Diagrammoptionen

PivotChart-Feld-Schaltflächen ausblenden

Standardmäßig sind die *PivotChart-Feld-Schaltflächen* im Diagramm dargestellt und erlauben das Aktivieren bzw. Deaktivieren einzelner Datenbestände. Wenn es jedoch darum geht, das Diagramm auszudrucken oder am Bildschirm zu veröffentlichen, sind die *PivotChart-Feld-Schaltflächen* eher störend.

Sie können sie jedoch jederzeit ausblenden und bei Bedarf wieder einblenden. Wählen Sie dazu in der Symbolleiste *PivotChart* aus dem gleichnamigen Menü den Eintrag *PivotChart-Feld-Schaltflächen ausblenden*. Um die *PivotChart-Feld-Schaltflächen* wieder einzublenden, wählen Sie den umbenannten Eintrag *PivotChart-Feld-Schaltflächen einblenden* aus dem Menü *PivotChart* aus.

Die 3-D-Ansicht

Sofern Sie einen dreidimensionalen Diagrammtypen gewählt haben, können Sie die 3-D-Ansicht des Diagrammtyps nach Ihren Bedürfnissen ändern. Dazu steht die Funktion *3-D-Ansicht* zur Verfügung. Um diese Funktion zu verwenden, rufen Sie aus dem Menü *Diagramm* mittels des Eintrags *3D-Ansicht* den Dialog *3D-Ansicht* auf.

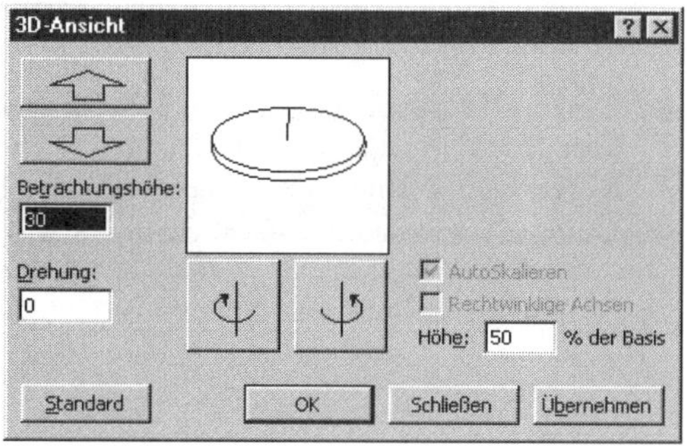

Abbildung 11.67: Ändern der 3-D-Ansicht

Die Betrachtungshöhe

Mit *Betrachtungshöhe* können Sie die Draufsicht zum 3-D-Objekt verändern. Dazu benutzen Sie die zwei Schaltflächen *Pfeile*. Die Betrachtungshöhe wird in Schritten von 5 Grad verändert. Bei allen Diagrammen mit Ausnahme des Kreis- und 3-D-Balkendiagramms sind Ansichten von -90 Grad bis 90 Grad möglich.

Bei Kreisdiagrammen bewegt sich die Ansicht zwischen 10 und 80 Grad. Der Ansichtsbereich bei 3-D-Balkendiagrammen liegt zwischen 0 und 44 Grad. Sie können die Betrachtungshöhe auch über die Tastatur in dem darunter vorgesehenen Eingabefeld direkt eingeben.

Die Drehung

Mit den zwei *Dreh*-Schaltflächen können Sie das Diagramm in Schritten von 10 Grad drehen. Der Drehwinkel reicht von 0 bis 360 Grad. Bei 3-D-Balkendiagrammen bewegt sich der Drehwinkel zwischen 0 und 44 Grad. Auch hier kann der Drehwinkel direkt über die Tastatur in dem Eingabefeld *Drehung:* eingegeben werden.

AutoSkalieren

Wird ein 2-D-Diagramm in ein 3-D-Diagramm umgewandelt, zeichnet Excel oftmals das neue Diagramm zu klein – besonders dann, wenn die Drehung des Diagramms unter 45 Grad liegt. Mit der Option *AutoSkalieren* können Sie ein solches Diagramm automatisch auf die Größe der 2-D-Darstellung skalieren. Verfügbar ist diese Option allerdings nur dann, wenn die Option *Rechtwinklige Achsen* aktiviert ist.

Rechtwinklige Achsen

Ist diese Option aktiviert, werden die Achsen rechtwinklig positioniert, unabhängig von der Drehung oder der Betrachtungshöhe des Diagramms. Sollen die Achsen perspektivisch angezeigt werden, dann muss diese Option deaktiviert werden. Bei 3-D-Balkendiagrammen ist diese Option automatisch immer aktiviert.

Die Höhe der Z-Achse

Über das Eingabefeld *Höhe* können Sie die Höhe der Z-Achse und der Diagrammwände im Verhältnis zur Länge der X-Achse oder der

Diagrammbreite an der Grundlinie bestimmen. Wird ein Wert von 200 % angegeben, dann wird das Diagramm doppelt so hoch wie die Länge der X-Achse.

Mit der Schaltfläche *Standard* werden eventuell vorgenommene Einstellungen auf den Standardwert zurückgesetzt. Um die Auswirkung einer Einstellung auf das Diagramm ohne das Verlassen des Dialogs zu überprüfen, können Sie auf die Schaltfläche *Übernehmen* klicken. Das Diagramm wird dann sofort mit der vorgenommenen Einstellung formatiert.

Um den Dialog zu beenden und die Einstellungen zu übernehmen, klicken Sie auf die Schaltfläche *OK*, andernfalls auf die Schaltfläche *Schließen*.

Datenreihe/-punkt formatieren

Von einer Datenreihe wird gesprochen, wenn mehrere Datenelemente des Diagramms gewählt (markiert) wurden. Wird dagegen nur ein Datenelement gewählt bzw. markiert, dann ist von einem Datenpunkt die Rede. Die Formatierungsanwendungen sind für die Datenreihe oder den Datenpunkt identisch. Bei der Datenreihe bezieht sich die Formatierung auf jedes Datenelement der Datenreihe, während bei dem Datenpunkt die Formatierung nur auf das eine Datenelement ausgeführt wird.

Nachdem Sie die Datenreihe oder das Datenelement markiert haben, klicken Sie mit der rechten Maustaste innerhalb der Markierung. Es erscheint ein Kontextmenü. Je nachdem, ob die Markierung eine Datenreihe oder ein Datenpunkt ist, wählen Sie den Eintrag *Datenreihe formatieren* oder *Datenpunkt formatieren.* Es erscheint dann der Dialog *Datenreihe formatieren* bzw. *Datenpunkt formatieren.* Nochmals: die Dialoge sind bis auf den Dialognamen absolut identisch.

Der Dialog *Datenreihe/-punkt formatieren* besteht ebenfalls aus drei Registerkarten.

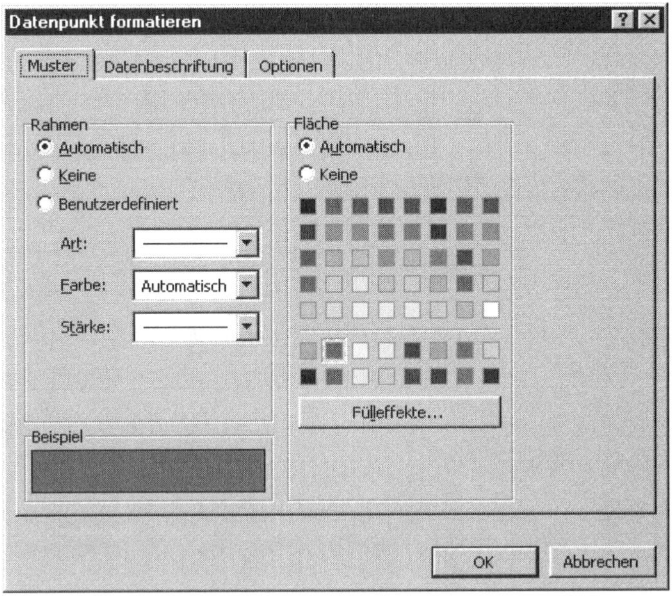

Abbildung 11.68: Formatieren von Datenreihen bzw. -punkten

Registerkarte Muster

In der Registerkarte *Muster* können Sie die Rahmenfarbe, die Stärke der Rahmenlinie und die Füllfarbe der Flächen für das oder die Datenelement(e) einstellen.

Registerkarte Datenbeschriftung

Die Registerkarte *Datenbeschriftung* taucht auch im Dialog *Diagrammoptionen* auf. Die Einstellungsmöglichkeiten und Funktionsweisen sind mit dieser Registerkarte identisch. Für tiefer greifende Informationen schauen Sie bitte unter *Diagrammoptionen* nach.

Registerkarte Optionen

In der Registerkarte *Optionen* können Sie mit der Aktivierung der Option *Farbunterscheidung der Segmente* eine Farbunterscheidung der grafisch dargestellten Datenelemente erreichen. Wird diese Option deaktiviert, weisen alle grafisch dargestellten Datenelemente dieselbe Farbe auf.

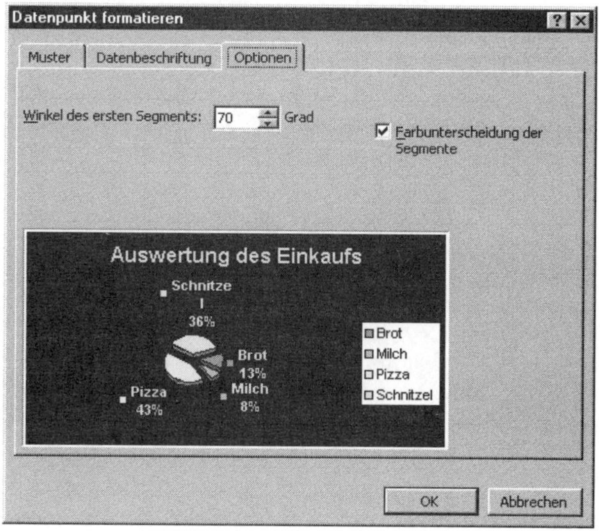

Abbildung 11.69: Die Registerkarte *Optionen*

Mit dem Eingabefeld *Winkel des ersten Segments* legen Sie den Winkel für das erste Segment in einem Kreis- oder Ringdiagramm fest. Sie können die Zahl per Tastatur direkt in das Eingabefeld eingeben oder aber mit den nach unten und nach oben weisenden Pfeilen den Wert in Schritten von 10 Grad verändern.

Ein Diagramm platzieren

Der Speicherort für das Diagramm wird prinzipiell bei der Erstellung des *PivotChart-Berichts* angegeben. Jedoch besteht die Möglichkeit, bei Bedarf den Speicherort für das Diagramm zu ändern, z.B. wenn das Diagramm zusammen mit der Tabelle auf einem gemeinsamen Arbeitsblatt dargestellt werden soll.

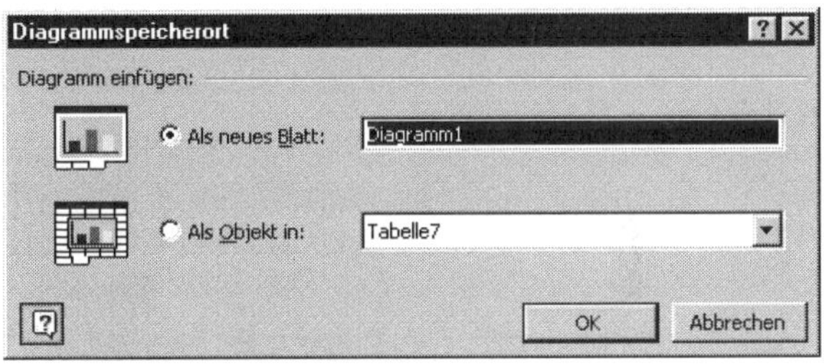

Abbildung 11.70: Bestimmung des Speicherorts

Um den Speicherort für das Diagramm zu ändern, müssen Sie zunächst zu dem Arbeitsblatt des Diagramms wechseln. Wählen Sie anschließend aus dem Menü *Diagramm* den Eintrag *Platzieren*. Es erscheint der Dialog *Diagrammspeicherort*.

In diesem Dialog stehen zwei Varianten für das Speichern des Diagramms zur Verfügung:

- Speichern des Diagramms als neues Blatt.
- Speichern als Objekt in einer bestehenden Tabelle.

Diagramm als neues Blatt speichern

Um das Diagramm als neues Blatt zu speichern, klicken Sie auf die Option *Als neues Blatt* und geben einen Namen für das neue Blatt in dem daneben befindlichen Eingabefeld ein.

Diagramm als Objekt speichern

Soll das Diagramm als Objekt in eine bestehende Tabelle abgelegt werden, dann wählen Sie die Option *Als Objekt in* und wählen Sie aus dem daneben befindlichen Listenfeld die gewünschte Tabelle aus.

Mit einem Klick auf *OK* wird die gewählte Option ausgeführt und das Diagramm am entsprechenden Speicherort abgelegt.

Daten konsolidieren

Mit Excel können Sie Daten aus verschiedenen Quellen konsolidieren. Damit ist das Zusammenfügen von Daten aus verschiedenen Quellen anhand einer auswählbaren Funktion zu einem Ergebnis gemeint. Ausgeführt wird die Konsolidierung über das Menü *Daten* mit dem Eintrag *Konsolidieren*, der den gleichnamigen Dialog aufruft.

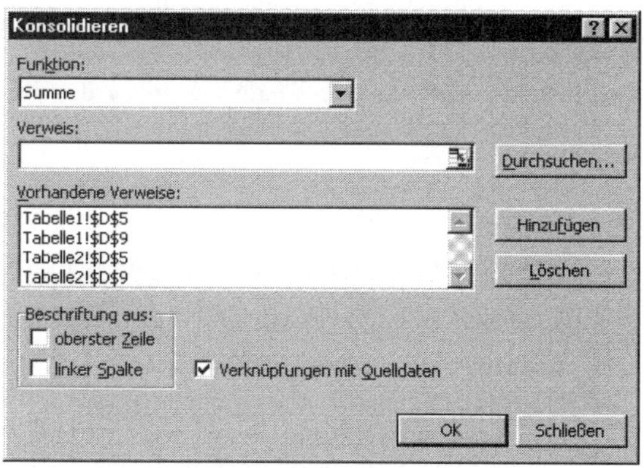

Abbildung 11.71: Der Dialog *Konsolidieren*

Mit dem Listenfeld *Funktion* wählen Sie die Funktion aus, welche für das Konsolidieren angewendet werden soll. Im Feld *Verweis* bestimmen Sie die Quelldaten, die für das Konsolidieren verwendet werden. Es können dabei Quelldaten aus einem bereits geladenen Arbeitsblatt gewählt werden oder aber auch Quelldaten aus anderen Arbeitsmappen.

Um die Quelldaten aus bereits geladenen Arbeitsmappen zu wählen, wechseln Sie zu diesen über und ziehen mittels gehaltener linken Maustaste einen Rahmen um die Quelldaten auf oder markieren die gewünschte(n) Zelle(n). Der gewählte Bereich wird im Feld *Verweis* angezeigt.

Sofern der Dialog *Konsolidieren* dabei störend auf das Arbeitsblatt wirkt, können Sie durch einen Klick auf die Schaltfläche *Dialog reduzieren* im Feld *Verweis* den Dialog bis auf die Eingabezeile verkleinern. Ein erneuter Klick auf diese Schaltfläche stellt die ursprüngliche Größe des Dialogs wieder her.

Um die im Feld *Verweis* angezeigten Verweise zum Feld *Vorhandene Verweise* hinzuzufügen, müssen Sie auf die Schaltfläche *Hinzufügen* klicken. Der gewählte Verweis auf die Quelldaten wird dann in das Feld *Vorhandene Verweise* übertragen.

Um einen Verweis aus dem Feld *Vorhandene Verweise* zu löschen, wählen Sie zunächst den zu löschenden Verweis aus und klicken dann auf die Schaltfläche *Löschen*.

Mit der Schaltfläche *Durchsuchen* können Sie nach weiteren Arbeitsmappen suchen, die Daten für die Konsolidierung enthalten.

Mit dem Abschnitt *Beschriftung aus* können Sie bei der Konsolidierung nach Kategorie die Beschriftungen aus den Quellbereichen verwenden, sofern diese mit markiert wurden. Werden Daten zur Konsolidierung verwendet, deren Beschriftungen ähnlich, jedoch in den zur Konsolidierung herangezogenen Quellbereichen unterschiedlich angeordnet sind, dann aktivieren Sie das Kontrollkästchen *oberste Zeile* bzw. *linke Spalte*.

Werden bei Konsolidierung nach Kategorie Daten konsolidiert, die trotz unterschiedlicher Beschriftungen ähnlich und deren Anordnung in den jeweiligen Quellbereichen gleich sind, dann dürfen Sie die Beschriftungen nicht mit markieren. Dies gilt auch, wenn Sie Daten nach Position konsolidieren wollen.

Möchten Sie, dass die ermittelten Daten automatisch aktualisiert werden, wenn die Quelldaten verändert werden, dann müssen Sie die Option *Verknüpfungen mit Quelldaten* aktivieren.

Zum Ausführen der Konsolidierung klicken Sie auf die Schaltfläche *OK*.

Ein Beispiel zur Konsolidierung

Die Konsolidierung wirkt vielleicht ein wenig verwirrend, lässt sich aber anhand zweier Beispieltabellen (Tabelle1 und Tabelle2), auf denen Einkäufe erfasst sind (siehe nachfolgende Abbildung) erklären. Basierend auf diesen beiden Tabellen sollen die gekauften Stückzahlen und die Kosten je Produktart in eine dritte Tabelle (Tabelle3) konsolidiert werden, um die Gesamtanzahl und die Gesamtkosten jeder Produktart zu ermitteln.

	A	B	C	D
1	Einkauf	Stückzahl	Preis pro Stck.	Gesamtpreis
2	Milch	3	1,2	3,6
3	Pizza	5	4,8	24
4	Brot	3	2,8	8,4
5	Schnitzel	6	5	30
6	Milch	2	1,5	3
7	Pizza	3	4,5	13,5
8	Brot	1	2,9	2,9
9	Schnitzel	3	3,8	11,4

	A	B	C	D
1	Einkauf	Stückzahl	Preis pro Stck.	Gesamtpreis
2	Milch	3	0,8	3,6
3	Pizza	5	2,8	14
4	Brot	3	1,4	4,2
5	Schnitzel	6	3	18
6	Milch	2	0,9	1,8
7	Pizza	3	2,6	7,8
8	Brot	1	1,5	1,5
9	Schnitzel	3	3,2	9,6

Abbildung 11.72: Zwei Tabellen (Tabelle1 und Tabelle2) mit Daten, die konsolidiert werden sollen

Für die dritte Tabelle (Tabelle3) werden also die Spalten *Einkauf*, *Stückzahl* und *Gesamtpreis* benötigt. Die Spalte *Preis pro Stck.* wird nicht benötigt. Bereiten Sie die dritte Tabelle so weit vor, bis sie der nachfolgenden Abbildung gleicht:

	A	B	C
1	Einkauf	Stückzahl	Gesamtpreis
2	Milch		
3	Pizza		
4	Brot		
5	Schnitzel		
6			

Abbildung 11.73: Die Grundstruktur der dritten Tabelle für die Konsolidierung

Positionieren Sie nun die Einfügemarke innerhalb der dritten Tabelle (Tabelle3) in die Zelle *B2* (Milch) und wählen Sie dann aus dem Menü *Daten* den Eintrag *Konsolidieren*. Es erscheint der Dialog *Konsolidieren*. Als Funktion wählen Sie im Listenfeld *Funktion* die Funktion *Summe*. Klicken Sie in das Feld *Verweis* und markieren Sie in Tabelle1 die Zelle *B2*. Anschließend klicken Sie im Dialog *Konsolidieren* auf die Schaltfläche *Hinzufügen*. Dann markieren Sie in Tabelle1 die Zelle *B6* und klicken anschließend wieder auf die Schaltfläche *Hinzufügen*. Wiederholen Sie denselben Vorgang für die Tabelle2.

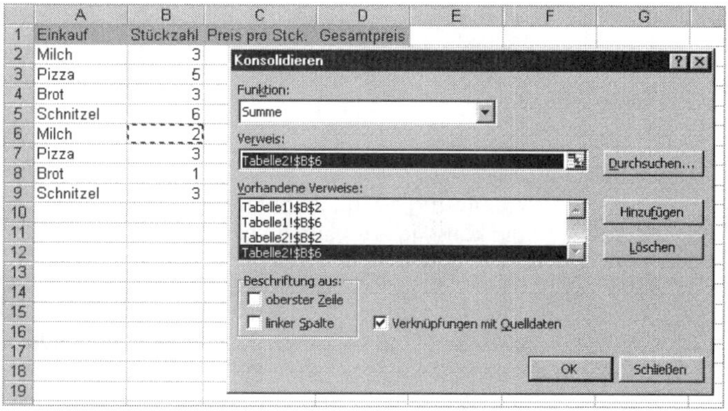

Abbildung 11.74: Wahl der Quelldaten

Wenn Sie möchten, dass künftige Änderungen der Quelldaten in der Zieltabelle (Tabelle3) berücksichtigt werden, dann aktivieren Sie die Option *Verknüpfungen mit Quelldaten* im Dialog *Konsolidieren*. In diesem Fall hat eine Änderung der Quelldaten auch eine Aktualisierung in der Tabelle3 zur Folge.

Klicken Sie auf die Schaltfläche *OK* und das Ergebnis der konsolidierten Daten wird in der Tabelle3 angezeigt. Positionieren Sie anschließend die Einfügemarke in der Tabelle3 in die nächste darunter liegende Zelle (Pizza) und rufen Sie den Dialog *Konsolidieren* erneut auf.

In dem Dialog befinden sich noch die Verweise zu den zuvor gewählten Quelldaten. Diese müssen zunächst gelöscht werden. Klicken Sie dazu auf den zu löschenden Eintrag im Feld *Vorhandene Verweise* und anschließend auf die Schaltfläche *Löschen*. Erst wenn das Feld *Vorhandene Verweise* vollständig leer ist, beginnen Sie mit der erneuten Wahl der Quelldaten aus Tabelle1 und Tabelle2. Wenn alle Quelldaten konsolidiert sind, zeigt die Tabelle3 das Ergebnis aus Tabelle1 und Tabelle2.

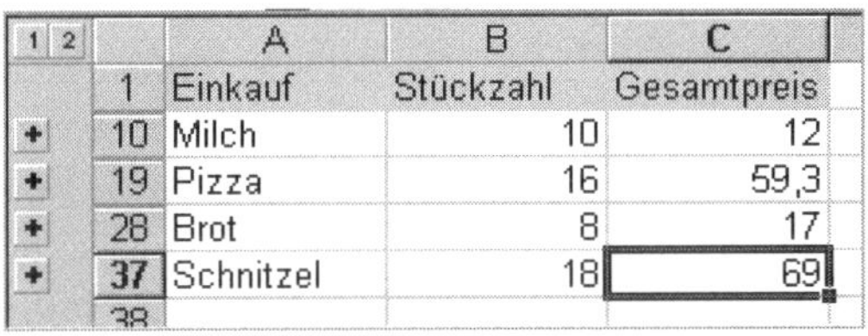

	A	B	C
1	Einkauf	Stückzahl	Gesamtpreis
10	Milch	10	12
19	Pizza	16	59,3
28	Brot	8	17
37	Schnitzel	18	69
38			

Abbildung 11.75: Das Ergebnis der konsolidierten Quelldaten

Neben den Zeilen der ermittelten Daten erscheinen, sofern im Dialog *Konsolidierung* die Option *Verknüpfung mit Quelldaten* aktiviert wurde, Gliederungssymbole. Sie zeigen an, dass es sich um eine Gruppierung von Daten handelt. Wenn Sie auf das Gliederungssymbol »+« klicken, werden die einzelnen Summanden für jede Produktart angezeigt, die zum Ergebnis der Konsolidierung geführt haben.

Die Summanden in Zelle *B11–B14* ergeben das Ergebnis in Zelle *B19*, die Summanden in Zelle *C15–C18* das Ergebnis in Zelle *C19*.

	A	B	C
1	Einkauf	Stückzahl	Gesamtpreis
10	Milch	10	12
11		5	
12		3	
13		5	
14		3	
15			24
16			13,5
17			14
18			7,8
19	Pizza	16	59,3
28	Brot	8	17
37	Schnitzel	18	69

Abbildung 11.76: Konsolidierte Daten wurden gruppiert

Gruppierung und Gliederung

Sie können mit Excel 2000 Zeilen und Spalten einer Tabelle gruppieren und gliedern. Die Gruppierung und Gliederung dient der Übersichtlichkeit einer Tabelle. Mit Hilfe der Gliederung können Detailebenen per Mausklick ein- oder ausgeblendet werden. Auf diese Weise kann eine Tabelle schnell bis auf diejenigen Zeilen oder Spalten zusammengeschrumpft werden, die Zusammenfassungen oder Überschriften für Bereiche bzw. Detaildaten enthalten. Eine Gliederung kann bis zu acht Detailebenen beinhalten. Gruppiert werden können Zeilen und Spalten. Gruppierte Zeilen oder Spalten stellen eine Detailebene in der Gliederung dar.

Beispielsweise kann eine Tabelle wie in der nachfolgenden Abbildung durch die Gruppierung von Zeilen gegliedert und übersichtlicher gestaltet werden.

	A	B	C
1	Ersatzteile	Einzelkosten	Gesamtkosten
2	Zylinderkopfdichtung	30	
3	Vergaser	600	
4	Lichtmaschine	200	
5	Anlasser	150	
6	Motor		980
7	Motorhaube	300	
8	Stossstange	350	
9	Scheinwerfer	280	
10	Karosserie		930
11	Lackierarbeiten	1000	
12	Richtarbeiten	1500	
13	Montage	500	
14	Arbeiten		3000
15			

Abbildung 11.77: Eine Tabelle, die eine Aufstellung von Reparaturkosten darstellt

Gruppierung und Gliederung erstellen

Anhand der zuvor dargestellten Beispieltabelle lässt sich die Anwendung der Gruppierung leicht erläutern. Sie können den erklärten Vorgang selbst mit Excel nachvollziehen und sich damit praktisch mit der Materie vertraut machen.

Die Zeilen *2, 3, 4* und *5* können als Detailebene der Zeile *6* (Motor) angelegt werden. Ebenso können die Zeilen *7, 8* und *9* als Detailebene der Zeile *10* (Karosserie) zusammengefasst werden. Schließlich lassen sich auch die Zeilen *11, 12* und *13* als Detailebene der Zeile *14* (Arbeiten) gliedern.

Somit stellt die Tabelle dann eine Gliederung mit drei Detailebenen dar, die Zeilen *6, 10* und *14* sind dabei die oberste Ebene.

Um die Zeilen *2, 3, 4* und *5* zu gruppieren, müssen Sie zunächst diese Zeilen markieren. Anschließend wählen Sie aus dem Menü *Daten* den Eintrag *Gruppierung und Gliederung*. Es erscheint ein Untermenü, in dem Sie auf den Eintrag *Gruppierung* klicken. Damit werden die Zeilen gruppiert.

Wiederholen Sie diesen Vorgang für die Zeilen *7, 8, 9* und schließlich für die Zeilen *11, 12* und *13*. Damit sind alle Zeilen in einer zusammengehörigen Gruppe gruppiert. Die Gliederung wird anhand von Gliederungssymbolen neben der Tabelle dargestellt.

Ein Klick auf das Gliederungssymbol »+« öffnet die Gruppierung und zeigt die gruppierten Zeilen an. Durch einen Klick auf das Gliederungssymbol »-« wird eine geöffnete Gruppierung wieder geschlossen und die gruppierten Zeilen ausgeblendet. Die Tiefe der Gruppierungsansicht kann auch über die Zahlen oberhalb des »+«-Zeichens festgelegt werden, indem die entsprechende Zahl angeklickt wird.

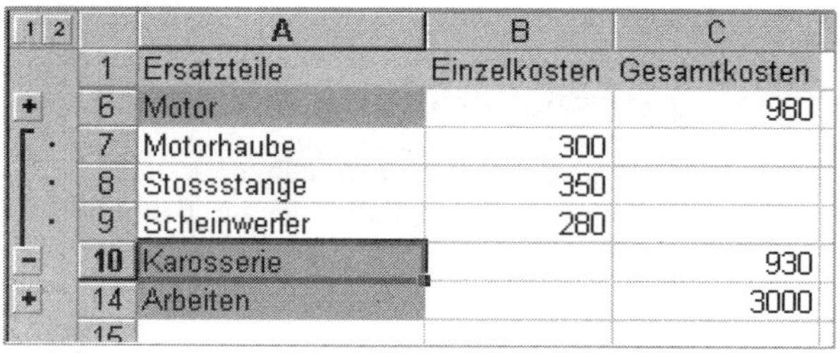

Abbildung 11.78: Verwendung der Gruppierung

Gruppierte Zeilen über das Menü ein- und ausblenden

Sie können aber auch auf andere Weise eine Detailebene ein- bzw. ausblenden. Die Zeilen *Motor, Karosserie und Arbeiten* stellen in dem vorhergehenden Beispiel die oberste Ebene dar. Möchten Sie die entsprechenden Detailebenen einsehen, können Sie diese einblenden. Positionieren Sie dazu die Einfügemarke auf die gewünschte oberste Ebene, deren Details Sie einsehen möchten. Wählen Sie dann aus dem Menü *Daten* den Eintrag *Gruppierung und Gliederung / Detail einblenden* und die Detailebene wird angezeigt.

Um die Detailebene wieder auszublenden, verwenden Sie aus demselben Menü den Eintrag *Gruppierung und Gliederung / Detail ausblenden*.

Eine Gruppierung entfernen

Ein Gruppierung kann selbstverständlich auch wieder entfernt werden. Um zum Beispiel eine Gruppierung aus dem zuvor durchgeführten Beispiel zu entfernen, müssen Sie zunächst die Detailebene einblenden. Markieren Sie anschließend die gruppierten Zeilen. Um die gruppierten Zeilen zu markieren, können Sie bei gedrückter Taste [⇧] auf das Gliederungssymbol »+« oder »-« klicken, es werden dann alle zur Gruppe gehörenden Zeilen markiert. Wählen Sie anschließend aus dem Menü *Daten* den Eintrag *Gruppierung und Gliederung*, in dem Untermenü klicken Sie auf den Eintrag *Gruppierung aufheben* und die Gruppierung wird aufgehoben (siehe Abbildung 11.79).

HINWEIS

> Auch durch die Verwendung der Funktion *Teilergebnisse* wird eine Gliederung automatisch von Excel erstellt. Auch hierbei lassen sich Detailebenen beliebig ein- und ausblenden.

Haben Sie Daten mit Hilfe von Formeln zusammengefasst und dabei Funktionen wie SUM verwendet, dann können die Daten von Excel automatisch gegliedert werden. Jedoch müssen die zusammengefassten Daten an die Detaildaten angrenzen.

	A	B	C	D
1	Verkäufer	Produkt	Stückzahl	Ertrag in DM
2	Blumane	TK-Anlage	25	12500
3	Blumane	Fernseher	50	50000
4	Blumane	HiFi-Anlagen	30	18000
5	Blumane	Videorecorder	100	30000
6	**Blumane Ergebnis**			110500
7	Gurwall	Fernseher	25	25000
8	Gurwall	TK-Anlage	50	25000
9	Gurwall	HiFi-Anlagen	45	27000
10	Gurwall	Videorecorder	50	30000
11	**Gurwall Ergebnis**			107000
12	**Gesamtergebnis**			217500

Abbildung 11.79: Gliederung bei Verwendung von Teilergebnissen

Automatische Gliederung

Erstellen Sie eine Tabelle, in der zum Beispiel Teilergebnisse einer Bestellung ermittelt werden, können Sie diese mit der Funktion *AutoGliederung* gliedern. Beispielsweise haben Sie folgende Tabelle erstellt:

	A	B	C	D	E
1	Besteller	Produkt	Bestellmenge	Einzelkosten	Preis
2	Firma A	Artikel A	100	150	15000
3	Firma A	Artikel B	50	50	2500
4	Firma A	Artikel C	80	60	4800
5	**Ergebnis Firma A**				**22300**
6	Firma B	Artikel A	80	150	12000
7	Firma B	Artikel B	70	50	3500
8	Firma B	Artikel C	100	60	6000
9	**Ergebnis Firma B**				**21500**
10	**Gesamtergebnis**				**43800**

Abbildung 11.80: Eine Tabelle, die mit der Funktion *AutoGliederung* formatiert werden kann

Um diese Tabelle mit der Funktion *AutoGliederung* zu formatieren, positionieren Sie die Einfügemarke in die Tabelle. Wählen Sie dann aus dem Menü *Daten* über den Eintrag *Gruppierung und Gliederung* aus dem Untermenü den Eintrag *AutoGliederung* und die Tabelle wird formatiert. Die Tabelle wird dabei in drei Zeilen-Ebenen und zwei Spalten-Ebenen formatiert, die Sie beliebig ein- oder ausblenden können.

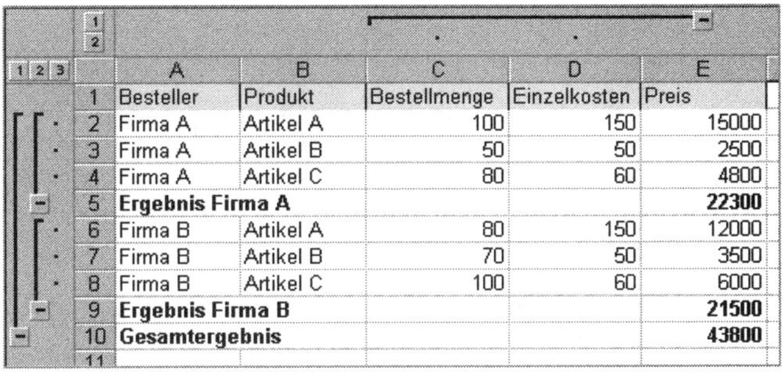

	A	B	C	D	E
1	Besteller	Produkt	Bestellmenge	Einzelkosten	Preis
2	Firma A	Artikel A	100	150	15000
3	Firma A	Artikel B	50	50	2500
4	Firma A	Artikel C	80	60	4800
5	**Ergebnis Firma A**				**22300**
6	Firma B	Artikel A	80	150	12000
7	Firma B	Artikel B	70	50	3500
8	Firma B	Artikel C	100	60	6000
9	**Ergebnis Firma B**				**21500**
10	**Gesamtergebnis**				**43800**
11					

Abbildung 11.81: Die formatierte Tabelle mit der Funktion *AutoGliederung*

Eine Gliederung entfernen

Die Gliederung einer Tabelle kann ohne großen Aufwand wieder entfernt werden. Dazu entfernen, wählen Sie zunächst die Tabelle, anschließend wählen Sie aus dem Menü *Daten* den Eintrag *Gruppierung und Gliederung* und klicken im Untermenü auf den Eintrag *Gliederung entfernen*. Die Gliederungssymbole werden entfernt und die Detaildaten fest eingefügt. Die Tabelle erreicht somit das gleiche Erscheinungsbild, als wenn bei der gegliederten Tabelle alle Detaildaten eingeblendet wären.

Der Umgang mit Detailebenen

Detailebenen können über die Gliederungssymbole am Rande des Tabellenfensters oder über das Menü *Daten* mit dem Eintrag *Gruppierung und Gliederung / Detail einblenden* oder */ Detail ausblenden* ein- oder ausgeblendet werden.

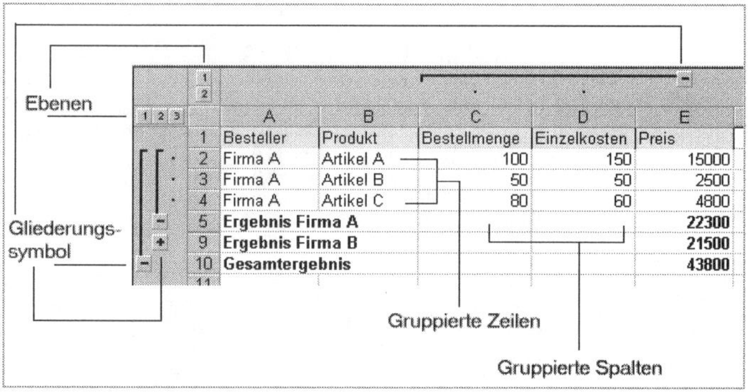

Abbildung 11.82: Gruppierung und Gliederung

Durch einen Klick auf die Zahlen *Ebenen* können Sie eine Ebene vollständig ein- oder ausblenden. Dies gilt sowohl für die Ebenen von Zeilen wie auch für die Ebenen von Spalten. Durch einen Klick auf das Gliederungssymbol »+« wird eine Detailebene eingeblendet. Ein Klick auf das Gliederungssymbol »-« blendet eine Detailebene aus. Eine Detailebene enthält die gruppierten Elemente.

Einstellungen für Gruppierung und Gliederung

Die Anordnung der Detailebenen können Sie über den Dialog *Einstellungen* bestimmen. Den Dialog *Einstellungen* rufen Sie über das Menü *Daten* und den Eintrag *Gruppierung und Gliederung / Einstellungen* auf.

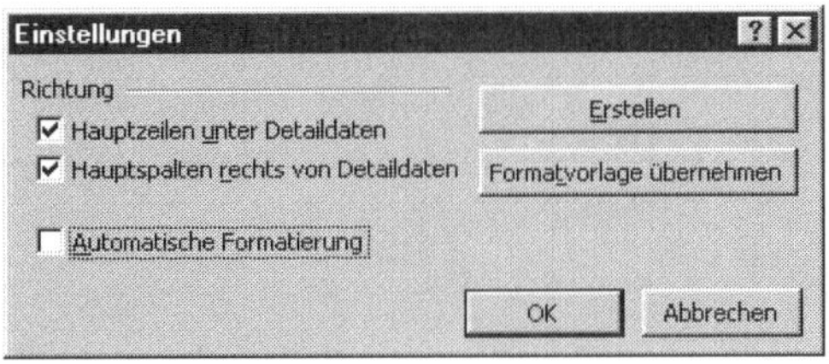

Abbildung 11.83: Der Dialog *Einstellungen*

Mit der Option *Hauptzeilen unter Detaildaten* können Sie festlegen, dass die übergeordnete Hauptzeile der Detaildaten unterhalb dieser angeordnet wird. Ist diese Option deaktiviert, befindet sich die übergeordnete Hauptzeile oberhalb der Detaildaten.

Die Option *Hauptspalten rechts von Detaildaten* bewirkt im aktivierten Zustand, dass sich die übergeordnete Spalte der Detaildaten rechts von den Detaildaten befindet. Ist diese Option deaktiviert, befindet sich die übergeordnete Spalte zu den Detaildaten links von diesen.

Mit der Aktivierung der Option *Automatische Formatierung* wendet Excel integrierte Zellformate an.

Klicken Sie auf die Schaltfläche *Erstellen*, wird die Tabelle mit den Einstellungen und basierend auf den verwendeten Formeln in der Tabelle formatiert.

Klicken Sie auf die Schaltfläche *Formatvorlage übernehmen*, werden den integrierten Zellformaten *ZeilenEbene_1* und *SpaltenEbene_1* usw. die verschiedenen Zusammenfassungsebenen der bereits vorhandenen Gliederung zugewiesen.

Mit einem Klick auf *OK* werden die Einstellungen übernommen.

KAPITEL

12

Die Druckausgabe von Excel

Neben der Berechnung und der Darstellung von Daten auf dem Monitor ist der Druck der Daten auf Papier eine weitere wichtige Funktion von Excel. Mittels eines Ausdrucks können Sie Ihre Informationen leicht an andere weitergeben oder auf konventionelle Weise archivieren.

Die Druckausgabe von Excel

Sie haben eine Tabelle in Excel erstellt und möchten diese nun ausdrucken?

Das folgende Kapitel soll Ihnen die Druckoptionen von Excel näher bringen, und Ihnen dabei helfen, ein gutes Druckergebnis zu erreichen.

Es ist nicht alleine damit getan, dass man lediglich alles auf das Papier bringt, sondern man hat seine eigenen Vorstellungen über das Aussehen und die Gestaltung des Ausdrucks. Bei der Umsetzung dieses Vorhabens soll Ihnen dieses Kapitel zur Seite stehen.

Möchten Sie die in diesem Kapitel angesprochenen Möglichkeiten ausprobieren, dann benutzen Sie dazu bitte die Tabelle DRUCKDATEN.XLS im Ordner KAPITEL12 auf der Buch-CD.

Die Überprüfungsmöglichkeit

Sie haben Ihre Tabelle fertig angelegt und möchten diese ausdrukken. Natürlich können Sie dies sofort durchführen, allerdings wird das Druckergebnis in den meisten Fällen nicht Ihren Vorstellungen entsprechen. Um sich die Zeit und das Druckpapier zu sparen, sollten Sie vor dem ersten Ausdruck die Druckseite überprüfen. Hierzu öffnen Sie unter dem Menü *Datei* den Menüpunkt *Seitenansicht* oder Sie klicken auf die Schaltfläche *Seitenansicht* innerhalb der *Standard*-Symbolleiste.

Die Seitenansicht

Haben Sie die Seitenansicht aktiviert, sehen Ihre Seite als ganzes Druckblatt und können von hier aus Änderungen vornehmen.

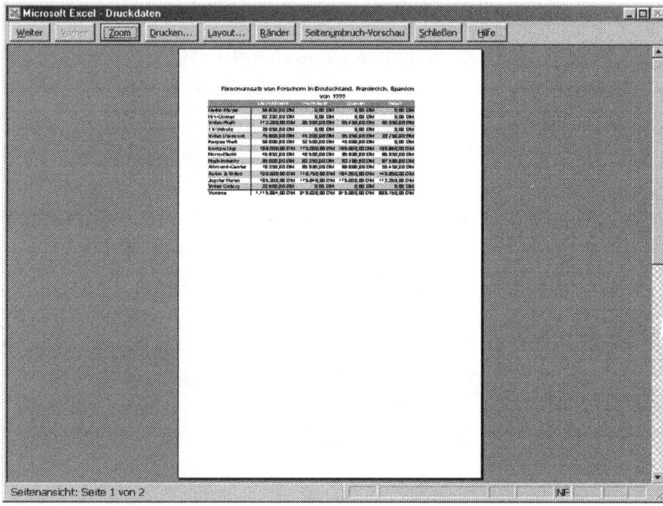

Abbildung 12.1: Eine Tabelle in der Seitenansicht

Besteht Ihre Tabelle aus mehreren Druckseiten, ist die Schaltfläche *Weiter* schwarz umrandet. Durch Klicken auf die Schaltflächen *Weiter* oder *Vorher* können Sie zwischen Ihren Seiten hin und her wechseln. Durch die Tastenkombinationen Strg + ↑ gelangen Sie wieder zur ersten und durch die Tastenkombination Strg + ↓ zur letzten Seite Ihrer Tabelle.

Die Zoomfunktion

Durch den relativ kleinen Maßstab der Seitenansicht sind Zahlen oder Buchstaben in Ihrer Tabelle kaum zu erkennen. Durch Klicken auf die Schaltfläche *Zoom* oder durch die Tastenkombination [Alt] + [Z] aktivieren Sie die Zoomfunktion. Ihre Druckseite wird jetzt vergrößert dargestellt.

Sie werden bemerken, dass sich der Mauszeiger, sofern Sie sich damit über die Seite bewegen, in eine Lupe verwandelt. Klicken Sie jetzt mit der linken Maustaste auf das dargestellt Blatt, wird ebenfalls die Zoomfunktion in Gang gesetzt – mit dem Unterschied, dass die angeklickte Stelle direkt als Vergrößerung erscheint. Um wieder zur verkleinerten Ansicht zurückzukehren, klicken Sie noch einmal mit der Maustaste oder Sie klicken erneut auf die Schaltfläche *Zoom*.

Sollten Sie jetzt mit der Ansicht Ihrer Tabelle zufrieden sein, klicken Sie auf die Schaltfläche *Drucken*. Es öffnet sich daraufhin das Dialogfeld *Drucken*, wobei die Seitenansicht automatisch beendet wird. Erläuterungen zum *Drucken*-Dialog finden Sie weiter hinten in diesem Kapitel.

Die Layout-Einstellungen

Innerhalb der Seitenansicht befinden sich allerdings noch mehr Schaltflächen. Haben Sie den Drucken-Dialog aufgerufen, dann klicken Sie hier auf die Schaltfläche *Vorschau*. Die Seitenansicht wird daraufhin wieder aktiviert.

Die Schaltfläche *Layout* innerhalb der Seitenansicht ist identisch mit dem Menüpunkt *Datei / Seite einrichten*. Hier bieten sich Ihnen eine Vielzahl von Einstellungsmöglichkeiten. Auch hierzu finden Sie weiter hinten in diesem Kapitel nähere Informationen.

Die Randeinstellungen

In der Seitenansicht ist Ihnen die Möglichkeit gegeben, die Ränder Ihres Arbeitsblattes anders einzustellen, als sie unter dem Menü *Datei / Seite einrichten* definiert sind. Klicken Sie auf die Schaltfläche *Ränder*. Excel blendet daraufhin punktierte Linien für die Ränder ein. Am oberen und unteren Bildrand werden auch die Eingabebereiche der Kopf- und Fußzeilen eingeblendet.

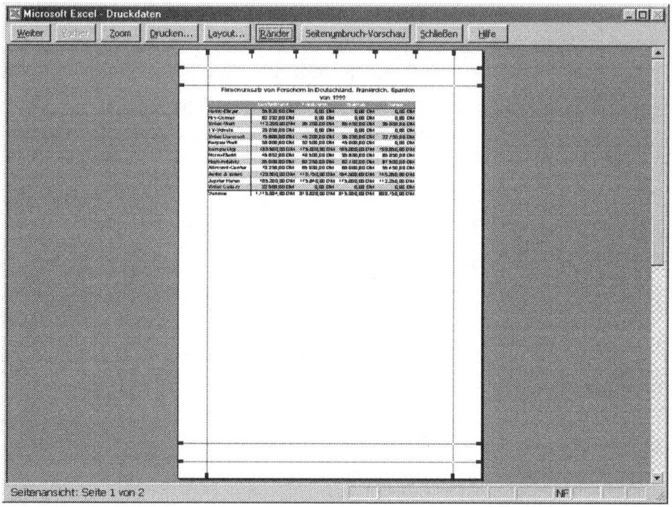

Abbildung 12.2: Bearbeiten der Ränder

Am Anfang und Ende der Randlinien befinden sich Markierungspunkte. Fahren Sie mit dem Mauspfeil über eine dieser Markierungen, verwandelt diese sich in einen Doppelpfeil. Sie können jetzt mit gedrückter linker Maustaste den oberen, unteren, rechten und linken Seitenrand, sowie den Kopfzeilenrand, Fußzeilenrand und die Spaltenbreiten verändern. Die Änderungen werden dabei sofort sichtbar.

Die Seitenumbruch-Vorschau

Eine weitere interessante Möglichkeit, den Druck vorab einzusehen und zu verändern, bietet die Schaltfläche *Seitenumbruch-Vor-*

schau. Klicken Sie hierauf, wird Ihnen die Tabelle auf sehr interessante Weise dargestellt.

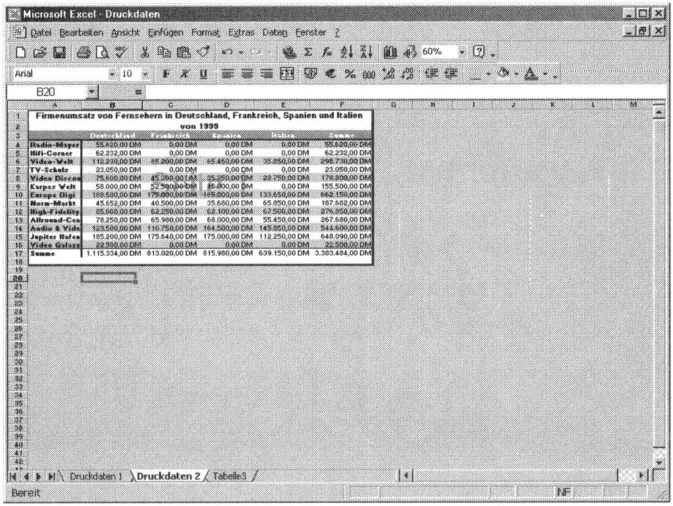

Abbildung 12.3: Die Seitenumbruch-Vorschau

Es werden die einzelnen Druckseiten dargestellt, wobei die Seitenangabe als Wasserzeichen eingeblendet wird. Mit den blauen Rändern können Sie die Druckanordnung verändern. Dazu bewegen Sie den Mauspfeil auf einen dieser Ränder. Er verändert daraufhin sein Aussehen in einen Doppelpfeil. Sie haben dann die Möglichkeit, die blaue Linie von Ihrer Position wegzuziehen und damit auch die Druckseite zu verändern.

Klicken Sie anschließend wieder auf das Symbol der Seitenansicht, um die Änderungen zu übernehmen.

Durch Klicken auf die Schaltfläche *Schließen* innerhalb der Seitenansicht verlassen Sie diese und kehren wieder zu Ihrer eigentlichen Tabelle zurück.

Die Seiteneinrichtung für den Druck

Die Einrichtung der Seite für den Druck geschieht unter dem Menüpunkt *Datei*. Klicken Sie hier den Menüpunkt *Seite einrichten* an.

Sie können hier die Grundeinstellungen für das Seitenformat einstellen.

Das Papierformat

Die erste Registerkarte ist für das Papierformat zuständig.

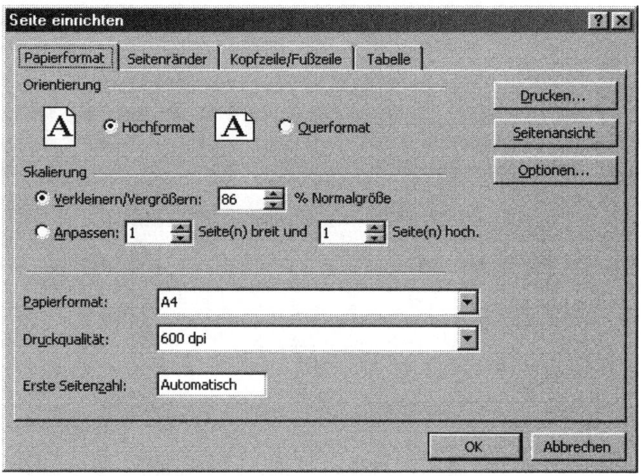

Abbildung 12.4: Einstellung des Papierformats

Die Ausrichtung festlegen

Unter *Orientierung* können Sie sich für das *Hoch-* oder *Querformat* entscheiden. Klicken Sie dafür die entsprechende Option an.

Die Skalierung

Sie können Ihre Tabelle auf zwei unterschiedliche Arten skalieren. Bei der ersten Art klicken Sie die Option *Verkleinern/Vergrößern* an. Sie haben hier die Möglichkeit, Ihre Tabelle frei zu skalieren. Sie können sie bis auf 400 % vergrößern oder bis auf 10 % verkleinern. So haben Sie die Möglichkeit, eine kleine Tabelle der Größe Ihres Papierformates anzupassen bzw. eine große Tabelle so zu verkleinern, dass Sie auf eine Seite passt, wobei Sie selbst die Kontrolle übernehmen müssen.

Sie können Ihre Tabelle auch automatisch anpassen lassen. Dazu klicken Sie die Option *Anpassen* an. Hier können Sie nun eingeben, auf wie viele Seiten breit und auf wie viele Seiten hoch gedruckt werden soll. Das Programm skaliert Ihre Tabelle jetzt automatisch auf die eingegebenen Bereiche. Dies ist zu empfehlen, wenn besonders große Tabellen adäquat einer Seite angepasst werden sollen.

Das Papierformat

Im unteren Teil der Registerkarte können Sie Ihr *Papierformat* einstellen. Klicken Sie auf den kleinen Pfeil am Rande der Eingabezeile und suchen Sie sich das richtige Papierformat aus.

Die Druckqualität

In dem Listenfeld *Druckqualität* können Sie die Auflösung des Ausdrucks festlegen. Die Auflösung wird in dpi angegeben (=**d**ots **p**er **i**nch). Je höher die Zahl, desto höher ist auch die Druckqualität. Dies ist aber auch abhängig vom benutzten Drucker, da dieser je nach Typ unterschiedliche Auflösungen unterstützt.

Erste Seitenzahl

Besteht Ihre Tabelle aus mehreren Seiten, können Sie in der Eingabezeile *Erste Seitenzahl* die Nummerierung der Seiten bestimmen. Geben Sie hier *Automatisch* ein, beginnt die Nummerierung mit der

Seite 1. Sie können auch je nach Bedarf andere Zahlen als erste Seitenzahl eingeben.

Die Seitenränder

Klicken Sie auf die Registerkarte *Seitenränder*, haben Sie die Möglichkeit, die Ränder Ihres Ausdrucks zu bestimmen.

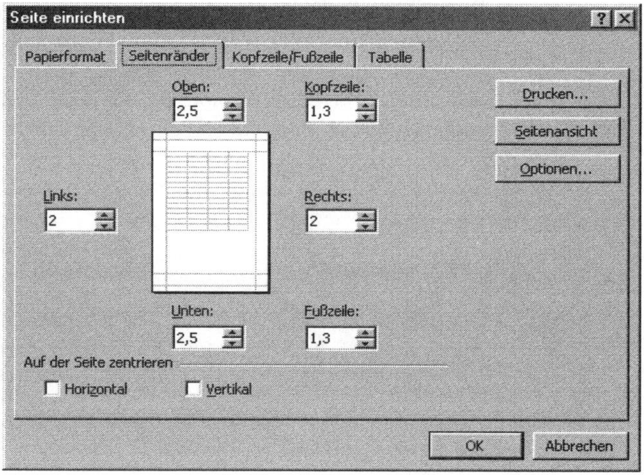

Abbildung 12.5: Einstellung der Seitenränder

Sie können nun die Randgrößen für den oberen bzw. unteren und für den rechten bzw. linken Rand eingeben. Wenn Sie in die entsprechenden Eingabezeilen klicken können Sie an dem Blattsymbol in der Mitte des Dialogs erkennen, welchen Rand Sie gerade bearbeiten. Die Randlinie wird dort schwarz hervorgehoben.

Des weiteren können Sie den Abstand der Kopf- und Fußzeile zum Rand eingeben. Zum Ändern der Größen, klicken Sie auf einen der

Pfeile am rechten Rand der Eingabezeilen oder Sie klicken in die entsprechende Eingabezeile und geben dort die Größe per Hand ein.

Die Zentrierung der Tabelle

Sie haben hier auch die Möglichkeit, Ihre Tabelle zu zentrieren. Normalerweise wird eine Tabelle am linken und oberen Seitenrand ausgerichtet. Mit den beiden Kontrollkästchen im Bereich *Auf der Seite zentrieren* können Sie Ihre Tabelle horizontal bzw. vertikal an den Seitenrändern ausrichten. Die Auswirkungen der Zentrierung können Sie ebenfalls in der Vorschau begutachten. Beim Aktivieren beider Kontrollkästchen wird Ihre Tabelle am Mittelpunkt der Seite ausgerichtet.

Mit der Schaltfläche *OK* bestätigen Sie die vorgenommenen Einstellungen und kehren zu Ihrem Arbeitsblatt zurück.

Klicken Sie auf die Schaltfläche *Abbrechen*, kehren Sie ebenfalls zu Ihrem Arbeitsblatt zurück. Sollten Sie Einstellungen vorgenommen haben, bleiben diese jedoch unberücksichtigt.

Durch Betätigen der Schaltfläche *Drucken* kommen Sie zum *Drukken*-Dialog, der weiter hinten beschrieben wird.

Mit Anklicken der Schaltfläche *Seitenansicht* gelangen Sie zur Seitenansicht, welche zuvor bereits beschrieben wurde.

Möchten Sie die Eigenschaften Ihres Druckers ändern, klicken Sie auf die Schaltfläche *Optionen*.

Die Kopfzeile/Fußzeile

Wenn Sie schon mal eine Tabelle ausgedruckt oder eine ausgedruckte gesehen haben, werden Sie eventuell festgestellt haben, dass Excel auf jeder Seite zusätzliche Informationen im oberen bzw. unteren Bereich druckt bzw. ausdrucken kann. Dies sind die sogenannten *Kopf-* und *Fußzeilen*. Das Besondere an diesen Zeilen ist, dass Sie nur einmal eingegeben werden müssen, um dann auf jeder Seite Ihrer Tabelle zu erscheinen.

Excel druckt standardmäßig keine Kopfzeile und keine Fußzeile. Um diese Einstellungen zu ändern, klicken Sie auf die Registerkarte *Kopfzeile/Fußzeile*.

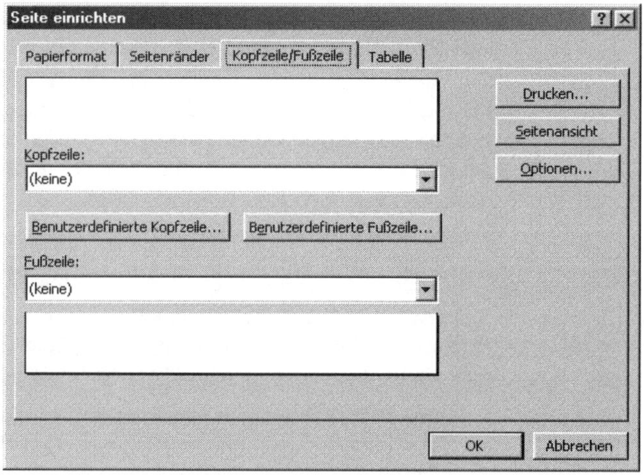

Abbildung 12.6: Eingabefelder für die Kopf- und Fußzeile

Sie sehen jetzt die beiden Felder, in denen die aktuelle Kopfzeile und die aktuelle Fußzeile angezeigt werden. Zusätzlich sehen Sie zwei Listenfelder, in denen ebenfalls die aktuellen Kopf-/Fußzeilen durch Excel eingefügt wurden können.

Benutzerdefinierte Zeilen

Möchten Sie Ihre eigenen Kopf-/Fußzeilen erstellen, klicken Sie die Schaltflächen *Benutzerdefinierte Kopfzeile* bzw. *Benutzerdefinierte Fußzeile* an.

Da die beiden Dialoge an sich gleich sind, wird nachfolgend lediglich einer erläutert.

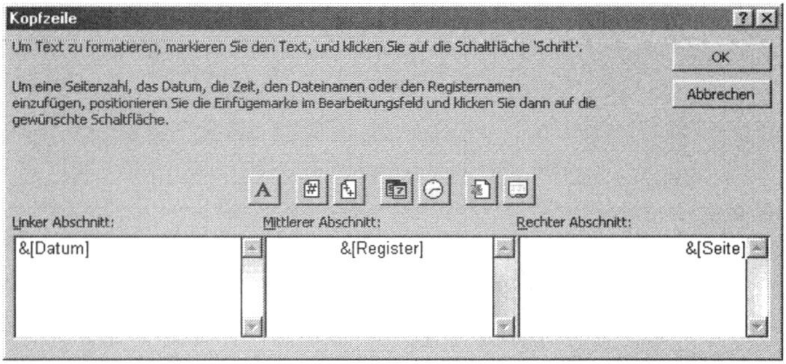

Abbildung 12.7: Dialog zur Einstellung der Kopf- bzw. Fußzeile

Die Bereichswahl

Sie können zwischen drei Bereichen für die Kopf- bzw. Fußzeile wählen. Wählen Sie den linken Bereich, wird die hier vorgegebene Eintragung innerhalb der Kopf- bzw. Fußzeile linksbündig am linken Seitenrand ausgerichtet und platziert. Wählen Sie den mittleren Bereich, wird die die Eintragung entsprechend zentriert in der Zeilenmitte der Kopf- bzw. Fußzeile ausgegeben. Bei der Wahl des rechten Bereiches wird ihre Vorgabe entsprechend rechtsbündig am rechten Seitenrand innerhalb der Kopf- bzw. Fußzeile ausgerichtet und platziert.

Klicken Sie jeweils in das Bereichsfeld, in das Sie Eingaben vornehmen möchten. In diesem Feld befindet sich anschließend ein blinkender Cursor. Sie können jetzt jeden Text Ihrer Wahl in das Feld eintragen.

Die Schriftformatierung

Um zu prüfen, in welcher Schriftart Ihre Eingabe wiedergegeben wird, klicken Sie auf die Schaltfläche mit dem Buchstaben »A«. Excel öffnet Ihnen jetzt das Dialogfeld *Schrift*. Hier können Sie eine Schriftart wählen, in der die Kopf- bzw. Fußzeile wiedergegeben werden soll. Bestätigen Sie Ihre Auswahl, indem Sie auf die Schaltfläche *OK* klicken.

Über den *Schrift*-Dialog können Sie allerdings auch unterschiedliche Formatierungen in die entsprechenden Zeilen einfließen lassen. Dazu markieren Sie zuerst den Text, den Sie anders gestalten wollen und klicken dann das *Schrift*-Symbol an. Die dann vorgenommen Einstellungen beziehen sich nur auf den markierten Text.

Vorgegebene Eingaben

Sie können aber auch definierte Zeichen in diese Zeilen eintragen. Hierzu klicken Sie auf eines der Symbole oberhalb der Bereichsfelder.

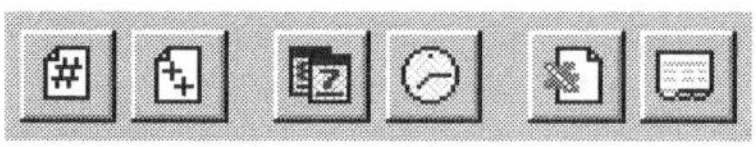

Abbildung 12.8: Fest definierte Zeichensymbole

Diese Symbole stehen der Reihe nach für:

- die aktuelle Seitenzahl
- die Gesamtseitenzahl
- das aktuelle Datum
- die aktuelle Zeit
- den Tabellennamen
- die Arbeitsmappe
- den Tabellenblattnamen

Sobald Sie eines dieser Symbol anklicken, wird an der aktuellen Position der Einfügemarke die ausgewählte Information bzw. ein Platzhalter eingefügt. Beim Druck wird dieser Eintrag dann entsprechend aktualisiert und nicht der Platzhalter, sondern die aktuelle Information gedruckt. Die Platzhalter können auch mehrfach eingesetzt werden.

Die Tabelle

Während die anderen drei Registerkarten auch für Arbeitsmappen gültig sind, in denen Diagramme enthalten sind, ist die Registerkarte Tabelle nur gültig, wenn es sich bei Ihrer Arbeitsmappe um eine Tabelle handelt.

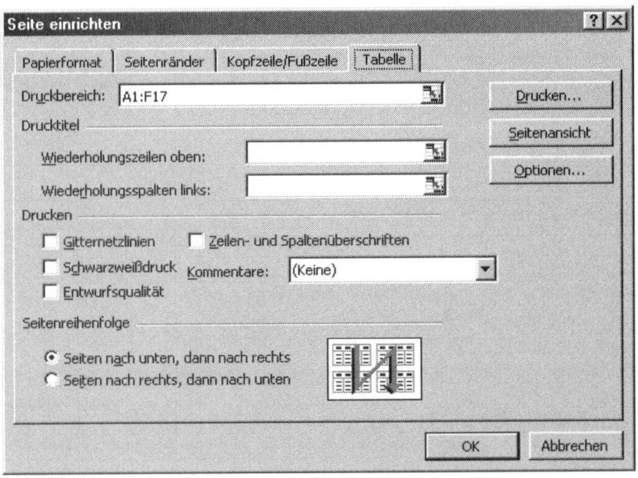

Abbildung 12.9: Registerkarte *Tabelle*

Der Druckbereich

In der ersten Eingabezeile haben Sie nun die Möglichkeit, Ihren Druckbereich festzulegen. Klicken Sie dazu in die Eingabezeile Druckbereich und geben Sie den entsprechenden Bereich an.

Dies geht allerdings auch noch einfacher, indem Sie auf das rechteckige Symbol am rechten Ende der Eingabezeile klicken. Der Dialog wird daraufhin verkleinert. Markieren Sie nun mit gedrückter linker Maustaste den Bereich Ihrer Tabelle, den Sie ausgedruckt haben möchten. Sie werden bemerken, dass in der Eingabezeile Druckbereich parallel zum Markieren der Zellenbezug eingetragen wird.

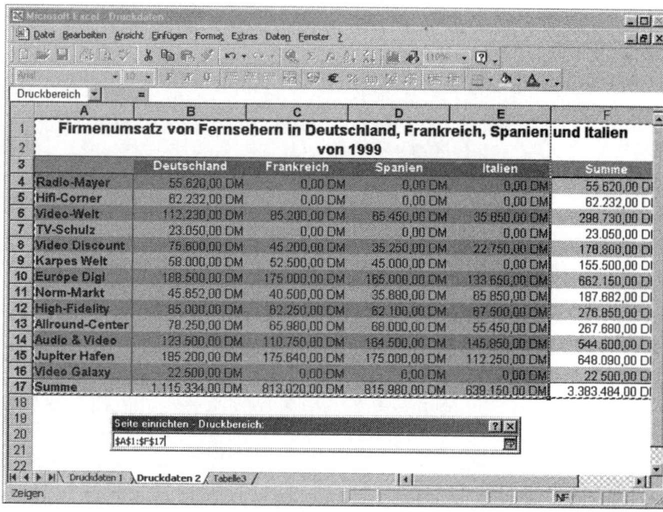

	Deutschland	Frankreich	Spanien	Italien	Summe
Radio-Mayer	55.620,00 DM	0,00 DM	0,00 DM	0,00 DM	55.620,00 DI
Hifi-Corner	82.232,00 DM	0,00 DM	0,00 DM	0,00 DM	62.232,00 DI
Video-Welt	112.230,00 DM	85.200,00 DM	65.450,00 DM	35.850,00 DM	298.730,00 DI
TV-Schulz	23.050,00 DM	0,00 DM	0,00 DM	0,00 DM	23.050,00 DI
Video Discount	75.600,00 DM	45.200,00 DM	35.250,00 DM	22.750,00 DM	178.800,00 DI
Karpes Welt	58.000,00 DM	52.500,00 DM	45.000,00 DM	0,00 DM	155.500,00 DI
Europe Digi	188.500,00 DM	175.000,00 DM	165.000,00 DM	133.650,00 DM	662.150,00 DI
Norm-Markt	45.852,00 DM	40.500,00 DM	35.880,00 DM	65.850,00 DM	187.682,00 DI
High-Fidelity	85.000,00 DM	62.250,00 DM	62.100,00 DM	67.500,00 DM	276.850,00 DI
Allround-Center	78.250,00 DM	65.980,00 DM	68.000,00 DM	55.450,00 DM	267.680,00 DI
Audio & Video	123.500,00 DM	110.750,00 DM	164.500,00 DM	145.850,00 DM	544.600,00 DI
Jupiter Hafen	185.200,00 DM	175.640,00 DM	175.000,00 DM	112.250,00 DM	648.090,00 DI
Video Galaxy	22.500,00 DM	0,00 DM	0,00 DM	0,00 DM	22.500,00 DI
Summe	1.115.334,00 DM	813.020,00 DM	815.980,00 DM	639.150,00 DM	3.383.484,00 DI

Abbildung 12.10: Markierter Bereich mit Zellenbezug

Haben Sie den zu druckenden Bereich festgelegt, klicken Sie abermals auf das Symbol und der Dialog wird wieder vollständig dargestellt.

Beabsichtigen Sie mehrere, nicht zusammenhängende Tabellenteile zu drucken, markieren Sie die Teilbereiche wie vorher beschrieben, jedoch mit gedrückter (Strg)-Taste.

Sie können natürlich Ihren Druckbereich auch selbständig in die Eingabezeile eintragen. Bei nicht zusammenhängenden Druckbereichen müssen Sie diese durch ein Semikolon trennen.

KNOW-HOW

Denken Sie daran, den definierten Druckbereich aus der Registerkarte Tabelle zu löschen, wenn Sie wieder die gesamte Tabelle drucken wollen.

Wenn Sie Ihr Arbeitsblatt nicht verlassen und trotzdem einen Teil Ihrer Tabelle ausdrucken möchten, können Sie einen Druckbereich auch festlegen, indem Sie den gewünschten Bereich Ihre Arbeitsblattes markieren und im Menü Datei den Menüpunkt Druckbereich anklicken. Klicken Sie dann auf Druckbereich festlegen. Wenn Sie nun drucken, wird nur der markierte Teil ausgedruckt. Möchten Sie den Druckbereich wieder löschen, verfahren Sie genauso, wählen jedoch Druckbereich aufheben.

Der Drucktitel

Ein Drucktitel besteht aus Zeilen- und/oder Spaltenbeschriftungen, die auf jeder Seite vor der ersten Spalte oder über der ersten Zeile eingefügt werden.

Um einen Drucktitel festzulegen, der über der ersten Zeile erscheinen soll, klicken Sie in die Eingabezeile Wiederholungszeilen oben. Hier können Sie nun Ihren Drucktitel eingeben bzw. eine Zeilenauswahl aus Ihrer Tabelle treffen. Die Vorgehensweise ist genauso wie zuvor schon beschrieben.

So gehen Sie auch vor, wenn Sie einen Drucktitel vor der ersten Spalte eingeben möchten. Aktivieren Sie hierfür lediglich das Kontrollkästchen Wiederholungsspalten links.

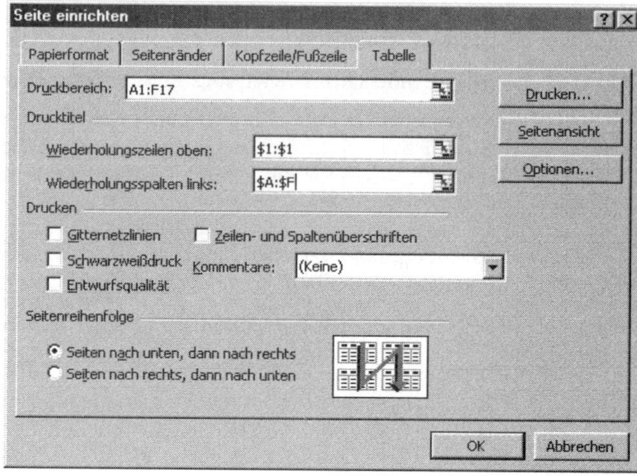

Abbildung 12.11: Festlegung der Wiederholungszeilen/-spalten

Weitere Druckoptionen

Im Bereich *Drucken* haben Sie die Möglichkeit, weitere Einstellungen vorzunehmen.

Die Gitternetzlinien

Sie können sich hier z.B. entscheiden, ob Sie die Gitternetzlinien, mit denen die einzelnen Zellen umrahmt sind, ausdrucken möchten oder nicht.

Der Schwarzweißdruck

Sie sollten das Kontrollkästchen Schwarzweißdruck aktivieren, falls Sie farbige Elemente auf einem Schwarzweißdrucker ausgeben lassen wollen.

Die Entwurfsqualität

Durch das Aktivieren des Kontrollkästchens Entwurfsqualität wird ein besonders schneller Druck durchgeführt. Hierdurch werden jedoch Grafiken, Gitternetzlinien und Zeichnungselemente unterdrückt.

Die Zeilen- und Spaltenüberschriften

Eine weitere Option betrifft die *Zeilen- und Spaltenüberschriften*, also A, B, C usw. sowie 1, 2, 3 usw. Möchten Sie diese zwecks besserer Orientierung ausgedruckt haben, aktivieren Sie dieses Kontrollkästchen.

Die Kommentare

Über das Listenfeld *Kommentare* können Sie festlegen, ob und wohin eventuell eingegebene Kommentare gedruckt werden sollen.

Die Seitenreihenfolge

Ist Ihre Tabelle so umfangreich, dass sie nicht mehr auf eine Seite passt, teilt Excel diese Tabelle auf mehrere Seiten auf. Diese Seitenumbrüche werden auf Ihrem Arbeitsblatt durch gestrichelte Linien dargestellt.

Ist die Tabelle besonders breit, legt Excel neben den horizontalen Seitenumbrüchen auch vertikale Seitenumbrüche fest. Standardmäßig druckt Excel diese Seitenumbrüche in der Reihenfolge von oben nach unten und dann von links nach rechts. Möchten Sie dies ändern, aktivieren Sie das entsprechende Kontrollkästchen.

Die Druckereinstellung

Sie haben das Druckbild Ihrer Tabelle nach Ihren Wünschen eingestellt. Sie können jetzt noch die Optionen Ihres Druckers einrichten.

Sollten Sie die *Drucken*-Schaltfläche aus der Symbolleiste verwenden, dann wird Ihnen kein weiterer Dialog angezeigt. Es wird dann für den Druck der unter Windows eingestellte Standarddrucker mit den entsprechenden Standardeinstellungen berücksichtigt.

Öffnen Sie hierzu im Menü *Datei* den Menüpunkt *Drucken* oder benutzen Sie die Tastenkombination Strg + P.

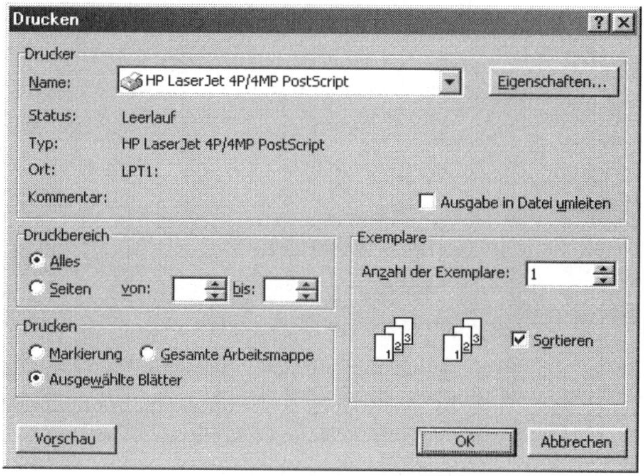

Abbildung 12.12: Einstellung der Druckeroptionen

Der Drucker

Innerhalb des Dialogs finden Sie einige Informationen über Ihren Drucker vor. In dem obersten Listenfeld finden Sie den Namen des eingestellten Druckers. Dies wird bereits bei der Installation von Excel konfiguriert bzw. vom eingestellten Windows-Standarddrucker übernommen.

Haben Sie mehrere Drucker angeschlossen, klicken Sie auf den Pfeil rechts neben der Eingabezeile. Sie sehen nun eine Liste, in der Ihre installierten Drucker aufgeführt werden. Klicken Sie doppelt auf den Drucker, den Sie benutzen möchten.

Des weiteren können Sie in diesem Bereich erkennen, in welchem Status sich Ihr Drucker zur Zeit befindet und an welche Schnittstelle er angeschlossen ist. Hinzu kommt noch einmal eine Beschreibung des Typs.

Drucken

In diesem Bereich können Sie festlegen, welche Teile Ihrer Arbeit gedruckt werden sollen. Aktivieren Sie das Kontrollkästchen *Markierung*, werden nur die Teile gedruckt, die Sie zuvor in Ihrem Arbeitsblatt markiert haben.

Durch die Anwahl des Kontrollkästchens *Ausgewählte Blätter* werden nur die Seiten Ihrer Arbeit gedruckt, die Sie vorher markiert haben. Haben Sie auf diesen Seiten Druckbereiche definiert, werden auch nur diese ausgedruckt.

Aktivieren Sie das Kontrollkästchen *Gesamte Arbeitsmappe*, wird auch die gesamte Arbeitsmappe ausgedruckt. Haben Sie auf Seiten Ihrer Arbeitsmappe Druckbereiche definiert, werden, wie auch schon zuvor erwähnt, nur diese Bereiche ausgedruckt.

Der Druckbereich

Im Bereich *Druckbereich* können Sie noch einmal auswählen, welche Seiten des festgelegten Ausdrucks gedruckt werden soll. Entweder Sie aktivieren das Kontrollkästchen *Alles*, oder Sie entscheiden sich für einige Seiten.

Sie haben dabei die Möglichkeit, die Seitenzahlen anzugeben. Um die Anfangsseitenzahl einzugeben, klicken Sie in das Eingabefeld *von* und tragen dort die gewünschte Seitenzahl ein. Genauso verfahren Sie dann mit dem Eingabefeld *bis*.

Anzahl der Exemplare

Der Bereich *Exemplare* bietet Ihnen nun noch die Möglichkeit, die Anzahl der zu druckenden Exemplare jeder Seite anzugeben. Klicken Sie hierfür in das Eingabefeld *Anzahl der Exemplare* und tragen Sie dort die Anzahl der gewünschten Kopien ein.

Damit haben Sie die Einstellungsmöglichkeiten hinsichtlich einer Druckausgabe kennen gelernt.

TEIL III

Know-how für Fortgeschrittene

Im dritten Teil dieses Buches erfahren Sie, wie man Excel mit dem Internet verbindet. Außerdem werden die in Excel vorhandenen Funktionen noch einmal berücksichtigt und ausführlich dargestellt.

KAPITEL

13

Excel und das Internet

Eigentlich sollte man meinen, dass eine Tabellenkalkulation mit dem Internet nichts zu tun hat. Dies ist bei Excel nicht ganz der Fall. Einige Verbindungen zum Internet sind vorhanden. Welche dies sind, erfahren Sie in diesem Kapitel.

Excel und das Internet

Das Internet bzw. Intranet ist eine neue Kommunikationsschnittstelle für den Computer geworden, die eine weite Verbreitung gefunden hat. Unendlich viele Firmen haben die Nutzungsfähigkeit des Internets erkannt und werben ihre Produkte über eigens erstellte Webseiten. Auch die Softwarehersteller reagieren auf diesen Boom und statten ihre Programme mehr und mehr mit Tools für das Internet aus.

Keine Ausnahme stellt hier Microsoft Excel dar. Das neue Microsoft Excel 2000 bietet durch neue Funktionen jetzt die Möglichkeit, Kontakt mit dem Internet herzustellen.

Voraussetzung Internetanschluss

Um sich mit dem Internet oder Intranet zu verbinden, müssen Sie über einen Internetanschluss oder über eine Netzwerkverbindung zu einem anderen Rechner verfügen, mit dem Sie eine Verbindung zum Internet herstellen können.

Die Einstellung für die Verbindung zum Internet nehmen Sie über die *Systemsteuerung* von Windows mit dem Symbol *Internet* vor. Sie rufen die *Systemsteuerung* auf, wenn Sie aus dem Menü *Start* auf den Eintrag *Einstellungen / Systemsteuerung* klicken. Anschließend klicken Sie auf das Symbol *Internet* und der Dialog *Eigenschaften von Internet* wird angezeigt.

In diesem Dialog können Sie angeben, welche Startseite Sie bei einer Verbindung zum Internet bevorzugen, ferner können Sie bestimmen, wie die Verbindung zum Internet hergestellt werden soll.

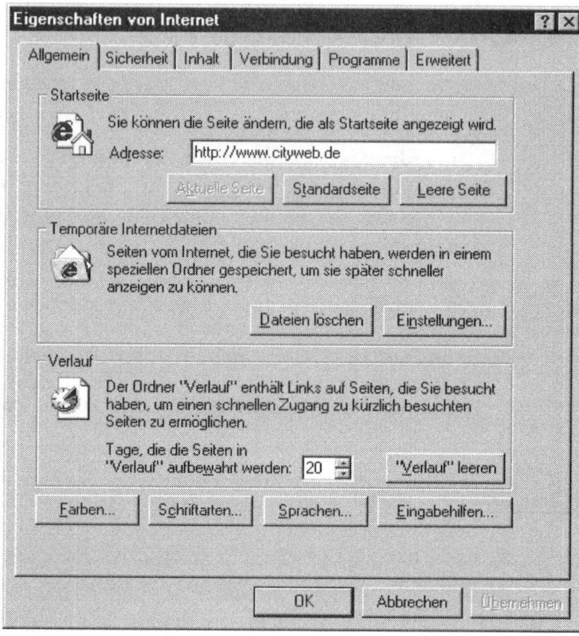

Abbildung 13.1: Der Dialog *Eigenschaften von Internet*

Sie finden in dem Dialog *Eigenschaften von Internet* etliche weitere Einstellungsmöglichkeiten für das Arbeiten im Internet. Sofern Sie aber bereits über Verbindungen zum Internet verfügen, brauchen Sie hier nichts zu ändern.

Wenn Sie das erste Mal eine Verbindung zum Internet herstellen möchten, richten Sie sich für die Einstellungen nach den Anweisungen Ihres Providers und stellen Sie dann die Verbindung zum Internet her.

Die Web-Symbolleiste

Sie können aus Microsoft Excel heraus Webseiten im Internet bzw. Intranet besuchen und dann im Internet Explorer darstellen.

Standardmäßig sind die in Excel vorhandenen Symbole hinsichtlich des Internets nicht dargestellt. Sie können diese anzeigen, indem Sie mit der rechten Maustaste auf die Symbolleiste klicken und aus dem Kontextmenü auf den Eintrag *Web* klicken. Es erscheint dann ein Fenster *Web*, in dem die Symbole für das Besuchen von Webseiten und das Bewegen durch das Internet bzw. Intranet angezeigt werden.

Abbildung 13.2: Das Fenster *Web*

Sie können das Fenster *Web* als Symbolleiste unter den anderen Symbolleisten in der Excel-Programmoberfläche verankern. Klicken Sie dazu auf die Titelleiste im Fenster *Web*. Schieben Sie anschließend das Fenster bei gehaltener linker Maustaste über die anderen Symbolleisten in der Excel-Programmoberfläche und lassen Sie dann die linke Maustaste los. Das Fenster *Web* wird automatisch als Symbolleiste unter den anderen Symbolleisten eingefügt und verankert.

Die *Web*-Symbole sind in ihrer Funktionsweise vollkommen mit denen des Microsoft Internet Explorers identisch. Wenn Sie sich bereits mit dem Internet Explorer auskennen, werden Sie kaum Schwierigkeiten im Umgang mit der neu hinzugefügten Symbolleiste haben. Um die Symbole zu verwenden, ist es notwendig, mit dem Internet bzw. Intranet verbunden zu sein. Nur dann können Webseiten aus dem Netz besucht werden.

Die Symbolleiste besteht aus den folgenden Symbolen (von links nach rechts erklärt):

- *Zurück/Vorwärts*
  Mit diesen beiden Symbolen können Sie jeweils eine Webseite vor- bzw. zurückblättern. Die Symbole sind nur dann aktiv, wenn tatsächlich eine Seite davor bzw. danach existiert.

  Haben Sie zum Beispiel nur eine Webseite besucht, können Sie folglich auch keine Seite zurück- oder vorblättern. Die Symbole werden dann grau dargestellt. Sobald Sie die nächste Webseite besuchen, wird das Symbol *Zurück* wählbar dargestellt und Sie können damit zu der zuvor besuchten Webseite zurückkehren.

  Von der Webseite, zu der Sie zurückgekehrt sind, können Sie mit dem jetzt wählbaren Symbol *Vorwärts* wieder zu der zuvor besuchten Webseite blättern. Auf diese Weise können Sie sich durch alle besuchten Webseiten bewegen.

- *Aktuellen Sprung anhalten*
  Haben Sie eine Webseite aufgerufen und stellen fest, dass die Downloadzeiten dieser Seite enorm lang sind oder haben Sie versehentlich die falsche Seite aufgerufen, können Sie mit dem Symbol *Aktuellen Sprung anhalten* den Download dieser Seite abbrechen.

  Sobald Sie auf dieses Symbol klicken, wird die Verbindung zu der aufgerufenen Webseite getrennt und der Download beendet. Sie können dann eine neue Webseite besuchen, zur vorhergehenden Webseite zurückkehren oder die Verbindung beenden.

- *Aktuelle Seite aktualisieren*
  Es kommt nicht selten vor, dass eine Webseite nicht vollständig heruntergeladen wird und deswegen eventuell nicht alle Grafiken angezeigt werden. Statt die Seite komplett neu aufzurufen, können Sie über das Symbol *Aktuelle Seite aktualisieren* die fehlenden Abschnitte nachladen. Eine Seite zu aktualisieren nimmt weniger Zeit in Anspruch als sie komplett neu zu laden.

- *Startseite*
  Durch einen Klick auf das Symbol *Startseite* können Sie eine zuvor definierte Webseite aufrufen, die Sie als Startseite festgelegt haben. Sofern Sie noch keine Startseite definiert haben, können Sie dies über das Menü *Wechseln zu* mit dem Eintrag *Startseite bestimmen* nachholen.

Abbildung 13.3: Die Startseite

- *Im Web suchen*
  Das Internet ist ein riesiger Datendschungel und vieles ist hier nicht leicht zu finden. Wenn Sie zu einem bestimmten Thema oder Begriff Webseiten im Internet suchen, können Sie das Symbol *Im Web suchen* verwenden. Zuvor müssen Sie aber über das Menü *Wechseln zu* mit dem Eintrag *Suchseite bestimmen* eine Webseite festlegen, die Sie zum Suchen von Webseiten im Internet verwenden möchten (siehe Abbildung 13.4).

- *Favoriten*
  Sie können besuchte Webseiten als bevorzugte Seiten in dem Menü *Favoriten* ablegen. Dabei können Sie die Bezeichnung des Eintrags im Menü *Favoriten* selbst festlegen. Auf diese Weise können Sie Ihre Lieblingsseiten schnell auffinden und quasi per Mausklick wieder besuchen.

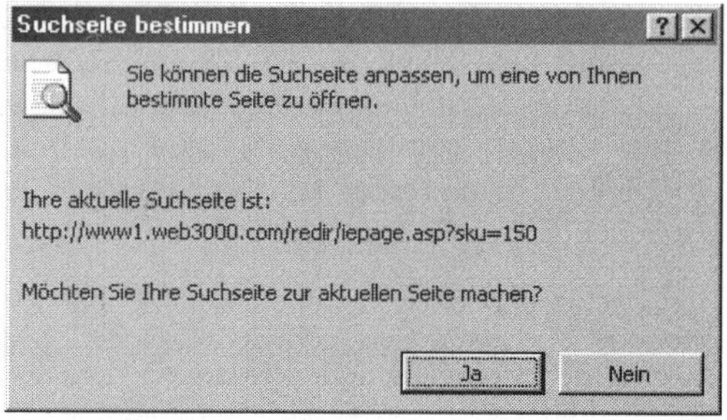

Abbildung 13.4: Suchen von Themen oder Begriffen im Internet

Um eine Webseite als Eintrag in das Menü *Favoriten* einzufügen, besuchen Sie zunächst die gewünschte Webseite. Wird die Webseite angezeigt, klicken Sie auf den Eintrag *Zu Favoriten hinzufügen* im Menü *Favoriten*. Es erscheint der Dialog *Zu Favoriten hinzufügen*:

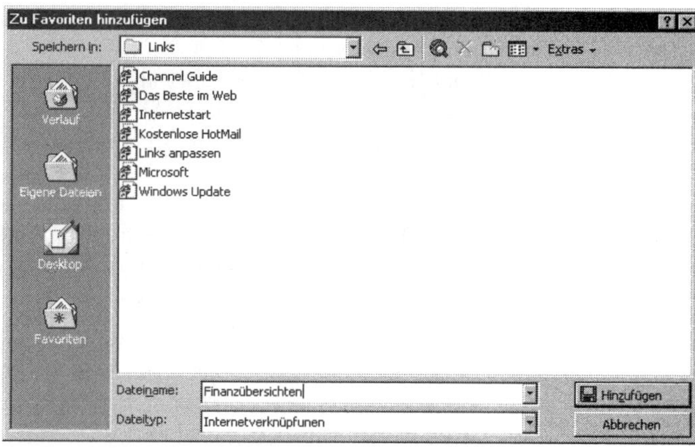

Abbildung 13.5: Hinzufügen von Favoriten

Im Feld *Dateiname* können Sie einen beliebigen Namen für die aktuelle Webseite eingeben. Der eingegebene Name erscheint als Eintrag in dem Menü *Favoriten*. Mit diesem Eintrag können Sie jederzeit die verknüpfte Webseite wieder besuchen, ohne die Adresse zu kennen oder zu merken.

Alle Verknüpfungen, die in dem Ordner FAVORITEN untergebracht sind, werden automatisch mit dem Menü *Favoriten* angezeigt. Legen Sie jedoch einen Ordner an, der sich nicht in dem Ordner FAVORITEN befindet und speichern dort die Verknüpfungen zu Ihrer bevorzugten Webseite ab, dann wird diese nicht als Eintrag im Menü *Favoriten* angezeigt.

Um dennoch die Verknüpfung zu verwenden und die Webseiten aufzurufen, können Sie auf den Eintrag *Favoriten öffnen* klicken und in dem Dialog *Favoriten öffnen* die gewünschte Verknüpfung suchen.

Unterhalb der beiden Einträge *Favoriten hinzufügen* und *Favoriten öffnen* werden die im Ordner FAVORITEN angelegten Verknüpfungen zu Internetseiten angezeigt und können per Mausklick angewählt werden.

✔ *Wechseln zu*
Möchten Sie eine Webseite besuchen, deren Internetadresse Sie kennen, können Sie über das Menü *Wechseln zu* mit dem Eintrag *Öffnen* den Dialog *Internetadresse öffnen* aufrufen (siehe Abbildung 13.6).

Im Feld *Adresse* können Sie die Internetadresse eingeben. Falls Sie diese Adresse hier schon einmal eingegeben haben, brauchen Sie nur auf den Pfeil nach unten zu klicken und können aus der Liste die Adresse wählen.

Mit der Option *In neuem Fenster öffnen* können Sie Excel veranlassen, die zu öffnende Webseite in einem neuen Fenster anzuzeigen. Mit dem Dialog *Internetadresse öffnen* können Sie aber nicht nur Webseiten öffnen, sondern auch Dokumente, Ordner oder andere Computer im Internet aufrufen.

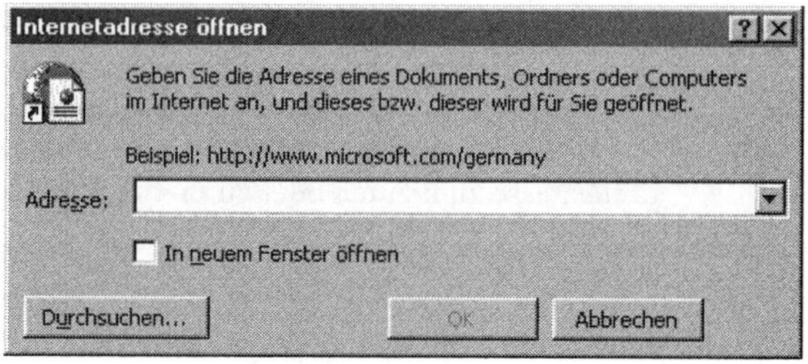

Abbildung 13.6: Der Dialog *Internetadresse öffnen*

Falls Sie ein Dokument oder einen Ordner aufrufen möchten, können Sie mit der Schaltfläche *Durchsuchen* danach suchen. Wenn Sie auf die Schaltfläche *OK* klicken, wird die im Feld *Adresse* angegebene Webseite oder das Dokument aufgerufen und angezeigt.

Des weiteren finden Sie im Menü *Wechseln zu* auch die Einträge *Zurück*, *Vorwärts*, *Startseite* und *Im Web suchen*, welche die gleiche Funktion haben wie die entsprechenden Symbole.

Mit dem Eintrag *Startseite bestimmen* können Sie die aktuell angezeigte Seite zu Ihrer Startseite machen. Um die Startseite zu bestimmen, besuchen Sie zunächst die gewünschte Webseite. Nachdem die Webseite vollständig angezeigt ist, klicken Sie im Menü *Wechseln zu* auf den Eintrag *Startseite bestimmen*. Es erscheint der bekannte Dialog *Startseite festlegen*. In diesem Dialog bekommen Sie angezeigt, welche Webseite oder Dokumentseite bis jetzt Ihre aktuelle Startseite ist. Durch einen Klick auf die Schaltfläche *Ja* wird die aktuelle Webseite zur Startseite deklariert.

Mit dem Eintrag *Suchseite bestimmen* können Sie die Webseite festlegen, die Sie zum Suchen von Themen oder Begriffen im Internet verwenden möchten. Besuchen Sie dabei zunächst die entsprechende Webseite.

Eine der bekanntesten Webseiten zum Suchen von Themen und Begriffen ist die Webseite *Yahoo*. Die Internetadresse dieser Webseite lautet *http://www.yahoo.de*. Rufen Sie diese Webseite auf und klicken Sie anschließend auf den Eintrag *Suchseite bestimmen*. Sie bekommen im Dialog *Suchseite bestimmen* angezeigt, welche Webseite bisher festgelegt war. Klicken Sie auf die Schaltfläche *Ja*, um die aktuelle Webseite als Suchseite zu übernehmen.

- *Nur Web-Symbolleiste anzeigen*
  Sie können die Bildschirmanzeige der Webseite vergrößern, indem Sie die nicht benötigten Symbolleisten von Excel ausblenden. Dazu klicken Sie auf das Symbol *Nur Web-Symbolleiste anzeigen*. Die Symbolleisten werden bis auf die Web-Symbolleiste ausgeblendet und das Ansichtfenster der Webseite entsprechend vergrößert.

  Um die Funktion wieder rückgängig zu machen, klicken Sie erneut auf das Symbol *Nur Web-Symbolleiste anzeigen* und die entfernten Symbolleisten werden wieder eingeblendet.

- *Adresse*
  In dem Feld *Adresse* können Sie bekannte Internetadressen, die Sie besuchen möchten, direkt eingeben und durch Drücken der Taste [↵] aufrufen. Zusätzlich wird in diesem Feld die Adresse der aktuellen Webseite oder des aktuell geöffneten Dokuments angezeigt.

  Hier werden auch die Adressen der besuchten Webseiten oder aufgerufenen Dokumente aufgeführt. Sie können diese Liste einsehen, wenn Sie auf den Pfeil nach unten neben dem Feld klicken. Mit einem Klick auf einen Eintrag aus dieser Liste wird die entsprechende Webseite oder das entsprechende Dokument angezeigt.

Hyperlinks erstellen

Hyperlinks sind so genannte Sprungmarken, die an eine bestimmte angegebene Adresse springen und das angegebene Dokument oder die Internetseite anzeigen. Jede Webseite enthält mehr oder weniger solcher Hyperlinks. Bewegen Sie den Mauszeiger über einen Hyperlink, verwandelt er sich in einen Zeigefinger, der zeigt, dass durch einen Klick auf diese Stelle eine Funktion ausgeführt wird. Mit Excel können Sie ebenfalls solche Hyperlinks gleich auf zweifache Weise erstellen.

Um einen neuen Hyperlink zu erstellen, wählen Sie aus dem Menü *Einfügen* den Eintrag *Hyperlink*. Alternativ können Sie auch die Tastenkombination Strg + K drücken. Es erscheint der Dialog *Hyperlink einfügen*:

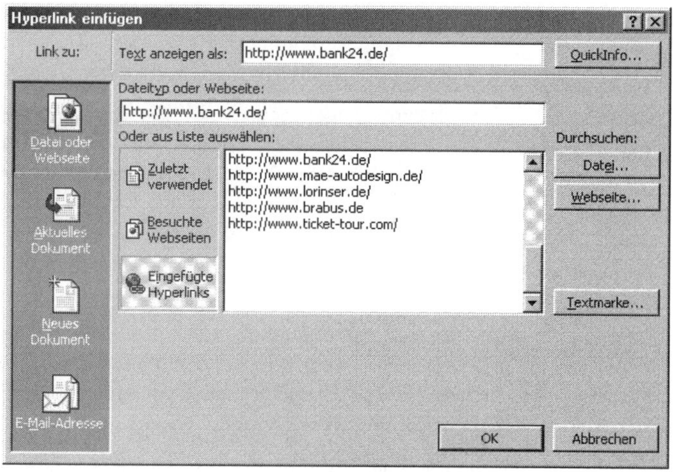

Abbildung 13.7: Der Dialog *Hyperlink einfügen*

Auf der linken Seite des Dialogs können Sie über die Symbole auswählen, zu welchem Typ ein Link erstellt werden soll. Sie können Links zu einem beliebigen Dokument oder einer Webseite, zu dem aktuellen Dokument, einem neuen Dokument oder zu einer E-Mail-Adresse erstellen.

In dem Feld *Text anzeigen als* können Sie einen aussagekräftigen Namen oder Text für den Link eingeben. Dieser Name bzw. Text wird im Dokument bzw. in der Webseite für den Link angezeigt. Standardmäßig wird hier die Adresse des Links vorgegeben. Wenn Anwender dieses Links eine zusätzliche Erläuterung dazu erhalten sollen, sobald sie sich mit dem Mauszeiger über den Link bewegen, können Sie über die Schaltfläche *QuickInfo* einen Infotext eingeben.

In dem Feld *Dateityp oder Webseite* geben Sie die Adresse ein, die der Link anspringen soll. Sie können die Adresse manuell eingeben oder aus der Liste auswählen. Hierbei stehen drei Listen zur Auswahl:

- ✔ Sie können sich die Liste der zuletzt verwendeten Dokumente anzeigen lassen, indem Sie auf das Symbol *Zuletzt verwendet* klicken.
- ✔ Sie können auch die Liste der besuchten Webseiten wählen, indem Sie auf das Symbol *Besuchte Webseiten* klicken.
- ✔ Schließlich können Sie sich auch die Liste bereits verwendeter Hyperlinks anzeigen lassen, wenn Sie auf das Symbol *Eingefügte Hyperlinks* klicken.

Wählen Sie aus einer dieser drei Listen den gewünschten Link, indem Sie den gewünschten Listeneintrag mit der Maus anklicken.

Falls Sie den gewünschten Link nicht finden und die Adresse auch nicht kennen, können Sie mit den Schaltflächen *Datei* oder *Webseite* den Link suchen. Wollen Sie einen Link für eine Datei suchen, klicken Sie auf die Schaltfläche *Datei* und suchen Sie im Dialog *Verknüpfung zur Datei* die gewünschte Datei.

Suchen Sie dagegen einen Link zu einer Webseite, klicken Sie auf die Schaltfläche *Webseite*. Es wird daraufhin der Microsoft Internet Explorer angezeigt, mit dem Sie die gewünschte Webseite suchen können. Die Schaltfläche *Webseite* setzt jedoch voraus, dass die Verbindung zum Internet bereits besteht, andernfalls erhalten Sie eine Fehlermeldung vom Internet Explorer bzw. die Frage, ob eine Verbindung aufgebaut werden soll.

Sie können auch Hyperlinks zu Textmarken innerhalb der Webseite oder des Dokuments erstellen und so den Anwendern schnell ein Sprung zur entsprechenden Textstelle ermöglichen.

Um eine Textmarke als Hyperlink zu definieren, muss diese aber zuvor im Dokument oder in der Webseite vorhanden sein. Anschließend können Sie nach dem Aufruf des Dialogs *Hyperlink einfügen* über die Schaltfläche *Textmarke* die gewünschte Textmarke wählen, zu der ein Hyperlink erstellt werden soll.

Um den Hyperlink zu aktivieren und den Dialog zu beenden, klicken Sie auf die Schaltfläche *OK*.

Texte, Objekte und Grafiken als Hyperlink definieren

Sie können auch bereits vorhandene Texte, Objekte oder Grafiken in Ihrer Tabelle zu Hyperlinks deklarieren. Markieren Sie dazu zunächst den entsprechenden Text, das Objekt oder die Grafik. Klicken Sie anschließend mit der rechten Maustaste auf die Markierung und wählen Sie aus dem Kontextmenü den Eintrag *Hyperlink*. Es erscheint wiederum der Dialog *Hyperlink einfügen*. Sie können auf dieselbe Weise nun den Hyperlink bestimmen, wie es zuvor erklärt worden ist.

Einen Hyperlink bearbeiten

Bereits vorhandene Hyperlinks können jederzeit wieder geändert und bearbeitet werden. Stellen Sie zum Beispiel fest, dass ein Hyperlink zu einer falschen oder nicht vorhandenen Adresse führt, können Sie diesen bearbeiten, indem Sie mit der rechten Maustaste auf den Hyperlink klicken. Wählen Sie aus dem Kontextmenü den Eintrag *Hyperlink / Hyperlink bearbeiten*. Es erscheint daraufhin der Dialog *Hyperlink bearbeiten*, der praktisch den gleichen Aufbau hat wie der Dialog *Hyperlink einfügen*.

Die Webseitenvorschau

Sofern Sie den Microsoft Internet Explorer installiert haben, können Sie sich erstellte Tabellen als Vorschau anzeigen lassen. Wenn Sie dabei mit dem Internet verbunden sind, können Sie sogar angelegte Links (Internetadressen), die Sie in Ihre Tabelle eingefügt haben, testen.

Um die Vorschau der Webseite zu erhalten, wählen Sie aus dem Menü *Datei* den Eintrag *Webseitenvorschau*. Der Microsoft Internet Explorer wird dann im Anschluss automatisch geladen und die überarbeitete Webseite wird angezeigt (siehe Abbildung 13.8).

Beenden Sie den Microsoft Internet Explorer wieder, kehren Sie automatisch zu Excel zurück.

Eine Tabelle als Webseite speichern

Tabellen, die Sie neu erstellt oder bearbeitet haben, können Sie auf der Festplatte speichern. Klicken Sie dazu auf den Eintrag *Speichern unter*. Es erscheint der Dialog *Speichern unter* (siehe Abbildung 13.9).

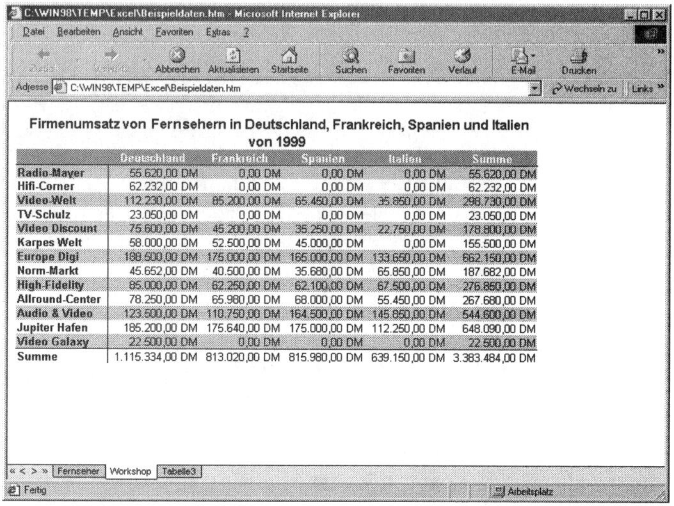

	Deutschland	Frankreich	Spanien	Italien	Summe
Radio-Mayer	55.620,00 DM	0,00 DM	0,00 DM	0,00 DM	55.620,00 DM
Hifi-Corner	62.232,00 DM	0,00 DM	0,00 DM	0,00 DM	62.232,00 DM
Video-Welt	112.230,00 DM	85.200,00 DM	65.450,00 DM	35.850,00 DM	298.730,00 DM
TV-Schulz	23.050,00 DM	0,00 DM	0,00 DM	0,00 DM	23.050,00 DM
Video Discount	75.600,00 DM	45.200,00 DM	35.250,00 DM	22.750,00 DM	178.800,00 DM
Karpes Welt	58.000,00 DM	52.500,00 DM	45.000,00 DM	0,00 DM	155.500,00 DM
Europe Digi	188.500,00 DM	175.000,00 DM	165.000,00 DM	133.650,00 DM	662.150,00 DM
Norm-Markt	45.652,00 DM	40.500,00 DM	35.680,00 DM	65.850,00 DM	187.682,00 DM
High-Fidelity	85.000,00 DM	62.250,00 DM	62.100,00 DM	67.500,00 DM	276.850,00 DM
Allround-Center	78.250,00 DM	65.980,00 DM	68.000,00 DM	55.450,00 DM	267.680,00 DM
Audio & Video	123.500,00 DM	110.750,00 DM	164.500,00 DM	145.850,00 DM	544.600,00 DM
Jupiter Hafen	185.200,00 DM	175.640,00 DM	175.000,00 DM	112.250,00 DM	648.090,00 DM
Video Galaxy	22.500,00 DM	0,00 DM	0,00 DM	0,00 DM	22.500,00 DM
Summe	1.115.334,00 DM	813.020,00 DM	815.980,00 DM	639.150,00 DM	3.383.484,00 DM

Abbildung 13.8: Die Webseitenvorschau im Microsoft Internet Explorer

Abbildung 13.9: Der Dialog *Speichern unter*

Im Feld *Speichern in* wählen Sie das Zielverzeichnis, in dem die Webseite gespeichert werden soll. Sie können auch auf das Symbol *Webordner* klicken, um dort die Webseite in diesem Ordner zu speichern. Im Feld *Dateiname* geben Sie den Namen ein, unter dem die Webseite gespeichert werden soll. Der Dateityp wird unter *Dateityp Webseite* ausgewählt. Klicken Sie auf *OK*, um die Tabelle als Webseite zu speichern.

Anschließend können Sie die Webseite über den Internet Explorer über das *Datei*-Menü wie jede andere HTML-Seite auch laden.

KAPITEL

14

Funktionen unter Excel

Sie erhalten in diesem Kapitel eine Aufstellung aller in Excel vorhandenen Funktionen. Dabei werden diese ausführlich und mit Beispielen besprochen.

Funktionen unter Excel

In der folgenden Übersicht finden Sie eine Auflistung der Standardfunktionen, die unter Excel zur Verfügung stehen. Die Einsatzmöglichkeiten von Funktionen wurde Ihnen bereits in einem vorherigen Kapitel beschrieben.

Jede Funktion ist so strukturiert, dass Sie den Funktionsnamen mit den zugehörigen Argumenten finden. Dabei wird die Auflistung anhand der vorhandenen Kategorien erfolgen. Unter dem Stichwort *Einsatz* ist dokumentiert, in welchem Anwendungsbereich die Funktion zum Einsatz kommen kann.

Vervollständigt wird jede Funktion mit einer Auflistung der Parameter sowie Bemerkungen, welche Besonderheiten Sie beim Einsatz der Funktion beachten müssen. Abschließend finden Sie zu jeder Funktion ein oder mehrere Beispiele.

Damit Sie die Funktionen auch unabhängig von ihrer Kategoriezugehörigkeit leicht auffinden können, finden Sie im Index eine alphabetische Auflistung aller Funktionen mit den entsprechenden Seitenverweisen.

Im Anhang A finden Sie zudem eine Auflistung von Analyse-Funktionen, die Ihnen von Excel zur Verfügung gestellt werden, wenn Sie über den *Add-Ins*-Manager des *Extras*-Menüs die Analyse-Funktionen aktivieren.

Finanzmathematik

BW
(Zins; Zzr; Rmz; Zw; F)

Einsatz:

Berechnet den Barwert einer Investition. Barwert meint einen Gesamtbetrag, den eine Reihe zukünftiger Zahlungen zum jetzigen Zeitpunkt wert ist. Bei einer Kreditaufnahme ist der komplette Kredit für den Kreditgeber mit dem Barwert gleichzusetzen.

Parameter:

Das Argument *Zins* gibt den Zinssatz pro Periode an. Wenn z.B. ein jährlicher Zinssatz von 14 % vorliegt und mit monatlichen Raten gearbeitet wird, beträgt der monatliche Zinssatz 14 %/12 oder 1,16 %. Für den Zinssatz sollte also der Wert 1,16 % in die Funktion eingegeben werden.

Durch das Argument *Zzr* (Zzr = Anzahl der Zahlungszeiträume) kann angegeben werden, über wie viele Perioden die jeweilige Annuität (Rente) gezahlt wird. Beispielsweise hat *Zzr* bei einem Kredit mit einer Laufzeit von 3 Jahren und einer monatlichen Rückzahlung eine Laufzeit von 3*12 = 36 Perioden.

Rmz (Rmz = Regelmäßige Zahlung) steht für den Betrag (die Annuität), der in jeder Periode gezahlt wird. Die Annuität verändert sich nicht während der Laufzeit. Normalerweise besteht sie aus dem Kapital und den Zinsen ohne sonstige Gebühren oder Steuern. Müssen Sie beispielsweise monatlich 300 DM zurückzahlen, so muss für *Rmz* der Wert -300 angegeben werden.

Das Argument *Zw* (Zw = Zukünftiger Wert) steht für den zukünftigen Endwert oder den Kassenbestand, den Sie nach der letzten Zahlung erreichen wollen. Wird dieses Argument nicht angegeben, wird es auf 0 gesetzt. Wollen Sie beispielsweise 100.000 DM ansparen, um ein in der Zukunft liegendes Projekt finanzieren zu können, ist *Zw* = 100.000.

F (F = Fälligkeit) kann nur in zwei Zuständen angegeben werden, entweder mit 0 oder 1. Diese Zustände geben an, wann die Zahlungen fällig sind. *F* sollte den Wert 0 annehmen (oder nicht angegeben werden), wenn die Zahlungen am Ende einer Periode fällig sind. Den Wert 1 sollte *F* erhalten, wenn die Zahlungen am Anfang einer Periode fällig sind.

Bemerkungen:

- Es ist wichtig, dass für die Argumente *Zins* und *Zzr* zueinander passende Zeiteinheiten benutzt werden. In Bezug auf die oberen Beispiele bedeutet dies, dass für *Zins* der Wert 14 %/12 und für *Zzr* dann der Wert 3*12=36 benutzt werden muss. Die Berechnungsgrundlage sind demnach Monate. Sollen als Berechnungsgrundlage *Tage* oder *Wochen* benutzt werden, müssen beide Werte auch in Tagen oder Wochen ausgedrückt werden.
- Die folgenden Funktionen gelten für Zahlungsreihen in Form von Annuitäten:

  `KUMZINSZ`

  `KAPZ`

  `KUMKAPITAL`

  `BW`

  `ZW`

  `ZINS`

  `ZW2`

  `XINTZINSFUSS`

  `ZINSZ`

  `XKAPITALWERT`

  `RMZ`

- Eine Annuität setzt sich aus Tilgungsanteil (KAPZ) und Zinsen (ZINSZ) zusammen und ist ein konstanter Betrag (RMZ), der für die Rückzahlung eines Darlehens innerhalb eines zusammenhängenden Zeitraums in jeder Periode fällig ist. Weiter führende Informationen finden Sie in den Beschreibungen zu den Annuitätenfunktionen.

✔ Allgemein gelten für die Annuitätenfunktionen folgende Richtlinien: Alle Zahlungen, die getätigt werden (z.B. Spareinlagen), werden durch negative Zahlen und alle Geldbeträge, die eingenommen werden (z.B. Dividenden), werden durch positive Zahlen dargestellt.

Beispiel:

Sie wollen eine Geldanlage tätigen, indem Sie bei einer Versicherung eine Rente kaufen. Sie berechnen, ob folgende Anlage rentabel ist oder nicht:

Die Versicherung bietet Ihnen an, dass sie in den nächsten 17 Jahren an jedem Monatsende 450 DM ausgezahlt bekommen. Für den Kauf der Rente müssen Sie 55.000 DM einzahlen. Das an Sie monatlich ausgezahlte Geld wird mit 7 % verzinst.

Sie erhalten mit der Funktion BW folgenden Barwert der Rente (Annuität):

```
=BW(0,07/12; 12*17; 450; ; 0)
```

Ergebnis: -53.593,08 DM

Das Ergebnis wird negativ angezeigt, da es einen Betrag darstellt, den Sie zu zahlen hätten. Sie entnehmen dem Ergebnis, dass dies keine gute Geldanlage wäre, da Sie einen Verlust von 1.406,92 DM (55.000-53.593,08 =1.406,92) zu tragen hätten.

DIA (Ansch_Wert; Restwert; Nutzungsdauer; Periode)

Einsatz:

Berechnet die arithmetisch-degressive Abschreibung eines Wirtschaftsgutes für eine bestimmte Periode.

Parameter:

Das Argument *Ansch_Wert* gibt die Anschaffungskosten eines Wirtschaftsgutes an.

Durch den *Restwert* (Schrottwert) wird der Betrag angegeben, den das Wirtschaftsgut am Ende der Nutzungsdauer hat.

Das Argument *Nutzungsdauer* ist ein Wert, der die Anzahl der Perioden bestimmt, über die das Wirtschaftsgut abgeschrieben wird.

Periode spezifiziert die Periode und muss mit der gleichen Zeiteinheit angegeben werden wie durch das Argument *Nutzungsdauer* beschrieben.

Bemerkungen:

- Die Funktion kann nur bedingt für das deutsche Steuerrecht benutzt werden.
- Die Funktion rechnet nach folgender Formel:

$$\frac{DIA = (Ansch\_wert - Restwert) * (Nutzungsdauer - Periode + 1) * 2}{(Nutzungsdauer)(Nutzungsdauer + 1)}$$

Sie haben eine Maschine für 100.000 DM gekauft. Dabei gehen Sie von einer Nutzungsdauer von 8 Jahren und einem Restwert von 22.000 DM aus. Für das erste Jahr erhalten Sie den folgenden jahresbezogenen Abschreibungsbetrag:

```
=DIA(100000;22000;8;1)
```

Ergebnis: 17.333,33 DM

Dabei erhalten Sie für das 8. Jahr folgenden jahresbezogenen Abschreibungsbetrag:

```
=DIA(100000;22000;8;8)
```

Ergebnis: 2.166,67 DM

GDA (Ansch_Wert; Restwert; Nutzungsdauer; Periode; Faktor)

Einsatz:

Berechnet die degressive Doppelraten-Abschreibung eines Wirtschaftsgutes für eine bestimmte Periode.

Parameter:

Das Argument *Ansch_Wert* gibt die Anschaffungskosten eines Wirtschaftsgutes an.

Durch den *Restwert* (Schrottwert) wird der Wert angegeben, den das Wirtschaftsgut am Ende der Nutzungsdauer hat.

Das Argument *Nutzungsdauer* ist ein Wert, der die Anzahl der Perioden bestimmt, über die das Wirtschaftsgut abgeschrieben wird.

Durch das Argument *Periode* geben Sie die Periode an, deren Abschreibungsbetrag errechnet werden soll. Sie muss in der gleichen Zeiteinheit wie auch das Argument *Nutzungsdauer* angegeben werden.

Das Argument *Faktor* definiert die Rate, um die der jeweilige Buchwert verringert wird. Wird dieses Argument nicht angegeben, wird die Zahl 2 angenommen (dies ist die degressive Doppelraten-Abschreibung).

Bemerkungen:

- ✔ Alle Argumente müssen als positive Zahlen angegeben werden.
- ✔ Durch die Funktion wird die Abschreibung gemäß einer "beschleunigten" Rate errechnet.
- ✔ Bei der Methode der degressiven Doppelraten-Abschreibung ist die Abschreibung in der ersten Periode am höchsten und verringert sich in den folgenden Perioden.

- Die Funktion errechnet einen in einer bestimmten Periode zu berücksichtigenden Abschreibungsbetrag nach folgender Formel:

  ```
  (Anschaffungskosten - Summe der Abschreibungen früherer
  Perioden) * Faktor / Nutzungsdauer
  ```

- Falls keine degressive Doppelraten-Abschreibung verwendet werden soll, muss der Faktor geändert werden.

Beispiel:

Sie haben eine Maschine für 10.000 DM gekauft. Dabei gehen Sie von einer Nutzungsdauer von 8 Jahren und einem Restwert von 800 DM aus. Für den ersten Tag erhalten Sie den folgenden Abschreibungsbetrag:

```
=GDA(10000;800;2920;1;2)
```

Ergebnis: 6,85 DM

Für den ersten Monat erhalten Sie folgenden Abschreibungsbetrag:

```
=GDA(10000;800;96;1;2)
```

Ergebnis: 208,33 DM

Für das erste Jahr erhalten Sie folgenden Abschreibungsbetrag:

```
=GDA(10000;800;8;1;2)
```

Ergebnis: 2.500,00 DM

Für das zweite Jahr erhalten Sie folgenden Abschreibungsbetrag:

```
=GDA(10000;800;8;2;2)
```

Ergebnis: 1.875,00 DM

Für das achte Jahr erhalten Sie folgenden Abschreibungsbetrag (es wird ein Faktor von 0,5 verwendet, demnach liegt keine degressive Doppelraten-Abschreibung vor):

```
=GDA(10000;800;8;8;0,5)
```

Ergebnis: 397,81 DM

GDA2 (Ansch_Wert; Restwert; Nutzungsdauer; Periode; Monate)

Einsatz:

Berechnet die geometrisch-degressive Abschreibung eines Wirtschaftsgutes für eine bestimmte Periode.

Parameter:

Das Argument *Ansch_Wert* gibt die Anschaffungskosten eines Wirtschaftsgutes an.

Durch den *Restwert* (Schrottwert) wird der Wert angegeben, den das Wirtschaftsgut am Ende der Nutzungsdauer hat.

Das Argument *Nutzungsdauer* ist ein Wert, der die Anzahl der Perioden bestimmt, über die das Wirtschaftsgut abgeschrieben wird.

Durch das Argument *Periode* geben Sie die Periode an, deren Abschreibungsbetrag errechnet werden soll. Sie muss in der gleichen Zeiteinheit wie auch das Argument *Nutzungsdauer* angegeben werden.

Das Argument *Monate* definiert die Anzahl der Monate im ersten Jahr. Wird dieses Argument nicht angegeben, wird die Zahl 12 angenommen.

Bemerkungen:

- ✔ Die Funktion verwendet für die Berechnung eines Abschreibungsbetrages eine konstante Abschreibungsrate (Abschreibungsprozentsatz).
- ✔ Die Funktion errechnet einen in einer bestimmten Periode zu berücksichtigenden Abschreibungsbetrag nach folgender Formel:

```
(Anschaffungskosten - Gesamtabschreibung aller früheren
Perioden) * Abschreibungsrate
```

- Wobei gilt:

  ```
  Abschreibungsrate = 1 - ((Restwert / Ansch_Wert) ^ (1 /
  Nutzungsdauer)), gerundet auf drei Dezimalstellen
  ```

- Die Abschreibungsbeträge der ersten und der letzten Periode sind Sonderfälle.
- Bei der ersten Periode benutzt die Funktion die folgende Formel:

  ```
  Anschaffungskosten * Abschreibungsrate * Monate / 12
  ```

- Bei der letzte Periode verwendet GDA2 die folgende Formel:

  ```
  (((Anschaffungskosten - Gesamtabschreibung aller früheren
  Perioden) * Abschreibungsrate * (12 - Monate)) / 12
  ```

Beispiel:

Sie haben eine Maschine für 100.000 DM gekauft. Dabei gehen Sie von einer Nutzungsdauer von 8 Jahren und einem Restwert von 30.000 DM aus. Für das erste Jahr erhalten Sie den folgenden Abschreibungsbetrag:

`=GDA2(100000;30000;8;1;5)`

Ergebnis: 5.833,33 DM

Sie erhalten für die folgenden Perioden den entsprechenden jahresbezogenen Abschreibungsbetrag:

`=GDA2(100000;30000;8;2;5)`

Ergebnis: 13.183,33 DM

`=GDA2(100000;30000;8;3;5)`

Ergebnis: 11.337,67 DM

`=GDA2(100000;30000;8;4;5)`

Ergebnis: 9.750,39 DM

`=GDA2(100000;30000;8;5;5)`

Ergebnis: 8.385,34 DM

IKV (Werte; Schätzwert)

Einsatz:

Durch die Funktion IKV kann der interne Zinsfuß einer Investition ohne Finanzierungskosten oder Reinvestitionsgewinne berechnet werden. Mit dem internen Zinsfuß ist der Zinssatz gemeint, der für eine Investition erreicht wird, die aus Auszahlungen (negative Werte) und Einzahlungen (positive Werte) besteht. Diese Auszahlungen und Einzahlungen müssen in regelmäßigen Abständen erfolgen. Durch das Argument *Werte* können Zahlen angegeben werden, die einer zur Investition gehörenden Zahlungsreihe entsprechen. Diese Werte müssen nicht gleich groß sein, wie dies bei Annuitätenzahlungen der Fall ist.

Parameter:

Das Argument *Werte* meint eine Matrix von Zellen oder einen Bezug auf Zellen, die jeweils Zahlen enthalten, deren internen Zinsfuß Sie errechnen wollen.

Das Argument *Schätzwert* steht für eine Zahl, die dem Ergebnis der Funktion angenähert ist.

Bemerkungen:

- ✔ Sie müssen für das Argument *Werte* mindestens einen negativen und einen positiven Wert angeben, um einen internen Zinsfuß errechnen zu können.
- ✔ Sie sollten bei der Eingabe der Ein- und Auszahlungen darauf achten, dass Sie diese in der von Ihnen gewünschten Reihenfolge eingeben. Die Funktion geht davon aus, dass die Zahlungen in der Reihenfolge getätigt worden sind, in der Sie diese eingeben.
- ✔ Matrizen oder Bezüge, die als Argument einen Text, Wahrheitswerte oder leere Zellen enthalten, werden nicht bewertet.

- Die Funktion wird iterativ berechnet. Beginnend mit dem angegebenen Schätzwert wird die Funktion so lange ausgeführt, bis das Ergebnis auf 0,00001 Prozent genau ist.
- Wird nach 20 Durchläufen kein zulässiges Ergebnis erzielt, wird der Fehlerwert *#ZAHL!* ausgegeben.
- Wird kein Schätzwert angegeben, so wird er auf 0,1 (10 Prozent) festgesetzt.
- Sie sollten einen anderen Schätzwert angeben, wenn die Funktion den Fehlerwert *#ZAHL!* erzeugt oder wenn das Ergebnis stark von dem abweicht, was Sie erwartet hatten.

Beispiel:

Sie wollen eine EDV-Schulungsfirma gründen, wobei Sie die Gründungskosten auf (-) 150.000 DM beziffern. Des weiteren schätzen Sie, dass sich die Nettogewinne in den ersten drei Jahren auf 30.000 DM, 58.000 DM, 90.000 DM belaufen werden.

Wenn diese Zahlen untereinander im Zellbereich *A1:A4* stehen, liefert die Funktion den folgenden nach 3 Jahren erzielten Zinsfuß der Investition:

```
=IKV(A1:A4)
```

Ergebnis: 8 %

Für den erzielten Zinsfuß der Investition nach 2 Jahren muss ein Schätzwert angegeben werden:

```
=IKV(A1:A3;20 %)
```

Ergebnis: -27 %

KAPZ
(Zins; Zr; Zzr; Bw; Zw; F)

Einsatz:

Berechnet die Größe des Tilgungsanteils der für geliehenes Kapital fälligen Rückzahlungen in der angegebenen Periode. Es werden für die Rückzahlungen gleich bleibende Beträge und ein konstanter Zinssatz vorausgesetzt.

Parameter:

Das Argument *Zins* gibt den Zinssatz pro Periode an. Wenn z.B. ein jährlicher Zinssatz von 14 % vorliegt und mit monatlichen Raten gearbeitet wird, beträgt der monatliche Zinssatz 14 %/12 oder 1,16 %. Für den Zinssatz sollte also der Wert 1,16 % in die Funktion eingegeben werden.

Das Argument *Zr* steht für die Periode und muss in dem Bereich von 1 bis *Zzr* liegen. (Zr = Zahlungszeitraum).

Durch das Argument *Zzr* (Zzr = Anzahl der Zahlungszeiträume) kann angegeben werden, über wie viele Perioden die jeweilige Annuität (Rente) gezahlt wird. Beispielsweise hat *Zzr* bei einem Kredit mit einer Laufzeit von 3 Jahren und einer monatlichen Rückzahlung eine Laufzeit von 3*12 = 36 Perioden.

Das Argument *Bw* definiert den Barwert, also den Gesamtbetrag, den eine Reihe zukünftiger Zahlungen zum gegenwärtigen Zeitpunkt wert ist (Bw = Barwert).

Das Argument *Zw* (Zw = Zukünftiger Wert) steht für den zukünftigen Endwert oder den Kassenbestand, den Sie nach der letzten Zahlung erreichen wollen. Wird dieses Argument nicht angegeben, wird es auf 0 gesetzt. Wollen Sie beispielsweise 100000 DM ansparen, um ein in der Zukunft liegendes Projekt finanzieren zu können, ist Zw = 100000.

F (F = Fälligkeit) kann nur in zwei Zuständen angegeben werden, entweder mit 0 oder 1. Diese Zustände geben an, wann die Zahlungen fällig sind. *F* sollte den Wert 0 annehmen (oder nicht angegeben werden), wenn die Zahlungen am Ende einer Periode fällig sind. Den Wert 1 sollte *F* erhalten, wenn die Zahlungen am Anfang einer Periode fällig sind.

Bemerkung:

Es ist wichtig, dass für die Argumente *Zins* und *Zzr* zueinander passende Zeiteinheiten benutzt werden. In Bezug auf die oberen Beispiele bedeutet dies, dass für *Zins* der Wert 14 %/12 und für *Zzr* dann der Wert 3*12=36 benutzt werden muss. Die Berechnungsgrundlage sind demnach Monate. Sollen als Berechnungsgrundlage Tage oder Wochen benutzt werden, müssen beide Werte auch in Tagen oder Wochen ausgedrückt werden.

Beispiel:

Sie wollen den Tilgungsanteil im 3. Monat für einen über 3 Jahre laufenden Kredit in einer Höhe von 5.000 DM errechnen. Der jährliche Zinssatz beträgt 12 %.

Sie erhalten mit der Funktion KAPZ folgenden Tilgungsanteil:

```
=KAPZ(12 %/12; 3; 36; 5000)
```

Ergebnis: -118,40 DM

LIA (Ansch_Wert; Restwert; Nutzungsdauer)

Einsatz:

Berechnet die lineare Abschreibung eines Wirtschaftsgutes pro Periode.

Parameter:

Das Argument *Ansch_Wert* gibt die Anschaffungskosten eines Wirtschaftsgutes an.

Durch den *Restwert* (Schrottwert) wird der Betrag angegeben, den das Wirtschaftsgut am Ende der Nutzungsdauer hat.

Das Argument *Nutzungsdauer* ist ein Wert, der die Anzahl der Perioden angibt, über die das Wirtschaftsgut abgeschrieben wird.

Beispiel:

Sie haben eine Maschine für 50.000 DM gekauft. Dabei gehen Sie von einer Nutzungsdauer von 8 Jahren und einem Restwert von 12.000 DM aus.

Der für jedes Jahr zu berücksichtigende Abschreibungsbetrag wird mit der Funktion LIA wie folgt berechnet:

```
=LIA(50000;12000;8)
```

Ergebnis: 4.750,00 DM

NBW (Zins, Wert1, Wert2, ...)

Einsatz:

Berechnet den Nettobarwert (Kapitalwert) einer Investition auf der Basis eines Abzinsungsfaktors für eine Reihe periodischer Zahlungen. Der Nettobarwert einer Investition bestimmt den gegenwärtigen Wert einer Reihe zukünftiger Auszahlungen (negative) und Einzahlungen (positive).

Parameter:

Das Argument *Zins* gibt den Abzinsungssatz für eine Periode an.

Mit den Argumenten *Wert1; Wert2;* ... werden die Werte der Auszahlungen und der Einzahlungen angegeben.

Wert1; Wert2 müssen als Zahlungsvorgänge in gleich bleibenden Zeitabständen am Ende einer Periode vorgenommen werden.

Bemerkungen:

- Sie sollten bei der Eingabe der Ein- und Auszahlungen darauf achten, dass Sie diese in der von Ihnen gewünschten Reihenfolge eingeben. Die Funktion geht davon aus, dass die Zahlungen in der Reihenfolge getätigt worden sind, in der Sie diese eingeben.

- Alle Argumente, die einen Text, Wahrheitswerte oder leere Zellen enthalten, werden berücksichtigt.
- Alle Argumente, die Fehlerwerte oder Text zum Inhalt haben, die nicht in eine Zahl umgewandelt werden können, werden nicht berücksichtigt.
- Es werden bei Matrizen oder Bezügen, die als Argument angegeben sind, nur die Elemente berücksichtigt, die Zahlen enthalten.
- Matrizen oder Bezüge, die als Argument einen Text, Wahrheitswerte, leere Zellen oder Fehlerwerte enthalten, werden nicht bewertet.
- Die Funktion NBW geht von folgendem Sachverhalt aus: Die zu beurteilende Investition beginnt eine Periode vor dem Datum, an dem die Zahlung *Wert1* vorgenommen wird, und endet mit der letzten in der Liste stehenden Zahlung.
- Die Berechnungen der Funktion NBW erfolgen auf der Grundlage zukünftiger Zahlungen.
- Wird die erste Zahlung am Anfang der ersten Periode vorgenommen, darf der erste Wert nicht in die Liste der Argumente aufgenommen werden. Er muss stattdessen zu dem Ergebnis der Funktion NBW addiert werden.
- Steht *n* für die Anzahl der in der Liste der Werte angegebenen Zahlungen, so berechnet sich NBW nach folgender Formel:

$$\text{NBW} = \sum_{i=1}^{n} \frac{\textit{Werte}_i}{(1+\textit{Zinssatz})^i}$$

- Beachten Sie auch die Funktion BW (Barwert).

Beispiel:

Sie wollen eine Investition tätigen, bei der Sie am Ende des folgenden Jahres 20.000 DM zahlen. In den darauf folgenden 2 Jahren erhalten Sie dafür 10.000 DM und 13.500 DM. Es ist ein jährlicher Abzinsungssatz von 8 Prozent gegeben. Der Nettobarwert dieser Investition beläuft sich demnach auf:

```
=NBW(8 %; -20000; 10000; 13500;)
```

Ergebnis: 771,60 DM

QIKV (Werte; Investition; Reinvestition)

Einsatz:

Durch die Funktion kann der modifizierte interne Zinsfuß, der sich bei einer Reihe periodischer Zahlungen ergibt, berechnet werden. Die Kosten der Investition und auch die Zinsen, die sich aus der Reinvestition des Geldes ergeben, werden von der Funktion QIKV berücksichtigt. QIKV bedeutet Qualifizierter Interner Kapitalverzinsungssatz.

Parameter:

Das Argument *Werte* bedeutet eine Matrix oder einen Bezug auf Zellen, die Zahlen enthalten, deren modifizierten internen Zinsfuß Sie errechnen wollen. Die angegebenen Zahlen sind gleichbedeutend mit einer Reihe von Auszahlungen (negative Werte) und Einzahlungen (positive Werte). Sie müssen in gleich langen Perioden erfolgen.

Das Argument *Investition* steht für den Zinssatz, den Sie für die gezahlten Gelder annehmen.

Das Argument *Reinvestition* steht für den Zinssatz, den Sie für die reinvestierten Gelder annehmen.

Bemerkungen:

- Sie müssen für das Argument *Werte* mindestens einen negativen und einen positiven Wert angeben, um einen internen Zinsfuß errechnen zu können, ansonsten erzeugt die Funktion den Fehlerwert *#DIV/0!*.
- Matrizen oder Bezüge, die als Argument einen Text, Wahrheitswerte oder leere Zellen enthalten, werden nicht bewertet.
- Enthält eine Zelle den Wert 0, wird sie jedoch berücksichtigt.

- Sie sollten bei der Eingabe der Ein- und Auszahlungen darauf achten, dass Sie diese in der von Ihnen gewünschten Reihenfolge und mit dem richtigen Vorzeichen eingeben. Die Funktion geht davon aus, dass die Zahlungen in der Reihenfolge, in der Sie diese eingeben, erfolgt sind.
- Zahlungen sollten negativ und Einnahmen sollten positiv dargestellt werden.
- Die Formel für QIKV lautet:

$$\left(\frac{-\mathrm{NPV}(\mathit{Reinvsatz},\ \mathit{Werte}[\mathit{positiv}]) * (1+\mathit{Reinvsatz})^{n}}{\mathrm{NPV}(\mathit{Invsatz},\ \mathit{Werte}\ \ [\mathit{negativ}]) * (1+\mathit{Invsatz}\ \ )}\right)^{\frac{1}{n-1}} - 1$$

Dabei ist n die Anzahl der in Werten angegebenen Zahlungen, *Invsatz* die Investition und *Reinvsatz* die Reinvestition.

Beispiel:

Angenommen, Sie haben vor 4 Jahren eine EDV-Schulungsfirma gegründet. Dafür haben Sie sich 210.000 DM zu einem jährlichen Zinssatz von 11 % bei einer Bank geliehen. Ihr Schulungsunternehmen erwirtschaftete in den letzten 4 Jahren 42.000 DM, 40.000 DM, 52.000 DM und 48.000 DM. Diese Gewinne wurden von Ihnen zu einem jährlichen Zinssatz von 13 % reinvestiert. Wenn die vier Jahresgewinne in den Zellen *A2:A5* und der Darlehensbetrag mit -150.000 DM in Zelle *A1* eingetragen werden, ergibt sich der nach vier Jahren erzielte modifizierte interne Zinsfuß der Investition mit:

```
=QIKV(A1:A5; 11 %; 13 %)
```

Ergebnis: 11 %

Nach drei Jahren ergibt sich der modifizierte interne Zinsfuß zu:

```
=QIKV(A1:A4; 11 %; 13 %)
```

Ergebnis: 1 %

RMZ (Zins; Zzr; Bw; Zw; F)

Einsatz:

Die Funktion berechnet die Annuität eines Darlehens oder einer Investition, wobei ein konstanter Zinssatz vorausgesetzt wird. (RMZ steht für "Regelmäßige Zahlung".)

Parameter:

Das Argument *Zins* gibt den Zinssatz pro Periode an. Wenn z.B. ein jährlicher Zinssatz von 14 % vorliegt und mit monatlichen Raten gearbeitet wird, beträgt der monatliche Zinssatz 14 %/12 oder 1,16 %. Für den Zinssatz sollte also der Wert 1,16 % in die Funktion eingegeben werden.

Durch das Argument *Zzr* (Zzr = Anzahl der Zahlungszeiträume) kann angegeben werden, über wie viele Perioden gezahlt wird. Beispielsweise hat Zzr bei einem Kredit mit einer Laufzeit von 3 Jahren und einer monatlichen Rückzahlung eine Laufzeit von 3*12 = 36 Perioden.

Das Argument *Bw* definiert den Barwert, also den Gesamtbetrag, den eine Reihe zukünftiger Zahlungen zum gegenwärtigen Zeitpunkt wert ist (Bw = Barwert).

Zw (Zw = Zukünftiger Wert) steht für den zukünftigen Endwert oder den Kassenbestand, den Sie nach der letzten Zahlung erreichen wollen. Wird dieses Argument nicht angegeben, wird es auf 0 gesetzt. Wollen Sie beispielsweise 100.000 DM ansparen, um ein in der Zukunft liegendes Projekt finanzieren zu können, ist Zw = 100.000.

F (F = Fälligkeit) kann nur in zwei Zuständen angegeben werden, entweder mit 0 oder 1. Diese Zustände geben an, wann die Zahlungen fällig sind. F sollte den Wert 0 annehmen (oder nicht angegeben werden), wenn die Zahlungen am Ende einer Periode fällig sind. Den Wert 1 sollte F erhalten, wenn die Zahlungen am Anfang einer Periode fällig sind.

Bemerkungen:

- Das Ergebnis der Funktion *RMZ* umfasst nur die Tilgung und die Zinsen. Nicht eingerechnet werden Steuern, Ausgleichszahlungen oder Gebühren, die gelegentlich für Annuitäten zu berücksichtigen sind.
- Es ist wichtig, dass für Zins und Zzr zueinander passende Zeiteinheiten benutzt werden. Zum Beispiel bedeutet dies, dass für Zins der Wert 14 %/12 und für Zzr dann auch der Wert 3*12=36 benutzt werden muss. Die Berechnungsgrundlage sind demnach Monate. Sollen als Berechnungsgrundlage Tage oder Wochen benutzt werden, müssen beide Werte auch in Tagen oder Wochen ausgedrückt werden.

Beispiel:

Durch die folgende Funktion erhalten Sie im Ergebnis den Betrag, den Sie monatlich zahlen müssen, um bei einem jährlichen Zinssatz von 10 % einen Kredit von 50.000 DM in 20 Monaten zu tilgen:

```
=RMZ(10 %/12; 20; 50000)
```

Ergebnis: -2.724,50 DM

Sind die Zahlungen am Anfang einer Periode fällig, ergibt sich folgender Betrag:

```
=RMZ(10 %/12;20;50000;0;1)
```

Ergebnis: -2.701,98 DM

VDB (Ansch_Wert; Restwert; Nutzungsdauer; Anfang; Ende; Faktor; Nicht_wechseln)

Einsatz:

Die Funktion berechnet für den von Ihnen angegebenen Abschreibungszeitraum, einschließlich Teilperioden, den für ein Anlagegut zu berücksichtigenden Abschreibungsbetrag. Die Funktion rechnet nach der degressiven Doppelraten-Abschreibung oder einer anderen, von Ihnen angegebenen Methode. VDB heißt: Variable Declining Balance, zu deutsch: variable degressive Abschreibung oder variable geometrisch-degressive Abschreibung.

Parameter:

Das Argument *Ansch_Wert* gibt die Anschaffungskosten eines Wirtschaftsgutes an.

Durch den *Restwert* (Schrottwert) wird der Wert angegeben, den das Wirtschaftsgut am Ende der Nutzungsdauer hat.

Das Argument *Nutzungsdauer* ist ein Wert, der die Anzahl der Perioden bestimmt, über die das Wirtschaftsgut abgeschrieben wird.

Das Argument *Anfang* gibt den ersten Zeitraum an, der für die Berechnung eines Abschreibungsbetrags berücksichtigt werden soll. Dabei muss *Anfang* in derselben Zeiteinheit vorliegen wie das Argument *Nutzungsdauer*.

Das Argument *Ende* gibt den letzten Zeitraum an, der für die Berechnung eines Abschreibungsbetrags berücksichtigt werden soll. Dabei muss *Ende* in derselben Zeiteinheit vorliegen wie das Argument *Nutzungsdauer*.

Das Argument *Faktor* definiert ein Maß, um das die Abschreibung abnimmt.

Wird dieses Argument nicht angegeben, wird die Zahl 2 angenommen (dies ist die degressive Doppelraten-Abschreibung).

Wollen Sie das Verfahren der degressiven Doppelraten-Abschreibung nicht anwenden, müssen Sie einen anderen Faktor angeben. Die degressive Doppelraten-Abschreibung wird unter der Funktion GDA beschrieben.

Mit *Nicht_wechseln* können Sie einen Wahrheitswert angeben, der definiert, ob auf lineare Abschreibung umgeschaltet werden soll, wenn der dabei berechnete Abschreibungsbetrag größer als der bei der geometrischen Abschreibung ist.

Wird *Nicht_wechseln* mit WAHR angegeben, wechselt Excel selbst dann nicht zu dem Verfahren der linearen Abschreibung, wenn der dabei berechnete Abschreibungsbetrag größer ist als der bei der geometrischen Abschreibung.

Wird *Nicht_wechseln* mit FALSCH angegeben oder nicht angegeben, wechselt Excel zu dem Verfahren der linearen Abschreibung, wenn der dabei berechnete Abschreibungsbetrag größer als der bei der geometrischen Abschreibung ist.

Bemerkungen:

- Alle Argumente bis auf das Argument *Nicht_wechseln* müssen als positive Zahlen angegeben werden.
- Diese Funktion kann nur bedingt im deutschen Steuerrecht eingesetzt werden.

Beispiel:

Sie haben eine Maschine für 10.000 DM gekauft. Dabei gehen Sie von einer Nutzungsdauer von 8 Jahren und einem Restwert von 1.000 DM aus.

Für den ersten Tag erhalten Sie den folgenden Abschreibungsbetrag. Dabei nimmt die Funktion an, dass das Argument *Faktor* mit 2 belegt ist:

```
=VDB(10000;1000;2920;0;1)
```

Ergebnis: 6,85 DM

Für den ersten Monat erhalten Sie folgenden Abschreibungsbetrag:

```
=VDB(10000;800;120;0;1)
```

Ergebnis: 208,33 DM

Für das erste Jahr erhalten Sie folgenden Abschreibungsbetrag:

```
=VDB(10000;800;8;0;1)
```

Ergebnis: 2.500,00 DM

Für den Zeitraum 10. Monat bis 15. Monat erhalten Sie folgenden Abschreibungsbetrag:

```
=VDB(10000;800;120;10;15)
```

Ergebnis: 681,32 DM

Für den Zeitraum 10. Monat bis 15. Monat erhalten Sie folgenden Abschreibungsbetrag, wenn anstelle der geometrisch-degressiven Abschreibung ein Faktor von 0,75 verwendet wird:

```
=VDB(10000;800;120;10;15;0,75)
```

Ergebnis: 383,33 DM

ZINS (Zzr; Rmz; Bw; Zw; F; Schätzwert)

Einsatz:

Die Funktion berechnet den Zinssatz einer Annuität pro Periode. Das Ergebnis der Funktion ZINS wird in einem Iterationsverfahren berechnet. Es kann sowohl eine Lösung als auch mehrere Lösungen geben. Die Differenzen aufeinander folgender Ergebnisse der Funktion müssen nach 20 Iterationsschritten gegen 0,0000001 konvergieren, ansonsten erzeugt die Funktion den Fehlerwert *#ZAHL!*.

Parameter:

Durch das Argument *Zzr* (Zzr = Anzahl der Zahlungszeiträume) kann angegeben werden, über wie viele Perioden die jeweilige Annuität (Rente) gezahlt wird. Beispielsweise hat *Zzr* bei einem Kredit mit einer Laufzeit von 3 Jahren und einer monatlichen Rückzahlung eine Laufzeit von 3*12 = 36 Perioden.

Rmz (Rmz = Regelmäßige Zahlung) steht für den Betrag (die Annuität), der in jeder Periode gezahlt wird. Die Annuität verändert sich nicht während der Laufzeit. Normalerweise besteht sie aus dem Kapital und den Zinsen ohne sonstige Gebühren oder Steuern. Müssen Sie z.B. monatlich 300 DM zurückzahlen, so muss für *Rmz* der Wert -300 angegeben werden.

Das Argument *Bw* definiert den Barwert, also den Gesamtbetrag, den eine Reihe zukünftiger Zahlungen zum gegenwärtigen Zeitpunkt wert ist (Bw = Barwert).

Das Argument *Zw* (Zw = Zukünftiger Wert) steht für den zukünftigen Endwert oder den Kassenbestand, den Sie nach der letzten Zahlung erreichen wollen. Wird dieses Argument nicht angegeben, wird es auf 0 gesetzt. Wollen Sie beispielsweise 100.000 DM ansparen, um ein in der Zukunft liegendes Projekt finanzieren zu können, ist *Zw* = 100.000.

F (F = Fälligkeit) kann nur in zwei Zuständen angegeben werden, entweder mit 0 oder 1. Diese Zustände geben an, wann die Zahlungen fällig sind. *F* sollte den Wert 0 annehmen (oder nicht angegeben werden), wenn die Zahlungen am Ende einer Periode fällig sind. Den Wert 1 sollte *F* erhalten, wenn die Zahlungen am Anfang einer Periode fällig sind.

Mit *Schätzwert* geben Sie den Schätzwert als eine Zahl an, durch den Sie annehmen, wie hoch der Zinssatz sein wird.

Bemerkungen:

- ✓ Wird kein Schätzwert angegeben, so wird er auf 0,1 (10 Prozent) festgesetzt.
- ✓ Sie sollten einen anderen Schätzwert angeben, wenn die Funktion nicht konvergiert. Die Funktion sollte konvergieren, wenn der Schätzwert zwischen 0 und 1 liegt.
- ✓ Es ist wichtig, dass für die Funktion ZINS und das Argument *Zzr* zueinander passende Zeiteinheiten benutzt werden. Wenn für einen Kredit mit vierjähriger Laufzeit und einer jährlichen Verzinsung monatliche Zahlungen geleistet werden müssen, muss für *Zzr* 4*12 angegeben werden. Die Funktion erzeugt dann die monatliche Verzinsung. Wenn für den gleichen Kredit jährliche Zahlungen geleistet werden, muss für *Zzr* 4 angeben werden. Die Funktion berechnet dann die jährliche Verzinsung.

Beispiel:

Die folgende Anweisung berechnet den Zinssatz eines über drei Jahre laufenden Darlehens von 10.000 DM, für das monatlich 375 DM bezahlt werden:

```
=ZINS(36; -375; 10000)
```

Ergebnis: 2 %

ZINSZ (Zins; Zr; Zzr; Bw; Zw; F)

Einsatz:

Die Funktion berechnet den Zinsbetrag, der in der angegebenen Periode gezahlt wird. Dabei geht die Funktion von regelmäßigen, konstanten Zahlungen und einem konstanten Zinssatz aus.

Parameter:

Das Argument *Zins* gibt den Zinssatz pro Periode an. Wenn z.B. ein jährlicher Zinssatz von 14 % vorliegt und mit monatlichen Raten gearbeitet wird, beträgt der monatliche Zinssatz 14 %/12 oder 1,16 %. Für den Zinssatz sollte also der Wert 1,16 % in die Funktion eingegeben werden.

Durch das Argument *Zzr* (Zzr = Anzahl der Zahlungszeiträume) kann angegeben werden, über wie viele Perioden die jeweilige Annuität (Rente) gezahlt wird. Beispielsweise hat *Zzr* bei einem Kredit mit einer Laufzeit von 3 Jahren und einer monatlichen Rückzahlung eine Laufzeit von 3*12 = 36 Perioden.

Das Argument *Bw* definiert den Barwert, also den Gesamtbetrag, den eine Reihe zukünftiger Zahlungen zum gegenwärtigen Zeitpunkt wert ist (Bw = Barwert).

Das Argument *Zr* spezifiziert die Periode, für die Sie den Zinsbetrag berechnen möchten. Das Argument *Zr* kann nur Werte im Bereich von 1 bis *Zzr* beinhalten (Zr = Zeitraum).

Das Argument *Zw* (Zw = Zukünftiger Wert) steht für den zukünftigen Endwert oder den Kassenbestand, den Sie nach der letzten Zahlung erreichen wollen. Wird dieses Argument nicht angegeben, wird es auf 0 gesetzt. Wollen Sie beispielsweise 100.000 DM ansparen, um ein in der Zukunft liegendes Projekt finanzieren zu können, ist Zw = 100.000.

F (F = Fälligkeit) kann nur in zwei Zuständen angegeben werden, entweder mit 0 oder 1. Diese Zustände geben an, wann die Zahlungen fällig sind. *F* sollte den Wert 0 annehmen (oder nicht angegeben werden), wenn die Zahlungen am Ende einer Periode fällig sind. Den Wert 1 sollte *F* erhalten, wenn die Zahlungen am Anfang einer Periode fällig sind.

Bemerkungen:

- ✔ Beachten Sie auch die Funktion *BW*.
- ✔ Es ist wichtig, dass für die Argumente *Zins* und *Zzr* zueinander passende Zeiteinheiten benutzt werden. Dies bedeutet, dass für *Zins* der Wert 14 %/12 und für *Zzr* dann der Wert 3*12=36 benutzt werden muss. Die Berechnungsgrundlage sind demnach Monate. Soll als Berechnungsgrundlage Tage oder Wochen benutzt werden, müssen beide Werte auch in Tagen oder Wochen ausgedrückt werden.
- ✔ Bei allen Argumenten gilt Folgendes: Geldbeträge, die ausgezahlt werden (zum Beispiel Spareinlagen), müssen als negative Zahlen angegeben werden. Geldbeträge, die eingenommen werden (zum Beispiel Dividenden), müssen durch positive Zahlen dargestellt werden.

Beispiel:

Die folgende Anweisung berechnet, wie viele Zinsen im ersten Monat für einen Kredit von 10000 DM fälig sind, der bei einem jährlichen Zinssatz von 8 % eine Laufzeit von 5 Jahren hat:

```
=ZINSZ(0,08/12;1;60;10000)
```

Ergebnis: -66,67 DM

ZW (Zins; Zzr; Rmz; Bw; F)

Einsatz:

Die Funktion berechnet den zukünftigen Wert (Endwert) einer Investition (Kapitalanlage).

Dabei geht die Funktion von regelmäßigen, konstanten Zahlungen und einem konstanten Zinssatz aus.

Parameter:

Das Argument *Zins* gibt den Zinssatz pro Periode an. Wenn z.B. ein jährlicher Zinssatz von 14 % vorliegt und mit monatlichen Raten gearbeitet wird, beträgt der monatliche Zinssatz 14 %/12 oder 1,16 %. Für den Zinssatz sollte also der Wert 1,16 % in die Funktion eingegeben werden.

Durch das Argument *Zzr* (Zzr = Anzahl der Zahlungszeiträume) kann angegeben werden, über wie viele Perioden die jeweilige Annuität (Rente) gezahlt wird. Beispielsweise hat *Zzr* bei einem Kredit mit einer Laufzeit von 3 Jahren und einer monatlichen Rückzahlung eine Laufzeit von 3*12 = 36 Perioden.

Rmz (Rmz = Regelmäßige Zahlung) steht für den Betrag (die Annuität), der in jeder Periode gezahlt wird. Die Annuität verändert sich nicht während der Laufzeit. Normalerweise besteht sie aus dem Kapital und den Zinsen ohne sonstige Gebühren oder Steuern. Müssen Sie z.B. monatlich 300 DM zurückzahlen, so muss für *Rmz* der Wert -300 angegeben werden.

Das Argument *Bw* definiert den Barwert, also den Gesamtbetrag, den eine Reihe zukünftiger Zahlungen zum gegenwärtigen Zeitpunkt wert ist (Bw = Barwert).

F (F = Fälligkeit) kann nur in zwei Zuständen angegeben werden, entweder mit 0 oder 1. Diese Zustände geben an, wann die Zahlungen fällig sind. *F* sollte den Wert 0 annehmen (oder nicht angegeben werden), wenn die Zahlungen am Ende einer Periode fällig sind. Den Wert 1 sollte *F* erhalten, wenn die Zahlungen am Anfang einer Periode fällig sind.

Bemerkungen:

- ✔ Beachten Sie auch die Funktion *BW*.
- ✔ Es ist wichtig, dass für die Argumente *Zins* und *Zzr* zueinander passende Zeiteinheiten benutzt werden. Dies bedeutet, dass für *Zins* der Wert 14 %/12 und für *Zzr* dann der Wert 3*12=36 benutzt werden muss. Die Berechnungsgrundlage sind demnach Monate. Sollen als Berechnungsgrundlage Tage oder Wochen benutzt werden, müssen beide Werte auch in Tagen oder Wochen ausgedrückt werden.
- ✔ Bei allen Argumenten gilt Folgendes: Geldbeträge, die ausgezahlt werden (zum Beispiel Spareinlagen), müssen als negative Zahlen angegeben werden. Geldbeträge, die eingenommen werden (zum Beispiel Dividenden), müssen durch positive Zahlen dargestellt werden.

Beispiel:

Die folgende Anweisung berechnet, wie viele Zinsen im ersten Monat für einen Kredit von 10.000 DM fällig sind, der bei einem jährlichen Zinssatz von 8 % eine Laufzeit von 5 Jahren hat:

```
=ZW(0,75 %; 8; -400; -900; 1)
```

Ergebnis: 4.265,35 DM

ZZR
(Zins; Rmz; Bw; Zw; F)

Einsatz:

Die Funktion berechnet die Anzahl der Zahlungsperioden für eine Investition, die auf periodischen, gleich bleibenden Zahlungen und einem konstanten Zinssatz basiert. (ZZR = Anzahl der Zahlungszeiträume.)

Parameter:

Das Argument *Zins* gibt den Zinssatz pro Periode an. Wenn z.B. ein jährlicher Zinssatz von 14 % vorliegt und mit monatlichen Raten gearbeitet wird, beträgt der monatliche Zinssatz 14 %/12 oder 1,16 %. Für den Zinssatz sollte also der Wert 1,16 % in die Funktion eingegeben werden.

Rmz (Rmz = Regelmäßige Zahlung) steht für den Betrag (die Annuität), der in jeder Periode gezahlt wird. Die Annuität verändert sich nicht während der Laufzeit. Normalerweise besteht sie aus dem Kapital und den Zinsen ohne sonstige Gebühren oder Steuern. Müssen Sie z.B. monatlich 300 DM zurückzahlen, so muss für *Rmz* der Wert -300 angegeben werden.

Das Argument *Bw* definiert den Barwert, also den Gesamtbetrag, den eine Reihe zukünftiger Zahlungen zum gegenwärtigen Zeitpunkt wert ist (Bw = Barwert).

Das Argument *Zw* (Zw = Zukünftiger Wert) steht für den zukünftigen Endwert oder den Kassenbestand, den Sie nach der letzten Zahlung erreichen wollen. Wird dieses Argument nicht angegeben, wird es auf 0 gesetzt. Wollen Sie beispielsweise 100.000 DM ansparen, um ein in der Zukunft liegendes Projekt finanzieren zu können, ist *Zw* = 100.000.

F (F = Fälligkeit) kann nur in zwei Zuständen angegeben werden, entweder mit 0 oder 1. Diese Zustände geben an, wann die Zahlungen fällig sind. *F* sollte den Wert 0 annehmen (oder nicht angegeben werden), wenn die Zahlungen am Ende einer Periode fällig sind. Den Wert 1 sollte *F* erhalten, wenn die Zahlungen am Anfang einer Periode fällig sind.

Bemerkung:

Beachten Sie auch die Funktion *BW*.

Beispiele:

```
=ZZR(8 %/12; -275; -399; 12000; 1)
```

Ergebnis: 36,76

```
=ZZR(5 %/12; -50; -800; 20000)
```

Ergebnis: 220,36

Datum & Zeit

DATUM (Jahr; Monat; Tag)

Einsatz:

Die Funktion erzeugt eine fortlaufende Zahl des eingegebenen Datums.

Parameter:

Jahr bezeichnet in Microsoft Excel für Windows eine ganze Zahl im Bereich von 1900 bis 9999, in Microsoft Excel für den Macintosh eine ganze Zahl im Bereich von 1904 bis 9999.

Das Argument *Monat* steht für eine Zahl, die den Monat des jeweiligen Jahres repräsentiert.

Dabei gilt: Sollte das Argument *Monat* größer als 12 angegeben werden, addiert die Funktion die angegebene Zahl zu dem ersten Monat des mit dem Argument *Jahr* angegebenen Wertes hinzu. Beispielsweise erzeugt die Funktion DATUM(93;15;9) die fortlaufende Zahl für den 9. März 1994.

Das Argument *Tag* steht für eine Zahl, die den Tag des jeweiligen Monats repräsentiert.

Dabei gilt: Sollte das Argument *Tag* größer als die Anzahl der Tage des angegebenen Monats sein, addiert die Funktion die angegebene Zahl der Tage zu dem ersten Tag des mit dem Argument Monat angegebenen Wertes hinzu. Beispielsweise erzeugt DATUM(93;3;34) die fortlaufende Zahl für den 3. April 1993.

Bemerkungen:

- ✔ Microsoft Excel für Windows und Microsoft Excel für den Macintosh verwenden verschiedene Datumssysteme:
- ✔ Microsoft Excel für Windows arbeitet mit dem 1900-Datumssystem. Dabei können die zugehörigen fortlaufenden Zahlen in

einem Zahlenbereich vom 1. Januar 1900 bis 31. Dezember 9999 liegen.

- Microsoft Excel für den Macintosh arbeitet mit dem 1904-Datumssystem. Dabei können die zugehörigen fortlaufenden Zahlen in einem Zahlenbereich vom 1. Januar 1904 bis 31. Dezember 9999 liegen.
- Eine fortlaufende Zahl kann beispielsweise folgende Zahl sein: 34000,92375
- Dabei geben die Ziffern rechts vom Dezimalzeichen eine Uhrzeit, die Ziffern links vom Dezimalzeichen ein Tagesdatum an.
- Die Zahl 34000,92375 im 1900-Datumssystem entspricht dem Tagesdatum 31.01.93 und der Uhrzeit 22:10:12 Uhr.
- Eine Anpassung des Datumssystem wird automatisch vorgenommen, wenn eine Datei geöffnet wird, die auf einem anderen Datumssystem erstellt wurde.

Beispiel:

Voraussetzung: Es wird das 1900-Datumssystem verwendet:

```
=DATUM(71; 6; 9)
```

Ergebnis: 26093

DATWERT (Datumstext)

Einsatz:

Die Funktion erzeugt eine fortlaufende Zahl des eingegebenen Datumtextes.

Parameter:

Datumstext steht für einen in Anführungszeichen eingeschlossenen Text, der ein Tagesdatum in einem Datumsformat repräsentiert.

Bemerkungen:

- Datumstext bezeichnet in Microsoft Excel für Windows eine ganze Zahl im Bereich von 1900 bis 9999, in Microsoft Excel für den Macintosh eine ganze Zahl im Bereich von 1904 bis 9999.
- Wird für das Argument *Datumstext* ein Datum eingegeben, das außerhalb der genannten Bereiche liegt, liefert die Funktion den Fehlerwert *#WERT*!.
- Wird in dem Argument *Datumstext* keine Jahreszahl angegeben, rechnet DATWERT mit der Jahresangabe, die von der in Ihrem Computer eingebauten Uhr geliefert wird.
- Weiter führende Informationen zu fortlaufenden Zahlen finden Sie in der Beschreibung der Funktion *Datum*.

Beispiele:

Voraussetzung: Es wird das 1900-Datumssystem verwendet:

```
=DATWERT("9. Juni. 71")
```

Ergebnis: 26093

```
=DATWERT("31. 1. 93")
```

Ergebnis: 34000

HEUTE( )

Einsatz:

Die Funktion erzeugt eine fortlaufende Zahl des aktuellen Datums. Weiter führende Informationen zu einer fortlaufenden Zahl erhalten Sie unter der Funktion DATUM.

JAHR (Zahl)

Einsatz:

Die Funktion erzeugt das Jahr in Textform, die mit der durch das Argument *Zahl* angegebenen fortlaufenden Zahl gleichbedeutend ist. Das Ergebnis kann eine Zahl zwischen 1900 und 9999 annehmen.

Parameter:

Das Argument *Zahl* steht für eine Zahl, die Microsoft Excel für Datums- und Zeitberechnungen benutzt.

Sie können die fortlaufende Zahl entweder mit der Funktion DATWERT erzeugen oder auch für das Argument Zahl einen Text angeben, z.B. "20. Juni 1994" oder "20.6.94". Dieser Text wird automatisch durch die Funktion JAHR in die entsprechende fortlaufende Zahl umgewandelt.

Bemerkungen:

Microsoft Excel für Windows und Microsoft Excel für den Macintosh verwenden verschiedene Datumssysteme:

- ✔ Microsoft Excel für Windows arbeitet mit dem 1900-Datumssystem. Dabei können die zugehörigen fortlaufenden Zahlen in einem Zahlenbereich vom 1. Januar 1900 bis zum 31. Dezember 9999 liegen.
- ✔ Microsoft Excel für den Macintosh arbeitet mit dem 1904-Datumssystem. Dabei können die zugehörigen fortlaufenden Zahlen in einem Zahlenbereich vom 1. Januar 1904 bis zum 31. Dezember 9999 liegen.
- ✔ Weiter führende Informationen finden Sie unter der Funktion DATUM.

Beispiele:

Voraussetzung: Es wird das 1900-Datumssystem verwendet:

```
=JAHR("20.8.93")
```

Ergebnis: 1993

```
=JAHR("32549")
```

Ergebnis: 1989

JETZT( )

Einsatz:

Die Funktion erzeugt eine fortlaufende Zahl des eingegebenen aktuellen Datums und der aktuellen Uhrzeit.

Bemerkungen:

- Microsoft Excel für Windows und Microsoft Excel für den Macintosh verwenden verschiedene Datumssysteme:
- Microsoft Excel für Windows arbeitet mit dem 1900-Datumssystem. Dabei können die zugehörigen fortlaufenden Zahlen in einem Zahlenbereich vom 1. Januar 1900 bis 31. Dezember 9999 liegen.
- Microsoft Excel für den Macintosh arbeitet mit dem 1904-Datumssystem. Dabei können die zugehörigen fortlaufenden Zahlen in einem Zahlenbereich vom 1. Januar 1904 bis 31. Dezember 9999 liegen.
- Eine fortlaufende Zahl kann beispielsweise folgende Zahl sein: 34000,92375. Dabei geben die Ziffern rechts vom Dezimalzeichen eine Uhrzeit, die Ziffern links vom Dezimalzeichen ein Tagesdatum an. Die Zahl 34000,92375 im 1900-Datumssystem entspricht dem Tagesdatum 31.01.93 und der Uhrzeit 22:10:12 Uhr.
- Das Datumssystem kann durch Aktivieren bzw. Deaktivieren des Kontrollkästchens "1904-Datumswerte" umgestellt werden (Menü *Extras*; Befehl *Optionen*; Register *Berechnen*).

- Eine Anpassung des Datumssystem wird automatisch vorgenommen, wenn eine Datei geöffnet wird, die auf einem anderen Datumssystem erstellt wurde.
- Durch die Funktion JETZT erhalten Sie nur dann das aktuelle Datum und die aktuelle Uhrzeit, wenn Sie gerade die Funktion eingegeben haben oder die zugehörige Tabelle berechnet oder das Makro, zu dem die Funktion gehört, ausgeführt wird. Die Funktion wird demnach nicht ständig aktualisiert.

Beispiel:

Voraussetzung: Es wird das 1900-Datumssystem verwendet. Es ist 15:20:14 Uhr am 15.02.1994.

```
=JETZT()
```

Ergebnis: 34015,639050926

MINUTE (Zahl)

Einsatz:

Die Funktion erzeugt die Minute, die durch die fortlaufende Zahl des Argumentes Zahl angegeben ist. Das Ergebnis kann eine ganze Zahl zwischen 0 und 59 sein.

Parameter:

Das Argument *Zahl* steht für eine Zahl, die Microsoft Excel für Datums- und Zeitberechnungen benutzt.

Sie können für das Argument Zahl auch einen Text angeben, z.B. "12:08:15". Dieser Text wird automatisch durch die Funktion MINUTE in die entsprechende fortlaufende Zahl umgewandelt.

Bemerkungen:

- Microsoft Excel für Windows und Microsoft Excel für den Macintosh verwenden verschiedene Datumssysteme.

- ✓ Weiter führende Informationen finden Sie unter der Funktion DATUM.

Beispiele:

```
=MINUTE("12:08:15")
```

Ergebnis: 8

```
=MINUTE(3,02)
```

Ergebnis: 28

MONAT (Zahl)

Einsatz:

Die Funktion erzeugt den Monat, der mit der durch das Argument Zahl angegebenen fortlaufenden Zahl gleichbedeutend ist. Das Ergebnis kann eine ganze Zahl zwischen 1 und 12 sein.

Parameter:

Das Argument *Zahl* steht für eine Zahl, die Microsoft Excel für Datums- und Zeitberechnungen benutzt.

Sie können die fortlaufende Zahl entweder mit der Funktion DATWERT erzeugen oder auch für das Argument *Zahl* einen Text angeben, z.B. "20. Juni 1994" oder "20.6.94". Dieser Text wird automatisch durch die Funktion MONAT in die entsprechende fortlaufende Zahl umgewandelt.

Bemerkungen:

- ✓ Microsoft Excel für Windows und Microsoft Excel für den Macintosh verwenden verschiedene Datumssysteme:
- ✓ Microsoft Excel für Windows arbeitet mit dem 1900-Datumssystem. Dabei können die zugehörigen fortlaufenden Zahlen in einem Zahlenbereich vom 1. Januar 1900 bis 31. Dezember 9999 liegen.

- Microsoft Excel für den Macintosh arbeitet mit dem 1904-Datumssystem. Dabei können die zugehörigen fortlaufenden Zahlen in einem Zahlenbereich vom 1. Januar 1904 bis 31. Dezember 9999 liegen.
- Weiter führende Informationen finden Sie unter der Funktion DATUM.

Beispiele:

Voraussetzung: Es wird das 1900-Datumssystem verwendet:

```
=MONAT("20.8.93")
```

Ergebnis: 8

```
=MONAT(34394)
```

Ergebnis: 3

SEKUNDE (Zahl)

Einsatz:

Die Funktion erzeugt die Sekunde, die durch die fortlaufende *Zahl* angegeben wird. Das Ergebnis kann eine ganze Zahl zwischen 0 und 59 sein. Durch die Funktion können Sie aus einer als fortlaufende Zahl vorliegenden Uhrzeit die Sekunden ermitteln.

Parameter:

Das Argument *Zahl* steht für eine Zahl, die Microsoft Excel für Datums- und Zeitberechnungen benutzt.

Sie können für das Argument Zahl auch einen Text angeben, z.B. "12:08:15". Dieser Text wird automatisch durch die Funktion SEKUNDE in die entsprechende fortlaufende Zahl umgewandelt.

Bemerkungen:

- Microsoft Excel für Windows und Microsoft Excel für den Macintosh verwenden verschiedene Datumssysteme.

- Weiter führende Informationen finden Sie unter der Funktion DATUM.

Beispiele:

`=SEKUNDE("12:08:15")`

Ergebnis: 15

`=SEKUNDE(4,12)`

Ergebnis: 48

STUNDE (Zahl)

Einsatz:

Die Funktion erzeugt die Stunde, die durch den Wert des Argumentes *Zahl* angegeben wird. Das Ergebnis kann eine ganze Zahl zwischen 0 und 23 sein.

Parameter:

Das Argument *Zahl* steht für eine Zahl, die Microsoft Excel für Datums- und Zeitberechnungen benutzt. Sie können für das Argument *Zahl* auch einen Text angeben, z.B. "12:08:15". Dieser Text wird automatisch durch die Funktion STUNDE in die entsprechende fortlaufende Zahl umgewandelt.

Bemerkungen:

- Microsoft Excel für Windows und Microsoft Excel für den Macintosh verwenden verschiedene Datumssysteme.
- Weiter führende Informationen finden Sie unter der Funktion DATUM.

Beispiele:

`=STUNDE(0,9)`

Ergebnis: 21

```
=STUNDE("12:08:15")
```

Ergebnis: 12

TAG
(Zahl)

Einsatz:

Die Funktion erzeugt den Tag eines Monats, der gleich bedeutend ist mit der durch das Argument *Zahl* angegebenen Zahl. Das Ergebnis kann eine ganze Zahl zwischen 1 und 31 sein.

Parameter:

Das Argument *Zahl* steht für eine Zahl, die Microsoft Excel für Datums- und Zeitberechnungen benutzt.

Sie können die fortlaufende Zahl entweder mit der Funktion DATWERT erzeugen oder auch für das Argument *Zahl* einen Text angeben, z.B. "20. Juni 1994" oder "20.6.94". Dieser Text wird automatisch durch die Funktion TAG in die entsprechende fortlaufende Zahl umgewandelt.

Bemerkungen:

- Microsoft Excel für Windows und Microsoft Excel für den Macintosh verwenden verschiedene Datumssysteme:
- Microsoft Excel für Windows arbeitet mit dem 1900-Datumssystem. Dabei können die zugehörigen fortlaufenden Zahlen in einem Zahlenbereich vom 1. Januar 1900 bis 31. Dezember 9999 liegen.
- Microsoft Excel für den Macintosh arbeitet mit dem 1904-Datumssystem. Dabei können die zugehörigen fortlaufenden Zahlen in einem Zahlenbereich vom 1. Januar 1904 bis 31. Dezember 9999 liegen.
- Weiter führende Informationen finden Sie unter der Funktion DATUM.

Beispiele:

Voraussetzung: Es wird das 1900-Datumssystem verwendet:

```
=TAG("20.8.93")
```

Ergebnis: 20

```
=TAG("11.Feb.94")
```

Ergebnis: 11

```
=TAG(34186)
```

Ergebnis: 5 (die fortlaufende Zahl 34186 entspricht dem 5.08.93.)

TAGE360 (Ausgangsdatum; Enddatum; Methode)

Einsatz:

Die Funktion wird eingesetzt, um ausgehend von einem Jahr, das 360 Tage umfasst (12 Monate mit je 30 Tagen), die Anzahl der zwischen zwei Tagesdaten liegenden Tage zu ermitteln.

Die Funktion kann in Buchführungssystemen benutzt werden, die auf 12 Monaten mit je 30 Tagen basieren,.

Parameter:

Die Argumente *Ausgangsdatum* und *Enddatum* stehen für die beiden Tagesdaten, für die berechnet werden soll, wie viele Tage zwischen diesen beiden liegen.

Die beiden Argumente können auf zwei Arten angegeben werden: Als Zeichenfolgen, in denen der Tag, der Monat und das Jahr in Zahlen angegeben sind (zum Beispiel "15.9.94" oder "15-9-94") oder als zulässige fortlaufende Zahlen, die das jeweilige Datum widerspiegeln.

Wird das Ausgangsdatum nach dem Enddatum angegeben, erzeugt die Funktion eine negative Zahl.

Methode steht für einen Wahrheitswert, der angibt, ob die europäische oder amerikanische Methode für die Berechnung verwendet wird.

Methode	Spezifiziert:
WAHR oder nicht angegeben	US-Methode (NASD)
FALSCH	Europäische Methode. Ist das Ausgangsdatum der 31. eines Monats, wird dieses Datum zum 30. des gleichen Monats. Ist das Enddatum der 31. eines Monats, wird dieses Datum zum 1. des nächsten Monats, mit der Ausnahme, dass das Ausgangsdatum auf den 30. eines Monats fällt. Der 28. und 29. Februar werden zum 30. Februar.

Bemerkung:

Wandeln Sie ein Datum mit der Funktion DATWERT in eine fortlaufende Zahl um.

Beispiel:

```
=TAGE360("30.4.94"; "15.7.94"; FALSCH)
```

Ergebnis: 75

WOCHENTAG (Zahl; Typ)

Einsatz:

Die Funktion erzeugt den Tag der Woche, der mit der durch das Argument *Zahl* angegebenen Zahl gleichbedeutend ist. Das Ergebnis kann eine ganze Zahl zwischen 1 (Sonntag) und 7 (Samstag) sein.

Parameter:

Das Argument *Zahl* steht für eine Zahl, die Microsoft Excel für Datums- und Zeitberechnungen benutzt.

Sie können die fortlaufende Zahl entweder mit der Funktion DATWERT erzeugen oder auch für das Argument *Zahl* einen Text angeben, z.B. "20. Juni 1994" oder "20.6.94". Dieser Text wird automatisch durch die Funktion MONAT in die entsprechende fortlaufende Zahl umgewandelt.

Das Argument *Typ* steht für eine Zahl, die den Typ des Rückgabewertes bestimmt.

Typ-Tabelle:

Typ	Rückgabewerte
1 oder nicht angegeben	Zahl 1 (Sonntag) bis 7 (Samstag)
2	Zahl 1 (Montag) bis 7 (Sonntag)
3	Zahl 0 (Montag) bis 6 (Sonntag)

Bemerkungen:

- ✔ Microsoft Excel für Windows und Microsoft Excel für den Macintosh verwenden verschiedene Datumssysteme:
- ✔ Microsoft Excel für Windows arbeitet mit dem 1900-Datumssystem. Dabei können die zugehörigen fortlaufenden Zahlen in einem Zahlenbereich vom 1. Januar 1900 bis 31. Dezember 9999 liegen.
- ✔ Microsoft Excel für den Macintosh arbeitet mit dem 1904-Datumssystem. Dabei können die zugehörigen fortlaufenden Zahlen in einem Zahlenbereich vom 1. Januar 1904 bis 31. Dezember 9999 liegen.
- ✔ Weiter führende Informationen finden Sie unter der Funktion DATUM.
- ✔ Es kann ebenso mit der Funktion TEXT ein Wert in ein bestimmtes Zahlenformat umgewandelt werden.

Beispiele:

Voraussetzung: Es wird das 1900-Datumssystem verwendet:

`=WOCHENTAG("20.8.93")`

Ergebnis: 6 (Freitag)

`=WOCHENTAG(34428)`

Ergebnis: 2 (Montag)

ZEIT (Stunde; Minute; Sekunde)

Einsatz:

Die Funktion erzeugt eine fortlaufende Zahl einer bestimmten Uhrzeit.

Das Ergebnis der Funktion ist ein Dezimalbruch im Bereich von 0 bis 0,99999999. Dies entspricht einer Uhrzeit von 0:00:00 (24:00:00) bis 23:59:59.

Parameter:

Das Argument *Stunde* steht für eine Zahl von 0 bis 23, die eine Stunde definiert.

Das Argument *Minute* steht für eine Zahl von 0 bis 59, die eine Minute definiert.

Das Argument *Sekunde* steht für eine Zahl von 0 bis 59, die eine Sekunde definiert.

Bemerkungen:

- Microsoft Excel für Windows und Microsoft Excel für den Macintosh verwenden verschiedene Datumssysteme.
- Weiter führende Informationen finden Sie unter der Funktion DATUM.

Beispiele:

```
=ZEIT(20; 25; 59)
```

Ergebnis: 8:25 PM

```
=ZEIT(5; 10; 12)
```

Ergebnis: 5:10 AM

ZEITWERT (Zeit)

Einsatz:

Die Funktion erzeugt eine fortlaufende Zahl einer durch das Argument *Zeit* angegebenen Uhrzeit.

Diese fortlaufende Zahl ist ein Dezimalbruch im Bereich von 0 bis 0,99999999. Dies entspricht einer Uhrzeit von 0:00:00 (24:00:00) bis 23:59:59. Die Funktion ermöglicht es, eine als Text (Zeichenfolge) vorliegende Uhrzeit in eine fortlaufende Zahl umzuwandeln.

Parameter:

Das Argument *Zeit* steht für eine Zeichenfolge, die eine Uhrzeit in einem der von Excel unterstützten Zeitformate definiert. Angegebene Zahlen bezüglich eines Datums werden nicht beachtet.

Bemerkungen:

- ✔ Microsoft Excel für Windows und Microsoft Excel für den Macintosh verwenden verschiedene Datumssysteme.
- ✔ Weiter führende Informationen finden Sie unter der Funktion DATUM.

Beispiele:

```
=ZEITWERT("12:17")
```

Ergebnis: 0,51180556

```
=ZEITWERT("15.01.89 20:45")
```

Ergebnis: 0,86458333

Mathematik & Trigonometrie

ABRUNDEN (Zahl; Anzahl_Stellen)

Einsatz:

Die gewünschte *Zahl* wird auf *Anzahl_Stellen* abgerundet.

- ✔ Wird *Anzahl_Stellen* größer oder gleich 1 gewählt, wird die angegebene *Zahl* auf *Anzahl_Stellen* abgerundet.
- ✔ Wird *Anzahl_Stellen* gleich 0 gewählt oder nicht angegeben, wird die angegebene *Zahl* auf die nächste ganze Zahl abgerundet.
- ✔ Wird *Anzahl_Stellen* kleiner 0 gewählt, wird die angegebene *Zahl* links vom Dezimaltrennzeichen auf *Anzahl_Stellen* abgerundet.

Parameter:

Zahl ist die reelle Zahl, die Sie abrunden möchten.

Durch *Anzahl_Stellen* definieren Sie die Anzahl der Dezimalstellen, auf die Sie die eingegebene Zahl abrunden wollen.

Bemerkung:

Der Unterschied zwischen den Funktionen RUNDEN und ABRUNDEN besteht lediglich darin, dass ABRUNDEN immer die Zahl abrundet.

Beispiele:

`=ABRUNDEN(2,71828;3)`

Ergebnis: 2.718

`=ABRUNDEN(271,828;-2)`

Ergebnis: 200

ABS
(Zahl)

Einsatz:

Die Funktion liefert als Ergebnis den Absolutwert der eingegebenen *Zahl*. Mit Absolutwert ist die *Zahl* ohne ihr Vorzeichen gemeint.

Parameter:

Zahl kann eine reelle Zahl sein, deren Absolutwert Sie als Ergebnis benötigen.

Beispiele:

```
=ABS(-3,141)
```

Ergebnis: 3,141

```
=ABS(3)
```

Ergebnis: 3

ARCCOS
(Zahl)

Einsatz:

Die Funktion errechnet den Arkuskosinus einer *Zahl*. Der Arkuskosinus repräsentiert einen Winkelwert, dessen Kosinus *Zahl* ist. Das Ergebnis wird im Bogenmaß (Radikant) mit einem Wertebereich von 0 bis PI ausgegeben.

Parameter:

Der Wert von *Zahl* ist der Kosinus des Winkels. Die Zahl muss zwischen -1 und 1 liegen.

Bemerkung:

Wollen Sie das Ergebnis von ARCCOS anstelle des Bogenmaßes in Grad ausdrücken, muss es mit 180/PI multipliziert werden.

Beispiele:

`=ARCCOS(1)`

Ergebnis: 0

`=ARCCOS(0,5)*180/PI()`

Ergebnis: 50 (Grad)

ARCCOSHYP (Zahl)

Einsatz:

Die Funktion errechnet den Kehrwert des hyperbolischen Kosinus einer Zahl. Dieses Ergebnis ist der Wert, dessen hyperbolischer Kosinus *Zahl* ist. Demnach ist ARCCOSHYP(COSHYP(Zahl)) gleich *Zahl*.

Parameter:

Der Wert von *Zahl* muss größer oder gleich 1 sein.

Beispiele:

`=ARCCOSHYP(4)`

Ergebnis: 2,06343707

`=ARCCOSHYP(1)`

Ergebnis: 0

ARCSIN (Zahl)

Einsatz:

Die Funktion errechnet den Arkussinus einer *Zahl*. Der Arkussinus repräsentiert einen Winkelwert, dessen Sinus *Zahl* ist. Das Ergebnis wird im Bogenmaß (Radikant) mit einem Wertebereich von -PI/2 bis PI/2 angezeigt.

Parameter:

Der Wert von *Zahl* ist der Sinus des Winkels. Die Zahl muss zwischen -1 und 1 liegen.

Bemerkung:

Wollen Sie das Ergebnis von ARCSIN vom Bogenmaß in Grad umrechnen, muss es mit 180/PI multipliziert werden.

Beispiele:

```
=ARCSIN(1)
```

Ergebnis: 1,57079633

```
=ARCSIN(1)*180/PI()
```

Ergebnis: 90 (Grad)

ARCSINHYP (Zahl)

Einsatz:

Die Funktion berechnet den Kehrwert des hyperbolischen Sinus einer Zahl. Dieser Kehrwert ist der Wert, dessen hyperbolischer Sinus *Zahl* ist. Demnach ist ARCSINHYP(SINHYP(Zahl)) gleich *Zahl*.

Parameter:

Für den Wert von *Zahl* kann jede beliebige reelle Zahl eingesetzt werden.

Beispiele:

```
=ARCSINHYP(-4)
```

Ergebnis: -2,09471255

```
=ARCSINHYP(1)
```

Ergebnis: 0,88137359

ARCTAN (Zahl)

Einsatz:

Durch diese Funktion wird der Arkustangens einer Zahl ermittelt. Der Arkustangens ist ein Winkelwert, dessen Tangens *Zahl* ergibt. Das Ergebnis wird im Bogenmaß (Radikant) mit einem Wertebereich von -PI/2 bis PI/2 angezeigt.

Parameter:

Zahl stellt den Tangens des Winkels dar, der berechnet werden soll. Der Wert der Zahl muss zwischen -1 und 1 liegen.

Bemerkung:

Wollen Sie das Ergebnis von ARCTAN vom Bogenmaß in Grad umrechnen, muss es mit 180/PI multipliziert werden.

Beispiele:

```
=ARCTAN(0,5)
```

Ergebnis: 0,46364761

```
=ARCSIN(-0,5)*180/PI()
```

Ergebnis: -30 (Grad)

ARCTAN2 (x_Koordinate; y_Koordinate)

Einsatz:

Liefert den Arkustangens, der durch den Winkel zwischen der X-Achse und der Linie, die durch den Koordinatenursprung (0,0) und den Punkt läuft, der durch die Koordinaten (*x_Koordinate, y_Koordinate*) bestimmt ist. Das Ergebnis wird im Bogenmaß (Radikant) mit einem Wertebereich von -PI bis PI (ausgenommen -PI) angezeigt.

Parameter:

x_Koordinate stellt die x-Koordinate des Punktes dar.

y_Koordinate stellt die y-Koordinate des Punktes dar.

Bemerkungen:

- ✔ Erhalten Sie durch die Berechnung ein positives Ergebnis, so entspricht dies einem Winkel, der bezogen auf die X-Achse gegen den Uhrzeigersinn abgemessen wird. Ein negatives Ergebnis ist dagegen ein im Uhrzeigersinn abgemessener Winkel.
- ✔ Die Funktion ARCTAN(a;b) entspricht ARCTAN(b/a), wobei das ARCTAN2 auch den Wert 0 annehmen darf.
- ✔ Wird der Wert für die *X_*- und *Y_Koordinate* 0, liefert die Funktion den Fehler #DIV/0!.
- ✔ Wollen Sie das Ergebnis von ARCTAN2 vom Bogenmaß in Grad umrechnen, muss es mit 180/PI multipliziert werden.

Beispiele:

```
=ARCTAN2(3;4)
```

Ergebnis: 0,92729522

```
=ARCTAN2(4;-4)*180/PI()
```

Ergebnis: -45 (Grad)

ARCTANHYP (Zahl)

Einsatz:

Berechnet den Kehrwert des hyperbolischen Tangens einer Zahl. Dieser Kehrwert des hyperbolischen Tangens ist der Wert, dessen hyperbolischer Tangens gleich *Zahl* ist. Demnach ist ARCTANHYP(TANHYP(Zahl)) gleich *Zahl*.

Parameter:

Zahl kann eine reelle Zahl sein, die größer als -1 und kleiner als 1 ist.

Beispiele:

`=ARCTANHYP(0,9)`

Ergebnis: 1,47221949

`=ARCTANHYP(-0,5)`

Ergebnis: -0,54930614

AUFRUNDEN (Zahl; Anzahl_Stellen)

Einsatz:

Die gewünschte *Zahl* wird auf *Anzahl_Stellen* aufgerundet.

- Wird *Anzahl_Stellen* größer oder gleich 1 gewählt, wird die angegebene *Zahl* auf *Anzahl_Stellen* aufgerundet.
- Wird *Anzahl_Stellen* gleich 0 gewählt oder nicht angegeben, wird die angegebene *Zahl* auf die nächste ganze Zahl aufgerundet.
- Wird *Anzahl_Stellen* kleiner 0 gewählt, wird die angegebene *Zahl* links vom Dezimaltrennzeichen auf *Anzahl_ Stellen* aufgerundet.

Parameter:

Zahl ist die reelle Zahl, die Sie aufrunden möchten.

Durch *Anzahl_Stellen* definieren Sie die Anzahl der Dezimalstellen, auf die Sie die eingegebene Zahl aufrunden wollen.

Bemerkung:

Der Unterschied zwischen den Funktionen RUNDEN und AUFRUNDEN besteht lediglich darin, dass AUFRUNDEN die Zahl immer aufrundet.

Beispiele:

`=AUFRUNDEN(2,71828;3)`

Ergebnis: 2,719

`=AUFRUNDEN(-2,71828;3)`

Ergebnis: -2,719

`=AUFRUNDEN(271,828;-2)`

Ergebnis: 300

BOGENMASS (Winkel)

Einsatz:

Die Funktion wandelt eine Gradzahl in das Bogenmaß (Radiant) um.

Parameter:

Das Argument *Winkel* ist die Winkelangabe als Gradzahl, die umgewandelt werden soll.

Beispiel:

`=BOGENMASS(90)`

Ergebnis: 1,57079633

COS (Zahl)

Einsatz:

Die Funktion errechnet den Kosinus des angegebenen Winkels.

Parameter:

Das Argument *Zahl* stellt den im Bogenmaß angegebenen Winkel dar, dessen Kosinus berechnet werden soll. Ist der Winkel im Gradmaß angegeben, muss er durch Multiplikation mit PI()/180 in das Bogenmaß umgerechnet werden.

Beispiel:

```
=COS(30*PI()/180)
```

Ergebnis: 0,8660254

COSHYP (Zahl)

Einsatz:

Die Funktion errechnet den hyperbolischen Kosinus einer Zahl.

Parameter:

Der Wert von *Zahl* muss größer oder gleich 1 sein.

Beispiele:

```
=COSHYP(2)
```

Ergebnis: 3,76219569

EXP (Zahl)

Einsatz:

Die Funktion errechnet die Basis *e* potenziert mit dem durch das Argument *Zahl* angegebenen Wert. Die Konstante *e* (Basis des natürlichen Logarithmus) hat den Wert 2,71828182845904.

Parameter:

Mit dem Argument *Zahl* wird der Exponent zur Basis *e* angegeben.

Bemerkungen:

- Wollen Sie eine Potenz mit einer anderen Basis berechnen, müssen Sie den Potenzierungsoperator (^) benutzen.

- Die Funktion EXP ist die Umkehrfunktion zur Funktion LN, die den natürlichen Logarithmus erzeugt.

Beispiele:

=EXP(1)

Ergebnis: 2,71828183 (Näherungswert für e)

=EXP(4)

Ergebnis: 54,59815

FAKULTÄT (Zahl)

Einsatz:

Die Funktion errechnet die Fakultät einer Zahl nach folgendem Schema: 1*2*3*4*...* Zahl.

Parameter:

Mit dem Argument *Zahl* wird der Wert angegeben, dessen Fakultät Sie berechnen wollen.

Bemerkungen:

- Das Argument *Zahl* wird durch Abschneiden der Nachkommastellen auf eine ganze Zahl gekürzt.
- *Zahl* muss eine positive Zahl sein, ansonsten erzeugt die Funktion den Fehlerwert *#ZAHL!*.

Beispiele:

=FAKULTÄT(2)

Ergebnis: 2

=FAKULTÄT(2,7)

Ergebnis: 2

```
=FAKULTÄT(6)
```

Ergebnis: 720 (mit 1*2*3*4*5*6 =720)

GANZZAHL (Zahl)

Einsatz:

Die gewünschte Zahl wird auf die nächstkleinere ganze Zahl abgerundet.

Parameter:

Zahl steht für die reelle Zahl, die Sie zur nächsten ganzen Zahl abrunden wollen.

Bemerkung:

Sie können für das Argument *Zahl* auch einen Bezug verwenden, der eine reelle Zahl enthält.

Beispiele:

```
=GANZZAHL(14,8)
```

Ergebnis: 14

```
=GANZZAHL(-14,8)
```

Ergebnis: -15

GERADE (Zahl)

Einsatz:

Die gewünschte Zahl wird auf die nächste gerade ganze Zahl aufgerundet. Die Funktion kann zur Bearbeitung von Elementen dienen, die paarweise auftreten.

Parameter:

Zahl stellt die Zahl dar, die auf die nächste ganze Zahl aufgerundet werden soll.

Bemerkungen:

- ✔ Das Argument *Zahl* muss ein numerischer Wert sein, ansonsten liefert die Funktion den Fehlerwert *#WERT*!.
- ✔ Es wird immer betragsmäßig aufgerundet (Anpassung von Null weg). Dabei spielt es keine Rolle, welches Vorzeichen die Zahl hat.
- ✔ Wird *Zahl* als eine gerade ganze Zahl angegeben, rundet die Funktion nicht. Eine ungerade ganze Zahl wird jedoch aufgerundet.

Beispiele:

`=GERADE(5)`

Ergebnis: 6

`=GERADE(6)`

Ergebnis: 6

`=GERADE(6,3)`

Ergebnis: 8

`=GERADE(-5)`

Ergebnis: -6

GRAD (Winkel)

Einsatz:

Die Funktion wandelt einen Wert im Bogenmaß (Radiant) in Grad um.

Parameter:

Das Argument *Winkel* stellt einen im Bogenmaß (Radiant) gegebenen Winkel dar, der umgewandelt werden soll.

Beispiel:

```
=GRAD(1,575)
```

Ergebnis: 90,2408527 (Grad)

KOMBINATIONEN (n; k)

Einsatz:

Die Funktion errechnet die Anzahl der Kombinationen von *k* Elementen aus einer Menge von *n* Elementen ohne Wiederholung bereits verwendeter Elemente. Die Funktion kann dazu benutzt werden zu berechnen, wie viele Gruppen aus einer bestimmten Anzahl von Elementen gebildet werden können.

Parameter:

Mit dem Argument *n* wird die Anzahl aller Elemente angegeben. Das Argument *k* bestimmt, aus wie vielen Elementen jede Kombination bestehen soll.

Bemerkungen:

- Alle Argumente müssen numerisch sein, ansonsten erzeugt die Funktion den Fehlerw ert *#NAME*?.
- Die Argumente werden auf ganze Zahlen gekürzt.
- Wird *n* kleiner 0, *k* kleiner 0 oder *n* kleiner *k*, erzeugt die Funktion den Fehlerwert *#ZAHL*!
- Bei einer Kombination ist die Reihenfolge der Elemente der Menge im Gegensatz zu einer Permutationen ohne Bedeutung.

- Die Anzahl möglicher Kombinationen wird nach folgender Formel berechnet. Dabei ist n gleich der Anzahl aller Elemente und k gleich der Anzahl der ausgewählten Elemente:

  $$\binom{n}{k} = \frac{P_{k,n}}{k!} = \frac{n!}{k!(n-k)!}$$

  und

  $$P_{k,n} = \frac{n!}{(n-k)!}$$

Beispiel:

Nehmen Sie an, Sie spielen Lotto. Sie haben 49 Kugeln und sechs Kugeln werden daraus gezogen. Wie viele Kombinationsmöglichkeiten haben Sie?

```
=KOMBINATIONEN(49; 6)
```

Ergebnis: 13.983.816 verschiedene Möglichkeiten

KÜRZEN (Zahl; Anzahl_Stellen)

Einsatz:

Die angegebene Zahl wird zu einer ganzen Zahl gekürzt. Dazu werden die Nachkommastellen der Zahl abgeschnitten.

Parameter:

Zahl steht für die Zahl, die Sie kürzen wollen.

Durch *Anzahl_Stellen* definieren Sie die Anzahl der Nachkommastellen, die erhalten bleiben sollen. *Anzahl_Stellen* ist voreingestellt auf 0.

Bemerkung:

Die Funktionen KÜRZEN und GANZZAHL erzeugen nur bei negativen Zahlen unterschiedliche Ergebnisse.

Beispiele:

```
=KÜRZEN(2,3)
```

Ergebnis: 2

```
=KÜRZEN(-2,3)
```

Ergebnis: -2

```
=KÜRZEN(-2,35894;2)
```

Ergebnis: -2,35

LN
(Zahl)

Einsatz:

Die Funktion errechnet den natürlichen Logarithmus einer Zahl. Dabei ist die Basis des natürlichen Logarithmus die Konstante e (2,718281828459).

Parameter:

Durch *Zahl* definieren Sie die reelle Zahl, deren natürlicher Logarithmus errechnet werden soll.

Bemerkung:

Die Funktion LN ist die Umkehrfunktion der Funktion EXP.

Beispiele:

```
=LN(EXP(8))
```

Ergebnis: 8

```
=LN(10)
```

Ergebnis: 2,30258509

LOG (Zahl; Basis)

Einsatz:

Die Funktion errechnet den Logarithmus einer Zahl. Dabei ist die Basis variabel, d.h., sie kann von Ihnen bestimmt werden.

Parameter:

Durch *Zahl* definieren Sie die reelle Zahl, deren Logarithmus errechnet werden soll.

Mit *Basis* können Sie eine beliebige Basis für den Logarithmus angeben. Wird dieses Argument nicht angegeben, wird die Basis auf 10 festgelegt.

Beispiele:

```
=LOG(3^10,4)
```

Ergebnis: 4,96206105

```
=LOG(25)
```

Ergebnis: 1,39794001

LOG10 (Zahl)

Einsatz:

Die Funktion errechnet den Logarithmus einer Zahl. Dabei ist die Basis des Logarithmus 10.

Parameter:

Durch *Zahl* definieren Sie die reelle Zahl, deren Logarithmus errechnet werden soll.

Beispiele:

```
=LOG10(3^10)
```

Ergebnis: 4,77121255

```
=LOG10(25)
```

Ergebnis: 1,39794001

```
=LOG10(5E45)
```

Ergebnis: 45,69897

MDET (Matrix)

Einsatz:

Die Funktion erzeugt die Determinante einer Matrix.

Parameter:

Das Argument *Matrix* stellt eine aus numerischen Werten bestehende quadratische Matrix dar.

Bemerkungen:

- Das Argument *Matrix* kann als Zellbereich (z.B. D1:E12), als Matrix-Konstante (z.B. {9.8.1;8.2.10; 3.5.4}) oder als ein Bereichsname, der einem Zellbereich oder einer Matrix-Konstante zugeordnet ist, angegeben werden.
- Wenn die Zellen einer Matrix leer sind oder einen Text enthalten, erzeugt die Funktion den Fehlerwert *#WERT*!.
- Ist die Matrix nicht quadratisch, wird ebenfalls der Fehlerwert *#WERT*! erzeugt.
- Die Determinante der Matrix (A1:C3) wird wie folgt berechnet:

  ```
  A1*(B2*C3-B3*C2) + A2*(B3*C1-B1*C3) + A3*(B1*C2-B2*C1)
  ```

- Determinanten werden eingesetzt, um Gleichungssysteme mit mehreren Unbekannten (Variablen) zu lösen.
- Die Funktion MDET rechnet mit einer Genauigkeit von 16 Ziffern.
- Wenn eine Division nicht ohne Rest aufgeht, können kleinere Rechenungenauigkeiten auftreten.

Beispiele:

`=MDET({9.8.1;8.2.10;3.5.4})`

Ergebnis: -360

`=MDET({3.6.4.5;12.78.7.45})`

Ergebnis: *#WERT*! (Die Matrix ist nicht quadratisch)

MINV (Matrix)

Einsatz:

Die Funktion erzeugt die inverse Matrix (Kehrmatrix) der angegebenen Matrix.

Parameter:

Das Argument *Matrix* stellt eine aus numerischen Werten bestehende quadratische Matrix dar.

Bemerkungen:

- ✓ Das Argument *Matrix* kann als Zellbereich (z.B. D1:E12), als Matrix-Konstante (z.B. {9.8.1;8.2.10;3. 5.4}) oder als ein Bereichsname, der einem Zellbereich oder einer Matrix-Konstante zugeordnet ist, angegeben werden.
- ✓ Wenn die Zellen einer Matrix leer sind oder einen Text enthalten, erzeugt die Funktion den Fehlerwert *#WERT*!.
- ✓ Ist die Matrix nicht quadratisch, wird ebenfalls der Fehlerwert *#WERT*! erzeugt.
- ✓ Inverse Matrizen werden eingesetzt, um Gleichungssysteme mit mehreren Unbekannten (Variablen) zu lösen.
- ✓ Multipliziert man eine Matrix mit ihrer inversen Matrix, erhält man als Ergebnis die Einheitsmatrix.
- ✓ Die Einheitsmatrix ist eine quadratische Matrix, deren Elemente der Hauptdiagonalen den Wert 1 haben und deren anderen Elemente den Wert 0 haben.

- Die Funktion MINV rechnet mit einer Genauigkeit von 16 Ziffern.
- Wenn eine Division nicht ohne Rest aufgeht, können kleinere Rechenungenauigkeiten auftreten.
- Eine Matrix, deren Determinante 0 ist, kann nicht invertiert werden.

Beispiel:

```
=MINV({9.8.1;8.2.10;3.5.4})
```

Ergebnis:

```
{0,116.0,075.-0,216;0,005.-0,091. 0,227;-0,094.0,058.0,127}
```

MMULT (Matrix1; Matrix2)

Einsatz:

Die Funktion erzeugt das Produkt zweier Matrizen. Als Ergebnis erzeugt die Funktion eine Matrix mit derselben Anzahl an Zeilen wie *Matrix1* und derselben Anzahl an Spalten wie *Matrix2*.

Parameter:

Die Argumente *Matrix1* und *Matrix2* stellen die Matrizen dar, die multipliziert werden sollen.

Bemerkungen:

- Das Argument *Matrix1* muss die gleiche Anzahl Spalten haben wie das Argument *Matrix2* Zeilen hat, ansonsten erzeugt die Funktion den Fehlerwert *#WERT*!.
- Beide Matrizen dürfen nur Zahlenwerte enthalten.
- Die Argumente *Matrix1* und *Matrix2* können als Zellbereich (z.B. D1:E12), als Matrix-Konstanten (z.B. {9.8.1; 8.2.10;3.5.4}) oder als Bezüge angegeben werden.

- Wenn die Zellen einer Matrix leer sind oder einen Text enthalten, erzeugt die Funktion den Fehlerwert *#WERT!*.
- Werden Formeln verwendet, die Matrizen erzeugen, müssen diese als Matrix-Formeln eingegeben werden.
- Durch eine Multiplikation der Matrizen B und C ergibt sich folgende Matrix A:

$$a_{ij} = \sum_{k=1}^{n} b_{ik} c_{kj}$$

Dabei ist i die Zeilennummer und j die Spaltennummer.

Beispiel:

```
=MMULT({5.0;7.0}; {4.0;0.8})
```

Ergebnis: {20.0;28.0}

OBERGRENZE (Zahl, Schritt)

Einsatz:

Die Funktion rundet eine Zahl auf das nächste Vielfache von *Schritt* auf.

Parameter:

Das Argument *Zahl* steht für den Wert, der gerundet werden soll.

Schritt stellt den Wert dar, auf dessen Vielfaches aufgerundet werden soll.

Bemerkungen:

- Alle Argumente müssen numerisch sein, ansonsten erzeugt die Funktion den Fehlerwert *#WERT!*.
- Der Wert von *Zahl* wird bei positivem Vorzeichen aufgerundet. Bei negativem Vorzeichen wird der angegebene Wert abgerundet.

- Wird das Argument *Zahl* als ein genaues Vielfaches von Schritt angegeben, so rundet die Funktion nicht.
- Die beiden Argumente *Zahl* und *Schritt* müssen die gleichen Vorzeichen haben, ansonsten erzeugt OBERGRENZE den Fehlerwert *#ZAHL*!.

Beispiele:

`=OBERGRENZE(8,47;1)`

Ergebnis: 9

`=OBERGRENZE(-8,47;-1)`

Ergebnis: -9

`=OBERGRENZE(0,7521; 0,025)`

Ergebnis: 0,775

PI( )

Einsatz:

Die Funktion erzeugt den Konstantenwert PI (3,14159265358979). PI wird mit einer Genauigkeit von 15 Stellen angezeigt.

Beispiele:

`=PI()`

Ergebnis: 3,141592654

`=PI()*2`

Ergebnis: 6,283185307

POTENZ (Zahl; Potenz)

Einsatz:

Die Funktion errechnet die Potenz einer Zahl.

Parameter:

Das Argument *Zahl* steht für die jeweilige Basis. Sie können alle reellen Zahlen angeben. Mit dem Argument *Potenz* geben Sie den Exponent an, mit dem die Basis potenziert werden soll.

Bemerkung:

Sie können anstelle der Funktion POTENZ auch den Operator »^« benutzen (z.B. 8^4).

Beispiele:

```
=POTENZ(8;4)
```

Ergebnis: 4096

```
=POTENZ(3,742;6)
```

Ergebnis: 2745,50791

PRODUKT (Zahl1; Zahl2; ...)

Einsatz:

Die Funktion multipliziert alle angegebenen Zahlen miteinander. Die Funktion erzeugt demnach das Produkt der angegebenen Zahlen.

Parameter:

Mit den Argumenten *Zahl1; Zahl2; ...* geben Sie die Werte an, die miteinander multiplizieren werden sollen.

Bemerkungen:

- Die einzugebenden Argumente dürfen lediglich Zahlen, Wahrheitswerte oder Zahlen in Textform sein.
- Alle Argumente, die Fehlerwerte oder Texte darstellen, die nicht in Zahlen umgewandelt werden können, erzeugen einen Fehler.

- Werden als Argumente eine Matrix oder ein Bezug angegeben, so werden nur die Elemente bewertet, die Zahlen darstellen.
- Enthalten die Bezüge bzw. Matrizen als Argumente Text, Leerzellen oder Wahrheitswerte, so werden sie nicht beachtet.

Beispiele:

```
=PRODUKT(4;8;12;7;23)
```

Ergebnis: 61824

Voraussetzungen: Zelle *A1* enthält den Wert 2, Zelle *A2* enthält den Wert 3 und Zelle *A3* enthält den Wert 4.

```
=PRODUKT(A1:A3)
```

Ergebnis: 24

QUADRATESUMME (Zahl1; Zahl2; ...)

Einsatz:

Die Funktion summiert alle angegebenen quadrierten Argumente.

Parameter:

Mit den Argumenten *Zahl1; Zahl2; ...* geben Sie die Werte an, deren Quadrate summiert werden sollen. Anstelle der Eingabe von einzelnen durch Semikola getrennten Argumenten kann auch eine einzeilige oder einspaltige Matrix bzw. ein Bezug auf eine einspaltige Matrix angegeben werden.

Beispiel:

```
=QUADRATESUMME(8;6;10)
```

Ergebnis: 200

REST (Zahl; Divisor)

Einsatz:

Die Funktion erzeugt den Rest der Division von *Zahl* durch *Divisor*. Das Vorzeichen des Ergebnisses stimmt mit dem Vorzeichen des Divisors überein.

Parameter:

Zahl steht für jene Zahl, für die der Rest der Division gesucht wird.

Durch *Divisor* definieren Sie eine Zahl, durch die die Zahl dividiert werden soll.

Bemerkung:

Das Argument *Divisor* darf nicht mit 0 angegeben werden, ansonsten erzeugt die Funktion den Fehlerwert *#DIV/0!*.

Beispiele:

`=REST(9;2)`

Ergebnis: 1

`=REST(8;2)`

Ergebnis: 0

`=REST(-9;4)`

Ergebnis: 3

`=REST(9;-4)`

Ergebnis: -3

RÖMISCH (Zahl, Typ)

Einsatz:

Die Funktion wandelt eine arabische Zahl in eine römische Zahl in Textform um.

Parameter:

Das Argument *Zahl* stellt die arabische Zahl dar, die umgewandelt werden soll.

Typ steht für eine Zahl, die den Typ der römischen Zahl bestimmt.

Sie können durch *Typ* eine Schreibweise der römischen Zahlen festlegen, die von klassisch bis vereinfacht reicht.

Typ	Entspricht
0 oder ausgelassen	klassisch
1	kürzer
2	kürzer
3	kürzer
4	vereinfacht
WAHR	klassisch
FALSCH	vereinfacht

Bemerkung:

Wird das Argument *Zahl* negativ oder größer 3999 angegeben, erzeugt die Funktion den Fehlerwert *#WERT!*.

Beispiele:

`=RÖMISCH(399,2)`

Ergebnis: CCCIC

`=RÖMISCH(399,WAHR)`

Ergebnis: CCCXCIX

RUNDEN (Zahl; Anzahl_Stellen)

Einsatz:

Die gewünschte Zahl wird auf eine bestimmte Anzahl Stellen gerundet.

Parameter:

Das Argument *Zahl* steht für die reelle Zahl, die Sie runden wollen.

Durch *Anzahl_Stellen* definieren Sie die Anzahl der Dezimalstellen, auf die Sie die eingegebene Zahl runden wollen.

- Wird *Anzahl_Stellen* größer 0 gewählt, wird die angegebene *Zahl* auf *Anzahl_Stellen* gerundet.
- Wird *Anzahl_Stellen* gleich 0 gewählt, wird die angegebene Zahl auf die nächste ganze Zahl gerundet.
- Wird *Anzahl_Stellen* kleiner 0 gewählt, wird die angegebene Zahl links vom Dezimaltrennzeichen gerundet.

Bemerkung:

Der Unterschied zwischen RUNDEN und ABRUNDEN besteht lediglich darin, dass ABRUNDEN die Zahl immer abrundet.

Beispiele:

`=RUNDEN(2,71828;3)`

Ergebnis: 2,718

`=ABRUNDEN(271,828;-2)`

Ergebnis: 200

SIN (Zahl)

Einsatz:

Die Funktion errechnet den Sinus der angegebenen Zahl.

Parameter:

Das Argument *Zahl* stellt den im Bogenmaß angegebenen Winkel dar, dessen Sinus berechnet werden soll. Ist der Winkel im Gradmaß angegeben, muss er durch Multiplikation mit PI()/180 in das Bogenmaß umgerechnet werden.

Beispiele:

```
=SIN(12*PI()/180)
```

Ergebnis: 0,20791169

```
=SIN(1,57079633)
```

Ergebnis: 1

SINHYP (Zahl)

Einsatz:

Die Funktion errechnet den hyperbolischen Sinus einer Zahl.

Parameter:

Der Wert von *Zahl* kann eine beliebige reelle Zahl sein. Der hyperbolische Sinus wird nach folgender Formel berechnet:

$$\mathrm{SINHYP}(z) = \frac{e^{z} - e^{-z}}{2}$$

Bemerkung:

Die hyperbolische Sinusfunktion kann als Näherung für die Verteilungsfunktion einer Wahrscheinlichkeitsverteilung eingesetzt werden.

Beispiele:

```
=SINHYP(2)
```

Ergebnis: 3,62686041

```
=SINHYP(-3)
```

Ergebnis: -10,0178749

SUMME (Zahl1; Zahl2; ...)

Einsatz:

Die Funktion summiert alle angegebenen Zahlen miteinander. Sie erzeugt also die Summe der angegebenen Zahlen.

Parameter:

Mit den Argumenten *Zahl1; Zahl2; ...* geben Sie die Werte an, deren Summe gebildet werden soll.

Sie können maximal 30 Argumente angeben.

Bemerkungen:

- Die direkt einzugebenden Argumente dürfen lediglich Zahlen, Wahrheitswerte oder Zahlen in Textform sein.
- Alle Argumente, die Fehlerwerte oder Text darstellen, die nicht in Zahlen umgewandelt werden können, erzeugen einen Fehler.
- Wird als Argument eine Matrix oder ein Bezug angegeben, so werden nur die Elemente bewertet, die Zahlen darstellen.
- Enthalten die Bezüge bzw. Matrizen als Argumente Text, Leerzellen, Wahrheitswerte oder Fehlerwerte, so werden sie nicht beachtet.

Beispiele:

```
=SUMME(10; 5)
```

Ergebnis: 15

Das folgende Beispiel errechnet als Ergebnis 16, da der Textwert 15 in eine Zahl und WAHR in eine 1 umgewandelt wird.

```
=SUMME("15"; WAHR)
```

Ergebnis: 16

Voraussetzung: Zelle *A1* enthält den Textwert "50".

Das folgende Beispiel erzeugt lediglich den Wert 3, da als Argumente angegebene Bezüge auf Werte, die keine Zahlen darstellen (sondern beispielsweise Textwerte), nicht in Zahlen umgewandelt werden können.

```
=SUMME(A1;3;)
```

Ergebnis: 3

Voraussetzungen: Zelle *A1* enthält die Zahl 50, Zelle *A2* enthält die Zahl 100 und Zelle *A3* enthält die Zahl 30.

```
=SUMME(A1:A3)
```

Ergebnis: 180

SUMMENPRODUKT (Matrix1; Matrix2; Matrix3; ...)

Einsatz:

Die Funktion multipliziert die sich entsprechenden Elemente der angegebenen Matrizen. Als Ergebnis erzeugt die Funktion die Summe dieser Produkte.

Parameter:

Die Argumente *Matrix1; Matrix2; Matrix3; ...* stellen die Matrizen dar, deren sich entsprechende Werte miteinander multipliziert und anschließend addiert werden sollen.

Bemerkungen:

- Die angegebenen Matrizen müssen in ihrer Zeilen- und Spaltenanzahl übereinstimmen, ansonsten erzeugt die Funktion den Fehlerwert *#WERT*!.
- Alle Matrixelemente, die nicht als numerischer Ausdruck angegeben sind, werden mit 0 belegt.

✔ Beachten Sie auch die Funktion SUMME.

Beispiel:

```
=SUMMENPRODUKT({8.12;45.2;4.14}; {4.8;9.5;4.2})
```

Ergebnis: 587

Die Funktion SUMMENPRODUKT im Beispiel führt die folgende Rechnung aus:

```
8*4+12*8+45*9+2*5+4*4+14*2
```

SUMMEWENN (Bereich; Kriterien; Summe_Bereich)

Einsatz:

Die Funktion addiert die Zahlen, die mit den Kriterien übereinstimmen.

Parameter:

Mit dem Argument *Bereich* geben Sie den Zellbereich an, der ausgewertet werden soll.

Das Argument *Kriterien* steht für Kriterien in Form einer Zahl, eines Ausdrucks oder einer Zeichenfolge. Mit diesen Kriterien können Sie bestimmen, welche Zellen addiert werden sollen. Beispielsweise kann das Argument *Kriterien* mit 40, "884", "=10" oder "*Kunden_Nr*" belegt werden.

Das Argument *Summe_Bereich* definiert den Bereich, in dem sich die tatsächlich zu addierenden Zellen befinden. Die Inhalte der zu *Summe_Bereich* gehörenden Zellen werden nur dann mit in die Addition einbezogen, wenn ihre Inhalte den Suchkriterien entsprechen.

Wird das Argument *Summe_Bereich* nicht angegeben, werden die zu *Bereich* gehörenden Zellen addiert.

Bemerkungen:

- ✔ Die angegebenen Matrizen müssen in ihrer Zeilen- und Spaltenanzahl übereinstimmen, ansonsten erzeugt die Funktion den Fehlerwert *#WERT*!.
- ✔ Alle Matrixelemente, die nicht als numerischer Ausdruck angegeben sind, werden mit 0 belegt.
- ✔ Beachten Sie auch die Funktion SUMME.

Beispiel:

Die Zellen *A1:A3* enthalten die folgenden Preise für drei verkaufte Grundstücke: 200.000 DM, 500.000 und 150.000 DM. Die Zellen B1:B3 enthalten die vom Grundstücksverkauf erzielten Gewinne des Maklers: 20.000 DM, 15.000 DM und 5.000 DM.

```
=SUMMEWENN(A1:A3"<300000";B1:B3)
```

Ergebnis: 25.000 DM

SUMMEX2MY2 (Matrix_x; Matrix_y)

Einsatz:

Die Funktion summiert für zusammengehörige Komponenten zweier Matrizen die Differenzen der Quadrate.

Parameter:

Das Argument *Matrix_x* steht für die erste Matrix oder den ersten Wertebereich.

Das Argument *Matrix_y* steht für die zweite Matrix oder den zweiten Wertebereich.

Bemerkungen:

- ✔ Es dürfen nur Zahlen oder aber Namen, Matrizen oder Bezüge eingegeben werden, die Zahlen enthalten.

- Matrizen oder Bezüge, die als Argument einen Text, Wahrheitswerte oder leere Zellen enthalten, werden nicht bewertet.
- Eine Zelle mit einer 0 als Inhalt wird dagegen mit in die Berechnung einbezogen.
- Beinhalten die Argumente *Matrix_x* und *Matrix_y* unterschiedlich viele Datenpunkte, erzeugt die Funktion den Fehlerwert *#NV*.
- Für die Summe der aus Quadratzahlen gebildeten Differenzen gilt folgende Gleichung:

$$\mathrm{SUMX2MY2} = \sum (x^2 - y^2)$$

Beispiel:

```
=SUMMEX2MY2({8;12;45;2;4;14}; {4;8;9;5;4;2})
```

Ergebnis: 2243

SUMMEX2PY2 (Matrix_x; Matrix_y)

Einsatz:

Die Funktion summiert für zusammengehörige Komponenten zweier Matrizen die Summen der Quadrate. Diese Funktion wird oft in statistischen Berechnungen benötigt.

Parameter:

Das Argument *Matrix_x* steht für die erste Matrix oder den ersten Wertebereich.

Das Argument *Matrix_y* steht für die zweite Matrix oder den zweiten Wertebereich.

Bemerkungen:

- Es dürfen nur Zahlen oder aber Namen, Matrizen oder Bezüge eingegeben werden, die Zahlen enthalten.

- Matrizen oder Bezüge, die als Argument einen Text, Wahrheitswerte oder leere Zellen enthalten, werden nicht bewertet.
- Eine Zelle mit einer 0 als Inhalt wird dagegen mit in die Berechnung einbezogen.
- Beinhalten die Argumente *Matrix_x* und *Matrix_y* unterschiedlich viele Datenpunkte, erzeugt die Funktion den Fehlerwert *#NV*.
- Für die Summe der aus Quadratzahlen gebildeten Summen gilt folgende Gleichung:

$$\mathrm{SUMX2PY2} = \sum(x^2 + y^2)$$

Beispiel:

```
=SUMMEX2PY2({8;12;45;2;4;14}; {4;8;9;5;4;2})
```

Ergebnis: 2655

SUMMEXMY2 (Matrix_x, Matrix_y)

Einsatz:

Die Funktion summiert für zusammengehörige Komponenten zweier Matrizen die quadrierten Differenzen.

Parameter:

Das Argument *Matrix_x* steht für die erste Matrix oder den ersten Wertebereich.

Das Argument *Matrix_y* steht für die zweite Matrix oder den zweiten Wertebereich.

Bemerkungen:

- Es dürfen nur Zahlen oder aber Namen, Matrizen oder Bezüge eingegeben werden, die Zahlen enthalten.
- Matrizen oder Bezüge, die als Argument einen Text, Wahrheitswerte oder leere Zellen enthalten, werden nicht bewertet.

- Eine Zelle mit einer 0 als Inhalt wird dagegen mit in die Berechnung einbezogen.
- Beinhalten die Argumente *Matrix_x* und *Matrix_y* unterschiedlich viele Werte, erzeugt die Funktion den Fehlerwert *#NV*.
- Für die Summe quadrierter Differenzen gilt folgende Gleichung:

$$\text{SUMXMY2} = \sum (x - y)^2$$

Beispiel:

```
=SUMMEXMY2({8;12;45;2;4;14}; {4;8;9;5;4;2})
```

Ergebnis: 1481

TAN (Zahl)

Einsatz:

Die Funktion errechnet den Tangens des jeweils angegebenen Winkels.

Parameter:

Das Argument *Zahl* stellt den im Bogenmaß angegebenen Winkel dar, dessen Tangens berechnet werden soll. Ist der Winkel im Gradmaß angegeben, muss er durch Multiplikation mit PI()/180 in das Bogenmaß umgerechnet werden.

Beispiele:

```
=TAN(30*PI()/180)
```

Ergebnis: 0,57735027

```
=TAN(0,85)
```

Ergebnis: 1,13833271

TANHYP (Zahl)

Einsatz:

Die Funktion errechnet den hyperbolischen Tangens einer Zahl.

Parameter:

Der Wert von *Zahl* ist eine beliebige reelle Zahl.

Dem hyperbolischen Tangens liegt folgende Gleichung zugrunde:

$$\mathrm{TANH}(z) = \frac{\mathrm{SINH}(z)}{\mathrm{COSH}(z)}$$

Beispiele:

`=TANHYP(4)`

Ergebnis: 0,9993293

`=TANHYP(-1)`

Ergebnis: -0,76159416

TEILERGEBNIS (Funktion; Bezug1)

Einsatz:

Die Funktion erzeugt innerhalb einer Liste oder Datenbank ein Teilergebnis.

Beachten Sie ebenso den Befehl *Teilergebnis* im Menü *Daten*. Ist mit diesem Befehl eine mit Teilergebnissen versehene Liste erstellt worden, kann sie mit Hilfe der Funktion *Teilergebnis* weiter bearbeitet werden.

Parameter:

Das Argument *Funktion* steht für eine Zahl von 1 bis 11, die die Funktion angibt, mit der innerhalb einer Liste ein Teilergebnis berechnet werden soll. Nummern-Tabelle:

Nummer der Funktion	Funktion
1	MITTELWERT
2	ANZAHL
3	ANZAHL2
4	MAX
5	MIN
6	PRODUKT
7	STABW
8	STABWN
9	SUMME
10	VARIANZ
11	VARIANZEN

Das Argument *Bezug1* steht für den Bereich oder einen Bezug auf einen Bereich, für den das Teilergebnis berechnet werden soll.

Bemerkungen:

- Sind innerhalb des von *Bezug1* angegebenen Bereichs weitere Teilergebnisse (oder geschachtelte Teilergebnisse) in Berechnung, werden die geschachtelten Teilergebnisse nicht beachtet, um Mehrfachberücksichtigungen auszuschließen.
- Die Funktion beachtet ausgeblendete Zeilen nicht.

Beispiel:

Voraussetzungen: Die Zellen *A1:C1* enthalten folgende Werte: 10, 20 und 50.

```
=TEILERGEBNIS(6;A1:C1)
```

Ergebnis: 10000

UNGERADE (Zahl)

Einsatz:

Die angegebene *Zahl* wird auf die nächste ungerade ganze Zahl aufgerundet.

Parameter:

Zahl stellt die Zahl dar, die auf die nächste ganze ungerade Zahl aufgerundet werden soll.

Bemerkungen:

- Das Argument Zahl muss ein numerischer Wert sein, ansonsten liefert die Funktion den Fehlerwert *#WERT*!.
- Es wird immer aufgerundet (Anpassung von Null). Dabei spielt es keine Rolle, welches Vorzeichen die Zahl hat.
- Wird *Zahl* als eine ungerade ganze Zahl angegeben, rundet die Funktion nicht.

Beispiele:

```
=UNGERADE(5)
```

Ergebnis: 5

```
=UNGERADE(7,5)
```

Ergebnis: 9

```
=UNGERADE(-6,3)
```

Ergebnis: -7

UNTERGRENZE (Zahl; Schritt)

Einsatz:

Die Funktion rundet eine Zahl betragsmäßig auf das größte Vielfache von *Schritt* ab.

Parameter:

Das Argument *Zahl* steht für den numerischen Wert, der gerundet werden soll.

Schritt stellt den Wert dar, auf dessen Vielfaches gerundet werden soll.

Bemerkungen:

- Alle Argumente müssen numerisch sein, ansonsten erzeugt die Funktion den Fehlerwert *#WERT*!.
- Der Wert von *Zahl* wird unabhängig vom Vorzeichen von *Zahl* betragsmäßig abgerundet.
- Wird das Argument *Zahl* als ein genaues Vielfaches von *Schritt* angegeben, so rundet die Funktion nicht.
- Die beiden Argumente *Zahl* und *Schritt* müssen die gleichen Vorzeichen haben, ansonsten erzeugt die Funktion den Fehlerwert *#ZAHL*!.

Beispiele:

```
=UNTERGRENZE(8,47;1)
```

Ergebnis: 8

```
=UNTERGRENZE(-8,47;-1)
```

Ergebnis: -8

```
=UNTERGRENZE(0,7521; 0,025)
```

Ergebnis: 0,75

VORZEICHEN (Zahl)

Einsatz:

Die Funktion liefert als Ergebnis das Vorzeichen einer Zahl. Die Funktion erzeugt den Wert 1, wenn *Zahl* positiv ist; den Wert 0, wenn *Zahl* 0 ist und den Wert -1, wenn *Zahl* negativ ist.

Parameter:

Zahl kann eine beliebige reelle Zahl sein, deren Vorzeichenwert Sie als Ergebnis benötigen.

Beispiele:

`=VORZEICHEN(99)`

Ergebnis: 1

`=VORZEICHEN(-12)`

Ergebnis: -1

`=VORZEICHEN(4*2-4*2)`

Ergebnis: 0

WURZEL (Zahl)

Einsatz:

Die Funktion erzeugt die Quadratwurzel einer Zahl.

Parameter:

Das Argument *Zahl* gibt die Zahl an, deren Quadratwurzel berechnet werden soll.

Bemerkung:

Wird *Zahl* negativ angegeben, erzeugt die Funktion den Fehlerwert *#ZAHL!*.

Beispiele:

`=WURZEL(3)`

Ergebnis: 1,73205081

`=WURZEL(-2)`

Ergebnis: *#ZAHL!*

ZUFALLSZAHL( )

Einsatz:

Die Funktion erzeugt eine gleichverteilte Zufallszahl, die größer/gleich 0 und kleiner als 1 ist.

Jedes Mal, wenn die Tabelle neu berechnet wird, gibt die Funktion eine neue Zufallszahl aus.

Bemerkung:

Die folgende Anweisung erzeugt eine reelle Zufallszahl, die zwischen a und b liegt:

```
ZUFALLSZAHL()*(b-a)+a
```

Wenn Sie wollen, dass die Funktion zwar eine Zufallszahl erzeugt, aber nicht wünschen, dass sich deren Wert bei jeder Neuberechnung der entsprechenden Zelle ändert, können Sie auch =ZUFALLSZAHL() in die Bearbeitungszeile eingeben und die Taste [Ende] drücken, um die Formel in eine Zufallszahl zu ändern.

Beispiel:

```
=ZUFALLSZAHL()^30
```

Ergebnis: Immer ein anderer Wert.

Statistik

ACHSENABSCHNITT (Y_Werte; X_Werte)

Einsatz:

Die Funktion *Achsenabschnitt* berechnet die Anfangsordinate der Regressionsgeraden. Die Regressionsgerade steht für die einzugebenden *X_* und *Y_Werte*. Dabei bezeichnet die Anfangsordinate den Punkt, an dem die Regressionsgerade die Y-Achse schneidet.

Eingesetzt werden kann diese Funktion immer dann, wenn ermittelt werden soll, welchen Wert eine abhängige Variable dann annimmt, wenn die unabhängige Variable Null ist.

Parameter:

Y_Werte repräsentiert die einzugebenden abhängigen Messwerte bzw. Zahlen.

X_Werte repräsentiert die einzugebenden unabhängigen Messwerte bzw. Zahlen.

Bemerkungen:

- ✔ Die einzugebenden Argumente sollten Zahlen enthalten (auch bei Bezügen oder Matrizen). Werden für die *X_Werte* und *Y_Werte* unterschiedlich viele bzw. keine Zahlen angegeben, liefert die Funktion einen Fehler.
- ✔ Enthalten die Bezüge bzw. Matrizen als Argumente Text, Leerzellen oder Wahrheitswerte, so werden diese nicht beachtet. Der Wert 0 dagegen wird mit in die Berechnung einbezogen.
- ✔ Es wird für die Anfangsordinate einer Regressionsgeraden folgende Gleichung verwendet:

$$a = \overline{Y} - b\overline{X}$$

Dabei wird die Steigung folgendermaßen berechnet:

$$b = \frac{n\sum xy - (\sum x)(\sum y)}{n\sum x^2 - (\sum x)^2}$$

Beispiel:

=ACHSENABSCHNITT ({4.8.3.1};{5.15.4.6})

Ergebnis: 0,2987013

ANZAHL (Wert1; Wert2; ...)

Einsatz:

Die Funktion zählt in einer Liste von Argumenten alle Zahlenwerte. Eine Liste von Argumenten kann beispielsweise eine Bereich oder eine Matrix sein.

Parameter:

Wert1;*Wert2*; ... bezeichnen die Argumente, die gezählt werden sollen. Dabei kann *Wert* zwar für jegliche Art von Datentypen stehen, es werden jedoch nur Zellen gezählt, die einen Zahlenwert enthalten. Zahlenwerte sind: Zahlen (auch 0), Wahrheitswerte, Datumsangaben oder Zahlen in Textform. Alle leeren Zellen, Wahrheitswerte, Texte oder Fehlerwerte, die in einer Matrix oder einem Bezug enthalten sind, werden nicht beachtet.

Es können 1 bis 30 Argumente angegeben werden.

Bemerkung:

Alle Argumente, die einen Fehlerwert oder einen Text enthalten, der nicht in eine Zahl umgewandelt werden kann, werden nicht berücksichtigt.

Beispiele:

Setzen Sie für die Beispiele folgende Werte voraus: Zelle A1 enthält den Wert "Steuer:", Zelle B1 enthält "10.04.93", Zelle C1 enthält "205", Zelle D1 enthält #NAME?. Die Zellen nach D1 sollen keine Werte enthalten.

```
=ANZAHL(A1:C1)
```

Ergebnis: 2

```
=ANZAHL(A1:D1)
```

Ergebnis: 2

```
=ANZAHL(C1:E1;"20";"FALSCH";40,36)
```

Ergebnis: 3

ANZAHL2 (Wert1; Wert2; ...)

Einsatz:

Die Funktion berechnet, wie viele Argumente einer Liste einen wahren Wert enthalten, demnach nicht leer sind. Mit Liste ist beispielsweise ein Bereich von Zelladressen oder eine Matrix gemeint.

Parameter:

Wert1;*Wert2*; ... bezeichnen die Argumente, die gezählt werden sollen. Dabei kann *Wert* für jegliche Art von Daten stehen. Leerzellen innerhalb einer Matrix oder eines Bereiches werden jedoch nicht beachtet. Es können 1 bis 30 Argumente angegeben werden.

Beispiel:

Setzen Sie für die Beispiele folgende Werte voraus: Zelle A1 enthält den Wert "Steuer:", Zelle B1 enthält "10.04.93", Zelle C1 enthält "205". Die Zellen nach C1 sollen keine Werte enthalten.

```
=ANZAHL2(A1:C1)
```

Ergebnis: 3

```
=ANZAHL2(B1:E1)
```

Ergebnis: 2

```
=ANZAHL2(B1:E2; A1; 30)
```

Ergebnis: 4

ANZAHLLEEREZELLEN (Bereich)

Einsatz:

Die Funktion berechnet, wie viele Zellen des angegebenen Bereiches leer sind.

Parameter:

Mit dem Argument *Bereich* ist der Bereich anzugeben, in dem die Leerzellen gezählt werden sollen.

Bemerkungen:

- ✓ Die Funktion zählt auch Zellen, die solche Funktionen enthalten, die leere Zeichenfolgen ("") liefern.
- ✓ Zellen mit Nullwerten werden nicht mit in die Zählung einbezogen.

Beispiele:

Setzen Sie für die Beispiele folgende Werte voraus:

Zelle	Inhalt
A1	Umsätze
A2	6
A3	
A4	3
A5	=WENN(A2<7;" ";A4)
A6	

```
=ANZAHLLEEREZELLEN(A1:A4)
```

Ergebnis: 1

```
=ANZAHLLEEREZELLEN(A1:A6)
```

Ergebnis: 2

BESTIMMTHEITSMASS (Y_Werte; X_Werte)

Einsatz:

Erzeugt das Quadrat des Pearsonschen Korrelationskoeffizienten in Abhängigkeit der in *Y_Werte* und *X_Werte* abgelegten Datenpunkte. Ein r-Quadrat-Wert kann als das Verhältnis der Varianz in y zurückgeführt auf die Varianz in x interpretiert werden. Weiter führende Informationen zu diesem Thema können Sie bei der Funktion PEARSON nachlesen.

Parameter:

Die Argumente *X_Werte* und *Y_Werte* stehen für eine Matrix oder einen Bereich von Datenpunkten.

Bemerkungen:

- Die einzugebenden Argumente sollten Zahlen enthalten (auch bei Bezügen oder Matrizen).
- Enthalten die Bezüge bzw. Matrizen als Argumente Text, Leerzellen oder Wahrheitswerte, so werden sie nicht beachtet. Zellen mit dem Wert 0 dagegen werden mit in die Berechnung einbezogen.
- Sind in den Argumenten *Y_Werte* und *X_Werte* keine oder verschieden viele Datenpunkte enthalten, erzeugt die Funktion den Fehlerwert *#NV*.
- Nach folgender Formel errechnet sich der r-Wert einer Regressionskurve:

$$r = \frac{n(\Sigma XY) - (\Sigma X)(\Sigma Y)}{\sqrt{\left[n\Sigma X^2 - (\Sigma X)^2\right]\left[n\Sigma Y^2 - (\Sigma Y)^2\right]}}$$

Beispiel:

```
=BESTIMMTHEITSMASS({9;1;3;9;2;4;1;13};{7;3;10;4;8;1;2;4})
```

Ergebnis: 0,00016033

BETAINV (Wahrscheinlichkeit; Alpha; Beta; A; B)

Einsatz:

Für die Funktion gilt: Wenn Wahrscheinlichkeit = BETAVERT (x;...) gilt, dann gilt BETAINV (Wahrscheinlichkeit;...) = x. Die Funktion ist die Verteilungsfunktion der Betaverteilung und erzeugt Quantile der Betaverteilung. Sie kann für Projektplanungen eingesetzt werden, um von einer erwarteten Fertigungszeit sowie der Streuung modellhaft auf die wahrscheinlichen Fertigungszeiten zu schließen.

Parameter:

Wahrscheinlichkeit gibt die zur Betaverteilung gehörige Wahrscheinlichkeit an.

Alpha und *Beta* stehen für einen Parameter der Verteilung.

A stellt eine optionale Untergrenze des Intervalls für x, *B* dagegen eine optionale Obergrenze des Intervalls für x dar.

Bemerkungen:

- ✔ Alle Argumente müssen numerisch angegeben werden, ansonsten erzeugt die Funktion den Fehlerwert *#WERT*!.
- ✔ Wird *Alpha* oder *Beta* mit kleiner gleich 0 angegeben, erzeugt die Funktion den Fehlerwert *#ZAHL*!.
- ✔ Wird *Wahrscheinlichkeit* mit kleiner gleich 0 oder *Wahrsch* größer als 1 angegeben, erzeugt die Funktion den Fehlerwert *#ZAHL*!.
- ✔ Werden für *A* und *B* keine Werte angegeben, benutzt die Funktion die standardmäßige Betaverteilung. Dafür gilt *A* = 0 und *B* = 1.
- ✔ Die Funktion wird iterativ berechnet. In Abhängigkeit von der angegebenen Wahrscheinlichkeit werden so lange Iterationsschritte ausgeführt, bis ein Ergebnis mit einer Abweichung von maximal 3x10 ^ -7 erreicht ist.

Die Funktion muss innerhalb von 100 Iterationsschritten konvergieren, ansonsten liefert sie den Fehlerwert *#NV*.

Beispiel:

```
=BETAINV(0,895373411;5;12)
```

Ergebnis: 0,43568707

BETAVERT (x; Alpha; Beta; A; B)

Einsatz:

Die Funktion erzeugt Werte der Verteilungsfunktion (integrierte Dichtefunktion) einer betaverteilten Zufallsvariablen. Sie wird verwendet, um über mehrere Stichproben hinweg prozentuale Schwankungen zu untersuchen.

Parameter:

x steht für einen Wert, an dem die Funktion über dem Intervall A bis B ausgewertet werden soll.

Alpha und *Beta* stehen für einen Parameter der Verteilung.

A stellt eine optionale Untergrenze des Intervalls für x, *B* dagegen eine optionale Obergrenze des Intervalls für x dar.

Bemerkungen:

- Alle Argumente müssen numerisch angegeben werden, ansonsten erzeugt die Funktion den Fehlerwert *#WERT!*.
- Wird *Alpha* oder *Beta* mit kleiner gleich 0 angegeben, erzeugt die Funktion den Fehlerwert *#ZAHL!*.
- Wird *x* kleiner *A* oder *x* größer *B* oder $A = B$ angegeben, erzeugt die Funktion den Fehlerwert *#ZAHL!*.
- Werden für *A* und *B* keine Werte angegeben, benutzt die Funktion die standardmäßige Betaverteilung. Dafür gilt $A = 0$ und $B = 1$.

Beispiel:

```
=BETAVERT(2;5;8;1;5)
```

Ergebnis: 0,15764368

BINOMVERT (AnzahlErfolge; Versuche; Erfolgswahrscheinlichkeit; Kumuliert)

Einsatz:

Die Funktion erzeugt Wahrscheinlichkeiten einer binomialverteilten Zufallsvariablen. Sie kann bei Aufgaben eingesetzt werden, bei denen eine feste Anzahl an Tests oder Versuchen vorgegeben ist. Dabei müssen folgende Bedingungen erfüllt sein: Die Versuche sind voneinander unabhängig. Jeder Versuch kann nur ein Erfolg oder ein Misserfolg sein. Die Erfolgswahrscheinlichkeit ist über die Dauer des kompletten Versuches konstant.

Parameter:

AnzahlErfolge stellt eine Zahl dar, die die günstigen Ereignisse der Experimente angibt.

Das Argument *Versuche* ist die Anzahl der unabhängigen Zufallsexperimente.

Erfolgswahrscheinlichkeit stellt die Wahrscheinlichkeit für den günstigen Ausgang des Experiments dar.

Kumuliert ist ein Wahrheitswert, der den Typ der Funktion bestimmt. Es gibt zwei Wahrheitswerte: WAHR und FALSCH. WAHR bedeutet, dass die Funktion die Verteilungsfunktion (auch Summenhäufigkeitsfunktion) berechnet. Dies ist die Wahrscheinlichkeit, dass die Anzahl der Erfolge zwischen 0 und einschließlich der Zahl *AnzahlErfolge* liegt. FALSCH bedeutet, dass die Funktion den Wert der Wahrscheinlichkeitsfunktion erzeugt. Dies ist die Wahrscheinlichkeit, dass die Anzahl der Erfolge genau *AnzahlErfolge* sein wird.

Bemerkungen:

- Wird das Argument *AnzahlErfolge* kleiner 0 oder wird *Zahl_Erfolge* größer als der Wert von *Versuche* angegeben, liefert BINOMVERT den Fehlerwert *#ZAHL*!.
- Die Argumente *AnzahlErfolge*, *Versuche* und *Erfolgswahrscheinlichkeit* müssen numerische Ausdrücke sein, ansonsten liefert die Funktion den Fehlerwert *#WERT*!.
- *AnzahlErfolge* und *Versuche* sollten ganze Zahlen sein, ansonsten werden deren Nachkommastellen abgeschnitten.
- Wird das Argument *Erfolgswahrscheinlichkeit* mit kleiner 0 oder wird *Erfolgswahrscheinlichkeit* mit größer 1 angegeben, liefert BINOMVERT den Fehlerwert *#ZAHL*!.
- Die Dichtefunktion einer Binomialverteilung ist mit folgender Formel gegeben:

  $$b(x;n,p) = \binom{n}{x} p^x (1-p)^{n-x}$$

  Dabei ist:

  $$\binom{n}{x}$$

  gleich der Funktion KOMBINATIONEN(n;x).
- Die Verteilungsfunktion einer Binomialverteilung kann mit folgender Formel angegeben werden:

  $$B(x;n,p) = \sum_{y=0}^{x} b(y;n,p)$$

Beispiel:

Wird eine Münze geworfen, so kann als Ergebnis entweder der Kopf oder die Zahl der Münze oben liegen. Die Wahrscheinlichkeit, dass beim ersten Wurf die Zahl oben liegt, ist 0,5. Um nun zu berechnen, wie hoch die Wahrscheinlichkeit ist, dass genau 10 von

14 Würfen als Ergebnis die Zahl der Münze zeigen, muss folgendermaßen vorgegangen werden:

```
=BINOMVERT(10;14;0,5;FALSCH)
```

Ergebnis: 0,06109619

CHIINV (Wahrscheinlichkeit; FreiheitsGrade)

Einsatz:

Die Funktion erzeugt Quantile der Chi-Quadrat-Verteilung. Sie ermöglicht es, beobachtete Ergebnisse mit erwarteten Ergebnissen zu vergleichen. Sie können somit errechnen, ob Ihre erwarteten Ergebnissen zutreffen. Ist Wahrscheinlichkeit = CHIVERT(x;), dann ist CHIINV(Wahrscheinlichkeit;) = x.

Parameter:

Wahrscheinlichkeit gibt die zur Chi-Quadrat-Verteilung gehörige Wahrscheinlichkeit an.

FreiheitsGrade steht für die Anzahl der Freiheitsgrade.

Bemerkungen:

- ✔ Alle Argumente müssen numerisch angegeben werden, ansonsten erzeugt die Funktion den Fehlerwert *#WERT*!.
- ✔ Wird *Wahrscheinlichkeit* mit kleiner 0 oder *Wahrscheinlichkeit* größer als 1 angegeben, erzeugt die Funktion den Fehlerwert *#ZAHL*!.
- ✔ Das Argument *FreiheitsGrade* muss eine ganze Zahl sein, ansonsten werden die Nachkommastellen abgeschnitten.
- ✔ Wird *FreiheitsGrade* mit kleiner 1 oder größer gleich 10^10 angegeben, erzeugt die Funktion den Fehlerwert *#ZAHL*!.
- ✔ Die Funktion wird iterativ berechnet. In Abhängigkeit von der angegebenen Wahrscheinlichkeit werden so lange Iterationsschritte ausgeführt, bis ein Ergebnis mit einer Abweichung von

maximal 3x10^-7 erreicht ist. Die Funktion muss innerhalb von 100 Iterationsschritten konvergieren, ansonsten liefert sie den Fehlerwert *#NV*.

Beispiel:

```
=CHIINV(0,1;5)
```

Ergebnis: 9,236349099

CHITEST (BeobachteteWerte; ErwarteteWerte)

Einsatz:

Die Funktion erzeugt die Teststatistik eines Chi-Quadrat-Unabhängigkeitstests. Sie ermöglicht es festzustellen, ob in Experimenten die Ergebnisse erzeugt werden, die Sie erwartet hatten. Durch diese Funktion wird der Wert der Chi-Quadrat-Verteilung (c2-) für die Teststatistik (Prüfgröße) mit den entsprechenden Freiheitsgraden ermittelt.

Parameter:

Das Argument *BeobachteteWerte* stellt den Bereich beobachteter Daten dar, den Sie mit dem erwarteten Wert testen möchten.

ErwarteteWerte stellt den Bereich erwarteter Beobachtungen dar. Er ergibt sich aus der Division der miteinander multiplizierten Rangsummen und der Gesamtsumme.

Bemerkungen:

- ✔ Die beiden Argumente *BeobachteteWerte* und *Erwartete Werte* dürfen nicht unterschiedlich viele Datenpunkte haben, ansonsten erzeugt die Funktion den Fehlerwert *#NV*.
- ✔ Mit dem Chi-Quadrat-Test wird die Teststatistik (Prüfgröße) mit Hilfe der Summe der Differenzen zwischen beobachteten und berechneten Werten erzeugt.

Beispiel:

Sie erwarten für eine neu einzubringende Gesetzesvorlage folgende Werte:

Erwartet	Männer:	Frauen:
Zustimmung:	41	52
Neutral:	15	10
Ablehnung:	12	3

Tatsächlich wurden folgende Werte ermittelt:

Tatsächlich	Männer:	Frauen:
Zustimmung:	45	60
Neutral:	10	15
Ablehnung:	9	8

Die Funktion berechnet aus den gegebenen Werten folgendes Ergebnis:

```
=CHITEST({41;53;15;10;12;3};{45;60;10;15;9;8})
```

Ergebnis: 0,091931445

CHIVERT (x; FreiheitsGrade)

Einsatz:

Die Funktion erzeugt Werte der Verteilungsfunktion (1-Alpha) einer Chi-Quadrat-verteilten Zufallsgröße. Die Chi-Quadrat-Verteilung benötigt man bei einem Chi-Quadrat-Test. Durch einen Chi-Quadrat-Test können beobachtete und erwartete Werte miteinander verglichen werden.

Parameter:

x steht für den Wert der Verteilung (Quantil), deren Wahrscheinlichkeit berechnet werden soll.

FreiheitsGrade steht für die Anzahl der Freiheitsgrade.

Bemerkungen:

- ✓ Alle Argumente müssen numerisch angegeben werden, ansonsten erzeugt die Funktion den Fehlerwert *#WERT*!.
- ✓ *x* darf nicht negativ angegeben werden, ansonsten erzeugt die Funktion den Fehlerwert *#ZAHL*!.
- ✓ Wird *FreiheitsGrade* mit kleiner 1 oder größer gleich 10^10 angegeben, erzeugt die Funktion den Fehlerwert *#ZAHL*!.
- ✓ Das Argument *FreiheitsGrade* muss eine ganze Zahl sein, ansonsten werden die Nachkommastellen abgeschnitten.

Beispiel:

```
=CHIVERT(9,236349099;8)
```

Ergebnis: 0,32275197

EXPONVERT (x; Lambda; Kumuliert)

Einsatz:

Die Funktion erzeugt Wahrscheinlichkeiten einer exponentialverteilten Zufallsvariablen. Sie kann für Aufgaben eingesetzt werden, bei denen eine Zeit zu modellieren ist, die zwischen zwei Ereignissen liegt. Beispielsweise könnte für die Fragestellung "Wie viel Zeit des Waschdurchgangs einer Spülmaschine beansprucht der Programmpunkt "Klarspülen"?" die Wahrscheinlichkeit berechnet werden, dass dieser Vorgang 10 Minuten dauert.

Parameter:

Das Argument *x* stellt einen Wert der Verteilung (Quantil) dar, deren Wahrscheinlichkeit berechnet werden soll.

Durch *Lambda* wird der Parameter der Verteilung angegeben.

Das Argument *Kumuliert* bestimmt den Typ der Funktion. *Kumuliert* kann lediglich die beiden Zustände WAHR und FALSCH annehmen. Durch WAHR wird die Verteilungsfunktion (auch integrierte Dichtefunktion) berechnet. Durch FALSCH wird der Wert der Dichtefunktion erzeugt.

Bemerkungen:

- Wird das Argument *x* kleiner 0 oder wird *Lambda* kleiner oder gleich 0, liefert EXPONVERT den Fehlerwert *#ZAHL*!.
- Die Argumente *x* und Lambda müssen numerische Ausdrücke sein, ansonsten liefert die Funktion den Fehlerwert *#WERT*!.
- Die Gleichung für die Wahrscheinlichkeitsdichte ist:

$$f(x;\lambda) = \lambda e^{-\lambda x}$$

- Die Gleichung für die Verteilungsfunktion ist:

$$F(x;\lambda) = 1 - e^{-\lambda x}$$

Beispiele

```
=EXPONVERT(0,5;6;WAHR)
```

Ergebnis: 0,95021293

```
=EXPONVERT(0,5;6;FALSCH)
```

Ergebnis: 0,29872241

FINV (Wahrsch; Freiheitsgrade1; Freiheitsgrade2)

Einsatz:

Die Funktion erzeugt Quantile der F-Verteilung. Sie kann in F-Tests benutzt werden, um die Streuungen zweier Datenmengen ins Verhältnis zu setzen. Ist p = FVERT(x;...), dann ist FINV(p;...) = x.

Parameter:

Wahrsch gibt die zur F-Verteilung gehörige Wahrscheinlichkeit an.

Freiheitsgrade1 steht für die Anzahl der Freiheitsgrade im Zähler.

Freiheitsgrade2 steht für die Anzahl der Freiheitsgrade im Nenner.

Bemerkungen:

- Alle Argumente müssen numerisch angegeben werden, ansonsten erzeugt die Funktion den Fehlerwert *#WERT!*.
- Wird *Wahrsch* mit kleiner 0 oder größer als 1 angegeben, erzeugt die Funktion den Fehlerwert *#ZAHL!*.
- Die Argumente *Freiheitsgrade1* und *Freiheitsgrade2* müssen ganze Zahlen sein, ansonsten werden die Nachkommastellen abgeschnitten.
- Wird *Freiheitsgrade1* mit kleiner 1 oder größer/gleich 10^10 angegeben, erzeugt die Funktion den Fehlerwert *#ZAHL!*.
- Wird *Freiheitsgrade2* mit kleiner 1 oder größer/gleich 10^10 angegeben, erzeugt die Funktion den Fehlerwert *#ZAHL!*.
- Die Funktion wird iterativ berechnet. In Abhängigkeit von der angegebenen Wahrscheinlichkeit werden so lange Iterationsschritte ausgeführt, bis ein Ergebnis mit einer Abweichung von maximal 3x10^-7 erreicht ist. Die Funktion muss innerhalb von 100 Iterationsschritten konvergieren, ansonsten liefert sie den Fehlerwert *#NV*.
- Mit der Funktion FINV können kritische Werte der F-Verteilung errechnet werden. Beispielsweise enthält die Ausgabe einer ANOVA-Berechnung oft Daten für die F-Verteilung (F-Statistik), F-Wahrscheinlichkeit sowie den kritischen F-Wert bei dem Signifikanzniveau 0,05.

Beispiel:

```
=FINV(0,05;5;2)
```

Ergebnis: 19,2962943

FISHER (x)

Einsatz:

Die Funktion erzeugt die Fisher-Transformation für das Argument x. Sie kann benutzt werden, um eine Funktion zu erzeugen, die näherungsweise normalverteilt ist und somit eine Schiefe von ungefähr 0 besitzt. Durch die Funktion kann eine Hypothese bezüglich des Korrelationskoeffizienten geprüft werden.

Parameter:

Das Argument x steht für einen numerischen Wert, dessen Transformation Sie erhalten wollen.

Bemerkungen:

- ✔ Das Argument x muss numerisch angegeben werden, ansonsten erzeugt die Funktion den Fehlerwert *#WERT!*.
- ✔ Die Funktion erzeugt den Fehlerwert *#ZAHL!*, wenn x kleiner / gleich -1 oder größer / gleich 1 ist.
- ✔ Die Gleichung der Fisher-Transformation lautet:

$$z' = \frac{1}{2}\ln\left(\frac{1+x}{1-x}\right)$$

Beispiel:

```
=FISHER(0,5)
```

Ergebnis: 0,54930614

FISHERINV (y)

Einsatz:

Die Funktion erzeugt die Umkehrung der Fisher-Transformation. Sie kann benutzt werden, wenn die Korrelation zwischen Datenbereichen oder -gruppen untersucht werden sollen. Ist y = FISHER(x), dann ist FISHERINV(y) = x.

Parameter:

Das Argument *y* steht für einen Wert, dessen Transformation umgekehrt werden soll.

Bemerkungen:

- Das Argument *y* muss numerisch angegeben werden, ansonsten erzeugt die Funktion den Fehlerwert *#WERT!*.
- Die Gleichung der Umkehrung der Fisher-Transformation lautet:

$$x = \frac{e^{2y} - 1}{e^{2y} + 1}$$

Beispiel:

```
=FISHERINV(0,54930614)
```

Ergebnis: 0,5

FTEST (Matrix1; Matrix2)

Einsatz:

Die Funktion erzeugt die Teststatistik eines F-Tests. Sie ermöglicht es, die einseitige Wahrscheinlichkeit zu ermitteln, mit der sich die Varianzen von *Matrix1* und *Matrix2* nicht signifikant unterscheiden. Es kann also festgestellt werden, ob zwei Stichproben unterschiedliche Varianzen haben.

Parameter:

Das Argument *Matrix1* stellt die erste Matrix oder den ersten Wertebereich dar. *Matrix2* stellt die zweite Matrix oder den zweiten Wertebereich dar.

Bemerkungen:

- Es dürfen nur Namen, Matrizen oder Bezüge eingegeben werden, die sich auf Zahlen beziehen oder Zahlen enthalten.
- Matrizen oder Bezüge, die als Argument einen Text, Wahrheitswerte oder leere Zellen enthalten, werden nicht bewertet.
- Eine Zelle mit einer Null als Inhalt wird dagegen mit in die Berechnung einbezogen.
- Wird eines der Argumente *Matrix1* oder *Matrix2* mit weniger als 2 Datenpunkten angegeben oder die Varianz von *Matrix1* oder *Matrix2* ist gleich 0, erzeugt die Funktion den Fehlerwert *#DIV/0!*.

Beispiel:

```
=FTEST({9;10;16;3;28;65};{5;12;80;55;23;78})
```

Ergebnis: 0,42497741

FVERT (x; Freiheitsgrade1; Freiheitsgrade2)

Einsatz:

Die Funktion erzeugt Werte der Verteilungsfunktion (1-Alpha) einer F-verteilten Zufallsvariablen. Sie wird verwendet, um herauszufinden, ob zwei Datenmengen verschiedene Streuungen aufweisen.

Parameter:

x steht für einen Wert der Verteilung (Quantil), dessen Wahrscheinlichkeit errechnet werden soll.

Freiheitsgrade1 steht für die Anzahl der Freiheitsgrade im Zähler.

Freiheitsgrade2 steht für die Anzahl der Freiheitsgrade im Nenner.

Bemerkungen:

- Alle Argumente müssen numerisch angegeben werden, ansonsten erzeugt die Funktion den Fehlerwert *#WERT*!.

- Wird *x* negativ angegeben, erzeugt die Funktion den Fehlerwert *#ZAHL!*.
- Die Argumente *Freiheitsgrade1* und *Freiheitsgrade2* müssen ganze Zahlen sein, ansonsten werden die Nachkommastellen abgeschnitten.
- Wird *Freiheitsgrade1* mit kleiner 1 oder größer/gleich 10 ^ 10 angegeben, erzeugt die Funktion den Fehlerwert *#ZAHL!*.
- Wird *Freiheitsgrade2* mit kleiner 1 oder größer/gleich 10 ^ 10 angegeben, erzeugt die Funktion den Fehlerwert *#ZAHL!*.
- Die Funktion FVERT wird mit FVERT=P(F<x) berechnet. Dabei stellt F eine F-verteilte Zufallsvariable dar.

Beispiel:

```
=FVERT(10,51205487;2;7)
```

Ergebnis: 0,007789

GAMMAINV (Wahrsch; Alpha; Beta)

Einsatz:

Die Funktion erzeugt Quantile der Gammaverteilung. Sie ermöglicht es zu prüfen, ob die Verteilung einer Variablen schief ist. Wenn GAMMAVERT(x;...), dann ist GAMMAINV(p;...) = x.

Parameter:

Wahrsch gibt die zur Gamma-Verteilung gehörige Wahrscheinlichkeit an.

Alpha steht für einen Parameter der Verteilung.

Beta steht für einen Parameter der Verteilung. Wird Beta mit 1 angegeben, erzeugt die Funktion die Standard-Gammaverteilung.

Bemerkungen:

- Alle Argumente müssen numerisch angegeben werden, ansonsten erzeugt die Funktion den Fehlerwert *#WERT!*.
- Wird *Wahrsch* mit kleiner 0 oder größer als 1 angegeben, erzeugt die Funktion den Fehlerwert *#ZAHL!*.
- Ist eines der Argumente *Alpha* oder *Beta* kleiner gleich 0, erzeugt die Funktion den Fehlerwert *#ZAHL!*.
- Die Funktion wird iterativ berechnet. In Abhängigkeit von der angegebenen Wahrscheinlichkeit werden so lange Iterationsschritte ausgeführt, bis ein Ergebnis mit einer Abweichung von maximal 3x10^-7 erreicht ist. Die Funktion muss innerhalb von 100 Iterationsschritten konvergieren, ansonsten liefert sie den Fehlerwert *#NV*.

Beispiel:

```
=GAMMAINV(0,027789;2;7)
```

Ergebnis: 1,79592462

GAMMALN (x)

Einsatz:

Die Funktion erzeugt den natürlichen Logarithmus der Gammafunktion, G(x).

Parameter:

Das Argument *x* steht für den Wert, dessen natürlichen Logarithmus der Gammafunktion Sie errechnen wollen.

Bemerkungen:

- Das Argument *x* muss numerisch angegeben werden, ansonsten erzeugt die Funktion den Fehlerwert *#WERT!*.

- Ist x kleiner oder gleich 0, erzeugt die Funktion den Fehlerwert *#ZAHL!*.
- Wird die Zahl e mit GAMMALN(i) (i steht für eine ganze Zahl) potenziert, so erhält man das gleiche Ergebnis wie durch (i - 1)!.
- Die Funktion GAMMALN wird nach folgender Gleichung berechnet:

  $$GAMMALN = LN(\Gamma(x))$$

  Wobei gilt:

  $$\Gamma(x) = \int_0^\infty e^{-u} u^{x-1} du$$

Beispiel:

```
=GAMMALN(12)
```

Ergebnis: 17,5023078

GAMMAVERT (x; Alpha; Beta; Kumuliert)

Einsatz:

Die Funktion erzeugt Wahrscheinlichkeiten einer gammaverteilten Zufallsvariablen. Sie ermöglicht es, Variablen zu untersuchen, deren Verteilung schief ist. Das Haupteinsatzgebiet der Gammaverteilung sind Warteschlangenanalysen.

Parameter:

Das Argument x steht für den Wert (Quantil), dessen Wahrscheinlichkeit (1-Alpha) errechnet werden soll.

Alpha steht für einen Parameter der Verteilung.

Beta steht für einen Parameter der Verteilung. Wird *Beta* mit 1 angegeben, erzeugt die Funktion die Standard-Gammaverteilung.

Das Argument *Kumuliert* bestimmt den Typ der Funktion Kumuliert kann lediglich die beiden Zustände WAHR und FALSCH annehmen. Durch WAHR wird der Wert der Verteilungsfunktion berechnet. Dies ist die Wahrscheinlichkeit, dass die Anzahl zufällig auftretender Ereignisse zwischen 0 und einschließlich der Zahl x liegt. FALSCH bedeutet, dass die Funktion den Wert der Dichtefunktion erzeugt.

Bemerkungen:

- Wird das Argument *x* mit einem Wert kleiner 0 angegeben, liefert GAMMAVERT den Fehlerwert *#ZAHL!*.
- Die Argumente *x*, *Alpha* oder *Beta* müssen numerische Ausdrücke sein, ansonsten liefert die Funktion den Fehlerwert *#WERT!*.
- Wird *Alpha* oder *Beta* mit kleiner/gleich 0 angegeben, erzeugt die Funktion den Fehlerwert *#ZAHL!*.
- Die Gleichung der Gammaverteilung ist:

$$f(x;\alpha,\beta)=\frac{1}{\beta^{\alpha}\Gamma(\alpha)}x^{\alpha-1}e^{-\frac{x}{\beta}}$$

- Die Gleichung für die standardisierte Gammaverteilung ist:

$$f(x;\alpha)=\frac{x^{\alpha-1}e^{-x}}{\Gamma(\alpha)}$$

- Wird *Alpha* mit 1 angegeben, erzeugt GAMMAVERT die Exponentialverteilung mit der Gleichung:

$$\lambda=\frac{1}{\beta}$$

- Wird *n* als eine positive ganze Zahl angegeben und ist *Alpha* = n/2, *Beta* = 2, und *Kumuliert* = WAHR, erzeugt die Funktion das gleiche Ergebnis wie (1 r CHIVERT(x)) mit n Freiheitsgraden.
- Wird *Alpha* als eine positive ganze Zahl angegeben, so bezeichnet man die Funktion GAMMAVERT auch als Erlang-Verteilung.

Beispiele:

```
=GAMMAVERT(5;4;3;FALSCH)
```

Ergebnis: 0,04857912

```
=GAMMAVERT(5;4;3;WAHR)
```

Ergebnis: 0,08826715

GEOMITTEL (Zahl1; Zahl2; ...)

Einsatz:

Die Funktion erzeugt das geometrische Mittel aus einer Menge positiver Zahlen.

Parameter:

Zahl1, *Zahl2*, ... bezeichnen die Argumente, deren geometrisches Mittel errechnet werden soll. Es können 1 bis 30 Argumente angegeben werden. Anstelle der Angabe einzelner Argumente kann auch ein Bezug auf eine einspaltige Matrix oder eine einspaltige Matrix selbst angegeben werden.

Bemerkungen:

- Es dürfen nur Namen, Matrizen oder Bezüge, die sich auf Zahlen beziehen oder Zahlen enthalten, oder aber Zahlen selbst eingegeben werden.
- Matrizen oder Bezüge, die als Argument einen Text, Wahrheitswerte oder leere Zellen enthalten, werden nicht bewertet.
- Eine Zelle mit einer 0 als Inhalt wird dagegen mit in die Berechnung einbezogen.
- Wird eine Zahl mit dem Wert kleiner oder gleich 0 angegeben, erzeugt die Funktion den Fehlerwert *#ZAHL!*.

Beispiel:

```
=GEOMITTEL(12;8;9;5;45;88;2;103;12)
```

Ergebnis: 15,1597463

GESTUTZTMITTEL (Matrix; Prozent)

Einsatz:

Die Funktion erzeugt den Mittelwert einer Datengruppe, ohne deren Werte an den Rändern der Verteilung zu berücksichtigen. Dies bedeutet, dass nur der Mittelwert eines Teiles der Datenmenge ermittelt wird. Die kleinsten und größten Werte der ursprünglichen Datenpunkte entfallen entsprechend einem jeweils angegebenen Prozentsatz. Die Funktion kann immer dann eingesetzt werden, wenn die Ausreißer der Datenpunkte nicht mit in die Berechnung des Mittelwertes einfließen sollen.

Parameter:

Matrix bezeichnet eine Matrix oder Gruppe von Werten, deren Ausreißer unberücksichtigt bleiben sollen.

Durch das Argument *Prozent* können Sie den Prozentsatz der Datenpunkte festlegen, die nicht in die Berechnung eingehen sollen. Sie haben beispielsweise eine Datenmenge von 40 Punkten, die um 16 Punkte (40*0,4), und zwar um die jeweils acht größten und acht kleinsten Werte, verringert werden soll.

Bemerkungen:

- ✔ Wird Prozent mit einem Wert kleiner 0 oder größer 1 angegeben, erzeugt die Funktion den Fehlerwert *#ZAHL!*.
- ✔ Die Funktion rundet die Anzahl der nicht beachteten Datenpunkte auf das kleinste Vielfache der Zahl 2 ab. Werden beispielsweise ein Prozentwert von 0,3 (30 %) und 50 Datenpunkte angegeben, so errechnen sich 15 Ausreißer. In diesem Fall wer-

den jedoch lediglich die sieben größten und sieben kleinsten Werte (=14 Ausreißer) nicht beachtet.

Beispiel:

```
=GESTUTZTMITTEL({12;78;5;9;7;99;41;8;89;7;2;56;8;7;4;6;16;8;2;36};0,3)
```

Ergebnis: 16,1428571

GTEST (Matrix; x; Sigma)

Einsatz:

Die Funktion erzeugt die zweiseitige Prüfstatistik eines Gaußtests (Normalverteilung). Der Gaußtest erzeugt, bezogen auf eine Datenmenge (Matrix), für *x* einen standardisierten Wert. Das angezeigte Ergebnis ermöglicht die Wahrscheinlichkeitsschätzung, ob eine Beobachtung aus einer bestimmten Grundgesamtheit stammt.

Parameter:

Das Argument *Matrix* stellt die Matrix oder den Wertebereich dar, mit dem das Argument *x* getestet werden soll.

Durch *Sigma* geben Sie den zu testenden Wert an.

Das Argument *Sigma* definiert die Standardabweichung der Grundgesamtheit. Wird das Argument *Sigma* nicht angegeben, rechnet die Funktion mit der Standardabweichung der angegebenen Stichprobe.

Bemerkungen:

- ✔ Wird das Argument *Matrix* nicht angegeben (leere Matrix), erzeugt die Funktion den Fehlerwert *#NV*.

Beispiel:

```
=GTEST({9;10;16;3;28;65;5;12};6)
```

Ergebnis: 0,04082169

HARMITTEL (Zahl1; Zahl2; ...)

Einsatz:

Die Funktion erzeugt das harmonische Mittel aus einer Datenmenge. Das harmonisches Mittel ist folgendermaßen definiert: der Kehrwert eines aus Kehrwerten berechneten arithmetischen Mittels.

Parameter:

Zahl1, *Zahl2*, ... bezeichnen die Argumente, deren harmonisches Mittel errechnet werden soll. Es können 1 bis 30 Argumente angegeben werden. Anstelle der Angabe mehrerer einzelner Argumente kann auch ein Bezug auf eine Matrix oder eine Matrix selbst angegeben werden.

Bemerkungen:

- Es dürfen nur Namen, Matrizen oder Bezüge, die sich auf Zahlen beziehen oder Zahlen enthalten, oder aber Zahlen selbst eingegeben werden.
- Matrizen oder Bezüge, die als Argument einen Text, Wahrheitswerte oder leere Zellen enthalten, werden nicht bewertet.
- Eine Zelle mit einer 0 als Inhalt wird dagegen mit in die Berechnung einbezogen.
- Wird eine Zahl mit dem Wert kleiner oder gleich 0 angegeben, erzeugt die Funktion den Fehlerwert *#ZAHL!*.

Beispiel:

```
=HARMITTEL(8;9;2;4;14;2;7;2)
```

Ergebnis: 3,63570784

HÄUFIGKEIT (Daten; Klassen)

Einsatz:

Die Funktion erzeugt eine Häufigkeitsverteilung als einspaltige Matrix. Die Häufigkeitsverteilung einer Wertemenge und einer gegebenen Anzahl an Klassen (oder Intervallen) zählt, wie viele Werte in den jeweiligen Intervallen vorhanden sind.

Parameter:

Das Argument *Daten* bezeichnet eine Matrix oder einen Bezug auf eine Wertemenge, deren Häufigkeiten gezählt werden sollen. Wird das Argument *Daten* ohne Werte angegeben, erzeugt die Funktion eine mit Nullen belegte Matrix.

Durch *Klassen* geben Sie die als Matrix oder Bezug auf einen Zellbereich definierten Intervallgrenzen an, anhand derer Sie die in dem Argument *Daten* befindlichen Werte einordnen wollen. Wird das Argument *Klassen* ohne Werte angegeben, erzeugt die Funktion die Anzahl der zu dem Argument *Daten* gehörenden Elemente.

Bemerkungen:

- ✔ Falls ein Bereich von zusammenhängenden Zellen markiert wird, in dem das Ergebnis angezeigt werden soll, muss die Funktion HÄUFIGKEIT als Matrixformel angegeben werden. Die Ergebnismatrix enthält ein Element mehr als das als Matrix angegebene Argument *Klassen*.
- ✔ Alle angegebenen leeren Zellen und angegebener Text werden nicht beachtet.
- ✔ Alle Argumente, die einen Fehlerwert oder einen Text enthalten, der nicht in eine Zahl umgewandelt werden kann, werden nicht berücksichtigt.

Beispiel:

Setzen Sie für das Beispiel folgende Werte voraus: Die Zellen A1:A6 enthalten die Werte: 45, 23, 89, 78, 25, 45, 47. Die Intervallgrenzen befinden sich im Bereich *B1:B3* und enthalten die Werte: 20, 60, 80.

Um nun die HÄUFIGKEIT zu ermitteln, können Sie z.B. in die Zellen *C1:C3* die Funktion HÄUFIGKEIT(A1:A7;B1:B3) als Matrix eingeben (d.h., die Funktion steht in den Zellen C1, C2, C3). Sie erhalten folgendes Ergebnis:

```
=HÄUFIGKEIT(A1:A7;B1:B3)
```

Ergebnis: {0;4;4}

HYPGEOMVERT (Erfolge_S; Umfang_S; Erfolge_G; Umfang_G)

Einsatz:

Die Funktion erzeugt Wahrscheinlichkeiten einer hypergeometrisch-verteilten Zufallsvariablen. Sie kann eingesetzt werden, um die Wahrscheinlichkeit einer bestimmten Anzahl von Beobachtungen in einer Stichprobe mit gegebenem Umfang zu errechnen. Dazu müssen folgende Punkte bekannt sein:

- Anzahl der in der Stichprobe zu erzielenden Erfolge
- Umfang der Stichprobe
- Anzahl der in der Grundgesamtheit zu erzielenden Erfolge
- Umfang der Grundgesamtheit

Parameter:

Erfolge_S stellt eine Zahl dar, die die Anzahl der in der Stichprobe erzielten Erfolge angibt.

Das Argument *Umfang_S* stellt den Umfang (Größe) der Stichprobe dar.

Erfolge_G stellt eine Zahl dar, die die Anzahl der in der Grundgesamtheit möglichen Erfolge angibt.

Das Argument *Umfang_G* stellt den Umfang (Größe) der Grundgesamtheit dar.

Bemerkungen:

- Wird das Argument *Erfolge_S* mit kleiner 0 oder wird *Erfolge_S* mit größer als der kleinste Wert von *Umfang_S* bzw. *Erfolge_G* angegeben, erzeugt die Funktion den Fehlerwert *#ZAHL!*.
- Wird das Argument *Erfolge_S* mit kleiner als der größere Wert von 0 bzw. (*Umfang_S* - *Umfang_G* + *Erfolge_G*) angegeben, erzeugt die Funktion den Fehlerwert *#ZAHL!*.
- Wird das Argument *Umfang_S* mit kleiner 0 oder wird *Umfang_S* mit größer als *Umfang_G* angegeben, erzeugt die Funktion den Fehlerwert *#ZAHL!*.
- Wird das Argument *Erfolge_ G* mit kleiner 0 oder wird *Erfolge_G* mit größer als *Umfang_G* angegeben, erzeugt die Funktion den Fehlerwert *#ZAHL!*.
- Wird das Argument *Umfang_ G* mit kleiner 0 angegeben, erzeugt die Funktion den Fehlerwert *#ZAHL!*.
- Alle Argumente müssen numerische Ausdrücke sein, ansonsten liefert die Funktion den Fehlerwert *#WERT!*.
- Alle Argumente müssen ganze Zahlen sein, ansonsten werden deren Nachkommastellen abgeschnitten.
- Wird das Argument *Erfolgswahrsch* mit kleiner 0 oder wird *Erfolgswahrsch* mit größer 1 angegeben, liefert HYPGEOMVERT den Fehlerwert *#ZAHL!*.
- Die Gleichung für eine hypergeometrische Verteilung ist:

$$P(X=x)=h(x;n,M,N)=\frac{\binom{M}{x}\binom{N-M}{n-x}}{\binom{N}{n}}$$

Wobei gilt: x = *Erfolge_S*; n = *Umfang_S*; M = *Erfolge_G*; N = *Umfang_G*

- ✔ Die Funktion kann benutzt werden, wenn einer endlichen Grundgesamtheit Probestücke entnommen werden sollen, ohne dass diese ersetzt werden können.

Beispiel:

Eine Tüte enthält 15 Fruchtgummis. Davon haben 4 Stück Erdbeergeschmack, 5 Stück Heidelbeergeschmack und 6 Stück Zitronengeschmack. Entnimmt man wahllos 3 Fruchtgummistücke, berechnet die Funktion HYPGEOMVERT die Wahrscheinlichkeit, dass genau eines dieser Fruchtstücke die Geschmacksrichtung Heidelbeer hat:

```
=HYPGEOMVERT(1;3;5;15)
```

Ergebnis: 0,49450549

KGRÖSSTE (Matrix; k)

Einsatz:

Die Funktion erzeugt den *k*-größten Wert einer Datengruppe. KGRÖSSTE dient dazu, eine Zahl auf der Basis ihrer relativen Größe zu ermitteln.

Parameter:

Durch das Argument *Matrix* geben Sie die Matrix oder den Datenbereich an, deren k-größten Wert Sie ermitteln wollen.

Mit dem Argument *k* wird der Rang des Elementes einer Matrix oder eines Zellbereiches bestimmt, dessen Wert erzeugt werden soll.

Bemerkungen:

- ✔ Das Argument *Matrix* darf nicht leer sein, ansonsten erzeugt die Funktion den Fehlerwert *#ZAHL!*.

- Wird *k* mit kleiner/gleich 0 oder mit einem Wert angegeben, der größer als die Anzahl der Zahlen ist, erzeugt die Funktion den Fehlerwert *#ZAHL!*.
- Ist durch *n* die Anzahl der in einem Bereich abgelegten Zahlen gegeben, erzeugt die Funktion KGRÖSSTE(Matrix;1) den größten und die Funktion KGRÖSSTE(Matrix;n) den kleinsten Wert.

Beispiele:

=KGRÖSSTE({8;10;4;8;6;1;

`12;5};3)`

Ergebnis: 8

=KGRÖSSTE({8;10;4;8;6;1;

`12;5};1)`

Ergebnis: 12

KKLEINSTE (Matrix; k)

Einsatz:

Die Funktion erzeugt den *k*-kleinsten Wert einer Datengruppe. KGRÖSSTE dient dazu, eine Zahl innerhalb einer Datenmenge auf der Basis ihrer relativen Größe zu ermitteln.

Parameter:

Durch das Argument *Matrix* geben Sie die Matrix oder den Datenbereich von numerischen Werten an, deren *k*-kleinsten Wert Sie ermitteln wollen.

Mit dem Argument *k* wird der Rang des Elementes einer Matrix oder eines Zellbereiches bestimmt, dessen Wert erzeugt werden soll.

Bemerkungen:

- Das Argument *Matrix* darf nicht leer sein, ansonsten erzeugt die Funktion den Fehlerwert *#ZAHL!*.
- Wird *k* mit kleiner/gleich 0 oder mit einem Wert angegeben, der größer als die Anzahl der Zahlen ist, erzeugt die Funktion den Fehlerwert *#ZAHL!*.
- Ist durch *n* die Anzahl der in einem Bereich abgelegten Zahlen gegeben, erzeugt die Funktion KKLEINSTE(Matrix;1) den kleinsten und die Funktion KKLEINSTE(Matrix;n) den größten Wert.

Beispiele:

```
=KKLEINSTE({8;10;4;8;6;1;12;5};3)
```

Ergebnis: 5

```
=KKLEINSTE({8;10;4;8;6;1;12;5};1)
```

Ergebnis: 1

KONFIDENZ (Alpha; Standabweichung; Umfang)

Einsatz:

Mit dieser Funktion können Sie die Berechnung des 1-Alpha-Konfidenzintervalls für den Erwartungswert einer Zufallsvariablen durchführen.

Mit Konfidenzintervall ist ein Bereich definiert, der sich links und rechts des jeweiligen Stichprobenmittels befindet. Sie können beispielsweise durch die Funktion mit einer bestimmten Sicherheit (Konfidenzniveau) vorhersagen, wann bei einem Autorennen der Rennwagen frühestens und wann er spätestens im Ziel eintrifft.

Parameter:

Das Argument *Alpha* steht für die Irrtumswahrscheinlichkeit der Berechnung des 1-Alpha Konfidenzintervalls. Das Konfidenzniveau errechnet sich nach der Formel 100*(1 - Alpha) %.

Das Argument *Standabweichung* definiert die als bekannt angenommene Standardabweichung der Grundgesamtheit.

Durch *Umfang* geben Sie die Größe der Stichprobe an.

Bemerkungen:

- Alle Argumente müssen numerisch sein, ansonsten erzeugt die Funktion den Fehlerwert *#WERT!*.
- Wird *Alpha* mit kleiner/gleich 0 oder wird *Alpha* mit größer/gleich 1 angegeben, erzeugt die Funktion den Fehlerwert *#ZAHL!*.
- Wird *Standabweichung* mit kleiner oder gleich 0 angegeben, erzeugt die Funktion den Fehlerwert *#ZAHL!*
- Das Argument *Umfang* muss als ganze Zahl angegeben werden, ansonsten werden die Nachkommastellen abgeschnitten.
- Wird *Umfang* mit kleiner 1 angegeben, erzeugt KONFIDENZ den Fehlerwert *#ZAHL!*.
- Für das Konfidenzintervall gilt:

$$\bar{x} \pm 1,96\left(\frac{\sigma}{\sqrt{n}}\right)$$

Beispiel:

Sie haben festgestellt, das 20 Angestellte Ihres Unternehmens mit dem Fahrrad im Mittel 25 Minuten benötigen, um von einem Ende des Firmengeländes zum anderen Ende zu fahren. Dabei ist die Standardabweichung der Grundgesamtheit 3,5. Sie erhalten dann mit einer Wahrscheinlichkeit von mindestens 95 % einen Bereich, in dem der unbekannte Mittelwert der Grundgesamtheit zu finden ist:

```
=KONFIDENZ(0,05;3,5;20)
```

Ergebnis: 1,533912175 = 25 +(-) 1,533912175 Minuten = 23,5 bis 26,5 Minuten.

KORREL (Matrix1; Matrix2)

Einsatz:

Die Funktion erzeugt den Korrelationskoeffizienten einer zweidimensionalen Zufallsgröße. Die Werte der Zufallsgröße stehen in den Zellbereichen *Matrix1* und *Matrix2*. Die Funktion ermöglicht es festzustellen, ob es eine Beziehung zwischen zwei Eigenschaften gibt.

Parameter:

Das Argument *Matrix1* stellt den ersten Wertebereich dar.

Matrix2 stellt den zweiten Wertebereich dar.

Bemerkungen:

- Es dürfen nur Namen, Matrizen oder Bezüge eingegeben werden, die sich auf Zahlen beziehen oder Zahlen enthalten.
- Matrizen oder Bezüge, die als Argument einen Text, Wahrheitswerte oder leere Zellen enthalten, werden nicht bewertet.
- Eine Zelle mit einer 0 als Inhalt wird dagegen mit in die Berechnung einbezogen.
- Werden die Argumente *Matrix1* und *Matrix2* mit verschieden vielen Datenpunkten angegeben, erzeugt die Funktion den Fehlerwert *#NV*.
- Wird eine der Matrizen *Matrix1* oder *Matrix2* als leere Matrix angegeben oder ist eine der zu deren Werten gehörenden Standardabweichungen (s) gleich 0, erzeugt die Funktion den Fehlerwert *#DIV/0*!.
- Die Gleichung zur Berechnung des Korrelationskoeffizienten ist folgendermaßen definiert:

$$\rho_{x,y} = \frac{Cov(X,Y)}{\sigma_x \cdot \sigma_y}$$

Wobei gilt:

$$-1 \leq \rho_{xy} \leq 1$$

Sowie:

$$Cov(X,Y) = \frac{1}{n}\sum_{i=1}^{n}(x_i - \mu_x)(y_i - \mu_y)$$

Beispiel:

=KORREL({9;10;16;3;28;65};

{5;12;80;55; 23;78})

Ergebnis: 0,47484168

KOVAR (Matrix1; Matrix2)

Einsatz:

Die Funktion erzeugt die Kovarianz. Die Kovarianz ist definiert als Mittelwert der für alle Datenpunktpaare gebildeten Produkte der Abweichungen. Die Funktion ermöglicht es festzustellen, welche Beziehung zwischen zwei Datengruppen besteht.

Parameter:

Das Argument *Matrix1* stellt den ersten Zellenbereich dar, der ganze Zahlen enthält.

Matrix2 stellt den zweiten Zellenbereich dar, der ganze Zahlen enthält.

Bemerkungen:

- ✔ Es dürfen nur Namen, Matrizen oder Bezüge eingegeben werden, die sich auf Zahlen beziehen oder Zahlen enthalten.
- ✔ Matrizen oder Bezüge, die als Argument einen Text, Wahrheitswerte oder leere Zellen enthalten, werden nicht bewertet.

- Eine Zelle mit einer 0 als Inhalt wird dagegen mit in die Berechnung einbezogen.
- Werden die Argumente *Matrix1* und *Matrix2* mit verschieden vielen Datenpunkten angegeben, erzeugt die Funktion den Fehlerwert *#NV*.
- Wird eine der Matrizen *Matrix1* oder *Matrix2* als leere Matrix angegeben, erzeugt die Funktion den Fehlerwert *#DIV/0!*.
- Die Gleichung zur Berechnung der Kovarianz ist folgendermaßen definiert:

$$Cov(X,Y)=\frac{1}{n}\sum_{i-1}^{n}(x_i-\mu_x)(y_i-\mu_y)$$

Beispiel:

=KOVAR({9;10;16;3;28;65};

{5;12;80;55;23;78})

Ergebnis: 300

KRITBINOM (Versuche; Erfolgswahrscheinlichkeit; Alpha)

Einsatz:

Die Funktion erzeugt den kleinsten Wert, für den die kumulierten Wahrscheinlichkeiten der Binomialverteilung größer oder gleich einer Grenzwahrscheinlichkeit sind.

Die Funktion kann bei Aufgaben eingesetzt werden, die beispielsweise bei der Qualitätssicherung anfallen.

Parameter:

Das Argument *Versuche* ist die Anzahl der Bernoulliexperimente.

Erfolgswahrscheinlichkeit gibt die Wahrscheinlichkeit für den günstigsten Ausgang des Experiments wieder.

Mit *Alpha* definieren Sie die Grenzwahrscheinlichkeit.

Bemerkungen:

- Alle Argumente müssen numerische Ausdrücke sein, ansonsten liefert die Funktion den Fehlerwert *#WERT*!.
- *Versuche* sollte eine ganze Zahl sein, ansonsten werden deren Nachkommastellen abgeschnitten.
- Wird das Argument *Versuche* mit kleiner 0 angegeben, erzeugt KRITBINOM den Fehlerwert *#ZAHL*!.
- Wird das Argument *Erfolgswahrsch* mit kleiner 0 oder mit größer 1 angegeben, erzeugt KRITBINOM den Fehlerwert *#ZAHL*!.
- Wird das Argument *Alpha* mit kleiner 0 oder mit größer als 1 angegeben, erzeugt die Funktion den Fehlerwert *#ZAHL*!.

Beispiel:

```
=KRITBINOM(4;0,5;0,4)
```

Ergebnis: 2

KURT (Zahl1; Zahl2; ...)

Einsatz:

Die Funktion erzeugt die Kurtosis (Exzess) einer Datenmenge. Die Funktion ist ein Maß für die Wölbung einer Verteilung im Vergleich zur Normalverteilung. Ist eine Kurtosis positiv, so deutet dies auf eine spitze Verteilung hin. Ist eine Kurtosis negativ, so deutet dies auf eine flache Verteilung hin.

Parameter:

Zahl1, Zahl2, ... bezeichnen die Argumente, deren Kurtosis (Exzess) errechnet werden soll. Es können 1 bis 30 Argumente angegeben werden. Anstelle der Angabe mehrerer einzelner Argumente kann auch ein Bezug auf eine Matrix oder eine Matrix selbst angegeben werden.

Bemerkungen:

- Es dürfen nur Namen, Matrizen oder Bezüge, die sich auf Zahlen beziehen oder Zahlen enthalten, oder aber Zahlen selbst eingegeben werden.
- Matrizen oder Bezüge, die als Argument einen Text, Wahrheitswerte oder leere Zellen enthalten, werden nicht bewertet.
- Eine Zelle mit einer 0 als Inhalt wird dagegen mit in die Berechnung einbezogen.
- Es müssen mindestens 4 Zahlen angegeben werden, ansonsten erzeugt die Funktion den Fehlerwert *#DIV/0!*.
- Wird die Standardabweichung der Stichprobe gleich 0, erzeugt die Funktion ebenfalls den Fehlerwert *#DIV/0!*.
- Die Kurtosis ist durch folgende Gleichung gegeben:

$$\left\{\frac{n(n+1)}{(n-1)(n-2)(n-3)}\sum\left(\frac{x_i-\bar{x}}{s}\right)^4\right\}-\frac{3(n-1)^2}{(n-2)(n-3)}$$

Beispiel:

`=KURT(8;9;2;4;14;2;7;2)`

Ergebnis: 0,04854438

LOGINV (Wahrsch; Mittelwert; Standabwn)

Einsatz:

Die Funktion errechnet die Umkehrfunktion der logarithmischen Normalverteilung von x, wobei ln(x) mit den Parametern *Mittelwert* und *Standabwn* normalverteilt ist.

Wenn gilt p = LOGNORMVERT(x,...), dann ist LOGINV(p,...) = x. Die Funktion dient dazu, bei gegebener Wahrscheinlichkeit p das entsprechende Quantil der Lognormalverteilung zu errechnen.

Parameter:

Durch *Wahrsch* definieren Sie die zur Lognormalverteilung gehörige Wahrscheinlichkeit.

Mittelwert steht für den Mittelwert von ln(x).

Das Argument *Standabwn* stellt die Standardabweichung von ln(x) dar.

Die Umkehrfunktion der Lognormalverteilung ist wie folgt definiert:

$$\mathrm{LOGINV}(p,\mu,\sigma) = e^{[\mu+\sigma\times(\mathrm{NORMSINV}(p))]}$$

Bemerkungen:

- Alle Argumente müssen numerische Ausdrücke sein, ansonsten erzeugt LOGINV den Fehlerwert *#WERT*!.
- Wird *Wahrsch* mit kleiner 0 oder größer 1 angegeben, erzeugt die Funktion den Fehlerwert *#ZAHL*!.
- Ist das Argument *Standabwn* kleiner oder gleich 0, erzeugt LOGINV den Fehlerwert *#ZAHL*!.

Beispiel:

```
=LOGINV(0,23891; 2; 0,5)
```

Ergebnis: 5,1814947

LOGNORMVERT (x; Mittelwert; Standabwn)

Einsatz:

Die Funktion errechnet Werte der Verteilungsfunktion einer lognormalverteilten Zufallsvariablen, wobei ln(x) normalverteilt ist und die Parameter *Mittelwert* und *Standabwn* hat. Die Funktion dient dazu, Daten zu untersuchen, die logarithmisch transformiert wurden.

Parameter:

Mit dem Argument *x* geben Sie den Wert der Verteilung (Quantil) an, deren Wahrscheinlichkeit berechnet werden soll.

Durch *Wahrsch* definieren Sie die zur Lognormalverteilung gehörige Wahrscheinlichkeit.

Mittelwert steht für den Mittelwert der Lognormalverteilung.

Das Argument *Standabwn* stellt die Standardabweichung der Lognormalverteilung dar.

Bemerkungen:

- Alle Argumente müssen numerische Ausdrücke sein, ansonsten erzeugt LOGINV den Fehlerwert *#WERT!*.
- Wird *x* mit kleiner/gleich 0 oder Standabwn mit kleiner/gleich 0 angegeben, erzeugt die Funktion den Fehlerwert *#ZAHL!*.
- Die Verteilungsfunktion einer logarithmischen Normalverteilung ist wie folgt definiert:

$$\text{LOGNORMDIST}(x,\mu,\sigma) = \text{NORMSDIST}\left(\frac{\ln(x)-\mu}{\sigma}\right)$$

Beispiel:

```
=LOGNORMVERT(15; 2,5; 0,5)
```

Ergebnis: 0,66133169

MAX (Zahl1; Zahl2; ...)

Einsatz:

Die Funktion erzeugt den größten Wert aus einer Datenmenge.

Parameter:

Zahl1, Zahl2, ... bezeichnen die Argumente, deren größte Zahl ermittelt werden soll. Es können 1 bis 30 Argumente angegeben werden.

Bemerkungen:

- Es dürfen nur Zahlen, leere Zellen, Wahrheitswerte oder als Text vorliegende Zahlen als Argumente angegeben werden.
- Alle Argumente, die Fehlerwerte angeben oder Texte darstellen, die von Excel nicht in Zahlen umgewandelt werden können, erzeugen eine Fehlermeldung.
- Von angegebenen Matrizen oder Bezügen werden nur numerische Elemente berücksichtigt.
- Matrizen oder Bezüge, die als Argument einen Text, Wahrheitswerte oder leere Zellen enthalten, werden nicht bewertet.
- Wenn die Argumente keine Zahlen als Inhalt haben, erzeugt die Funktion den Wert 0.

Beispiele:

Voraussetzung: Der Bereich *B1:B4* enthält die folgende Zahlen: 45, 5, 8, 22.

```
=MAX(B1:B4)
```

Ergebnis: 45

```
=MAX(12;78;105;8;9;56)
```

Ergebnis: 105

MAXA (Wert1; Wert2 ...)

Einsatz:

Die Funktion erzeugt den größten Wert aus einer Datenmenge. Anders als die Funktion MAX werden bei MAXA auch Texte und die Wahrheitswerte untersucht.

Parameter:

Wert1, Wert2, ... bezeichnen die Werte, deren größter Wert ermittelt werden soll. Es können 1 bis 30 Argumente angegeben werden.

Bemerkungen:

- Es dürfen nur Zahlen, leere Zellen, Wahrheitswerte oder als Text vorliegende Zahlen als Argumente angegeben werden.
- Alle Argumente, die Fehlerwerte angeben oder Texte darstellen, die von Excel nicht in Zahlen umgewandelt werden können, erzeugen eine Fehlermeldung.
- Von angegebenen Matrizen oder Bezüge werden nur numerische Elemente berücksichtigt. Matrizen oder Bezüge, die leere Zellen enthalten, werden nicht bewertet.
- Wenn die Argumente keine Werte als Inhalt haben, erzeugt die Funktion den Wert 0.
- Als Größenangabe wird für Text und FALSCH der Wert 0 gewertet und für WAHR der Wert 1.

Beispiele:

Voraussetzung: Der Bereich B1:B4 enthält die folgenden Zahlen: 45, 5, 8, 22.

```
=MAX(B1:B4)
```

Ergebnis: 45

```
=MAX(0,2;0,9;0,3;WAHR)
```

Ergebnis: 1

MEDIAN (Zahl1; Zahl2; ...)

Einsatz:

Die Funktion erzeugt den Median der angegebenen Zahlen. Mit Median wird die Zahl bezeichnet, die in der Mitte einer Zahlenmenge (Reihe) liegt.

Die eine Hälfte der Zahlenreihe ist demnach kleiner als der Median, die andere Hälfte ist größer als der Median.

Parameter:

Zahl1, Zahl2, ... bezeichnen die Argumente, deren Median errechnet werden soll. Es können 1 bis 30 Argumente angegeben werden.

Bemerkungen:

- Es dürfen nur Namen, Matrizen oder Bezüge, die sich auf Zahlen beziehen oder Zahlen enthalten, oder aber Zahlen selbst eingegeben werden.
- Matrizen oder Bezüge, die als Argument einen Text, Wahrheitswerte oder leere Zellen enthalten, werden nicht bewertet.
- Eine Zelle mit einer 0 als Inhalt wird dagegen mit in die Berechnung einbezogen.
- Hat die angegebene Zahlenreihe eine gerade Anzahl von Zahlen, errechnet die Funktion den Mittelwert der beiden mittleren Zahlen.

Beispiele:

```
=MEDIAN(9;2;4;14;2;7;6)
```

Ergebnis: 6

```
=MEDIAN(8;9;2;4;14;2;7;2)
```

Ergebnis: 5,5

MIN (Zahl1; Zahl2; ...)

Einsatz:

Die Funktion erzeugt den kleinsten Wert aus einer angegebenen Datenmenge.

Parameter:

Zahl1, Zahl2, ... bezeichnen die Argumente, deren kleinste Zahl ermittelt werden soll. Es können 1 bis 30 Argumente angegeben werden.

Bemerkungen:

- Es dürfen nur Zahlen, leere Zellen, Wahrheitswerte oder als Text vorliegende Zahlen als Argumente angegeben werden.
- Alle Argumente, die Fehlerwerte angeben oder Texte darstellen, die von Excel nicht in Zahlen umgewandelt werden können, erzeugen eine Fehlermeldung.
- Von angegebenen Matrizen oder Bezügen werden nur numerische Elemente berücksichtigt.
- Matrizen oder Bezüge, die als Argument einen Text, Wahrheitswerte oder leere Zellen enthalten, werden nicht bewertet.
- Wenn die Argumente keine Zahlen als Inhalt haben, erzeugt die Funktion den Wert 0.

Beispiele:

Voraussetzung: Der Bereich *B1:B4* enthält die folgenden Zahlen: 45, 5, 8, 22.

```
=MIN(B1:B4)
```

Ergebnis: 5

```
=MIN(12;78;105;8;9;56)
```

Ergebnis: 8

MINA (Wert1; Wert2; ...)

Einsatz:

Die Funktion erzeugt den kleinsten Wert aus einer Datenmenge. Anders als die Funktion MIN werden bei MINA auch Texte und die Wahrheitswerte untersucht.

Parameter:

Wert1, Wert2, ... bezeichnen die Werte, deren kleinster Wert ermittelt werden soll. Es können 1 bis 30 Argumente angegeben werden.

Bemerkungen:

- Es dürfen nur Zahlen, leere Zellen, Wahrheitswerte oder als Text vorliegende Zahlen als Argumente angegeben werden.
- Alle Argumente, die Fehlerwerte angeben oder Texte darstellen, die von Excel nicht in Zahlen umgewandelt werden können, erzeugen eine Fehlermeldung.
- Von angegebenen Matrizen oder Bezügen werden nur numerische Elemente berücksichtigt. Matrizen oder Bezüge, die leere Zellen enthalten, werden nicht bewertet.
- Wenn die Argumente keine Werte als Inhalt haben, erzeugt die Funktion den Wert 0.
- Als Größenangabe wird für *Text* und FALSCH der Wert 0 gewertet und für WAHL der Wert 1.

Beispiele:

Voraussetzung: Der Bereich *B1:B4* enthält die folgenden Zahlen: 45, 5, 8, 22.

```
=MINA(B1:B4)
```

Ergebnis: 5

```
=MINA(0,2;0,9;0,3;WAHR)
```

Ergebnis: 0,2

MITTELABW (Zahl1; Zahl2; ...)

Einsatz:

Die Funktion erzeugt die durchschnittliche absolute Abweichung einer Reihe von Merkmalsausprägungen und ihrem Mittelwert. Mit dieser Funktion kann ein Maß für die Streuung innerhalb einer Datengruppe berechnet werden.

Parameter:

Zahl1, Zahl2, ... bezeichnen die Argumente, deren durchschnittliche absolute Abweichung ermittelt werden soll. Es können 1 bis 30 Argumente angegeben werden.

Anstelle der Angabe einzelner Argumente kann auch ein Bezug auf eine Matrix oder eine Matrix selbst angegeben werden.

Bemerkungen:

- Es dürfen nur Zahlen, Namen, Matrizen oder Bezüge als Argumente angegeben werden.
- Matrizen oder Bezüge, die als Argument einen Text, Wahrheitswerte oder leere Zellen enthalten, werden nicht bewertet.
- Werden dagegen Zellen mit dem Wert 0 als Inhalt angegeben, werden diese berücksichtigt.
- Achten Sie besonders auf Folgendes: Die Funktion wird von der Maßeinheit der Daten beeinflusst.
- Die durchschnittliche Abweichung ist wie folgt definiert:

$$\frac{1}{n}\sum|x-\bar{x}|$$

Beispiel:

```
=MITTELABW(8;78;6;9;1;13;7;45)
```

Ergebnis: 20,3125

MITTELWERT (Zahl1; Zahl2; ...)

Einsatz:

Die Funktion erzeugt den Mittelwert (arithmetisches Mittel) aus den angegebenen Argumenten.

Parameter:

Zahl1, Zahl2, ... bezeichnen die Argumente, deren Mittelwert errechnet werden soll. Es können 1 bis 30 Argumente angegeben werden.

Bemerkungen:

- Es dürfen nur Namen, Matrizen oder Bezüge, die sich auf Zahlen beziehen oder Zahlen enthalten, oder aber Zahlen selbst eingegeben werden.
- Matrizen oder Bezüge, die als Argument einen Text, Wahrheitswerte oder leere Zellen enthalten, werden nicht bewertet.
- Eine Zelle mit einer 0 als Inhalt wird dagegen mit in die Berechnung einbezogen.

Beispiel:

```
=MITTELWERT(8;9;2;4;14;2;7;2)
```

Ergebnis: 6

Voraussetzung: Die Zellen A1:A4 enthalten die Zahlen: 12, 5, 78 und 3.

```
=MITTELWERT(A1:A4)
```

Ergebnis: 24,5

Dem Bereich A1:A3 wurde der Name "Mittelw" gegeben.

```
=MITTELWERT(Mittelw)
```

Ergebnis: 31,6666667

MITTELWERTA (Wert1; Wert2; ...)

Einsatz:

Die Funktion erzeugt den Mittelwert (arithmetisches Mittel) aus den angegebenen Argumenten. Im Gegensatz zur Funktion MIT-

TELWERT interpretiert MITTELWERTA auch Texte und die Wahrheitswerte.

Parameter:

Wert1, Wert2, ... bezeichnen die Argumente, deren Mittelwert errechnet werden soll. Es können 1 bis 30 Argumente angegeben werden.

Bemerkungen:

- ✔ Es dürfen nur Namen, Matrizen oder Bezüge, die sich auf Zahlen beziehen oder Zahlen enthalten, oder aber Zahlen selbst eingegeben werden.
- ✔ Matrizen oder Bezüge, die als Argument einen Text, Wahrheitswerte oder leere Zellen enthalten, werden nicht bewertet.
- ✔ Eine Zelle mit einer 0 als Inhalt wird dagegen mit in die Berechnung einbezogen.
- ✔ Als Größenangabe wird für *Text* und FALSCH der Wert 0 gewertet und für WAHL der Wert 1.

Beispiel:

```
=MITTELWERT(8;9;2;4;WAHR;2;7;2)
```

Ergebnis: 4,375

Voraussetzung: Die Zellen *A1:A4* enthalten die Zahlen: 12, 5, 78 und FALSCH.

```
=MITTELWERT(A1:A4)
```

Ergebnis: 23,75

MODALWERT (Zahl1; Zahl2; ...)

Einsatz:

Die Funktion erzeugt den Wert, der in einer Matrix oder einer Datengruppe am häufigsten vorkommt. MODALWERT ist ein Maß für die Lage der Werte in einer Datengruppe oder Matrix.

Parameter:

Zahl1, Zahl2, ... bezeichnen die Argumente, deren Modalwert errechnet werden soll. Es können 1 bis 30 Argumente angegeben werden. Anstelle der Angabe mehrerer einzelner Argumente kann auch ein Bezug auf eine Matrix oder eine Matrix selbst angegeben werden.

Bemerkungen:

- Es dürfen nur Namen, Matrizen oder Bezüge, die sich auf Zahlen beziehen oder Zahlen enthalten, oder aber Zahlen selbst eingegeben werden.
- Matrizen oder Bezüge, die als Argument einen Text, Wahrheitswerte oder leere Zellen enthalten, werden nicht bewertet.
- Eine Zelle mit einer Null als Inhalt wird dagegen mit in die Berechnung einbezogen.
- Die angegebene Datengruppe muss mehrfach vorkommende Datenpunkte enthalten, ansonsten erzeugt MODALWERT den Fehlerwert *#NV*.

Beispiel:

```
=MODALWERT(9;2;4;14;9;2;7;9;6)
```

Ergebnis: 9

NEGBINOMVERT (Zahl_Misserfolge; Zahl_Erfolge; Erfolgswahrsch)

Einsatz:

Die Funktion erzeugt Wahrscheinlichkeiten einer negativbinomialverteilten Zufallsvariablen. Sie kann bei Aufgaben eingesetzt werden, bei denen berechnet werden soll, wie wahrscheinlich es ist, dass es genau *Zahl_Misserfolge* gibt, bevor der letzte positive Ausgang (*Zahl_Erfolge*) gezogen wird. Dabei muss das Argument *Erfolgswahrsch* die gleich bleibende Wahrscheinlichkeit eines Erfolges angeben. Der Unterschied zu der Binomialverteilung ist der, dass die Anzahl der Erfolge bei der Funktion NEGBINOMVERT feststeht, aber die Anzahl der Versuche variabel ist. Die einzelnen Versuche müssen voneinander unabhängig sein.

Parameter:

Zahl_Misserfolge stellt eine Zahl dar, die die Anzahl der ungünstigen Ereignisse der Experimente angibt.

Zahl_Erfolge stellt eine Zahl dar, die die Anzahl der günstigen Ereignisse der Experimente widerspiegelt.

Erfolgswahrsch stellt die Wahrscheinlichkeit für den günstigen Ausgang des Experiments dar.

Bemerkungen:

- Wird (*Zahl_Erfolge* + *Zahl_Misserfolge* -1) kleiner oder gleich 0, erzeugt NEGBINOMVERT den Fehlerwert *#ZAHL!*.
- Alle Argumente müssen numerische Ausdrücke sein, ansonsten liefert die Funktion den Fehlerwert *#WERT!*.
- *Zahl_Erfolge* und *Zahl_Misserfolge* sollten ganze Zahlen sein, ansonsten werden deren Nachkommastellen abgeschnitten.
- Wird das Argument *Erfolgswahrsch* mit kleiner 0 oder wird *Erfolgswahrsch* mit größer 1 angegeben, liefert NEGBINOMVERT den Fehlerwert *#ZAHL!*.
- Die negative Binomialverteilung ist mit folgender Gleichung gegeben:

$$nb(x;r,p) = \binom{x+r-1}{r-1} p^r (1-p)^x$$

Dabei ist: x = *Zahl_Misserfolge*, r = *Zahl_Erfolge* und p = *Erfolgswahrsch*.

Beispiel:

```
=NEGBINOMVERT(12;14;0,5)
```

Ergebnis: 0,077490509

NORMINV (Wahrsch; Mittelwert; Standabwn)

Einsatz:

Die Funktion errechnet für den angegebenen Mittelwert und die angegebene Standardabweichung die Quantile der Normalverteilung.

Parameter:

Durch *Wahrsch* definieren Sie die zur Standardnormalverteilung gehörige Wahrscheinlichkeit.

Mittelwert steht für den arithmetischen Mittelwert der Verteilung.

Das Argument *Standabwn* stellt die Standardabweichung der Verteilung dar.

Bemerkungen:

- Alle Argumente müssen numerische Ausdrücke sein, ansonsten erzeugt die Funktion den Fehlerwert *#WERT*!.
- Wird *Wahrsch* mit kleiner 0 oder *Wahrsch* mit größer 1 angegeben, erzeugt die Funktion den Fehlerwert *#ZAHL*!.
- Ist das Argument *Standabwn* kleiner oder gleich 0, erzeugt NORMINV den Fehlerwert *#ZAHL*!.
- Werden die Argumente *Mittelwert* mit 0 und *Standabwn* mit 1 angegeben, so benutzt die Funktion die standardisierte Normalverteilung (Funktion: STANDNORMINV).
- Die Funktion wird iterativ berechnet. In Abhängigkeit von der angegebenen Wahrscheinlichkeit werden so lange Iterationsschritte ausgeführt, bis ein Ergebnis mit einer Abweichung von maximal 3x10-7 erreicht ist. Die Funktion muss innerhalb von 100 Iterationsschritten konvergieren, ansonsten liefert sie den Fehlerwert *#NV*.

Beispiel:

```
=LOGINV(0,0803891; 20; 2,5)
```

Ergebnis: 14560929,7

NORMVERT (x; Mittelwert; Standabwn; Kumuliert)

Einsatz:

Die Funktion errechnet Wahrscheinlichkeiten einer normalverteilten Zufallsvariablen für den angegebenen Mittelwert und die angegebene Standardabweichung.

Die Funktion kann beispielsweise zur Überprüfung von Hypothesen eingesetzt werden.

Parameter:

Mit dem Argument *x* geben Sie den Wert der Verteilung (Quantil) an, dessen Wahrscheinlichkeit berechnet werden soll.

Mittelwert steht für den arithmetischen Mittelwert der Verteilung.

Das Argument *Standabwn* stellt die Standardabweichung der Verteilung dar.

Kumuliert ist ein Wahrheitswert, der den Typ der Funktion bestimmt. Es gibt zwei Wahrheitswerte: WAHR und FALSCH. WAHR bedeutet, dass die Funktion die Verteilungsfunktion (integrierte Dichtefunktion) berechnet. FALSCH bedeutet, dass die Funktion den Wert der Dichtefunktion erzeugt.

Bemerkungen:

- Die Argumente *Mittelwert* oder *Standabwn* müssen numerische Ausdrücke sein, ansonsten erzeugt NORMVERT den Fehlerwert *#WERT*!.
- Wird *Standabwn* mit kleiner oder gleich 0 angegeben, erzeugt die Funktion den Fehlerwert *#ZAHL*!.
- Werden die Argumente *Mittelwert* mit 0 und *Standabwn* mit 1 angegeben, so erzeugt die Funktion die standardisierte Normalverteilung (Funktion: STANDNORMINV).

- Die Dichtefunktion der Normalverteilung ist wie folgt definiert:

$$f(x;\mu,\sigma) = \frac{1}{\sqrt{2\pi}\sigma} e^{-\left(\frac{(x-\mu)^2}{2\sigma^2}\right)}$$

Beispiel:

```
=NORMVERT(55;38;1,75;WAHR)
```

Ergebnis: 1

PEARSON (Matrix1; Matrix2)

Einsatz:

Erzeugt den Pearsonschen Korrelationskoeffizienten r. Der Korrelationskoeffizient r ist ein Index ohne Dimension mit einem Wertebereich von -1,0 kleiner/gleich r und r kleiner/gleich 1,0. r drückt aus, inwieweit eine lineare Abhängigkeit zwischen zwei Datensätzen besteht.

Parameter:

Das Argument *Matrix1* stellt eine Reihe von unabhängigen Werten dar.

Matrix2 stellt eine Reihe von abhängigen Werten dar.

Bemerkungen:

- Die einzugebenden Argumente sollten nur Zahlen enthalten (auch bei Bezügen, Matrizen oder Namen).
- Enthalten die Bezüge bzw. Matrizen als Argumente Text, Leerzellen oder Wahrheitswerte, so werden sie nicht beachtet. Zellen mit dem Wert 0 werden dagegen mit in die Berechnung einbezogen.

- Die Argumente *Matrix1* und *Matrix2* müssen gleich viele Datenpunkte enthalten, ansonsten erzeugt PEARSON den Fehlerwert *#NV*.
- Der (lineare) Korrelationskoeffizient wird nach folgender Formel errechnet:

$$r = \frac{n(\Sigma XY) - (\Sigma X)(\Sigma Y)}{\sqrt{\left[n\Sigma X^2 - (\Sigma X)^2\right]\left[n\Sigma Y^2 - (\Sigma Y)^2\right]}}$$

Beispiel:

```
=PEARSON({9;1;3;9;2;4;1;13};{7;3;10;4;8;1;2;4})
```

Ergebnis: 0,01266196

POISSON (x; Mittelwert; Kumuliert)

Einsatz:

Die Funktion errechnet Wahrscheinlichkeiten einer poissonverteilten Zufallsvariablen.

Die Funktion kann beispielsweise eingesetzt werden, um die Anzahl der innerhalb eines bestimmten Zeitraumes abgelaufenen Vorgänge zu schätzen.

Parameter:

Das Argument *x* gibt die Zahl der Fälle wieder.

Mittelwert steht für den erwarteten Zahlenwert.

Kumuliert ist ein Wahrheitswert, der den Typ der Funktion angibt. Es gibt zwei Wahrheitswerte: WAHR und FALSCH. WAHR bedeutet, dass die Funktion die Verteilungsfunktion (Summenhäufigkeitsfunktion) der jeweiligen Poissonverteilung berechnet. Dies bedeutet, dass die Anzahl zufällig auftretender Ereignisse zwischen 0 und einschließlich x liegt. FALSCH bedeutet, dass die Funktion den Wert der Wahrscheinlichkeitsfunktion erzeugt. Dies bedeutet, dass die Anzahl der Ereignisse genau x sein wird.

Bemerkungen:

- Das Argument *x* sollte eine ganze Zahl sein, ansonsten werden deren Nachkommastellen abgeschnitten.
- Die Argumente *Mittelwert* oder *x* müssen numerische Ausdrük-ke sein, ansonsten erzeugt POISSON den Fehlerwert *#WERT!*.
- Wird eines der Argumente *x* oder *Mittelwert* mit kleiner oder gleich 0 angegeben, erzeugt die Funktion den Fehlerwert *#ZAHL!*.
- Die Funktion POISSON berechnet sich nach folgenden Formeln, wenn das Argument *Kumuliert* mit FALSCH belegt ist:

$$POISSON = \frac{e^{-\lambda}\,\lambda^{x}}{x!}$$

- Wenn das Argument *Kumuliert* mit WAHR belegt ist:

$$CUMPOISSON = \sum_{k=0}^{x} \frac{e^{-\lambda}\,\lambda^{k}}{k!}$$

Beispiele:

`=POISSON(8;7;FALSCH)`

Ergebnis: 0,130377432

`=POISSON(8;7;WAHR)`

Ergebnis: 0,729091268

QUANTIL (Matrix; Alpha)

Einsatz:

Die Funktion erzeugt das Alpha-Quantil einer Gruppe von Daten. Die Funktion wird in der Regel dazu eingesetzt, einen Schwellenwert festzulegen, ab dem die Beobachtungen akzeptiert werden können. Beispielsweise könnten Sie entscheiden, nur Obstsorten zu untersuchen, deren Qualitätsmerkmal oberhalb des 0,8-Quantils (80tes Perzentil) liegt.

Parameter:

Das Argument *Matrix* stellt die Matrix oder einen Bereich von Daten dar, der die relative Lage der Daten bestimmt.

Durch *Alpha* geben Sie den Prozentwert im eingeschlossenen Intervall 0 bis 1 an.

Bemerkungen:

- ✔ Wird das Argument *Matrix* als leere Matrix oder mit mehr als 8191 Datenpunkten angegeben, erzeugt die Funktion den Fehlerwert *#ZAHL!*.
- ✔ Das Argument *Alpha* muss ein numerischer Ausdruck sein, ansonsten erzeugt die Funktion den Fehlerwert *#WERT!*.
- ✔ Wird *Alpha* mit kleiner 0 oder mit größer 1 angegeben, erzeugt die Funktion den Fehlerwert *#ZAHL!*.
- ✔ *Alpha* sollte ein Vielfaches von 1/(n - 1) sein, ansonsten interpoliert QUANTIL, um den Wert des k-Quantils (k-ten Perzentils) zu bestimmen.

Beispiel:

```
=QUANTIL({9;10;16;3;28;65;5;12};0,5)
```

Ergebnis: 11

QUANTILSRANG (Matrix; x; Genauigkeit)

Einsatz:

Die Funktion erzeugt den prozentualen Rang (Alpha) eines Wertes. Die Funktion wird in der Regel dazu eingesetzt, die relative Position zu bestimmen, die eine Beobachtung innerhalb einer Datenmenge einnimmt. Beispielsweise kann mit der Funktion festgestellt werden, welche relative Position ein Ergebnis einer Eingangsuntersuchung innerhalb der Ergebnisse der kompletten Untersuchungen einnimmt.

Parameter:

Das Argument *Matrix* stellt die Matrix oder einen Bereich von numerischen Werten dar, der die relative Lage der Daten bestimmt.

Durch *x* geben Sie den Wert an, dessen Rang ermittelt werden soll. Das Argument *Genauigkeit* stellt einen optionalen Wert dar. Dieser Wert legt die Anzahl der Nachkommastellen des gelieferten Quantilrangs fest. Wird dieses Argument nicht angegeben, werden die Nachkommastellen auf drei Dezimalstellen (0.xxx) festgelegt.

Bemerkungen:

- Wird das Argument *Matrix* als leere Matrix angegeben, erzeugt die Funktion den Fehlerwert *#ZAHL!*.
- Wird das Argument *Genauigkeit* kleiner 1 angegeben, erzeugt QUANTILSRANG den Fehlerwert *#ZAHL!*.
- *x* sollte mit einem in der Matrix stehenden Wert identisch sein, ansonsten interpoliert die Funktion, um den korrekten Quantilsrang zu erhalten.

Beispiel:

```
=QUANTILSRANG({9;10;16;3;28;65;5;12};6)
```

Ergebnis: 0,178

QUARTILE (Matrix; Quartil)

Einsatz:

Die Funktion erzeugt die Quartile einer Gruppe von Daten. Die Funktion wird in der Regel bei Verkaufs- oder Umfragedaten eingesetzt, um die Grundgesamtheit in Gruppen einzuteilen. Angenommen, Sie haben in Ihrem Unternehmen eine Stichprobe erhobener Einkommen zusammengestellt. Die Funktion QUARTIL kann nun dazu dienen, einen Wert zu ermitteln, ab dessen Höhe ein Einkommen zu den oberen 10 % der Einkommen in Ihrem Unternehmen gehört.

Parameter:

Das Argument *Matrix* stellt die Matrix oder einen Bereich von numerischen Daten dar, deren Quartile bestimmt werden sollen.

Durch *Quartile* können Sie festlegen, welchen Wert Sie ausgeben wollen.

Quartil	Quartil erzeugt:
0	den kleinsten Wert
1	das untere Quartil (0,25-Quantil, 25tes Perzentil)
2	den Median (0,5-Quantil, 50tes Perzentil)
3	das obere Quartil (0,75-Quantil, 75tes Perzentil)
4	den größten Wert

Bemerkungen:

- Wird das Argument *Matrix* als leere Matrix oder mit mehr als 8191 Datenpunkten angegeben, erzeugt die Funktion den Fehlerwert *#ZAHL!*.
- Alle zu einer Matrix gehörenden Datenpunkte oder Quartile müssen numerische Ausdrücke sein, ansonsten erzeugt die Funktion den Fehlerwert *#WERT!*.
- *Quartil* sollte eine ganze Zahl sein, ansonsten werden deren Nachkommastellen abgeschnitten.
- Wird *Quartil* mit kleiner 0 oder mit größer 4 angegeben, erzeugt die Funktion den Fehlerwert *#ZAHL!*.
- Wird *Quartil* mit 0, 2 bzw. 4 angegeben, erzeugt die Funktion denselben Wert wie die Funktionen MIN, MEDIAN bzw. MAX.

Beispiel:

```
=QUARTILE({9;10;16;3;28;65;5;12};0,8)
```

Ergebnis: 3

RANG (Zahl; Verweis; Reihenfolge)

Einsatz:

Die Funktion erzeugt den Rang, den eine Zahl innerhalb einer Liste von Zahlen einnimmt.

Mit Rang einer Zahl ist die Größe der Zahl in Bezug auf die anderen Zahlen in der Liste gemeint.

Parameter:

Das Argument *Zahl* stellt die Zahl dar, deren Rang bestimmt werden soll.

Verweis steht für einen Bezug zu einem Zellbereich mit Zahlen oder für eine Matrix mit Zahlen.

Alle Werte sollten numerisch sein, ansonsten werden sie nicht beachtet.

Mit dem Argument *Reihenfolge* können Sie eine Zahl angeben, die bestimmt, wie der Rang von Zahl ermittelt werden soll.

Wird *Reihenfolge* mit 0 oder nicht angegeben, bestimmt die Funktion den Rang von *Zahl* so, als wäre Bezug eine in absteigender Reihenfolge sortierte Liste.

Wird *Reihenfolge* mit einer Zahl angegeben, die ungleich 0 ist, bestimmt die Funktion den Rang von *Zahl* so, als wäre Bezug eine in aufsteigender Reihenfolge sortierte Liste.

Bemerkung:

Die Funktion vergibt für zwei gleiche Zahlen dieselbe Rangzahl. Sind zwei gleiche Zahlen vorhanden, so wirkt sich dies auch auf die

Ränge der nachfolgenden Zahlen aus: Ist beispielsweise die Zahl 5 zweimal in einer Liste ganzer Zahlen mit dem Rang 3 vertreten, dann hat die Zahl 6 den Rang 5 (keine Zahl hat den Rang 4).

Beispiele:

Voraussetzungen: Die Zelle *A1* enthält die Zahl 4, Zelle *A2* enthält die Zahl 8, Zelle *A3* enthält ebenfalls die Zahl 8 und Zelle *A4* enthält die Zahl 9.

```
=RANG(A3;A1:A4;1)
```

Ergebnis: 2

```
=RANG(A4;A1:A4;1)
```

Ergebnis: 4

RGP (Y_Werte; X_Werte; Konstante; Stats)

Einsatz:

Die Funktion erzeugt eine Matrix, deren Elemente eine Gerade beschreiben. Dazu verwendet die Funktion die "Methode der kleinsten Quadrate", die bezüglich der angegebenen Daten die beste Anpassung darstellt. Die Gleichung einer solchen Geraden lautet: y = m1x1 + m2x2 +... + b oder y = mx + b. Der abhängige y-Wert ist eine Funktion der unabhängigen x-Werte. Die m-Werte sind Koeffizienten, die zu den jeweiligen x-Werten gehören. Die Variable b steht für eine Konstante.

Die Variablen y, x und m können auch für Vektoren stehen. Die Form einer von RGP ausgegebenen Matrix ist: {mn;mn-1;...;m1;b}. Darüber hinaus kann die Funktion zusätzliche Regressionskenngrößen bereitstellen.

Parameter:

Das Argument *Y_Werte* steht für die y-Werte, die Ihnen bereits aus der Beziehung y = mx + b bekannt sind.

Wird die Matrix *Y_Werte* mit nur einer Spalte angegeben, wird jede Spalte der Matrix *X_Werte* als eigenständige Variable behandelt.

Wird die Matrix *Y_Werte* mit nur einer Zeile angegeben, wird jede Zeile der Matrix *X_Werte* als eigenständige Variable behandelt.

Das Argument *X_Werte* steht für die optionalen x-Werte, die Ihnen eventuell bereits aus der Beziehung y = mx + b bekannt sind.

Das Argument *X_Werte* kann eine oder mehrere Variablengruppen beinhalten. Solange *Y_Werte* und *X_Werte* dieselben Dimensionen haben, können *Y_Werte* und *X_Werte* Bereiche beliebiger Form sein.

Wenn Sie mehrere Variablen angeben, muss *Y_Werte* ein Vektor sein (das heißt ein Bereich, der aus nur einer Zeile oder nur einer Spalte besteht).

Wird die Matrix *X_Werte* nicht angegeben, wird an deren Stelle die Matrix {1; 2; 3; ...} angenommen, die genauso viele Elemente enthält wie *Y_Werte*.

Konstante ist ein Wahrheitswert, der angibt, ob die Konstante b gleich 1 sein soll.

Das Argument *Konstante* steht für einen Wahrheitswert, der angeben soll, ob die Konstante b den Wert 0 annehmen muss. Wird das Argument mit WAHR oder nicht angegeben, wird b normal berechnet. Wird *Konstante* mit FALSCH angegeben, wird b gleich 0 gesetzt, und die m-Werte werden so angepasst, dass sie zu der Beziehung y = mx passen.

Das Argument *Stats* steht für einen Wahrheitswert, der angibt, ob weitere Regressionskenngrößen berechnet und ausgegeben werden sollen.

Wird *Stats* mit WAHR belegt, erzeugt die Funktion weitere Regressionskenngrößen, so dass eine wie folgt aufgebaute Matrix zurückgegeben wird:

{mn;mn-1;...;m1;b.sen;sen 1;...;se1;seb.r2;sey.F;df.ssreg;ssresid}.

Wird *Stats* mit FALSCH oder nicht angegeben, erzeugt RGP nur die m-Koeffizienten sowie die Konstante b.

Die in der folgenden Tabelle aufgeführten Regressionskenngrößen (-statistiken) können zusätzlich ermittelt werden:

Kenngröße	Bedeutung
se1,se2,...,sen	Standardfehler der Koeffizienten m1;m2;...;mn.
Seb	Standardfehler der Konstanten b (seb = *#NV*, wenn Konstante mit FALSCH belegt ist).
r^2	Bestimmtheitsmaß

Es vergleicht die berechneten mit den tatsächlichen y-Werten. Die Werte von 0 bis 1 können angenommen werden. Ist das Bestimmtheitsmaß gleich 1, besteht für die Stichprobe eine vollkommene Korrelation. Das bedeutet, dass sich ein berechneter y-Wert und der entsprechende tatsächliche y-Wert nicht unterscheiden. Ist das Bestimmtheitsmaß gleich 0, ist die Regressionsgerade ungeeignet, einen y-Wert vorherzusagen.

Kenngröße	Bedeutung
sey	Standardfehler des Schätzwertes y (Prognosewert).
F	Die Kenngröße F steht für die F-Statistik (oder den berechneten F-Wert). Mit Hilfe der F-Statistik kann entschieden werden, ob die zwischen der abhängigen und der unabhängigen Variablen beobachtete Beziehung zufällig ist oder nicht.
df	df definiert den Freiheitsgrad. Mit Hilfe von Freiheitsgrad können Sie den jeweiligen kritischen F-Wert (Quantil F) aus einer entsprechenden statistischen Tabelle entnehmen. Sie sollten den jeweils auf solche Weise ermittelten kritischen F-Wert mit der von RGP gelieferten F-Statistik vergleichen, um das Konfidenzniveau des Modells beurteilen zu können.

Kenngröße	Bedeutung
ssreg	Regressions-Quadratsumme
ssresid	Residual-Quadratsumme (Summe der Abweichungsquadrate)

Die folgende Tabelle zeigt die Reihenfolge, in der die zusätzlichen Regressionskenngrößen zurückgegeben werden:

	A	B	C	D	E	F
1	m_n	m_{n-1}	...	m_2	m_1	b
2	se_n	se_{n-1}	...	se_2	se_1	se_b
3	r_2	se_y				
4	F	d_f				
5	ss_{reg}	ss_{resid}				

Bemerkungen:

- Alle Geraden lassen sich durch ihre Steigung (m) und die jeweilige Anfangsordinate (y-Achsenabschnitt) beschreiben. Dabei gilt:
- Eine Gerade lässt sich durch die Gleichung $y = mx + b$ beschreiben.
- Die Steigung einer Geraden (m) lässt sich aus zwei Punkten der Geraden, (x1, y1) und (x2, y2) gemäß der Beziehung (y2 - y1)/(x2 - x1) berechnen.
- Der y-Achsenabschnitt (b) ist der y-Wert des Punktes, in dem die Gerade die y-Achse schneidet.
- Wenn Sie die Werte von m und b kennen, kann jeder Punkt der Geraden berechnet werden, indem Sie den jeweiligen y- oder x-Wert in die Gleichung einsetzen.
- Liegt nur eine unabhängige x-Variable vor, können Sie die Steigung und den y-Achsenabschnitt direkt nach den folgenden Formeln bestimmen:

- Steigung: INDEX(RGP(Y_Werte; X_Werte); 1)
- Y-Achsenabschnitt: INDEX(RGP(Y_Werte; X_Werte); 2)
- Die Genauigkeit einer durch die Funktion RGP berechneten Geraden hängt von dem Ausmaß der Streuung Ihrer Daten ab. Je linearer die Daten sind, desto genauer ist das ermittelte Modell.
- Liegt nur eine unabhängige x-Variable vor, werden m und b entsprechend der folgenden Formeln berechnet:

$$m = \frac{n\left(\sum xy\right)\left(\sum x\right)\left(\sum y\right)}{n\left(\sum (x^2)\right) - \left(\sum x\right)^2}$$

$$b = \frac{\left(\sum y\right)\left(\sum (x^2)\right) - \left(\sum x\right)\left(\sum xy\right)}{n\left(\sum (x^2)\right) - \left(\sum x\right)^2}$$

- Sie müssen alle Formeln, die Matrizen erzeugen, als Matrixformeln eingeben.
- Geben Sie anstelle eines Arguments eine konstante Matrix ein, müssen Sie Semikola verwenden, um die zu einer Zeile gehörenden Werte voneinander zu trennen. Zusätzlich müssen Punkte verwendet werden, um die Zeilen voneinander zu trennen. Diese Trennzeichen sind von den aktuellen Ländereinstellungen abhängig.
- Zu beachten ist, dass die mit Hilfe einer Regressionsgleichung vorhergesagten y-Werte eventuell keinen Sinn ergeben, wenn diese außerhalb des Bereiches der y-Werte liegen, die Sie zur Ermittlung der Gleichung verwendet haben.
- Die Funktion kann zu folgenden Problemstellungen Lösungen anbieten: einfache lineare Regression, multiple lineare Regression, Einsetzen der F- und der r2-Statistik (F-Test und Bestimmtheitsmaß) und Berechnen der t-Statistik (t-Test).

Beispiel:

Es soll die Steigung und der Y-Achsenabschnitt (Anfangsordinate) errechnet werden:

```
=RGP({5;4;10;12};{1;7;3;5}
```

Ergebnis: {-0,05;7,95} Also ist die Steigung = -0,05 und der y-Achsenabschnitt = 7,95.

RKP (Y_Werte; X_Werte; Konstante; Stats)

Einsatz:

Die Funktion erzeugt eine Matrix der Parameter, die eine Kurve beschreiben. Dazu berechnet die Funktion eine Exponentialkurve, die möglichst gut an die von Ihnen eingegebenen Daten angepasst ist. Die Gleichung der Kurve ist: y = (b*(m1x1)*(m2x2)*...) oder y = b*mx.

Der abhängige y-Wert ist eine Funktion der unabhängigen x-Werte.

Jeder der m-Werte ist eine Basis, zu der ein entsprechender x-Wert als Exponent gehört.

Die Variable b steht für eine Konstante. Die Variablen y, x und m können auch für Vektoren stehen. Die Form einer von RKP ausgegebenen Matrix ist: {mn.mn-1 ....m1.b}.

Parameter:

Das Argument *Y_Werte* steht für die y-Werte, die Ihnen bereits aus der Beziehung y = b*mx bekannt sind.

Wird die Matrix *Y_Werte* mit nur einer Spalte angegeben, wird jede Spalte der Matrix *X_Werte* als eigenständige Variable behandelt.

Wird die Matrix *Y_Werte* mit nur einer Zeile angegeben, wird jede Zeile der Matrix *X_Werte* als eigenständige Variable behandelt.

Das Argument *X_Werte* steht für die optionalen x-Werte, die Ihnen eventuell bereits aus der Beziehung y = b*mx bekannt sind.

Das Argument *X_Werte* kann eine oder mehrere Variablengruppen beinhalten. Solange *Y_Werte* und *X_Werte* dieselben Dimensionen haben, können *Y_Werte* und *X_Werte* Bereiche beliebiger Form sein.

Wenn Sie mehrere Variablen angeben, muss *Y_Werte* ein Vektor sein (das heißt ein Bereich, der aus nur einer Zeile oder nur einer Spalte besteht).

Wird die Matrix *X_Werte* nicht angegeben, wird an deren Stelle die Matrix {1; 2; 3; ...} angenommen, die genauso viele Elemente enthält wie *Y_Werte*.

Das Argument *Konstante* steht für einen Wahrheitswert, der angeben soll, ob die Konstante b den Wert 0 annehmen muss. Wird das Argument mit WAHR oder nicht angegeben, wird b normal berechnet. Wird Konstante mit FALSCH angegeben, wird b gleich 1 gesetzt, und die m-Werte werden so angepasst, dass sie zu der Beziehung y = mx passen.

Das Argument *Stats* steht für einen Wahrheitswert, der angibt, ob weitere Regressionskenngrößen berechnet und ausgegeben werden sollen. Wird *Stats* mit WAHR belegt, erzeugt die Funktion weitere Regressionskenngrößen, so dass eine wie folgt aufgebaute Matrix zurückgegeben wird:

```
{mn.mn-1.....m1.b;sen.sen-1.....se1.seb;r
2.sey;F.df.ssreg.ssresid}
```

Wird Stats mit FALSCH oder nicht angegeben, erzeugt RKP nur die m-Koeffizienten sowie die Konstante b.

Zusätzlich können die gleichen Regressionskenngrößen (-statistiken) ermittelt werden wie bei der Funktion *RGP* (?RGP).

Die folgende Tabelle zeigt die Reihenfolge, in der die zusätzlichen Regressionskenngrößen zurückgegeben werden:

	A	B	C	D	E	F
1	m_n	m_{n-1}	...	m_2	m_1	b
2	se_n	se_{n-1}	...	se_2	se_1	se_b
3	r_2	se_y				
4	F	d_f				
5	ss_{reg}	ss_{resid}				

Bemerkungen:

✓ Die grafische Darstellung Ihrer Daten sollte so stark wie möglich einer Exponentialkurve gleichen, denn desto besser wird die berechnete Kurve an diese Daten angepasst. Die Funktion RGP liefert wie die Funktion RKP eine Matrix. Die Elemente der Matrix beschreiben die Beziehung zwischen den Werten. Die Funktion RGP passt jedoch Ihre Daten an eine gerade Linie und RKP an eine Exponentialkurve an.

✓ Weiter führende Informationen finden Sie unter der Funktion RGP.

✓ Liegt nur eine unabhängige x-Variable vor, können Sie die Werte für m und b direkt nach den folgenden Formeln bestimmen:
m: INDEX(RKP(Y_Werte;X_Wer-te);1)
b: INDEX(RKP(Y_Werte;X_Wer-te);2)

✓ Mit der Gleichung y = b*mx können Sie zukünftige y-Werte abschätzen.

✓ Sie müssen alle Formeln, die Matrizen erzeugen, als Matrixformeln eingeben.

✓ Geben Sie anstelle eines Argumentes eine konstante Matrix ein, müssen Sie Semikola verwenden, um die zu einer Zeile gehörenden Werte voneinander zu trennen. Zusätzlich müssen Punkte verwendet werden, um die Zeilen voneinander zu trennen. Diese Trennzeichen sind von den aktuellen Ländereinstellungen abhängig.

✓ Zu beachten ist, dass die mit Hilfe einer Regressionsgleichung vorhergesagten y-Werte eventuell keinen Sinn ergeben, wenn diese außerhalb des Bereiches der y-Werte liegen, die Sie zur Ermittlung der Gleichung verwendet haben.

Beispiel:

Sie stellen fest, dass die Verkaufszahlen eines Ihrer Produkte in den vergangenen Monaten jeweils auf 40.000, 50.000, 53.000 und 65.000 Stück gestiegen ist. Werden diese Zahlen z.B. in die Zellen A1 bis A4 geschrieben, erzeugt die Funktion *RKP* folgende Ergebnisse:

```
=RKP(A1:A4;{9;10;11;12;}; WAHR; WAHR)
```

Ergebnis: <M %-5>{1,16355414. 10442,2851;0,02217536. 0,23415754;0,9589003. 0,04958562;46,6621526. 2;0,11472979. 0,00491747}<D %0>

Sie können mit Hilfe dieser Ergebnisse die Verkaufszahlen für zukünftige Monate abschätzen. Dazu können Sie den Exponenten *x* der Gleichung $y = b*m1x1$ durch die Nummer des gewünschten Monats ersetzen.

SCHÄTZER (x; Y_Werte; X_Werte)

Einsatz:

Die Funktion errechnet einen Vorhersagewert auf der Grundlage einer linearen Regression einer Stichprobe. Die Argumente *Y_Werte* und *X_Werte* können als Matrizen oder Datenbereiche eingegeben werden. Mit Hilfe dieser Funktion können Sie zukünftige Umsätze, erforderliche Lagerbestände oder Verbrauchertrends vorhersagen.

Parameter:

Das Argument *x* gibt den Datenpunkt wieder, dessen Wert geschätzt werden soll.

Mit den Argumenten *Y_Werte* und *X_Werte* können Sie eine Matrix oder einen abhängigen Datenbereich angeben.

Bemerkungen:

- Das Argument *x* muss ein numerischer Ausdruck sein, ansonsten erzeugt die Funktion den Fehlerwert *#WERT!*.
- Werden *Y_Werte* und *X_Werte* als leere Argumente angegeben oder umfassen sie unterschiedlich viele Datenpunkte, erzeugt die Funktion den Fehlerwert *#NV*.
- Ergibt die Varianz von *X_Werte* den Wert 0, erzeugt SCHÄTZER den Fehlerwert #DIV/0!.
- Die Gleichung der Funktion SCHÄTZER ist: a+bx, wobei:

$$a = \bar{Y} - b\bar{X}$$

mit:

$$b = \frac{n\sum xy - (\sum x)(\sum y)}{n\sum x^2 - (\sum x)^2}$$

Beispiel:

```
=SCHÄTZER(105;{4;8;12;38;7};{78;12;45; 32;65})
```

Ergebnis: 1,32726874

SCHIEFE (Zahl1; Zahl2; ...)

Einsatz:

Die Funktion erzeugt die Schiefe einer Verteilung. Das Ergebnis der Funktion zeigt an, wie asymmetrisch eine eingipflige Häufigkeitsverteilung um ihren Mittelwert ist. Ist das Ergebnis positiv, so zeigt es eine Verteilung an, deren Gipfel sich mehr zu Werten größer dem Mittelwert hin erstreckt. Ist es negativ, zeigt es eine Verteilung an, deren Gipfel sich mehr zu Werten hin kleiner dem Mittelwert erstreckt.

Parameter:

Zahl1, Zahl2, ... bezeichnen die Argumente, deren Schiefe errechnet werden soll. Es können 1 bis 30 Argumente angegeben werden. Anstelle der Angabe mehrerer einzelner Argumente kann auch ein Bezug auf eine Matrix oder eine Matrix selbst angegeben werden.

Bemerkungen:

- Es dürfen nur Namen, Matrizen oder Bezüge, die sich auf Zahlen beziehen oder Zahlen enthalten, oder aber Zahlen selbst eingegeben werden.
- Matrizen oder Bezüge, die als Argument einen Text, Wahrheitswerte oder leere Zellen enthalten, werden nicht bewertet.
- Eine Zelle mit einer 0 als Inhalt wird dagegen mit in die Berechnung einbezogen.
- Es müssen mindestens 3 Zahlen angegeben werden, ansonsten erzeugt die Funktion den Fehlerwert *#DIV/0!*.
- Wird die Standardabweichung der Stichprobe gleich 0, erzeugt die Funktion ebenfalls den Fehlerwert *#DIV/0!*.
- Die Schiefe ist durch folgende Gleichung gegeben:

$$\frac{n}{(n-1)(n-2)}\sum\left(\frac{x_j-\bar{x}}{s}\right)^3$$

Beispiel:

```
=SCHIEFE(8;9;2;4;14;2;7;2)
```

Ergebnis: 0,82823194

STABW (Zahl1; Zahl2; ...)

Einsatz:

Die Funktion errechnet die Standardabweichung ausgehend von einer Stichprobe. Mit dem Ergebnis der Funktion erhalten Sie ein

Maß dafür, wie weit die jeweiligen Werte um den Mittelwert (Durchschnitt) der Stichprobe streuen.

Parameter:

Zahl1, Zahl2, ... bezeichnen die Argumente, die einer aus einer Grundgesamtheit entnommenen Stichprobe entsprechen. Es können 1 bis 30 Argumente angegeben werden. Anstelle der Angabe einzelner durch Semikola getrennter Argumente kann auch ein Bezug auf eine Matrix oder eine Matrix selbst angegeben werden.

Bemerkungen:

- ✔ Die der Funktion übergebenen Argumente müssen einer Stichprobe, entnommen aus einer Grundgesamtheit, entsprechen.
- ✔ Sollten die Daten nur der Grundgesamtheit entsprechen, ist es erforderlich, die Standardabweichung mit der Funktion STABWN zu berechnen.
- ✔ Für die Standardabweichung wird die Methode *Erwartungstreue Schätzung* oder n-1 verwendet.
- ✔ Die Gleichung zur Berechnung der Standardabweichung mit der Funktion STABW ist folgendermaßen definiert:

$$\sqrt{\frac{n\sum x^2-\left(\sum x\right)^2}{n(n-1)}}$$

Beispiel:

Sie haben in den Zellen *A1:A6* die folgenden Werte stehen: 1200; 4000; 122; 455; 789; 3200. Die Funktion STABW errechnet folgende Standardabweichung der angegebenen Werte:

```
=STABW(A2:A4)
```

Ergebnis: 2149,29438

STABWA (Wert1; Wert2; ...)

Einsatz:

Die Funktion errechnet die Standardabweichung ausgehend von einer Stichprobe. Mit dem Ergebnis der Funktion erhalten Sie ein Maß dafür, wie weit die jeweiligen Werte um den Mittelwert (Durchschnitt) der Stichprobe streuen. Im Gegensatz zur Funktion STABW interpretiert STABWA auch Texte und die Wahrheitswerte.

Parameter:

Wert1, Wert2, ... bezeichnen die Argumente, die einer aus einer Grundgesamtheit entnommenen Stichprobe entsprechen. Es können 1 bis 30 Argumente angegeben werden. Anstelle der Angabe einzelner durch Semikola getrennter Argumente kann auch ein Bezug auf eine Matrix oder eine Matrix selbst angegeben werden.

Bemerkungen:

- Die der Funktion übergebenen Argumente müssen einer Stichprobe, entnommen aus einer Grundgesamtheit, entsprechen.
- Sollten die Daten nur der Grundgesamtheit entsprechen, ist es erforderlich, die Standardabweichung mit der Funktion STABWNA zu berechnen.
- Für die Standardabweichung wird die Methode *Erwartungstreue Schätzung* oder n-1 verwendet.
- Als Größenangabe wird für *Text* und FALSCH der Wert 0 gewertet und für WAHR der Wert 1.
- Die Gleichung zur Berechnung der Standardabweichung mit der Funktion STABWA ist folgendermaßen definiert:

$$\sqrt{\frac{n\sum x^2-\left(\sum x\right)^2}{n(n-1)}}$$

Beispiel:

Sie haben in den Zellen *A1:A6* die folgenden Werte stehen: 1200; 4000; FALSCH; 455; 789; 3200. Die Funktion STABWA errechnet folgende Standardabweichung der angegebenen Werte:

```
=STABWA(A2:A4)
```

Ergebnis: 1612,97386

STABWN (Zahl1; Zahl2; ...)

Einsatz:

Die Funktion errechnet die Standardabweichung ausgehend von der Grundgesamtheit.

Mit dem Ergebnis der Funktion erhalten Sie ein Maß dafür, wie weit die jeweiligen Werte um den Mittelwert (Durchschnitt) streuen.

Parameter:

Zahl1, Zahl2, ... bezeichnen die Argumente, die einer Grundgesamtheit entsprechen. Es können 1 bis 30 Argumente angegeben werden. Anstelle der Angabe einzelner durch Semikola getrennter Argumente kann auch ein Bezug auf eine Matrix oder eine Matrix selbst angegeben werden.

Bemerkungen:

- ✔ Die der Funktion übergebenen Argumente müssen einer Grundgesamtheit entsprechen.
- ✔ Sollten die Daten nur einer Stichprobe der Grundgesamtheit entsprechen, ist es erforderlich, die Standardabweichung mit der Funktion STABW zu berechnen.
- ✔ Für die Standardabweichung wird die Methode *Asymptotisch erwartungstreue Schätzung* oder n verwendet.

- Die Gleichung zur Berechnung der Standardabweichung ist folgendermaßen definiert:

$$\sqrt{\frac{n\sum x^2-\left(\sum x\right)^2}{n^2}}$$

Beispiel:

Sie haben in den Zellen A1:A6 die folgenden Werte stehen: 1200; 4000; 122; 455; 789; 3200. Die Funktion STABWN errechnet folgende Standardabweichung der angegebenen Werte:

```
=STABWN(A1:A6)
```

Ergebnis: 1450,78354

STABWNA (Wert1; Wert2; ...)

Einsatz:

Die Funktion errechnet die Standardabweichung ausgehend von der Grundgesamtheit. Mit dem Ergebnis der Funktion erhalten Sie ein Maß dafür, wie weit die jeweiligen Werte um den Mittelwert (Durchschnitt) streuen. Im Gegensatz zur Funktion STABWN interpretiert STABWNA auch Texte und die Wahrheitswerte.

Parameter:

Wert1, Wert2, ... bezeichnen die Argumente, die einer Grundgesamtheit entsprechen. Es können 1 bis 30 Argumente angegeben werden. Anstelle der Angabe einzelner durch Semikola getrennter Argumente kann auch ein Bezug auf eine Matrix oder eine Matrix selbst angegeben werden.

Bemerkungen:

- Die der Funktion übergebenen Argumente müssen einer Grundgesamtheit entsprechen.
- Sollten die Daten nur einer Stichprobe der Grundgesamtheit entsprechen, ist es erforderlich, die Standardabweichung mit der Funktion STABWA zu berechnen.

- Als Größenangabe wird für *Text* und FALSCH der Wert 0 gewertet und für WAHR der Wert 1.
- Für die Standardabweichung wird die Methode *Asymptotisch erwartungstreue Schätzung* oder n verwendet.
- Die Gleichung zur Berechnung der Standardabweichung ist folgendermaßen definiert:

$$\sqrt{\frac{n\sum x^2-\left(\sum x\right)^2}{n^2}}$$

Beispiel:

Sie haben in den Zellen *A1:A6* die folgenden Werte stehen: 1200; 4000; FALSCH; 455; 789; 3200. Die Funktion STABWNA errechnet folgende Standardabweichung der angegebenen Werte:

```
=STABWNA(A1:A6)
```

Ergebnis: 1472,43694

STANDARDISIERUNG (x; Mittelwert; Standabwn)

Einsatz:

Die Funktion errechnet den standardisierten Wert einer Verteilung. Diese Verteilung ist durch die Argumente *Mittelwert* und *Standabwn* charakterisiert.

Parameter:

Das Argument *x* bezeichnet den Wert, der standardisiert werden soll.

Durch *Mittelwert* geben Sie das arithmetische Mittel der Verteilung an.

Standabwn steht für die Standardabweichung der Verteilung.

Bemerkungen:

- ✔ Wird *Standabwn* kleiner oder gleich 0 angegeben, erzeugt die Funktion den Fehlerwert *#ZAHL*!.
- ✔ Die Gleichung zur Berechnung eines standardisierten Wertes ist folgendermaßen definiert:

$$Z = \frac{X - \mu}{\sigma}$$

Beispiel:

```
=STANDARDISIERUNG(100;65;2,75)
```

Ergebnis: 12,7272727

STANDNORMINV (Wahrsch)

Einsatz:

Die Funktion errechnet Quantile der Standardnormalverteilung. Die Standardnormalverteilung ist mit einem Mittelwert von 0 und einer Standardabweichung von 1 definiert.

Parameter:

Das Argument *Wahrsch* bezeichnet die zur Standardnormalverteilung gehörige Wahrscheinlichkeit.

Bemerkungen:

- ✔ Das Argument *Wahrsch* muss ein numerischer Ausdruck sein, ansonsten erzeugt STANDNORMINV den Fehlerwert *#WERT*!.
- ✔ Wird *Wahrsch* mit kleiner/gleich 0 oder mit größer 1 angegeben, erzeugt die Funktion den Fehlerwert *#ZAHL*!.
- ✔ Die Funktion wird iterativ berechnet. In Abhängigkeit von der angegebenen Wahrscheinlichkeit werden so lange Iterationsschritte ausgeführt, bis ein Ergebnis mit einer Abweichung von

maximal 3x10^-7 erreicht ist. Die Funktion muss innerhalb von 100 Iterationsschritten konvergieren, ansonsten liefert sie den Fehlerwert *#NV*.

Beispiel:

```
=STANDNORMINV(0,99726334)
```

Ergebnis: 2,7777

STANDNORMVERT (z)

Einsatz:

Die Funktion errechnet Werte der Verteilungsfunktion einer standardnormalverteilten Zufallsvariablen. Die Standardnormalverteilung ist mit einem Mittelwert von 0 und einer Standardabweichung von 1 definiert. Die Funktion kann anstelle einer Tabelle verwendet werden, in der Werte der Verteilungsfunktion der standardisierten Normalverteilung enthalten sind.

Parameter:

Das Argument *z* bezeichnet den Wert der Verteilung (Quantil), dessen Wahrscheinlichkeit berechnet werden soll.

Bemerkungen:

- Das Argument *z* muss ein numerischer Ausdruck sein, ansonsten erzeugt die Funktion den Fehlerwert *#WERT!*.
- Die Gleichung der Dichtefunktion der standardisierten Normalverteilung ist folgendermaßen definiert:

$$f(z;0,1) = \frac{1}{\sqrt{2\pi}} e^{-\frac{z^2}{2}}$$

Beispiel:

```
=STANDNORMVERT(2,77777777)
```

Ergebnis: 0,99726334

STEIGUNG (Y_Werte; X_Werte)

Einsatz:

Die Funktion errechnet die Steigung der Regressionsgeraden, die an die in *Y_Werte* und *X_Werte* abgelegten Datenpunkte angepasst ist. Die Steigung ist als Quotient aus dem jeweiligen vertikalen und dem horizontalen Abstand zweier beliebiger Punkte der Geraden definiert. Sie ist ein Maß für die Änderung entlang der Regressionsgeraden.

Parameter:

Das Argument *Y_Werte* stellt eine Matrix oder einen Zellbereich von numerisch abhängigen Datenpunkten dar.

Das Argument *X_Werte* steht für eine Reihe von unabhängigen Datenpunkten.

Bemerkungen:

- Es dürfen nur Namen, Matrizen oder Bezüge eingegeben werden, die sich auf Zahlen beziehen oder Zahlen enthalten.
- Matrizen oder Bezüge, die als Argument einen Text, Wahrheitswerte oder leere Zellen enthalten, werden nicht bewertet.
- Eine Zelle mit einer Null als Inhalt wird dagegen mit in die Berechnung einbezogen.
- Beinhalten die Argumente *Y_Werte* und *X_Werte* keine oder unterschiedlich viele Datenpunkte, erzeugt die Funktion STEIGUNG den Fehlerwert *#NV*.
- Die Steigung einer Regressionsgeraden wird nach folgender Formel berechnet:

$$b = \frac{n\sum xy - \left(\sum x\right)\left(\sum y\right)}{n\sum x^2 - \left(\sum x\right)^2}$$

Beispiele:

```
=STEIGUNG({4;8;12;38;7};{78;12;45;32;65})
```

Ergebnis: -0,21284524

STFEHLERYX (Y_Werte; X_Werte)

Einsatz:

Die Funktion errechnet den Standardfehler der geschätzten y-Werte für alle x-Werte der Regression. Der Standardfehler gibt an, wie groß der Fehler bei der Prognose (Vorhersage) des zu einem x-Wert gehörenden y-Wertes ist.

Parameter:

Das Argument *Y_Werte* stellt eine Matrix oder einen Zellbereich von abhängigen Datenpunkten dar.

Das Argument *X_Werte* steht für eine Reihe von unabhängigen Datenpunkten.

Bemerkungen:

- Es dürfen nur Namen, Matrizen oder Bezüge eingegeben werden, die sich auf Zahlen beziehen oder Zahlen enthalten.
- Matrizen oder Bezüge, die als Argument einen Text, Wahrheitswerte oder leere Zellen enthalten, werden nicht bewertet.
- Eine Zelle mit einer 0 als Inhalt wird dagegen mit in die Berechnung einbezogen.
- Beinhalten die Argumente *Y_Werte* und *X_Werte* keine oder unterschiedlich viele Datenpunkte, erzeugt die Funktion den Fehlerwert *#NV*.
- Der Standardfehler eines prognostizierten y-Wertes wird nach folgender Formel berechnet:

$$\sqrt{\left[\frac{1}{n(n-2)}\right]\left[n\sum y^2-\left(\sum y\right)^2-\frac{\left[n\sum xy-\left(\sum x\right)\left(\sum y\right)\right]^2}{n\sum x^2-\left(\sum x\right)^2}\right]}$$

Beispiel:

```
=STFEHLERYX({4;8;12;38;7};{78;12;45;32;65})
```

Ergebnis: 14,6150192

SUMQUADABW (Zahl1; Zahl2; ...)

Einsatz:

Die Funktion erzeugt die Summe der quadrierten Abweichungen von Datenpunkten von deren Stichprobenmittelwert.

Parameter:

Zahl1, Zahl2, ... bezeichnen die Argumente, deren quadratische Abweichungen summiert werden sollen. Es können 1 bis 30 Argumente angegeben werden.

Anstelle der Angabe einzelner Argumente kann auch ein Bezug auf eine Matrix oder eine Matrix selbst angegeben werden.

Bemerkungen:

- Es dürfen nur Zahlen, Namen, Matrizen oder Bezüge als Argumente angegeben werden.
- Matrizen oder Bezüge, die als Argument einen Text, Wahrheitswerte oder leere Zellen enthalten, werden nicht bewertet.
- Werden dagegen Zellen mit dem Wert 0 als Inhalt angegeben, werden diese berücksichtigt.
- Die Summe der quadratischen Abweichungen ist wie folgt definiert:

$$\mathrm{DEVSQ} = \sum (x - \bar{x})^2$$

Beispiel:

```
=SUMQUADABW(8;12;6;9;1;13;7;11)
```

Ergebnis: 103,875

TINV (Wahrsch; Freiheitsgrade)

Einsatz:

Die Funktion erzeugt Quantile der t-Verteilung für die angegebene Anzahl an Freiheitsgraden.

Parameter:

Wahrsch gibt die zur t-Verteilung gehörige Wahrscheinlichkeit (zweiseitig) an.

Freiheitsgrade steht für die Anzahl der Freiheitsgrade.

Bemerkungen:

- ✔ Alle Argumente müssen numerisch angegeben werden, ansonsten erzeugt die Funktion den Fehlerwert *#WERT!*.
- ✔ Wird *Wahrsch* mit kleiner 0 oder größer als 1 angegeben, erzeugt die Funktion den Fehlerwert *#ZAHL!*.
- ✔ Das Argument *Freiheitsgrade* muss eine ganze Zahl sein, ansonsten werden die Nachkommastellen abgeschnitten.
- ✔ Wird *Freiheitsgrade* mit kleiner 1 angegeben, erzeugt die Funktion den Fehlerwert *#ZAHL!*.
- ✔ Die Funktion wird als TINV= p(t<X) berechnet. Dabei ist X eine t-verteilte Zufallsvariable.
- ✔ Die Funktion wird iterativ berechnet. In Abhängigkeit von der angegebenen Wahrscheinlichkeit werden so lange Iterationsschritte ausgeführt, bis ein Ergebnis mit einer Abweichung von maximal 3x10^-7 erreicht ist. Die Funktion muss innerhalb von 100 Iterationsschritten konvergieren, ansonsten liefert sie den Fehlerwert *#NV*.

Beispiel:

```
=TINV(0,1;5)
```

Ergebnis: 2,01504918

TREND (Y_Werte; X_Werte; Neue_x_Werte; Konstante)

Einsatz:

Die Funktion erzeugt Werte, die sich aus einem linearen Trend ergeben. Dazu passt die Funktion die Argumente *Y_Werte* und *X_Werte* an eine Gerade an (nach der Methode der kleinsten Quadrate). Das Ergebnis der Funktion sind die auf der Geraden liegenden y-Werte, die zu den in *Neue_x_Werte* angegebenen x-Werten gehören.

Parameter:

Das Argument *Y_Werte* steht für die y-Werte, die Sie bereits aus der Beziehung y = mx + b kennen.

Wird die Matrix *Y_Werte* mit nur einer Spalte angegeben, wird jede Spalte der Matrix *X_Werte* als eigenständige Variable behandelt.

Wird die Matrix *Y_Werte* mit nur einer Zeile angegeben, wird jede Zeile der Matrix *X_Werte* als eigenständige Variable behandelt.

Das Argument *X_Werte* steht für die optionalen x-Werte, die Ihnen eventuell bereits aus der Beziehung y = mx + b bekannt sind.

Das Argument *X_Werte* kann eine oder mehrere Variablengruppen beinhalten.

Solange *Y_Werte* und *X_Werte* dieselben Dimensionen haben, können *Y_Werte* und *X_Werte* Bereiche beliebiger Form sein.

Wenn Sie mehrere Variablen angeben, muss *Y_Werte* ein Vektor sein (das heißt ein Bereich, der aus nur einer Zeile oder nur einer Spalte besteht).

Wird die Matrix *X_Werte* nicht angegeben, wird an deren Stelle die Matrix {1; 2; 3; ...} angenommen, die genauso viele Elemente enthält wie *Y_Werte*.

Das Argument *Konstante* steht für einen Wahrheitswert, der angeben soll, ob die Konstante b den Wert 0 annehmen muss. Wird das Argument mit WAHR oder nicht angegeben, wird b normal berechnet. Wird die Konstante mit FALSCH angegeben, wird b gleich 0 gesetzt, und die m-Werte werden so angepasst, dass sie zu der Beziehung y = mx passen.

Bemerkungen:

- ✔ Weiter führende Informationen, wie Excel eine Gerade an Daten anpasst, stehen unter der Funktion RGP.
- ✔ Die Funktion TREND wird in der Regel zur Anpassung von Polynomen benutzt. Dabei wird die (lineare) Regression bezüglich ein und derselben in unterschiedliche Potenzen erhobenen Variablen durchgeführt. Geben Sie beispielsweise in Spalte A Ihre x-Werte, in Spalte B Ihre y-Werte und die dazu gehörigen x^2-Werte in Spalte C und die dazu gehörigen x^3-Werte in Spalte D ein (und so weiter). Anschließend kann eine Regression für die Spalten B bis D gegen die Spalte A durchgeführt werden.
- ✔ Sie müssen alle Formeln, die Matrizen erzeugen, als Matrixformeln eingeben.
- ✔ Geben Sie anstelle eines Argumentes eine konstante Matrix ein, müssen Sie Semikola verwenden, um die zu einer Zeile gehörenden Werte voneinander zu trennen. Zusätzlich müssen Punkte verwendet werden, um die Zeilen voneinander zu trennen. Diese Trennzeichen sind von den aktuellen Ländereinstellungen abhängig.

Beispiel:

Ihre Firma ist im Metallgewerbe tätig und Sie wollen zu Beginn eines neuen Finanzjahres einen Diamantbohrer kaufen. Ihre Mitarbeiter haben Preise zusammengetragen, die für die letzten 6 Monate von März bis August für den gesuchten Diamantbohrer bezahlt wurden.

Diese folgenden Preise haben Sie als Y-Werte im Bereich *B2:B7* abgelegt: 40.000 DM, 40.100 DM, 40.520 DM, 41.050 DM, 41.500 DM, 42.000 DM.

Die folgende Anweisung wird als einspaltige Matrix in den Bereich *C2:C7* eingegeben und liefert die prognostizierten Preise für die Monate März, April, Mai, Juni, Juli und August:

```
=TREND(B2:B7;;{7.8.9.10.11.12})
```

Ergebnisse: {42334,66. 42755,52. 43176,381. 43597,2381. 44018,09. 44438,95}

Im Beispiel wird für das Argument *X_Werte* die Standardmatrix {*1.2.3.4.5.6.*} benutzt. Sie entspricht den 6 Monaten der gesammelten Verkaufsdaten. Die Matrix {*7.8.9.10.11.12*} bezieht sich auf die darauf folgenden sechs Monate.

TTEST (Matrix1; Matrix2; Seiten; Typ)

Einsatz:

Die Funktion erzeugt die Teststatistik eines Student'schen t-Tests. Die Funktion kann berechnen, ob es wahrscheinlich ist, dass zwei Stichproben aus zwei Grundgesamtheiten mit demselben Mittelwert stammen.

Parameter:

Das Argument *Matrix1* steht für die erste Datengruppe.

Matrix2 stellt die zweite Datengruppe dar.

Das Argument *Seiten* steht für die Anzahl der Endflächen (Schwänze). Wird Seiten mit 1 angegeben, benutzt die Funktion eine Endfläche (einseitiger Test). Wird Seiten mit 2 angegeben, benutzt die Funktion eine Endfläche (zweiseitiger Test).

Das Argument *Typ* steht für die Form des durchzuführenden t-Tests.

Typ-Tabelle:

Ist Typ gleich:	Dann wird folgender Test durchgeführt:
1	Gepaart
2	Zwei Stichproben, gleiche Varianz (homoskedastisch)
3	ungleiche Varianz (heteroskedastisch)

Bemerkungen:

- Werden für die Argumente *Matrix1* und *Matrix2* verschieden viele Datenpunkte angegeben und ist Typ = 1 (gepaart), erzeugt die Funktion den Fehlerwert *#NV*.
- Die Argumente *Seiten* und *Typ* werden zu ganzen Zahlen gekürzt (durch Abschneiden ihrer Nachkommastellen).
- Die Argumente *Seiten* oder *Typ* müssen numerische Ausdrücke sein, ansonsten erzeugt TTEST den Fehlerwert *#WERT!*.
- Wird *Seiten* mit einem Wert ungleich 1 oder 2 angegeben, erzeugt die Funktion den Fehlerwert *#ZAHL!*.

Beispiel:

```
==TTEST({8;12;45;2;4;14}; {4;8;9;5;4;2};1;1)
```

Ergebnis: 0,09446132

TVERT (x; Freiheitsgrade; Seiten)

Einsatz:

Die Funktion erzeugt Werte der Verteilungsfunktion (1-Alpha) einer (Student) t-verteilten Zufallsvariablen. Die Funktion kann benutzt werden, um Hypothesen bei kleineren Stichproben zu überprüfen. Die Funktion kann anstelle einer Tabelle (Vertafelung) benutzt werden, in der die kritischen Werte der t-Verteilung eingetragen sind.

Parameter:

Mit *x* geben Sie den Wert der Verteilung (Quantil) an, deren Wahrscheinlichkeit berechnet werden soll.

Freiheitsgrade steht für eine ganze Zahl, die die Anzahl der Freiheitsgrade wiedergibt.

Das Argument *Seiten* steht für die Anzahl der Endflächen (Schwänze). Wird *Seiten* mit 1 angegeben, erzeugt die Funktion den Wert für einen einseitigen Test. Wird *Seiten* mit 2 angegeben, liefert die Funktion einen Wert für einen zweiseitigen Test.

Bemerkungen:

- ✔ Alle Argumente müssen numerisch angegeben werden, ansonsten erzeugt die Funktion den Fehlerwert *#WERT!*.
- ✔ Die Argumente *Freiheitsgrade* und *Seiten* müssen eine ganze Zahl sein, ansonsten werden die Nachkommastellen abgeschnitten.
- ✔ Wird *Freiheitsgrade* mit kleiner 1 angegeben, erzeugt die Funktion den Fehlerwert *#ZAHL!*.
- ✔ Wird *Seiten* mit einem Wert ungleich 1 oder 2 angegeben, erzeugt die Funktion den Fehlerwert *#ZAHL!*.
- ✔ Die Funktion wird als TVERT=p(x<X) berechnet, wobei X eine t-verteilte Zufallsvariable darstellt.

Beispiel:

```
=TVERT(2,18;40;1)
```

Ergebnis: 0,01760077

VARIANZ (Zahl1; Zahl2; ...)

Einsatz:

Die Funktion schätzt die Varianz ausgehend von einer Stichprobe.

Parameter:

Zahl1, Zahl2, ... bezeichnen die numerischen Argumente, die einer aus einer Grundgesamtheit entnommenen Stichprobe entsprechen. Es können 1 bis 30 Argumente angegeben werden.

Bemerkungen:

- Die der Funktion übergebenen Argumente müssen einer Stichprobe, entnommen aus einer Grundgesamtheit, entsprechen.
- Sollten die Daten nur der Grundgesamtheit entsprechen, ist es erforderlich, die Varianz mit der Funktion VARIANZEN zu berechnen.
- Die Gleichung zur Berechnung der Varianz mit der Funktion VARIANZ ist folgendermaßen definiert:

$$\frac{n\Sigma x^2 - (\Sigma x)^2}{n(n-1)}$$

Beispiel:

Sie haben in den Zellen *A1:A6* die folgenden Werte stehen: 1200; 4000; 122; 455; 789; 3200. Die Funktion VARIANZ errechnet folgende VARIANZ einer Stichprobe der angegebenen Werte:

```
=VARIANZ(A2:A4)
```

Ergebnis: 2149,29438

VARIANZA (Wert1; Wert2; ...)

Einsatz:

Die Funktion schätzt die Varianz ausgehend von einer Stichprobe. Im Gegensatz zur Funktion VARIANZ interpretiert VARIANZA auch Texte und die Wahrheitswerte.

Parameter:

Wert1, Wert2, ... bezeichnen die numerischen Argumente, die einer aus einer Grundgesamtheit entnommenen Stichprobe entsprechen. Es können 1 bis 30 Argumente angegeben werden.

Bemerkungen:

- Die der Funktion übergebenen Argumente müssen einer Stichprobe, entnommen aus einer Grundgesamtheit, entsprechen.
- Sollten die Daten nur der Grundgesamtheit entsprechen, ist es erforderlich, die Varianz mit der Funktion VARIANZENA zu berechnen.
- Als Größenangabe wird für Text und FALSCH der Wert 0 gewertet und für WAHL der Wert 1.
- Die Gleichung zur Berechnung der Varianz mit der Funktion VARIANZA ist folgendermaßen definiert:

$$\frac{n\sum x^2 - (\sum x)^2}{n(n-1)}$$

Beispiel:

Sie haben in den Zellen *A1:A6* die folgenden Werte stehen: 1200; 4000; FALSCH; 455; 789; 3200. Die Funktion VARIANZ errechnet folgende VARIANZA einer Stichprobe der angegebenen Werte:

```
=VARIANZA(A2:A4)
```

Ergebnis: 2601684,67

VARIANZEN (Zahl1; Zahl2; ...)

Einsatz:

Die Funktion errechnet ausgehend von der Grundgesamtheit die Varianz.

Parameter:

Zahl1, Zahl2, ... bezeichnen die Argumente, die mit einer Grundgesamtheit gleichbedeutend sind. Es können 1 bis 30 Argumente angegeben werden.

Bemerkungen:

- Die der Funktion übergebenen Argumente müssen einer Grundgesamtheit entsprechen.
- Sollten die Daten nur einer Stichprobe der Grundgesamtheit entsprechen, ist es erforderlich, die Varianz mit der Funktion VARIANZ zu berechnen.
- Die Gleichung zur Berechnung der Varianz mit der Funktion VARIANZEN ist folgendermaßen definiert:

$$\frac{n\sum x^2 - \left(\sum x\right)^2}{n^2}$$

Beispiel:

Sie haben in den Zellen *A1:A6* die folgenden Werte stehen: 1200; 4000; 122; 455; 789; 3200. Die Funktion VARIANZEN errechnet folgende Varianz der Grundgesamtheit:

```
=VARIANZEN(A1:A6)
```

Ergebnis: 2104772,89

VARIANZENA (Wert1; Wert2; ...)

Einsatz:

Die Funktion errechnet ausgehend von der Grundgesamtheit die Varianz. Im Gegensatz zur Funktion VARIANZEN interpretiert VARIANZENA auch Texte und die Wahrheitswerte.

Parameter:

Wert1, Wert2, ... bezeichnen die Argumente, die mit einer Grundgesamtheit gleichbedeutend sind. Es können 1 bis 30 Argumente angegeben werden.

Bemerkungen:

- ✔ Die der Funktion übergebenen Argumente müssen einer Grundgesamtheit entsprechen.
- ✔ Sollten die Daten nur einer Stichprobe der Grundgesamtheit entsprechen, ist es erforderlich, die Varianz mit der Funktion VARIANZA zu berechnen.
- ✔ Als Größenangabe wird für Text und FALSCH der Wert 0 gewertet und für WAHR der Wert 1.
- ✔ Die Gleichung zur Berechnung der Varianz mit der Funktion VARIANZENA ist folgendermaßen definiert:

$$\frac{n\sum x^2 - \left(\sum x\right)^2}{n^2}$$

Beispiel:

Sie haben in den Zellen *A1:A6* die folgenden Werte stehen: 1200; 4000; FALSCH; 455; 789; 3200. Die Funktion VARIANZENA errechnet folgende Varianz der Grundgesamtheit:

```
=VARIANZENA(A1:A6)
```

Ergebnis: 2168070,56

VARIATION (Y_Werte; X_Werte; Neue_x_Werte; Konstante)

Einsatz:

Die Funktion erzeugt eine zu den Daten *Y_Werte* und *X_Werte* passende Exponentialkurve. Als Ergebnis erzeugt die Funktion für die von Ihnen angegebenen Zahlen *Neue_x_Werte* die zu dieser Kurve gehörenden y-Werte.

Parameter:

Das Argument *Y_Werte* steht für die y-Werte, die Sie bereits aus der Beziehung y = b*m ^ x kennen.

Wird die Matrix *Y_Werte* mit nur einer Spalte angegeben, wird jede Spalte der Matrix *X_Werte* als eigenständige Variable behandelt.

Wird die Matrix *Y_Werte* mit nur einer Zeile angegeben, wird jede Zeile der Matrix *X_Werte* als eigenständige Variable behandelt.

Wird eine der zu der Matrix *Y_Werte* gehörende Zahl 0 oder negativ, erzeugt die Funktion den Fehlerwert *#ZAHL*!.

X_Werte sind optionale x-Werte, die Ihnen eventuell bereits aus der Beziehung y = b*m ^ x bekannt sind.

Das Argument *X_Werte* steht für die optionalen x-Werte, die Ihnen eventuell bereits aus der Beziehung y = b*m ^ x bekannt sind.

Das Argument *X_Werte* kann eine oder mehrere Variablengruppen beinhalten. Solange *Y_Werte* und *X_Werte* dieselben Dimensionen haben, können *Y_Werte* und *X_Werte* Bereiche beliebiger Form sein.

Wenn Sie mehrere Variablen angeben, muss *Y_Werte* ein Vektor sein (das heißt ein Bereich, der aus nur einer Zeile oder nur einer Spalte besteht).

Wird die Matrix *X_Werte* nicht angegeben, wird an deren Stelle die Matrix {*1;2;3;...*} angenommen, die genauso viele Elemente enthält wie *Y_Werte*.

Neue_x_Werte sind die neuen x-Werte, für die die Funktion VARIATION die zugehörigen y-Werte liefern soll.

Auch das Argument *Neue_ x_Werte* muss für jede unabhängige Variable eine eigene Spalte (oder Zeile) bereitstellen.

Ist *Y_Werte* eine einspaltige Matrix, müssen die Matrizen *X_Werte* und *Neue_x_Werte* gleich viele Spalten haben.

Wird das Argument *Y_Werte* als eine einzeilige Matrix angegeben, müssen die Matrizen *X_Werte* und *Neue_x_Werte* gleich viele Zeilen haben.

Wird die Matrix *Neue_x_Werte* nicht angegeben, wird so gerechnet, als ob sie mit der Matrix *X_Werte* identisch ist. Wird sowohl die Matrix *X_Werte* als auch die Matrix *Neue_x_Werte* nicht angegeben, werden diese als die Matrix {*1;2;3;...*} angenommen. Diese Matrizen enthalten dann genauso viele Elemente wie die Matrix *Y_Werte*. Das Argument *Konstante* steht für einen Wahrheitswert, der angeben soll, ob die Konstante b den Wert 1 annehmen muss. Wird das Argument mit WAHR oder nicht angegeben, wird b normal berechnet. Wird Konstante mit FALSCH angegeben, wird b gleich 1 gesetzt, und der m-Wert wird so angepasst, dass er zu der Beziehung y = m ^ x passt.

Bemerkungen:

- ✓ Sie müssen alle Formeln, die Matrizen erzeugen, als Matrixformeln eingeben.
- ✓ Geben Sie anstelle eines Argumentes eine konstante Matrix ein, müssen Sie Semikola verwenden, um die zu einer Zeile gehörenden Werte voneinander zu trennen. Zusätzlich müssen Punkte verwendet werden, um die Zeilen voneinander zu trennen. Diese Trennzeichen sind von den aktuellen Ländereinstellungen abhängig.

Beispiel:

Sie stellen fest, dass die Verkaufszahlen eines Ihrer Produkte in den vergangenen Monaten auf 40.000, 50.000, 53.000 und 65.000 Stück gestiegen sind. Diese Zahlen stehen in den Zellen *A1* bis *A4*.

Wird die Funktion VARIATION als Matrixformel eingegeben, liefert sie auf der Basis der in den vorhergehenden vier Monaten getätigten Verkäufe eine Vorhersage, wie viele Einheiten Ihres Produktes im fünften, sechsten und siebten Monat verkauft werden:

```
=VARIATION(A1:A4;;{5.6.7})
```

Ergebnisse: {74820,61. 87057,84. 101296,51}

Hält der exponentielle Trend an, werden im fünften Monat 74.820,61 Einheiten, im sechsten Monat 87.057,84 Einheiten und im siebten Monat 101.296,51 Einheiten verkauft.

VARIATIONEN (n; k)

Einsatz:

Die Funktion errechnet die Anzahl der Möglichkeiten, um *k* Elemente aus einer Menge von *n* Elementen ohne Zurücklegen zu ziehen. Unter Variation versteht man eine Kombination ohne Wiederholung, deren interne Anordnung oder Reihenfolge zu berücksichtigen ist (z.B. Pferdewetten). Bei der Funktion *Kombinationen* bleibt die interne Anordnung unberücksichtigt.

Parameter:

Mit dem Argument *n* wird die Anzahl aller Elemente angegeben.

Das Argument *k* bestimmt, aus wie vielen Elementen jede Variationsmöglichkeit bestehen soll.

Bemerkungen:

- Alle Argumente werden auf eine ganze Zahl gekürzt.
- Alle Argumente müssen numerisch sein, ansonsten erzeugt die Funktion den Fehlerwert *#WERT*!.
- Wird *n* mit kleiner oder gleich 0, *k* mit kleiner 0 oder *n* mit kleiner *k* angegeben, erzeugt die Funktion den Fehlerwert *#ZAHL*!
- Die Anzahl der Variationen ohne Wiederholung von n Elementen zur k-ten Klasse wird nach folgender Gleichung berechnet:

$$P_{k,n} = \frac{n!}{(n-k)!}$$

Beispiel:

Sie wollen die Chance berechnen, eine Gewinnzahl einer Lotterie zu ziehen.

Die Lotteriezahlen bestehen aus 2 Zahlen mit Werten zwischen 0 und 49. Die Funktion VARIATIONEN berechnet die Anzahl der möglichen Variationen zu:

```
=VARIATIONEN(50;2)
```

Ergebnis: 2450

WAHRSCHBEREICH (Beob_Werte; Beob_Wahrsch; Untergrenze; Obergrenze)

Einsatz:

Die Funktion erzeugt die Wahrscheinlichkeit für ein von zwei Werten eingeschlossenes Intervall.

Wenn Sie das Argument *Obergrenze* nicht angeben, berechnet die Funktion die Wahrscheinlichkeit, dass zu *Beob_Werte* gehörende Werte dem Wert von *Untergrenze* entsprechen.

Parameter:

Beob_Werte ist ein Bereich von Realisationen der Zufallsvariablen, denen Wahrscheinlichkeiten zugeordnet sind.

Beob_Wahrsch sind die Wahrscheinlichkeiten zu den beobachteten Werten.

Die Argumente *Untergrenze* und *Obergrenze* sind die untere bzw. obere Grenze der Werte, deren Wahrscheinlichkeit berechnet werden soll. Die Eingabe von *Obergrenze* ist optional.

Bemerkungen:

- ✓ Wird eine der zu *Beob_Wahrsch* gehörenden Zahlen kleiner/gleich 0 oder größer 1, erzeugt die Funktion den Fehlerwert *#ZAHL!*.

- Wird die Summe der zu *Beob_Wahrsch* gehörenden Zahlen mit ungleich 1 angegeben, erzeugt die Funktion den Fehlerwert *#ZAHL*!.
- Wird das Argument *Obergrenze* nicht angegeben, erzeugt die Funktion die Wahrscheinlichkeit für den Wert Untergrenze.
- Die Argumente *Beob_Werte* und *Beob_Wahrsch* dürfen nicht unterschiedlich viele Datenpunkte enthalten, ansonsten erzeugt die Funktion den Fehlerwert *#NV*.

Beispiele:

```
=WAHRSCHBEREICH({8;2;4;6};{0,2;0,3;0,1;0,4};1;3)
```

Ergebnis: 0,3

```
=WAHRSCHBEREICH({2;2;4;3};{0,2;0,3;0,1;0,4};2)
```

Ergebnis: 0,5

WEIBULL (x; Alpha; Beta; Kumuliert)

Einsatz:

Die Funktion erzeugt Wahrscheinlichkeiten einer weibullverteilten Zufallsvariablen.

Sie wird bei Zuverlässigkeitsanalysen eingesetzt, um beispielsweise die mittlere Lebensdauer eines Produktes zu errechnen.

Parameter:

Das Argument *x* steht für den Wert der Verteilung (Quantil), deren Wahrscheinlichkeit errechnet werden soll.

Alpha steht für einen Parameter der Verteilung.

Beta steht für einen Parameter der Verteilung.

Das Argument *Kumuliert* bestimmt den Typ der Funktion. *Kumuliert* kann lediglich die beiden Zustände WAHR und FALSCH annehmen. Durch WAHR wird der Wert der Verteilungsfunktion berechnet. Dies ist die Wahrscheinlichkeit, dass die Anzahl zufällig auftretender Ereignisse zwischen 0 und einschließlich der Zahl x liegt. FALSCH bedeutet, dass die Funktion den Wert der Dichtefunktion erzeugt.

Bemerkungen:

- Wird das Argument *x* mit einem Wert kleiner 0 angegeben, liefert die Funktion den Fehlerwert *#ZAHL*!.
- Die Argumente *x*, *Alpha* oder *Beta* müssen numerische Ausdrücke sein, ansonsten liefert die Funktion den Fehlerwert *#WERT*!.
- Wird Alpha oder Beta mit kleiner/gleich 0 angegeben, erzeugt die Funktion den Fehlerwert *#ZAHL*!.
- Die Gleichung der Verteilungsfunktion einer Weibull-Verteilung ist:

  $$F(x;\alpha,\beta) = 1 - e^{-(x/\beta)^{\alpha}}$$

- Die Gleichung der Dichtefunktion einer Weibull-Verteilung ist:

  $$f(x;\alpha,\beta) = \frac{\alpha}{\beta^{\alpha}} x^{\alpha-1} e^{-(x/\beta)^{\alpha}}$$

- Wird *Alpha* mit 1 angegeben, erzeugt die Funktion die Exponentialverteilung mit:

  $$\lambda = \frac{1}{\beta}$$

Beispiele:

`=WEIBULL(50;10;66;FALSCH)`

Ergebnis: 0,01170168

`=WEIBULL(50;10;66;WAHR)`

Ergebnis: 0,0603684

ZÄHLENWENN (Bereich; Kriterien)

Einsatz:

Die Funktion zählt die Zellen eines Bereichs, die einen Wert zum Inhalt haben und mit den zu suchenden Kriterien übereinstimmen.

Parameter:

Mit dem Argument *Bereich* geben Sie den Zellbereich an, der ausgewertet werden soll. Sie geben also den Bereich an, von dem als Ergebnis die Anzahl der Zellen, die einen Inhalt haben, geliefert werden sollen.

Das Argument *Kriterien* steht für Kriterien in Form einer Zahl, eines Ausdrucks oder einer Zeichenfolge. Mit diesen Kriterien können Sie bestimmen, welche Zellen gezählt werden sollen. Beispielsweise kann das Argument *Suchkriterien* mit "40", "884", "=10" oder "Kunden_Nr" belegt werden.

Beispiele:

Die Zellen *A1:A3* enthalten die folgenden Preise für drei verkaufte Grundstücke: 200.000 DM, 500.000 und 150.000 DM. Die Zellen *B1:B3* enthalten die folgenden Straßennamen: Mainzer Straße; Steufenstraße und Mainzer Straße.

```
=ZÄHLENWENN(A1:A3;"<300000")
```

Ergebnis: 2

```
=ZÄHLENWENN(B1:B3;"Mainzer Straße")
```

Ergebnis: 2

Matrix

ADRESSE (Zeile; Spalte; Abs; A1; Tabellenname)

Einsatz:

Liefert eine Textfolge als Adresse der entsprechenden Zelle. Dabei ist diese Adresse abhängig von den eingegebenen Werten für *Zeile*, *Spalte*, *Abs*, *A1* und *Tabellenname*.

Parameter:

Durch das Argument *Zeile* wird die Zeilennummer (beginnend mit 1) bestimmt.

Das Argument *Spalte* gibt die Spaltennummer für die zu ermittelnde Spalte (beginnend mit A) an.

Abs bestimmt, welche Art von Bezugstyp die Funktion *Adresse* liefern soll. Dabei definieren die folgenden Zahlen folgende Bezugstypen: 1 oder nicht angegeben = Absolut, 2 = Zeile absolut und Spalte relativ, 3 = Zeile relativ und Spalte absolut, 4 = Relativ.

Mit dem Wahrheitswert *A1*, der entweder als WAHR oder FALSCH angegeben werden kann, wird festgelegt, ob die Adresse in der A1-Schreibweise oder in der Z1S1-Schreibweise angezeigt wird. Ist für A1 WAHR oder keine Angabe gemacht, wird die A1-Schreibweise aktiviert. Durch Angabe von FALSCH ist die Z1S1-Schreibweise gültig.

Das Argument *Tabellenname* ist optional und steht für eine Zeichenfolge in Anführungszeichen, die eine Tabelle oder Makrovorlage bezeichnet. Durch das Argument kann so ein externer Bezug hergestellt werden.

Beispiele:

```
=ADRESSE(1;2)
```

Ergebnis: $B$1

```
=ADRESSE(3;2;3)
```

Ergebnis: $B3

```
=ADRESSE(3;2;3;FALSCH)
```

Ergebnis: Z(3)S2

```
=ADRESSE(1;2;2;WAHR;"UMSATZ.XLS")
```

Ergebnis: UMSATZ.XLS!B$1

BEREICH.VERSCHIEBEN (Bezug; Zeilen; Spalten; Höhe; Breite)

Einsatz:

Die Funktion erzeugt einen Bezug, der einen Bereich bestimmter Höhe und Breite definiert und gegenüber einem anderen Bezug um eine bestimmte Anzahl an Zeilen und Spalten verschoben ist.

Parameter:

Bezug definiert den Bereich, der als Ausgangspunkt für die Verschiebung dienen soll.

Zeilen gibt die Anzahl von Zeilen wieder, um die Sie die obere linke Eckzelle des zuvor beschriebenen Bereiches nach oben oder nach unten verschieben möchten.

Spalten gibt die Anzahl von Spalten wieder, um die Sie die obere linke Eckzelle des zuvor beschriebenen Bereiches nach links oder rechts verschieben möchten.

Höhe gibt die Höhe des neuen Bezuges in Zeilen an. *Höhe* muss als positive Zahl angegeben werden.

Breite gibt die Breite des neuen Bezuges in Spalten an. *Breite* muss als positive Zahl angegeben werden.

Bemerkungen:

- ✔ Besteht Bezug aus einer Mehrfachmarkierung, liefert die Funktion den Fehlerwert *#WERT*!.

- Ist das Argument *Zeilen* positiv, so wird nach unten versetzt, ist es negativ, wird nach oben verschoben.
- Ist das Argument *Spalten* positiv, so wird nach rechts versetzt, ist es negativ, wird nach links verschoben.
- Sollte durch die Werte von *Zeilen* und *Spalten* der Bezug über den Rand der jeweiligen Tabelle hinaus versetzt werden, erzeugt die Funktion den Fehlerwert *#BEZUG!*.
- Ist das Argument *Höhe* oder das Argument *Breite* nicht angegeben, dann hat der neue Bezug dieselbe Höhe oder Breite wie *Bezug*.
- Durch die Funktion BEREICH.VERSCHIEBEN werden keine Zellen verschoben, sondern es wird lediglich ein Bezug errechnet, der den Angaben entspricht.
- Die Funktion kann zusammen mit jeder Funktion benutzt werden, die als Argument einen Bezug erwartet (z.B. AUSWAHL).

Beispiele:

Voraussetzung für Beispiel 1: In Zelle C5 steht der Wert 10.

```
=BEREICH.VERSCHIEBEN(A1;4;2;1;1)
```

Ergebnis: C5 bzw. 10

Wird diese Funktion in eine beliebige Zelle eingegeben, so zeigt sie als Ergebnis den Wert an, der in Zelle C5 steht (10).

```
=BEREICH.VERSCHIEBEN(D3:F5;-2;1;4;4)
```

Ergebnis: E1:H4

BEREICHE (Verweis)

Einsatz:

Die Funktion berechnet die Bereiche, die innerhalb eines Verweises aufgeführt sind. Ein Bereich kann aus einer einzigen Zelle oder aus mehreren zusammenhängenden Zellen bestehen.

Parameter:

Verweis stellt einen Bezug dar, der sich entweder auf eine Zelle, einen Zellbereich oder auf mehrere Bereiche bezieht. Wollen Sie mehrere Verweise als ein Argument angeben, muss ein zusätzliches Klammernpaar eingefügt werden.

Bemerkung:

Wird als Argument ein Bereichsname angegeben, so wertet die Funktion alle Bereiche aus, die der Bereichsname einschließt.

Beispiele:

```
=BEREICHE(A1:E3)
```

Ergebnis: 1

```
=BEREICHE((A1:E3;O10:Q3;G5;G10))
```

Ergebnis: 4

HYPERLINK (Hyperlink_Adresse;Freundlicher_Name)

Einsatz:

Die Funktion erstellt innerhalb des Tabellenblatts eine Verknüpfung, die auf eine Hyperlink-Adresse verweist. Dadurch können direkt aus dem Tabellenblatt heraus Dateien geöffnet werden, die auf einem Server bzw. einem Intranet oder dem Internet liegen.

Parameter:

Das Argument *Hyperlink_ Adresse* ist die Ortsbezeichnung der Datei, die beim Anklicken der Zelle geöffnet werden soll. Hierbei kann es sich um eine Pfadangabe handeln, die auf eine Datei auf der Festplatte verweist (UNC-Konvention) oder eine eindeutige Internetadresse (URL-Konvention). Das Argument *Freundlicher_ Name* ist der Text, der die Verknüpfung in der Zelle repräsentiert. Der Text wird in blauer Schrift und mit Unterstreichung angezeigt.

Bemerkungen:

- Beide Argumente werden durch Anführungszeichen eingeleitet und abgeschlossen.
- Verweist der Hyperlink auf eine nicht existierende Datei bzw. ein nicht existierendes Web-Dokument, wird eine Fehlermeldung ausgegeben.
- Beide Argumente werden als Zelladresse angegeben, die auf die entsprechende Zelle mit den notwendigen Angaben verweist.

Beispiel:

```
=HYPERLINK("http://www.firma.de/demo/datei.xls";"Bitte hier
klicken!")
```

INDEX (Matrix; Zeile; Spalte)

INDEX (Verweis; Zeile; Spalte; Bereich)

Einsatz:

Die Funktion INDEX() existiert in zwei Versionen: Als Bezugsversion und als Matrixversion. Die Bezugsversion erzeugt immer einen Bezug. Die Matrixversion liefert immer entweder einen Wert oder eine Matrix aus Werten.

Parameter:

Verweis steht für einen Bezug zu einem oder mehreren Zellbereichen. Sie müssen zusätzlich ein Klammerpaar einfügen, wenn Sie mehrere Verweise als ein Argument angeben wollen.

Mit dem Argument *Zeile* können Sie die Nummer der Zeile im Bezug angeben, aus der ein Bezug erzeugt werden soll.

Mit dem Argument *Spalte* können Sie die Nummer der Spalte im Bezug angeben, aus der ein Bezug erzeugt werden soll.

Mit dem Argument *Bereich* können Sie einen Bereich innerhalb des Bezuges angeben, aus dem ein Bezug erzeugt werden soll.

INDEX(Matrix; Zeile; Spalte) erzeugt den Bezug auf eine oder mehrere Zellen, die zu einer angegebenen Matrix gehören.

Bemerkung:

Der erste angegebene Bereich erhält die Nummer 1, der zweite die Nummer 2 und so weiter.

INDIREKT (Verweis; A1)

Einsatz:

Die Funktion INDIREKT erzeugt den Bezug, der in der Zelle steht, die durch das Argument *Verweis* angegeben ist. Das heißt, dass der Wert des angegebenen Verweises sofort als Ergebnis angezeigt wird. Die Funktion ermöglicht es also, den Wert einer Zelle anzuzeigen, auf die durch einen Verweis gezeigt wird, der in einer anderen Zelle steht.

Parameter:

Verweis steht für einen Bezug zu einer Zelle, die selbst wiederum einen Bezug in der Z1S1-Schreibweise, in der A1-Schreibweise oder einen Bereichsnamen als Bezug enthält.

Das Argument *A1* steht für einen Wahrheitswert mit den Ausprägungen WAHR oder FALSCH. Er steht für die Art der Schreibweise des Bezugs, der in der Zelle enthalten ist.

Wird *A1* mit WAHR angegeben oder nicht angegeben, so definiert dies einen Bezug in der A1-Schreibweise.

Wird *A1* mit FALSCH angegeben, so definiert dies einen Bezug in der Z1S1-Schreibweise.

Bemerkung:

Ist *Verweis* ein unzulässiger Zellbezug, erzeugt die Funktion den Fehlerwert *#BEZUG*!.

Beispiel:

Voraussetzung: Die Zelle *A1* enthält den Wert 5000 und die Zelle B1 den Textwert A1 (nicht =A1).

Steht nun die folgende Funktion in Zelle *B5*, erzeugt sie als Ergebnis den Wert der Zelle *A1*:

```
=INDIREKT($B$1)
```

Ergebnis: 5000

MTRANS (Matrix)

Einsatz:

Die Funktion erzeugt die transponierte Matrix der angegebenen Matrix. MTRANS kann dazu verwendet werden, die Zeilen und Spalten einer Matrix in einer Tabelle oder auf einem Makroblatt zu vertauschen. Sie können also aus einer vertikalen Matrix eine horizontale Matrix und umgekehrt erzeugen.

Parameter:

Das Argument *Matrix* stellt eine Matrix in einer Tabelle oder Makrovorlage dar, die transponiert dargestellt werden soll. Sie können für das Argument *Matrix* auch einen Zellbereich angeben. Transponieren einer Matrix bedeutet, dass die Zeilen der Matrix zu den Spalten einer neuen Matrix werden.

Beispiel:

Voraussetzung: Die Zelle *A1* enthält die Zahl 12, Zelle *A2* enthält die Zahl 45, Zelle *B1* enthält die Zahl 78 und Zelle *B2* enthält die Zahl 105. Wird nun die Funktion MTRANS bezogen auf den Bereich *A1:B2* als Matrix in den Bereich *C1:D2* eingegeben, erzeugt sie folgendes Ergebnis:

```
=MTRANS($A$1:$B$2)
```

Ergebnis: Zelle C1: 12; Zelle C2: 78; Zelle D1: 45 und Zelle D2: 105.

PIVOTDATENZUORDNEN (Pivottabelle; Name)

Einsatz:

Mit dieser Funktion kann eine sichtbare Datenzusammenfassung einer Pivot-Tabelle aus einer sichtbaren Pivot-Tabelle abgerufen werden.

Parameter:

Das Argument *Pivottabelle* ist die Ortsbezeichnung der Zelle bzw. des Zellbereichs einer Pivot-Tabelle. Das Argument *Name* ist der in Anführungszeichen gesetzte Name der Zelle, die die gewünschten Daten enthält.

Bemerkungen:

- Verweist das Argument *Pivottabelle* auf einen Bereich, der mehr als eine Pivot-Tabelle enthält, so wird die zuletzt erstellte Pivot-Tabelle verwendet.
- Es erscheint der Fehlerwert *#WERT*, wenn die Bereichsangabe keine Pivot-Tabelle enthält.

Beispiel:

```
=PIVOTDATENZUORDNEN(UMSATZ;"Januar Stuttgart")
```

In diesem Fall umfasst der Bereichsname *UMSATZ* eine Pivot-Tabelle, in der eine Umsatzanalyse nach Standorten erfolgt ist. Hier wird der Gesamtumsatz des Monats Januar der Filiale Stuttgart angegeben.

SPALTE (Bezug)

Einsatz:

Die Funktion errechnet die Spaltennummer, die zu dem angegebenen Bezug gehört.

Parameter:

Bezug stellt eine Zelle oder einen Zellbereich dar, dessen Spaltennummer gesucht wird.

Wird das Argument *Bezug* nicht angegeben, wird als Bezug die Zelle verwendet, in der die Funktion SPALTE steht.

Das Argument *Bezug* darf sich nicht auf mehrere Bereiche beziehen.

Wird das Argument *Bezug* als ein Zellbereich angegeben und ist SPALTE als einzeilige Matrix definiert, erzeugt die Funktion SPALTE die Spaltennummern von *Bezug* ebenfalls als einzeilige Matrix.

Beispiele:

Voraussetzung: Die folgende Funktion wurde als Matrix in vier unmittelbar nebeneinander liegende Zellen eingegeben:

`=SPALTE(B5:G6)`

Ergebnis: {2;3;4;5}

`=SPALTE(B1)`

Ergebnis: 2

Voraussetzung: Die Funktion wurde in Zelle C1 eingegeben:

`=SPALTE()`

Ergebnis: 3

SPALTEN (Matrix)

Einsatz:

Die Funktion berechnet, wie viele Spalten eine Matrix oder ein Bezug enthält.

Parameter:

Das Argument *Matrix* stellt eine Matrix, eine Matrixformel oder einen Bezug auf einen Zellbereich dar, dessen Spaltenanzahl gesucht wird.

Beispiele:

```
=SPALTEN(B2:F8)
```

Ergebnis: 5

```
=SPALTEN({7.8.12;4.12.1;8.5.7})
```

Ergebnis: 3

SVERWEIS (Suchkriterium; Matrix; Spaltenindex; Bereich_Verweis)

Einsatz:

Die Funktion SVERWEIS überprüft, ob die erste Spalte einer Matrix einen bestimmten Wert enthält. Als Ergebnis liefert sie dann den Wert, der in der angegebenen Zelle steht. Die Funktion kann immer dann anstelle der Funktion WVERWEIS benutzt werden, wenn die Vergleichswerte in einer Spalte stehen, die links oder rechts von den Werten steht, nach denen gesucht wird.

Parameter:

Mit *Suchkriterium* wird der Wert angegeben, nach dem in der ersten Spalte der Matrix gesucht wird. Für *Suchkriterium* können Sie einen Wert, einen Bezug oder eine Zeichenfolge (Text) eingeben.

Das Argument *Matrix* stellt die Informationstabelle dar, in der die Daten gesucht werden. Benutzen Sie für das Argument *Matrix* einen Bezug auf einen Bereich oder einen Bereichsnamen.

Wird *Bereich_Verweis* mit WAHR angegeben, müssen die in der ersten Spalte des Argumentes *Matrix* stehenden Werte in aufsteigender Reihenfolge angeordnet sein, beispielsweise: ...,-1, 0, 1, 2, 3 ... ,

A–Z, FALSCH, WAHR, ansonsten erzeugt die Funktion eventuell ein falsches Ergebnis. Wird *Bereich_Verweis* mit FALSCH angegeben, müssen die Werte nicht sortiert vorliegen.

Die Werte können in aufsteigende Reihenfolge gebracht werden, indem der Befehl *Sortieren* aus dem Menü *Daten* gewählt und dann die Option *Aufsteigend* aktiviert wird.

In der ersten Spalte des Argumentes *Matrix* dürfen folgende Werte stehen: Zeichenfolgen (Texte), Zahlen oder Wahrheitswerte.

Klein-/Großbuchstaben innerhalb von Zeichenfolgen werden als gleich angesehen.

Das Argument *Spaltenindex* stellt die Nummer der Spalte in der Mehrfachoperationsmatrix dar, aus der der übereinstimmende Wert geliefert werden soll. Ist der Spaltenindex mit 1 belegt, so wird der Wert erzeugt, der in der ersten Spalte von *Matrix* steht; ist der Spaltenindex mit 2 belegt, so wird der Wert erzeugt, der in der zweiten Spalte von *Matrix* steht usw.

Wird der Spaltenindex mit einem Wert kleiner als 1 angegeben, erzeugt SVERWEIS den Fehlerwert *#WERT*!

Wird *Spaltenindex* größer als die Anzahl der zu *Matrix* gehörenden Spalten angegeben, erzeugt die Funktion den Fehlerwert *#BEZUG*!.

Bereich_Verweis stellt einen Wahrheitswert dar, der angibt, wie die zu *Matrix* gehörenden Werte sortiert sind. Wird *Bereich_Verweis* mit WAHR belegt oder nicht angegeben, müssen die Werte, die in der ersten Spalte von *Matrix* stehen, in aufsteigender Reihenfolge vorhanden sein. Wird das Argument *Bereich_Verweis* mit FALSCH belegt, ist die Reihenfolge der zu *Matrix* gehörenden Werte unwichtig.

Bemerkungen:

- ✔ Ist der als Suchkriterium angegebene Wert nicht vorhanden, erzeugt die Funktion den zum Suchkriterium nächstkleineren Wert.

- Wird das Argument *Suchkriterium* kleiner als der kleinste der Werte, die in der ersten Spalte von *Matrix* stehen, angegeben, erzeugt die Funktion den Fehlerwert *#NV*.
- Ist der als Suchkriterium angegebene Wert nicht vorhanden und ist *Bereich_Verweis* mit FALSCH belegt, erzeugt SVERWEIS den Fehlerwert *#NV*.

Beispiele:

Sie haben die nachfolgenden Werte in den Zellen *A1:C5* in Ihrer Excel-Tabelle stehen und dem Bereich *B2:C5* den Namen *Tabelle* zugewiesen.

Monat:	Umsatz:	Gewinn:
Januar	500000	150000
Februar	550000	170000
März	450000	130000
April	610000	180000

```
=SVERWEIS(500000;Tabelle;1)
```

Ergebnis: 500000

```
=SVERWEIS(610000;Tabelle;2)
```

Ergebnis: 180000

```
=SVERWEIS(500000;Tabelle;2;WAHR)
```

Ergebnis: 150000

VERGLEICH (Suchkriterium; Suchmatrix; Vergleichstyp)

Einsatz:

Die Funktion VERGLEICH erzeugt die relative Position, die ein Element, das auf bestimmte Weise mit einem der angegebenen Werte übereinstimmt, innerhalb einer Matrix hat.

Die Funktion kann immer dann anstelle der Funktion VERWEIS benutzt werden, wenn nicht das Element selbst benötigt wird, sondern die Position eines übereinstimmenden Elementes.

Parameter:

Mit *Suchkriterium* wird der Wert angegeben, nach dem ein Wert in einer Tabelle gesucht wird.

Es wird beispielsweise die Kundennummer eingegeben, um den Rechnungsbetrag des Kunden zu finden.

Für *Suchkriterium* können Sie einen Wert wie beispielsweise eine Zeichenfolge (Text), einen Wahrheitswert oder aber einen Bezug auf eine Zelle, die eine Zahl, eine Zeichenfolge oder einen Wahrheitswert enthält, eingeben.

Das Argument *Suchmatrix* steht für einen zusammenhängenden Zellbereich mit Vergleichskriterien als Inhalt. Für *Suchmatrix* können Sie eine Matrix oder einen Bezug auf eine Matrix angeben.

Das Argument *Vergleichstyp* steht für eine der Zahlen -1, 0 oder 1. Das Argument gibt an, wie Excel die Werte einer Suchmatrix mit den Suchkriterien vergleicht.

Wird *Vergleichstyp* mit 1 angegeben, erzeugt die Funktion den größten Wert, der kleiner oder gleich dem Suchkriterium ist.

Alle Elemente der Suchmatrix müssen in aufsteigender Reihenfolge angeordnet werden: ... -2, -1, 0, 1, 2, ...A–Z, FALSCH, WAHR.

Wird *Vergleichstyp* mit 0 belegt, erzeugt die Funktion den ersten Wert, der gleich dem Suchkriterium ist. In diesem Fall dürfen die Elemente der Suchmatrix in einer beliebigen Reihenfolge stehen.

Wird *Vergleichstyp* mit -1 angegeben, erzeugt VERGLEICH den kleinsten Wert, der größer oder gleich dem Suchkriterium ist. In diesem Fall müssen die Elemente der Suchmatrix in absteigender Reihenfolge angeordnet sein: WAHR, FALSCH, Z–A, ... 2, 1, 0, -1, -2, ... usw.

Wird das Argument *Vergleichstyp* nicht angegeben, wird es auf 1 festgesetzt.

Bemerkungen:

- Das Ergebnis der Funktion ist die Position, die der jeweils gefundene Wert innerhalb der Suchmatrix einnimmt, und nicht der Wert selbst.
- Bei Zeichenfolgen (Texten) wird die Klein-/Großschrift nicht beachtet.
- Wird kein übereinstimmender Wert gefunden, erzeugt die Funktion den Fehlerwert *#NV*.
- Wird *Vergleichstyp* mit 0 und als Suchkriterium eine Zeichenfolge angegeben, dann darf das Argument *Suchkriterium* die Platzhalter Stern (*) und Fragezeichen (?) enthalten.
- Ein Stern ersetzt eine beliebige Zeichenfolge, ein Fragezeichen ersetzt lediglich ein einzelnes Zeichen.

Beispiel:

Sie haben die nachfolgenden Werte in den Zellen *B2:B5* in Ihrer Excel-Tabelle stehen: 450000, 500000, 550000, 610000. Die Funktion erzeugt folgende Ergebnisse:

```
=VERGLEICH(500000;B2:B5;1)
```

Ergebnis: 2

```
=VERGLEICH(610000;B2:B5;0)
```

Ergebnis: 4

VERWEIS (Vektorversion) (Suchkriterium; Suchvektor; Ergebnisvektor)

Einsatz:

Diese Funktion sucht nach einem Wert innerhalb eines Vektors. Der Vektor ist ein Bereich, der aus einer Zeile oder Spalte besteht.

Als Ergebnis wird der zugehörige Wert eines zweiten Vektors wiedergegeben, der dem Suchkriterium entspricht. Beide Vektoren müssen also die gleiche Anzahl von Elementen aufweisen.

Parameter:

Das Argument *Suchkriterium* ist der Wert, der im angegebenen Vektor gesucht werden soll. Der Vektor wird als Bereichsangabe durch das Argument *Suchvektor* definiert. Der Vektor für die Ergebnisanforderung wird über das Argument *Ergebnisvektor* definiert.

Bemerkungen:

- ✔ Ist der Wert des Suchkriteriums nicht im Bereich des Suchvektors enthalten, so wird der nächstkleinere Wert verwendet.
- ✔ Die im Bereich *Suchvektor* enthaltenen Werte müssen in aufsteigender Reihenfolge sortiert sein.
- ✔ Es wird der Fehlerwert *#NV* angezeigt, wenn das Suchkriterium kleiner ist als der kleinste Wert des Suchvektors.

Beispiel:

Gegeben ist folgende Tabelle, in der das Auftreten eines bestimmten Temperaturwerts gesucht wird. Als Ergebnis wird die Station angegeben, an der der Wert bzw. der nächstkleinere Wert gemessen wurde:

Temperatur	Station
10,3	Hafen
11,7	Messe
12,3	Universität
17,9	Königsallee

```
=VERWEIS(12;A2:A5;B2:B5)
```

Ergebnis: Messe, da der Wert 12 nicht vorhanden ist und 11,7 der nächstkleinere Wert ist.

VERWEIS (Matrixversion) (Suchkriterium; Matrix)

Einsatz:

Die Funktion sucht innerhalb der ersten Zeile oder Spalte einer Matrix nach dem angegebenen Wert und liefert einen Wert aus derselben Position in der letzten Zeile oder Spalte einer Matrix.

Parameter:

Das Argument *Suchkriterium* ist der Wert, der in der angegebenen Matrix gesucht werden soll. Das Argument *Matrix* bezeichnet den Bereich der Matrix, in dem gesucht werden soll.

Bemerkungen:

- Ist der Wert des Suchkriteriums nicht im Bereich der Matrix enthalten, so wird der nächstkleinere Werte der Matrix verwendet.
- Sind im Matrixbereich mehr Spalten als Zeilen vorhanden, gleicht die Funktion die Elemente der ersten Zeile gegen das Suchkriterium ab. Ist der Matrixbereich dagegen quadratisch oder hat mehr Zeilen als Spalten, durchsucht die Funktion die erste Spalte.
- Die im Bereich *Matrix* enthaltenen Werte müssen in aufsteigender Reihenfolge sortiert sein.
- Es wird der Fehlerwert *#NV* angezeigt, wenn das Suchkriterium kleiner ist als der kleinste Wert der Matrix.
- Mit WVERWEIS und SVERWEIS können Sie durch die Angabe eines Indexes in eine bestimmte Zeile oder Spalte springen. VERWEIS wählt dagegen immer den Wert, der in der letzten Zeile bzw. Spalte steht.

Beispiel:

```
=VERWEIS("12";{"10,3"."11,7"."12,3"."17,9";"Hafen"."Messe".
"Universität"."Königsallee"})
```

Ergebnis: Messe, da der Wert 12 nicht vorhanden ist, und 11,7 der nächstkleinere Wert ist.

WAHL (Index; Wert1; Wert2; ...)

Einsatz:

Die Funktion erzeugt den Wert des Argumentes, das in der Liste der Werte-Argumente die vom Argument *Index* angegebene Position einnimmt. Die Funktion ermöglicht es Ihnen, mit Hilfe einer Indexzahl aus bis zu 29 Werten einen Wert auswählen. Belegen Sie beispielsweise die Argumente *Wert1* bis *Wert12* mit den Monatsnamen, erzeugt die Funktion einen dieser Monate. Dazu müssen Sie eine der Zahlen 1 bis 12 als Index angeben.

Parameter:

Mit *Index* geben Sie an, welcher Argumentwert gewählt werden soll. Für *Index* darf jeder Wert von 1 bis 29 eingegeben werden. Den Wert können Sie direkt als Zahl oder indirekt als Formel bzw. Bezug auf eine Zelle angeben.

Wird *Index* mit 1 belegt, erzeugt die Funktion den *Wert1*; wird *Index* mit 2 belegt, erzeugt WAHL den *Wert2* usw.

Die Funktion WAHL erzeugt den Fehlerwert *#WERT*!, wenn *Index* mit kleiner als 1 oder größer als die Anzahl der Werte-Argumente angegeben wird.

Index sollte eine ganze Zahl sein, ansonsten werden die Nachkommastellen abgeschnitten.

Wert1; Wert2; ... sind 1 bis 29 Argumente.

Sie können als Argumente Zahlen, Zellbezüge, definierte Namen, Formeln, Makrofunktionen oder Zeichenfolgen eingeben.

Bemerkungen:

- Soll die Funktion WAHL innerhalb eines Makros benutzt werden, können die Werte-Argumente GEHEZU-Funktionen oder Funktionen sein, die bestimmte Vorgänge auslösen.
- Wird *Index* als eine Matrix angegeben, wertet die Funktion jeden Wert aus. Sind einige dieser Werte-Argumente Funktionen, die bestimmte Vorgänge auslösen, werden alle diese Vorgänge ausgeführt. Beispielsweise kann eine Formel sowohl eine neue Tabelle als auch ein neues Diagramm öffnen.
- Es können sowohl Bereichsbezüge als auch einzelne Werte an die Funktion (Werte-Argumente) übergeben werden.

Beispiele:

```
=WAHL(3;"Januar";"Februar";"März")
```

Ergebnis: März

Voraussetzung: Zelle *B1* enthält die Zahl 3:

```
=WAHL(B1"Äpfel";"Bananen";"Zitronen";"Birnen")
```

Ergebnis: Zitronen

WVERWEIS (Suchkriterium; Matrix; Zeilenindex; Bereich_Verweis)

Einsatz:

Die Funktion WVERWEIS überprüft, ob die oberste Zeile einer Matrix einen bestimmten Wert enthält. Als Ergebnis liefert sie dann den Wert, der in der angegebenen Zelle steht. Die Funktion kann immer dann anstelle der Funktion SVERWEIS benutzt werden, wenn die Vergleichswerte in der obersten Zeile einer Datentabelle stehen und ein Wert gelesen werden soll, der sich eine bestimmte Anzahl von Zeilen unterhalb der Kopfzeile der Datentabelle befindet.

Parameter:

Mit *Suchkriterium* wird der Wert angegeben, nach dem in der ersten Zeile der Matrix gesucht wird. Für *Suchkriterium* können Sie einen Wert, einen Bezug oder eine Zeichenfolge in Anführungszeichen (Text) eingeben.

Das Argument *Matrix* stellt die Informationstabelle dar, in der die Daten gesucht werden. Benutzen Sie für das Argument *Matrix* einen Bezug auf einen Bereich oder einen Bereichsnamen.

Die Werte der ersten Zeile der Matrix können Zeichenfolgen (Texte), Zahlen oder Wahrheitswerte sein.

Wird *Bereich_Verweis* mit WAHR angegeben, müssen die in der ersten Zeile des Argumentes *Matrix* stehenden Werte in aufsteigender Reihenfolge angeordnet sein, beispielsweise: ..., -1, 0, 1, 2, 3 ..., A–Z, FALSCH, WAHR, ansonsten erzeugt die Funktion eventuell ein falsches Ergebnis. Wird *Bereich_Verweis* mit FALSCH angegeben, müssen die Werte nicht sortiert vorliegen.

Die Werte können in aufsteigende Reihenfolge gebracht werden, indem der Befehl *Sortieren* aus dem Menü *Daten* gewählt und dann die Option *Aufsteigend* aktiviert wird.

Groß- und Kleinbuchstaben werden nicht unterschieden.

Das Argument *Zeilenindex* stellt die Nummer der Zeile in der Mehrfachoperationsmatrix dar, aus der der übereinstimmende Wert geliefert werden soll. Ist der Zeilenindex mit 1 belegt, so wird der Wert erzeugt, der in der ersten Zeile von *Matrix* steht. Ist der *Zeilenindex* mit 2 belegt, so wird der Wert erzeugt, der in der zweiten Zeile von *Matrix* steht usw.

Wird der *Zeilenindex* mit kleiner als 1 angegeben, erzeugt die Funktion den Fehlerwert *#WERT*!

Wird *Zeilenindex* mit einem Wert angegeben, der größer als die Anzahl der zu *Matrix* gehörenden Zeilen ist, erzeugt die Funktion den Fehlerwert *#BEZUG*!.

Bereich_Verweis stellt einen Wahrheitswert dar, der angibt, wie die zu *Matrix* gehörenden Werte sortiert sind. Wird *Bereich_Verweis* mit WAHR belegt oder nicht angegeben, müssen die Werte, die in der ersten Zeile von *Matrix* stehen, in aufsteigender Reihenfolge vorhanden sein. Wird das Argument *Bereich_Verweis* mit FALSCH belegt, ist die Reihenfolge der zu *Matrix* gehörenden Werte unwichtig.

Bemerkungen:

- Ist der als Suchkriterium angegebene Wert nicht vorhanden, erzeugt die Funktion den zum *Suchkriterium* nächstkleineren Wert.
- Wird das Argument *Suchkriterium* kleiner als der kleinste der Werte angegeben, die in der ersten Zeile von *Matrix* stehen, erzeugt die Funktion den Fehlerwert *#NV*.

Beispiele:

Sie haben die nachfolgenden Werte in den Zellen *A1:C5* in Ihrer Excel-Tabelle stehen:

Monat:	Umsatz:	Gewinn:
Januar	500000	150000
Februar	550000	170000
März	450000	130000
April	610000	180000

```
=WVERWEIS("Umsatz:";B1:B5;3;FALSCH)
```

Ergebnis: 550000

```
=WVERWEIS("Gewinn:";C1:C5;4;WAHR)
```

Ergebnis: 130000

ZEILE (Verweis)

Einsatz:

Die Funktion erzeugt die Zeilennummer eines Verweises.

Parameter:

Das Argument *Verweis* stellt die Zelle oder den Zellbereich dar, deren bzw. dessen Zeilennummer ermittelt werden soll.

Bemerkungen:

- ✔ Wird das Argument *Verweis* nicht angegeben, wird als Verweis die Zelle festgelegt, in der sich die ZEILE-Funktion befindet.
- ✔ Wird *Verweis* als ein Zellbereich und ZEILE eines vertikalen Vektors angegeben, erzeugt die Funktion die Zeilennummern des Bezugs als vertikalen Vektor.
- ✔ Das Argument *Verweis* darf sich nicht auf mehrere Bereiche beziehen.

Beispiele:

`=ZEILE(B4)`

Ergebnis: 4

`=ZEILE(B4:B6)`

Ergebnis: {4.5.6}

ZEILEN (Matrix)

Einsatz:

Die Funktion berechnet, wie viele Zeilen eine Matrix oder ein Bezug enthält.

Parameter:

Das Argument *Matrix* stellt eine Matrix, eine Matrixformel oder einen Bezug auf einen Zellbereich dar, dessen Zeilenanzahl gesucht wird.

Beispiele:

```
=ZEILEN(B2:F8)
```

Ergebnis: 7

```
=ZEILEN({4;5;6;7;8})
```

Ergebnis: 5

Datenbank

Es folgt ein für alle Datenbankfunktionen gültiges Basis-Beispiel:

Basisbeispiel:

Arbeitsgang	Umfang	Parameter	Rüstzeit	Zeit	
Bohren	54	21	122	1200	
Fräsen	87	65	154	2600	
Schneiden	32	85	99	5124	
Senken	25	5	89	79	
Bohren	100	54	65	454	
Senken	96	56	78	235	
Arbeitsgang	**Umfang**	**Parameter**	**Rüstzeit**	**Zeit**	**Umfang**
Bohren	<105				>34
Senken	<=90				>20

DBANZAHL (Datenbank; Datenbankfeld; Suchkriterien)

Einsatz:

Die Funktion liefert die Anzahl der Datensätze in der Spalte *Datenbankfeld* der Datenbank, die mit den Suchkriterien übereinstimmen.

Das Argument *Datenbankfeld* ist optional. Ohne Angabe von *Datenbankfeld* werden alle zu der Datenbank gehörenden Datensätze, die mit dem Suchkriterium übereinstimmen, gezählt.

Bemerkung:

Um das folgende Beispiel nachzuvollziehen, beachten Sie das Basisbeispiel.

Beispiel:

Die folgende Beispielfunktion sucht nach Datensätzen, die Angaben zu den Arbeitsgängen Bohren mit einer Größe von 34 cm bis 105 cm und Senken mit einer Größe von 20 cm bis 90 cm enthalten. Dabei zählt die Funktion, bei wie vielen dieser Datensätze im Feld "Zeit" eine Zahl steht.

```
=DBANZAHL(A1:E7;"Zeit";A9:F11)
```

Ergebnis: 3

DBANZAHL2 (Datenbank; Datenbankfeld; Suchkriterien)

Einsatz:

Die Funktion zählt die Anzahl jener Datensätze der Datenbank, deren Spalte *Datenbankfeld* nicht leer ist und die den Suchkriterien entsprechen.

Bemerkung:

Um die folgenden Beispiele nachzuvollziehen, beachten Sie das Basisbeispiel.

Beispiele:

Die folgenden Beispielfunktionen suchen nach Datensätzen, die Angaben zu dem Arbeitsgang Bohren mit einer Größe von 34 cm bis 105 cm enthalten. Dabei zählt die Funktion, bei wie vielen dieser Datensätze das Feld "Zeit" nicht leer ist.

```
=DBANZAHL2(A1:E5;"Zeit";A9:F11)
```

Ergebnis: 2

Wird das Argument *Datenbank* mit dem Bereich A1:E5 angegeben und mit dem Bereichsnamen *Datenbank1* versehen, liefert die Funktion folgendes Ergebnis:

```
=DBANZAHL2(Datenbank1;"Zeit";A9:F10)
```

Ergebnis: 1

DBAUSZUG (Datenbank; Feld; Suchkriterien)

Einsatz:

Die Funktion zeigt den Wert aus einer Datenbank an, der den angegebenen Suchkriterien entspricht.

Bemerkungen:

- Wenn kein Datensatz den Suchkriterien genügt, erzeugt die Funktion den Fehlerwert *#WERT*!.
- Wenn mehrere Datensätze den Suchkriterien entsprechen, erzeugt die Funktion den Fehlerwert *#ZAHL*!.
- Um die folgenden Beispiele nachzuvollziehen, beachten Sie das Basisbeispiel.

Beispiele:

```
=DBAUSZUG(A1:E5;"Zeit";A9:F10)
```

Ergebnis: 1200

```
=DBAUSZUG(A1:E7;"Zeit";A9:F10)
```

Ergebnis: *#ZAHL*!

DBMAX (Datenbank; Feld; Suchkriterien)

Einsatz:

Die Funktion liefert den Wert der größten Zahl, die in einer Spalte *Feld* einer Datenbank steht und den definierten Suchkriterien genügt.

Bemerkung:

Um das folgende Beispiel nachzuvollziehen, beachten Sie das Basisbeispiel.

Beispiel:

```
=DBMAX(A1:E7;"Zeit";A9:F11)
```

Ergebnis: 1200

DBMIN (Datenbank; Feld; Suchkriterien)

Einsatz:

Die Funktion liefert den Wert der kleinsten Zahl, die in einer Spalte *Feld* einer Datenbank steht und den definierten Suchkriterien genügt.

Bemerkung:

Um das folgende Beispiel nachzuvollziehen, beachten Sie das Basisbeispiel.

Beispiel:

```
=DBMIN(A1:E7;"Zeit";A9:F11)
```

Ergebnis: 79

DBMITTELWERT (Datenbank; Feld; Suchkriterien)

Einsatz:

Die Funktion erzeugt den Mittelwert der Zahlen, die in einer Spalte *Feld* einer Datenbank stehen und den definierten Suchkriterien genügen.

Bemerkung:

Um das folgende Beispiel nachzuvollziehen, beachten Sie das Basisbeispiel.

Beispiel:

```
=DBMITTELWERT(A1:E7;"Zeit";A9:F10)
```

Ergebnis: 827

DBPRODUKT (Datenbank; Feld; Suchkriterien)

Einsatz:

Die Funktion multipliziert die Zahlen, die in einer Spalte *Feld* einer Datenbank stehen und den definierten Suchkriterien entsprechen.

Bemerkung:

Um das folgende Beispiel nachzuvollziehen, beachten Sie das Basisbeispiel.

Beispiel:

```
=DBPRODUKT(A1:E6;"Zeit";A9:F11)
```

Ergebnis: 43039200

Das Ergebnis kommt durch folgende Multiplikation zustande: 454*1200*79=43039200

DBSTDABW (Datenbank; Feld; Suchkriterien)

Einsatz:

Die Funktion schätzt ausgehend von einer Stichprobe die Standardabweichung einer Grundgesamtheit. Dazu werden die Zahlen, die in einer Spalte *Feld* einer Datenbank stehen und den definierten Suchkriterien entsprechen, benutzt.

Bemerkung:

Um das folgende Beispiel nachzuvollziehen, beachten Sie das Basisbeispiel.

Beispiel:

```
=DBSTDABW(A1:E6;"Zeit";A9:F11)
```

Ergebnis: 570,6402837

Die Funktion benutzt die folgenden Werte des Beispiels: 454, 1200, 79.

DBSTDABWN (Datenbank; Feld; Suchkriterien)

Einsatz:

Die Funktion errechnet mit den Zahlen, die in einer Spalte *Feld* einer Datenbank stehen und den definierten Suchkriterien entsprechen, die Standardabweichung der Grundgesamtheit.

Bemerkung:

Um das folgende Beispiel nachzuvollziehen, beachten Sie das Basisbeispiel.

Beispiel:

```
=DBSTDABW(A1:E6;"Zeit";A9:F11)
```

Ergebnis: 570,6402837

Diese Rechnung benutzt die folgenden Werte des Beispiels: 454, 1200, 79.

DBSUMME (Datenbank; Feld; Suchkriterien)

Einsatz:

Die Funktion addiert die Zahlen, die in einer Spalte *Feld* einer Datenbank stehen und den definierten Suchkriterien entsprechen.

Bemerkung:

Um das folgende Beispiel nachzuvollziehen, beachten Sie das Basisbeispiel.

Beispiel:

```
=DBSUMME(A1:E6;"Zeit";A9:F11)
```

Ergebnis: 1733

Die Funktion addiert die folgenden Werte des Beispiels: 454+1200+79=1733.

DBVARIANZ (Datenbank; Feld; Suchkriterien)

Einsatz:

Die Funktion schätzt ausgehend von einer Stichprobe die Varianz einer Grundgesamtheit. Dazu werden die Zahlen, die in einer Spalte *Feld* einer Datenbank stehen und den definierten Suchkriterien entsprechen, benutzt.

Bemerkung:

Um das folgende Beispiel nachzuvollziehen, beachten Sie das Basisbeispiel.

Beispiel:

```
=DBVARIANZ(A1:E6;"Zeit";A9:F11)
```

Ergebnis: 325630,3

Die Funktion benutzt folgende Werte des Beispiels: 454, 1200, 79.

DBVARIANZEN (Datenbank; Feld; Suchkriterien)

Einsatz:

Die Funktion errechnet mit den Zahlen, die in einer Spalte *Feld* einer Datenbank stehen und den definierten Suchkriterien entsprechen, die Varianz der Grundgesamtheit.

Bemerkung:

Um das folgende Beispiel nachzuvollziehen, beachten Sie das Basisbeispiel.

Beispiel:

```
=DBVARIANZEN(A1:E6;"Zeit";A9:F11)
```

Ergebnis: 217086,9

Die Funktion benutzt folgende Werte des Beispiels: 454, 1200, 79.

Text

CODE (Text)

Einsatz:

Die Funktion erzeugt die Codezahl des ersten Zeichens in einem angegebenen Text. Dabei entspricht die Codezahl dem Zeichensatz, mit dem Ihr Computer arbeitet.

Bei einem Macintosh-System ist der Macintosh-Zeichensatz, bei einem Windows-System ist der Ansi-Zeichensatz aktiv.

Parameter:

Das Argument *Text* (in Anführungszeichen eingeschlossen) steht für den Text, für den Sie die Codezahl des ersten Zeichens ermitteln wollen.

Beispiele:

`=CODE("a")`

Ergebnis: 97

`=CODE("Hausbau")`

Ergebnis: 72

DM (Zahl; Dezimalstellen)

Einsatz:

Diese Funktion wandelt eine Zahl in einen Text um, wobei sie ein Währungsformat verwendet und die Dezimalstellen entsprechend der angegebenen Stelle rundet. Als Format wird *#.0,00 DM;-#.0,00 DM* verwendet.

Die Funktion dient dazu, eine Zahl in einen Text umzuwandeln. Dabei werden die Dezimalstellen gemäß der angegebenen Stelle gerundet und ein Währungsformat mit *#.0,00 DM; -#.*0,00 DM verwendet.

Parameter:

Das Argument *Zahl* steht für einen Bezug auf eine Zelle mit einer Zahl als Inhalt oder für eine direkt angegebene Zahl oder für eine Formel mit einer Zahl als Ergebnis.

Mit *Dezimalstellen* wird die Anzahl der Ziffern rechts vom Dezimalzeichen angegeben. Wird für Dezimalstellen eine negative Zahl eingegeben, wird *Zahl* links vom Dezimalzeichen gerundet. Wird das Argument *Dezimalstellen* nicht angegeben, wird es mit 2 bewertet.

Bemerkungen:

- ✔ Folgender Unterschied besteht zwischen dem Formatieren des Inhaltes einer Zelle mit dem Befehl *Zellen* aus dem Menü *Format* und dem Formatieren einer Zahl mit der Funktion DM:

- Eine Zahl, die mit dem Befehl *Zellen* formatiert wird, ist weiterhin eine Zahl, im Gegensatz zu der Formatierung durch die Funktion DM. Diese Funktion wandelt ihr Ergebnis in einen Text um.
- Sie können jedoch auch mit der Funktion DM formatierte Zahlen in Formeln einsetzen, denn MS-Excel wandelt Zahlen, die als Text eingegeben werden, innerhalb von Formeln in normale Zahlen um.

Beispiele:

`=DM(2000,1234; 3)`

Ergebnis: 2.000,123 DM (als Textwert)

`=DM(-2000,1234; 2)`

Ergebnis: -2.000,12 DM (als Textwert)

`=DM(1170,18; -2)`

Ergebnis: 1.200 DM (als Textwert)

`=DM(70,1893)`

Ergebnis: 70,19 DM (als Textwert)

ERSETZEN (Alter_Text; Erstes_Zeichen; Anzahl_Zeichen; Neuer_Text)

Einsatz:

Durch die Funktion ERSETZEN sind Sie in der Lage, einen Teil eines Strings (Zeichenfolge) durch einen anderen String zu ersetzen.

Parameter:

Das Argument *Alter_Text* steht für den String, in dem einige Zeichen ersetzt werden sollen.

Erstes_Zeichen gibt die Position des zu *Alter_Text* gehörenden Zeichens an, mit dem der Inhalt des Argumentes *Neuer_Text* beginnen soll.

Das Argument *Anzahl_Zeichen* spiegelt die Anzahl der zu *Alter_Text* gehörenden Zeichen wieder, die durch *Neuer_Text* ersetzt werden sollen.

Neuer_Text steht für die Zeichenfolge, die durch die unter *Alter_Text* angegebene Zeichenfolge ersetzt werden soll.

Bemerkungen:

- ✔ Die Argumente *Alter_Text* und *Neuer_Text* müssen, wenn sie in Textform aufgeführt werden, in Anführungszeichen eingeschlossen sein.
- ✔ Die Argumente *Alter_Text* und *Neuer_Text* können auch als Bezüge definiert werden.

Beispiele:

Das folgende Beispiel ersetzt *Neuer_Text* ab dem 17. Zeichen durch *Alter_Text*:

```
=ERSETZEN("Heute ist der 21.05.94"; 17;6; "-05-94")
```

Ergebnis: Heute ist der 21-05-94

FEST (Zahl; Dezimalstellen; Keine_Punkte)

Einsatz:

Die Funktion FEST rundet eine Zahl auf die angegebenen Dezimalstellen. Des weiteren wird die Zahl entsprechend dem Dezimalformat mit Punkten und einem Komma formatiert und das Ergebnis als Text zurückgegeben.

Parameter:

Mit dem Argument *Zahl* geben Sie eine Zahl an, die gerundet und in Text umgewandelt werden soll.

Mit *Dezimalstellen* wird die Anzahl der Ziffern rechts vom Dezimalkomma definiert.

Keine_Punkte stellt einen Wahrheitswert dar, der die Werte WAHR und FALSCH annehmen kann. Wird der Wahrheitswert WAHR gewählt, werden durch die Funktion FEST keine Punkte (1000er-Trennzeichen) im Ergebnis dargestellt. Dagegen können Sie durch FALSCH oder durch das Fehlen der Abgabe eines Wahrheitswertes angeben, dass in dem durch die Funktion FEST gelieferten Ergebnis die normalerweise verwendeten Punkte (1000er-Trennzeichen) eingefügt werden.

Bemerkungen:

Folgender Unterschied besteht zwischen dem Formatieren des Inhaltes einer Zelle mit dem Befehl *Zellen* aus dem Menü *Format* und dem Formatieren einer Zahl mit der Funktion FEST:

- ✓ Eine Zahl, die mit dem Befehl *Zellen* formatiert wird, ist weiterhin eine Zahl, im Gegensatz zu der Formatierung durch die Funktion FEST. Diese Funktion wandelt ihr Ergebnis in einen Text um.
- ✓ Sie können in Microsoft Excel Zahlen mit maximal 15 gültigen Ziffern und mit einem Wert für die Dezimalstellen von 127 angeben.
- ✓ Werden Dezimalstellen negativ angegeben, rundet die Funktion die Stellen der Zahl links vom Dezimalkomma.
- ✓ Bei fehlender Angabe des Argumentes *Dezimalstellen* wird es auf 2 festgelegt.
- ✓ Das Argument *Zahl* kann als ein Bezug auf eine Zelle, die eine Zahl enthält, als direkte Zahl oder als eine Formel, die eine Zahl als Ergebnis liefert, angegeben werden.

Beispiele:

```
=FEST(5000,123; 1)
```

Ergebnis: 5.000,1 (als Textwert)

```
=FEST(5000,123)
```

Ergebnis: 5.000,12 (als Textwert)

```
=FEST(5123,123; -2)
```

Ergebnis: 5.100 (als Textwert)

FINDEN (Suchtext; Text; Erstes_Zeichen)

Einsatz:

Durch die Funktion FINDEN sind Sie in der Lage zu prüfen, ob eine Zeichenfolge Bestandteil einer anderen Zeichenfolge ist. Als Ergebnis erzeugt die Funktion eine Zahl, die die Positionsnummer des Zeichens angibt, ab dem der gesuchte String (Suchtext) das erste Mal vorkommt.

Parameter:

Suchtext ist der Text (die Zeichenfolge), die Sie suchen.

Wird das Argument *Suchtext* als eine leere Zeichenfolge ("") angegeben, prüft FINDEN, ob eine Übereinstimmung ab dem ersten Zeichen der zu durchsuchenden Zeichenfolge vorhanden ist. *Suchtext* darf nicht mit Platzhaltern angegeben werden.

Das Argument *Text* steht für den String, in dem nach dem Suchtext gesucht werden sollen.

Erstes_Zeichen steht für das Zeichen, ab dem die Suche beginnen soll. Das erste Zeichen des Argumentes *Text* hat die Nummer 1. Wird das Argument *Erstes_Zeichen* nicht angegeben, wird es als 1 festgesetzt.

Bemerkungen:

- Der Unterschied zwischen den Funktionen SUCHEN und FINDEN besteht lediglich darin, dass die Funktion FINDEN auch die Schreibweise (Groß-/Kleinbuchstaben) der beteiligten Zeichenfolgen berücksichtigt und keine Platzhalterzeichen zulässt.

- Ist die mit dem Argument *Suchtext* angegebene Zeichenfolge nicht in dem Argument Text enthalten, erzeugt FINDEN den Fehlerwert *#WERT!*.
- Wird *Erstes_Zeichen* mit einem Wert kleiner oder gleich 0 angegeben, erzeugt FINDEN den Fehlerwert *#WERT!*.
- Wird das Argument *Erstes_Zeichen* mit einem Wert angegeben, der größer als die Länge von *Text* ist, erzeugt die Funktion den Fehlerwert *#WERT!*.

Beispiele:

```
=FINDEN("n";"Muster Mustermann")
```

Ergebnis: 16

```
=FINDEN("s";"Muster Mustermann";4)
```

Ergebnis: 10

GLÄTTEN (Text)

Einsatz:

Durch die Funktion GLÄTTEN sind Sie in der Lage, alle Leerzeichen aus einem Text zu löschen, die nicht als Trennzeichen zwischen zwei Wörtern stehen.

Parameter:

Das Argument *Text* steht für den Text, aus dem die Leerzeichen gelöscht werden sollen.

Bemerkung:

Benutzen Sie diese Funktion, um Texte, die mit zu vielen Leerzeichen aus anderen Anwendungsprogrammen eingelesen wurden, von überflüssigen Leerzeichen zu säubern oder nachdem Sie mehrere Texte zusammengesetzt haben.

Beispiele:

```
=GLÄTTEN(" Der  Restwert der  Anlage  beträgt 1200  DM.")
```

Ergebnis: Der Restwert der Anlage beträgt 1200 DM.

GROSS (Text)

Einsatz:

Diese Funktion wandelt einen Text in Großbuchstaben um.

Parameter:

Das Argument *Text* steht für einen Bezug auf eine Zelle, die Text beinhaltet, oder für einen direkt angegebenen Text (in Anführungszeichen eingeschlossen) oder für eine Formel, die einen Text erzeugt.

Beispiele:

```
=GROSS("dieser text sieht in großbuchstaben folgendermaßen
aus:")
```

Ergebnis: DIESER TEXT SIEHT IN GROẞBUCHSTABEN FOLGENDERMAẞEN AUS:

GROSS2 (Text)

Einsatz:

Diese Funktion wandelt den ersten Buchstaben des Argumentes *Text* und alle Buchstaben, die direkt hinter einem Zeichen stehen, das selbst kein Buchstabe ist, in Großbuchstaben um. Alle anderen Buchstaben werden in Kleinbuchstaben umgewandelt.

Parameter:

Das Argument *Text* steht für einen Bezug auf eine Zelle, die einen Text beinhaltet, oder für einen direkt angegebenen Text.

Beispiele:

```
=GROSS2("dies ist ein TEST der Funktion Gross2")
```

Ergebnis: Dies Ist Ein Test Der Funktion *Gross2*

IDENTISCH (Text1; Text2)

Einsatz:

Durch die Funktion ERSETZEN sind Sie in der Lage, zwei Zeichenfolgen miteinander zu vergleichen. Die Funktion gibt den Wahrheitswert WAHR zurück, wenn die beiden Zeichenfolgen identisch sind, ansonsten wird der Wahrheitswert FALSCH zurückgegeben. Es wird Groß- und Kleinschreibung berücksichtigt, Formatierungsunterschiede bleiben jedoch unbeachtet.

Parameter:

Das Argument *Text1* steht für den ersten String (Zeichenfolge).

Text2 steht für den zweiten String.

Bemerkung:

Für die Argumente *Text1* und *Text2* können auch Bereichsnamen eingesetzt werden, die sich auf Zellen mit einem Text als Inhalt beziehen.

Beispiele:

```
=IDENTISCH("JÜRGEN"; "JÜRGEN")
```

Ergebnis: WAHR

```
=IDENTISCH("JÜRGEN"; "Jürgen")
```

Ergebnis: FALSCH

KLEIN (Text)

Einsatz:

Diese Funktion wandelt alle Großbuchstaben eines Textes in Kleinbuchstaben um.

Parameter:

Das Argument *Text* steht für einen Bezug auf eine Zelle mit einem Text als Inhalt, für einen direkt angegebenen Text (in Anführungszeichen eingeschlossen) oder für eine Formel, die einen Text erzeugt. Zeichen eines Textes, die keine Buchstaben sind, werden nicht verändert.

Beispiel:

```
=KLEIN("DIESER TEXT sieht IN KLEINBUCHSTABEN FOLGENDERMAßEN
AUS:")
```

Ergebnis: dieser text sieht in kleinbuchstaben folgendermaßen aus:

LÄNGE (Text)

Einsatz:

Die Funktion zählt die Zeichen einer Zeichenfolge.

Parameter:

Das Argument *Text* steht für den Text, dessen Länge gezählt werden soll. Dabei werden auch Leerzeichen beachtet.

Bemerkung:

Für das Argument *Text* kann auch ein Bereichsname eingesetzt werden, der sich auf Zellen mit einem Text als Inhalt bezieht.

Beispiel:

```
=Länge("Arbeitszeit, Mustermann")
```

Ergebnis: 23

LINKS (Text; Anzahl_Zeichen)

Einsatz:

Die Funktion erzeugt als Ergebnis das erste oder die ersten äußeren linken Zeichen einer Zeichenfolge.

Parameter:

Das Argument *Text* steht für den Text, der die Zeichen enthält, die gefiltert werden sollen.

Mit *Anzahl_Zeichen* können Sie die Anzahl der Zeichen definieren, die gefiltert werden sollen.

Bemerkungen:

- Das Argument *Anzahl_Zeichen* muss mit einem Wert größer/gleich 0 angegeben werden.
- Werden mehr Zeichen angegeben, als der Text lang ist, erzeugt LINKS den kompletten Text.
- Wird *Anzahl_Zeichen* nicht angegeben, wird es mit 1 festgelegt.
- Für das Argument *Text* kann auch ein Bereichsname eingesetzt werden, der sich auf eine Zelle mit einem Text als Inhalt bezieht.

Beispiel:

```
=LINKS("Arbeitsstunden:";6)
```

Ergebnis: Arbeit

RECHTS (Text; Anzahl_Zeichen)

Einsatz:

Die Funktion erzeugt als Ergebnis das letzte oder die ersten äußeren rechten Zeichen einer Zeichenfolge.

Parameter:

Das Argument *Text* steht für den Text, der die Zeichen enthält, die gefiltert werden sollen.

Mit *Anzahl_Zeichen* können Sie die Anzahl der Zeichen definieren, die gefiltert werden sollen.

Bemerkungen:

- Das Argument *Anzahl_Zeichen* muss mit einem Wert größer/gleich 0 angegeben werden.
- Werden mehr Zeichen angegeben, als der Text lang ist, erzeugt RECHTS den kompletten Text.
- Wird *Anzahl_Zeichen* nicht angegeben, wird es mit 1 festgelegt.
- Für das Argument *Text* kann auch ein Bereichsname eingesetzt werden, der sich auf eine Zelle mit einem Text als Inhalt bezieht.

Beispiel:

```
=RECHTS("Justus Schach";7)
```

Ergebnis: Schach

SÄUBERN (Text)

Einsatz:

Durch die Funktion SÄUBERN sind Sie in der Lage, alle nicht druckbaren Zeichen aus einem Text zu löschen. Die Funktion kann beispielsweise dazu eingesetzt werden, um Texte, die aus anderen Anwendungsprogrammen importiert wurden, von nicht druckbaren Steuerzeichen zu säubern.

Parameter:

Das Argument *Text* steht für einen beliebigen Text, aus dem die nicht druckbaren Zeichen gelöscht werden sollen.

Beispiel:

Enthält eine Zelle das nicht druckbare Zeichen, das die Funktion

`=ZEICHEN(9)`

liefert, so entfernt die folgende Funktion dieses Zeichen:

`=SÄUBERN(ZEICHEN(9))`

SUCHEN (Suchtext; Text; Erstes_Zeichen)

Einsatz:

Durch die Funktion SUCHEN sind Sie in der Lage, in einem Text von links nach rechts nach einer bestimmten Zeichenfolge zu suchen. Das Ergebnis der Funktion ist die Nummer des Zeichens, ab dem die zu suchende Zeichenfolge das erste Mal gefunden wurde. Die Funktion wird dazu eingesetzt, um in einer Zeichenfolge die Position eines Zeichens oder einer Zeichenfolge zu ermitteln. Das gefundene Zeichen bzw. die gefundene Zeichenfolge kann dann mit Hilfe der Funktion TEIL oder der Funktion ERSETZEN geändert werden.

Parameter:

Suchtext ist der Text (die Zeichenfolge), die Sie suchen. Innerhalb dieses Textes darf einer der Joker Fragezeichen (?) oder Sternchen (*) benutzt werden. Mit einem Fragezeichen wird ein Zeichen ersetzt. Mit einem Stern kann eine beliebige Zeichenfolge ersetzt werden. Wird nach einem Fragezeichen oder Sternchen selbst gesucht, muss eine Tilde (~) vor das zu suchende Zeichen gesetzt werden.

Ist die mit dem Argument *Suchtext* angegebene Zeichenfolge nicht in dem Argument *Text* enthalten, erzeugt die Funktion den Fehlerwert *#WERT*!.

Das Argument *Text* steht für den Text, in dem nach dem Suchtext gesucht werden soll.

Erstes_Zeichen steht für das Zeichen, ab dem die Suche (von links nach rechts) beginnen soll. Wird das Argument *Erstes_Zeichen* nicht angegeben, wird es als 1 festgesetzt.

Wird *Erstes_Zeichen* mit einer Zahl angegeben, die kleiner als 1 oder größer als die Länge von Text ist, erzeugt die Funktion den Fehlerwert *#WERT*!.

Bemerkungen:

- ✔ Mit dem Argument *Erstes_ Zeichen* können Sie eine Anzahl von Zeichen überspringen.
- ✔ Die Funktion SUCHEN unterscheidet nicht zwischen Groß- und Kleinbuchstaben.
- ✔ Der Unterschied zwischen den Funktionen SUCHEN und FINDEN besteht lediglich darin, dass die Funktion FINDEN auch die Schreibweise (Groß-/Kleinbuchstaben) der beteiligten Zeichenfolgen berücksichtigt und keine Platzhalterzeichen zulässt.

Beispiel:

```
=SUCHEN("e";"An der Mühle";6)
```

Ergebnis: 12

T
(Wert)

Einsatz:

Die Funktion erzeugt den Text, auf den sich *Wert* bezieht.

Parameter:

Das Argument *Wert* steht für den Wert, der geprüft werden soll. Wird *Wert* als ein Text angegeben oder bezieht sich *Wert* auf einen Text, erzeugt die Funktion den tatsächlichen Wert. Wird für *Wert* kein Text angegeben, erzeugt T eine leere Zeichenfolge ("").

Bemerkungen:

- ✔ Die Funktion muss nicht unbedingt in eine Formel eingesetzt werden, da Microsoft Excel die eingegebenen Werte bei Bedarf automatisch umwandelt.
- ✔ Die Funktion wurde nur aus Kompatibilitätsgründen zu anderen Tabellenkalkulationsprogrammen entwickelt.

Beispiele:

Voraussetzungen: Zelle *A1* enthält den Wert "Umsatz", Zelle *A2* den Wert 50 und Zelle *A3* den Wert WAHR.

`=T(A1)`

Ergebnis: Umsatz

`=T(A2)`

Ergebnis: "" (Leere Zeichenfolge)

`=T(A3)`

Ergebnis: "" (Leere Zeichenfolge)

TEIL (Text; Erstes_Zeichen; Anzahl_Zeichen)

Einsatz:

Die Funktion erzeugt, beginnend mit der von Ihnen angegebenen Position, eine bestimmte Menge von Zeichen einer Zeichenfolge.

Parameter:

Das Argument *Text* steht für eine Zeichenfolge, in der einige Zeichen gefiltert werden sollen.

Erstes_Zeichen gibt die Position des zu *Text* gehörenden ersten Zeichens an, das aus dem Text herauskopiert werden soll.

Das erste Zeichen von *Text* hat den Wert 1 usw.

Wird *Erstes_Zeichen* mit einem Wert angegeben, der größer als die Gesamtlänge von *Text* ist, erzeugt die Funktion die Zeichenfolge "" (leere Zeichenfolge).

Wird *Erstes_Zeichen* mit einem Wert angegeben, der kleiner als die Gesamtlänge von *Text* ist, aber *Erstes_Zeichen* plus *Anzahl_Zeichen* übersteigt die Gesamtlänge von *Text*, so erzeugt die Funktion alle bis zum Ende von *Text* gehörenden Zeichen.

Das Argument *Anzahl_Zeichen* spiegelt die Anzahl der zu *Text* gehörenden Zeichen wider, die herauskopiert werden sollen.

Bemerkungen:

- Wird *Erstes_Zeichen* mit einem Wert kleiner als 1 angegeben, erzeugt TEIL den Fehlerwert *#WERT!*.
- Wird *Anzahl_Zeichen* negativ eingegeben, erzeugt die Funktion den Fehlerwert *#WERT!*.

Beispiele:

Das folgende Beispiel ersetzt *Neuer_Text* ab dem 17. Zeichen durch *Alter_Text*:

```
=TEIL("Herr Lüdenscheid wohnt in der Ludwigstraße"; 30; 13)
```

Ergebnis: Ludwigstraße

```
=TEIL("Herr Lüdenscheid wohnt in der Ludwigstraße"; 6;11)
```

Ergebnis: Lüdenscheid

TEXT (Wert; Textformat)

Einsatz:

Die Funktion dient dazu, einen Wert unter Berücksichtigung eines speziellen Zahlenformats in einen Text umzuwandeln.

Parameter:

Das Argument *Wert* steht für einen numerischen Wert, eine Formel, die einen numerischen Wert liefert, oder einen Bezug auf eine Zelle, die einen numerischen Wert enthält.

Das Argument *Textformat* steht für ein Zahlenformat (als Zeichenfolge angegeben) aus dem Register *Zahlen* im Dialogfeld *Zellen formatieren*. Das Argument *Textformat* darf kein Sternchen (*) enthalten und nicht mit dem Wert *Standard* belegt sein.

Bemerkung:

Mit dem Befehl *Zellen* aus dem Menü *Format* können Sie lediglich das Format, aber nicht den Wert ändern. Wird jedoch die Funktion TEXT verwendet, sind Sie in der Lage, den jeweiligen Wert in einen formatierten Text umzuwandeln. Das Ergebnis wird nicht länger als Zahl berechnet.

Beispiele:

```
=TEXT(12,9347; "#0,000 DM")
```

Ergebnis: 12,935 DM (in Textform)

```
=TEXT("28.8.94"; "TT.MM.JJ")
```

Ergebnis: 28.08.94

VERKETTEN (Text1; Text2; ...)

Einsatz:

Durch die Funktion VERKETTEN sind Sie in der Lage, einzelne Textelemente zu einer Zeichenkette zu verbinden.

Parameter:

Die Argumente *Text1; Text2; ...* sind die Zeichenfolgen (Texte), die zu einer Zeichenfolge verknüpft werden sollen. Sie können als Argumente Zeichenfolgen (Texte), Zahlen und Bezüge auf einzelne

Zellen angeben. Es können maximal 30 Argumente angegeben werden.

Bemerkung:

Sie können auch anstelle der Funktion VERKETTEN den Operator "&" benutzen.

Beispiele:

```
=VERKETTEN("Netto";"betrag")
```

Ergebnis: Nettobetrag

Voraussetzung: Die Zelle *A1* enthält den Text: "gewinn:"

```
=VERKETTEN("Gesamt"; A1)
```

Ergebnis: Gesamtgewinn

WECHSELN (Text; Alter_Text; Neuer_Text; Ntes_Auftreten)

Einsatz:

Die Funktion WECHSELN ersetzt den durch das Argument *Neuer_Text* angegebenen Teil eines Textes durch den im Argument *Alter_Text* angegebenen Text. Die Funktion kann dazu verwendet werden, um innerhalb eines Textes eine bestimmte Zeichenfolge auszutauschen. Die Funktion ERSETZEN wird in der Regel eingesetzt, wenn eine Zeichenfolge ab einer bestimmten Position ausgetauscht werden soll.

Parameter:

Mit dem Argument *Text* können Sie einen Text oder einen Bezug auf eine Zelle, die einen Text enthält, in dem Zeichen ersetzen werden sollen, angeben.

Das Argument *Alter_Text* steht für die Zeichenfolge, die ersetzt werden soll.

Neuer_Text gibt die Zeichenfolge an, die durch *Alter_Text* ersetzt werden soll.

Das Argument *Ntes_Auftreten* soll angeben, wie oft *Alter_Text* auftritt und durch *Neuer_Text* ersetzt werden soll. Wird *Ntes_Auftreten* angegeben, so wird nur dieses Vorkommen von *Alter_Text* ersetzt; ansonsten wird *Alter_Text* an jeder Stelle, an dem er in *Text* vorkommt, durch *Neuer_Text* ersetzt.

Bemerkungen:

- ✓ Die Argumente *Alter_Text* und *Neuer_Text* müssen in Anführungszeichen eingeschlossen sein, wenn sie in Textform aufgeführt werden.
- ✓ Die Argumente *Alter_Text* und *Neuer_Text* können auch als Bezüge definiert werden.

Beispiele:

```
=WECHSELN("Heute ist der 21.05.94"; "Heute ist"; "Gestern war")
```

Ergebnis: Gestern war der 21.05.94

```
=WECHSELN("Rechnung Nr. 3 in 1993"; "3"; "4"; 2)
```

Ergebnis: Rechnung Nr. 3 in 1994

WERT (Text)

Einsatz:

Die Funktion WERT wandelt einen Text in eine Zahl um.

Parameter:

Mit dem Argument *Text* geben Sie die Zeichenfolge an, die umgewandelt werden soll. Diese Zeichenfolge sollte entweder in Anführungszeichen stehen oder ein Bezug auf die Zelle sein, die den Text enthält. Sie können *Text* in jedem der Formate angeben, die Excel bezüglich konstanter Zahlen, Tagesdaten und Uhrzeiten unterstützt. Wird *Text* in keinem dieser Formate angegeben, erzeugt die Funktion den Fehlerwert *#WERT!*.

Bemerkung:

Es ist in der Regel nicht notwendig, die Funktion WERT innerhalb einer Formel zu benutzen, da Excel Texte automatisch in Zahlen umwandelt. Die Funktion wurde nur aus Gründen der Kompatibilität zu anderen Tabellenkalkulationsprogrammen implementiert.

Beispiele:

```
=WERT("500 DM")
```

Ergebnis: 500

```
=WERT("20:00:05")
```

Ergebnis: 0,8333912

WIEDERHOLEN (Text; Multiplikator)

Einsatz:

Wiederholt einen Text so oft wie angegeben. WIEDERHOLEN kann benutzt werden, um eine Zeichenfolge in einer angegebenen Häufigkeit in eine Zelle einzugeben.

Parameter:

Mit dem Argument *Multiplikator* geben Sie eine positive Zahl an, die die Anzahl der Wiederholungen widerspiegelt. Wird Multiplikator mit 0 angegeben, erzeugt die Funktion eine leere Zeichenfolge ("").

Bemerkungen:

- ✔ Das Argument *Multiplikator* sollte eine ganze Zahl sein, ansonsten werden deren Nachkommastellen abgeschnitten.
- ✔ Die Funktion kann eine Zeichenfolge mit maximal 255 Zeichen zurückgeben.

Beispiel:

```
=WIEDERHOLEN("#\"; 5)
```

Ergebnis: #\#\#\#\#\

ZEICHEN (Zahl)

Einsatz:

Die Funktion erzeugt das der Codezahl entsprechende Zeichen. Diese Funktion kann eingesetzt werden, um Zahlen in einer anderen Codierung, die Sie beispielsweise aus Dateien erhalten, die auf Computern anderen Typs erstellt wurden, in Zeichen ihres Computertyps umzuwandeln.

Parameter:

Das Argument *Zahl* steht für eine Zahl zwischen 1 und 255, die das von Ihnen gewünschte Zeichen repräsentiert. Dabei ist das Zeichen Bestandteil des Zeichensatzes Ihres Computers.

Systemumgebung	Zeichensatz
Macintosh	Macintosh
Windows	ANSI

Beispiele:

```
=ZEICHEN(35)
```

Ergebnis: #

Logik

FALSCH( )

Einsatz:

Die Funktion erzeugt den Wahrheitswert FALSCH.

Bemerkung:

Das Wort *Falsch* wird von Microsoft Excel auch dann als Wahrheitswert bewertet, wenn Sie FALSCH direkt in eine Zelle oder Formel eingeben.

NICHT (Wahrheitswert)

Einsatz:

Durch die Funktion NICHT sind Sie in der Lage, den Wert des angegebenen Arguments umzukehren. Aus FALSCH wird also WAHR und umgekehrt.

Parameter:

Das Argument *Wahrheitswert* steht für einen Wahrheitswert, der lediglich einen der Werte WAHR oder FALSCH annehmen kann.

Wird als Wahrheitswert der Wert FALSCH angegeben, erzeugt NICHT den Wert WAHR.

Wird als Wahrheitswert der Wert WAHR angegeben, erzeugt NICHT den Wert FALSCH.

Beispiele:

```
=NICHT(WAHR)
```

Ergebnis: FALSCH

```
=NICHT(6*2<14)
```

Ergebnis: FALSCH

ODER (Wahrheitswert1; Wahrheitswert2; ...)

Einsatz:

Die Funktion ODER erzeugt den Wahrheitswert WAHR, wenn ein Argument WAHR ist. Sind alle Argumente FALSCH, erzeugt die Funktion ebenfalls den Wahrheitswert FALSCH.

Parameter:

Die Argumente *Wahrheitswert1; Wahrheitswert2; ...* stellen Bedingungen dar. Sie können zwischen 1 und 30 Bedingungen angeben. Diese Bedingungen werden von der Funktion ODER auf jeweils WAHR oder FALSCH überprüft.

Bemerkungen:

- Als Argumente dürfen lediglich Wahrheitswerte oder aber Matrizen oder Bezüge angegeben werden, die Wahrheitswerte enthalten.
- Enthalten die Bezüge bzw. Matrizen als Argumente Text, Leerzellen oder Zahlen, so werden sie nicht beachtet.
- Ein angegebener Bereich muss Wahrheitswerte enthalten, ansonsten erzeugt ODER den Fehlerwert *#WERT*!.
- Mit einer ODER-Matrixformel kann geprüft werden, ob ein bestimmter Wert innerhalb einer Matrix steht.

Beispiele:

`=ODER(WAHR)`

Ergebnis: WAHR

`=ODER(2*3=3+3)`

Ergebnis: WAHR

Voraussetzungen: Die Zelle *A1* enthält den Wert WAHR, Zelle *B1* den Wert FALSCH und Zelle *C1* ebenfalls den Wert FALSCH

```
=ODER(A1:C1)
```

Ergebnis: WAHR

UND (Wahrheitswert1; Wahrheitswert2; ...)

Einsatz:

Die Funktion UND erzeugt den Wahrheitswert WAHR, wenn alle Argumente WAHR sind. Ist ein oder sind alle Argumente FALSCH, erzeugt die Funktion den Wahrheitswert FALSCH.

Parameter:

Die Argumente *Wahrheitswert1; Wahrheitswert2; ...* stellen Bedingungen dar. Sie können zwischen 1 und 30 Bedingungen angeben. Diese Bedingungen werden von der Funktion UND auf jeweils WAHR oder FALSCH überprüft.

Bemerkungen:

- Als Argumente dürfen lediglich Wahrheitswerte oder aber Matrizen oder Bezüge angegeben werden, die Wahrheitswerte enthalten.
- Enthalten die Bezüge bzw. Matrizen als Argumente Text, Leerzellen oder Zahlen, so werden sie nicht beachtet.
- Ein angegebener Bereich muss Wahrheitswerte enthalten, ansonsten erzeugt UND den Fehlerwert *#WERT*!.

Beispiele:

```
=UND(WAHR)
```

Ergebnis: WAHR

```
=UND(2*3=3+3)
```

Ergebnis: WAHR

Voraussetzungen: Die Zelle A1 enthält den Wert WAHR, Zelle B1 den Wert FALSCH und Zelle C1 ebenfalls den Wert FALSCH

```
=UND(A1:C1)
```

Ergebnis: FALSCH

WAHR( )

Einsatz:

Die Funktion erzeugt den Wahrheitswert WAHR.

Bemerkung:

Das Wort *Wahr* wird von Microsoft Excel auch dann als Wahrheitswert bewertet, wenn Sie WAHR direkt in eine Zelle oder Formel eingeben.

Beispiel:

```
=WAHR()
```

Ergebnis: WAHR

WENN (Prüfung; Dann_Wert; Sonst_Wert)

Einsatz:

Die Funktion erzeugt von zwei möglichen Werten den Wert, der dem jeweiligen Ergebnis des Argumentes *Prüfung* (WAHR oder FALSCH) zugeordnet ist. Es gibt zwei Syntaxversionen der Funktion WENN: Eine Version nur für Makrovorlagen und eine Version für Tabellen und Makrovorlagen.

Die hier beschriebene Syntaxversion kann sowohl in Tabellen als auch in Makrovorlagen verwendet werden. Die Funktion wird dann verwendet, wenn in Abhängigkeit davon, ob ein Wert oder eine Formel eine Bedingung erfüllt, ein Vorgang ausgelöst werden soll (beispielsweise eine Verzweigung). Diese Prüfung der WENN-Funktion bestimmt den Ergebniswert der Funktion.

Parameter:

Für *Prüfung* können Sie einen beliebigen Wert oder Ausdruck angeben. Dieser Wert bzw. Ausdruck kann WAHR oder FALSCH sein.

Dann_Wert steht für das Resultat der Funktion, für den Fall, dass die Wahrheitsprüfung den Wert WAHR ergibt. Wird *Dann_Wert* nicht angegeben und das Ergebnis der Prüfung ist WAHR, erzeugt die Funktion den Wert WAHR.

Sonst_Wert steht für das Resultat der Funktion, für den Fall, dass die Wahrheitsprüfung den Wert FALSCH ergibt. Wird *Sonst_Wert* nicht angegeben und das Ergebnis der Prüfung ist FALSCH, erzeugt die Funktion den Wert FALSCH.

Bemerkungen:

- Um kompliziertere Bedingungen formulieren zu können, ist es möglich, bis zu sieben WENN-Funktionen als *Dann_Wert-* und *Sonst_Wert*-Argumente zu schachteln.

- Wird die Funktion WENN innerhalb eines Makros eingesetzt, können *Dann_Wert* und *Sonst_Wert* auch GEHEZU-Funktionen, andere Makros oder ausführbare Funktionen sein.

- Es kann beispielsweise die folgende Formel innerhalb eines Makros eingesetzt werden:

  ```
  WENN(WERT1<100;GEHEZU(nachfolgend);GEHEZU(beginn))
  ```

  Ist in diesem Beispiel WERT1 kleiner als 100, hat *Prüfung* das Ergebnis WAHR. Dies bedeutet, dass die *Dann_Wert*-Anweisung (GEHEZU(nachfolgend)) ausgeführt wird. Ist WERT1 größer oder gleich 100, hat *Prüfung* das Ergebnis FALSCH. Dies bedeutet, dass die *Sonst_Wert*-Anweisung (GEHEZU(beginn) ausgeführt wird.

- Sind die beiden Argumente *Dann_Wert* und *Sonst_Wert* ausgewertet, erzeugt die Funktion den Wert, den diese Anweisungen zurückgeben. Für das Beispiel gilt deshalb, dass auch dann WAHR zurückgegeben wird, wenn WERT1 nicht kleiner als

100 ist und die zweite GEHEZU-Anweisung erfolgreich ausgeführt wurde.

- Wird eines der an die WENN-Funktion übergebenen Argumente als eine Matrix angegeben, wird jedes Element dieser Matrix ausgewertet.

Beispiele:

Voraussetzungen: Die Zelle *A1* enthält den Wert 20 und Zelle *A2* enthält den Wert 50.

```
=WENN(A1>=A2;"Der eingegebene Wert ist zu groß !";A1+5)
```

Ergebnis: 25

Voraussetzungen: Die Zelle *A1* enthält den Wert 20 und Zelle *A2* enthält den Wert 10.

```
=WENN(A1>=A2;"Der eingegebene Wert ist zu groß !";A1+5)
```

Ergebnis: Der eingegebene Wert ist zu groß!

```
=WENN(A1<10;"Ausschuss";WENN(A1<20;"Klasse C"
;WENN(A1<30;"KlasseB";WENN(A1<50;"Klasse A";"FEHLER!!!"))))
```

Ergebnis: Die Funktion erzeugt in Abhängigkeit der Größe des Wertes der Zelle *A1* die Meldungen: Ausschuss; Klasse C; Klasse B; Klasse A oder aber, wenn keine Bedingung zutrifft, den Fehlertext: *FEHLER*!!!

Information

FEHLER.TYP (Fehlerwert)

Einsatz:

Die Funktion erzeugt eine Zahl, die einem Fehlerwert entspricht. In MS Excel liefert die Funktion FEHLER.TYP den Typ eines aufgetretenen Fehlers. Ein Makro kann somit eine Fehlerbehandlungsroutine aufrufen, um beispielsweise den Fehler anzuzeigen. Die Funktion kann auch in einer Zelle einer Tabelle eingesetzt werden.

Parameter:

Mit dem Argument *Fehlerwert* geben Sie den Typ eines Fehlers an, dessen Kennnummer Sie erhalten wollen. FEHLER.TYP kann beispielsweise eingesetzt werden, um eine Formel zu überprüfen. Dabei kann auch ein Bezug auf die Zelle angegeben werden, in der die Formel steht.

Fehlerwert-Tabelle:

Fehlerwert:	Von FEHLER.TYP erzeugter Typ:
#NULL!	1
#DIV/0!	2
#WERT!	3
#BEZUG!	4
#NAME?	5
#ZAHL!	6
#NV	
Sonstiges	#NV

Beispiel:

Der folgende Auszug aus einem Makrocode prüft, ob in der Zelle A1 der Fehlerwert *#ZAHL*! aufgetreten ist. Tritt dieser Fall ein, so wird die Fehlerroutine *Fehler_Zahl* aufgerufen.

```
=WENN(FEHLER.TYP(A1)=6;Fehler_Zahl())
```

INFO (Typ)

Einsatz:

Die Funktion erzeugt Informationen über die aktuelle Betriebssystemumgebung.

Parameter:

Mit dem Argument *Typ* wird angegeben, welche Art von Information Sie über die aktuelle Betriebssystemumgebung erhalten wollen. In der folgenden Tabelle sind alle Parameter aufgeführt, die Sie für das Argument *Typ* angeben können.

Text	Ergebnis
"Verzeichnis"	Pfad des aktuellen Verzeichnisses
"VerfSpeich"	Verfügbarer Arbeitsspeicher in Bytes
"Benutzt-Speich"	Größe des Arbeitsspeichers, der zur Zeit belegt ist
"Dateienzahl"	Anzahl der aktiven Tabellenblätter
"Ursprung"	Absoluter Bezug als Text in der A1-Schreibweise mit dem Präfix "$A:". Das Präfix dient dazu, Kompatibilität zu Lotus 1-2-3, Version 3.x, zu gewährleisten. Die Funktion gibt den Bezug der sichtbaren, obersten linken Zelle im aktuellen Fensterbereich zurück
"Sysversion"	Version des aktuellen Betriebssystems als Text
"Rechenmodus"	Der aktuelle Berechnungsmodus: "Automatisch" oder "Manuell"
"Version"	Die Version von Microsoft Excel als Text
"System"	Der Name des Betriebssystems: Macintosh = "mac"; Windows = "pcdos"
"GesamtSpeich"	Der gesamte verfügbare Arbeitsspeicher in Bytes, inklusive der belegten Bytes

Beispiel:

```
=INFO("System")
```

Ergebnis: PCDOS

ISTBEZUG (Wert)

Einsatz:

Die Funktion überprüft den Typ eines Wertes oder eines Bezugs. Als Ergebnis wird einer der Wahrheitswerte WAHR oder FALSCH ausgegeben. WAHR wird angezeigt, wenn das Argument *Wert* ein Bezug ist, andernfalls wird FALSCH ausgegeben.

Parameter:

Wert steht für einen Wert, der geprüft werden soll. Dabei kann das Argument *Wert* folgende Inhalte haben: Leerer Wert (leere Zelle), Fehler- oder Wahrheitswert, Text, Zahl, Bezug oder ein Name, der sich auf einen der bereits genannten Werte bezieht.

Bemerkungen:

- Bei allen IST-Funktionen wird das jeweilige Argument *Wert* nicht umgewandelt. Wird also die Zeichenfolge "10" angegeben, wird diese nicht in die Zahl 10 umgewandelt, sondern nur der Wert mit WAHR oder FALSCH bewertet.
- In den meisten Fällen werden die IST-Funktionen in Formeln oder Makros eingesetzt, um die jeweiligen Berechnungsergebnisse zu überprüfen.

Beispiel:

Die folgende Funktion erzeugt als Ergebnis den Wahrheitswert WAHR, wenn die Zelle *A1* einen Bezug enthält und mit dem Namen "Preis" benannt ist. Andernfalls liefert die Funktion den Wahrheitswert FALSCH.

```
=ISTBEZUG(Preis)
```

Ergebnis: WAHR

ISTFEHL (Wert)

Einsatz:

Die Funktion überprüft das Argument Wert auf einen der Fehlerwerte: *#WERT!*, *#BEZUG!*, *#DIV/0!*, *#ZAHL!*, *#NAME?* oder *#NULL!*. *Wert* muss sich also auf einen Fehlerwert beziehen oder einen Fehlerwert zum Inhalt haben, der ungleich dem Fehlerwert *#NV* ist. Als Ergebnis wird einer der Wahrheitswerte WAHR oder FALSCH ausgegeben. WAHR wird angezeigt, wenn das Argument *Wert* ein Fehlerwert ist, der ungleich *#NV* ist, andernfalls wird FALSCH ausgegeben.

Parameter:

Wert steht für einen Wert, der geprüft werden soll. Dabei kann das Argument Wert folgende Inhalte haben: Leerer Wert (leere Zelle), Fehler- oder Wahrheitswert, Text, Zahl, Bezug oder ein Name, der sich auf einen der bereits genannten Werte bezieht.

Bemerkungen:

- ✓ Bei allen IST-Funktionen wird das jeweilige Argument *Wert* nicht umgewandelt. Wird die Zeichenfolge "10" angegeben, wird diese nicht in die Zahl 10 umgewandelt, sondern nur der Wert mit WAHR oder FALSCH bewertet.
- ✓ In den meisten Fällen werden die IST-Funktionen in Formeln oder Makros eingesetzt, um die jeweiligen Berechnungsergebnisse zu überprüfen.

Beispiel:

Die folgende Funktion erzeugt als Ergebnis den Wahrheitswert WAHR, wenn die Zelle *A1* einen Fehlerwert enthält, der ungleich dem Fehlerwert *#NV*! ist. Andernfalls liefert die Funktion den Wahrheitswert FALSCH.

A1 enthält *#ZAHL*!:

```
=ISTFEHL(A1)
```

Ergebnis: WAHR

A1 enthält *#NV*!:

```
=ISTFEHL(A1)
```

Ergebnis: FALSCH

ISTFEHLER (Wert)

Einsatz:

Die Funktion überprüft das Argument *Wert* auf einen der Fehlerwerte: *#NV*, *#WERT!*, *#BEZUG!*, *#DIV/0!*, *#ZAHL!*, *#NAME?* oder *#NULL*!. Als Ergebnis wird einer der Wahrheitswerte WAHR oder FALSCH ausgegeben. WAHR wird angezeigt, wenn das Argument *Wert* ein Fehlerwert ist, andernfalls wird FALSCH ausgegeben.

Parameter:

Wert steht für einen Wert, der geprüft werden soll. Dabei kann das Argument *Wert* folgende Inhalte haben: Leerer Wert (leere Zelle), Fehler- oder Wahrheitswert, Text, Zahl, Bezug oder ein Name, der sich auf einen der bereits genannten Werte bezieht.

Bemerkungen:

- ✔ Bei allen IST-Funktionen wird das jeweilige Argument *Wert* nicht umgewandelt. Wird also die Zeichenfolge "10" angegeben, wird diese nicht in die Zahl 10 umgewandelt, sondern nur der Wert mit WAHR oder FALSCH bewertet.
- ✔ In den meisten Fällen werden die IST-Funktionen in Formeln oder Makros eingesetzt, um die jeweiligen Berechnungsergebnisse zu überprüfen.

Beispiel:

Die folgende Funktion erzeugt als Ergebnis den Wahrheitswert WAHR, wenn die Zelle *A1* einen Fehlerwert (z.B. *#ZAHL*!) enthält. Andernfalls liefert die Funktion den Wahrheitswert FALSCH.

```
=ISTFEHLER(A1)
```

Ergebnis: WAHR

ISTKTEXT (Wert)

Einsatz:

Die Funktion überprüft, ob sich *Wert* auf ein Element bezieht, das keine Zeichenfolge (Text) ist oder keine Zeichenfolge zum Inhalt hat.

Als Ergebnis wird einer der Wahrheitswerte WAHR oder FALSCH ausgegeben. WAHR wird angezeigt, wenn sich das Argument *Wert* auf ein Element bezieht, das keine Zeichenfolge (Text) ist, andernfalls wird FALSCH ausgegeben.

Zu beachten ist, dass die Funktion den Wert WAHR liefert, wenn sich das Argument *Wert* auf eine leere Zelle bezieht.

Parameter:

Wert steht für einen Wert, der geprüft werden soll. Dabei kann das Argument *Wert* folgende Inhalte haben: Leerer Wert (leere Zelle), Fehler- oder Wahrheitswert, Text, Zahl, Bezug oder ein Name, der sich auf einen der bereits genannten Werte bezieht.

Bemerkungen:

- ✔ Bei allen IST-Funktionen wird das jeweilige Argument *Wert* nicht umgewandelt. Wird also die Zeichenfolge "10" angegeben, wird diese nicht in die Zahl 10 umgewandelt, sondern nur der Wert mit WAHR oder FALSCH bewertet.
- ✔ In den meisten Fällen werden die IST-Funktionen in Formeln oder Makros eingesetzt, um die jeweiligen Berechnungsergebnisse zu überprüfen.

Beispiele:

Die folgende Funktion erzeugt als Ergebnis den Wahrheitswert WAHR, wenn die Zelle *A1* eine Zahl enthält. Andernfalls (bei einem Textwert) liefert die Funktion den Wahrheitswert FALSCH.

A1 enthält die Zahl 50:

```
=ISTKTEXT(A1)
```

Ergebnis: WAHR

A1 enthält den Text "TEST":

```
=ISTKTEXT(A1)
```

Ergebnis: FALSCH

ISTLEER (Wert)

Einsatz:

Die Funktion überprüft, ob sich *Wert* auf eine leere Zelle bezieht oder eine leere Zelle zum Inhalt hat. Als Ergebnis wird einer der Wahrheitswerte WAHR oder FALSCH ausgegeben.

WAHR wird angezeigt, wenn sich das Argument *Wert* auf eine leere Zelle bezieht, andernfalls wird FALSCH ausgegeben.

Parameter:

Wert steht für einen Wert, der geprüft werden soll. Dabei kann das Argument *Wert* folgende Inhalte haben: Leerer Wert (leere Zelle), Fehler- oder Wahrheitswert, Text, Zahl, Bezug oder ein Name, der sich auf einen der bereits genannten Werte bezieht.

Bemerkungen:

- Bei allen IST-Funktionen wird das jeweilige Argument *Wert* nicht umgewandelt. Wird also die Zeichenfolge "10" angegeben, wird diese nicht in die Zahl 10 umgewandelt, sondern nur der Wert mit WAHR oder FALSCH bewertet.

- ✔ In den meisten Fällen werden die IST-Funktionen in Formeln oder Makros eingesetzt, um die jeweiligen Berechnungsergebnisse zu überprüfen.

Beispiele:

A1 enthält die Zahl 50:

`=ISTLEER(A1)`

Ergebnis: FALSCH

A1 enthält keinen Wert:

`=ISTLEER(A1)`

Ergebnis: WAHR

ISTLOG (Wert)

Einsatz:

Die Funktion überprüft, ob sich *Wert* auf einen Wahrheitswert bezieht oder einen Wahrheitswert zum Inhalt hat. Als Ergebnis wird einer der Wahrheitswerte WAHR oder FALSCH ausgegeben. WAHR wird angezeigt, wenn sich das Argument *Wert* auf einen Wahrheitswert bezieht, andernfalls wird FALSCH ausgegeben.

Parameter:

Wert steht für einen Wert, der geprüft werden soll. Dabei kann das Argument *Wert* folgende Inhalte haben: Leerer Wert (leere Zelle), Fehler- oder Wahrheitswert, Text, Zahl, Bezug oder ein Name, der sich auf einen der bereits genannten Werte bezieht.

Bemerkungen:

- ✔ Bei allen IST-Funktionen wird das jeweilige Argument *Wert* nicht umgewandelt. Wird also die Zeichenfolge "10" angegeben, wird diese nicht in die Zahl 10 umgewandelt, sondern nur der Wert mit WAHR oder FALSCH bewertet.

- In den meisten Fällen werden die IST-Funktionen in Formeln oder Makros eingesetzt, um die jeweiligen Berechnungsergebnisse zu überprüfen.

Beispiele:

A1 enthält den Wahrheitswert FALSCH:

`=ISTLOG(A1)`

Ergebnis: WAHR

A1 enthält den Fehlerwert *#WERT*!:

`=ISTLOG(A1)`

Ergebnis: FALSCH

ISTNV (Wert)

Einsatz:

Die Funktion überprüft, ob sich *Wert* auf den Fehlerwert *#NV* bezieht oder den Fehlerwert *#NV* zum Inhalt hat. Als Ergebnis wird einer der Wahrheitswerte WAHR oder FALSCH ausgegeben. WAHR wird angezeigt, wenn sich das Argument *Wert* auf den Fehlerwert *#NV* bezieht, andernfalls wird FALSCH ausgegeben.

Parameter:

Wert steht für einen Wert, der geprüft werden soll. Dabei kann das Argument *Wert* folgende Inhalte haben: Leerer Wert (leere Zelle), Fehler- oder Wahrheitswert, Text, Zahl, Bezug oder ein Name, der sich auf einen der bereits genannten Werte bezieht.

Bemerkungen:

- Bei allen IST-Funktionen wird das jeweilige Argument *Wert* nicht umgewandelt. Wird also die Zeichenfolge "10" angegeben, wird diese nicht in die Zahl 10 umgewandelt, sondern nur der Wert mit WAHR oder FALSCH bewertet.

- ✔ In den meisten Fällen werden die IST-Funktionen in Formeln oder Makros eingesetzt, um die jeweiligen Berechnungsergebnisse zu überprüfen.

Beispiele:

A1 enthält den Fehlerwert *#NV*:

```
=ISTNV(A1)
```

Ergebnis: WAHR

```
=ISTNV("WERT")
```

Ergebnis: FALSCH

ISTTEXT (Wert)

Einsatz:

Die Funktion überprüft, ob sich *Wert* auf einen Text bezieht oder einen Text zum Inhalt hat. Als Ergebnis wird einer der Wahrheitswerte WAHR oder FALSCH ausgegeben. WAHR wird angezeigt, wenn sich das Argument *Wert* auf einen Text bezieht, andernfalls wird FALSCH ausgegeben.

Parameter:

Wert steht für einen Wert, der geprüft werden soll. Dabei kann das Argument *Wert* folgende Inhalte haben: Leerer Wert (leere Zelle), Fehler- oder Wahrheitswert, Text, Zahl, Bezug oder ein Name, der sich auf einen der bereits genannten Werte bezieht.

Bemerkungen:

- ✔ Bei allen IST-Funktionen wird das jeweilige Argument *Wert* nicht umgewandelt. Wird also die Zeichenfolge "10" angegeben, wird diese nicht in die Zahl 10 umgewandelt, sondern nur der Wert mit WAHR oder FALSCH bewertet.

- In den meisten Fällen werden die IST-Funktionen in Formeln oder Makros eingesetzt, um die jeweiligen Berechnungsergebnisse zu überprüfen.

Beispiele:

`=ISTTEXT("TEST")`

Ergebnis: WAHR

`=ISTTEXT(505)`

Ergebnis: FALSCH

ISTZAHL (Wert)

Einsatz:

Die Funktion erzeugt als Ergebnis einen der Wahrheitswerte WAHR oder FALSCH. WAHR wird angezeigt, wenn das Argument *Wert* eine Zahl ist, andernfalls wird FALSCH ausgegeben.

Parameter:

Wert steht für einen Wert, der geprüft werden soll. Dabei kann das Argument *Wert* folgende Inhalte haben: Leerer Wert (leere Zelle), Fehler- oder Wahrheitswert, Text, Zahl, Bezug oder ein Name, der sich auf einen der bereits genannten Werte bezieht.

Bemerkungen:

- Bei allen IST-Funktionen wird das jeweilige Argument *Wert* nicht umgewandelt. Wird also die Zeichenfolge "10" angegeben, wird diese nicht in die Zahl 10 umgewandelt, sondern nur der Wert mit WAHR oder FALSCH bewertet.
- In den meisten Fällen werden die IST-Funktionen in Formeln oder Makros eingesetzt, um die jeweiligen Berechnungsergebnisse zu überprüfen.

Beispiele:

`=ISTZAHL(4)`

Ergebnis: WAHR

A1 enthält den Wert "Zahlungen".

`=ISTZAHL(A1)`

Ergebnis: FALSCH

A1 enthält den Wert 50.

`=ISTZAHL(A1)`

Ergebnis: WAHR

N
(Wert)

Einsatz:

Die Funktion erzeugt eine Zahl, die sich aus der Umwandlung des als Argument übergebenen Wertes ergibt.

Parameter:

Das Argument *Wert* steht für den Wert, der in eine Zahl umgewandelt werden soll. Dabei wird nach der folgenden Tabelle umgewandelt:

Wert:	N erzeugt:
eine Zahl	diese Zahl
ein Datum	die fortlaufende Zahl des Datums
WAHR	1
Sonstiges	0

Bemerkungen:

- Die Funktion muss nicht unbedingt in einer Formel eingesetzt werden, da Microsoft Excel die eingegebenen Werte bei Bedarf automatisch umwandelt.
- Die Funktion wurde nur aus Kompatibilitätsgründen zu anderen Tabellenkalkulationsprogrammen entwickelt.

Beispiele:

Voraussetzungen: Zelle *A1* enthält den Wert 20, Zelle *A2* den Textwert "Buchung:" und die Zelle A3 den Wert WAHR.

`=N(A1)`

Ergebnis: 20

`=N(A2)`

Ergebnis: 0

`=N(A3)`

Ergebnis: 1

NV( )

Einsatz:

Die Funktion erzeugt den Fehlerwert *#NV*. Der Fehlerwert *#NV* soll ausdrücken, dass "kein Wert verfügbar" ist. Die Funktion kann eingesetzt werden, um leere Zellen als leer zu kennzeichnen. Dadurch werden diese Zellen nicht mit in eine Berechnung einbezogen. Bezieht sich eine Formel auf eine Zelle mit dem Wert *#NV*, erzeugt die Formel den Fehlerwert *#NV*.

Bemerkungen:

- Zusammen mit dem Namen der Funktion muss immer ein leeres Klammernpaar angegeben werden.
- Der Wert *#NV* kann auch direkt in die gewünschten Zellen eingegeben werden.

Beispiel:

```
=NV()
```

Ergebnis: *#NV*

TYP (Wert)

Einsatz:

Die Funktion erzeugt den Typ von *Wert*. Sie kann dann eingesetzt werden, wenn die weitere Berechnung einer Funktion davon abhängt, welchen Typ der in einer Zelle enthaltene Wert hat.

Parameter:

Das Argument *Wert* steht für einen beliebigen Wert, der geprüft werden soll.

Wert-Tabelle:

Wert:	TYP erzeugt:
eine Zahl	1
ein Text	2
ein Wahrheitswert	4
eine Formel	8
ein Fehlerwert	16
eine Matrix	64

Bemerkung:

Die Funktion wird am häufigsten im Zusammenhang mit Funktionen verwendet, die eine große Anzahl unterschiedlicher Datentypen akzeptieren, wie beispielsweise die Funktionen ARGUMENT und EINGABE.

Beispiele:

Voraussetzungen: Zelle *A1* enthält den Wert "Umsatz", Zelle *A2* den Wert 50 und Zelle *A3* den Wert WAHR.

`=TYP(A1)`

Ergebnis: 2

`=TYP(A2)`

Ergebnis: 1

`=TYP(A3)`

Ergebnis: 4

ZELLE (Infotyp; Bezug)

Einsatz:

Die Funktion erzeugt Informationen über die Formatierung, die Position oder den Inhalt der obersten linken Zelle eines als Bezug angegebenen Bereichs.

Parameter:

Das Argument *Infotyp* steht für einen Textwert, durch den Sie die gewünschte Art von Zellinformationen festlegen können. Es folgt eine Tabelle mit allen möglichen Werten für das Argument *Infotyp* und die zugehörigen Ausgabewerte der Funktion *Typ-Tabelle*:

Infotyp	Die Funktion erzeugt:
"Adresse"	als Zeichenfolge den Bezug der ersten Zelle der zu *Bezug* gehörenden Zelle
"Spalte"	die Spaltennummer der zu *Bezug* gehörenden Zelle

Infotyp	Die Funktion erzeugt:
"Farbe"	1, wenn die Zelle so formatiert ist, dass negative Werte andersfarbig dargestellt werden; ansonsten wird 0 erzeugt
"Inhalt"	den Inhalt der obersten linken Zelle, die zu *Bezug* gehört
"Dateiname"	als Zeichenfolge den Dateinamen (einschließlich des vollständigen Pfades) der Datei, für die *Bezug* definiert ist. Erzeugt eine leere Zeichenfolge (""), wenn die Tabelle, zu der *Bezug* gehört, bisher noch nicht gespeichert wurde
"Format"	eine Zeichenfolge, die dem Zahlenformat der Zelle entspricht. Der folgenden Tabelle können Sie entnehmen, welche Zeichenfolgen den unterschiedlichen Formaten zugeordnet sind. Die jeweilige Zeichenfolge endet mit "-", wenn die Zelle so formatiert wurde, dass negative Werte farbig dargestellt werden. Die jeweilige Zeichenfolge endet mit "()", wenn die Zelle so formatiert wurde, dass alle oder zumindest positive Werte in Klammern dargestellt wurden
"Klammern"	eine 1, wenn die Zelle so formatiert wurde, dass alle oder zumindest positive Werte in Klammern dargestellt werden; ansonsten wird eine 0 erzeugt
"Präfix"	eine Zeichenfolge, die dem "Beschriftungspräfix" der Zelle entspricht und aus folgenden Zeichen bestehen kann: einem Hochkomma ('), wenn die Zelle linksbündigen Text enthält; einem Anführungszeichen, wenn die Zelle rechtsbündigen Text enthält; einem Zirkumflex (^), wenn die Zelle zentrierten Text über Spalten enthält;

Infotyp	Die Funktion erzeugt:
	einem umgekehrten Schrägstrich, wenn Text über mehrere Zellen ausgefüllt wurde; einer leeren Zeichenfolge (""), wenn die Zelle etwas anderes als Text enthält
"Schutz"	eine 0, wenn die Zelle nicht gesperrt ist; eine 1, wenn sie gesperrt ist
"Zeile"	die Spaltennummer der in *Bezug* angegebenen Zelle
"Typ"	eine Zeichenfolge, die den Typ der Daten in der Zelle angibt und aus folgenden Zeichen bestehen kann: "b" (blank), wenn die Zelle leer ist; "l" (label, Beschriftung), wenn die Zelle eine Textkonstante enthält; und "v" (value, Wert), wenn die Zelle etwas anderes enthält
"Breite"	die Spaltenbreite der Zelle als ganze Zahl, die sich durch Abrunden ergibt. Jede Einheit der Spaltenbreite ist identisch mit der Breite, die ein Zeichen innerhalb der Standard-Schriftart aufweist

Das Argument *Bezug* steht für die Zelle, über die Informationen gewünscht werden.

Die Tabelle auf der nächsten Seite zeigt die Zeichenfolgen an, die ZELLE ausgibt, wenn das Argument *Infotyp* mit "Format" angegeben wird und *Bezug* eine Zelle angibt, die mit einem der integrierten Zahlenformate formatiert wurde.

Bemerkungen:

- ✔ Wird *Bezug* als eine Mehrfachmarkierung angegeben, erzeugt die Funktion den Fehlerwert *#WERT!*.

- Haben Sie Infotyp einer ZELLE-Formel mit "Format" belegt und der Zelle später ein anderes Format zugewiesen, müssen Sie die Tabelle neu berechnen, wenn das Ergebnis der ZELLE-Formel aktualisiert werden soll.
- Die Funktion wurde nur aus Kompatibilitätsgründen zu anderen Tabellenkalkulationsprogrammen entwickelt.

Excel-Format	Die Funktion erzeugt:
Standard	"S"
0	"F0"
0,00	"F2"
#,0	".0"
#,0,00	".2"
#,0 DM;-#,0 DM	"W0' "
#,0 DM;[Rot]-#,0 DM	"W0-"
#,0,00 DM;-#,0,00 DM	"W2"
#,0,00 DM;[Rot]-#,0,00 DM	"W2-"
0 %	"P0"
0,00 %	"P2"
0,00E+0	"E1"
0,00E+00	"E2"
# ?/? oder # ??/??	"S"
T.M.JJ oder T.M.JJ h:mm oder TT.MM.JJ.	"D4"
T.MMM.JJ oder TT.MMM.JJ	"D1"
T.MMM oder TT.MMM	"D2"

Excel-Format	Die Funktion erzeugt:
MMM.JJ	"D3"
h:mm AM/PM	"U2"
h:mm:ss AM/PM	"U1"
h:mm	"U4"
h:mm:ss	"U3"

Beispiele:

Voraussetzungen: Zelle *A1* enthält den Wert 20, Zelle *A2* den Textwert "Buchung:" und die Zelle *A3* den Wert WAHR.

```
=ZELLE("Spalte";C5)
```

Ergebnis: 3

Voraussetzung: Zelle *A1* enthält den Wert "Gewinn:"

TEIL

IV

Tipps, Tricks und Tuning

Der vierte Teil des Buches befasst sich mit den Möglichkeiten, Excel mit den für Sie erforderlichen Komponenten zu installieren und bestimmte Arbeitsabläufe optimierend durchführen zu lassen. Erfahren Sie in den nachfolgenden Kapiteln, wie dies zu bewerkstelligen ist.

KAPITEL

Excel und die Makroprogrammierung

Für viele Anwender ist die Programmierung kein Thema, mit dem sie sich auseinandersetzen möchten. Oftmals wird es als zu schwierig oder zu aufwendig angesehen. Doch dies ist nicht in allen Fällen richtig. Erfahren Sie hier, wie einfach Sie unter Excel ein Makro anlegen und verändern können.

15

Excel und die Makroprogrammierung

Sicherlich ist das Programmieren in einer Hochsprache wie z.B. C++ nur für einen bestimmten Kreis von Computerfachleuten interessant. Dennoch kann sich fast jeder Anwender die Programmierung auf eine andere Weise zu Nutze machen. Genau dies wird in diesem Kapitel angesprochen. Dabei ist der Inhalt des Kapitels so angelegt, dass jeder Excel-Benutzer den Bereich der Programmierung kennen lernen und einen ersten Einblick erhalten kann.

Die einzelnen Abschnitte enthalten sowohl theoretische Grundlagen als auch praktische Arbeiten, die Sie leicht an Ihrem Rechner nachvollziehen können. Die Formulierungen und Erläuterungen wurden dabei so einfach wie möglich gehalten und auf Fachbegriffe ist nur zurückgegriffen worden, wenn es unumgänglich war.

Mit diesem Kapitel werden Sie kein Profi-Programmierer und Sie erhalten auch kein komplettes Nachschlagewerk mit allen vorhandenen Befehlen, die die Excel-Programmierung bietet. Doch der Einblick in diesen Bereich mit der Aussicht, die täglichen Arbeiten zu vereinfachen, sollte für jeden Excel-Anwender interessant sein.

Die Ausgangssituation

Kennen Sie die Situation, dass Sie am Computer sitzen und bei bestimmten Arbeiten immer wieder die gleichen Arbeitsschritte durchführen? Oftmals sind solche Wiederholungen leider unumgänglich.

Doch es gibt in bestimmten Bereichen auch Möglichkeiten, diese teilweise sehr stupiden Arbeiten automatisch vom Computer bzw. von der eingesetzten Anwendung ausführen zu lassen. Das folgende

Kapitel wird sich mit dieser Thematik beschäftigen. Sie erfahren hier, wie Sie sich Arbeiten ersparen bzw. sie effektiver erledigen lassen können.

Vor allem dann, wenn Excel professionell im Büro eingesetzt wird, verwandelt sich oftmals ein Großteil der Arbeit in Routinetätigkeit. Viele Tabellen sind dann zur Abwicklung von Rechenvorgängen gedacht, die regelmäßig anfallen.

Bilanzen und Statistiken müssen zum Beispiel immer wieder erstellt werden, Kundenrechnungen sind zu schreiben, Lagerbestände werden fortwährend kontrolliert und Bestellungen jeden Tag abgewickelt.

Nicht nur die Tabellen, in die Sie Ihre Zahlen und Formeln eintragen, bleiben bei diesen Arbeiten gleich, sondern auch Bedienungsabläufe kehren immer wieder.

Vielleicht bearbeiten Sie zum Beispiel in regelmäßigen Abständen eine Reihe gleichartiger Statistiktabellen und kopieren jedesmal die Ergebniszeilen der Arbeitsblätter Stück für Stück in eine besondere Tabelle, die Sie dann abends für die persönliche Ablage ausdrucken.

Betrachten Sie einen solchen Vorgang im Detail, dann entdecken Sie schnell eine ganze Reihe gleichartiger Bedienungsschritte, die Sie wie ein Roboter automatisch immer wieder ausführen.

Immer wieder setzen Sie in der gleichen Tabellenzelle eines Arbeitsblattes an, markieren bei gedrückter [⇧]-Taste mit der gleichen Anzahl von Anschlägen auf [→] bis zur gleichen Abschlusszelle, wählen anschließend den passenden *Kopieren*-Befehl aus dem *Bearbeiten*-Menü, wechseln zur persönlichen Notiztabelle, suchen die letzte gefüllte Zeile, schieben die Schreibmarke zwei Zeilen abwärts, wählen *Einfügen*, rufen das nächste Statistikblatt auf – und so weiter: Sie vergeuden auf diese Weise Ihre Zeit mit Abläufen, für die der fleißige Computer doch eigentlich wie geschaffen sein sollte.

Tatsächlich bietet Excel gegen entnervende und damit fehlerträchtige Wiederholungszwänge der beschriebenen Art zwei leistungsfähige Mittel an, die Hand in Hand arbeiten können: die sogenannten *Makros* und die Programmierbarkeit durch eine mitgelieferte, einfach zu beherrschende Computersprache: *Visual Basic for Applications*. Beide Techniken können Sie auch dann nutzen, wenn Sie kein Computerspezialist sind, geschweige denn ein erfahrener Programmierer.

Die folgenden Kapitel enthalten einführende Informationen, die Sie benötigen, um die Abwicklung lästiger Routinehandgriffe in Excel zu automatisieren. Es beginnt mit einer kurzen Erläuterung der Ideen, die hinter dem kombinierten Makro- und Visual-Basic-Konzept innerhalb von Excel stehen. In diesem Fall ist das Verstehen des Konzepts schon fast der halbe Weg zur praktischen Beherrschung dieser Möglichkeiten.

Außerdem sollen Sie erkennen, dass Sie vor dem Begriff »programmieren« im Zusammenhang mit Excel und Visual Basic keinen übermäßigen Respekt zu haben brauchen. Als Excel-Benutzer können Sie wahrscheinlich schon programmieren, Sie wissen es vielleicht nur noch nicht.

Viele Arbeitsschritte, die Sie innerhalb der »normalen« Arbeit mit Excel durchführen, haben schon etwas mit Programmieren zu tun. Die Verwendung von Formeln in den Zellen einer Excel-Tabelle kommt der Programmierung schon recht nahe.

Die Makros

Makros kennen Sie vielleicht schon aus anderen Programmen, die Sie benutzen. Vereinfacht gesagt, fasst ein Makro eine Kette von Befehlen, die ein Programm beherrscht, zu einem einzigen Befehl oder genauer gesagt zu einem einzigen Ablauf zusammen. Dieser Befehl wird dann mit einer Tastenkombination oder einem anderen Auslösemechanismus verbunden, der den gesamten Ablauf mit einem einfachen Handgriff zu starten erlaubt.

Anstatt die sich wiederholenden Befehle jedesmal Punkt für Punkt neu einzugeben, setzen Sie die Kette also nur noch in Gang und schauen zu – meistens wird der Arbeitsvorgang auf diese Weise zudem noch erheblich beschleunigt, da der Computer Tastendrucke und Befehlsaufrufe im schnellstmöglichen Arbeitstempo aneinanderreihen kann.

Der Einsatz des Makro-Rekorders

Zum Anlegen und Speichern von Makros ist Excel mit einem komfortablen Werkzeug ausgestattet, dem so genannten *Makro-Rekorder*. Mit ihm zeichnen Sie einen wiederkehrenden Befehlsablauf – ohne dass Sie es merken – während der Arbeit auf.

Im einfachsten Fall müssen Sie ein Makro also gar nicht »programmieren«. Sie schalten vor dem Beginn der sich wiederholenden Befehlseingaben den Rekorder ein, gehen vor wie gewohnt und schalten den Rekorder ab, sobald der zusammenhängende Ablauf beendet ist. Excel merkt sich Ihre Tastendrucke, Text- und Zahleneingaben und sogar Mausbewegungen und -klicks.

Vom eingeschalteten Rekorder merken Sie während der Aufzeichnung nichts. Es erscheint nur ein kleines Fenster mit einer Schaltfläche auf dem Bildschirm, über die Sie die Aufzeichnung beenden können.

Abbildung 15.1: Wenn der Makro-Rekorder aktiv ist, zeichnet Excel jede Aktion exakt auf

Sie programmieren also tatsächlich nicht und tun es dennoch, denn obwohl Excel über Makros um keinen einzigen wirklich neuen Befehl erweitert wird, kann sich aus der persönlichen Kombination der vorhandenen Möglichkeiten doch eine neue Vielfalt an Funktionen ergeben, die die Tabellenkalkulation am Ende wie eine für Sie oder Ihren PC speziell programmierte Anwendung erscheinen lässt.

Ein auf Sie zugeschnittenes Excel hat gegenüber eigens entwickelten Programmen dabei noch den Vorteil, dass die Daten mit den Daten anderer Excel-Anwender austauschbar bleiben.

Die Makros sind veränderbar

Wenn Sie schon ältere Programme mit Makro-Funktionen kennen, haben Sie vielleicht auch schon die Grenzen des klassischen Makro-Konzepts erfahren.

Makros konnten in vielen Fällen zwar gespeichert werden, aber dies geschah in einer zumeist nur für den Computer lesbaren Form. Nachträgliche Änderungen oder Erweiterungen eines Makros waren nicht möglich, was für eine Tabellenkalkulation beispielsweise bedeuten konnte, dass schon die Erweiterung einer Kostenrechnungstabelle um eine neue Spalte oder Zeile auch gleich die Neuaufzeichnung sämtlicher auf den alten Tabellenumfang bezogener Makros mit sich brachte.

Diese Neuaufzeichnung war dann regelmäßig auch kein Spaß, da ein Fehler im Bedienungsablauf bedeuten konnte, dass das Makro wertlos wurde und gleich noch einmal in Angriff genommen werden musste. Letzteres begrenzte auch prinzipiell die Möglichkeit, via Makroaufzeichnung umfangreichere Abläufe zu vereinfachen.

Aus diesem Grund ist Microsoft bei der Entwicklung von Excel ab der Version 5.0 des Programms einen neuen Weg gegangen: Der Makro-Rekorder speichert die Makros im Klartext der Computersprache Visual Basic für Applikationen ab, die ihrerseits eine besonders leicht erlernbare Programmiersprache ist.

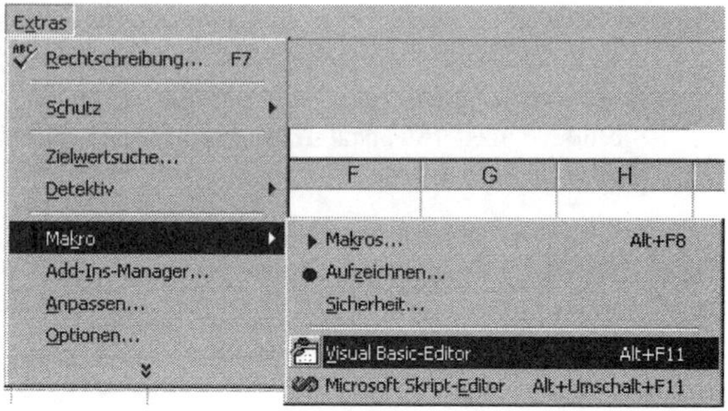

Abbildung 15.2: Das *Extras*-Menü verrät, dass sich Makros in Excel zu Visual-Basic-Objekten gemausert haben

Damit stehen Ihnen mehrere Möglichkeiten offen:

- Sie können Makros einfach aufzeichnen und abspielen lassen, ohne sich um die erweiterten Programmiermöglichkeiten überhaupt zu kümmern.
- Über Visual Basic lassen sich aufgezeichnete Makros leicht eigenen Schaltflächen am Bildschirm zuordnen oder sogar in Menüs integrieren. Sie brauchen sich also auch nicht eine Reihe von Tastenkombinationen zu merken, um Ihre Makros jederzeit aufrufen zu können.
- Makros lassen sich im Visual-Basic-Klartext anzeigen, korrigieren und erweitern. Sie können auf diese Weise auch unabhängig von den Tabellen zu einer kleinen Spezialprogrammsammlung zusammengestellt werden, die sich jederzeit veränderten Verhältnissen anpassen lässt.

Mittels Visual Basic können Programme für Excel auch unabhängig von der Makro-Aufzeichnung entwickelt werden. Da die Sprache in beiden Fällen dieselbe ist, können Einsteiger und Spezialisten auch besser zusammenarbeiten – und der Einsteiger hat eine echte Chance, sich über erste Korrekturen an seinen Makros langsam, aber sicher zum Programmierer für Excel zu entwickeln.

Hinzu kommt noch, dass Visual Basic inzwischen auch in anderen Windows-Standardanwendungen, speziell im gesamten Office-2000-Paket, Einzug hält. Die Sprache entwickelt sich damit nach und nach zu einem durchgängig präsenten System, mit dem der Anwender seine Programme seinen Bedürfnissen anpassen kann.

Das Aufzeichnen und Programmieren mit Visual Basic

Nachfolgend sollen Sie nun einige Grundlagen zur Funktionsweise von Visual Basic und damit auch zum Aufbau von Makros kennen lernen.

Der Name Visual Basic erinnert Sie vielleicht an die alte Programmiersprache BASIC. Es handelte sich dabei um eine relativ einfach zu erlernende Sprache, die auf vielen Homecomputern der 80er Jahre eingesetzt wurde.

Mit diesen alten BASIC-Dialekten hat Visual Basic eigentlich nur noch die Bezeichnung mancher Befehle gemein. Während früheres BASIC listenartige, unübersichtliche Programmtexte mit den berüchtigten Zeilennummern erforderte, arbeitet Visual Basic mit modulartig strukturiertem, übersichtlichem Aufbau.

Die objektorientierte Programmierung

Visual Basic gehört zu den objektorientierten Programmiersprachen. Hinter diesem Schlagwort steckt die Idee, die Arbeit am Computer so weit wie möglich dem natürlichen Hantieren im Alltag nachzubilden.

Ein Beispiel aus dem täglichen Leben

Ein Hammer ist ein Objekt, eine Kokosnuss auch. Wenn Sie die richtige Methode kennen, das eine Objekt auf das andere anzuwenden, brauchen Sie in der Südsee nicht zu verhungern – und wenn Sie sich das Verfahren »Hammer zerschlägt Nuss« für die nächste Kreuzfahrt vorsichtshalber aufschreiben, haben Sie schon objektorientiert programmiert. Das Objekt und die Methode sind nämlich die zwei wichtigsten Grundbegriffe objektorientierter Computerarbeit.

So banal die beschriebene Aufgabe klingt, so viel Geld könnten Sie mit ihrer Lösung verdienen, wenn Sie das beschriebene Minimal-Programm für einen Roboter aufbereiten könnten, denn dem müssten Sie die vielen Unterobjekte wie Hammerstiel und Hammerkopf ebenso einzeln erklären, wie die Untermethoden zum Greifen des Hammers an der richtigen Seite, zum Sehen, Zielen und Treffen am richtigen Punkt. Ein Programm baut also immer auf den Objekten und Methoden auf, die schon definiert wurden und deshalb zur Verfügung stehen.

Das Objekte-Konzept

Ein wenig genauer lässt sich das *Objekte-Konzept* anhand etwas höher entwickelter Werkzeuge erläutern. Ein Videorecorder ist auch ein Objekt, jede Videokassette ein weiteres. Weil der Recorder Kassetten enthalten kann, würde er von den Fachleuten des objektorientierten Programmierens als so genanntes Container-Objekt bezeichnet. Er kennt verschiedene Methoden, mit den Kassetten umzugehen: Filme aufnehmen, abspielen, löschen, spulen. Sie haben verschiedene Möglichkeiten, die Methoden zu beeinflussen, beispielsweise bei der Vorprogrammierung einer Aufnahmezeit, bei der Wahl der Aufnahmegeschwindigkeit oder einfach beim Vorspulen zu einem bestimmten Film.

Wichtig ist im Zusammenhang mit der objektorientierten Programmierung noch der Begriff *Eigenschaft*. Eine Eigenschaft des Videorecorders ist es, Kassetten abspielen zu können. Eine Eigenschaft der Kassetten liegt darin, Filme zu enthalten. Eine Eigenschaft jedes Films ist seine Länge und – nach dem etwas gewöhnungsbedürftigen Sprachgebrauch der Softwareentwickler jedenfalls – sein Name.

Ein moderner Multimedia-Computer kann, wie Sie im Schaufenster fast jedes Computergeschäftes anhand eher dürftiger Beispiele beobachten können, ebenfalls Videofilme aufzeichnen. Er hat aber keinen Videorecorder eingebaut, sondern diese Rolle übernimmt eine Software.

Diese Software lässt sich ebenfalls als Objekt bezeichnen, und die Kassetten werden durch spezielle Datei-Objekte vertreten, die vom Format her zum Speichern von Filmen auf der Festplatte geeignet sind. Die Methoden zum Aufnehmen, Abspielen und Modifizieren der Filme werden in Unterprogrammen der Software realisiert.

Damit die Video-Software einen Film abspielen kann, muss ihr zunächst einmal ein Film-Objekt zur Verfügung gestellt werden, also eine passende Datei. Eine Textdatei könnte es ebenso wenig verarbeiten wie der echte Videorecorder eine Audio-CD. Dann wird via Menü oder Tastaturbefehl die Methode festgelegt, nach der der Film bearbeitet werden soll, z.B. soll er abgespielt werden. Diese grundsätzliche Vorgehensweise lässt sich auf die objektorientierte Arbeit mit Excel-Makros und Visual-Basic-Objekten übertragen.

Die Objekte innerhalb von Excel

Die gesamte Arbeit mit Excel besteht aus der Manipulation von Objekten – von Tabellen mit Zahlenobjekten zumeist, aber auch von Texten und Grafiken.

Programmieren in Excel heißt, aufgrund des Vorrats an rechnenden Objekten und festen Methoden neue Objekte zu entwickeln, die speziell Ihre Rechenprobleme lösen und Ihre Tabellen so komfortabel wie möglich gestalten. So ist jedes Makro schon ein neues aktives Visual-Basic-Objekt.

Im Einzelnen stehen als Ausgangspunkte für die Programmierung folgende Alternativen zur Verfügung:

- Die Funktionen, die Excel ohnehin schon beherrscht, einmal als Formelfunktionen für die Tabellen und zum anderen als Menüfunktionen. Aus diesem Bereich können Sie die Werkzeug-Objekte und die Methoden wählen, die Sie zu neuen Werkzeug-Objekten und Methoden zusammensetzen.
- Die Zahlen und Daten aus den Tabellen. Sie sind die Objekte, mit denen etwas geschieht. Identifiziert und manipuliert werden sie mit Rücksicht auf ihre Eigenschaften als Zahl oder Text. Darüber hinaus können auch Formeln als Objekte weiterverarbeitet werden.
- Fremde Objekte, etwa Bilder und Texte aus anderen Anwendungen. Da Sie entsprechendes Material normalerweise schon in Excel-Tabellen verwenden können, ist dies selbstverständlich auch Visual-Basic-gesteuert möglich.
- Die Zellen, Zeilen und Spalten einer Tabelle können unabhängig von ihrem Inhalt auch als Objekte betrachtet werden – etwa beim Kopieren, Verschieben, Löschen oder Formatieren.

Die Makro-Programmierung in der Praxis

Ungeachtet aller Visual-Basic-Kunststücke, von denen auf den vorigen Seiten die Rede war, ist der Einstieg in die Makro-Praxis eine ebenso einfache wie schnell zu erlernende Angelegenheit. Die folgenden Seiten befassen sich daher nicht mit großen Entwürfen und ausgefeilten Programmentwicklungen, sondern mit den schnellen, kleinen, zwischendurch mal eben aufzuzeichnenden Makros für den Alltagsgebrauch.

Doch bevor es mit der Programmierung losgeht, sind einige Vorarbeiten erforderlich, die auch Sie durchführen sollten, um die Beispiele nachvollziehen zu können und um unliebsamen Überraschungen vorzubeugen.

Das Anlegen von Test-Tabellen

Für die ersten Makro-Schritte sollten Sie sich eine kleine, überschaubare Tabelle anlegen, die Sie ausschließlich für die folgenden Experimente verwenden. Die nachfolgende Abbildung zeigt ein verwendbares Exemplar; es enthält lediglich vier Summenspalten und eine Titelzeile darüber.

Auf der Buch-CD sind einige Test-Tabellen vorhanden, die Sie für Ihre Arbeit benutzen können. Sie finden diese im Ordner KAPITEL15.

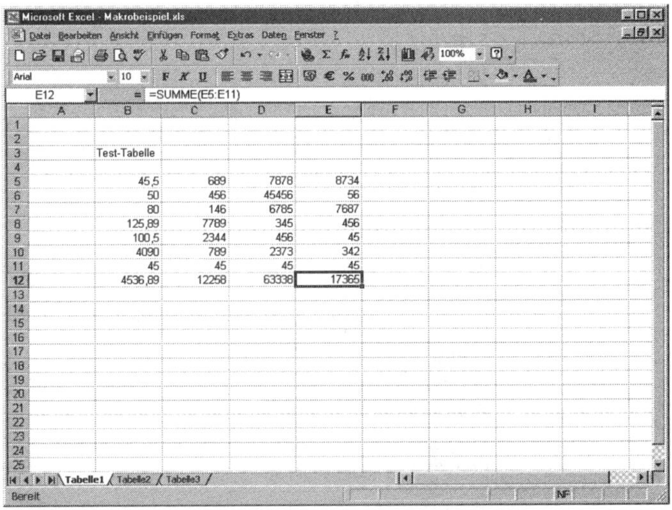

Abbildung 15.3: Die Test-Tabelle ist simpel, enthält aber alle Voraussetzungen zum Ausprobieren auch komplizierterer Makros

Die Zahlenwerte in Ihrer Tabelle brauchen mit denen in der Abbildung nicht übereinzustimmen. Sie sollten aber die Aufteilung von Text und Zahlen auf die Zeilen und Spalten in der Abbildung in etwa einhalten, da dann leichter unterschiedliche Vorgehensweisen beim Anlegen von Makros für entweder immer gleiche oder voneinander abweichende Tabellen erläutert werden können. Der Titeltext steht in Zeile 3, die vier Summenspalten befinden sich im Rechteck zwischen Zelle B5 und E12.

Außerdem wäre es günstig, wenn Sie die Summen wie im Beispiel mit absoluten Bezügen auf die jeweiligen Spalten 5 bis 11 bilden könnten, weil sich dann auch das automatische Versetzen und Kopieren von Zellen in die ersten Beispielmakros aufnehmen lässt.

Wichtig ist es, dass Sie die Tabelle nach dem Anlegen einige Male unter anderen Namen abspeichern. Sie benötigen mehrere gleichartige Exemplare, um die Wirkung von Makros zu testen und auch einmal gezielt einen Fehler machen zu können. Benutzen Sie also mehrfach *Speichern unter* aus dem *Datei*-Menü, und sichern Sie die Tabelle etwa vier- oder fünfmal unter Namen wie *Test-Tabelle 1*, *Test-Tabelle 2* und so weiter.

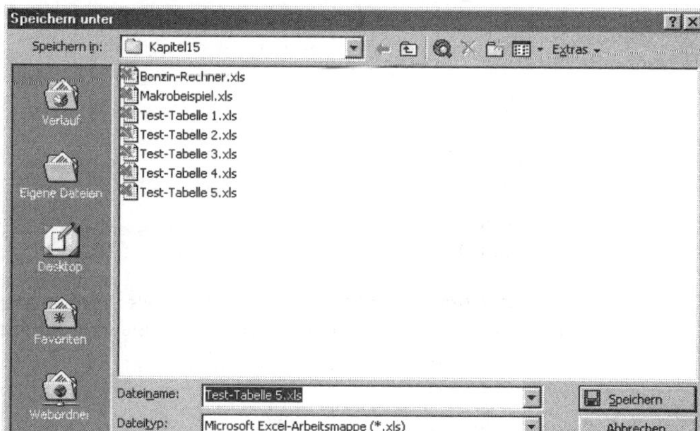

Abbildung 15.4: Ein Vorrat an Test-Tabellen

Nach der Speicheraktion bleibt die zuletzt gesicherte Version aktiv. Lassen Sie die erste möglichst unangetastet, um notfalls neue Kopien erzeugen zu können.

Das erste Makro

Das erste Makro wird ein wirklich einfaches sein. Wenn Sie die Tabelle genauer betrachten, wird Ihnen auffallen, dass sie recht unbefriedigend gestaltet ist: Wenigstens der Titel und die Ergebniszeile könnten durch Fettdruck hervorgehoben sein. Außerdem ließe sich die Tabelle viel besser lesen, wenn die Ergebniszeile von den Summen ein wenig abgesetzt wäre.

Den Makro-Rekorder starten

Um ein Makro aufzeichnen zu können, müssen Sie direkt vor dem Beginn jener Aktionen, die Sie als Makro festhalten möchten, den Makro-Rekorder starten.

Den Befehl zum Start des Rekorders finden Sie im *Extras*-Menü. Wählen Sie den Menübefehl *Makro / Aufzeichnen* (siehe Abbildung 15.5).

Nach dem Start des Rekorders erscheint ein Dialogfenster, in dem Sie einen Namen für Ihr Makro festlegen können. Der Name lässt sich in die erste Eingabezeile eintragen, eine genauere Beschreibung in das größere Feld darunter (siehe Abbildung 15.6).

Sie sollten von diesen Möglichkeiten unbedingt Gebrauch machen, weil umfangreiche Makrosammlungen ansonsten schnell unübersichtlich werden.

Bei der Namensvergabe für Ihr Makro sind Sie nicht ganz frei in der Wahl der Zeichen. Verwenden Sie nur aneinandergereihte Text- und Zahlenzeichen, und beginnen Sie mit Text. Leer- und Satzzeichen sind tabu, aber Sie können Mehrwort-Begriffe durch Groß- und Kleinschreibung strukturieren.

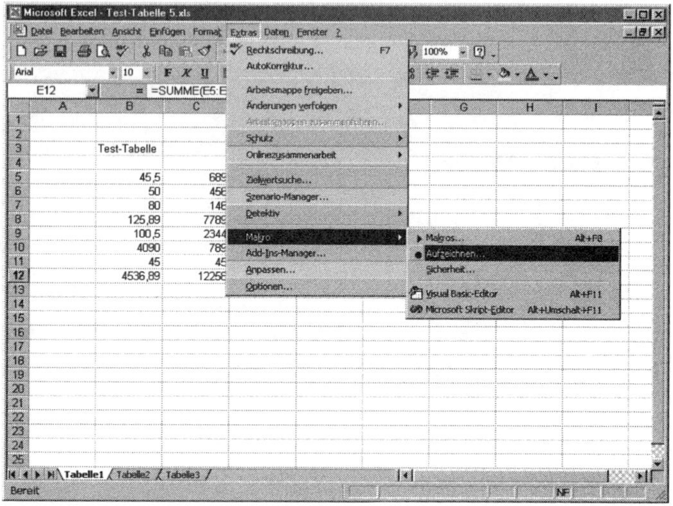

Abbildung 15.5: Den Makro-Rekorder finden Sie im *Extras*-Menü

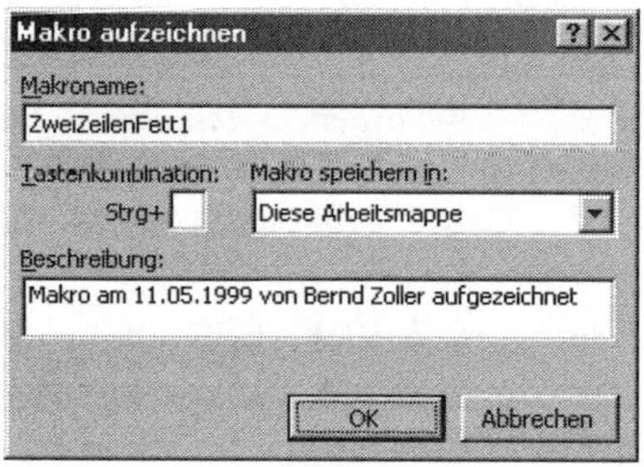

Abbildung 15.6: Jedem Makro lässt sich ein eindeutiger Name zuordnen

Den Sinn dieser Beschränkungen werden Sie kennen lernen, sobald Sie Ihr aufgezeichnetes Makro zu sehen bekommen: Ihr Name wird als Kennzeichen der Visual-Basic-Prozedur verwendet, als die Excel Ihr Makro speichert. Aus diesem Grund muss er ein für den Computer als solches erkennbares zusammenhängendes Wort bilden.

Ein brauchbarer Name wäre also folgender:

```
ZweiZeilenFett1
```

Beachten Sie diese Regel nicht, beschwert sich Excel mit einer eindeutigen Fehlermeldung. Das Feld *Beschreibung* unterwirft Sie entsprechenden Beschränkungen übrigens nicht.

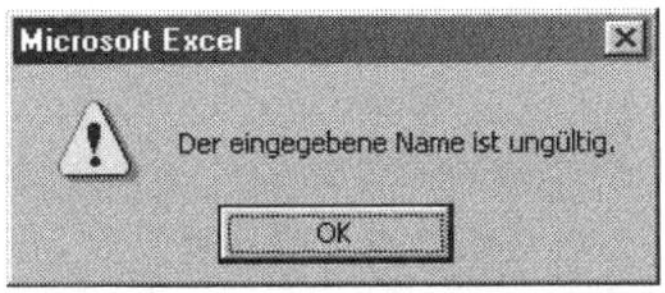

Abbildung 15.7: Bei der Vergabe von Makronamen gibt sich Excel ein wenig anspruchsvoll

Von den Einstellmöglichkeiten in dem *Makro-aufzeichnen*-Dialogfenster ist noch die Einstellungsmöglichkeit *Makro speichern in* von Bedeutung. Wählen Sie hier die Option *Persönliche Makroarbeitsmappe*. Dies bewirkt, dass das Makro nach der Aufzeichnung nicht nur in derjenigen Tabelle zur Verfügung steht, in der Sie es angelegt haben (siehe Abbildung 15.8).

Starten Sie, nachdem Sie die erforderlichen Einstellungen vorgenommen haben, die Makro-Aufzeichnung direkt mit einem Klick auf *OK*.

Viel zu sehen bekommen Sie vom aktiven Makro-Rekorder zunächst nicht. Seine Anwesenheit erkennen Sie lediglich an einem winzigen neuen Fenster innerhalb des Excel-Bildschirms, das lediglich zwei Schaltflächen enthält (siehe Abbildung 15.9).

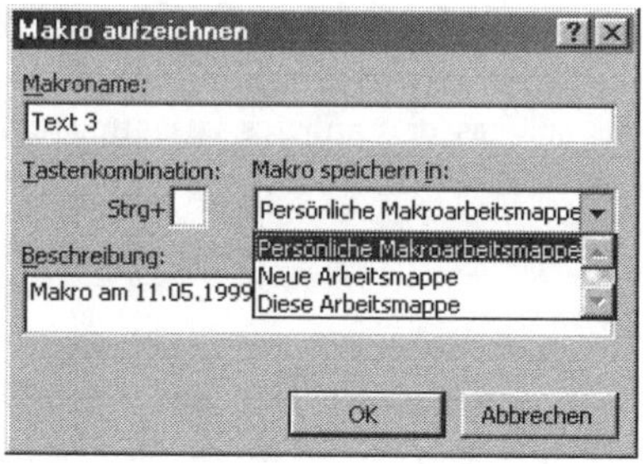

Abbildung 15.8: Hier legen Sie fest, in welchen Tabellen Sie ein Makro nach der Aufzeichnung benutzen können

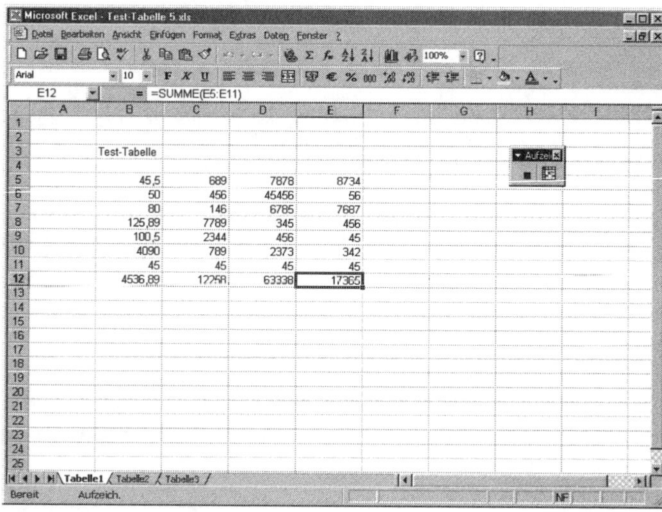

Abbildung 15.9: Am Bildschirm gibt sich der Makro-Rekorder bescheiden

Sie können jetzt so vorgehen, wie Sie es auch ohne laufenden Makro-Rekorder tun würden. Die Titelzeile wurde in Zelle B3 eingegeben, also markieren Sie diese Zelle per Mausklick oder Tastatur und klicken dann die *Fettschrift*-Schaltfläche in der Symbolleiste an. Ebenso gut können Sie natürlich auch *Format / Zellen* aufrufen und dort das Zellenformat festlegen.

Danach markieren Sie – wiederum nach Belieben per Tastatur oder mit der Maus – die Zeile mit den Ergebnissen der Rechnungen und sorgen auch hier für die gewünschte Hervorhebung.

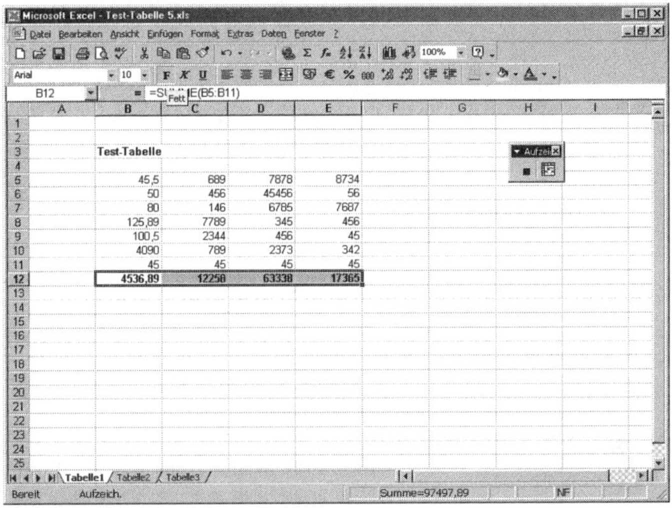

Abbildung 15.10: Während der Makro-Rekorder läuft, arbeiten Sie ganz wie gewohnt

Mit diesen beiden Aktionen sind schon alle Maßnahmen abgeschlossen, die Sie im Makro verankern sollten.

Den Makro-Rekorder stoppen

Damit nicht ungewollt noch mehr Vorgänge aufgezeichnet werden, schalten Sie den Makro-Rekorder ab, indem Sie die linke Schaltfläche in seinem Fenster einmal anklicken.

Alternativ können Sie noch einmal *Extras / Makro* aktivieren. Solange der Makro-Rekorder läuft, finden Sie dort den Befehl *Aufzeichnung beenden* vor. Mehr ist nach dem Abschalten des Rekorders nicht mehr zu tun, wenn Sie ein einfaches Makro anlegen möchten.

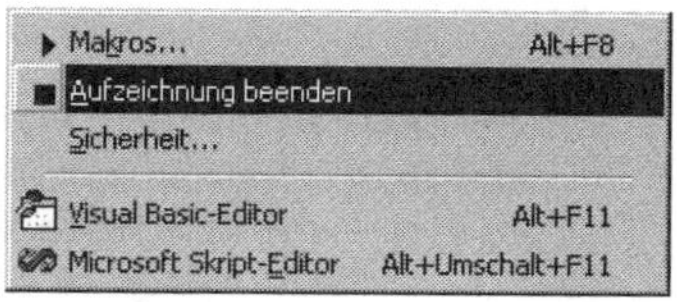

Abbildung 15.11: Auch übers Menü lässt sich eine Aufzeichnung beenden

Der nächste Schritt ist nun, das Makro wieder abzuspielen. Öffnen Sie dazu zunächst eine der Tabellenkopien, die Sie zu Beginn der Arbeit angelegt haben. Aktivieren Sie dann *Extras / Makro / Makros* (siehe Abbildung 15.12).

Sie müssten eine Liste zu sehen bekommen, die zumindest einen Eintrag enthält – den Namen des gerade aufgezeichneten Makros. In dem Dialog können noch ein paar Makros mehr zu erkennen sein, wenn Sie vielleicht einige Versuche unternommen haben. Aber das *ZweiZeilenFett*-Exemplar aus dem gerade abgeschlossenen Rekorder-Ablauf wird eindeutig zu erkennen sein.

Klicken Sie den Namen des Makros an, und wählen Sie *Ausführen*. Excel führt daraufhin blitzschnell alle Manipulationen an der Tabelle durch, die Sie in der anderen zuvor mit dem Makro-Rekorder aufgezeichnet hatten.

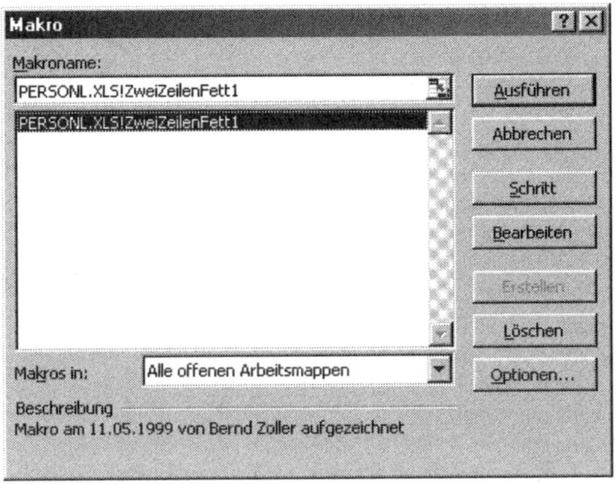

Abbildung 15.12: Das Makro kann aus einer Liste ausgewählt und abgespielt werden

Von diesem Moment an steht Ihnen für alle Kopien Ihrer Test-Tabelle ein Befehl zur Verfügung, der die Titelzeile und die Ergebniszeile fett drucken lässt.

Komfortabel aufzurufen ist das Makro auf diese Weise allerdings noch nicht, und die Prozedur zur Auswahl aus der Makro-Liste erscheint fast so kompliziert wie die zwei Formatierungen, die mit dem Makro erledigt werden können. Speziell kleine Makros lohnen sich daher nur, wenn man nach der Aufzeichnung schnell auf sie zugreifen kann.

Das Makro per Tastenkombination starten

Damit sich die Makro-Aufzeichnung aus dem letzten Abschnitt auch lohnt, soll dem entstandenen Makro nun eine Tastenkombination zugewiesen werden, über die es ohne große Umstände jederzeit schnell aktiviert werden kann.

Rufen Sie dazu noch einmal *Extras / Makro / Makros* auf, klicken Sie den Namen des Einstiegs-Makros an und wählen Sie *Optionen*.

Benutzt wird in diesem Fall der Optionsbereich *Tastenkombination*. Vielleicht erinnern Sie sich noch daran, dass die dort angebotenen Möglichkeiten schon beim Aufruf des Dialogfensters *Makro aufzeichnen* zur Verfügung standen. Die Zuweisung einer Tastenkombination für ein Makro muss also nicht nachträglich geschehen, sondern kann schon bei der Aufzeichnung erledigt werden.

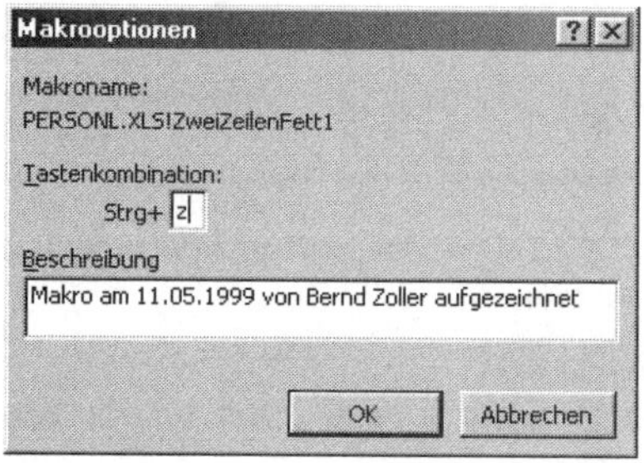

Abbildung 15.13: So eingestellt kann ein Makro über die Tastenkombination [Strg] + [Z] aufgerufen werden

Aktivieren Sie das Optionsfeld *Tastenkombination* und tragen Sie in das Feld hinter *Strg+* den Buchstaben ein, über dessen Taste Sie das Makro in Zukunft aktivieren möchten. Hier wurde Z gewählt. Damit wird erreicht, dass Sie in Zukunft zum Start des Makros lediglich [Strg] + [Z] zu drücken haben. Nach dem Verlassen des Dialogs mit *OK* werden die Einstellungen sofort übernommen.

Sie können dies ausprobieren, indem Sie entweder in der aktuellen Tabelle »von Hand« die Fett-Formatierungen zurücknehmen und dann die neue Tastenkombination drücken oder indem Sie eine andere Test-Tabelle aufrufen und das Makro dort starten.

Die »persönliche Arbeitsmappe«

Sollten bei der Zuweisung der Tastenkombination oder einer anderen Funktion, die mit den Optionen oder dem Start des Makros in verschiedenen Tabellen zu tun hat, Probleme auftreten, so könnte dies daran liegen, dass die persönliche Arbeitsmappe mit dem Makro nicht geladen ist. Sie wird bei jedem Excel-Start normalerweise automatisch geladen und dann »eingeblendet«.

Ist lediglich letzteres nicht geschehen, so reicht zur Freigabe der Makro-Optionen ein Klick auf *Einblenden* im Untermenü *Fenster*. Wurde die Datei gar nicht geladen oder aus Versehen geschlossen, können Sie sie über das *Datei*-Menü ganz normal öffnen. Sie finden die Datei auf der Festplatte im Unterverzeichnis XLSTART des EXCEL-Ordners innerhalb des Ordners WINDOWS\ANWENDUNGSDATEN\MICROSOFT.

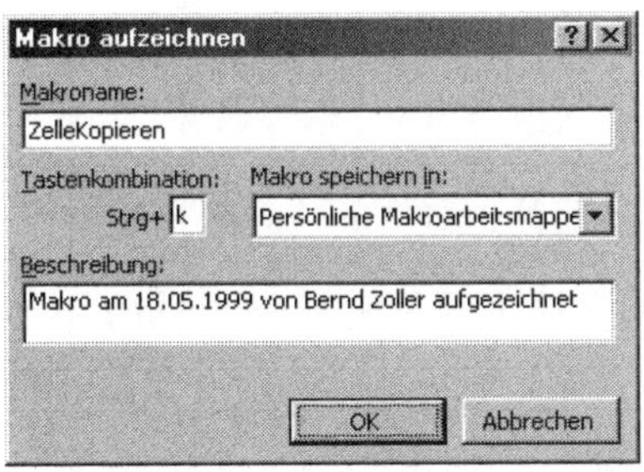

Abbildung 15.14: Die »persönliche Arbeitsmappe« finden Sie immer im Unterverzeichnis XLSTART des Ordners EXCEL

Die relative Aufzeichnung

Während Sie das Makro aufgezeichnet haben, hat sich Excel die Zellen gemerkt, auf die sich Ihre Kommandos bezogen haben. Im Makro wurden die Zellen als absolute Bezüge notiert, also mit Ihren genauen Koordinaten eingetragen.

Diese Aufzeichnungsmethode bewirkt, dass bei jedem Aufruf des Makros tatsächlich die Formatierung der Zellen B3 und B12 bis B15 geändert wird. Sollte die Ergebniszeile beispielsweise in einer Tabelle einmal um eine Position nach unten rutschen, kann das Makro sie nicht mehr finden und formatiert womöglich die letzte Summenzeile oberhalb des Ergebnisses.

Um solche Probleme vermeiden zu können, kennt Excel auch eine Methode der *relativen Aufzeichnung*. Sie können diese Möglichkeit wählen, sobald Sie über das *Extras*-Menü *Makro / Aufzeichnen* aktiviert haben.

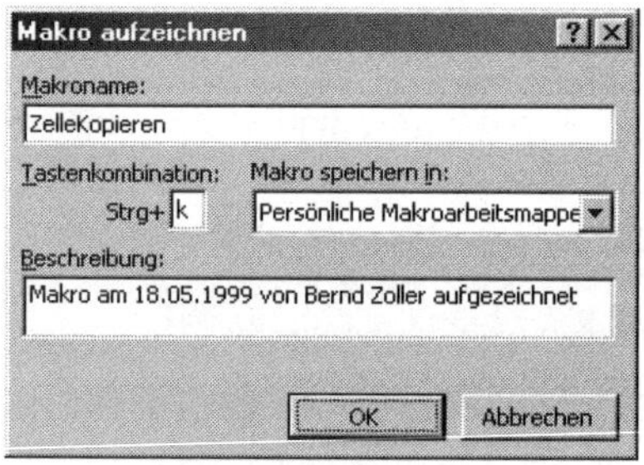

Abbildung 15.15: Eine Makroaufzeichnung ist auch mit relativen Bezügen möglich

Ein Makro, das in dieser Aufzeichnungsart entsteht, nimmt als ursprünglichen Bezugspunkt zunächst einmal immer die Zelle, die zum Beginn der Aufzeichnungsart aktiv war.

Probieren Sie die Technik mit einem neuen Makro aus. Klicken Sie beispielsweise die Zelle B12 an und starten Sie dann eine Aufzeichnung, indem Sie *Extras / Makro / Aufzeichnen* per Mausklick aktivieren.

Nennen Sie das Makro

`ZelleKopieren`

und weisen Sie ihm diesmal schon vor dem Aufzeichnungsstart zum Beispiel die Tastenkombination [Strg] + [K] zu. Klicken Sie auf *OK*.

Als zweiten Schritt klicken Sie nun in dem erscheinenden kleinen Fenster, das die Aktivierung des Rekorders anzeigt, das rechte Symbol *Relativer Verweis* an. Dadurch wird eine relative Aufzeichnung ermöglicht.

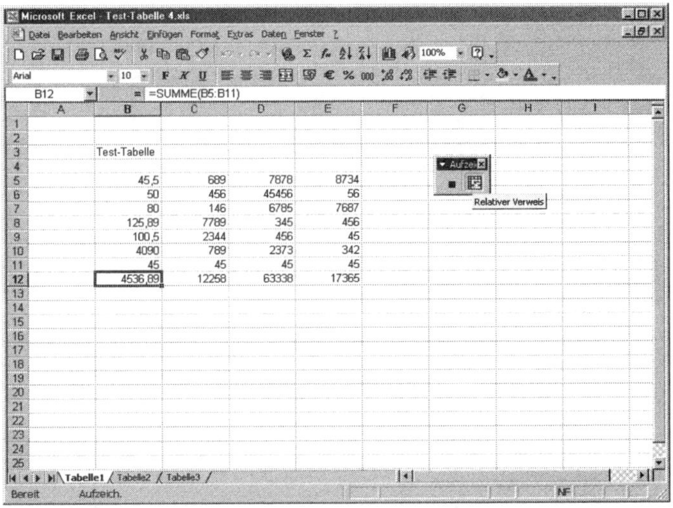

Abbildung 15.16: Bei Ihrem zweiten Makro legen Sie eine relative Aufzeichnung fest

Sobald der Makro-Rekorder läuft, klicken Sie die Zelle B8 an und kopieren die dort eingetragene Zahl in die Zwischenablage. Anschließend aktivieren Sie B14 und fügen die Zahl dort wieder aus der Zwischenablage ein. Danach stoppen Sie sofort den Rekorder.

Klicken Sie anschließend einmal die Zelle D12 an und probieren Sie [Strg] + [K] sofort aus. Wiederholen Sie den Vorgang mit E12 als Ausgangspunkt.

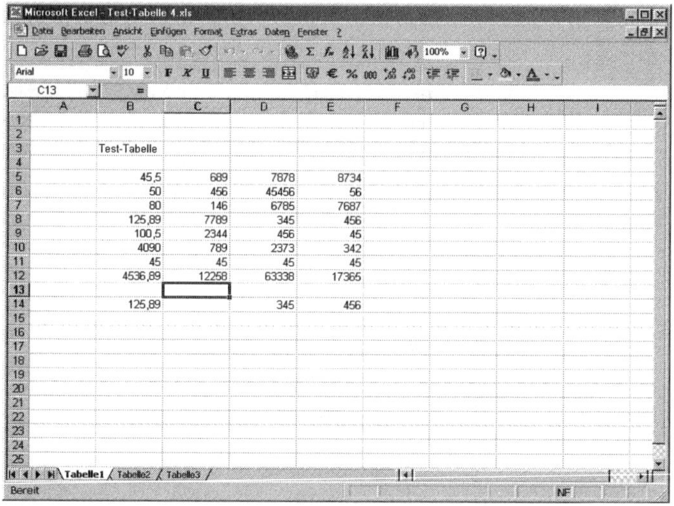

Abbildung 15.17: Eine relative Makro-Aufzeichnung arbeitet mit Zellbezügen auf den Ausgangspunkt der Aufzeichnung

Wie Sie beobachten können, wird nicht etwa – wie es bei der normalen Makro-Aufzeichnung der Fall gewesen wäre – immer wieder der Inhalt von B8 nach B14 kopiert. Wie bei einem relativen Formelbezug geht Excel stattdessen bei jeder Ausführung des Makros von jener Zelle aus, die beim Start des Makros angewählt ist, kopiert dann den Inhalt der Zelle vier Zeilen oberhalb der Startzelle und fügt ihn zwei Zellen unterhalb des Startpunkts wieder ein.

Sie können dies testen, indem Sie in Spalte C statt der Zelle C12 mit dem Ergebnis einmal C13 anklicken. Tatsächlich kopiert Excel nach der Aktivierung durch [Strg] + [K] diesmal den Inhalt von C9 nach C15.

Eine Zusammenfassung

Vielleicht erscheint Ihnen Ihr erstes Makro ein wenig simpel und nicht ganz so nützlich, wie Sie sich Makros eigentlich gedacht haben. Bedenken Sie aber, dass das Formatieren von Tabellenzellen nur eine der vielen Möglichkeiten ist, die Ihnen in der Makrogestaltung zur Verfügung stehen.

Das Prinzip der Arbeit mit dem Makro-Rekorder ändert sich auch dann nicht, wenn Sie nicht nur ein paar Tastendrücke, sondern lange Bedienungsabläufe mit Rechnungsvorgängen in Zellen, Druckvorgängen oder Diagrammerstellungen aufzeichnen. Prinzipiell kann jegliche Aktion, die Sie in einer Tabelle ausführen, auch von einem Makro festgehalten werden.

Wenn Sie an die Ausführungen über das objektorientierte Programmieren zu Beginn des Kapitels zurückdenken, können Sie das bisher Gelernte gut einordnen. Mit dem Makro-Rekorder haben Sie Excel ein paar spezielle Methoden zur Behandlung von Zellenobjekten aus Tabellen beigebracht. Diese Methoden befinden sich nun in Einheiten, die als Makro bezeichnet werden und kleine Programme darstellen. Notiert wurden die Makros in Ihrer persönlichen Arbeitsmappe, von der aus sie jeder von Ihnen bearbeiteten Tabelle zur Verfügung stehen.

Zu sehen bekommen haben Sie den Programmcode Ihrer Makros bisher noch nicht. Sie konnten lediglich ihre Wirkung beobachten. Dabei wäre es für jedes der zwei Einstiegsmakros durchaus wünschenswert, Änderungen am Programmablauf und damit am Programmcode durchführen zu können.

Beim ersten Beispielmakro könnte man den Fettdruck der Titelzeile um weitere Gestaltungsmerkmale erweitern und das anfangs angesprochene Versetzen der Ergebniszeile um eine Zeile nach unten ergänzen.

Am zweiten könnte man besonders einfach ausprobieren, wie sich die in einem Makro enthaltenen Zellbezüge nachträglich modifizieren lassen.

Kurzum: Der Blick auf die Visual-Basic-Codes, in dem die Makros aufgezeichnet wurden, wird nun fällig. Die nächsten Abschnitte werden Ihnen zeigen, auf welche Weise Sie Makros nachträglich bearbeiten können, ohne dass dabei schon gleich komplizierte Programmierarbeit vonnöten wäre.

Ein Makro mit Visual Basic ändern

Aus den bisherigen Kapiteln wissen Sie schon, wie Sie Makros unabhängig von ihren Tastenkombinationen aufrufen können: Sie wählen das Menü *Extras* und darin den Eintrag *Makro / Makros*.

Wenn Sie die bisherigen Anleitungen verfolgt und die Beispiele entsprechend auf Ihrem Rechner nachvollzogen haben, müssten im Dialogfeld der Funktion inzwischen zwei Makros zur Verfügung stehen.

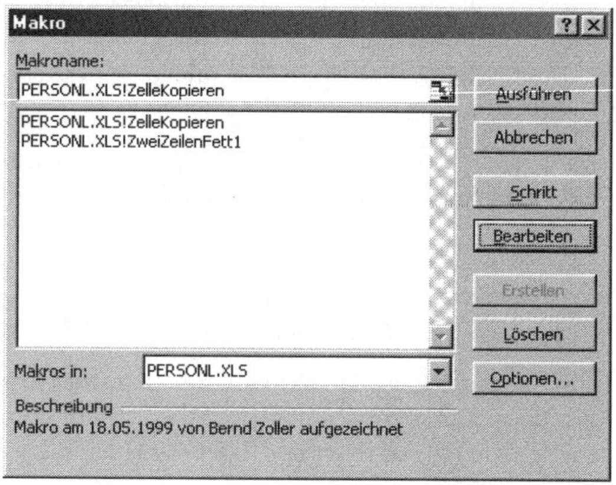

Abbildung 15.18: Immerhin stehen inzwischen zwei Makros zur Verfügung

Sie können sie anhand ihrer Namen leicht identifizieren: *PERSONL.XLS!ZelleKopieren* ist das relative Makro zum Kopieren eines Zelleninhalts und als *PERSONL.XLS!ZweiZeilen Fett1* wurde das erste, absolute Formatierungsmakro gespeichert.

Der erste Teil des Namens verweist in beiden Fällen auf die persönliche Arbeitsmappe, in der die Makros gespeichert sind. Der zweite Teil des Namens besteht dann aus der eigentlichen Bezeichnung des Makros.

Hinter jedem der zwei Makros verbirgt sich ein Programmcode für die von Ihnen aufgezeichneten Anweisungen. Dieser ist in einem für Sie lesbaren Text abgelegt worden und kann von Ihnen eingesehen werden.

Den Programmcode einsehen

Damit der Makrotext eingesehen und editiert werden kann, muss dieser zuerst geladen werden. Wählen Sie dazu im Dialogfeld *Makro* einen Makronamen per Mausklick an und aktivieren Sie dann die Schaltfläche *Bearbeiten*. Wählen Sie für den Anfang das Makro *ZelleKopieren*.

Excel blendet daraufhin ein Fenster ein, das entfernt an eine Textverarbeitung erinnert (siehe Abbildung 15.19).

Was Sie sehen, ist ein durch Einrückungen und farbliche Hervorhebungen strukturierter Text, der aus Anweisungen besteht, die wiederum durch Punkte getrennt sind und von Zahlenwerten und Buchstaben in Klammern ergänzt werden.

Lassen Sie sich vom fremdartigen Eindruck des Visual-Basic-Textes nicht beeindrucken – Sie bekommen eine kleine Spracheinführung nachgereicht.

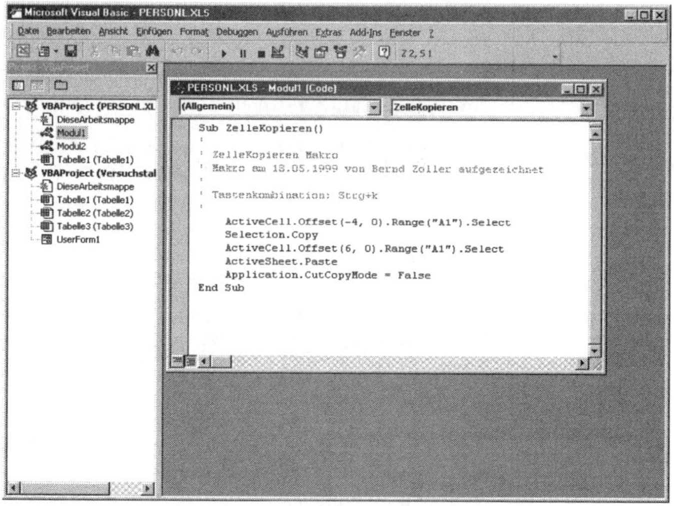

Abbildung 15.19: Ihr Makro im Visual-Basic-Klartext

Die Struktur des Programmcodes

Wie Sie sehen, befinden sich Ihre Makros in der Arbeitsmappe. Im diesem Kapitel sollen sie ein wenig genauer analysiert werden. Wenn Sie Makros selbst erzeugen, wird Ihnen schon ein kleiner Einblick in die Sprachstruktur von Visual Basic dabei helfen, Makros »lesen« und korrigieren zu können.

Das *ZelleKopieren*-Makro

Das *ZelleKopieren*-Makro hat einen auf den ersten Blick erstaunlich kurzen Programmtext erzeugt. Er müsste bei Ihnen etwa folgendermaßen aussehen:

```
Sub ZelleKopieren()
'
' ZelleKopieren Makro
' Makro am xx.xx.xxxx von xx xx aufgezeichnet
'
' Tastenkombination: Strg+k
'
    ActiveCell.Offset(-4, 0).Range("A1").Select
    Selection.Copy
    ActiveCell.Offset(6, 0).Range("A1").Select
    ActiveSheet.Paste
    Application.CutCopyMode = False
End Sub
```

Die Kommentarzeilen

Die sechs Zeilen nach der ersten Zeile des Makrotextes beginnen mit einem Apostroph-Zeichen. Visual Basic hat diese Zeilen nur zur besseren Orientierung für den Anwender eingetragen, denn sie werden bei der Programm- oder Makro-Ausführung einfach übersprungen. Ein gängiger Fachbegriff für solche Zeilen ist *Kommentarzeilen*.

Am Anfang mögen sie Ihnen ein wenig platzverschwenderisch erscheinen, aber in einer umfangreichen Makro-Mappe dürfte ohne solche Notizzeilen der Überblick über die vorhandenen Makros und deren Funktionen schnell verloren gehen.

In der zweiten Kommentarzeile sehen Sie den Namen, den Sie dem Makro gegeben haben, und noch einmal das Wort *Makro*. Letzteres erinnert daran, dass Visual-Basic-Programme auch auf andere Weise entstehen können als mit dem Makro-Rekorder.

Danach findet sich eine Zeile, die Sie über das Datum der Aufzeichnung informiert und darüber, wer das Makro angelegt hat. Sie erinnern sich: Diese Angaben erschienen im *Makro-aufzeichnen*-Dialog im Feld *Beschreibung*. Sollte bei Ihnen von einem *Unbekannten Benutzer* die Rede sein, dann wurde bei der Windows- oder Excel-Installation die Eingabe des Benutzernamens vergessen und die Beschreibung bei der Aufzeichnung nicht geändert.

Kommentarzeilen können Sie wie in einer Textverarbeitung fast beliebig erweitern und mit Notizen füllen. Wenn Sie diese Möglichkeit nutzen, können Ihre Makros für andere Anwender verständlicher werden.

Beginn und Ende einer Prozedur

Vor den Apostroph-Zeilen, die am Farbbildschirm grün markiert sind, beginnt der für den Computer auszuführende Programmtext.

Eingeschlossen wird das Makro von den Begriffen *Sub* und *End Sub*. Sub ist die englische Vorsilbe für *unter*. Dass diese benutzt wird, deutet darauf hin, wie Visual Basic Ihr Makro verwaltet: Als Unterprogramm, das auch in größeren Programmen verwendet und aufgerufen werden kann. Ein besserer, häufig benutzter Fachbegriff dafür ist Prozedur: Ein Ablauf, der für sich allein stehen, aber in übergeordnete Prozeduren integriert werden kann.

Abgeschlossen bzw. beendet wird das Unterprogramm mit der Zeile *End Sub*. Alles was zwischen diesen beiden Zeilen vorhanden ist, gehört zu dem Unterprogramm.

Visual Basic verfügt wie jede andere Programmiersprache über einen Grundvorrat an Befehlen, der für das Schreiben von Programmen verwendet werden kann. Prozeduren dürfen Sie im Grunde auch als Befehle verstehen, die aus den vorhandenen neu zusammengestellt wurden und von diesem Moment an, ähnlich wie die vorhandenen Befehle, im Programm verwendet werden können. Anders ausgedrückt: Über den Makro-Rekorder hat Visual Basic bei Ihnen etwas Neues gelernt.

Die Prozedur als Objekt

Die weitere Verwendbarkeit von Prozeduren in Visual-Basic-Programmen und in Excel wird deutlicher, wenn Sie das Konzept der Objektorientierung darauf anwenden. Sie erinnern sich noch an Hammer und Kokosnuss?

Ihr Makro ist zweifellos ein Werkzeug-Objekt, denn es bearbeitet ein eher passives Objekt aus einer Excel-Tabelle: den Inhalt einer Zelle. Am Anfang der Prozedur steht der Name des Werkzeug-Objekts. Mit diesem Namen hat die Prozedur eine Eigenschaft erhalten, mittels deren sie von Visual Basic eindeutig identifiziert und aufgerufen werden kann.

Hieraus ergibt sich, dass Sie sehr speziellen Makros möglichst auch sehr spezielle Namen geben sollten – *ZelleKopieren* ist somit gar nicht so günstig gewählt, da Sie mit einiger Wahrscheinlichkeit noch weitere Kopiervorgänge automatisieren werden außer dem von der Zelle vier Positionen oberhalb zu der zwei Zeilen unterhalb.

Benennen Sie die Prozedur bei Bedarf ruhig um, indem Sie in der ersten Sub-Zeile einfach den Namen ändern. Excel nimmt die Modifikation unverzüglich zur Kenntnis.

Sie sehen nun, wie sich die Objektstrukturen von Excel und Visual Basic durchdringen: Das neue Makro ist auch in Visual Basic ein neues Objekt, und seine Identifikation in dem einen Bereich deckt sich mit derjenigen in dem anderen Bereich. Sie können Visual Basic somit einfach als eine Möglichkeit betrachten, mit der sich Excel bedienen lässt.

Auch ein Makro enthält Methoden

Die Aktionen, die von einem Makro durchgeführt werden, heißen *Methoden* – ein ganz bestimmter Hammerschwung knackt die Kokosnuss.

Als Mensch, der Zusammenhänge intuitiv erfassen kann, unterschätzt man leicht die Bedeutung der genauen Beschreibung von Methoden im Computerbereich. Natürlich würden Sie, wenn Sie Hunger hätten und einen Hammer und die Nuss fänden, auch ohne Wissen über die speziellen Eigenschaften von Südseefrüchten mit aller Gewalt auf die Mitte der Nuss einschlagen und nicht auf den Sand daneben oder auf die Spitze der Frucht.

Einem Roboter dagegen müsste all dies selbst dann bis ins Kleinste beigebracht werden, wenn er den Hammerschwung an sich schon bestens beherrschte.

Die wichtigsten Methoden in der obigen Prozedur heißen *Offset* (Versetzen), *Select* (Auswählen), *Copy* (Kopieren) und *Paste* (Einfügen). Die sogenannten *Objekte*, die durch die Methoden gesteuert werden, sind den Begriffen vorangestellt und durch einen Punkt getrennt. Mit diesem Wissen lässt sich die Prozedur jetzt Zeile für Zeile lesen:

```
Sub ZelleKopieren ()
```

Diese Zeile definiert, wie schon erwähnt, die Eigenschaft *Name* der Prozedur. Zudem leitet sie den Beginn dieser Prozedur ein, so dass Excel erkennt, dass die nachfolgenden Zeilen zu dieser Prozedur gehören.

```
ActiveCell.Offset(-4, 0).Range("A1").Select
```

Die zweite Zeile (die Kommentare lassen wir hier unberücksichtigt) enthält zwei eng miteinander verbundene Methoden. *Offset* ist die Methode zum Aktivieren einer neuen Zelle über eine relative Zellenangabe. Sie erinnern sich: Sie hatten eine relative Aufzeichnung gewählt und waren nach dem Start des Makro-Rekorders vom Ausgangspunkt aus per Mausklick oder mit mehrfachem Druck auf

[↑] vier Zeilen weit nach oben gewandert, hatten die Zellenmarkierung also entsprechend »versetzt«.

Dies ist im Makro nun mit protokolliert worden: Als erstes Objekt für das Versetzen ist vor der Methode der Ausgangspunkt *ActiveCell* notiert. Dahinter steht als relative Koordinatenangabe die Richtung, in die Sie sich bewegt haben: Vier Schritte nach oben (-4) und null Schritte nach links oder rechts.

Nur weil *ActiveCell* nicht näher bestimmt ist, kann Visual Basic die Prozedur später auf jede Zelle anwenden, von der aus das Makro aufgerufen wird. Intern werden dann dort, wo *ActiveCell* steht, die in der Tabelle ermittelten Koordinaten der Zellenmarkierung eingesetzt.

Trickreich darf man nennen, was nach dem Versetzen im Makrotext folgt. *Range ("A1").Select* würde, wenn es allein in einer Prozedur stünde, die Zelle A1 in der Tabelle aktivieren, also die oberste Zelle links am Rand der Tabelle. Absolute Bezüge dieser Art sehen Sie, wenn Sie in der Arbeitsmappe kurz zum anderen Makro blättern (*ZweiZeilenFett1*) und dort die zweite und vierte Zeile betrachten.

Direkt hinter *Offset* angeordnet, ist die Bereichs- und Auswahlangabe dieser *Offset*-Methode aber untergeordnet, und so bezieht sich A1 ausnahmsweise auf die gerade angesteuerte Zelle als Ausgangspunkt.

HINWEIS

> Anstelle der einzelnen Zelle könnte hier auch ein Bereich angegeben sein wie A1:B1 – dies wäre zum Beispiel dann der Fall, wenn Sie während der Makroaufzeichnung nach dem Versetzen der Zellenmarke nicht nur eine Zelle, sondern auch die daneben liegende mit markiert hätten.

Select ist also buchstäblich die Methode zum Auswählen und Aktivieren von Zellen, und das Objekt *Range* gibt tatsächlich den auszuwählenden Zellenbereich an. Visual Basic strengt sich offensichtlich an, so verständlich wie möglich zu »sprechen«.

Wieder zeigt sich, dass mit Visual Basic die gleichen Aktionen durchgeführt werden können wie von Hand im Blatt, denn auch dort ist das Kopieren und Weiterverarbeiten ganzer Zellenbereiche auf einen Schlag möglich.

```
Selection.Copy
```

Die nächste Zeile lässt sich leicht verstehen. Als Methode wird *Copy* (Kopieren) angewendet, das Objekt *Selection* (Auswahl) lenkt die Aktion auf den in der Zeile darüber ausgewählten Bereich. Das Ziel des Kopierens ist nicht näher bestimmt, also landet der Inhalt des Bereichs wie bei der entsprechenden Excel-Menüfunktion in der Windows-Zwischenablage.

```
ActiveCell.Offset(6, 0).Range("A1").Select
```

Zeile vier unterscheidet sich kaum von Zeile zwei, hier wird nur die Zielzelle mittels einer neuen relativen Koordinatenangabe angesteuert. Der erste Koordinatenwert ist jetzt positiv, weil es in der Tabelle abwärts geht.

```
ActiveSheet.Paste
```

Die Methode *Paste* (Einfügen) dürfte kein Geheimnis bergen, aber was bedeutet *ActiveSheet* (AktivesBlatt) als Objekt? Denken Sie an den Roboter und die Südsee: Das bloße Kommando »Zuschlagen« würde ihn entweder in Agonie fallen lassen oder zum ziellosen Herumhämmern verleiten, denn Sie hätten ihn ja noch nicht auf die Nuss verwiesen.

So braucht nun Excel auch unbedingt eine exakte Zielbeschreibung für das Einfügen, und da ist trotz Vorwahl der Zielzelle noch eine Frage offen: Soll in das aktive Tabellenblatt an den entsprechenden Koordinaten eingefügt werden oder in ein anderes? Die Antwort ist: ins aktive Blatt, und damit kann die Aufgabe gelöst werden.

Selbstverständlich hätten Sie bei der Makroaufzeichnung zwischen Kopieren und Einfügen auch ein neues Blatt wählen können. Die Automatisierung von Arbeitsvorgängen, bei denen Teile einer Tabelle in eine andere kopiert werden müssen, dürfte zu den interessantesten und arbeitssparendsten Anwendungsfällen des Makro-Einsatzes gehören.

```
End Sub
```

Die letzte Zeile schließt die Prozedur ab. Würde diese Zeile fehlen, wäre die ganze Prozedur für Visual Basic nicht verwendbar. Ohne genaue weitere Instruktionen würde ja auch der Kokosnuss-Roboter nie auf die Idee kommen, dass nach dem Hammerschlag das Werkzeug zumindest wieder aus den Trümmern entfernt werden sollte. Die Grenze zum nächsten Befehl muss also explizit gesetzt werden, und die zur nächsten Visual-Basic-Prozedur ebenfalls.

Das Zuweisen von Eigenschaften

Ein Blick auf das erste von Ihnen aufgezeichnete Makro in der Arbeitsmappe fördert ein weiteres wichtiges Element der Visual-Basic-Sprache zutage: Das Zuweisen von Eigenschaften an Objekte. Das Makro müsste bei Ihnen etwa so aussehen:

```
Sub ZweiZeilenFett1()

'

' ZweiZeilenFett1 Makro

' Makro am xx.xx.xxxx von xx xx aufgezeichnet

'

'

    Range("B3").Select

    Selection.Font.Bold = True

    Range("B12:E12").Select

    Selection.Font.Bold = True

End Sub
```

In der dritten und fünften Zeile (die Kommentare bleiben unberücksichtigt) der eigentlichen Prozedur lässt sich erkennen, dass die Entscheidung über eine Eigenschaft zunächst einmal wie erwartet durch deren Nennung erfolgt: Nach der Bestimmung der Zelle wird *Font.Bold* (Schriftart.Fett) ausgewählt. Merkwürdig erscheint vielleicht, dass mit = *True* (= Wahr) der gewünschte Zustand noch einmal ausdrücklich bestätigt wird.

Dies hat für die Wirkung des Makros aber durchaus Sinn. Die ausgewählte Zelle soll nach Ablauf der Prozedur entsprechend auf Fettdruck geschaltet werden, gleich ob sie zuvor schon entsprechend formatiert war oder nicht.

Aus diesem Grund wird nicht einfach der Tastendruck in der Excel-Menüleiste vermerkt, sondern exakt der bei der Makro-Aufzeichnung schließlich erreichte Zustand der Zelle. Hätten Sie im Makro Fettdruck abgeschaltet, stünde im Makro folgende Zeile:

```
Selection.Font.Bold = False
```

Diese Technik gilt für jede vergleichbare Eigenschaftszuweisung per Makro oder in Visual Basic.

Das Kopieren und Verändern von Makros

Wenn Sie, wie im Abschnitt über das *ZelleKopieren* vorgeschlagen, der entsprechenden Prozedur einen veränderten Namen gegeben haben, konnten Sie schon erproben, dass sich der Programmtext in der aufgeblendeten Arbeitsmappe ohne große Schwierigkeiten verändern lässt.

Diese Möglichkeit soll nun zur echten Funktionsänderung eines Makros benutzt werden. Verwendet wird im folgenden Beispiel wieder das *ZelleKopieren*-Makro, wie auch immer es bei Ihnen inzwischen heißt.

Da es aber grundsätzlich unökonomisch ist, einer Änderung wegen ein altes Makro, das vielleicht in seiner ursprünglichen Form noch einmal gebraucht werden kann, aufzugeben, soll vom Ursprungsexemplar zunächst eine Kopie angefertigt und diese dann angepasst werden.

Das Kopieren selbst ist dabei kein Problem: Wie in einer Textverarbeitung markieren Sie den gesamten Makro-Textblock, wählen dann *Kopieren* aus der Symbolleiste, setzen die Schreibmarke anschließend in dem Textfenster hinter das ursprüngliche Makro und aktivieren *Einfügen*.

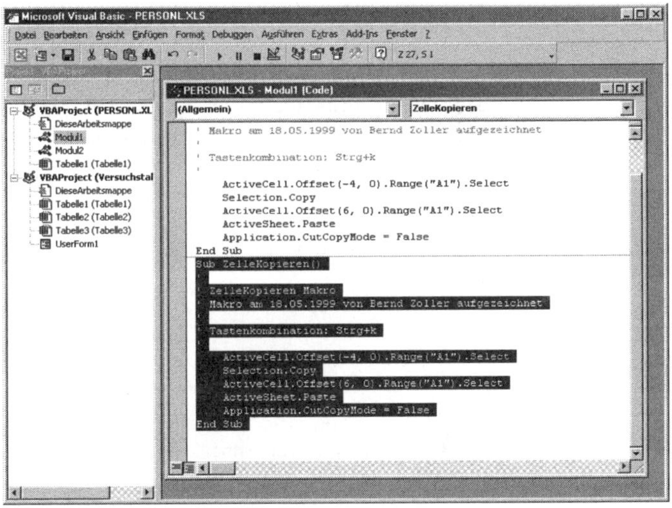

Abbildung 15.20: Programmtext lässt sich markieren und kopieren wie normaler Text

Jetzt allerdings enthält die Arbeitsmappe zweimal exakt dieselbe Prozedur, und Sie sollten aus diesem Grund vor allen weiteren Aktionen zumindest schon einmal ihren Namen ändern. Statt *ZelleKopieren* bietet sich *ZeileKopieren* an.

Erreicht werden soll, dass unter Beibehaltung der relativen Koordinatenaufzeichnung nicht nur der Inhalt einer Spalte in die zweite Zeile unterhalb des Ergebnisfeldes versetzt wird, sondern die Inhalte einer ganzen Zeile. Dazu muss in den Zeilen mit der *Auswählen*-Methode für das Versetzen die Bereichsangabe verändert werden.

Bisher stand in beiden Zeilen als Bereichsbezeichnung *A1*. Sie erinnern sich: Als Bezugspunkt der Zeilen- und Spaltenzählung wurde in diesem Fall nicht die obere linke Zelle der Tabelle insgesamt verwendet, sondern die Zelle, auf die unmittelbar vor dem Auswählen mittels Versetzen verwiesen wurde.

Das gleiche Verfahren lässt sich auch für mehrere Zellen verwenden. Da die Test-Tabelle vier Spalten hat, heißt die Bereichsangabe damit wie in einem normalen Formelfeld A1:D1. So entsteht insgesamt folgende Prozedur:

```
Sub ZeileKopieren()

    ActiveCell.Offset(-4, 0).Range("A1:D1").Select

    Selection.Copy

    ActiveCell.Offset(6, 0).Range("A1:D1").Select

    ActiveSheet.Paste

    Application.CutCopyMode = False

End Sub
```

Wenn Sie wollen, können Sie zu Testzwecken auch noch eine der relativen Koordinatenangaben ändern, also zum Beispiel die Zeile fünf Zellen oberhalb der Ausgangszeile kopieren lassen. Dazu müssen Sie beim ersten Versetzen die Vier durch eine Fünf ersetzen und beim zweiten die Sechs durch eine Sieben. Vergessen Sie anschließend nicht, im Kommentar einige Bemerkungen zum Ursprung und zum Zweck der neuen Prozedur zu notieren.

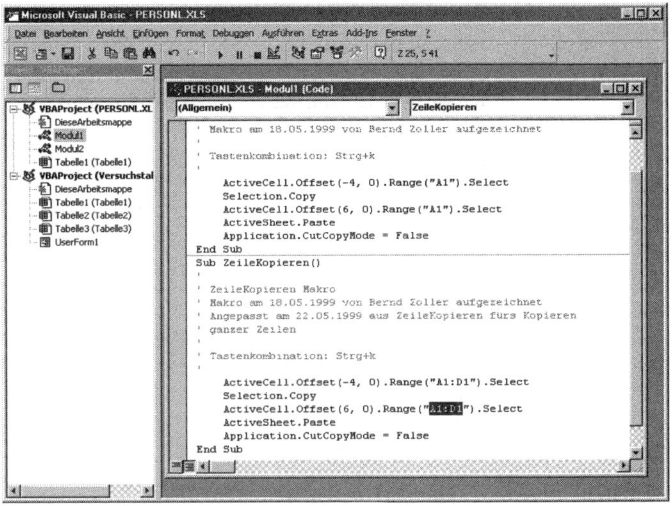

Abbildung 15.21: Ein guter Programmierer dokumentiert sein Werk

Nach Abschluss der Änderungen und Schließen des *Microsoft-Visual-Basic*-Fensters sollten Sie kurz einen Blick ins Dialogfenster der Funktion *Makro / Makros* im *Extras*-Menü werfen. Die neue Prozedur müsste dort schon als Makro eingetragen sein. Damit ließe sie sich überdies auch schon ein neues Tastaturkürzel zuweisen (siehe Abbildung 15.22).

Speichern Sie anschließend die persönliche Arbeitsmappe ab, und probieren Sie das neue Makro an einer der Test-Tabellen aus. Zum Start des Makros sollte die Zelle *B12* aktiviert sein.

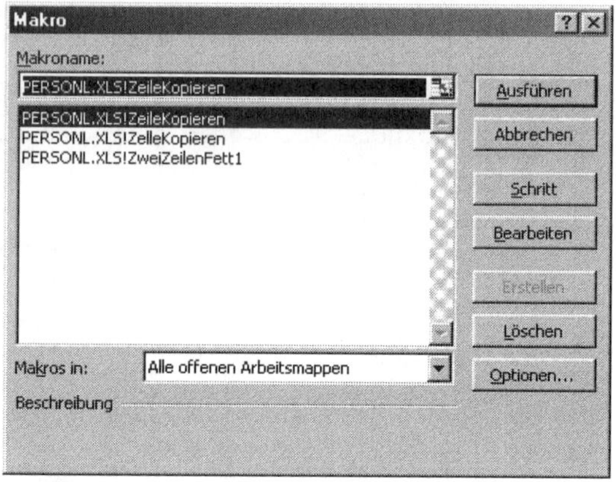

Abbildung 15.22: Das veränderte Makro ist da

Visual-Basic-Prozeduren selbst programmieren

Mit dem inzwischen gewonnenen Wissen können Sie nun durchaus daran gehen, selbst in Visual Basic zu programmieren. Der lange aufgeschobene Vorsatz, das erste Makro um eine Funktion zum Verschieben der Ergebniszeile zu erweitern, soll nicht per Makro-Rekorder, sondern »in Handarbeit« erledigt werden.

Nachfolgend werden Sie erfahren und an Ihrem Rechner selbst nachvollziehen können, wie Sie selbst Prozeduren schreiben können.

Das Ergänzen der neuen Prozedur

Die neue Prozedur hängen Sie am besten ans bestehende *ZweiZeilenFett1*-Makro an. Setzen Sie dazu die Schreibmarke direkt an den

Anfang der Zeile nach der *End-Sub*-Zeile der bestehenden Prozedur und schaffen Sie Platz, indem Sie einige Male [↵] drücken.

Schreiben Sie dann den folgenden Text, wobei Sie Satzzeichen und Klammern exakt so setzen sollten wie im Beispiel:

```
Sub ZeileVerschieben()

'

'Zeile verschieben um beliebigen Wert

'Ergänzung zu ZWEIZEILENFETT1

'

    Range("B12:E12").Select

    Selection.Cut

    ActiveCell.Offset(-1, 0).Range("A1:D1").Select

    ActiveSheet.Paste

End Sub
```

Den kurzen Kommentar zur neuen Prozedur können Sie so übernehmen oder beliebig ändern bzw. ergänzen. Zum Einleiten der Kommentarzeilen benutzen Sie jenes Apostroph-Zeichen, das sich die Taste mit dem Zeichen (#) teilt. Beschreiben Sie kurz, welchem Zweck Ihre neue Prozedur dient.

Beim Eintippen der obigen Zeilen werden Sie schnell bemerken, dass Visual Basic die richtige Schreibweise schon während der Eingabe streng kontrolliert. Fehlerhafte Zeilen werden durch Rotdruck hervorgehoben und die möglichen Fehler in kleinen Dialogboxen angezeigt. Dadurch ist es auch möglich, falsche Zeilenumbrüche zu erkennen.

Wie Sie sehen, setzt sich die Prozedur aus Methoden zusammen, die Sie während der Erkundung des Makro-Rekorders allesamt schon kennen gelernt haben. Im Prinzip handelt es sich bei der

Neuschöpfung lediglich um eine Kombination aus der absoluten Bereichsauswahl, die im ersten Makro verwendet wurde, und den Zwischenablageoperationen aus dem zweiten per Rekorder angelegten Makro.

Die Methode *Cut* (Ausschneiden) ist neu, funktioniert aber analog zu *Kopieren*, mit dem Unterschied, dass das Kopierte aus der Tabelle entfernt wird.

Sie könnten das neue Makro allein ausführen, aber es soll ja automatisch an *ZweiZeilenFett1* anschließen. Also müssen Sie auch die Ursprungsprozedur noch ergänzen. Fügen Sie dazu vor dem Ende der Prozedur den Aufruf der neuen ein:

```
Sub ZweiZeilenFett1()
'
' ZweiZeilenFett1 Makro
' Makro am 18.05.1999 von Bernd Zoller aufgezeichnet
'
'
    Range("B3").Select
    Selection.Font.Bold = True
    Range("B12:E12").Select
    Selection.Font.Bold = True
    ZeileVerschieben
End Sub
```

Speichern Sie jetzt die Arbeitsmappe und probieren Sie das Makro aus. Haben Sie den Fehler bemerkt? Die Zeile ist nicht nach unten verschoben worden, sondern nach oben und hat dabei eine der Wertezeilen überschrieben.

Wahrscheinlich haben Sie den Fehler längst erkannt, aber beheben Sie ihn bitte nicht sofort. Mit seiner Hilfe sollen nämlich die Fehlerkorrektur-Mechanismen von Visual Basic beschrieben werden.

Schließen Sie die Tabelle, ohne die Änderungen in ihr zu sichern, und öffnen Sie sie dann wieder – sie muss anschließend noch einmal als Experimentierfeld dienen.

Die Symbolleiste für Visual Basic

Zur direkten Arbeit mit Visual Basic und speziell zur Fehlersuche gehört eine eigene Symbolleiste, die bei Ihnen vielleicht noch nicht am Bildschirm sichtbar ist. Rufen Sie dann den Menübefehl *Symbolleisten* aus dem *Ansicht*-Menü auf und klicken Sie das Kontrollkästchen *Visual Basic* an.

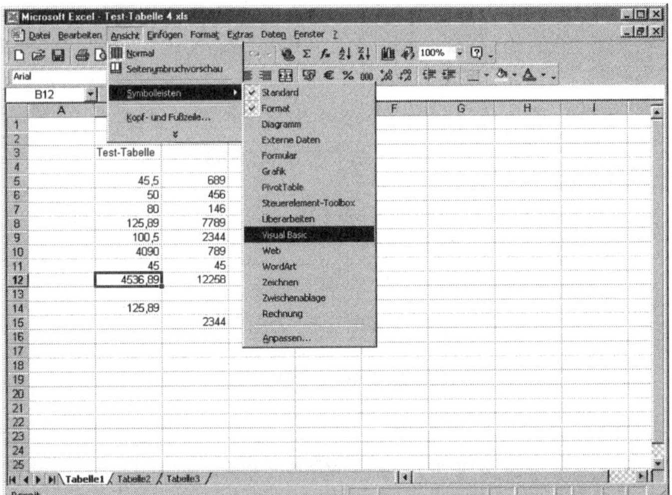

Abbildung 15.23: Im *Ansicht*-Menü versteckt sich ein wichtiges Hilfsmittel für die Visual-Basic-Handhabung

Nach der Aktivierung steht anschließend das neue Hilfsmittel zur Verfügung. Sie können die Symbolleiste wie ein Fenster am Bildschirm verschieben und die Leiste über ihre Eckpunkte in nahezu jede gewünschte Form bringen.

Abbildung 15.24: Über die *Visual-Basic*-Symbolleiste steuern Sie die Makro-Ausführung

Klicken Sie nun das Symbol ganz links innerhalb der Visual-Basic-Symbolleiste an. Es startet das Dialogfenster zum Aufrufen gespeicherter Makros. Wählen Sie darin das Makro *ZweiZeilenFett1* aus und klicken Sie anschließend die Schaltfläche *Schritt* an.

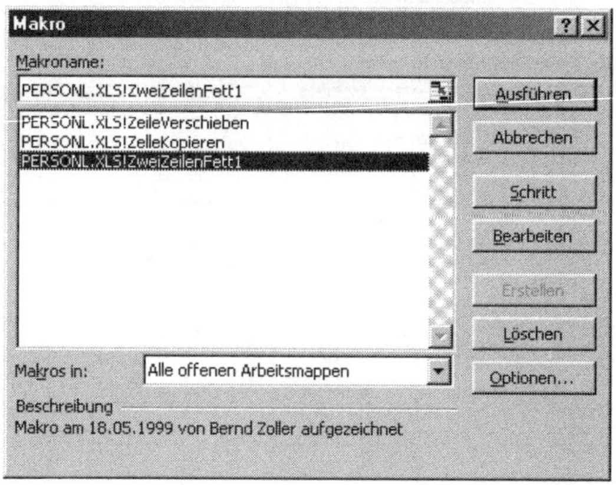

Abbildung 15.25: Hier wählen Sie das Makro aus

Der Programmablauf, der dann beginnt, lässt sich Zeile für Zeile ausführen, indem Sie auf die Funktionstaste [F8] drücken. Damit

Sie die Wirkung der einzelnen Aktionen im Tabellenfenster beobachten können, sollten Sie beide Fenster, das von Excel und das von Visual Basic, so anordnen, das Sie beides einsehen können, sowohl die Tabelle als auch den Programmcode. Während im Fenster mit dem Programmtext eine Markierung den jeweiligen Ablaufstand anzeigt, erkennen Sie innerhalb der Tabelle die Auswirkungen.

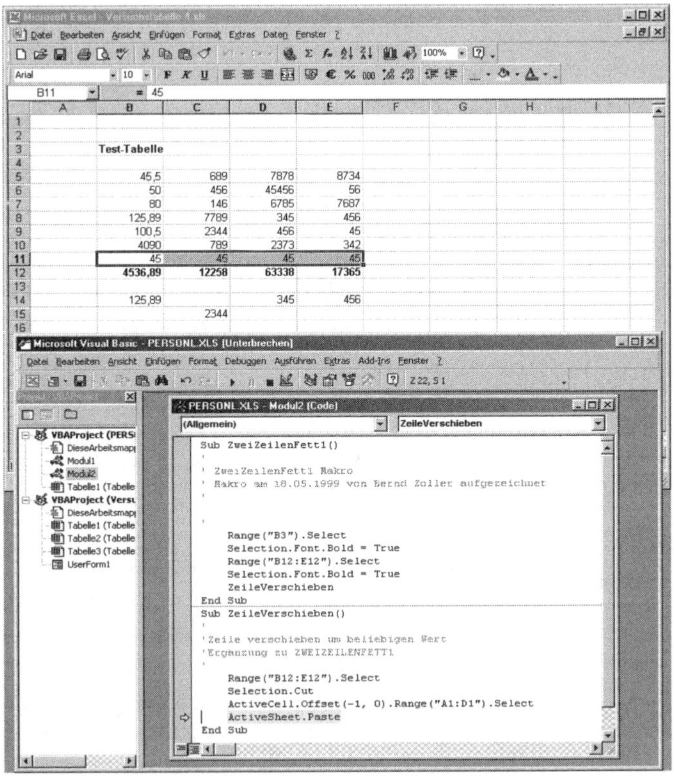

Abbildung 15.26: Visual Basic hilft bei der Fehlersuche

Auf diese Weise finden Sie irgendwann die Programmzeile, die Ihre Tabellenzellen an die falsche Stelle rückt.

Korrigieren Sie abschließend die fehlerhafte Zeile in der Prozedur *ZeileVerschieben*. Sie lautet richtig:

```
ActiveCell.Offset(1, 0).Range("A1:D1").Select
```

Als fortgeschrittener Progammierer finden Sie in der *Visual-Basic*-Symbolleiste Schaltflächen, die auch die Erstellung umfangreicher Programmtexte ermöglichen.

Makros mit Dialogen kombinieren

Die wichtigsten Grundlagen der Programmierbarkeit von Excel haben Sie in den vorangegangenen Abschnitten kennen gelernt. Wenn Sie allerdings zum Beispiel die mit Excel ausgelieferten Beispieltabellen etwas genauer unter die Lupe nehmen, werden Ihnen Details auffallen, die Sie bisher noch nicht realisieren können.

So enthalten verschiedene Tabellen Schaltflächen oder reagieren auf Aktionen Ihrerseits mit dem Einblenden von Anzeige- und Eingabefenstern.

Zwar führt die Realisierung entsprechender Tabellen schon etwas tiefer in die Abgründe der echten Programmierung, aber die ersten Schritte können Sie durchaus noch ohne große Einarbeitung sofort in Angriff nehmen.

Es wird Ihnen schnell klar werden, dass Excel Ihnen viele Möglichkeiten bietet, auf einfachem Wege eine ansprechende und für die jeweilige Arbeit günstige Oberfläche, auch innerhalb einer Tabelle, erstellen zu können.

Nachdem Sie festgestellt haben, wie einfach Sie die Ergänzungen durchführen können, werden Sie Ihre Tabellen in der Zukunft sicherlich mehr und mehr mit diesen arbeitserleichternden Maßnahmen versehen. Zudem werten Sie Ihre Arbeit damit auch optisch auf.

Ein Benzinrechner als Beispiel

Das Entwicklungsziel der nächsten Seiten ist die Integration eines kleinen, spezialisierten Rechenprogramms in eine ansonsten normale Excel-Tabelle. Folgendes Szenario soll realisiert werden:

Sie führen eine einfache Tabelle zur Kontrolle Ihrer Reisekosten mit dem eigenen Auto. Der Übersichtlichkeit halber soll außer den gefahrenen Kilometern und den tatsächlich an der Tankstelle gezahlten Summen in der Tabelle nichts zu sehen sein. Trotzdem möchten Sie wissen, wie viel billiger Ihr Reiseleben ausfallen würde, wenn Sie Ihren Wagen durch das eine oder andere Modell mit einem anderem Benzinverbrauch und anderer Benzinsorte ersetzten.

Dazu soll in der Tabelle ein kleiner Spezialrechner integriert werden, der zum Wert der Kilometersummen der aktuell aktivierten Tabellenzelle die Kosten errechnet, die bei einem bestimmten Verbrauch und Benzinpreis entstünden.

CD

Der Benzinrechner ist auf der Buch-CD vorhanden. Sie finden ihn innerhalb der Tabelle BENZIN-RECHNER.XLS im Ordner KAPITEL15.

Die Tabelle anlegen

Die Tabelle für dieses Beispiel können Sie der nachfolgenden Abbildung nachgestalten. Viel Mühe brauchen Sie sich damit nicht zu machen. Wenn Sie es sich ganz einfach machen wollen, brauchen Sie auch gar keine komplette Tabelle zu gestalten – erstellen Sie einfach eine Zeile mit sinnvollen Werten für das skizzierte Projekt.

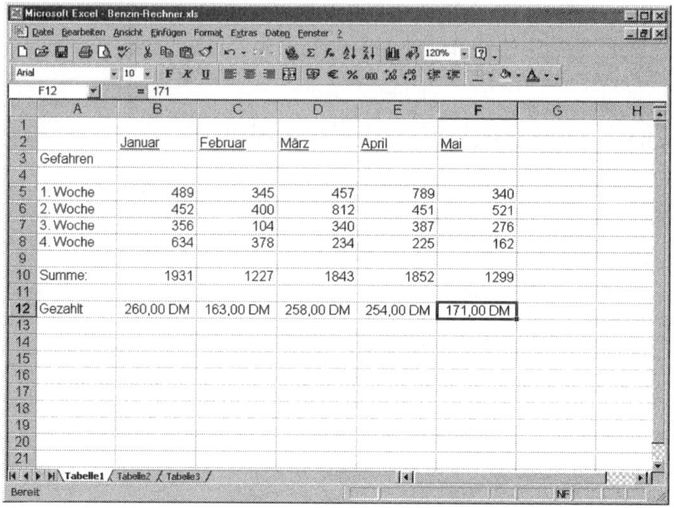

	A	B	C	D	E	F
1						
2		Januar	Februar	März	April	Mai
3	Gefahren					
4						
5	1. Woche	489	345	457	789	340
6	2. Woche	452	400	812	451	521
7	3. Woche	356	104	340	387	276
8	4. Woche	634	378	234	225	162
9						
10	Summe:	1931	1227	1843	1852	1299
11						
12	Gezahlt	260,00 DM	163,00 DM	258,00 DM	254,00 DM	171,00 DM

Abbildung 15.27: Zur Ausführung des Projekts genügt eine einfache Tabelle

Nachdem Sie die Tabelle erstellt haben, speichern Sie diese unter dem Namen BENZIN-RECHNER ab.

Die Überlegungen

Vor der Realisierung ist ein Moment der Planung notwendig. Für den beschriebenen spezialisierten Benzinrechner gelten folgende Parameter:

- Das Makro oder die Prozedur, die das Rechnen bewältigt, braucht nur in der Benzintabelle zur Verfügung zu stehen.
- Zu Beginn muss der Wert der jeweils aktiven Zelle ermittelt werden.

- Zwei Dialogboxen sollen zunächst den Benzinpreis und dann den Verbrauch eines Wagens abfragen, für den Sie die monatlichen Treibstoffkosten ermitteln wollen.
- Das Ergebnis soll wiederum in einem Anzeigefenster zu sehen sein.

Aus diesen Anforderungen ergibt sich, dass die Aufgabe nicht gut durch Makro-Aufzeichnung zu lösen ist, sondern durch eine direkte Programmierung mit Visual Basic in Angriff genommen werden sollte. Der erste Schritt der Arbeit besteht also darin, die Integration eines neuen Visual-Basic-Objekts in die Tabelle zu veranlassen.

Das Einfügen des neuen Moduls

Die Realisierung des Benzinrechners beginnt mit der Aktivierung der Funktion *Makro / Visual-Basic-Editor* aus dem *Extras*-Menü.

Es wird daraufhin der Editor geöffnet, den Sie schon von der Makroaufzeichnung her kennen. Beachten Sie hier besonders die linke Spalte, die mit *Projekt* betitelt ist (siehe Abbildung 15.28).

HINWEIS

> Sollten Sie diese Spalte nicht sehen, dann aktivieren Sie den Menübefehl *Ansicht / Projekt-Explorer*. Die Spalte wird daraufhin eingeblendet.

Klicken Sie nun die Zeile *VBA-Project (Benzin-Rechner.xls)* an, da wir hier das neue Modul installieren wollen. Sobald Sie die Zeile aktiviert haben, wählen Sie den Menübefehl *Einfügen / Modul* an.

Unmittelbar nach dem Aktivieren des Befehls sieht die Visual-Basic-Oberfläche so aus wie in der Abbildung 15.29.

Zusätzlich zu der Liste auf der linken Seite, die um den Eintrag *Modul1* erweitert wurde, wurde automatisch ein leeres Fenster mit dem Titel *Modul1* geöffnet, das der Aufnahme von Visual-Basic-Programmtext dient.

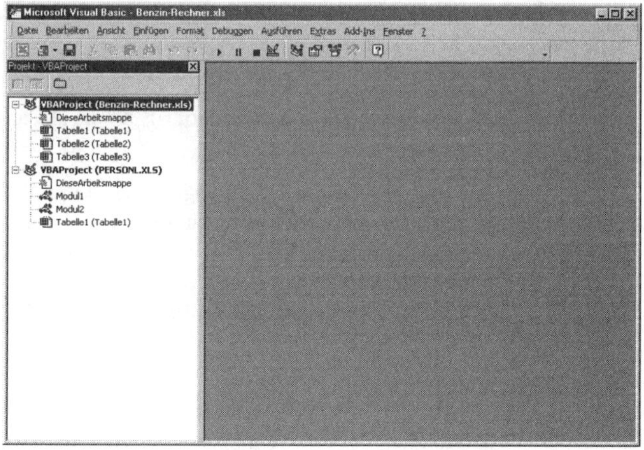

Abbildung 15.28: Der Visual-Basic-Editor

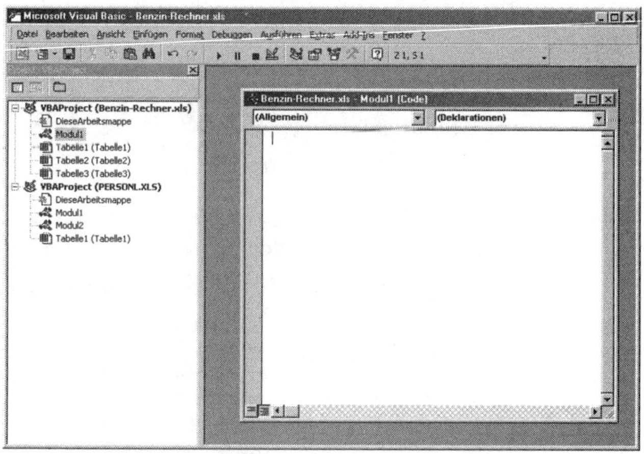

Abbildung 15.29: Für die Visual-Basic-Module stehen eigene Fenster zur Verfügung

Eine Funktion muss erstellt werden

Das Benzinproblem, dessen Lösung mit Visual Basic nun ansteht, ließe sich auch mit Formeln in der Tabelle selbst lösen, nur gäbe es dann nicht die gewünschten Dialoge mit dem Anwender.

Möglich wäre es auch, zwar die Formel in eine Tabellenzelle zu schreiben, die Arbeit mit der Zelle dann aber über Visual Basic zu steuern.

Beide Varianten sind nicht sonderlich elegant – die Formel sollte nach Möglichkeit in den Visual-Basic-Programmtext integriert werden. Erreichbar ist dies dort durch das Anlegen einer Funktion.

Vergessen Sie zu Beginn der Funktion, die ähnlich aufgebaut ist wie die bekannten Makro-Routinen, die Kommentarzeilen nicht! Ihr Programm könnte folgendermaßen beginnen:

```
Function Ermitteln(Verbrauch, Benzinpreis, Km)

'   Kleiner Benzinvergleichsrechner

'

'   Die Formel als Funktion

'

    Ermitteln = (((Km / 100) * Verbrauch) * Benzinpreis)

End Function
```

Die Funktion beginnt mit der Festlegung ihres Namens. Der Klammerausdruck dahinter gibt an, mit welchen Werten die Funktion zu rechnen hat. Es handelt sich um Variablen, in die die aufrufende Prozedur beim späteren Programmablauf die konkreten Werte einsetzt, die sie aus der Tabelle entnimmt und von Ihnen erfragt.

Die nächste Programmzeile (die Kommentare bleiben unberücksichtigt) stellt die eigentliche Formel dar. Der Rechner dividiert die gefahrenen Kilometer zuerst durch 100, multipliziert dann mit dem von Ihnen eingetippten Verbrauch pro 100 Kilometer und multipliziert das so gewonnene Ergebnis schließlich noch einmal mit dem DM-Preis pro Liter. Heraus kommt, was die gefahrenen Kilometer mit einem durch die eingegebenen Parameter charakterisierten Auto kosten.

Eine Prozedur wird ergänzt

Die soeben erstellte Funktion allein reicht für unseren Benzinrechner nicht aus. Sie wird von einer Prozedur zum Rechnen benutzt, so wie eine Excel-Tabelle die eingegebenen Formeln zum Rechnen verwendet.

Die der Funktion unmittelbar folgende Prozedur muss etwas genauer erläutert werden:

```
Sub Benzin()

'

'   Die Prozedur

'

    Verbrauch = InputBox("Liter pro 100 Km", "Benzinver-
brauch", "")

    Benzinpreis = InputBox("DM,Pf pro Liter Benzin", "Benzin-
preis", "")

    Km = ActiveCell.Value

    Ergebnis = Ermitteln(Verbrauch, Benzinpreis, Km)

    MsgBox (Ergebnis)

End Sub
```

Geben Sie die obigen Zeilen direkt unter der bestehenden Funktion in das Modull-Fenster ein.

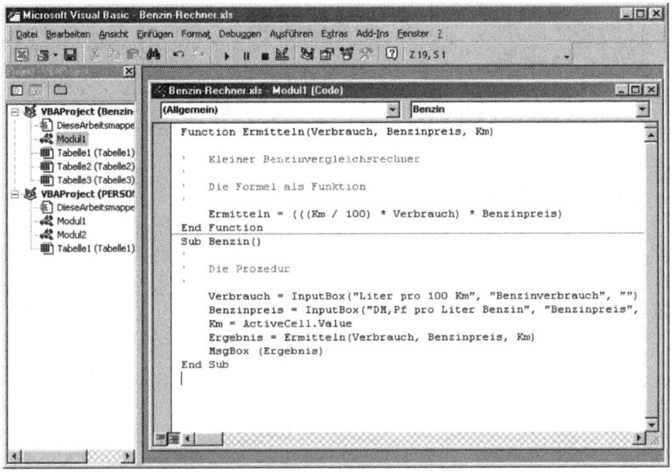

Abbildung 15.30: So sollte Ihr Programmcode nun aussehen

Der Name der Prozedur ist *Benzin*. Die Hauptaufgabe der Prozedur besteht darin, für die Funktion *Ermitteln* die zum Rechnen nötigen Werte herbeizuschaffen und das Ergebnis anzuzeigen.

Weil es der Sinn der ganzen Rechnung ist, für verschiedene Automodelle zu einer gegebenen Kilometerleistung den Benzinverbrauchspreis zu ermitteln, muss das Makro den jeweiligen Verbrauch von Ihnen erfragen.

Dazu dient die in Visual Basic immer vorhandene Funktion *InputBox*. Sie öffnet am Bildschirm ein Fenster, in das Werte oder Text eingegeben werden können.

Jeder Eingabedialog enthält in der Regel die Schaltflächen *OK* und *Abbrechen*. Die Texte, die jeweils im Klammerausdruck hinter dem Namen des Dialogs angegeben sind, erscheinen in der Dialogbox und in deren Titelzeile. Die zwei Anführungszeichen am Ende des Klammerausdrucks zeigen übrigens an, dass noch eine dritte Möglichkeit existiert, Text in der Dialogbox anzuzeigen. Von dieser Möglichkeit wird allerdings im Beispiel kein Gebrauch gemacht.

Abbildung 15.31: Visual Basic steuert das Aussehen von Dialogboxen

Was die Dialogbox erfragen soll, steht vor dem Gleichheitszeichen: den Wert für den Verbrauch. Analog dazu ermittelt eine zweite Dialogbox, die in der nächsten Zeile definiert wird, den aktuellen Literpreis für das Benzin.

Abbildung 15.32: Verschiedene Werte können Dialogbox für Dialogbox abgefragt werden

Die gefahrenen Kilometer soll die Excel-Prozedur einfach der Zelle entnehmen, die Sie vor dem Prozedur-Aufruf aktiviert haben. Achten Sie also darauf, welche Zelle Sie vor der Aktivierung der Routine anklicken. Für Visual Basic ist die *ActiveCell* ein unproblematisch zu kontrollierendes Objekt, so dass der Wert ohne Probleme aus diesem Objekt übernommen werden kann.

Die nächste Zeile enthält den Aufruf der vorab definierten Funktion *Ermitteln*. Visual Basic übergibt die ermittelten Werte in der Reihenfolge, die in der Funktionsdefinition vorgegeben wurde: *Verbrauch, Benzinpreis, Km*.

Gleichzeitig wird festgelegt, dass das von der Funktion zurückgegebene Resultat in der Variablen *Ergebnis* aufgefangen wird.

Im Anschluss an diese Aktionen ist nur noch die Präsentation des Ergebnisses notwendig. Dazu dient eine Anzeigebox, die mit der Funktion *MsgBox* definiert wird. Diese Funktion benötigt unbedingt den Wert, den sie anzeigen soll, in einer ihrem Namen unmittelbar folgenden Klammer.

Standardmäßig enthält sie außerdem grundsätzlich eine *OK*-Schaltfläche, die das Schließen des Fensters nach der Anzeige bewirkt.

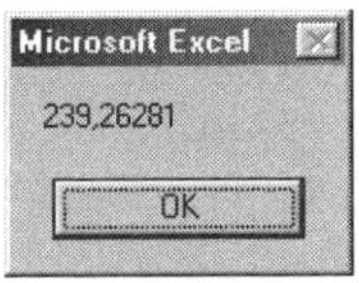

Abbildung 15.33: Die Ergebnisbox ist simpel, aber hinreichend informativ

Sämtliche Dialogfenster, wie Sie in der Prozedur verwendet werden, stellen Minimal-Exemplare ihrer Art dar. Sie können mit weiteren Argumenten versehen werden, so dass sie weitere Darstellungsmöglichkeiten bieten.

Möchten Sie eigenständige Dialoge kreieren, dann können Sie innerhalb des *Visual-Basic*-Fensters über den Menübefehl *Einfügen / UserForm* die entsprechenden Voraussetzungen schaffen (siehe Abbildung 15.34).

Für diesen Bereich der Programmierung soll hier allerdings auf Spezialliteratur verwiesen werden. Zudem kann auch die Hilfe von Excel viele Fragen beantworten.

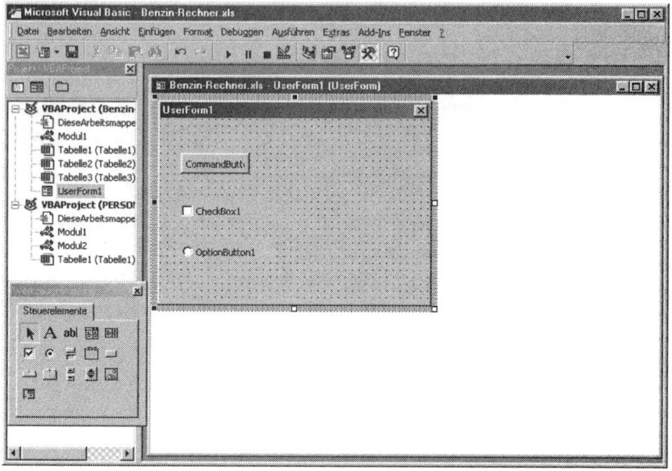

Abbildung 15.34: Prinzipiell lassen sich für Visual Basic selbst die kompliziertesten Dialogboxen am Bildschirm gestalten

Die Aktivierung des Rechners

Inzwischen funktioniert der Benzinrechner schon bestens, sofern Sie eine Zelle mit einem Kilometerwert aktivieren und den Rechner dann über das *Visual-Basic*-Fenster starten. Ziel war es aber, ihm eine komfortable Aufrufschaltfläche in der Tabelle zuzuweisen.

Diese Aufgabe ist erstaunlich schnell zu bewältigen. Wählen Sie zunächst aus dem *Ansicht*-Menü den Befehl *Symbolleisten* und dort das Kontrollkästchen *Steuerelement-Toolbox* an.

Die dann eingeblendete Symbolleiste enthält eine Reihe von Elementen. Für den aktuellen Fall interessant ist allerdings nur das Symbol *Befehlsschaltfläche*, das Sie am kleinen Bild einer typischen Windows-Schaltfläche erkennen.

Abbildung 15.35: In der Symbolleiste *Steuerelement-Toolbox* finden Sie das Werkzeug zum Gestalten von Schaltflächen

Klicken Sie in der Symbolleiste das Symbol für die Schaltflächengestaltung an, und ziehen Sie mit der Maus an einer freien Stelle Ihrer Benzinrechnertabelle ein Rechteck auf. Sobald Sie die Maustaste loslassen, wird eine Schaltfläche in Ihre Tabelle eingefügt (siehe Abbildung 15.36).

Um diese Schaltfläche nun mit der Berechnung der angelegten Benzin-Funktion zu verbinden, klicken Sie die Schaltfläche anschließend sofort doppelt an. Daraufhin wechselt Excel wieder zum *Visual-Basic*-Fenster (siehe Abbildung 15.37).

Geben Sie hier in das bereitstehende Fenster zwischen den beiden vorhandenen Zeilen den Befehl *Benzin* ein. Dadurch wird, sobald Sie mit der Maus auf die Schaltfläche klicken, die Funktion *Benzin* aktiviert.

Wechseln Sie dann wieder zum Excel-Fenster und klicken Sie anschließend noch einmal mit der Maus auf die Schaltfläche, so dass diese aktiviert ist. Innerhalb der Steuerelement-Toolbox klicken Sie dann das Symbol *Eigenschaften* (die Hand, die auf ein Stück Papier weist) an. Es öffnet sich das *Eigenschaften*-Fenster für die Schaltfläche.

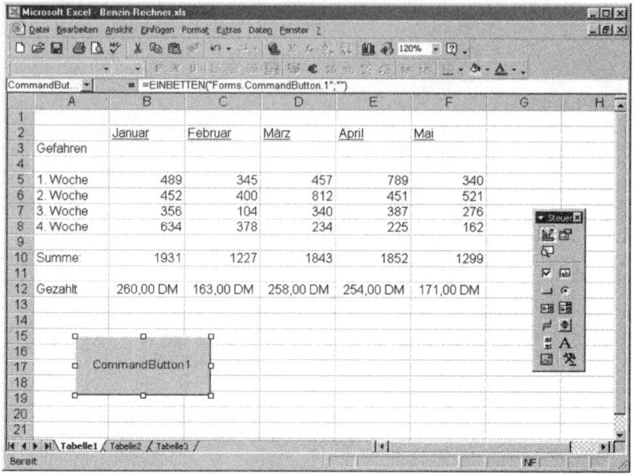

Abbildung 15.36: Die Schaltfläche

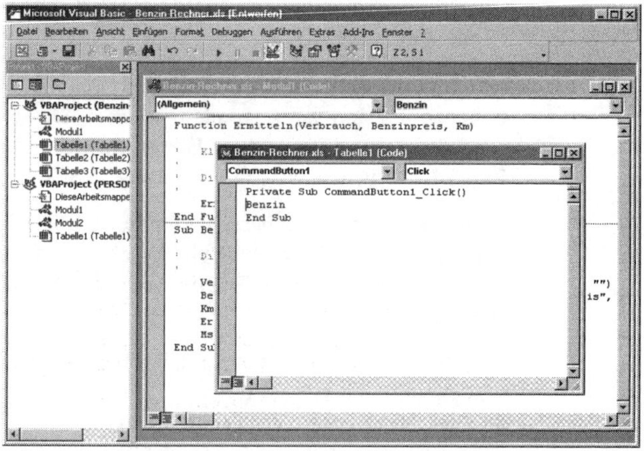

Abbildung 15.37: Der Benzinrechner startet von nun an per Schaltfläche

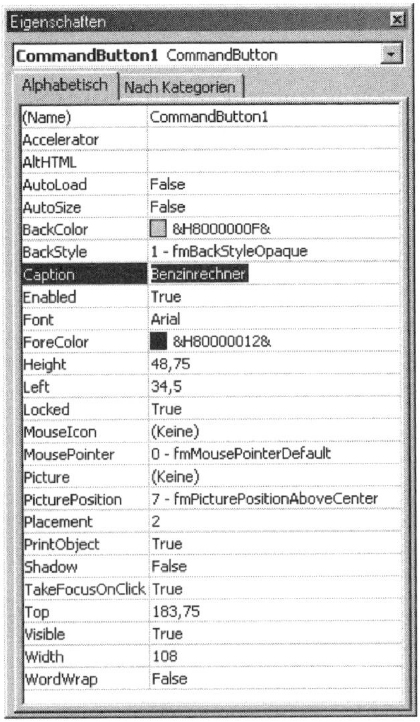

Abbildung 15.38: Die Eigenschaften der Schaltfläche

Klicken Sie hier den Eintrag *Caption* an und ändern Sie den angezeigten Text *CommandButton1* in *Benzinrechner* um. Ihre Eingabe können Sie sofort kontrollieren, da der geänderte Text sofort auf die Schaltfläche übertragen wird. Schließen Sie anschließend dieses *Eigenschaften*-Fenster wieder und beenden Sie den Entwurfsmodus, indem Sie innerhalb der *Steuerelement-Toolbox* das aktivierte Symbol anklicken. Der Aktivierungsrahmen um die Schaltlfäche *Benzinrechner* verschwindet daraufhin.

Um die Funktion nun zu testen, klicken Sie eine Zelle mit einem Kilometerwert in der Tabelle an und danach die Schaltfläche – sie zeigt sich sofort funktionsbereit und startet die Visual-Basic-Prozedur.

Sollten Sie die selbst gemachte Schaltfläche später noch einmal ändern wollen, so können Sie sie jederzeit über den Entwurfsmodus verändern. Sie erhält dann sofort die üblichen »Griffe« zur Änderung.

Außerdem wird ein Dialogfenster zur Änderung nahezu aller Eigenschaften der Schaltfläche zur Verfügung gestellt. Über die einzelnen Register können Sie hier nahezu alles verändern bzw. korrigieren, was Sie möchten.

Mit diesem Wissen können Sie folglich alles ausprobieren, ohne Angst zu haben, dass die Arbeit vergebens war, sollte sie nicht auf Anhieb Ihren Wünschen entsprechen.

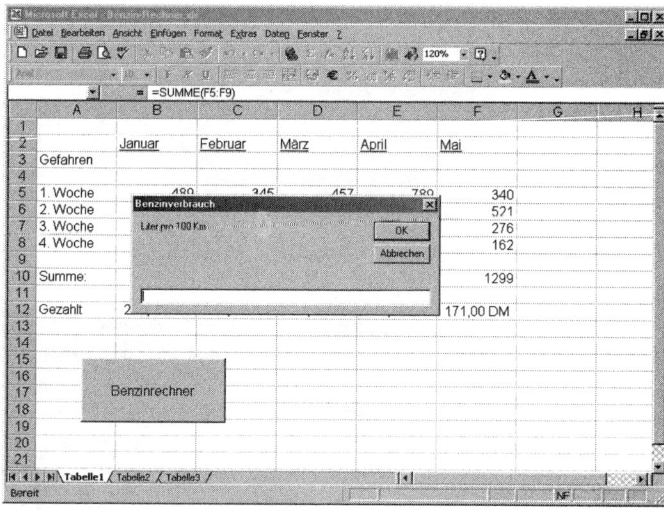

Abbildung 15.39: Schaltflächen können auch nachträglich geändert werden

Sie haben nun einiges zur Programmierung von Excel erfahren. Wie erwähnt kann an dieser Stelle nicht alles umfassend erläutert werden. Ein kleiner Einblick in dieses Thema sollte hier ausreichen, um Ihr Interesse zu wecken und die Möglichkeiten dieses Bereichs anzudeuten.

KAPITEL

16

Die ausführliche Installation

Die Installation von Excel beinhaltet nicht nur das reine Kopieren der Daten von der CD auf den Computer, sondern noch einiges mehr. Was alles dazu gehört und wie Sie diese Dinge handhaben, erfahren Sie in diesem Kapitel.

Die ausführliche Installation

Oftmals wird in der Praxis die Installation von Excel 2000 aus dem Office-2000-Paket heraus erfolgen. Deshalb wird hier diese Art der Installation erläutert.

Um Microsoft Excel 2000 zu installieren, legen Sie die Microsoft-Office-2000-CD in Ihr CD-Laufwerk ein. Das Installationsprogramm wird in der Regel automatisch gestartet, da die CD mit der so genannten *Autorun*-Funktion ausgerüstet ist.

Sollte die Installation nicht automatisch gestartet werden, dann aktivieren Sie innerhalb des *Start*-Menüs von Windows den Befehl *Ausführen*. Es öffnet sich daraufhin ein Dialog:

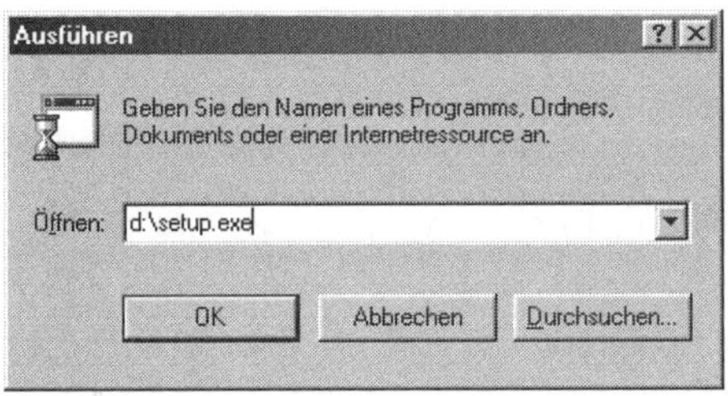

Abbildung 16.1: Der *Ausführen*-Dialog

Innerhalb des Dialogs geben Sie in die dafür vorgesehene Eingabezeile den Eintrag ein, der den Start der Installation veranlasst. Es ist, wie in der Abbildung zu sehen, der Befehl

```
D:\SETUP.EXE
```

wobei D: der Laufwerksbuchstabe für das CD-ROM-Laufwerk ist. Sollten Sie den Laufwerksbuchstaben Ihres CD-ROM-Laufwerks nicht genau kennen, dann können Sie die entsprechende Datei auch über die Schaltfläche *Durchsuchen* lokalisieren.

Anschließend klicken Sie auf *OK* und die Installation wird gestartet.

Abbildung 16.2: Der Start der Installation

Der Startbildschirm wird einige Zeit zu sehen sein, da vom Installationsprogramm zuerst einige Vorbereitungen durchgeführt werden müssen.

Den Fortschritt der Vorbereitungen können Sie anhand eines Laufbalkens erkennen.

Sind diese Vorbereitungen abgeschlossen, werden Sie aufgefordert, Ihre Kundeninformationen einzugeben.

Hier geben Sie Ihren Namen sowie Ihre Initialen und die Organisation ein, wobei nicht alles ausgefüllt werden muss. Obligatorisch ist allerdings die Eingabe des CD-Schlüssels (CD-Key).

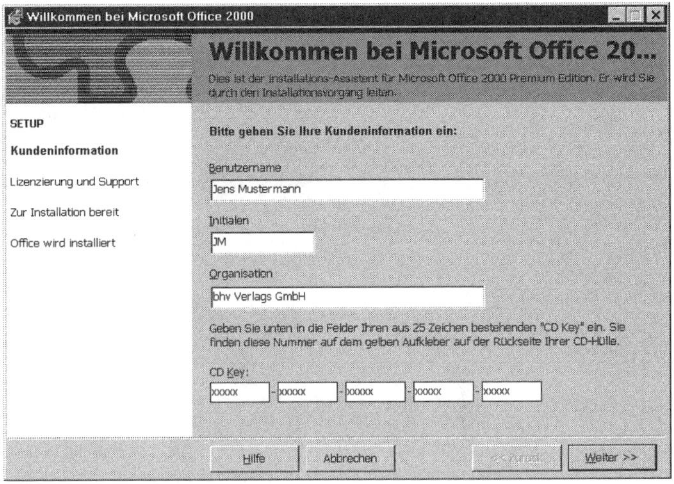

Abbildung 16.3: Die Kundeninformationen

Den *CD-Key* finden Sie auf dem gelben Aufkleber auf der Rückseite Ihrer CD-Hülle. Erst nach der Eingabe des richtigen CD-Schlüssels kann die Installation über die Schaltfläche *Weiter* fortgesetzt werden. Solange der CD-Key nicht eingegeben wurde, bleibt die Schaltfläche *Weiter* nicht anwählbar.

Haben Sie den CD-Key eingegeben, klicken Sie auf *Weiter* und Sie gelangen zum nächsten Dialog, in dem die Lizenzbestimmungen von Microsoft angezeigt werden. Nur wenn Sie den Lizenzvertrag akzeptieren, können Sie mit der Installation von Microsoft Office 2000 fortfahren, andernfalls wird die Installation beendet (siehe Abbildung 16.4).

Um den Lizenzvertrag zu akzeptieren, aktivieren Sie die Option *Ich akzeptiere die Bedingungen des Lizenzvertrags* und klicken anschließend auf die Schaltfläche *Weiter*.

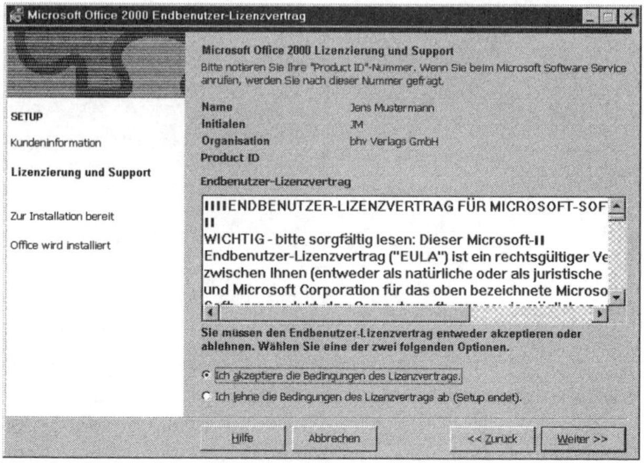

Abbildung 16.4: Der Lizenzvertrag

In dem nächsten Dialog bestimmen Sie über die zwei angezeigten Schaltflächen, wie Microsoft Office 2000 installiert werden soll (siehe Abbildung 16.5).

Klicken Sie auf die Schaltfläche *Installieren*, dann wird Microsoft Office 2000 in dem vorgegebenen Installationsverzeichnis C:\PROGRAMME\MICROSOFT OFFICE\ installiert. Dabei werden die von Microsoft als standardmäßig vorgegebenen Programm-Module installiert.

Möchten Sie jedoch bestimmen, welche Programmteile installiert werden sollen, den Installationspfad neu festlegen oder ältere Versionen eines Office-Pakets erhalten, dann klicken Sie auf die Schaltfläche *Benutzerdefiniert*.

Es erscheint ein neuer Dialog, in dem Sie zunächst den Installationsort festlegen (siehe Abbildung 16.6).

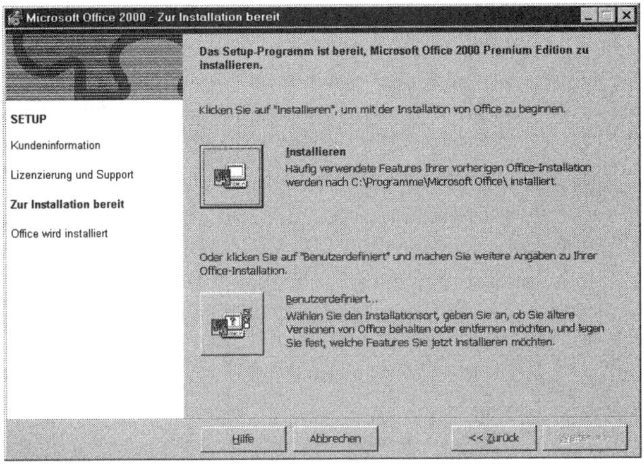

Abbildung 16.5: Zwei Wege zur Installation von Microsoft Office 2000

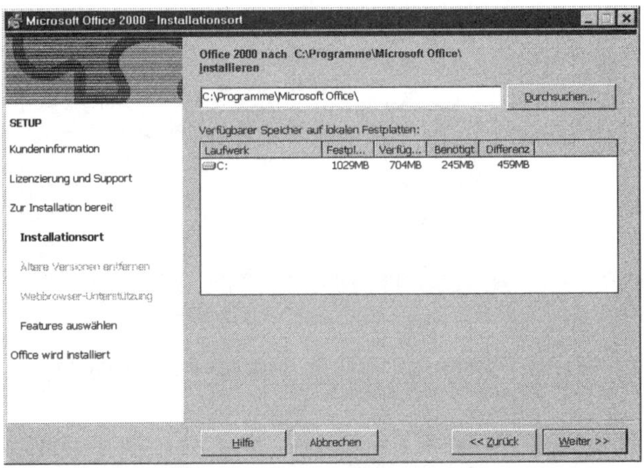

Abbildung 16.6: Zielverzeichnis bestimmen

Sie können über die Schaltfläche *Durchsuchen* das gewünschte Zielverzeichnis wählen. In dem Fenster *Verfügbarer Speicher auf lokalen Festplatten* wird der freie Speicherplatz der verfügbaren Speichermedien zur Information angezeigt. Sofern Sie das Zielverzeichnis definiert haben, klicken Sie auf die Schaltfläche *Weiter*, um mit der Installation fortzufahren.

Der weitere Verlauf der Installation ist abhängig davon, ob bereits eine ältere Office-Version auf Ihrem System installiert ist. Wenn eine ältere Office-Version auf Ihrem Computer installiert ist, haben Sie die Möglichkeit zu entscheiden, ob einzelne Programmteile aus dieser Version erhalten bleiben sollen. Hierfür erscheint ein Dialog, in dem die zu erhaltenden Programme ausgewählt werden können.

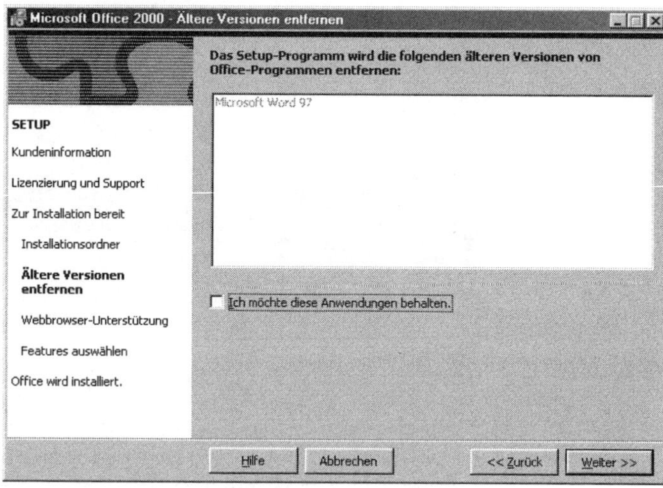

Abbildung 16.7: Ältere Programmversionen

Möchten Sie die von der Installationsroutine gefundenen älteren Programme beibehalten, dann aktivieren Sie die Option *Ich möchte diese Anwendungen behalten*. Ansonsten werden die aufgelisteten Programme deinstalliert.

Über *Weiter* gelangen Sie zum nächsten Dialog. Hier können Sie festlegen, ob und wie der Internet Explorer 5 installiert werden soll.

Wählen Sie die entsprechende Option in dem aufklappbaren Listenfeld aus.

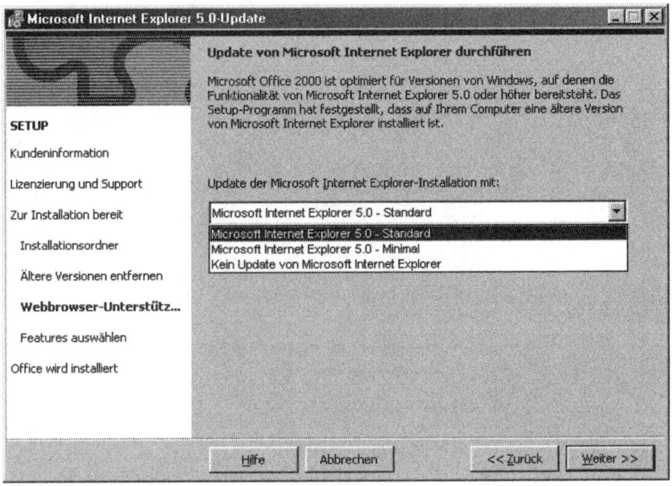

Abbildung 16.8: Der Internet Explorer

Im nächsten Dialog, den Sie über *Weiter* erreichen, können Sie die Programm-Module und Komponenten auswählen, die installiert werden sollen (siehe Abbildung 16.9).

Für die Installation der Programm-Module und Komponenten stehen verschiedene Arten der Installationsdurchführung zur Verfügung, was Sie anhand der oben abgebildeten verschiedenartigen Symbole erkennen können.

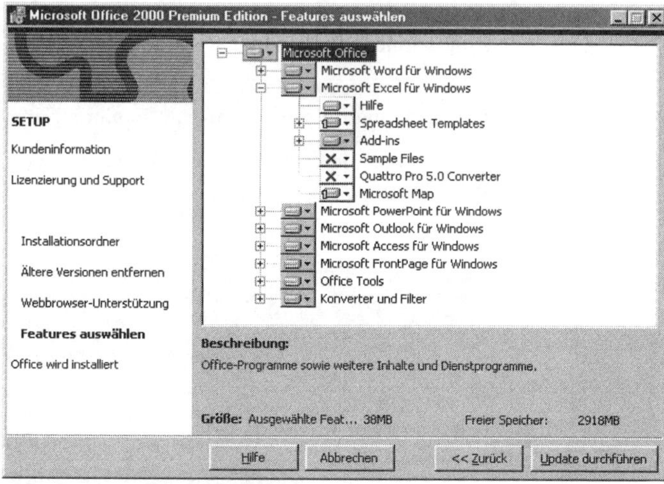

Abbildung 16.9: Installieren verschiedener Programm-Module

Wenn Sie eines dieser Symbole anklicken, dann öffnet sich ein Menü mit den verschiedenen Möglichkeiten, die nachfolgend erläutert werden.

- *Vom Arbeitsplatz starten*
  Sie können das gewählte Programm-Modul oder die gewählte Komponente komplett auf Ihrer Festplatte installieren.
- *Alles vom Arbeitsplatz starten*
  Sie können alle zum Programm gehörenden Module und Komponenten auf Ihrer Festplatte installieren.
- *Von CD starten*
  Sie können das gewählte Programm-Modul oder die gewählte Komponente so installieren, dass diese direkt von der CD aus gestartet werden und somit keinen Speicherplatz auf Ihrer Festplatte belegen.

- *Alles von CD starten*
  Sie können alle zum Programm gehörenden Module und Komponenten so installieren, dass diese direkt von der CD aus gestartet bzw. aufgerufen werden. Dadurch wird kein Speicherplatz auf der Festplatte belegt.

- *Bei der ersten Verwendung installieren*
  Sie können das gewählte Programm-Modul oder die gewählten Komponenten so installieren, dass diese bei der ersten Verwendung installiert werden. In diesem Fall werden die Programm-Module bzw. die Komponenten so auf die Festplatte installiert, dass diese anwählbar sind, obwohl die erforderlichen Dateien noch nicht auf die Festplatte kopiert wurden. Wird das Modul oder die Komponente tatsächlich benötigt, wird es erst dann von der CD auf die Festplatte installiert.

- *Nicht verfügbar*
  Über diesen Eintrag wird das gewählte Programm-Modul bzw. die gewählte Komponente nicht installiert.

Standardmäßig wird Microsoft Office 2000 für den Abschnitt Excel eine Reihe von Modulen, Hilfen und Vorlagen installieren, einige jedoch nicht.

Wenn Sie die gewünschten Einstellungen für die zu installierenden Programm-Module und Komponenten ändern wollen, können Sie dies hier tun. Haben Sie Ihre Auswahl vorgenommen, klicken Sie auf die Schaltfläche zur Installationsdurchführung. Im Anschluss daran werden die Installationsaufgaben überprüft und die Installation wird durchgeführt.

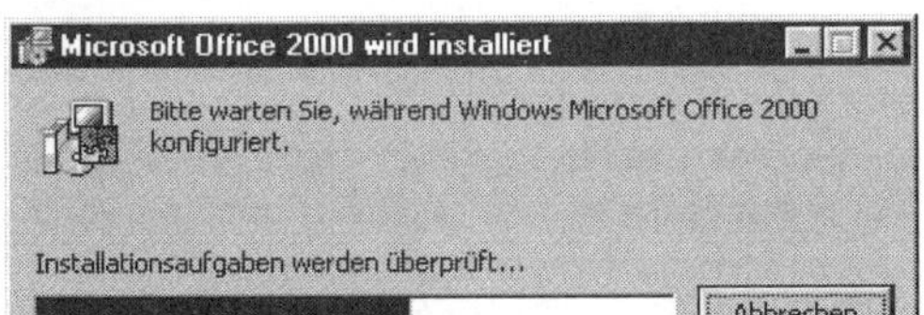

Abbildung 16.10: Die Installationsaufgaben werden überprüft

Nachdem die erforderlichen Dateien auf der Festplatte installiert worden sind, erhalten Sie eine entsprechende Meldung.

Abbildung 16.11: Die Installation ist durchgeführt

In der Regel empfiehlt Microsoft über einen Dialog, einen Neustart Ihres Systems durchzuführen, um die neu installierten Dateien in das System zu laden. Sollte diese Meldung nicht erscheinen, sollten Sie trotzdem Ihren Rechner ordnungsgemäß herunterfahren und neu starten.

Programmteile reparieren, ändern, hinzufügen oder entfernen

Von der Microsoft-Office-2000-CD installierte Programm-Module oder Komponenten können jederzeit automatisch repariert werden, falls Programmfehler auftauchen. Ebenso können Sie jederzeit noch nicht installierte Programm-Module oder Komponenten aus der Microsoft-Office-2000-Version hinzufügen oder bereits installierte Programm-Module oder Komponenten wieder von der Festplatte entfernen.

Starten Sie dazu das Installationsprogramm von Microsoft Office 2000 erneut, indem Sie die Microsoft-Office-2000-CD in Ihr CD-Laufwerk einlegen. Das Installationsprogramm wird, wie bekannt, in der Regel automatisch gestartet.

Das Installationsprogramm von Microsoft Office 2000 erkennt automatisch, dass bereits Programmteile von Microsoft Office 2000 installiert wurden und startet in dem *Wartungsmodus*.

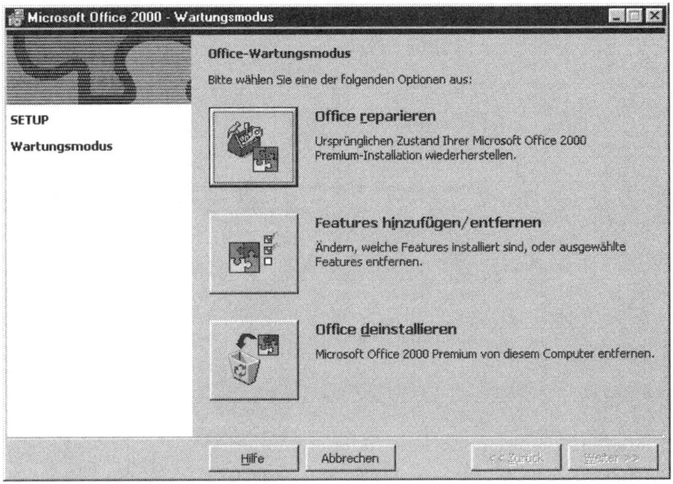

Abbildung 16.12: Der erneute Aufruf des Installationsprogramms von Microsoft Office 2000

In diesem Wartungsmodus können Sie die installierten Office-Programm-Module oder Komponenten reparieren, neue Module oder Komponenten hinzufügen, ändern oder von der Festplatte entfernen. Sie können aus dem Wartungsmodus auch das gesamte Microsoft Office 2000 von Ihrem System deinstallieren.

Office reparieren

Sind während der Arbeit mit Microsoft Office 2000 wiederholt Fehler aufgetreten, z.B. wurden notwendige Dateien nicht gefunden oder es kam zu wiederholten Programmabstürzen, dann können Sie über den Wartungsmodus automatisch nach Fehlern in der Microsoft-Office-2000-Installation suchen lassen und diese beheben.

Um den ursprünglichen Zustand Ihrer Installation wiederherzustellen, können Sie Office auch neu installieren. Um eine dieser beiden Möglichkeiten durchzuführen, klicken Sie auf die Schaltfläche *Office reparieren*.

Sie gelangen zum Dialog *Microsoft Office 2000 - Neu installieren/Reparieren*.

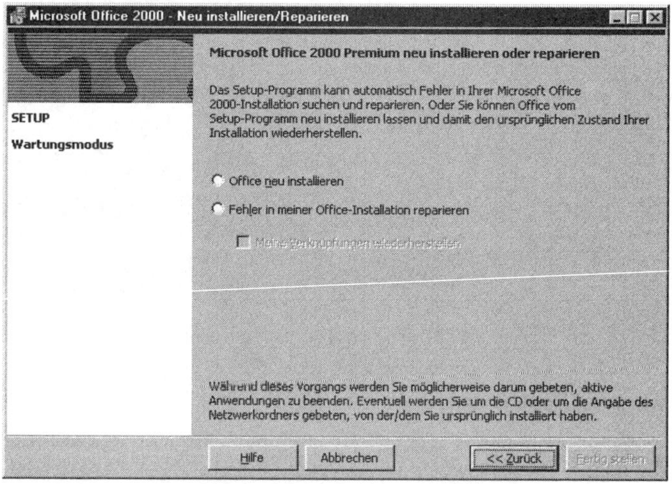

Abbildung 16.13: Microsoft Office 2000 reparieren

In diesem Dialog stehen Ihnen die zwei Optionen *Office neu installieren* und *Fehler in meiner Office-Installation reparieren* zur Verfügung. Wählen Sie die gewünschte Option aus, indem Sie diese aktivieren.

Wenn Sie Microsoft Office 2000 reparieren wollen, können Sie zusätzlich die Option *Meine Verknüpfungen wiederherstellen* aktivieren, womit eventuell gelöschte Verknüpfungen zu Microsoft-Office-2000-Programm-Modulen im System wiederhergestellt werden.

Um die Neuinstallation oder die Reparatur von Microsoft Office 2000 zu starten, klicken Sie auf die Schaltfläche *Fertig stellen*. Über den Verlauf der Neuinstallation bzw. der Reparatur werden Sie am Bildschirm informiert.

Komponenten hinzufügen/entfernen

Möchten Sie bereits installierte Programm-Module oder Komponenten von Microsoft Office 2000 ändern, entfernen oder neue Komponenten zu Ihrem System hinzufügen, klicken Sie auf die Schaltfläche *Features hinzufügen/entfernen*. Es erscheint der Dialog *Microsoft Office 2000 - Features aktualisieren*.

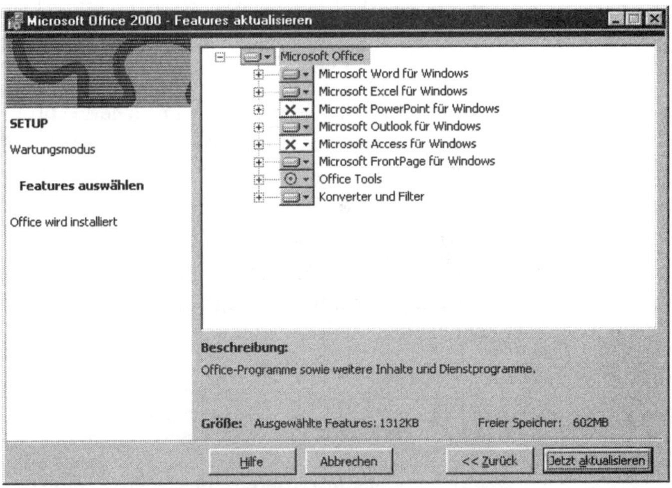

Abbildung 16.14: Features aktualisieren

In diesem Dialog werden die bereits installierten Programm-Module bzw. Komponenten so aufgeführt, wie sie bereits bei der Erstinstallation von Ihnen installiert worden sind. Sie können wie bei der Neuinstallation die Installationsart der einzelnen Programm-Module bzw. Komponenten beliebig ändern, dabei stehen Ihnen die sechs bereits bekannten Auswahlkriterien zur Verfügung:

- *Vom Arbeitsplatz starten*
- *Alles vom Arbeitsplatz starten*
- *Von CD starten*
- *Alles von CD starten*
- *Bei der ersten Verwendung installieren*
- *Nicht verfügbar*

Haben Sie zum Beispiel bei der Erstinstallation die Option *Von CD starten* gewählt, können Sie diese in eine beliebige andere Option, z.B. *Vom Arbeitsplatz starten*, ändern oder durch die Wahl der Option *Nicht verfügbar* von der Festplatte entfernen.

Auf diese Weise können Sie sämtliche Features von Microsoft Office 2000 beliebig Ihrem System hinzufügen, ändern oder entfernen. Um die neuen Einstellungen zu übernehmen, klicken Sie auf die Schaltfläche *Jetzt aktualisieren*.

Auf dem Bildschirm werden Sie über den Status der Aktualisierung von Microsoft Office 2000 informiert. Dabei werden je nach Auswahl neue Features hinzugefügt, geändert oder von Ihrem System entfernt.

Office deinstallieren

Möchten Sie Microsoft Office 2000 komplett von Ihrem System entfernen, dann klicken Sie auf die Schaltfläche *Office deinstallieren*. Es erscheint ein Dialog, in dem Sie noch einmal gefragt werden, ob

Sie Microsoft Office 2000 wirklich von Ihrem System entfernen möchten.

Klicken Sie auf *Ja*, wird Microsoft Office 2000 von Ihrem System restlos entfernt. Über den Status der Deinstallation werden Sie am Bildschirm informiert.

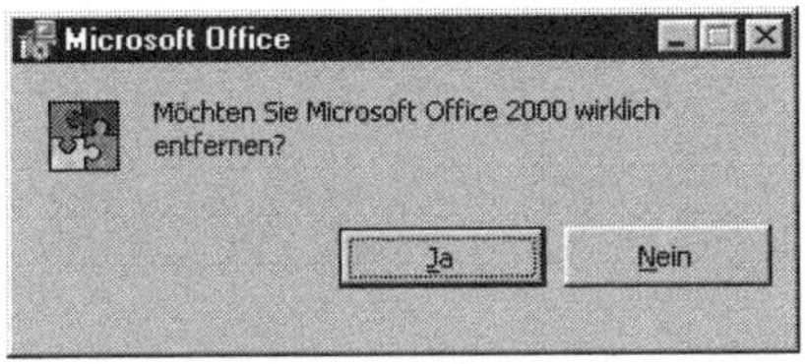

Abbildung 16.15: Microsoft Office 2000 deinstallieren

Falls Sie jedoch die Deinstallation nicht wünschen, klicken Sie auf *Nein* und Sie gelangen zum Dialog *Microsoft Office 2000 - Wartungsmodus* zurück.

TEIL

V

Anhang

In diesem Teil finden Sie ein ausführliches Glossar, das in knapper Form die wichtigsten Begriffe rund um Windows und Excel 2000 erläutert. Darüber hinaus erhalten Sie einen Überblick über die Analyse-Funktionen, die Ihnen Excel zur Verfügung stellt.

ANHANG

A

Die Analyse-Funktionen

Die Analyse-Funktionen

In diesem Kapitel finden Sie eine Auflistung von Funktionen, die Ihnen von Excel zur Verfügung gestellt werden, wenn Sie über den *Add-Ins-Manager* des *Extras*-Menüs die *Analyse*-Funktionen aktivieren. Dabei sind die Funktionen jeweils unterschiedlichen Kategorien zugeordnet.

HINWEIS: Damit Sie die Funktionen auch unabhängig von ihrer Kategoriezugehörigkeit leicht auffinden können, finden Sie im Index eine alphabetische Auflistung aller Funktionen (einschließlich der Analyse-Funktionen).

Finanzmathematik

AMORDEGRK (Kosten; Datum; Erste_Periode; Restwert; Periode; Rate; Basis)

Einsatz:

Die Funktion berechnet den für eine Abrechnungsperiode anzusetzenden Abschreibungsbetrag. Dabei wird vom französischen Buchführungssystem ausgegangen. Der anteilige Abschreibungsbetrag wird auch dann berücksichtigt, wenn ein Anlagegut in der Mitte der Abrechnungsperiode erworben wird.

Parameter:

Das Argument *Kosten* stellt die Anschaffungskosten des Anlageguts dar.

Datum bezeichnet das Anschaffungsdatum des Anlageguts.

Erste_Periode bezeichnet das Datum vom Ende der ersten Periode.

Durch den *Restwert* wird der Betrag angegeben, den das Anlagegut am Ende der Nutzungsdauer hat.

Periode spezifiziert die Periodenanzahl.

Durch *Rate* soll der Abschreibungssatz angegeben werden.

Basis spezifiziert eine Jahresbasis. Sie kann folgende Werte für folgende Datumssysteme annehmen:

0 360 Tage (NASD-Methode)

1 Tatsächlich

3 Ein Jahr mit 360 Tagen

4 Ein Jahr mit 360 Tagen (europäische Methode)

Bemerkungen:

- ✔ Der Unterschied zwischen den Funktionen AMORDEGRK und AMORLINEARK besteht lediglich darin, dass AMORDEGRK einen von der Nutzungsdauer abhängigen Abschreibungskoeffizienten bei der Berechnung einsetzt.
- ✔ Um für ein Datum den entsprechenden numerischen Wert zu erhalten, der in die Funktion eingesetzt werden kann, sollte die Funktion =DATWERT("...") benutzt werden.
- ✔ Die Berechnung des Abschreibungsbetrages erfolgt bei der Funktion AMORDEGRK für alle Perioden bis einschließlich der letzten Periode. Tritt der Fall ein, dass dic Summe aller Abschreibungsbeträge größer wird als die Anschaffungskosten des Guts abzüglich des Restwertes, wird nur bis zu dieser Periode berechnet.
- ✔ Folgende Abschreibungskoeffizienten werden für die Berechnung eingesetzt (Nutzungsdauer eines Anlageguts (1/rate)): Zwischen 3 und 4 Jahren: 1,5; zwischen 5 und 6 Jahren: 2; mehr als 6 Jahre: 2,5.
- ✔ Für die vorletzte Periode wächst der Abschreibungssatz auf 50 %, für die letzte auf 100 %.
- ✔ Befindet sich die Nutzungsdauer eines Anlagegutes zwischen 0 und 1,1 oder 0 und 2,2 oder 0 und 3 oder 4 und 5 Jahren, erzeugt die Funktion den Fehlerwert *#ZAHL*!.

AMORLINEARK (Kosten; Datum; Erste_Periode; Restwert; Periode; Rate; Basis)

Einsatz:

Die Funktion berechnet den für eine Abrechnungsperiode anzusetzenden Abschreibungsbetrag. Dabei wird vom französischen Buchführungssystem ausgegangen. Der anteilige Abschreibungsbetrag wird auch dann berücksichtigt, wenn ein Anlagegut in der Mitte der Abrechnungsperiode erworben wird.

Parameter:

Der Parameter *Kosten* stellt die Anschaffungskosten des Anlageguts dar.

Datum bezeichnet das Anschaffungsdatum des Anlageguts.

Erste_Periode bezeichnet das Datum vom Ende der ersten Periode.

Durch den *Restwert* wird der Betrag angegeben, den das Anlagegut am Ende der Nutzungsdauer hat.

Periode spezifiziert die Periodenanzahl.

Durch *Rate* soll der Abschreibungssatz angegeben werden.

Basis spezifiziert eine Jahresbasis. Sie kann folgende Werte für folgende Datumssysteme annehmen:

0 360 Tage (NASD-Methode)

1 Tatsächlich

3 Ein Jahr mit 360 Tagen

4 Ein Jahr mit 360 Tagen (europäische Methode)

Bemerkung:

Der Unterschied zwischen den Funktionen AMORDEGRK und AMORLINEARK besteht lediglich darin, dass AMORDEGRK einen von der Nutzungsdauer abhängigen Abschreibungskoeffizienten bei der Berechnung einsetzt.

DISAGIO (Abrechnung; Fälligkeit; Kurs; Rückzahlung; Basis)

Einsatz:

Die Funktion berechnet den in Prozent ausgedrückten Abschlag (Disagio) eines Wertpapiers.

Parameter:

Das Argument *Abrechnung* stellt den Abrechnungstermin des Wertpapierkaufs dar. Dabei muss dieser Termin als fortlaufende Zahl angegeben werden.

Durch *Fälligkeit* wird der Fälligkeitstermin des Wertpapiers als fortlaufende Zahl angegeben.

Das Argument *Kurs* gibt den Kurs des Wertpapiers pro 100,– DM Nennwert wieder.

Rückzahlung steht für den Rückzahlungswert des Wertpapiers pro 100,– DM Nennwert.

Basis spezifiziert die Basis, auf der die Zinstage gezählt werden sollen. Sie kann folgende Werte für folgende Basis der Zinstage annehmen:

0 oder nicht angegeben	USA (NASD-Methode) 30/360
1	Taggenau/taggenau
2	Taggenau/360
3	Taggenau/365
4	Europa 30/360

Bemerkungen:

- Bei den Argumenten *Abrechnung*, *Fälligkeit* und *Basis* werden die Nachkommastellen abgeschnitten.
- Alle Argumente müssen numerisch sein, ansonsten erzeugt die Funktion den Fehlerwert *#WERT*!.

- Sind die Argumente *Abrechnung* oder *Fälligkeit* keine zulässige Zahl, erzeugt die Funktion den Fehler *#ZAHL!*.
- Ist das Argument *Kurs* oder *Rückzahlung* kleiner oder gleich 0, erzeugt die Funktion den Fehlerwert *#ZAHL!*.
- Ist das Argument *Basis* kleiner 0 oder größer 4, erzeugt die Funktion den Fehlerwert *#ZAHL!*.
- Ist das Argument *Abrechnung* größer oder gleich dem Argument *Fälligkeit*, erzeugt die Funktion den Fehlerwert *#ZAHL!*.
- DISAGIO wird nach folgender Formel berechnet: DISAGIO=(Rückzahlung-Kurs)/Kurs*B/DSM.

  Dabei steht DSM für die Anzahl der Tage zwischen dem Abrechnungstermin des Wertpapierkaufs und dem Fälligkeitstermin. B steht für die Anzahl der Tage eines Jahres, abhängig von der gewählten Jahresbasis.
- Benutzen Sie zum Umrechnen des Datums in eine fortlaufende Zahl die Funktion DATWERT.

DURATION (Abrechnung; Fälligkeit; Nominalzins; Rendite; Häufigkeit; Basis)

Einsatz:

Die Funktion errechnet die Macauley-Duration für einen angenommenen Nennwert von 100,– DM. Das Ergebnis der Funktion kann als Maß dafür aufgefasst werden, wie der Kurs eines Wertpapiers auf Änderungen der Rendite reagiert. Das von der Funktion berechnete Ergebnis ist als gewichteter Mittelwert des Barwerts der Zahlungen definiert.

Parameter:

Das Argument *Abrechnung* stellt den Abrechnungstermin des Wertpapierkaufs dar. Dabei muss dieser Termin als fortlaufende Zahl angegeben werden.

Durch *Fälligkeit* wird der Fälligkeitstermin des Wertpapiers als fortlaufende Zahl angegeben.

Mit *Nominalzins* wird der jährliche Nominalzins (Kuponzinssatz) des Wertpapiers angegeben.

Rendite gibt die jährliche Rendite des Wertpapiers wieder.

Das Argument *Häufigkeit* steht für die Anzahl der Zinszahlungen pro Jahr. Dabei wird bei jährlichen Zahlungen die Zahl 1, bei halbjährlichen Zahlungen die Zahl 2 und bei vierteljährlichen Zahlungen die Zahl 4 eingesetzt.

Basis spezifiziert die Basis, auf der die Zinstage gezählt werden sollen. Sie kann folgende Werte für folgende Basis der Zinstage annehmen:

0 oder nicht angegeben	USA (NASD-Methode) 30/360
1	Taggenau/taggenau
2	Taggenau/360
3	Taggenau/365
4	Europa 30/360

Bemerkungen:

- Bei den Argumenten *Abrechnung*, *Fälligkeit*, *Häufigkeit* und *Basis* werden die Nachkommastellen abgeschnitten.
- Alle Argumente müssen numerisch sein, ansonsten erzeugt die Funktion den Fehlerwert *#WERT*!.
- Sind die Argumente *Abrechnung* oder *Fälligkeit* keine zulässige Datumszahl, erzeugt die Funktion den Fehler *#ZAHL*!.
- Sind die Argumente *Nominalzins* und *Rendite* kleiner 0, erzeugt die Funktion den Fehlerwert *#ZAHL*!.
- Das Argument *Häufigkeit* muss mit einer der Zahlen 1, 2 oder 4 angegeben werden, ansonsten erzeugt die Funktion den Fehlerwert *#ZAHL*!.

- Ist das Argument *Basis* kleiner 0 oder größer 4, erzeugt die Funktion den Fehlerwert *#ZAHL*!.
- Ist das Argument *Abrechnung* größer oder gleich dem Argument *Fälligkeit*, erzeugt die Funktion den Fehlerwert *#ZAHL*!.
- Benutzen Sie zum Umrechnen des Datums in eine fortlaufende Zahl die Funktion DATWERT.

EFFEKTIV (Nominalzins; Perioden)

Einsatz:

Durch die Funktion EFFEKTIV können Sie ausgehend von einer Nominalverzinsung und einer vorgegebenen Anzahl von Zinszahlungen pro Jahr die entsprechende jährliche Effektivverzinsung berechnen.

Parameter:

Das Argument *Nominalzins* stellt die Nominalverzinsung dar.

Durch *Perioden* geben Sie die Anzahl der Zinszahlungen pro Jahr an.

Bemerkungen:

- Bei dem Argument *Perioden* werden die Nachkommastellen abgeschnitten.
- Alle Argumente müssen numerisch sein, ansonsten erzeugt die Funktion den Fehlerwert *#WERT*!.
- Ist das Argument *Nominalzins* kleiner oder gleich 0 oder das Argument *Perioden* kleiner 1, erzeugt die Funktion den Fehlerwert *#ZAHL*!.
- Die Funktion EFFEKTIV rechnet nach folgender Formel:

$$EFFEKTIV = \left(1 + \frac{Nominal\_Zins}{Perioden}\right)^{Npery} - 1$$

KUMKAPITAL (Zins; Zzr; Bw; Zeitraum_Anfang; Zeitraum_Ende; F)

Einsatz:

Die Funktion berechnet die aufgelaufene Tilgung eines Darlehens, die zwischen zwei Perioden zu zahlen ist.

Parameter:

Das Argument *Zins* gibt den Zinssatz pro Periode an. Wenn z.B. ein jährlicher Zinssatz von 14 % vorliegt und mit monatlichen Raten gearbeitet wird, beträgt der monatliche Zinssatz 14 %/12 oder 1,16 %. Für den Zinssatz sollte also der Wert 1,16 % in die Funktion eingegeben werden.

Durch das Argument *Zzr* (Zzr = Anzahl der Zahlungszeiträume) kann angegeben werden, über wie viele Perioden gezahlt wird. Beispielsweise hat *Zzr* bei einem Kredit mit einer Laufzeit von 3 Jahren und einer monatlichen Rückzahlung eine Laufzeit von 3*12 = 36 Perioden.

Das Argument *Bw* definiert den Barwert, also den Gesamtbetrag, den eine Reihe zukünftiger Zahlungen zum gegenwärtigen Zeitpunkt wert ist (Bw = Barwert).

Mit dem Argument *Zeitraum_Anfang* wird die erste in die Berechnung einfließende Periode angegeben. Dabei sind die Zahlungsperioden, beginnend mit 1, durchnummeriert.

Mit dem Argument *Zeitraum_Ende* wird die letzte in die Berechnung einfließende Periode angegeben.

F (F = Fälligkeit) kann nur in zwei Zuständen angegeben werden, entweder mit 0 oder 1. Diese Zustände geben an, wann die Zahlungen fällig sind. F sollte den Wert 0 annehmen (oder nicht angegeben werden), wenn die Zahlungen am Ende einer Periode fällig sind. Den Wert 1 sollte *F* erhalten, wenn die Zahlungen am Anfang einer Periode fällig sind.

Bemerkungen:

- Es ist wichtig, dass für *Zins* und *Zzr* zueinander passende Zeiteinheiten benutzt werden. Zum Beispiel bedeutet dies, dass für *Zins* der Wert 14 %/12 und für *Zzr* entsprechend der Wert 3*12=36 benutzt werden muss. Berechnungsgrundlage ist demnach der Monat. Sollen als Berechnungsgrundlage Tage oder Wochen benutzt werden, müssen beide Werte auch in Tagen oder Wochen ausgedrückt werden.
- Alle Argumente müssen numerische Ausdrücke sein, ansonsten liefert die Funktion den Fehlerwert *#WERT!*.
- Die Argumente *Zzr*, *Zeitraum_Anfang*, *Zeitraum_Ende* und *F* sollten ganze Zahlen sein, ansonsten werden deren Nachkommastellen abgeschnitten.
- Werden die Argumente *Zins*, *Zzr* oder *BW* mit kleiner oder gleich 0 angegeben, erzeugt die Funktion den Fehlerwert *#ZAHL!*.
- Wird *Zeitraum_Anfang* mit kleiner 1, *Zeitraum_Ende* mit kleiner 1 oder *Zeitraum_Anfang* mit größer *Zeitraum_Ende* angegeben, erzeugt die Funktion den Fehlerwert *#ZAHL!*.
- Das Argument *F* muss mit einer der Zahlen 0 oder 1 belegt werden, ansonsten erzeugt KUMKAPITAL den Fehlerwert *#ZAHL!*.

KUMZINSZ (Zins; Zzr; Bw; Zeitraum_Anfang; Zeitraum_Ende; F)

Einsatz:

Die Funktion berechnet den Gesamtbetrag der zu zahlenden Zinsen, die zwischen *Zeitraum_Anfang* und *Zeitraum_Ende* für ein Darlehen zu zahlen sind.

Parameter:

Das Argument *Zins* gibt den Zinssatz pro Periode an. Wenn z.B. ein jährlicher Zinssatz von 14 % vorliegt und mit monatlichen Raten gearbeitet wird, beträgt der monatliche Zinssatz 14 %/12 oder 1,16 %. Für den Zinssatz sollte also der Wert 1,16 % in die Funktion eingegeben werden.

Durch das Argument *Zzr* (Zzr = Anzahl der Zahlungszeiträume) kann angegeben werden, über wie viele Perioden gezahlt wird. Beispielsweise hat Zzr bei einem Kredit mit einer Laufzeit von 3 Jahren und einer monatlichen Rückzahlung eine Laufzeit von 3*12 = 36 Perioden.

Bw definiert den Barwert, also den Gesamtbetrag, den eine Reihe zukünftiger Zahlungen zum gegenwärtigen Zeitpunkt wert ist (Bw = Barwert).

Mit *Zeitraum_Anfang* wird die erste in die Berechnung einfließende Periode angegeben. Dabei sind die Zahlungsperioden, beginnend mit 1, durchnummeriert.

Mit dem Argument *Zeitraum_Ende* wird die letzte in die Berechnung einfließende Periode angegeben.

F (F = Fälligkeit) kann nur in zwei Zuständen angegeben werden, entweder mit 0 oder 1. Diese Zustände geben an, wann die Zahlungen fällig sind. *F* sollte den Wert 0 annehmen (oder nicht angegeben werden), wenn die Zahlungen am Ende einer Periode fällig sind. Den Wert 1 sollte *F* erhalten, wenn die Zahlungen am Anfang einer Periode fällig sind.

Bemerkungen:

- ✓ Es ist wichtig, dass für die Argumente *Zins* und *Zzr* zueinander passende Zeiteinheiten benutzt werden. Zum Beispiel bedeutet dies, wenn für *Zins* der Wert 14 %/12 benutzt wird, dass dann für *Zzr* entsprechend der Wert 3*12=36 benutzt werden muss. Berechnungsgrundlage ist demnach der Monat. Sollen als Berechnungsgrundlage Tage oder Wochen benutzt werden, müssen beide Werte auch in Tagen oder Wochen ausgedrückt werden.

- ✔ Alle Argumente müssen numerische Ausdrücke sein, ansonsten liefert die Funktion den Fehlerwert *#WERT*!.
- ✔ Die Argumente *Zzr*, *Zeitraum_Anfang*, *Zeitraum_Ende* und *F* sollten ganze Zahlen sein, ansonsten werden deren Nachkommastellen abgeschnitten.
- ✔ Werden die Argumente *Zins*, *Zzr* oder *BW* mit kleiner/gleich 0 angegeben, erzeugt die Funktion den Fehlerwert *#ZAHL*!.
- ✔ Wird *Zeitraum_Anfang* mit kleiner 1, *Zeitraum_Ende* mit kleiner 1 oder *Zeitraum_Anfang* mit größer *Zeitraum_Ende* angegeben, erzeugt die Funktion den Fehlerwert *#ZAHL*!.
- ✔ Das Argument *F* muss mit einer der Zahlen 0 oder 1 belegt werden, ansonsten erzeugt KUMKAPITAL den Fehlerwert *#ZAHL*!.

KURS (Abrechnung; Fälligkeit; Zins; Rendite; Rückzahlung; Häufigkeit; Basis)

Einsatz:

Die Funktion berechnet den Kurs pro 100,– DM Nennwert eines Wertpapiers, das periodisch Zinsen auszahlt.

Parameter:

Das Argument *Abrechnung* stellt den Abrechnungstermin des Wertpapierkaufs dar. Dabei muss dieser Termin als fortlaufende Zahl angegeben werden.

Durch *Fälligkeit* wird der Fälligkeitstermin des Wertpapiers als fortlaufende Zahl angegeben.

Rückzahlung steht für den Rückzahlungswert des Wertpapiers pro 100,– DM Nennwert.

Das Argument *Zins* gibt den jährlichen Nominalzins (Kuponzinssatz) des Wertpapiers wieder.

Rendite steht für die jährliche Rendite des Wertpapiers.

Das Argument *Häufigkeit* steht für die Anzahl der Zinszahlungen pro Jahr. Dabei wird für jährliche Zahlungen die Zahl 1, bei halbjährlichen Zahlungen die Zahl 2 und bei vierteljährlichen Zahlungen die Zahl 4 eingesetzt.

Basis spezifiziert die Basis, auf der die Zinstage gezählt werden sollen. Sie kann folgende Werte für folgende Basis der Zinstage annehmen:

0 oder nicht angegeben	USA (NASD-Methode) 30/360
1	Taggenau/taggenau
2	Taggenau/360
3	Taggenau/365
4	Europa 30/360

Bemerkungen:

- Bei den Argumenten *Abrechnung, Fälligkeit, Häufigkeit* und *Basis* werden die Nachkommastellen abgeschnitten.
- Alle Argumente müssen numerisch sein, ansonsten erzeugt die Funktion den Fehlerwert *#WERT*!.
- Sind die Argumente *Abrechnung* oder *Fälligkeit* keine zulässigen fortlaufenden Zahlen, erzeugt die Funktion den Fehler *#ZAHL*!.
- Sind die Argumente *Zins* oder Rendite kleiner 0, erzeugt die Funktion den Fehlerwert *#ZAHL*!.
- Ist das Argument *Basis* kleiner 0 oder größer 4, erzeugt die Funktion den Fehlerwert *#ZAHL*!.
- Ist das Argument *Abrechnung* größer oder gleich dem Argument *Fälligkeit*, erzeugt die Funktion den Fehlerwert *#ZAHL*!.

- Wird das Argument *Rückzahlung* kleiner oder gleich 0, erzeugt KURS den Fehlerwert *#ZAHL!*.
- Das Argument *Häufigkeit* muss mit einer der Zahlen 1, 2 oder 4 angegeben werden, ansonsten erzeugt die Funktion den Fehlerwert *#ZAHL!*.
- KURS wird nach folgender Formel berechnet:

$$KURS = \left[\frac{Rückzahlung}{\left(1 + \frac{Rendite}{Häufigkeit}\right)^{\left(N-1+\frac{DSC}{E}\right)}} \right] + \left[\sum_{k=1}^{N} \frac{100 \times \frac{Zins}{Häufigkeit}}{\left(1 + \frac{Rendite}{Häufigkeit}\right)^{\left(k-1+\frac{DSC}{E}\right)}} \right] - \left(100 \times \frac{Zins}{Häufigkeit} \times \frac{A}{E}\right)$$

Dabei steht DSC für die Anzahl der Tage ab der Abrechnung des Wertpapierkaufs bis zum nächsten Zinstermin (Kupontermin). E steht für die Anzahl der Tage der Zinsperiode (Kuponperiode), in die der Abrechnungstermin fällt. Mit N wird die Anzahl der Zinstermine (Kupontermine) bezeichnet, die zwischen dem Abrechnungstermin und dem Rückzahlungstermin liegen. A steht für die Anzahl der Tage zwischen dem Beginn der jeweiligen Zinsperiode (Kuponperiode) und dem Abrechnungstermin.

KURSDISAGIO (Abrechnung; Fälligkeit; Disagio; Rückzahlung; Basis)

Einsatz:

Die Funktion berechnet den Kurs pro 100,– DM Nennwert eines unverzinslichen Wertpapiers.

Parameter:

Das Argument *Abrechnung* stellt den Abrechnungstermin des Wertpapierkaufs dar. Dabei muss dieser Termin als fortlaufende Zahl angegeben werden.

Durch *Fälligkeit* wird der Fälligkeitstermin des Wertpapiers als fortlaufende Zahl angegeben.

Das Argument *Disagio* gibt den in Prozent ausgedrückten Abschlag (Disagio) des Wertpapiers wieder.

Rückzahlung steht für den Rückzahlungswert des Wertpapiers pro 100,– DM Nennwert.

Basis spezifiziert die Basis, auf der die Zinstage gezählt werden sollen. Sie kann folgende Werte für folgende Basis der Zinstage annehmen:

0 oder nicht angegeben	USA (NASD-Methode) 30/360
1	Taggenau/taggenau
2	Taggenau/360
3	Taggenau/365
4	Europa 30/360

Bemerkungen:

- Bei den Argumenten *Abrechnung*, *Fälligkeit* und *Basis* werden Nachkommastellen abgeschnitten.
- Alle Argumente müssen numerisch sein, ansonsten erzeugt die Funktion den Fehlerwert *#WERT*!.
- Sind die Argumente *Abrechnung* oder *Fälligkeit* keine zulässige fortlaufende Zahl, erzeugt die Funktion den Fehler *#ZAHL*!.
- Ist das Argument *Kurs* oder *Rückzahlung* kleiner oder gleich 0, erzeugt die Funktion den Fehlerwert *#ZAHL*!.
- Ist das Argument *Basis* kleiner 0 oder größer 4, erzeugt die Funktion den Fehlerwert *#ZAHL*!.
- Ist das Argument *Abrechnung* größer oder gleich dem Argument *Fälligkeit*, erzeugt die Funktion den Fehlerwert *#ZAHL*!.

- Wird das Argument *Disagio* mit kleiner/gleich 0 oder wird Rückzahlung mit kleiner/gleich 0 angegeben, erzeugt KURSDISAGIO den Fehlerwert *#ZAHL!*.
- KURSDISAGIO wird nach folgender Formel berechnet: KURSDISAGIO=Rückzahlung-Disagio*Rückzahlung*(DSM/B).

  Dabei steht DSM für die Anzahl der Tage zwischen dem Abrechnungstermin des Wertpapierkaufs und dem Fälligkeitstermin. B steht für die Anzahl der Tage eines Jahres, abhängig von der gewählten Jahresbasis.
- Benutzen Sie zum Umrechnen des Datums in eine fortlaufende Zahl die Funktion DATWERT.

KURSFÄLLIG (Abrechnung; Fälligkeit; Emission; Zins; Rendite; Basis)

Einsatz:

Die Funktion berechnet den Kurs pro 100,– DM Nennwert eines Wertpapiers, das Zinsen am Fälligkeitsdatum auszahlt.

Parameter:

Das Argument *Abrechnung* stellt den Abrechnungstermin des Wertpapierkaufs dar. Dabei muss dieser Termin als fortlaufende Zahl angegeben werden.

Durch *Fälligkeit* wird der Fälligkeitstermin des Wertpapiers als fortlaufende Zahl angegeben.

Mit dem Argument *Emission* wird das Datum der Wertpapieremission angegeben. Dabei muss dieser Termin als fortlaufende Zahl genannt werden.

Das Argument *Zins* gibt den Zinssatz des Wertpapiers zum Emissionstermin wieder.

Rendite steht für die jährliche Rendite des Wertpapiers.

Basis spezifiziert die Basis, auf der die Zinstage gezählt werden sollen. Sie kann folgende Werte für folgende Basis der Zinstage annehmen:

0 oder nicht angegeben	USA (NASD-Methode) 30/360
1	Taggenau/taggenau
2	Taggenau/360
3	Taggenau/365
4	Europa 30/360

Bemerkungen:

- Bei den Argumenten *Abrechnung, Fälligkeit, Emission* und *Basis* werden Nachkommastellen abgeschnitten.
- Alle Argumente müssen numerisch sein, ansonsten erzeugt die Funktion den Fehlerwert *#WERT*!.
- Sind die Argumente *Abrechnung, Fälligkeit* oder *Emission* keine zulässigen fortlaufenden Zahlen, erzeugt die Funktion den Fehler *#ZAHL*!.
- Ist das Argument *Zins* oder *Rendite* kleiner/gleich 0, erzeugt die Funktion den Fehlerwert *#ZAHL*!.
- Ist das Argument *Basis* kleiner 0 oder größer 4, erzeugt die Funktion den Fehlerwert *#ZAHL*!.
- Ist das Argument *Abrechnung* größer oder gleich dem Argument *Fälligkeit*, erzeugt die Funktion den Fehlerwert *#ZAHL*!.
- KURSFÄLLIG wird nach folgender Formel berechnet:

$$KURSFÄLLIG = \frac{100 + \left(\frac{DIM}{B} \times Zins \times 100\right)}{1 + \left(\frac{DSM}{B} \times Rendite\right)} - \left(\frac{A}{B} \times Zins \times 100\right)$$

Dabei steht DSM für die Anzahl der Tage zwischen dem Abrechnungstermin des Wertpapierkaufs und dem Fälligkeitstermin. B steht für die Anzahl der Tage eines Jahres, abhängig von der gewählten Jahresbasis. DIM gibt die Anzahl der Tage ab dem Emissionstermin bis zum Fälligkeitstermin wieder. A steht für die Anzahl der Tage ab dem Emissionstermin bis zum Abrechnungstermin.

✔ Benutzen Sie zum Umrechnen des Datums in eine fortlaufende Zahl die Funktion DATWERT.

MDURATION (Abrechnung; Fälligkeit; Nominalzins; Rendite; Häufigkeit; Basis)

Einsatz:

Die Funktion errechnet die modifizierte Macauley-Duration eines festverzinslichen Wertpapiers mit einem angenommenen Nennwert von 100,– DM.

Parameter:

Das Argument *Abrechnung* stellt den Abrechnungstermin des Wertpapierkaufs dar. Dabei muss dieser Termin als fortlaufende Zahl angegeben werden.

Durch *Fälligkeit* wird der Fälligkeitstermin des Wertpapiers als fortlaufende Zahl angegeben.

Mit *Nominalzins* wird der jährliche Nominalzins (Kuponzinssatz) des Wertpapiers angegeben.

Rendite gibt die jährliche Rendite des Wertpapiers wieder.

Das Argument *Häufigkeit* steht für die Anzahl der Zinszahlungen pro Jahr. Dabei wird bei jährlichen Zahlungen die Zahl 1, bei halbjährlichen Zahlungen die Zahl 2 und bei vierteljährlichen Zahlungen die Zahl 4 eingesetzt.

Basis spezifiziert die Basis, auf der die Zinstage gezählt werden sollen. Sie kann folgende Werte für folgende Basis der Zinstage annehmen:

0 oder nicht angegeben	USA (NASD-Methode) 30/360
1	Taggenau/taggenau
2	Taggenau/360
3	Taggenau/365
4	Europa 30/360

Bemerkungen:

- Bei den Argumenten *Abrechnung, Fälligkeit, Häufigkeit* und *Basis* werden die Nachkommastellen abgeschnitten.
- Alle Argumente müssen numerisch sein, ansonsten erzeugt die Funktion den Fehlerwert *#WERT*!.
- Sind die Argumente *Abrechnung* oder *Fälligkeit* keine zulässige Datumszahl, erzeugt die Funktion den Fehler *#ZAHL*!.
- Sind die Argumente *Nominalzins* oder *Rendite* kleiner 0, erzeugt die Funktion den Fehlerwert *#ZAHL*!.
- Das Argument *Häufigkeit* muss mit einer der Zahlen 1, 2 oder 4 angegeben werden, ansonsten erzeugt die Funktion den Fehlerwert *#ZAHL*!.
- Ist das Argument *Basis* kleiner 0 oder größer 4, erzeugt die Funktion den Fehlerwert *#ZAHL*!.
- Ist das Argument *Abrechnung* größer oder gleich dem Argument *Fälligkeit*, erzeugt die Funktion den Fehlerwert *#ZAHL*!.
- Benutzen Sie zum Umrechnen des Datums in eine fortlaufende Zahl die Funktion DATWERT.

- Die modifizierte Macauley-Duration ist folgendermaßen definiert:

$$\text{MDURATION} = \frac{\text{Dauer}}{1+\left(\frac{\text{Rendite}}{\text{Jährliche Kuponzahlungen}}\right)}$$

NOMINAL (Effektiver_Zins; Perioden)

Einsatz:

Mit der Funktion EFFEKTIV können Sie ausgehend vom effektiven Zinssatz sowie der Anzahl der pro Jahr zu berücksichtigenden Zinszahlungen die jährliche Nominalverzinsung berechnen.

Parameter:

Das Argument *Effektiver_Zins* stellt den effektiven Zinssatz (Effektivverzinsung) dar.

Durch *Perioden* geben Sie die Anzahl der zu berücksichtigenden Perioden pro Jahr an.

Bemerkungen:

- Bei dem Argument *Perioden* werden die Nachkommastellen abgeschnitten.
- Alle Argumente müssen numerisch sein, ansonsten erzeugt die Funktion den Fehlerwert *#WERT!*.
- Ist das Argument *Effektiver_Zins* kleiner/gleich 0 oder das Argument *Perioden* kleiner 1, erzeugt die Funktion den Fehlerwert *#ZAHL!*.
- Die Funktion NOMINAL rechnet nach folgender Formel:

$$EFFEKTIV = \left(1 + \frac{Nominalzins}{Perioden}\right)^{Perioden} - 1$$

NOTIERUNGBRU (Zahl; Teiler)

Einsatz:

Die Funktion dient dazu, einen als Dezimalzahl ausgedrückten DM-Betrag in einen als Dezimalbruch formulierten DM-Betrag umzuwandeln. Beispielsweise könnten Sie die Funktion dazu nutzen, die als DM-Betrag ausgedrückten Kurse festverzinslicher Wertpapiere umzuwandeln.

Parameter:

Das Argument *Zahl* steht für eine Dezimalzahl.

Das Argument *Teiler* steht für eine ganze Zahl, die als Nenner des Dezimalbruchs benutzt wird.

Bemerkungen:

- Haupteinsatzgebiet ist die US-amerikanische Finanzwelt.
- Alle Argumente müssen numerische Ausdrücke sein, ansonsten erzeugt die Funktion den Fehlerwert *#WERT!*.
- Das Argument *Teiler* sollte als ganze Zahl angegeben werden, ansonsten werden die Nachkommastellen abgeschnitten.
- Wird *Teiler* mit kleiner oder gleich 0 angegeben, erzeugt die Funktion den Fehlerwert *#ZAHL!*.

NOTIERUNGDEZ (Zahl; Teiler)

Einsatz:

Die Funktion dient dazu, einen als Dezimalbruch ausgedrückten DM-Betrag in einen als Dezimalzahl formulierten DM-Betrag umzuwandeln. Beispielsweise könnten Sie die Funktion dazu nutzen, die als Dezimalbruch ausgedrückten Kurse festverzinslicher Wertpapiere umzuwandeln.

Parameter:

Das Argument *Zahl* steht für eine in einem Dezimalbruch ausgedrückte Zahl.

Das Argument *Teiler* steht für eine ganze Zahl, die als Nenner des Dezimalbruchs benutzt wird.

Bemerkungen:

- ✔ Haupteinsatzgebiet ist die US-amerikanische Finanzwelt.
- ✔ Alle Argumente müssen numerische Ausdrücke sein, ansonsten erzeugt die Funktion den Fehlerwert *#WERT*!.
- ✔ Das Argument *Teiler* sollte als ganze Zahl angegeben werden, ansonsten werden die Nachkommastellen abgeschnitten.
- ✔ Wird *Teiler* mit kleiner oder gleich 0 angegeben, erzeugt die Funktion den Fehlerwert *#ZAHL*!.

RENDITE (Abrechnung; Fälligkeit; Zins; Kurs; Rückzahlung; Häufigkeit; Basis)

Einsatz:

Die Funktion berechnet die Rendite eines Wertpapiers, das periodisch Zinsen auszahlt. Die Funktion kann benutzt werden, um die Rendite von Anleihen und Obligationen zu berechnen.

Parameter:

Das Argument *Abrechnung* stellt den Abrechnungstermin des Wertpapierkaufs dar. Dabei muss dieser Termin als fortlaufende Zahl angegeben werden.

Durch *Fälligkeit* wird der Fälligkeitstermin des Wertpapiers als fortlaufende Zahl angegeben.

Rückzahlung steht für den Rückzahlungswert des Wertpapiers pro 100,– DM Nennwert.

Das Argument *Zins* gibt den jährlichen Nominalzins (Kuponzinssatz) des Wertpapiers wieder.

Kurs gibt den Kurs des Wertpapiers pro 100,– DM Nennwert an.

Das Argument *Häufigkeit* steht für die Anzahl der Zinszahlungen pro Jahr. Dabei wird bei jährlichen Zahlungen die Zahl 1, bei halbjährlichen Zahlungen die Zahl 2 und bei vierteljährlichen Zahlungen die Zahl 4 eingesetzt.

Basis spezifiziert die Basis, auf der die Zinstage gezählt werden sollen. Sie kann folgende Werte für folgende Basis der Zinstage annehmen:

0 oder nicht angegeben	USA (NASD-Methode) 30/360
1	Taggenau/taggenau
2	Taggenau/360
3	Taggenau/365
4	Europa 30/360

Bemerkungen:

- Bei den Argumenten *Abrechnung, Fälligkeit, Häufigkeit* und *Basis* werden die Nachkommastellen abgeschnitten.
- Alle Argumente müssen numerisch sein, ansonsten erzeugt die Funktion den Fehlerwert *#WERT*!.
- Sind die Argumente *Abrechnung* oder *Fälligkeit* keine zulässigen fortlaufenden Zahlen, erzeugt die Funktion den Fehler *#ZAHL*!.
- Ist das Argument *Zins* kleiner 0, erzeugt die Funktion den Fehlerwert *#ZAHL*!.
- Werden die Argumente *Kurs* oder *Rückzahlung* mit kleiner/gleich 0 angegeben, erzeugt die Funktion den Fehlerwert *#ZAHL*!.
- Ist das Argument *Basis* kleiner 0 oder größer 4, erzeugt die Funktion den Fehlerwert *#ZAHL*!.

- Ist das Argument *Abrechnung* größer oder gleich dem Argument *Fälligkeit*, erzeugt die Funktion den Fehlerwert *#ZAHL!*.
- Das Argument *Häufigkeit* muss mit einer der Zahlen 1, 2 oder 4 angegeben werden, ansonsten erzeugt die Funktion den Fehlerwert *#ZAHL!*.
- Wenn der Zeitraum bis zur Rückzahlung nur eine Kuponperiode lang oder kürzer ist, rechnet die Funktion wie folgt:

$$RENDITE = \frac{\left(\frac{Rückzahlung}{100} + \frac{Zins}{Häufigkeit}\right) - \left(\frac{Kurs}{100} + \left(\frac{A}{E} \times \frac{Zins}{Häufigkeit}\right)\right)}{\frac{Kurs}{100} + \left(\frac{A}{E} \times \frac{Zins}{Häufigkeit}\right)} \times \frac{Häufigkeit \times E}{DSR}$$

  Dabei steht A für die Anzahl der Tage ab Beginn der jeweiligen Kuponperiode bis zum Abrechnungstermin. E steht für die Anzahl der Tage der Kuponperiode. DSR ist die Anzahl der Tage zwischen dem Abrechnungstermin und dem Rückzahlungstermin.

- RENDITE wird in bis zu 100 Iterationsschritten berechnet, wenn der Zeitraum bis zum Rückzahlungstermin länger als eine Zinsperiode (Kuponperiode) ist.
- Das Ergebnis wird gemäß dem Newton-Verfahren auf der Basis der Formel berechnet, die für die Funktion KURS verwendet wird.

RENDITEDIS (Abrechnung; Fälligkeit; Kurs; Rückzahlung; Basis)

Einsatz:

Die Funktion berechnet die jährliche Rendite eines unverzinslichen Wertpapiers.

Parameter:

Das Argument *Abrechnung* stellt den Abrechnungstermin des Wertpapierkaufs dar. Dabei muss dieser Termin als fortlaufende Zahl angegeben werden.

Durch *Fälligkeit* wird der Fälligkeitstermin des Wertpapiers als fortlaufende Zahl angegeben.

Das Argument *Kurs* gibt den Kurs des Wertpapiers pro 100,– DM Nennwert wieder.

Rückzahlung steht für den Rückzahlungswert des Wertpapiers pro 100,– DM Nennwert.

Basis spezifiziert die Basis, auf der die Zinstage gezählt werden sollen. Sie kann folgende Werte für folgende Basis der Zinstage annehmen:

0 oder nicht angegeben	USA (NASD-Methode) 30/360
1	Taggenau/taggenau
2	Taggenau/360
3	Taggenau/365
4	Europa 30/360

Bemerkungen:

- Bei den Argumenten *Abrechnung, Fälligkeit* und *Basis* werden die Nachkommastellen abgeschnitten.
- Alle Argumente müssen numerisch sein, ansonsten erzeugt die Funktion den Fehlerwert *#WERT*!.
- Sind die Argumente *Abrechnung* oder *Fälligkeit* keine zulässige Zahl, erzeugt die Funktion den Fehler *#ZAHL*!.
- Ist das Argument *Kurs* oder *Rückzahlung* kleiner oder gleich 0, erzeugt die Funktion den Fehlerwert *#ZAHL*!.
- Ist das Argument *Basis* kleiner 0 oder größer 4, erzeugt die Funktion den Fehlerwert *#ZAHL*!.
- Ist das Argument *Abrechnung* größer oder gleich dem Argument *Fälligkeit*, erzeugt die Funktion den Fehlerwert *#ZAHL*!.
- Benutzen Sie zum Umrechnen des Datums in eine fortlaufende Zahl die Funktion DATWERT.

RENDITEFÄLL (Abrechnung; Fälligkeit; Emission; Zins; Kurs; Basis)

Einsatz:

Die Funktion berechnet die jährliche Rendite eines Wertpapiers, das Zinsen zum Fälligkeitsdatum auszahlt.

Parameter:

Das Argument *Abrechnung* stellt den Abrechnungstermin des Wertpapierkaufs dar. Dabei muss dieser Termin als fortlaufende Zahl angegeben werden.

Durch *Fälligkeit* wird der Fälligkeitstermin des Wertpapiers als fortlaufende Zahl angegeben.

Mit dem Argument *Emission* wird das Datum der Wertpapieremission angegeben. Dabei muss dieser Termin als fortlaufende Zahl genannt werden.

Das Argument *Zins* gibt den Zinssatz des Wertpapiers zum Emissionstermin wieder.

Kurs steht für den Kurs des Wertpapiers pro 100,– DM Nennwert.

Basis spezifiziert die Basis, auf der die Zinstage gezählt werden sollen. Sie kann folgende Werte für folgende Basis der Zinstage annehmen:

0 oder nicht angegeben	USA (NASD-Methode) 30/360
1	Taggenau/taggenau
2	Taggenau/360
3	Taggenau/365
4	Europa 30/360

Bemerkungen:

✓ Bei den Argumenten *Abrechnung, Fälligkeit, Emission* und *Basis* werden die Nachkommastellen abgeschnitten.

- Alle Argumente müssen numerisch sein, ansonsten erzeugt die Funktion den Fehlerwert *#WERT*!.
- Sind die Argumente *Abrechnung, Fälligkeit* oder *Emission* keine zulässigen fortlaufenden Zahlen, erzeugt die Funktion den Fehler *#ZAHL*!.
- Ist das Argument *Zins* kleiner 0 oder das Argument Kurs kleiner/gleich 0, erzeugt die Funktion den Fehlerwert *#ZAHL*!.
- Ist das Argument *Basis* kleiner 0 oder größer 4, erzeugt die Funktion den Fehlerwert *#ZAHL*!.
- Ist das Argument *Abrechnung* größer oder gleich dem Argument *Fälligkeit*, erzeugt die Funktion den Fehlerwert *#ZAHL*!.
- Benutzen Sie zum Umrechnen des Datums in eine fortlaufende Zahl die Funktion DATWERT.

TBILLÄQUIV (Abrechnung; Fälligkeit; Disagio)

Einsatz:

Die Funktion rechnet die Verzinsung eines Schatzwechsels (Treasury Bill) in die für Anleihen übliche einfache jährliche Verzinsung um.

Parameter:

Durch das Argument *Abrechnung* wird das Abrechnungsdatum des Schatzwechsels (Treasury Bill) als fortlaufende Zahl angegeben. Wandeln Sie ein Datum mit der Funktion DATWERT in eine Zahl um.

Durch *Fälligkeit* wird der Fälligkeitstermin des Schatzwechsels als fortlaufende Zahl angegeben.

Durch *Disagio* (in Prozent ausgedrückt) wird der Abschlag (Disagio) des Schatzwechsels benannt.

Bemerkungen:

- Bei den Argumenten *Abrechnung* und *Fälligkeit* werden die Nachkommastellen abgeschnitten.
- Alle Argumente müssen numerisch sein, ansonsten erzeugt AUSZAHLUNG den Fehlerwert *#WERT*!.
- Sind die Argumente *Abrechnung* oder *Fälligkeit* keine zulässige Zahl, erzeugt die Funktion den Fehler *#ZAHL*!.
- Wird das Argument *Disagio* mit kleiner oder gleich 0 angegeben, erzeugt die Funktion den Fehlerwert *#ZAHL*!.
- Ist das Argument *Abrechnung* größer als das Argument *Fälligkeit* oder ist der zwischen Abrechnung und Fälligkeit liegende Zeitraum größer als ein Jahr, erzeugt die Funktion den Fehlerwert *#ZAHL*!.
- TBILLÄQUIV wird nach folgender Formel berechnet:

  ```
  TBILLÄQUIV=(365 x TBILLRENDITE)/(360-(TBILLRENDITE x DSM)
  ```

  Dabei steht DSM für die Anzahl der Tage zwischen Abrechnung und Fälligkeit. Die Tage werden auf der 360-Basis gezählt.

XINTZINSFUSS (Werte; Zeitpkte; Schätzwert)

Einsatz:

Durch die Funktion kann der interne Zinsfuß einer Reihe nicht periodisch anfallender Zahlungen berechnet werden.

Parameter:

Das Argument *Werte* stellt eine Zahlungsreihe dar. Die Werte dieser Reihe bestimmen die Zahlungen, die zu bestimmten Terminen, entsprechend des Zahlungsplans, fällig sind.

Ihre erste Zahlung ist optional und einer Auszahlung gleichzusetzen, die zu Beginn der betrachteten Investition erfolgt. Die folgenden Zahlungen werden, ausgehend von einem 365-Tage-Jahr, diskontiert (abgezinst).

Mit dem Argument *Zeitpkte* geben Sie den Plan der Zahlungstermine an, also der Termine, zu denen die in *Werte* angegebenen Zahlungen fällig sind. Mit dem ersten Zahlungstermin legen Sie den Beginn des Zahlungsplanes fest. Die folgenden Termine müssen später liegen als dieser Termin. Sie können jedoch in einer beliebigen Reihenfolge angegeben werden.

Mit *Schätzwert* geben Sie den Schätzwert als eine Zahl an, von der Sie annehmen, dass ihr Wert in etwa gleich dem Ergebnis von XINTZINSFUSS ist.

Bemerkungen:

- Die in *Zeitpkte* angegebenen Zahlen sollten ganze Zahlen sein, ansonsten werden deren Nachkommastellen abgeschnitten.
- Alle Argumente müssen numerische Ausdrücke sein, ansonsten erzeugt die Funktion den Fehlerwert *#WERT*!.
- Sie müssen mindestens eine positive und mindestens eine negative Zahlung angeben; ansonsten erzeugt die Funktion den Fehlerwert *#ZAHL*!.
- Alle in *Zeitpkte* angegebenen Zahlen müssen zulässige fortlaufende Zahlen sein, ansonsten erzeugt die Funktion den Fehlerwert *#ZAHL*!.
- Ist eine der in *Zeitpkte* stehenden Zahlen ein Termin, der vor dem Anfangstermin liegt, erzeugt die Funktion den Fehlerwert *#ZAHL*!.
- Die Argumente *Werte* und *Zeitpkte* dürfen nicht unterschiedlich viele Werte beinhalten, ansonsten erzeugt die Funktion den Fehlerwert *#ZAHL*!.
- Wird das Argument *Schätzwert* nicht angegeben, wird es auf 0,1 (10 %) festgesetzt.

- Der von der Funktion XINTZINSFUSS berechnete Zinsfuß entspricht dem Zinssatz der Funktion XKAPITALWERT, wenn XKAPITALWERT = 0 ist.

- Die Funktion wird iterativ berechnet. In Abhängigkeit von unterschiedlichen Zinssätzen (Startpunkt ist Schätzwert) werden so lange Iterationsschritte ausgeführt, bis ein Ergebnis mit einer Abweichung von kleiner oder gleich 0,000001 % erreicht ist. Die Funktion muss innerhalb von 100 Iterationsschritten konvergieren, ansonsten liefert sie den Fehlerwert *#ZAHL*!. Der Zinssatz wird so lange geändert, bis Folgendes gilt:

  $$0=\sum_{i=1}^{N}\frac{P_i}{(1+Zins)^{\frac{(d_i-d_1)}{365}}}$$

  Es gilt: di = der i-te Zahlungstermin; d1 = der 0-te Zahlungstermin; Pi = der Betrag der i-ten Zahlung.

XKAPITALWERT (Zins; Werte; Zeitpkte)

Einsatz:

Die Funktion erzeugt den Nettobarwert (Kapitalwert) einer Reihe nicht periodisch anfallender Zahlungen.

Parameter:

Das Argument *Zins* stellt den Kalkulationszinsfuß dar, der für die Zahlungen zu berücksichtigen ist.

Das Argument *Werte* stellt eine Zahlungsreihe dar. Die Werte dieser Reihe bestimmen die Zahlungen, die entsprechend des Zahlungsplans zu bestimmten Terminen fällig sind.

Ihre erste Zahlung ist optional und einer Auszahlung gleichzusetzen, die zu Beginn der betrachteten Investition erfolgt. Die folgenden Zahlungen werden, ausgehend von einem 365-Tage-Jahr, diskontiert (abgezinst).

Mit dem Argument *Zeitpkte* geben Sie den Plan der Zahlungstermine an, also der Termine, zu denen die in *Werte* angegebenen Zahlungen fällig sind. Mit dem ersten Zahlungstermin legen Sie den Beginn des Zahlungsplanes fest. Die folgenden Termine müssen später liegen als dieser Termin. Sie können jedoch in einer beliebigen Reihenfolge angegeben werden.

Bemerkungen:

- ✔ Die in *Zeitpkte* angegebenen Zahlen sollten ganze Zahlen sein, ansonsten werden deren Nachkommastellen abgeschnitten.
- ✔ Alle Argumente müssen numerische Ausdrücke sein, ansonsten erzeugt die Funktion den Fehlerwert *#WERT*!.
- ✔ Alle in *Zeitpkte* angegebenen Zahlen müssen zulässige, fortlaufende Zahlen sein, ansonsten erzeugt die Funktion den Fehlerwert *#ZAHL*!.
- ✔ Ist eine der in *Zeitpkte* stehenden Zahlen ein Termin, der vor dem Anfangstermin liegt, erzeugt die Funktion den Fehlerwert *#ZAHL*!.
- ✔ Die Argumente *Werte* und *Zeitpkte* dürfen nicht unterschiedlich viele Werte beinhalten, ansonsten erzeugt die Funktion den Fehlerwert *#ZAHL*!.
- ✔ Die Funktion XKAPITALWERT rechnet nach folgender Formel:

$$XKAPITALWERT = \sum_{i=1}^{N} \frac{P_i}{(1 + Zins)^{\frac{(d_i - d_1)}{365}}}$$

Dabei gilt: di = der i-te Zahlungstermin; d1 = der 0-te Zahlungstermin; Pi = der Betrag der i-ten Zahlung.

ZINSSATZ (Abrechnung; Fälligkeit; Anlage; Rückzahlung; Basis)

Einsatz:

Die Funktion berechnet den Zinssatz eines voll investierten Wertpapiers.

Parameter:

Durch das Argument *Abrechnung* wird das Abrechnungsdatum des Wertpapierkaufs als Zahl angegeben. Wandeln Sie ein Datum mit der Funktion DATWERT in eine Zahl um.

Durch *Fälligkeit* wird der Fälligkeitstermin des Wertpapiers als Zahl angegeben.

Anlage gibt den Betrag an, der durch das Wertpapier angelegt werden soll.

Das Argument *Rückzahlung* steht für den Betrag, der bei Fälligkeit zu erwarten ist.

Basis spezifiziert die Basis, auf der die Zinstage gezählt werden sollen. Sie kann folgende Werte annehmen:

0 oder nicht angegeben	USA (NASD-Methode) 30/360
1	Taggenau/taggenau
2	Taggenau/360
3	Taggenau/365
4	Europa 30/360

Bemerkungen:

- ✔ Bei den Argumenten *Abrechnung, Fälligkeit* und *Basis* werden die Nachkommastellen abgeschnitten.
- ✔ Alle Argumente müssen numerisch sein, ansonsten erzeugt die Funktion den Fehlerwert *#WERT*!.
- ✔ Sind die Argumente *Abrechnung* oder *Fälligkeit* keine zulässige Zahl, erzeugt die Funktion den Fehler *#ZAHL*!.
- ✔ Sind die Argumente *Anlage* oder *Rückzahlung* kleiner oder gleich 0, erzeugt die Funktion den Fehlerwert *#ZAHL*!.
- ✔ Ist das Argument *Basis* kleiner 0 oder größer 4, erzeugt die Funktion den Fehlerwert *#ZAHL*!.

- Ist das Argument *Abrechnung* größer oder gleich dem Argument *Fälligkeit*, erzeugt die Funktion den Fehlerwert *#ZAHL!*.
- ZINSSATZ wird wie folgt berechnet:

$$ZINSSATZ = \frac{Rückzahlung - Anlage}{Anlage} \times \frac{B}{DIM}$$

  Dabei gilt: B ist gleich der Anzahl der Tage eines Jahres, abhängig von der Jahresbasis, und DIM ist gleich der Anzahl der Tage ab Abrechnung bis Fälligkeit.

ZINSTERMNZ (Abrechnung; Fälligkeit; Häufigkeit; Basis)

Einsatz:

Die Funktion berechnet das Datum des ersten Zinstermins nach dem Abrechnungstermin.

Parameter:

Das Argument *Abrechnung* stellt den Abrechnungstermin des Wertpapierkaufs dar. Dabei muss dieser Termin als fortlaufende Zahl angegeben werden.

Durch *Fälligkeit* wird der Fälligkeitstermin des Wertpapiers als fortlaufende Zahl angegeben.

Das Argument *Häufigkeit* steht für die Anzahl der Zinszahlungen pro Jahr. Dabei wird bei jährlichen Zahlungen die Zahl 1, bei halbjährlichen Zahlungen die Zahl 2 und bei vierteljährlichen Zahlungen die Zahl 4 eingesetzt.

Basis spezifiziert die Basis, auf der die Zinstage gezählt werden sollen. Sie kann folgende Werte für folgende Basis der Zinstage annehmen:

0 oder nicht angegeben	USA (NASD-Methode) 30/360
1	Taggenau/taggenau
2	Taggenau/360

3	Taggenau/365
4	Europa 30/360

Bemerkungen:

- ✓ Haupteinsatzgebiet dieser Funktion ist die US-amerikanische Finanzwelt.
- ✓ Alle Argumente müssen ganze Zahlen sein, ansonsten werden deren Nachkommastellen abgeschnitten.
- ✓ Alle Argumente müssen numerisch sein, ansonsten erzeugt die Funktion den Fehlerwert *#WERT*!.
- ✓ Sind die Argumente *Abrechnung* oder *Fälligkeit* keine zulässigen fortlaufenden Zahlen, erzeugt die Funktion den Fehler *#ZAHL*!.
- ✓ Ist das Argument *Basis* kleiner 0 oder größer 4, erzeugt die Funktion den Fehlerwert *#ZAHL*!.
- ✓ Ist das Argument *Abrechnung* größer oder gleich dem Argument *Fälligkeit*, erzeugt die Funktion den Fehlerwert *#ZAHL*!.
- ✓ Das Argument *Häufigkeit* muss mit einer der Zahlen 1, 2 oder 4 angegeben werden, ansonsten erzeugt die Funktion den Fehlerwert *#ZAHL*!.

ZINSTERMTAGE (Abrechnung; Fälligkeit; Häufigkeit; Basis)

Einsatz:

Die Funktion berechnet die Anzahl der Tage der Zinsperiode, die den Abrechnungstermin einschließt.

Parameter:

Das Argument *Abrechnung* stellt den Abrechnungstermin des Wertpapierkaufs dar. Dabei muss dieser Termin als fortlaufende Zahl angegeben werden.

Durch *Fälligkeit* wird der Fälligkeitstermin des Wertpapiers als fortlaufende Zahl angegeben.

Das Argument *Häufigkeit* steht für die Anzahl der Zinszahlungen pro Jahr. Dabei wird bei jährlichen Zahlungen die Zahl 1, bei halbjährlichen Zahlungen die Zahl 2 und bei vierteljährlichen Zahlungen die Zahl 4 eingesetzt.

Basis spezifiziert die Basis, auf der die Zinstage gezählt werden sollen. Sie kann folgende Werte für folgende Basis der Zinstage annehmen:

0 oder nicht angegeben	USA (NASD-Methode) 30/360
1	Taggenau/taggenau
2	Taggenau/360
3	Taggenau/365
4	Europa 30/360

Bemerkungen:

- ✔ Haupteinsatzgebiet dieser Funktion ist die US-amerikanische Finanzwelt.
- ✔ Alle Argumente müssen ganze Zahlen sein, ansonsten werden deren Nachkommastellen abgeschnitten.
- ✔ Alle Argumente müssen numerisch sein, ansonsten erzeugt die Funktion den Fehlerwert *#WERT*!.
- ✔ Sind die Argumente *Abrechnung* oder *Fälligkeit* keine zulässigen fortlaufenden Zahlen, erzeugt die Funktion den Fehler *#ZAHL*!.
- ✔ Ist das Argument *Basis* kleiner 0 oder größer 4, erzeugt die Funktion den Fehlerwert *#ZAHL*!.
- ✔ Ist das Argument *Abrechnung* größer oder gleich dem Argument *Fälligkeit*, erzeugt die Funktion den Fehlerwert *#ZAHL*!.

- Das Argument *Häufigkeit* muss mit einer der Zahlen 1, 2 oder 4 angegeben werden, ansonsten erzeugt die Funktion den Fehlerwert *#ZAHL!*.

ZINSTERMTAGNZ (Abrechnung; Fälligkeit; Häufigkeit; Basis)

Einsatz:

Die Funktion berechnet die Anzahl der Tage vom Abrechnungstermin bis zum nächsten Zinstermin.

Parameter:

Das Argument *Abrechnung* stellt den Abrechnungstermin des Wertpapierkaufs dar. Dabei muss dieser Termin als fortlaufende Zahl angegeben werden.

Durch *Fälligkeit* wird der Fälligkeitstermin des Wertpapiers als fortlaufende Zahl angegeben.

Das Argument *Häufigkeit* steht für die Anzahl der Zinszahlungen pro Jahr. Dabei wird bei jährlichen Zahlungen die Zahl 1, bei halbjährlichen Zahlungen die Zahl 2 und bei vierteljährlichen Zahlungen die Zahl 4 eingesetzt.

Basis spezifiziert die Basis, auf der die Zinstage gezählt werden sollen. Sie kann folgende Werte für folgende Basis der Zinstage annehmen:

0 oder nicht angegeben	USA (NASD-Methode) 30/360
1	Taggenau/taggenau
2	Taggenau/360
3	Taggenau/365
4	Europa 30/360

Bemerkungen:

- Haupteinsatzgebiet dieser Funktion ist die US-amerikanische Finanzwelt.

- Alle Argumente müssen ganze Zahlen sein, ansonsten werden deren Nachkommastellen abgeschnitten.
- Alle Argumente müssen numerisch sein, ansonsten erzeugt die Funktion den Fehlerwert *#WERT*!.
- Sind die Argumente *Abrechnung* oder *Fälligkeit* keine zulässigen fortlaufenden Zahlen, erzeugt die Funktion den Fehler *#ZAHL*!.
- Ist das Argument *Basis* kleiner 0 oder größer 4, erzeugt die Funktion den Fehlerwert *#ZAHL*!.
- Ist das Argument *Abrechnung* größer oder gleich dem Argument *Fälligkeit*, erzeugt die Funktion den Fehlerwert *#ZAHL*!.
- Das Argument *Häufigkeit* muss mit einer der Zahlen 1, 2 oder 4 angegeben werden, ansonsten erzeugt die Funktion den Fehlerwert *#ZAHL*!.

ZINSTERMTAGVA (Abrechnung; Fälligkeit; Häufigkeit; Basis)

Einsatz:

Die Funktion berechnet die Anzahl der Tage vom Anfang des Zinstermins bis zum Abrechnungstermin.

Parameter:

Das Argument *Abrechnung* stellt den Abrechnungstermin des Wertpapierkaufs dar. Dabei muss dieser Termin als fortlaufende Zahl angegeben werden.

Durch *Fälligkeit* wird der Fälligkeitstermin des Wertpapiers als fortlaufende Zahl angegeben.

Das Argument *Häufigkeit* steht für die Anzahl der Zinszahlungen pro Jahr. Dabei wird bei jährlichen Zahlungen die Zahl 1, bei halbjährlichen Zahlungen die Zahl 2 und bei vierteljährlichen Zahlungen die Zahl 4 eingesetzt.

Basis spezifiziert die Basis, auf der die Zinstage gezählt werden sollen. Sie kann folgende Werte für folgende Basis der Zinstage annehmen:

0 oder nicht angegeben	USA (NASD-Methode) 30/360
1	Taggenau/taggenau
2	Taggenau/360
3	Taggenau/365
4	Europa 30/360

Bemerkungen:

- Haupteinsatzgebiet dieser Funktion ist die US-amerikanische Finanzwelt.
- Alle Argumente müssen ganze Zahlen sein, ansonsten werden deren Nachkommastellen abgeschnitten.
- Alle Argumente müssen numerisch sein, ansonsten erzeugt die Funktion den Fehlerwert *#WERT*!.
- Sind die Argumente *Abrechnung* oder *Fälligkeit* keine zulässigen fortlaufenden Zahlen, erzeugt die Funktion den Fehler *#ZAHL*!.
- Ist das Argument *Basis* kleiner 0 oder größer 4, erzeugt die Funktion den Fehlerwert *#ZAHL*!.
- Ist das Argument *Abrechnung* größer oder gleich dem Argument *Fälligkeit*, erzeugt die Funktion den Fehlerwert *#ZAHL*!.
- Das Argument *Häufigkeit* muss mit einer der Zahlen 1, 2 oder 4 angegeben werden, ansonsten erzeugt die Funktion den Fehlerwert *#ZAHL*!.

ZINSTERMVZ (Abrechnung; Fälligkeit; Häufigkeit; Basis)

Einsatz:

Die Funktion berechnet das Datum des letzten Zinstermins vor dem Abrechnungstermin.

Parameter:

Das Argument *Abrechnung* stellt den Abrechnungstermin des Wertpapierkaufs dar. Dabei muss dieser Termin als fortlaufende Zahl angegeben werden.

Durch *Fälligkeit* wird der Fälligkeitstermin des Wertpapiers als fortlaufende Zahl angegeben.

Das Argument *Häufigkeit* steht für die Anzahl der Zinszahlungen pro Jahr. Dabei wird bei jährlichen Zahlungen die Zahl 1, bei halbjährlichen Zahlungen die Zahl 2 und bei vierteljährlichen Zahlungen die Zahl 4 eingesetzt.

Basis spezifiziert die Basis, auf der die Zinstage gezählt werden sollen. Sie kann folgende Werte für folgende Basis der Zinstage annehmen:

0 oder nicht angegeben	USA (NASD-Methode) 30/360
1	Taggenau/taggenau
2	Taggenau/360
3	Taggenau/365
4	Europa 30/360

Bemerkungen:

- Haupteinsatzgebiet dieser Funktion ist die US-amerikanische Finanzwelt.
- Sollte bei der Benutzung dieser Funktion ein Fehlerwert angezeigt werden, der Ihnen mitteilt, dass die Funktion nicht vorhanden ist, so muss das Add-In-Makro *Analyse-Funktionen* installiert werden.

- Alle Argumente müssen ganze Zahlen sein, ansonsten werden deren Nachkommastellen abgeschnitten.
- Alle Argumente müssen numerisch sein, ansonsten erzeugt die Funktion den Fehlerwert *#WERT!*.
- Sind die Argumente *Abrechnung* oder *Fälligkeit* keine zulässigen fortlaufenden Zahlen, erzeugt die Funktion den Fehler *#ZAHL!*.
- Ist das Argument *Basis* kleiner 0 oder größer 4, erzeugt die Funktion den Fehlerwert *#ZAHL!*.
- Ist das Argument *Abrechnung* größer oder gleich dem Argument *Fälligkeit*, erzeugt die Funktion den Fehlerwert *#ZAHL!*.
- Das Argument *Häufigkeit* muss mit einer der Zahlen 1, 2 oder 4 angegeben werden, ansonsten erzeugt die Funktion den Fehlerwert *#ZAHL!*.

ZINSTERMZAHL (Abrechnung; Fälligkeit; Häufigkeit; Basis)

Einsatz:

Die Funktion berechnet, wie viele Kupontermine zwischen dem jeweiligen Kauftermin und dem Fälligkeitstermin liegen. Die Funktion rundet das Ergebnis auf die nächste Ganzzahl.

Parameter:

Das Argument *Abrechnung* stellt den Abrechnungstermin des Wertpapierkaufs dar. Dabei muss dieser Termin als fortlaufende Zahl angegeben werden.

Durch *Fälligkeit* wird der Fälligkeitstermin des Wertpapiers als fortlaufende Zahl angegeben.

Das Argument *Häufigkeit* steht für die Anzahl der Zinszahlungen pro Jahr. Dabei wird bei jährlichen Zahlungen die Zahl 1, bei halbjährlichen Zahlungen die Zahl 2 und bei vierteljährlichen Zahlungen die Zahl 4 eingesetzt.

Basis spezifiziert die Basis, auf der die Zinstage gezählt werden sollen. Sie kann folgende Werte für folgende Basis der Zinstage annehmen:

0 oder nicht angegeben	USA (NASD-Methode) 30/360
1	Taggenau/taggenau
2	Taggenau/360
3	Taggenau/365
4	Europa 30/360

Bemerkungen:

- Haupteinsatzgebiet dieser Funktion ist die US-amerikanische Finanzwelt.
- Alle Argumente müssen ganze Zahlen sein, ansonsten werden deren Nachkommastellen abgeschnitten.
- Alle Argumente müssen numerisch sein, ansonsten erzeugt die Funktion den Fehlerwert *#WERT*!.
- Sind die Argumente *Abrechnung* oder *Fälligkeit* keine zulässigen fortlaufenden Zahlen, erzeugt die Funktion den Fehler *#ZAHL*!.
- Ist das Argument *Basis* kleiner 0 oder größcr 4, erzeugt die Funktion den Fehlerwert *#ZAHL*!.
- Ist das Argument *Abrechnung* größer oder gleich dem Argument *Fälligkeit*, erzeugt die Funktion den Fehlerwert *#ZAHL*!.
- Das Argument *Häufigkeit* muss mit einer der Zahlen 1, 2 oder 4 angegeben werden, ansonsten erzeugt die Funktion den Fehlerwert *#ZAHL*!.

ZW2 (Kapital; Zinsen)

Einsatz:

Die Funktion berechnet den aufgezinsten Wert des Anfangskapitals für eine Reihe periodisch unterschiedlicher Zinssätze. Mit Hilfe dieser Funktion können Sie den Endwert (zukünftigen Wert) einer Investition (Kapitalanlage) berechnen, für die ein variabler oder wechselnder Zinssatz vereinbart wurde.

Parameter:

Das Argument *Kapital* steht für den Gegenwartswert.

Zinsen gibt eine Matrix an, die die einzusetzenden Zinssätze enthält.

Bemerkungen:

- Das Argument *Kapital* muss ein numerischer Ausdruck sein, ansonsten erzeugt die Funktion den Fehlerwert *#WERT!*.
- Die Funktion geht davon aus, dass Zinsen nur aus Zahlen oder leeren Zellen besteht. Werden andere Werte angegeben, so erzeugt die Funktion den Fehlerwert *#WERT!*.
- Bei leeren Zellen rechnet die Funktion so, als wären sie mit Nullen belegt, das heißt, es fallen keine Zinsen an.

Information

ISTGERADE (Zahl)

Einsatz:

Die Funktion erzeugt als Ergebnis einen der Wahrheitswerte WAHR oder FALSCH. WAHR wird angezeigt, wenn das Argument

Zahl eine gerade Zahl ist, andernfalls wird FALSCH (Zahl ist ungerade) ausgegeben.

Parameter:

Zahl steht für einen Wert, der geprüft werden soll. Wird das Argument *Zahl* nicht als eine ganze Zahl angegeben, werden deren Nachkommastellen abgeschnitten.

Bemerkung:

Wird das Argument *Zahl* nicht als ein numerischer Ausdruck angegeben, erzeugt die Funktion den Fehlerwert *#WERT*!.

ISTUNGERADE (Zahl)

Einsatz:

Die Funktion erzeugt als Ergebnis einen der Wahrheitswerte WAHR oder FALSCH. WAHR wird angezeigt, wenn das Argument *Zahl* eine ungerade Zahl ist, andernfalls wird FALSCH (Zahl ist gerade) ausgegeben.

Parameter:

Zahl steht für einen Wert, der geprüft werden soll. Wird das Argument *Zahl* nicht als eine ganze Zahl angegeben, werden deren Nachkommastellen abgeschnitten.

Bemerkung:

Wird das Argument *Zahl* nicht als ein numerischer Ausdruck angegeben, erzeugt die Funktion den Fehlerwert *#WERT*!.

Technische Funktion

BESSELI (x; n)

Einsatz:

Diese Funktion errechnet den der für rein imaginäre Argumente ausgewerteten Besselfunktion Jn entsprechenden Wert der modifizierten Besselfunktion In(x).

Parameter:

Durch *x* wird der Wert angegeben, für den die Funktion berechnet werden soll.

n gibt die Ordnung der Besselfunktion an. Dabei sollte *n* eine ganze Zahl sein, ansonsten werden die Nachkommastellen abgeschnitten.

Bemerkungen:

- *x* und *n* müssen numerische Werte sein, ansonsten wird der Fehlerwert *#WERT*! ausgegeben.
- Wird *n* kleiner als 0 angegeben, erzeugt die Funktion den Fehlerwert *#ZAHL*!.
- Die Gleichung der modifizierten Besselfunktion *n*-ter Ordnung der Variablen *x* lautet:

$$I_n(x) = (i)^{-n} J_n(ix)$$

BESSELJ (x; n)

Einsatz:

Berechnet die Besselfunktion Jn(x).

Parameter:

Durch *x* wird der Wert angegeben, für den die Funktion berechnet werden soll.

n gibt die Ordnung der Besselfunktion an. Dabei sollte *n* eine ganze Zahl sein, ansonsten werden die Nachkommastellen abgeschnitten.

Bemerkungen:

- *x* und *n* müssen numerische Werte sein, ansonsten wird der Fehlerwert *#WERT*! ausgegeben.
- Wird *n* kleiner als 0 angegeben, erzeugt die Funktion den Fehlerwert *#ZAHL*!.
- Die Gleichung der modifizierten Besselfunktion n-ter Ordnung der Variablen *x* lautet:

  $$J_n(x) = \sum_{k=0}^{\infty} \frac{(-1)^k}{k!\Gamma(n+k+1)} \left(\frac{x}{2}\right)^{n+2k}$$

  Dabei ist:

  $$\Gamma(n+k+1) = \int_0^{\infty} e^{-x} x^{n+k} dx$$

BESSELK (x; n)

Einsatz:

Diese Funktion errechnet den für rein imaginäre Argumente ausgewerteten Besselfunktionen Jn und Yn entsprechenden Wert der modifizierten Besselfunktion Kn(x).

Parameter:

Durch *x* wird der Wert angegeben, für den die Funktion berechnet werden soll.

n gibt die Ordnung der Besselfunktion an. Dabei sollte *n* eine ganze Zahl sein, ansonsten werden die Nachkommastellen abgeschnitten.

Bemerkungen:

- x und n müssen numerische Werte sein, ansonsten wird der Fehlerwert *#WERT*! ausgegeben.
- Wird n kleiner als 0 angegeben, erzeugt die Funktion den Fehlerwert *#ZAHL*!.
- Die Gleichung der modifizierten Besselfunktion n-ter Ordnung der Variablen x lautet:

  $$K_n(x) = \frac{p}{2} i^{n+1}[J_n(ix) + iY_n(ix)].$$

  Dabei stehen für Jn und Yn die Besselfunktionen J beziehungsweise Y.

BESSELY (x; n)

Einsatz:

Die Funktion berechnet den Wert der Besselfunktion Yn(x). Die Besselfunktion Yn(x) wird auch als *Webersche Funktion* bzw. *Neumannsche Funktion* bezeichnet.

Parameter:

Durch x wird der Wert angegeben, für den die Funktion berechnet werden soll.

n gibt die Ordnung der Besselfunktion an. Dabei sollte n eine ganze Zahl sein, ansonsten werden die Nachkommastellen abgeschnitten.

Bemerkungen:

- x und n müssen numerische Werte sein, ansonsten wird der Fehlerwert *#WERT*! ausgegeben.
- Wird n kleiner als 0 angegeben, erzeugt die Funktion den Fehlerwert *#ZAHL*!.

✔ Die Gleichung der modifizierten Besselfunktion *n*-ter Ordnung der Variablen *x* lautet:

$$Y_n(x) = \lim_{\nu \to n} \frac{J_\nu(x)\cos(\nu\pi) - J_{-\nu}(x)}{\sin(\nu\pi)}$$

Dabei gilt:

$$\mathrm{ERF}(z) = \frac{2}{\sqrt{\pi}} \int_0^z e^{-t^2}\, dt$$

BININDEZ (Zahl)

Einsatz:

Die Funktion BININDEZ wandelt eine binäre Zahl (Dualzahl) in eine dezimale Zahl um.

Parameter:

Das Argument *Zahl* soll eine binäre Zahl (Dualzahl) sein, die Sie in eine Dezimalzahl umwandeln wollen. Dabei darf *Zahl* aus höchstens 10 Zeichen bestehen. Das Vorzeichenbit ist das 10. Bit von rechts. Negative Zahlen werden im Zweier-Komplement dargestellt.

Bemerkung:

Wird *Zahl* als keine zulässige binäre Zahl angegeben oder besteht *Zahl* aus mehr als 10 Bits, erzeugt die Funktion den Fehlerwert *#ZAHL*!.

BININHEX (Zahl; Stellen)

Einsatz:

Diese Funktion wandelt eine binäre Zahl (Dualzahl) in eine hexadezimale Zahl um.

Parameter:

Das Argument *Zahl* soll eine binäre Zahl (Dualzahl) sein, die Sie in eine hexadezimale Zahl umwandeln wollen. Dabei darf *Zahl* aus höchstens 10 Zeichen bestehen. Das Vorzeichenbit ist das 10. Bit von rechts. Negative Zahlen werden im Zweier-Komplement dargestellt.

Durch *Stellen* können Sie angeben, wie viele Zeichen angezeigt werden sollen. Wird *Stellen* nicht angegeben, erzeugt die Funktion nicht mehr Zeichen, als unbedingt erforderlich sind. Das Argument *Stellen* kann dazu dienen, das Ergebnis mit führenden Nullen anzuzeigen.

Bemerkungen:

- ✔ Benötigt die Funktion mehr als im Argument *Stellen* angegebene Zeichen, erzeugt sie den Fehlerwert *#ZAHL!*.
- ✔ Wird *Zahl* als keine zulässige binäre Zahl angegeben oder besteht *Zahl* aus mehr als 10 Bits, erzeugt die Funktion den Fehlerwert *#ZAHL!*.
- ✔ Wird *Zahl* negativ angegeben, so wird das Argument *Stellen* nicht beachtet und eine aus 10 Zeichen bestehende hexadezimale Zahl angezeigt.
- ✔ Das Argument *Stellen* muss ein numerischer Ausdruck sein, ansonsten liefert BININHEX den Fehlerwert *#WERT!*.
- ✔ Das Argument *Stellen* muss ein positiver Ausdruck sein, ansonsten liefert BININHEX den Fehlerwert *#ZAHL!*.
- ✔ *Stellen* sollte eine ganze Zahl sein, ansonsten werden deren Nachkommastellen abgeschnitten.

BININOKT (Zahl; Stellen)

Einsatz:

Diese Funktion wandelt eine binäre Zahl (Dualzahl) in eine oktale Zahl um.

Parameter:

Das Argument *Zahl* soll eine binäre Zahl (Dualzahl) sein, die Sie in eine oktale Zahl umwandeln wollen. Dabei darf Zahl aus höchstens 10 Zeichen bestehen. Das Vorzeichenbit ist das 10. Bit von rechts. Negative Zahlen werden im Zweier-Komplement dargestellt. Durch *Stellen* können Sie angeben, wie viele Zeichen angezeigt werden sollen. Wird *Stellen* nicht angegeben, erzeugt die Funktion nicht mehr Zeichen, als unbedingt erforderlich sind. Das Argument *Stellen* kann dazu dienen, das Ergebnis mit führenden Nullen anzuzeigen.

Bemerkungen:

- Benötigt die Funktion mehr als im Argument *Stellen* angegebene Zeichen, erzeugt sie den Fehlerwert *#ZAHL*!.
- Wird *Zahl* als keine zulässige binäre Zahl angegeben oder besteht *Zahl* aus mehr als 10 Bits, erzeugt die Funktion den Fehlerwert *#ZAHL*!.
- Wird *Zahl* negativ angegeben, so wird das Argument *Stellen* nicht beachtet und eine aus 10 Zeichen bestehende hexadezimale Zahl angezeigt.
- Das Argument *Stellen* muss ein numerischer Ausdruck sein, ansonsten liefert BININOKT den Fehlerwert *#WERT*!.
- Das Argument *Stellen* muss ein positiver Ausdruck sein, ansonsten liefert BININOKT den Fehlerwert *#ZAHL*!.
- *Stellen* sollte eine ganze Zahl sein, ansonsten werden deren Nachkommastellen abgeschnitten.

DELTA (Zahl1; Zahl2)

Einsatz:

Die Funktion vergleicht zwei angegebene Werte auf Übereinstimmung. Falls gilt: *Zahl1 = Zahl2*, erzeugt die Funktion den Wert 1, ansonsten den Wert 0. Durch die Funktion kann eine Gruppe von Werten gefiltert werden. Die Funktion wird in der Fachsprache auch als Kronekkersymbol bezeichnet.

Parameter:

Das Argument *Zahl1* steht für die erste am Vergleich beteiligte Zahl, *Zahl2* für die zweite.

Wird *Zahl2* nicht angegeben, wird der Wert null angenommen.

Bemerkung:

Sind die Argumente *Zahl1* und *Zahl2* keine numerischen Ausdrükke, liefert die Funktion den Fehler *#WERT*!.

DEZINBIN (Zahl; Stellen)

Einsatz:

Die Funktion wandelt eine dezimale Zahl in eine binäre Zahl (Dualzahl) um.

Parameter:

Das Argument *Zahl* soll eine dezimale ganze Zahl sein, die Sie in eine Dualzahl umwandeln wollen.

Wird *Zahl* mit einem negativen Wert angegeben, wird das Argument *Stellen* nicht beachtet. Die Funktion erzeugt dann eine aus 10 Zeichen (10 Bits) bestehende Dualzahl. Das Vorzeichenbit ist das 10. Bit von rechts. Negative Zahlen werden im Zweier-Komplement aufgeführt.

Durch das Argument *Stellen* kann angegeben werden, wie viele Zeichen der umgewandelten Zahl aufgeführt werden sollen.

Wird *Stellen* nicht angegeben, erzeugt die Funktion nicht mehr Zeichen, als mindestens angezeigt werden müssen. Das Argument *Stellen* kann dazu dienen, das Ergebnis mit führenden Nullen anzuzeigen.

Bemerkungen:

- ✔ Benötigt die Funktion mehr als im Argument *Stellen* angegebene Zeichen, erzeugt sie den Fehlerwert *#ZAHL!*.
- ✔ Das Argument *Zahl* muss ein numerischer Ausdruck sein, ansonsten liefert DEZINBIN den Fehlerwert *#WERT!*.
- ✔ Wenn *Zahl* kleiner als -512 oder größer als 511 ist erzeugt die Funktion den Fehlerwert *#ZAHL!*.
- ✔ Das Argument *Stellen* muss ein numerischer Ausdruck sein, ansonsten liefert DEZINBIN den Fehlerwert *#WERT!*.
- ✔ Das Argument *Stellen* muss ein positiver Wert sein, ansonsten liefert DEZINBIN den Fehlerwert *#ZAHL!*.
- ✔ *Stellen* sollte eine ganze Zahl sein, da ansonsten deren Nachkommastellen abgeschnitten werden.

DEZINHEX (Zahl; Stellen)

Einsatz:

Die Funktion wandelt eine dezimale Zahl in eine hexadezimale Zahl um.

Parameter:

Das Argument *Zahl* soll eine dezimale ganze Zahl sein, die Sie in eine hexadezimale Zahl umwandeln möchten.

Wird *Zahl* mit einem negativen Wert angegeben, wird das Argument *Stellen* nicht beachtet. Die Funktion erzeugt dann eine aus 10 Zeichen (40 Bits) bestehende hexadezimale Zahl.

Das Vorzeichenbit ist das 40. Bit von rechts. Negative Zahlen werden im Zweier-Komplement aufgeführt.

Durch das Argument *Stellen* kann angegeben werden, wie viele Zeichen der umgewandelten Zahl aufgeführt werden sollen.

Wird *Stellen* nicht angegeben, erzeugt die Funktion nicht mehr Zeichen, als mindestens angezeigt werden müssen. Das Argument *Stellen* kann dazu dienen, das Ergebnis mit führenden Nullen anzuzeigen.

Bemerkungen:

- ✓ Benötigt die Funktion mehr als im Argument *Stellen* angegebene Zeichen, erzeugt sie den Fehlerwert *#ZAHL!*.
- ✓ Das Argument *Zahl* muss ein numerischer Ausdruck sein, ansonsten liefert DEZINHEX den Fehlerwert *#WERT!*.
- ✓ Wenn *Zahl* kleiner als -549.755.813.888 oder größer als 549.755.813.887 ist, erzeugt die Funktion den Fehlerwert *#ZAHL!*.
- ✓ Das Argument *Stellen* muss ein numerischer Ausdruck sein, ansonsten erzeugt die Funktion den Fehlerwert *#WERT!*.
- ✓ Das Argument *Stellen* muss ein positiver Wert sein, ansonsten erzeugt DEZINHEX den Fehlerwert *#ZAHL!*.
- ✓ *Stellen* sollte eine ganze Zahl sein, ansonsten werden deren Nachkommastellen abgeschnitten.

DEZINOKT (Zahl; Stellen)

Einsatz:

Die Funktion wandelt eine dezimale Zahl in eine oktale Zahl um.

Parameter:

Das Argument *Zahl* soll eine dezimale ganze Zahl sein, die Sie in eine oktale Zahl umwandeln möchten.

Wird *Zahl* mit einem negativen Wert angegeben, wird das Argument *Stellen* nicht beachtet. Die Funktion erzeugt dann eine aus 10 Zeichen (30 Bits) bestehende oktale Zahl.

Das Vorzeichenbit ist das 30. Bit von rechts. Negative Zahlen werden im Zweier-Komplement aufgeführt.

Durch das Argument *Stellen* kann angegeben werden, wie viele Zeichen der umgewandelten Zahl aufgeführt werden sollen.

Wird *Stellen* nicht angegeben, erzeugt die Funktion nicht mehr Zeichen, als mindestens angezeigt werden müssen. Das Argument *Stellen* kann dazu dienen, das Ergebnis mit führenden Nullen auf dem Bildschirm darzustellen.

Bemerkungen:

- ✔ Braucht die Funktion mehr Zeichen als im Argument *Stellen* angegeben, erzeugt sie den Fehlerwert *#ZAHL*!.
- ✔ Das Argument *Zahl* muss ein numerischer Ausdruck sein, ansonsten liefert DEZINOKT den Fehlerwert *#WERT*!.
- ✔ Wenn *Zahl* mit einem Wert kleiner als -536.870.912 oder größer als 536.870.911 angegeben wird, erzeugt die Funktion den Fehlerwert *#ZAHL*!.
- ✔ Das Argument *Stellen* muss ein numerischer Ausdruck sein, ansonsten erzeugt die Funktion den Fehlerwert *#WERT*!.
- ✔ Das Argument *Stellen* muss ein positiver Wert sein, ansonsten erzeugt DEZINOKT den Fehlerwert *#ZAHL*!.
- ✔ *Stellen* sollte eine ganze Zahl sein, ansonsten werden deren Nachkommastellen abgeschnitten.

GAUSSFEHLER (Untere_Grenze; Obere_Grenze)

Einsatz:

Die Funktion GAUSSFEHLER erzeugt das Ergebnis der zwischen *Untere_Grenze* und *Obere_Grenze* integrierten Fehlerfunktion.

Parameter:

Durch *Untere_Grenze* wird der Wert für die untere Grenze der Integration in der Funktion GAUSSFEHLER angegeben.

Durch *Obere_Grenze* wird der Wert für die obere Grenze der Integration in der Funktion GAUSSFEHLER angegeben.

Wird das Argument GAUSSFEHLER nicht angegeben, integriert die Funktion GAUSSFEHLER von Null bis *Untere_Grenze*.

Bemerkungen:

- ✓ *Untere_Grenze* und *Obere_Grenze* müssen numerische Werte sein, ansonsten wird der Fehlerwert *#WERT*! ausgegeben.
- ✓ Die Argumente *Untere_Grenze* und *Obere_Grenze* müssen positiv angegeben werden, ansonsten erzeugt die Funktion den Fehlerwert *#ZAHL*!.

$$\mathrm{ERF}(z) = \frac{2}{\sqrt{\pi}} \int_0^z e^{-t^2}\,dt$$

$$\mathrm{ERF}(a,b) = \frac{2}{\sqrt{\pi}} \int_a^b e^{-t^2}\,dt = \mathrm{ERF}(b) - \mathrm{ERF}(a)$$

GAUSSFKOMPL (Untere_Grenze)

Einsatz:

Die Funktion GAUSSFKOMPL erzeugt das Ergebnis der von x bis integrierten komplementären Fehlerfunktion.

Parameter:

Durch *Untere_Grenze* wird der Wert für die untere Grenze der Integration in der Funktion GAUSSFEHLER angegeben.

Bemerkungen:

- *Untere_Grenze* muss ein numerischer Wert sein, ansonsten wird der Fehlerwert *#WERT*! ausgegeben.
- Das Argument *Untere_Grenze* muss positiv angegeben werden, ansonsten erzeugt die Funktion den Fehlerwert *#ZAHL*!.

GGANZZAHL (Zahl; Schritt)

Einsatz:

Die Funktion erzeugt den Wert 1, falls gilt *Zahl* größer *Schritt*. Trifft dies nicht zu, wird eine 0 angezeigt. Diese Funktion ermöglicht es also, eine Anzahl von Werten zu filtern. Das Argument *Schritt* kann in diesem Zusammenhang auch als Schwellenwert bezeichnet werden.

Parameter:

Das Argument *Zahl* steht für den Wert, der gegen den Wert des Argumentes *Schritt* geprüft werden soll.

Schritt stellt den Gegenwert zu Zahl dar und entspricht somit einem Schwellenwert. Wird für das Argument Schritt kein Wert angegeben, so wird es mit 0 belegt.

Bemerkung:

Alle Argumente müssen numerisch sein, ansonsten erzeugt die Funktion den Fehlerwert *#WERT*!.

HEXINBIN (Zahl; Stellen)

Einsatz:

Die Funktion wandelt eine hexadezimale Zahl in eine binäre Zahl (Dualzahl) um.

Parameter:

Das Argument *Zahl* soll eine hexadezimale Zahl sein, die Sie in eine binäre Zahl (Dualzahl) umwandeln wollen. Dabei darf Zahl aus höchstens 10 Zeichen (40 Bits) bestehen. Das Vorzeichenbit ist das 40. Bit von rechts. Negative Zahlen werden im Zweier-Komplement dargestellt.

Durch *Stellen* können Sie angeben, wie viele Zeichen angezeigt werden sollen. Wird *Stellen* nicht angegeben, erzeugt die Funktion nicht mehr Zeichen, als unbedingt erforderlich sind. Das Argument *Stellen* kann dazu dienen, das Ergebnis mit führenden Nullen anzuzeigen.

Bemerkungen:

- ✔ Benötigt die Funktion mehr als im Argument *Stellen* angegebene Zeichen, erzeugt sie den Fehlerwert *#ZAHL!*.
- ✔ Wird *Zahl* als keine zulässige hexadezimale Zahl angegeben, erzeugt die Funktion den Fehlerwert *#ZAHL!*.
- ✔ Wird das Argument *Zahl* negativ angegeben, dann darf es nicht kleiner als FFFFFFFE00 sein.
- ✔ Wird das Argument *Zahl* positiv angegeben, dann darf es nicht größer als 1FF sein.
- ✔ Das Argument *Stellen* muss ein numerischer Ausdruck sein, ansonsten erzeugt HEXINBIN den Fehlerwert *#WERT!*.
- ✔ Das Argument *Stellen* muss ein positiver Ausdruck sein, ansonsten erzeugt HEXINBIN den Fehlerwert *#ZAHL!*.
- ✔ *Stellen* sollte eine ganze Zahl sein, ansonsten werden deren Nachkommastellen abgeschnitten.

HEXINDEZ (Zahl)

Einsatz:

Die Funktion HEXINDEZ wandelt eine hexadezimale Zahl in eine dezimale Zahl um.

Parameter:

Das Argument *Zahl* soll eine hexadezimale Zahl sein, die Sie in eine Dezimalzahl umwandeln wollen. Dabei darf *Zahl* aus höchstens 10 Zeichen (40 Bits) bestehen. Das Vorzeichenbit ist das 40. Bit von rechts. Negative Zahlen werden im Zweier-Komplement dargestellt.

Bemerkung:

Wird *Zahl* als keine zulässige hexadezimale Zahl angegeben, erzeugt die Funktion den Fehlerwert *#ZAHL*!.

HEXINOKT (Zahl; Stellen)

Einsatz:

Diese Funktion wandelt eine hexadezimale Zahl in eine oktale Zahl um.

Parameter:

Das Argument *Zahl* soll eine hexadezimale Zahl sein, die Sie in eine oktale Zahl umwandeln wollen. Dabei darf *Zahl* aus höchstens 10 Zeichen (40 Bits) bestehen. Das Vorzeichenbit ist das 40. Bit von rechts. Negative Zahlen werden im Zweier-Komplement dargestellt.

Durch *Stellen* können Sie angeben, wie viele Zeichen angezeigt werden sollen. Wird Stellen nicht angegeben, erzeugt die Funktion nicht mehr Zeichen, als unbedingt erforderlich sind. Das Argument *Stellen* kann dazu dienen, das Ergebnis mit führenden Nullen anzuzeigen.

Bemerkungen:

- Benötigt die Funktion mehr als im Argument *Stellen* angegebene Zeichen, erzeugt sie den Fehlerwert *#ZAHL*!.
- Wird *Zahl* als keine zulässige hexadezimale Zahl angegeben, erzeugt die Funktion den Fehlerwert *#ZAHL*!.
- Wird *Zahl* negativ angegeben, so wird das Argument *Stellen* nicht beachtet und eine aus 10 Zeichen bestehende Oktalzahl angezeigt.
- Wird das Argument *Zahl* negativ angegeben, dann darf es nicht kleiner als FFE0000000 sein.
- Wird das Argument *Zahl* positiv angegeben, dann darf es nicht größer als 1FFFFFFF sein.
- Das Argument *Stellen* muss ein numerischer Ausdruck sein, ansonsten erzeugt HEXINOKT den Fehlerwert *#WERT*!.
- *Stellen* sollte eine ganze Zahl sein, ansonsten werden deren Nachkommastellen abgeschnitten.
- Das Argument *Stellen* muss ein positiver Ausdruck sein, ansonsten liefert HEXINOKT den Fehlerwert *#ZAHL*!.

IMABS (Komplexe_Zahl)

Einsatz:

Diese Funktion errechnet den Absolutwert (Modul) einer komplexen Zahl. Sie können dazu Zeichenfolgen der Form x + yi oder x + yj angeben.

Parameter:

Durch *Komplexe_Zahl* definieren Sie die Komplexe Zahl, deren Modul berechnet werden soll.

Bemerkungen:

- Die Funktion KOMPLEXE errechnet aus dem angegebenen Real- und Imaginärteil die zugehörige komplexe Zahl.
- Das Argument *Komplexe_ Zahl* muss als Textwert (" ") angegeben werden.
- Die Komplexe Zahl muss in der Form x + yi oder x + yj angegeben werden, ansonsten erzeugt die Funktion den Fehlerwert *#ZAHL!*.
- Die Funktion rechnet nach folgender Gleichung:

  $$\mathrm{IMABS}(z) = |z| = \sqrt{x^2 + y^2}$$

  Dabei gilt: z = x + yi

IMAGINÄRTEIL (Komplexe_Zahl)

Einsatz:

Die Funktion errechnet den Imaginärteil einer komplexen Zahl. Sie können dazu Zeichenfolgen der Form x +yi oder x + yj angeben.

Parameter:

Durch *Komplexe_Zahl* definieren Sie die Komplexe Zahl, deren Imaginärteil berechnet werden soll.

Bemerkungen:

- Das Argument *Komplexe_Zahl* muss als Textwert (" ") angegeben werden.
- Die Funktion KOMPLEXE errechnet aus dem angegebenen Real- und Imaginärteil die zugehörige komplexe Zahl.
- Die Komplexe Zahl muss in der Form x + yi oder x + yj angegeben werden, ansonsten erzeugt die Funktion den Fehlerwert *#ZAHL!*.

IMAPOTENZ (Komplexe_Zahl; Potenz)

Einsatz:

Die Funktion errechnet die ganzzahlige Potenz einer komplexen Zahl. Sie können dazu Zeichenfolgen der Form x + yi oder x + yj angeben.

Parameter:

Durch *Komplexe_Zahl* definieren Sie die Komplexe Zahl, deren Potenzwert berechnet werden soll.

Das Argument *Potenz* stellt den Exponenten dar, mit dem die komplexe Zahl potenziert werden soll.

Bemerkungen:

- Die Funktion KOMPLEXE errechnet aus dem angegebenen Real- und Imaginärteil die zugehörige komplexe Zahl.
- Die Komplexe Zahl muss in der Form x + yi oder x + yj angegeben werden, ansonsten erzeugt die Funktion den Fehlerwert *#ZAHL*!.
- Das Argument *Potenz* muss ein numerischer Ausdruck sein, ansonsten erzeugt die Funktion den Fehlerwert *#WERT*!.
- *Potenz* kann als eine ganze Zahl, als eine rationale Zahl (Bruch) oder als eine negative Zahl angegeben werden.
- Die Potenz einer Komplexen Zahl wird durch die Funktion IMAPOTENZ nach der folgenden Formel von Moivre errechnet:

  $$(x+yi)^n = r^n e^{in\theta} = r^n \cos n\theta + ir^n \sin n\theta$$

  Dabei gilt:

  $$r = \sqrt{x^2 + y^2}$$

  $$\theta = \tan^{-1}\left(\frac{y}{x}\right)$$

  $$\theta \in]-\pi;\pi]$$

IMARGUMENT (Komplexe_Zahl)

Einsatz:

Die Funktion errechnet einen im Bogenmaß vorliegenden Winkel zur Darstellung einer komplexen Zahl z in trigonometrischer Form. Dabei ist folgende Umrechnungsformel relevant:

$$x + yi = |x + yi| \times e^{i\vartheta} = |x + yi|(\cos\vartheta + i\sin\vartheta)$$

Parameter:

Durch *Komplexe_Zahl* definieren Sie die Komplexe Zahl, deren Argument berechnet werden soll.

Bemerkungen:

- Die Funktion KOMPLEXE errechnet aus dem angegebenen Real- und Imaginärteil die zugehörige komplexe Zahl.
- Die komplexe Zahl muss in der Form x + yi oder x + yj angegeben werden, ansonsten erzeugt die Funktion den Fehlerwert *#ZAHL*!.
- Die Funktion IMARGUMENT rechnet nach der folgenden Formel:

  $$\text{IMARGUMENT}(z) = \tan^{-1}\left(\frac{y}{x}\right) = \vartheta$$

  Dabei gilt:

  $$\vartheta \in \left]-\pi; \pi\right]$$

  und

  `z = x + yi`

IMCOS (Komplexe_Zahl)

Einsatz:

Die Funktion errechnet den Kosinus einer komplexen Zahl. Sie können dazu Zeichenfolgen der Form x + yi oder x + yj angeben.

Parameter:

Durch *Komplexe_Zahl* geben Sie die Komplexe Zahl an, deren Kosinus berechnet werden soll.

Bemerkungen:

- Die Funktion KOMPLEXE errechnet aus dem angegebenen Real- und Imaginärteil die zugehörige komplexe Zahl.
- Die komplexe Zahl muss in der Form x + yi oder x + yj angegeben werden, ansonsten erzeugt die Funktion den Fehlerwert *#ZAHL*!.
- Die komplexe Zahl muss als Zeichenfolge angegeben sein, ansonsten erzeugt die Funktion den Fehlerwert *#WERT*!.
- Der Kosinus einer komplexen Zahl ist wie folgt definiert:

$$\cos(x + yi) = \cos(x)\cosh(y) - \sin(x)\sinh(y)i$$

IMDIV (Komplexe_Zahl1; Komplexe_Zahl2)

Einsatz:

Die Funktion errechnet den Quotienten zweier komplexer Zahlen. Sie können dazu Zeichenfolgen der Form x + yi oder x + yj angeben.

Parameter:

Komplexe_Zahl1 steht für den komplexen Zähler (Dividend).

Komplexe_Zahl2 steht für den komplexen Nenner (Divisor).

Bemerkungen:

- Die Funktion KOMPLEXE errechnet aus dem angegebenen Real- und Imaginärteil die zugehörige komplexe Zahl.
- Die Argumente *Komplexe_Zahl1* und *Komplexe_Zahl2* müssen in der Form x + yi oder x + yj angegeben werden, ansonsten erzeugt die Funktion den Fehlerwert *#ZAHL!*.
- Der Quotient zweier komplexer Zahlen ist wie folgt definiert:

$$\mathrm{IMDIV}(z_1, z_2) = \frac{(a+bi)}{(c+di)} = \frac{(ac+bd)+(bc-ad)i}{c^2+d^2}$$

IMEXP (Komplexe_Zahl)

Einsatz:

Die Funktion errechnet die algebraische Form einer in exponentieller Form vorliegenden komplexen Zahl. Sie können dazu Zeichenfolgen der Form x + yi oder x + yj angeben.

Parameter:

Durch *Komplexe_Zahl* definieren Sie die Komplexe Zahl, deren algebraische Form errechnet werden soll.

Bemerkungen:

- Die Funktion KOMPLEXE errechnet aus dem angegebenen Real- und Imaginärteil die zugehörige komplexe Zahl.
- Das Argument *Komplexe_Zahl* muss in der Form x + yi oder x + yj angegeben werden, ansonsten erzeugt die Funktion den Fehlerwert *#ZAHL!*.
- Nach der Eulerschen Formel gilt für eine in exponentieller Schreibweise vorliegende komplexe Zahl:

$$\mathrm{IMEXP}(z) = e^{(x+yi)} = e^{x} e^{yi} = e^{x}(\cos y + i \sin y)$$

IMKONJUGIERTE (Komplexe_Zahl)

Einsatz:

Die Funktion errechnet zu einer komplexen Zahl deren konjugiert komplexe Zahl. Sie können für das Argument *Komplexe_Zahl* Zeichenfolgen der Form x + yi oder x + yj angeben.

Parameter:

Durch *Komplexe_Zahl* definieren Sie die komplexe Zahl, deren konjugierte komplexe Zahl errechnet werden soll.

Bemerkungen:

- Die Funktion KOMPLEXE errechnet aus dem angegebenen Real- und Imaginärteil die zugehörige komplexe Zahl.
- Das Argument *Komplexe_Zahl* muss in der Form x + yi oder x + yj angegeben werden, ansonsten erzeugt die Funktion den Fehlerwert *#ZAHL!*.
- Folgende Formel ist für die konjugierte komplexe Zahl einer komplexen Zahl relevant:

$$\text{IMKONJUGIERTE}(x + yi) = \bar{z} = (x - yi)$$

IMLN (Komplexe_Zahl)

Einsatz:

Die Funktion errechnet den natürlichen Logarithmus einer komplexen Zahl. Sie können für das Argument *Komplexe_Zahl* Zeichenfolgen der Form x + yi oder x + yj angeben.

Parameter:

Durch *Komplexe_Zahl* definieren Sie die komplexe Zahl, deren natürlicher Logarithmus errechnet werden soll.

Bemerkungen:

- Die Funktion KOMPLEXE errechnet aus dem angegebenen Real- und Imaginärteil die zugehörige komplexe Zahl.
- Das Argument *Komplexe_Zahl* muss in der Form x + yi oder x + yj angegeben werden, ansonsten erzeugt die Funktion den Fehlerwert *#ZAHL!*.
- Folgende Formel ist für den natürlichen Logarithmus einer komplexen Zahl relevant:

  $$\ln(x + yi) = \ln\sqrt{x^2 + y^2} + i\tan^{-1}\left(\frac{y}{x}\right)$$

  Dabei gilt:

  $$\theta \in]-\pi;\pi]$$

IMLOG10 (Komplexe_Zahl)

Einsatz:

Die Funktion errechnet den gewöhnlichen Logarithmus (Basis 10) einer komplexen Zahl. Sie können für das Argument *Komplexe_ Zahl* Zeichenfolgen der Form x + yi oder x + yj angeben.

Parameter:

Durch *Komplexe_Zahl* definieren Sie die komplexe Zahl, deren gewöhnlicher (dekadischer) Logarithmus errechnet werden soll.

Bemerkungen:

- Die Funktion KOMPLEXE errechnet aus dem angegebenen Real- und Imaginärteil die zugehörige komplexe Zahl.
- Das Argument *Komplexe_ 4Zahl* muss in der Form x + yi oder x + yj angegeben werden, ansonsten erzeugt die Funktion den Fehlerwert *#ZAHL!*.

- Die folgende Formel gilt zur Umrechnung des natürlichen Logarithmus in den gewöhnlichen Logarithmus einer komplexen Zahl:

$$\log_{10}(x+yi)=(\log_{10} e)\ln(x+yi)$$

IMLOG2 (Komplexe_Zahl)

Einsatz:

Die Funktion errechnet den Zweierlogarithmus (Basis 2) einer komplexen Zahl. Sie können für das Argument *Komplexe_Zahl* Zeichenfolgen der Form x + yi oder x + yj angeben.

Parameter:

Durch *Komplexe_Zahl* definieren Sie die komplexe Zahl, deren Zweierlogarithmus errechnet werden soll.

Bemerkungen:

- Die Funktion KOMPLEXE errechnet aus dem angegebenen Real- und Imaginärteil die zugehörige komplexe Zahl.
- Das Argument *Komplexe_Zahl* muss in der Form x + yi oder x + yj angegeben werden, ansonsten erzeugt die Funktion den Fehlerwert *#ZAHL*!.
- Die folgende Formel gilt zur Umrechnung des natürlichen Logarithmus in den Zweierlogarithmus einer komplexen Zahl:

$$\log_2(x+yi)=(\log_2 e)\ln(x+yi)$$

IMPRODUKT (Komplexe_Zahl1; Komplexe_Zahl2; ...)

Einsatz:

Die Funktion errechnet das Produkt komplexer Zahlen. Sie können dazu Zeichenfolgen der Form x + yi oder x + yj angeben.

Parameter:

Die Argumente *Komplexe_Zahl1* und *Komplexe_Zahl2* stehen für komplexe Zahlen, die Sie multiplizieren wollen. Sie können maximal 29 und minimal 2 komplexe Zahlen angeben.

Bemerkungen:

- Die Funktion KOMPLEXE errechnet aus dem angegebenen Real- und Imaginärteil die zugehörige komplexe Zahl.
- Die Argumente *Komplexe_Zahl1, Komplexe_Zahl2, ..., Komplexe_Zahl29* müssen in der Form x + yi oder x + yj angegeben werden, ansonsten erzeugt die Funktion den Fehlerwert *#ZAHL*!.
- Das Produkt zweier komplexer Zahlen ist wie folgt definiert:

$$(a+bi)(c+di)=(ac-bd)+(ad+bc)i$$

IMREALTEIL (Komplexe_Zahl)

Einsatz:

Die Funktion errechnet den Realteil einer komplexen Zahl. Sie können dazu Zeichenfolgen der Form x +yi oder x + yj angeben.

Parameter:

Durch *Komplexe_Zahl* definieren Sie die komplexe Zahl, deren Realteil berechnet werden soll.

Bemerkungen:

- Das Argument *Komplexe_Zahl* muss als Textwert (" ") angegeben werden.
- Die Funktion KOMPLEXE errechnet aus dem angegebenen Real- und Imaginärteil die zugehörige komplexe Zahl.
- Die komplexe Zahl muss in der Form x + yi oder x + yj angegeben werden, ansonsten erzeugt die Funktion den Fehlerwert *#ZAHL*!.

IMSIN (Komplexe_Zahl)

Einsatz:

Die Funktion errechnet den Sinus einer komplexen Zahl. Sie können dazu Zeichenfolgen der Form x + yi oder x + yj angeben.

Parameter:

Durch *Komplexe_Zahl* geben Sie die komplexe Zahl an, deren Sinus berechnet werden soll.

Bemerkungen:

- Die Funktion KOMPLEXE errechnet aus dem angegebenen Real- und Imaginärteil die zugehörige komplexe Zahl.
- Die komplexe Zahl muss in der Form x + yi oder x + yj angegeben werden, ansonsten erzeugt die Funktion den Fehlerwert *#ZAHL*!.
- Der Sinus einer komplexen Zahl ist wie folgt definiert:

$$\sin(x + yi) = \sin(x)\cosh(y) - \cos(x)\sinh(y)i$$

IMSUB (Komplexe_Zahl1; Komplexe_Zahl2)

Einsatz:

Die Funktion errechnet die Differenz zweier komplexer Zahlen. Sie können dazu Zeichenfolgen der Form x + yi oder x + yj angeben.

Parameter:

- Das Argument *Komplexe_Zahl1* steht für die komplexe Zahl, von der Sie die komplexe Zahl des Arguments *Komplexe_Zahl2* subtrahieren wollen.
- Das Argument *Komplexe_Zahl2* steht für die komplexe Zahl, die Sie von der komplexen Zahl des Arguments *Komplexe_Zahl1* subtrahieren wollen.

Bemerkungen:

- Die Funktion KOMPLEXE errechnet aus dem angegebenen Real- und Imaginärteil die zugehörige komplexe Zahl.
- Die Argumente *Komplexe_Zahl1* und *Komplexe_Zahl2* müssen in der Form x + yi oder x + yj angegeben werden, ansonsten erzeugt die Funktion den Fehlerwert *#ZAHL!*.
- Die Differenz zweier komplexer Zahlen ist wie folgt definiert:

  ```
  (a – c) + (b – d) i
  ```

IMSUMME (Komplexe_Zahl1; Komplexe_Zahl2; ...)

Einsatz:

Die Funktion errechnet die Summe komplexer Zahlen. Sie können dazu Zeichenfolgen der Form x + yi oder x + yj angeben.

Parameter:

Die Argumente *Komplexe_Zahl1*, *Komplexe_Zahl2*, ..., *Komplexe_Zahl29* stehen für komplexe Zahlen, die Sie addieren wollen. Sie können maximal 29 komplexe Zahlen angeben.

Bemerkungen:

- Die Funktion KOMPLEXE errechnet aus dem angegebenen Real- und Imaginärteil die zugehörige komplexe Zahl.
- Die Argumente *Komplexe_Zahl1*, *Komplexe_Zahl2*, ..., *Komplexe_Zahl29* müssen in der Form x + yi oder x + yj angegeben werden, ansonsten erzeugt die Funktion den Fehlerwert *#ZAHL!*.
- Die Summe zweier komplexer Zahlen ist wie folgt definiert:

  ```
  (a + bi) + (a + di) = (a + c) + (b + d)i
  ```

IMWURZEL (Komplexe_Zahl)

Einsatz:

Die Funktion errechnet die Quadratwurzel einer komplexen Zahl. Sie können dazu Zeichenfolgen der Form x + yi oder x + yj angeben.

Parameter:

Durch *Komplexe_Zahl* geben Sie die komplexe Zahl an, deren Quadratwurzel berechnet werden soll.

Bemerkungen:

- Die Funktion KOMPLEXE errechnet aus dem angegebenen Real- und Imaginärteil die zugehörige komplexe Zahl.
- Die komplexe Zahl muss in der Form x + yi oder x + yj angegeben werden, ansonsten erzeugt die Funktion den Fehlerwert *#ZAHL!*.
- Die Quadratwurzel einer komplexen Zahl ist wie folgt definiert:

  $$\sqrt{x+yi} = \sqrt{r}\cos\left(\frac{\theta}{2}\right) + i\sqrt{r}\sin\left(\frac{\theta}{2}\right)$$

  Dabei gilt:

  $$r = \sqrt{x^2 + y^2}$$

  $$\theta = \tan^{-1}\left(\frac{y}{x}\right)$$

  $$\theta \in \left]-\pi;\pi\right]$$

KOMPLEXE (Realteil; Imaginärteil; Suffix)

Einsatz:

Die Funktion erzeugt aus einer reellen Zahl (Realteil) und einer imaginären Zahl (Imaginärteil) eine komplexe Zahl. Sie können dazu Zeichenfolgen der Form x + yi oder x + yj angeben.

Parameter:

Durch *Realteil* definieren Sie den Realteil der komplexen Zahl.

Durch *Imaginärteil* definieren Sie den Imaginärteil der komplexen Zahl.

Mit *Suffix* können Sie den Buchstaben angeben, der für die imaginäre Einheit der komplexen Zahl verwendet werden soll. Sie haben dabei die Wahl zwischen dem Suffix i und dem Suffix j. Wird dieses Argument nicht benannt, wird das Suffix als "i" festgesetzt.

Bemerkungen:

- Die komplexe Zahl muss in der Form x + yi oder x + yj angegeben werden, ansonsten erzeugt die Funktion den Fehlerwert *#ZAHL!*.
- Die Argumente *Realteil* und *Imaginärteil* müssen numerisch sein, ansonsten erzeugt die Funktion den Fehlerwert *#WERT!*.
- Das Argument *Suffix* muss ein i oder ein j sein, ansonsten erzeugt die Funktion den Fehlerwert *#WERT!*.
- Übergeben Sie an eine Funktion mehr als eine komplexe Zahl, müssen deren Suffixe übereinstimmen.
- Sie dürfen als *Suffix* keinen Großbuchstaben verwenden, ansonsten erzeugt die Funktion den Fehlerwert *#WERT!*.

OKTINBIN (Zahl; Stellen)

Einsatz:

Diese Funktion wandelt eine oktale Zahl in eine binäre Zahl (Dualzahl) um.

Parameter:

Das Argument *Zahl* soll eine oktale Zahl sein, die Sie in eine binäre Zahl (Dualzahl) umwandeln wollen. Dabei darf Zahl aus höchstens 10 Zeichen bestehen. Das Vorzeichenbit ist das 30. Bit von rechts. Negative Zahlen werden im Zweier-Komplement dargestellt.

Durch *Stellen* können Sie angeben, wie viele Zeichen angezeigt werden sollen. Wird *Stellen* nicht angegeben, erzeugt die Funktion nicht mehr Zeichen, als unbedingt erforderlich sind. Das Argument *Stellen* kann dazu dienen, das Ergebnis mit führenden Nullen anzuzeigen.

Bemerkungen:

- Benötigt die Funktion mehr als im Argument *Stellen* angegebene Zeichen, erzeugt sie den Fehlerwert *#ZAHL*!.
- Wird *Zahl* als keine zulässige oktale Zahl angegeben, erzeugt die Funktion den Fehlerwert *#ZAHL*!.
- Wird *Zahl* negativ angegeben, dann darf die Zahl nicht kleiner als 7777777000 sein.
- Wird *Zahl* positiv angegeben, dann darf die Zahl nicht größer als 777 sein.
- Wird *Zahl* negativ angegeben, so wird das Argument *Stellen* nicht beachtet und eine aus 10 Zeichen bestehende binäre Zahl angezeigt.
- Das Argument *Stellen* muss ein numerischer Ausdruck sein, ansonsten liefert OKTINBIN den Fehlerwert *#WERT*!.

- Das Argument *Stellen* muss ein positiver Ausdruck sein, ansonsten erzeugt die Funktion den Fehlerwert *#ZAHL!*.
- Das Argument *Stellen* sollte eine ganze Zahl sein, ansonsten werden deren Nachkommastellen abgeschnitten.

OKTINDEZ (Zahl)

Einsatz:

Diese Funktion wandelt eine oktale Zahl in eine dezimale Zahl um.

Parameter:

Das Argument *Zahl* soll eine oktale Zahl sein, die Sie in eine dezimale Zahl umwandeln wollen. Dabei darf *Zahl* aus höchstens 10 Zeichen (30 Bits) bestehen. Das Vorzeichenbit ist das 30. Bit von rechts. Negative Zahlen werden im Zweier-Komplement dargestellt.

Bemerkung:

Wird *Zahl* als keine zulässige oktale Zahl angegeben, erzeugt die Funktion den Fehlerwert *#ZAHL!*.

OKTINHEX (Zahl; Stellen)

Einsatz:

Diese Funktion wandelt eine oktale Zahl in eine hexadezimale Zahl um.

Parameter:

Das Argument *Zahl* soll eine oktale Zahl sein, die Sie in eine hexadezimale Zahl umwandeln wollen. Dabei darf *Zahl* aus höchstens 10 Zeichen (30 Bits) bestehen. Das Vorzeichenbit ist das 30. Bit von rechts. Negative Zahlen werden im Zweier-Komplement dargestellt.

Durch *Stellen* können Sie angeben, wie viele Zeichen angezeigt werden sollen. Wird *Stellen* nicht angegeben, erzeugt die Funktion nicht mehr Zeichen, als unbedingt erforderlich sind. Das Argument *Stellen* kann dazu dienen, das Ergebnis mit führenden Nullen anzuzeigen.

Bemerkungen:

- ✔ Benötigt die Funktion mehr als im Argument *Stellen* angegebene Zeichen, erzeugt sie den Fehlerwert *#ZAHL*!.
- ✔ Wird *Zahl* als keine zulässige oktale Zahl angegeben, erzeugt die Funktion den Fehlerwert *#ZAHL*!.
- ✔ Wird *Zahl* negativ angegeben, so wird das Argument *Stellen* nicht beachtet und eine aus 10 Zeichen bestehende hexadezimale Zahl angezeigt.
- ✔ Das Argument *Stellen* muss ein numerischer Ausdruck sein, ansonsten liefert OKTINHEX den Fehlerwert *#WERT*!.
- ✔ Das Argument *Stellen* muss ein positiver Ausdruck sein, ansonsten erzeugt die Funktion den Fehlerwert *#ZAHL*!.
- ✔ Das Argument *Stellen* sollte eine ganze Zahl sein, ansonsten werden deren Nachkommastellen abgeschnitten.

UMWANDELN (Zahl; Von_Maßeinheit; In_Maßeinheit)

Einsatz:

Die Funktion wandelt eine Zahl von einem Maßsystem in ein anderes um. Beispielsweise kann die Funktion eine Meterangabe in Zoll umwandeln.

Parameter:

Zahl steht für den Wert in *Von_Maßeinheit*, der umgewandelt werden soll.

Das Argument *Von_Maßeinheit* gibt die Maßeinheit von *Zahl* an.

Das Argument *In_Maßeinheit* gibt die Maßeinheit des Ergebnisses an.

Es werden folgende Zeichenfolgen für die Argumente *Von_Maßeinheit* und *In_Maßeinheit* akzeptiert:

Maß:	Maßeinheit:
Gewicht:	
Gramm	"g"
Pfund (Handelsgewicht)	"lbm"
U (atomare Masseneinheit)	"u"
Unze (Handelsgewicht)	"ozm"
Länge:	
Meter	"m"
Britische Meile	"mi"
Nautische Meile	"Nmi"
Zoll	"in"
Fuß	"ft"
Yard	"yd"
Ångström	"ang"
Pica (1/72 Zoll)	"Pica"
Zeit:	
Jahr	"yr"
Tag	"day"
Stunde	"hr"

Maß:	Maßeinheit:
Minute	"mn"
Sekunde	"sec"
Druck:	
Pascal	"Pa"
Atmosphäre	"atm"
mm Quecksilbersäule	"mmHg"
Kraft:	
Newton	"N"
Dyn	"dyn"
Energie:	
Joule	"J"
Thermodyn. Kalorie	"c"
Kalorie	"cal"
Elektronenvolt	"eV"
Pferdestärke mal Stunde	"HPh"
Watt mal Stunde	"Wh"
BTU	"BTU"
Leistung:	
Pferdestärke (PS)	"HP"
Watt	"W"
Magnetismus:	
Tesla	"T"
Gauß	"ga"

Maß:	Maßeinheit:
Temperatur:	
Grad Celsius	"C"
Grad Fahrenheit	"F"
Grad Kelvin	"K"
Flüssigkeiten:	
Teelöffel (Teaspoon)	"tsp"
Esslöffel (Tablespoon)	"tbs"
Flüssige Unze	"oz"
Tasse (Cup)	"cup"
Pint	"pt"
Quart	"qt"
Gallone	"gal"
Liter	"l"

Die folgenden Abkürzungen für die aufgeführten Präfixe der Einheiten können vor jede metrische Maßeinheit gesetzt werden, die als *Von_Maßeinheit* oder *In_Maßeinheit* angegeben wird:

Vorsatz	Multiplikator	Abkürzung
Exa	1E+18	"E"
Peta	1E+15	"P"
Tera	1E+12	"T"
Giga	1E+09	"G"
Mega	1E+06	"M"

Vorsatz	Multiplikator	Abkürzung
Kilo	1E+03	"k"
Hekto	1E+02	"h"
Deka	1E+01	"e"
Dezi	1E-01	"d"
Zenti	1E-02	"c"
Milli	1E-03	"m"
Mikro	1E-06	"u"
Nano	1E-09	"n"
Piko	1E-12	"p"
Femto	1E-15	"f"
Atto	1E-18	"a"

Bemerkungen:

- ✔ Werden die Datentypen falsch angegeben, erzeugt die Funktion den Fehlerwert *#WERT!*.
- ✔ Gibt es die angegebene Einheit nicht, erzeugt UMWANDELN den Fehlerwert *#NV*.
- ✔ Wenn die Abkürzung eines Präfixes vor einer Einheit steht, für die dieses Präfix nicht gültig ist, erzeugt die Funktion den Fehlerwert *#NV*.
- ✔ Wenn die angegebenen Einheiten zu unterschiedlichen Gruppen gehören, erzeugt die Funktion den Fehlerwert *#NV*.
- ✔ Achten Sie auf Groß-/Kleinschreibung.

ZWEIFAKULTÄT (Zahl)

Einsatz:

Die Funktion errechnet die Fakultät zu *Zahl* mit Schrittlänge 2.

Parameter:

Mit dem Argument *Zahl* wird der Wert angegeben, dessen Altheffnersche Fakultät mit Schrittlänge 2 berechnet werden soll.

Bemerkungen:

- Das Argument *Zahl* wird durch Abschneiden der Nachkommastellen auf eine ganze Zahl gekürzt.
- *Zahl* muss eine positive Zahl sein, ansonsten erzeugt die Funktion den Fehlerwert *#ZAHL!*.
- Das Argument *Zahl* muss ein numerischer Ausdruck sein, ansonsten erzeugt die Funktion den Fehlerwert *#WERT!*.
- Wird *Zahl* gerade angegeben, dann gilt:

  $$n!! = n(n-2)(n-4)...(4)(2)$$

- Wird *Zahl* ungerade angegeben, dann gilt:

  $$n!! = n(n-2)(n-4)...(3)(1)$$

ANHANG B

Glossar

Glossar

16-Bit/32-Bit

In Zusammenhang mit der Bezeichnung 16-Bit-Software kennzeichnet dieser Wert die Anzahl der Datenelemente, die bei jedem Arbeitsschritt vom Betriebssystem in Verbindung mit der Hardware verarbeitet werden können. MS-DOS ist als 16-Bit-Betriebssystem ausgelegt. Windows 95/98 sowie NT sind dagegen 32-Bit-Betriebssysteme, wobei 16-Bit-Komponenten für eine Abwärtskompatibilität zu älteren Anwendungen sorgen.

Abfrage

Eine Abfrage dient dem Zweck, ganz bestimmte Informationen aus einer externen Datenbankdatei zu erhalten. Dazu wird mit Hilfe des Query-Assistenten eine Datenbankabfrage, meist unter Verwendung von Filtern, erstellt und als .DQY-Datei gespeichert. Die Abfrage kann jetzt direkt aus Excel heraus vorgenommen werden.

Abgesicherter Modus

Betriebsart von Windows, die über das Bootmenü aktiviert werden kann. Wenn Probleme beim Start von Windows auftreten, können Sie über den abgesicherten Modus Windows starten, wobei minimale Dienste zur möglichen Fehlerbehebung genutzt werden können.

Ablagemappe

Die Ablagemappe stellt einen Speicherbereich dar, in dem Daten abgelegt und wieder entnommen werden können. Dieser Speicherbereich ist flüchtig, d.h., sobald Windows beendet wird, gehen die in der Zwischenablage enthaltenen Daten verloren.

Absoluter Zellbezug

Bezieht man sich auf eine fest definierte Position innerhalb des Tabellenblatts, spricht man von einem absoluten Zellbezug. Dabei kann sich der Inhalt der Zelle beliebig ändern, deren Position jedoch nicht. Realisiert wird ein absoluter Zellbezug entweder über einen Namen oder aber über die Verwendung des $-Symbols innerhalb der Adresse.

Add-In

Bei den Add-Ins handelt es sich um zum Lieferumfang von Excel gehörende Zusatzprogramme, mit deren Hilfe verschiedene Aufgaben gelöst werden können. Diese Programme können über den Add-In-Manager installiert bzw. deinstalliert werden. Durch dieses Verfahren brauchen Sie nur die Add-Ins zu installieren, die Sie wirklich benötigen. Für zahlreiche Speziallösungen werden zusätzliche Add-Ins von diversen Fremdherstellern angeboten.

Adresse

Die Adresse ist das zentrale Element für den Bezug auf eine Zelle. Mit Hilfe der Adresse ist jede Zelle in der Arbeitsmappe eindeutig identifizierbar. Die Adresse wird aus der Kombination der Spalten- und Zeilenbeschriftung gebildet. Bezieht man sich auf eine Zelle eines anderen Blattes, so wird der Name dieses Blattes vorangestellt. Bereiche werden gesondert adressiert.

Aktivieren

In jede Zelle eines Blattes können Eingaben vorgenommen werden. Damit Excel weiß, in welche Zelle die nächste Eingabe eingetragen werden soll, muss sie zuvor aktiviert werden. Die Aktivierung einer Zelle geschieht durch Anklicken der Zelle mit der Maus oder durch Verschieben des Zellzeigers mit Hilfe der Richtungstasten oder anderen Tastenkombinationen.

Arbeitsbereichsdatei

Bei komplexen Anwendungen arbeitet man in der Regel mit mehreren Arbeitsmappen. Für die folgenden Sitzungen muss man jede Arbeitsmappe einzeln öffnen. Um diesen Vorgang zu optimieren, speichert man alle benötigten Arbeitsmappen in einer Arbeitsbereichsdatei (dabei werden die Namen aller zur Zeit geöffneten Arbeitsmappen in einer Arbeitsbereichsdatei zusammengefasst). Durch Auswahl der Arbeitsbereichsdatei werden alle darin verzeichneten Arbeitsmappen auf einen Schlag geöffnet.

Arbeitsmappe

Die Arbeitsmappe ist das übergeordnete Element für die Verwaltung der Tabellen- und Diagrammblätter. Standardmäßig enthält jede Arbeitsmappe drei Tabellenblätter. Über das Kontextmenü des Blattregisters können weitere Blätter hinzugefügt werden. Sämtliche Blätter einer Arbeitsmappe werden dadurch unter einem einzigen Dateinamen gespeichert.

Arbeitsmappenregister

Jedes Blatt einer Arbeitsmappe besitzt standardmäßig einen vorläufigen Namen. Dieser Name dient zur eindeutigen Identifizierung eines Blatts innerhalb der Arbeitsmappe. Aus diesem Grund dürfen keine identischen Blattnamen innerhalb einer Arbeitsmappe verwendet werden. Die Namen des Blatts werden im Blattregister angezeigt. Über das Blattregister können Blätter ausgewählt, markiert, verschoben und kopiert werden.

Arbeitsplatz

Spezieller Ordner, über den auf alle Laufwerke und die darin enthaltenen Verzeichnisse zugegriffen werden kann. Der Arbeitsplatz stellt eine Variante des Explorers dar.

Arbeitsverzeichnis

Hierunter versteht man das Verzeichnis, das standardmäßig verwendet wird, wenn man in Excel den Befehl *Speichern* bzw. *Speichern unter* aus dem Menü *Datei* verwendet. Im Normalfall handelt es sich um das Verzeichnis, in dem sich die Excel-Programmdateien befinden. Um die Datendateien von den Programmdateien zu trennen, sollten Sie ein separates Verzeichnis anlegen und den Standardarbeitsordner über das Menü *Extras / Optionen / Allgemein* entsprechend ändern.

Assistent

Programmbestandteil von Windows, mit dessen Hilfe eine Reihe von Abläufen, wie z.B. die Installation eines Druckers, vereinfacht wird, indem die notwendigsten Benutzereingaben abgefragt und die Installation dann selbständig durchgeführt wird (Eintrag in Registrierungs-Datenbank usw.).

Ein Assistent ist quasi ein eigenständiges Programm, das durch die Anwendung eines bestimmten Befehls führt und verschiedene Optionen zulässt. Assistenten stehen innerhalb von Excel z.B. für die Erstellung von Pivot-Tabellen und Diagrammen zur Verfügung. Auf diese Weise werden komplexe Routinen durch die menügesteuerte Abarbeitung von Einzelschritten vereinfacht.

Ausfüllen

Beim Aufbau einer Tabelle wird in der Regel eine einheitliche Struktur verwendet. Die Zeilen- oder Spaltenbeschriftungen entsprechen dabei oftmals den Monatsbezeichnungen oder den Filialen eines Unternehmens. Auch Namen, z.B. die der Verkäufer, werden immer wieder für den Aufbau einer Tabelle verwendet. Unter Excel lassen sich immer wiederkehrende Reihen vordefinieren. Enthält eine Zelle einen Eintrag dieser Reihe, können die übrigen Einträge dieser Reihe durch die *Ausfüllen*-Funktion automatisch eingetragen werden.

Bearbeitungsleiste

Die Bearbeitungsleiste befindet sich zwischen dem oberen Symbolleisten- und dem Arbeitsmappenbereich. Sie ist in drei Abschnitte unterteilt. Im linken Bereich werden die Adressen bzw. der Name der aktiven Zelle bzw. des Bereichs angezeigt. Der mittlere und rechte Abschnitt der Bearbeitungsleiste steht bei Eingaben in eine Zelle oder bei der Zellbearbeitung zur Verfügung. Eingaben können sowohl innerhalb der Bearbeitungsleiste als auch in der Zelle selbst bearbeitet werden. Der Vorteil der Bearbeitungsleiste ist u.a., dass dort der komplette Inhalt der aktiven Zelle dargestellt wird, auch wenn dieser innerhalb der Zelle aufgrund geringer Zellbreite optisch nicht komplett sichtbar ist.

Benutzeroberfläche

Schnittstelle zwischen dem Computer und der Hardware, die durch Software bereitgestellt wird. Als Benutzeroberfläche wird im eigentlichen Sinn die optische Darstellung eines Programms bezeichnet, wie es auf dem Bildschirm erscheint. Je nach Art ergibt sich eine mehr oder weniger komfortable Bedienung. Während MS-DOS eine zeichenorientierte Benutzeroberfläche bot, stellt

Windows mit seinen grafischen Elementen und der vollständigen Mausunterstützung eine vielfach komfortablere Benutzeroberfläche zur Verfügung.

Bereich

Ein Bereich innerhalb eines Tabellenblatts umfasst mehrere Zellen. Der Vorteil ist, dass ein Befehl, z.B. eine Formatierung, auf alle Zellen des Bereichs angewendet werden kann. So müssen nicht alle Zellen einzeln formatiert werden. Die Markierung dient zur Kennzeichnung von Bereichen. Excel kennt zusammenhängende und nicht zusammenhängende Bereiche. Zusammenhängende Bereiche bestehen aus mindestens zwei benachbarten Zellen und können maximal das gesamte Tabellenblatt umfassen. Im Falle eines nicht zusammenhängenden Bereichs werden beliebige, nicht zusammenhängende Zellen markiert.

Betriebssystem

Sammlung von Programmteilen und Routinen, welche die grundsätzlichen Arbeiten im PC realisieren. Dazu gehören Datei-, Ein- und Ausgabe- sowie Grafikfunktionen.

Bezug

Der Bezug ist das zentrale Element für eine Berechnung basierend auf mehreren Zellen. Möchte man die Summe zweier Zellen in einer dritten Zelle ermitteln, verwendet man innerhalb der Summenformel die Adressen der Zellen, deren Summe ermittelt werden soll. Der Bezug auf diese Zellen erfolgt über die entsprechenden Adressen der Zellen. Man unterscheidet zwischen einem absoluten und einem relativen Zellbezug.

Bitmap

Bitmap ist ein Speicherformat für Grafikdateien, die dort Punkt für Punkt, Bit für Bit gespeichert werden. Es entsteht eine genaue Abbildung. Die Bildschirmhintergründe von Windows sind z.B. Bitmaps. Die Extension für Bitmapdateien ist .BMP.

Blätter

Eingaben und Berechnungen werden in Blättern vorgenommen bzw. durchgeführt. Ein Tabellenblatt stellt dabei ein elektronisches

Rechenblatt dar, das in Zeilen und Spalten aufgeteilt ist. Für unterschiedliche Informationen werden unterschiedliche Blätter verwendet. So werden z.B. Diagramme in Diagrammblättern verwaltet. Eine bestimmte Anzahl von Blättern ist in einer Arbeitsmappe organisiert.

Bootmenü

Erweitertes Auswahlmenü, um nach dem Einschalten des Computers statt Windows den MS-DOS-Modus oder den abgesicherten Windows-Modus zu starten. Das Bootmenü wird bei Windows 98 über die Funktionstaste F8 aktiviert, sobald das System gestartet wird.

CD-ROM

Moderner Datenträger (Compact Disc Read Only Memory). Auf Basis optischer Technologien sind Daten nur lesbar gespeichert. Die CD-ROM ist technologisch identisch mit der Audio-CD. Bei der CD-ROM-Produktion werden jedoch höhere Qualitätsmaßstäbe angesetzt, damit auch wirklich kein Bit verloren geht.

ClipArt

Eine vorgefertigte Grafik, die innerhalb von Excel in den Tabellenblättern eingesetzt werden kann. ClipArts sind im Lieferumfang von Excel bzw. dem Office-Paket enthalten, können allerdings auch als eigenständiges Produkt käuflich erworben werden.

Cursor

Englischer Ausdruck für Einfügemarke.

Datenpunkt

Innerhalb eines Diagramms werden einzelne Werte je nach Diagrammtyp als Balken, Säule, Kreissegment o.ä. dargestellt. Dieser Wert wird als Datenpunkt bezeichnet. Mehrere zusammenhängende Datenpunkte sind in der Datenreihe zusammengefasst. Im Fall eines Säulendiagramms geben die Datenpunkte die Höhe der Säulen auf der Y-Achse an, während die Datenreihe die X-Achse bildet.

Datenreihe

Die Datenreihe bildet das Verwaltungselement mehrerer Datenpunkte. Bei der Erstellung des Diagramms – basierend auf einer Tabelle – werden entweder die Werte einer Zeile oder die Werte einer Spalte als separate Datenreihe verwendet. Im Fall eines Säulendiagramms bildet die Datenreihe die X-Achse.

Diagramm

Ein Diagramm stellt unter Excel die grafische Aufbereitung von Zahlenwerten dar. Mit Hilfe der grafischen Darstellung lassen sich Zahlenkolonnen zur leichteren Auswertung anschaulich darstellen. Ergebnisse lassen sich somit auf einen Blick interpretieren. Für unterschiedliche Aussagen stehen verschiedene Diagrammtypen zur Verfügung.

Doppelklick

Ein Doppelklick ist das zweimalige Klicken der linken Maustaste kurz hintereinander. Dabei darf die Maus ihre Position nicht verändern.

Drag & Drop

Verfahren, mit dem dateibezogene Ereignisse durch Verschieben von Objekten per Maus aktiviert werden können. Durch Ziehen einer Datei auf einen Programmeintrag wird die Datei zusammen mit dem Programm gestartet. Eine auf das Druckersymbol gezogene Datei wird ausgedruckt.

Explorer

Der Explorer ist ein Verwaltungsprogramm innerhalb von Windows. Er dient der Verwaltung von Laufwerken, Verzeichnissen und Dateien.

Filter

Filter werden für das Selektieren und das Ordnen von Listen verwendet. Sie entsprechen den Suchkriterien einer Datenbank. Durch Einsatz eines Filters werden nur die Einträge aus der Liste ausgewählt, die dem Filterkriterium entsprechen. Besteht der Filter beispielsweise aus einem Wertebereich, so passieren nur die Listeneinträge den Filter, die sich innerhalb dieses Wertebereichs befinden.

Formel

Formeln werden für Berechnungen innerhalb einer Zelle verwendet und mit einem Gleichheitszeichen bzw. einem mathematischen Operator eingeleitet. Formeln können einfache oder sehr komplexe Gebilde sein. Innerhalb einer Formel kann eine Kombination aus mathematischen Operatoren, Zahlen, Bezügen und Funktionen verwendet werden. Die Berechnung der Formeln wird nach den mathematischen Gesetzmäßigkeiten durchgeführt, z.B. Verwendung von Klammern, Punkt vor Strich usw.

Funktion

Als Funktion bezeichnet man unter Excel eine zusammengefasste Berechnung. Dabei enthält die Funktion bereits alle Rechenschritte, die zur Lösung eines speziellen Problems durchgeführt werden müssen. Die Berechnung des Mittelwerts eines Bereichs umfasst die Summierung aller Werte und die Division der Summe durch die Summe der Einzelwerte. Beide Rechenschritte führt die Funktion MITTELWERT aus. Als Parameter werden dieser Funktion nur die Adressen des Bereichs übergeben.

Gliederung

Komplexe Tabellen lassen sich zwecks besserer Übersicht in mehrere Ebenen gliedern. Werden z.B. in einer Tabelle Monats- und Quartalssummen aufgeführt, können diese in jeweils unterschiedliche Ebenen gesetzt werden. Durch Ausblenden der Monatsebene werden zur besseren Übersicht nur die Quartalssummen angezeigt. Die Gliederung kann sowohl Spalten- als auch Zeilenebenen umfassen.

Gruppieren

Unter Gruppieren versteht man das Zusammenfassen mehrerer Objekte zu einer Gruppe. Diese kann dann wie ein Objekt behandelt werden. Eine Verschachtelung mehrerer Gruppen ist möglich.

Iteration

Bei der Iteration handelt es sich um ein Berechnungsverfahren, das auf Annäherung an einen gesuchten Wert beruht. Bei diesem Verfahren wird durch ständige Wiederholung des Rechenvorgangs unter Verwendung des Ergebnisses des vorigen Rechenvorgangs ein immer genauer werdender Annäherungswert ermittelt. Die Berechnung wird so lange durchgeführt, bis eine bestimmte Bedingung erfüllt ist.

JPEG

Grafikdatei-Format, das durch Verzicht auf bestimmte grafische Information weniger Speicherplatz benötigt.

Kennbuchstaben

Menüs, Menübefehle und Schaltflächen können unterstrichene Kennbuchstaben enthalten. Durch diese Buchstaben sind die einzelnen Funktionen, teilweise in Kombination mit [Alt], schnell durch Tastaturbefehle anwählbar.

Klicken

Siehe Mausklick.

Konfigurationsdateien

Die unter MS-DOS bis Version 6.22 notwendigen Konfigurationsdateien AUTOEXEC.BAT und CONFIG.SYS können unter Windows 98 aus Kompatibilitätsgründen weiter genutzt werden. Diese werden beim Start von Windows ausgelesen und mit den Einträgen der Registrierungsdatenbank abgestimmt.

Konstante

Als Konstante wird der Inhalt einer Zelle bezeichnet, der sich nicht aus einer Formel zusammensetzt. Direkt eingegebene Zahlen, Datumswerte oder Texte sind Konstanten.

Kontextmenü

Ein Kontextmenü enthält jeweils die Befehle, die im Zusammenhang mit der aktuellen Aktion häufig verwendet werden. Aufgeschlagen wird ein Kontextmenü über die rechte Maustaste. Je nachdem, in welchem Bereich sich der Mauszeiger befindet, erscheinen unterschiedliche Befehle. Öffnen Sie z.B. das Kontextmenü einer Symbolleiste, enthält es die Namen aller verfügbaren Symbolleisten zum schnellen Ein- oder Ausblenden.

Listen

Als Listen werden die Bereiche bezeichnet, die gleichartige Daten enthalten. Kennzeichen einer Liste sind Überschriften, die die Daten charakterisieren. Listen stellen quasi Datenbankbereiche dar, wobei jede Zeile einen kompletten Datensatz und jede Spalte die Felder mehrerer Datensätze enthält. Für die Bearbeitung von Listen stehen insbesondere die Filter für die Auswahl bestimmter Listeneinträge zur Verfügung.

Makro

Oftmals werden für sich wiederholende Aufgaben die gleichen Arbeitsschritte verwendet. Unter Excel können einzelne Arbeitsschritte mit Hilfe des Makrorekorders automatisch aufgezeichnet und unter einem einzigen Namen gespeichert werden. Die Arbeitsschritte werden beim Aufruf des Makros automatisch ausgeführt. Makros werden im Visual-Basic-Format gespeichert und können jederzeit bearbeitet werden. Die Makrofunktion ist aus Kompatibilitätsgründen zu früheren Excel-Versionen enthalten. Neue Makros sollten als Visual Basic für Applikationen (VBA) erzeugt werden.

Markieren

Die Kennzeichnung der aktiven Zelle oder eines Bereichs geschieht durch das Markieren. Beim Markieren wird die einzelne Zelle oder der Bereich besonders gekennzeichnet und steht somit zur Aufnahme von Daten oder für die Anwendung von Befehlen zur Verfügung. Eine einzelne markierte Zelle ist durch einen stärkeren Rahmen gekennzeichnet. Markierte Bereiche werden invers dargestellt.

Matrix

Eine Matrix ist unter Excel ein bestimmter Bereich, dessen Einzelzellen innerhalb einer Berechnung gesondert behandelt werden. Soll z.B. für jede Zelle eines Bereichs eine Multiplikation mit dem gleichen Faktor durchgeführt und das jeweilige Ergebnis in einem neuen Bereich dargestellt werden, kann unter Verwendung der Matrixfunktion diese Berechnung bei einmaliger Eingabe der Formel durchgeführt werden. Excel kennt sowohl ein- als auch mehrdimensionale Matrizen. Bei der Arbeit mit Matrizen wird Rechenzeit und Speicherplatz gespart.

Mausklick

Ein Mausklick ist das Positionieren des Mauszeigers auf einen bestimmten Punkt und das anschließende einmalige Drücken der linken bzw. rechten Maustaste.

Mehrfachoperation

Mit Hilfe einer Mehrfachoperation lassen sich unterschiedliche Ergebnisse durch Berechnung von Wertetabellen erzeugen und gegenüberstellen. Grundlage bildet eine Formel, wobei jeweils ein Wert verändert werden kann. Die einzusetzenden Werte liegen in Form einer Tabelle vor und werden durch die Funktion automatisch berechnet. Auch Mehrfachoperationen mit zwei Eingabefeldern sind möglich.

Menü

Ein Menü ist eine Ansammlung von Befehlen, die in einer Liste dargestellt werden. Die Liste wird erst aufgrund bestimmter Aktionen dargestellt.

Minimieren (Schaltfläche)

Die Schaltfläche *Minimieren* innerhalb eines Fensters bewirkt, dass sich das Fenster anschließend als Symbol darstellt.

MS-DOS

Microsoft Disk Operating System. Ein ehemals weit verbreitetes Betriebssystem für Personal Computer. Die erste DOS-Version wurde im Jahre 1981 mit dem ersten IBM-PC ausgeliefert. DOS erfuhr im Laufe der Jahre zahlreiche Verbesserungen. Während Windows in den ersten Jahres seines Bestehens als Betriebssystemerweiterung für DOS propagiert wurde, stellt Windows 98 ein eigenständiges Betriebssystem dar, ohne auf DOS als Basis aufzubauen. Windows 98 enthält die DOS-Version 7.0.

MS-DOS-Modus

Betriebsart, in der sich Windows wie eine reine MS-DOS-Version verhält. In diesem Modus zieht sich Windows komplett aus dem Arbeitsspeicher zurück (ein kleines Lademodul verhilft zum Rücksprung nach Windows). Dieser Modus ist vor allem für DOS-Spiele gedacht, die nicht unter Windows 98 laufen.

Mustervorlage

Excel arbeitet nach dem Aufruf mit voreingestellten Standard-Parametern, wie z.B. Schriftart und Schriftgröße. Diese Informationen sind in einer Mustervorlage gespeichert. Die Parameter in der Standard-Mustervorlage können beliebig geändert werden. Für bestimmte Zwecke lassen sich eigene Mustervorlagen definieren.

Nachfolger

Als Nachfolger bezeichnet man eine oder mehrere Zellen, deren Formeln sich auf den Inhalt der aktiven Zelle beziehen. Ändert man den Inhalt der aktiven Zelle, ändern sich auch die Werte der Nachfolger.

Name

Im Zusammenhang mit Adressen und Bezügen können Sie einer einzelnen Zelle oder einem Bereich einen Namen zuordnen. Der Name dient als eindeutige und aussagekräftige Identifizierung der Zelle bzw. des Bereichs. Er stellt eine der beiden Möglichkeiten dar, einen absoluten Zellbezug zu erzeugen. Namen können damit anstelle von Adressen innerhalb einer Formel verwendet werden.

Objekt

Objekte stellen eigenständige Elemente innerhalb eines Blattes dar. Sie können dabei von unterschiedlichen Anwendungen erzeugt und eingefügt werden. Auf diese Weise lassen sich z.B. Grafiken als Paint-Objekt oder Audiodateien als Klangobjekt einfügen. Excel selbst erzeugt vom Blatt unabhängige Objekte, z.B. in Form von Textboxen. Objekte können nach dem OLE-Prinzip verwaltet werden.

OLE 2.0

Object Linking and Embedding. Verfahren für den dynamischen Datenaustausch und objektorientierten Zugriff auf Informationen. Durch die OLE-Technik besteht nach dem Einfügen einer Information weiterhin eine Verbindung zur Ursprungsanwendung. Durch Aktivierung des Informationsobjekts wird die Ursprungsanwendung zur Bearbeitung der Information geöffnet. OLE 2.0 stellt die Programmfunktionalität mehrerer Programme in einem Fenster dar. Bei Aktivierung z.B. eines Excel-Objekts innerhalb einer PowerPoint-Präsentation erscheint die komplette Excel-Funktionalität im PowerPoint-Fenster.

Ordner

Ein Konzept zur Darstellung von Verzeichnissen. Dieses von Apple bereits seit Jahren verwendete System dient der Inhaltsanzeige von Laufwerken und Verzeichnissen innerhalb eines Fensters. Spezielle Ordner bestehen z.B. für die Druckereinrichtung, die Systemeinrichtung und den Papierkorb.

Papierkorb

Spezieller Ordner, in dem per Drag & Drop Dateien auf einfache Weise gelöscht werden können. Solange sich die Löscheinträge noch im Ordner befinden, kann der Löschvorgang rückgängig gemacht werden.

Pivot-Tabelle

Eine Pivot-Tabelle ist eine interaktive Tabelle, in der die einzelnen Spalten und Zeilen durch Verschiebung neu miteinander kombiniert werden können, so dass eine andere Ansicht auf die Tabelle erzeugt wird. Durch die Neuordnung der Daten sind unterschiedliche analytische Aussagen möglich. Die Erstellung von Pivot-Tabellen wird durch einen Assistenten vereinfacht.

Plug & Play

Technologie zur automatischen Hardwareerkennung und -einrichtung unter Windows. Zu verwenden mit Komponenten, die diese Technologie unterstützen. So wird z.B. eine neu installierte Netzwerkkarte von Windows automatisch erkannt und entsprechend im System eingerichtet.

Quellbereich

Als Quellbereich wird im Allgemeinen der Bereich bezeichnet, auf dessen Inhalt man sich z.B. innerhalb einer Formel bezieht. Wird in einer Zelle die Summe aller Werte eines Bereichs ermittelt, so bezeichnet der Quellbereich die Herkunftszellen der bezogenen

Werte. Beim Kopieren oder Verschieben von Zellen ist der Quellbereich der Ursprungsort der Zellen.

Relativer Zellbezug

Verwendet man einen Bezug innerhalb einer Formel unter Verwendung der Spalten-/Zeilenbezeichnung, handelt es sich dabei standardmäßig um einen relativen Zellbezug. Der relative Zellbezug beschreibt letztendlich nur den Weg ausgehend von der aktiven Zelle. Wird der Bezug kopiert, ändert sich damit die Position der bezogenen Zelle entsprechend. Im Gegensatz dazu bleibt die bezogene Zelle beim absoluten Zellbezug immer gleich.

Schaltfläche

Im Allgemeinen bezeichnet man mit der Schaltfläche ein Windows-typisches Fensterelement zur Auslösung einer bestimmten Funktion. Schaltflächen sind in diesem Sinne vor allem in Dialogboxen enthalten. Unter Excel sind Schaltflächen zusätzlich auch in Symbolleisten zusammengefasst. Die Schaltflächen der Symbolleisten repräsentieren bestimmte Befehle und dienen damit der schnelleren Befehlsauswahl.

Senden an

Spezielle Funktion, die Verknüpfungen zu bestimmten Geräten bzw. Programmen enthält. Über den Befehl *Senden an* können durch einen einfachen Mausklick Dateien oder Daten auf diesen Geräten ausgegeben bzw. an diese Programme gesendet werden.

Shortcut

Ein Tastenkürzel, oft bestehend aus einer Tastenkombination, mit dem eine bestimmte Aktion ausgeführt oder angewählt werden kann, wird als Shortcut bezeichnet.

Sortierreihenfolge

Beim Ordnen von Listen werden in der Regel bestimmte Kriterien angewandt, nach denen die Liste sortiert werden soll. Als Sortierreihenfolge kann z.B. die alphabetische, eine arithmetische oder aber eine selbstdefinierte Reihenfolge gewählt werden. Sortierreihenfolgen werden neben dem Sortieren auch für die *Ausfüllen*-Funktion verwendet.

SQL

Bei der Structured Query Language handelt es sich um eine standardisierte Datenbank-Abfragesprache. Diese Sprache zur Selektion von Daten lässt sich auf jede Datenbank anwenden, die SQL unterstützt. Auch Microsoft Query unterstützt SQL zur Selektion der Daten. SQL wird nicht nur zur Abfrage, sondern auch zur Verwaltung von Datenbeständen verwendet.

Startmenü

Über das Startmenü erhalten Sie Zugriff auf die Programmgruppenstrukturen von Windows 98. Die Programmgruppen finden sich unter dem Menüeintrag *Programme*. Das Startmenü kann individuell konfiguriert werden.

Statusleiste

Einige Applikationen, unter anderem auch Excel, enthalten innerhalb der Fenster, in denen sie ablaufen, am unteren Rand eine Statusleiste. Diese stellt dem Anwender bestimmte Informationen zur Verfügung.

Die Statusleiste im untersten Bildschirmbereich von Excel informiert Sie über den aktuellen Excel-Status. Darüber hinaus werden Informationen über die Anwendung eines Befehls angezeigt, sobald dieser in einem Menü markiert wurde. Im rechten Bereich wird der Status einiger Tastenfunktionen angezeigt.

Symbolleiste

Viele Applikationen enthalten direkt unter der Menüleiste eine Symbolleiste. Dort werden anwählbare Symbole dargestellt, die durch Anklicken ein schnelles und einfaches Ausführen von bestimmten Aktionen ermöglichen sollen.

Excel verwendet Symbolleisten für einen schnelleren Zugriff auf bestimmte Befehle und Funktionen. Für einige Aufgaben wurden mehrere Aktionen zu einem Befehl zusammengefasst, z.B. für die AutoSummen-Funktion. Bedient werden die Symbolleisten über Schaltflächen. Jede Schaltfläche kann individuell mit einem anderen Befehl oder einem Makro belegt werden. Auf diese Weise kann jeder Benutzer seine eigenen Symbolleisten zusammenstellen.

Systemmenü

Die Systemmenüs enthalten bestimmte Befehle zur Steuerung systemnaher Funktionen wie z.B. das Verändern der Fenstergröße. Fast jedes Fenster und jedes Symbol enthält ein mehr oder weniger umfangreiches Systemmenü.

Szenario

Ein Szenario ist ein typisches Beispiel für eine Was-wäre-wenn-Rechnung. Ausgangspunkt bildet eine bestimmtes Kalkulationsmodell, das auf mehreren Basiswerten beruht. Die Basiswerte sind jedoch variabel und werden mit anderen Versuchswerten ausgetauscht. In einem Szenario werden die Versuchswerte in einer Tabelle zusammengefasst und automatisch nacheinander berechnet. Die Ergebnisse können dadurch auf einfache Weise miteinander verglichen werden.

Tabelle

Bei einer Tabelle handelt es sich im Allgemeinen um eine Informationseinheit, in der die Daten thematisch in Zeilen und Spalten angeordnet sind. Grundsätzlich ist damit erst einmal die reine Auflistung der Daten gemeint. Eine Tabelle enthält jedoch weiterhin Berechnungen, Bezüge und Formatierungen, so dass aus Tabellen sehr schnell komplexe Gebilde entstehen.

Tastenkombination

Unter einer Tastenkombination versteht man das Drücken von mehr als einer Taste gleichzeitig oder nacheinander, um damit bestimmte Aktionen auszuführen.

Titelleiste

In den meisten Fällen enthält jedes Fenster als oberste Zeile eine Titelleiste. Darin wird oft der Name der Applikation oder die Aktion, die darin ausgeführt wird, dargestellt.

Vergrößern (Schaltfläche)

Die Schaltfläche *Vergrößern* innerhalb eines Fensters bewirkt, dass sich das Fenster anschließend mit den größtmöglichen Ausmaßen darstellt.

Verknüpfung

Eine Verknüpfung ist ein Verweis auf ein Programm, eine Datei oder ein spezielles Objekt. Über die Verknüpfung einer Programmdatei auf dem Desktop kann das Programm direkt vom Desktop aus gestartet werden, ohne dass sich die Programmdateien auf dieser Verwaltungsebene befinden müssen.

Als Verknüpfung bezeichnet man unter Excel die Verbindung zweier oder mehrerer Tabellen- bzw. Diagrammblätter. Verknüpfungen werden über Bezüge hergestellt und sind immer dann wichtig, wenn die Werte einer Tabelle von den Berechnungen einer anderen Tabelle abhängig sind. Verknüpfungen sind dabei dynamische Gebilde: Ändert sich der Wert in der einen Tabelle, so ändern sich auch die Werte in den Zellen, die darauf Bezug nehmen.

Visual Basic

Bei Visual Basic handelt es sich um eine Programmiersprache, die aus der leicht zu erlernenden Sprache Basic entstanden ist. Mit Visual Basic ist es gelungen, die Erstellung von Windows-Anwendungen stark zu vereinfachen. Da die meisten Anwendungen mit speziellen Makro- oder Programmiersprachen ausgestattet sind, die nicht miteinander kompatibel sind, wurde von Microsoft Visual Basic für Applikationen (VBA) geschaffen, das erstmals in Excel 5.0 enthalten war. Dabei wird Visual Basic um die Excel-spezifischen Funktionen erweitert. Jede weitere Anwendung, die Visual Basic für Applikationen unterstützt, kann dann vom Benutzer aus Excel heraus angesprochen bzw. gesteuert werden. Inzwischen ist Visual Basic für alle Mitglieder der Office-Produktfamilie verfügbar.

Vorgänger

Im Zusammenhang mit Formeln und Bezügen wird oftmals auf andere Zellen zugegriffen. Der Zugriff erfolgt über die Adresse. Dabei wird der Inhalt der Bezugszelle für die Berechnung der Formel der aktiven Zelle verwendet. Sämtliche Zellen, auf die man sich aus der aktiven Zelle heraus bezieht, werden Vorgänger genannt.

Web-Technologie

Das Internet als Informationsquelle der Zukunft kann jetzt in eine Arbeitsmappe bzw. ein Tabellenblatt integriert werden. Dazu werden Links erzeugt, die auf eindeutige Internetadressen hinweisen. Links innerhalb eines Dokument können jedoch, ähnlich einer Verknüpfung, auch auf ein anderes Dokument verweisen.

Virtueller Speicher

Festplattenspeicher, den Windows zur Vergrößerung des Arbeitsspeichers verwalten kann. Virtueller Arbeitsspeicher wird benötigt, wenn bei nicht ausreichendem Arbeitsspeicher mit großen Datenmengen oder einer Vielzahl von Programmen gleichzeitig gearbeitet werden muss.

Wiederherstellen (Schaltfläche)

Die Schaltfläche *Wiederherstellen* innerhalb eines Fensters bewirkt, dass sich das Fenster anschließend in der Größe und Art darstellt, wie es vor dem Minimieren oder Vergrößern der Fall war.

Zelle

Die Zelle ist die kleinste Einheit innerhalb des Tabellenblatts. Eine Zelle kann Daten in Form von Text, Werten, Formeln oder Formaten enthalten. Bei der Eingabe von Daten erkennt Excel die Art der Daten automatisch und stellt sie entsprechend dar. Um die Gleichmäßigkeit von Tabellen zu wahren, kann in Bezug auf die Zellhöhe nur die gesamte Zeile und in Bezug auf die Zellbreite nur die gesamte Spalte verändert werden.

Zellzeiger

Der Zellzeiger markiert die aktive Zelle im Tabellen- oder Makroblatt. Dadurch ist die Zelle für die Aufnahme von Daten oder die Anwendung eines Befehls bereit. Die Rahmenform des Zellzeigers wird stärker hervorgehoben. Der Zellzeiger kann sowohl mit der Maus als auch mit den Richtungstasten bewegt werden.

Ziehen

Beim Ziehen findet als Erstes ein Mausklick statt, wobei anschließend mit gedrückt gehaltener Maustaste durch das Bewegen der Maus eine neue Position des Mauszeigers eingenommen wird.

Zielbereich

Beim Kopieren oder Verschieben von Zellinhalten ist der Zielbereich dort, wo die zu kopierenden bzw. zu verschiebenden Zellen eingefügt werden. Beim Konsolidieren von Daten ist der Zielbereich derjenige Bereich, in dem das Ergebnis der Konsolidierung eingetragen werden soll.

Zielwertsuche

Bei der Zielwertsuche steht das Ergebnis der Berechnung im Vordergrund. Dabei geht man von einem festen Ergebniswert und einem Berechnungswert aus. Der Berechnungswert ist dabei Bestandteil einer Formel. Er wird während der Zielwertsuche so lange geändert, bis der Ergebniswert erreicht ist.

Zoomen

Darunter versteht man das Vergrößern bzw. das Verkleinern der Darstellung einer Tabelle auf dem Bildschirm.

Zwischenablage

Bei der Zwischenablage handelt es sich um einen temporären Speicher, der direkt von Windows zur Verfügung gestellt wird. Über diesen Speicher können Daten zu anderen Anwendungen übertragen werden, ohne eine spezielle Import-Funktion zu benutzen. Je nach Datenquelle können in der Zwischenablage unterschiedliche Formate generiert werden. Daten aus der Zwischenablage können als feste oder dynamische Bestandteile in Excel eingebunden werden.

Excel besitzt eine Mehrfachzwischenablage, in der bis zu zwölf Ablagemöglichkeiten unabhängig voneinander vorhanden sind.

Index

G

J

K

P

Q

R

DAS bhv TASCHENBUCH: DIE PREISWERTE ALTERNATIVE!

Office 2000

Saskia Gießen
Hiroshi Nakanishi

Das Office-Paket von Microsoft steht trotz der großen Konkurrenz immer noch unangefochten an der Spitze. Die wichtigsten Inhalte von Office 2000 werden in diesem Taschenbuch behandelt. Sie erhalten eine verständliche Einführung in Word, Excel, PowerPoint, Access sowie in Outlook und die anderen Zusatzprogramme. Auf mehr als 1000 Seiten bietet das Buch eine Fülle von Informationen und jede Menge Insider-Tipps. Ein umfassendes und praxisorientiertes Nachschlagewerk für die optimale Arbeit mit Office 2000.

Auf der CD: Microsoft-Produkterweiterungen zum Office-Paket, das Internet-Explorer-5-Programmpaket u.a.

TEIL I: INSTALLATION & ERSTE SCHRITTE
Konzept, Installation, Windows und Internet, Gemeinsame Programmoptionen

TEIL II: TECHNIKEN UND PRAXIS
Word 2000, Texte erfassen, die Arbeit mit Word-2000-Dateien, Texte bearbeiten, Gestalten eines Dokuments, Vorlagenkonzept, Arbeitshilfen, Tabellen in Word 2000, Excel 2000, Dateieingabe, Arbeit mit Excel-Dateien, Tabellen bearbeiten, Berechnungen erstellen, Diagramme, Präsentationen mit PowerPoint 2000, Präsentationen anlegen, erstellen und bearbeiten, Multimedia-Präsentation, Access 2000, Datenbanken erstellen, Abfragen, Formulare, Berichte, Outlook 2000, E-Mail-Grundlagen, Kalender, Aufgaben und Kontakte etc.

TEIL III: KNOW-HOW FÜR FORTGESCHRITTENE
Datenaustausch, Serienbriefe, Zusatzprogramme, PhotoDraw, Publisher und FrontPage 2000, Office 2000 und das Web

TEIL IV: TIPPS, TRICKS UND TUNING
Office 2000 anpassen, Makros, VBA und VBScript

TEIL V: ANHANG
Tastenkombinationen, Glossar, Index

DM	29,90
öS	218,00
sFr	27,50

1024 Seiten
ISBN 3-8287-5021-4

inkl. CD-ROM

bhv Verlags GmbH • Novesiastraße 60 • 41564 Kaarst • Fax: 0 21 31 / 765-101 • http://www.bhv.net